Close-Up U.S.A.

Published by
The National Geographic Society

GILBERT M. GROSVENOR
President and Chairman

OWEN R. ANDERSON
Executive Vice President

WILBUR E. GARRETT
Editor

ROBERT L. BREEDEN
Senior Vice President, Publications
and Educational Media

Prepared by
National Geographic's Cartographic
and Book Service Divisions

John B. Garver, Jr.
Director, Cartography

Harold E. Aber Jr., John F. Shupe
Associate Directors

Alice T. M. Rechlin
Senior Assistant Director

David P. Beddoe, John F. Dorr
Harold A. Hanson, Harry D. Kauhane,
Richard K. Rogers, Elie Sabban,
Leo B. Zebarth
Assistant Directors

Charles O. Hyman
Director, Book Service

Text
Jules Billard, David Butwin, Fred R. Kline,
Arthur P. Miller, David F. Robinson, and Ross
Bennett, Susan C. Eckert, Penelope Timbers,
Anne E. Withers, Lynn Addison Yorke

Research Compilation
Timothy J. Carter, Mary C. Latham, John L.
Beeson, Arthur J. Cox, Sven M. Dolling,
Deborah J. Gibbons, Barbara P. Holland,
Jon A. Sayre, Sr., Douglas A. Strobel,
Juan J. Valdés, Andrew J. Wahll, Susan Young

Relief Artist
Tibor G. Toth

Indexing
Thomas A. Walsh

Drafting and Engraving
Roland R. Nichols, Barbara G. Carrigan,
Neal J. Edwards, Scott T. Fort, Martin
J. Golden, Victoria A. McAnallen, Micki
Moran, Stephen P. Wells

Map Editing
Charles W. Gotthardt, Jr., Etelka K.
Horvath, Thomas L. Gray, Thomas A. Wall,
Thomas A. Walsh

Scheduling
Charles L. Miller, Henri A. Delanghe,
Deborah J. Scipioni

Printing and Manufacturing
Edward J. Holland

Administrative
Helen L. Hyatt, Kelly J. Crisp, Diana E.
McFadden, Kathy L. Shrader, Margaret A.
Shughrue

Research
Bette Joan Goss, chief researcher; Nancy
Beers, Gwendolyn C. Blackman, Judith Brown,
Susan P. Byrnes, Deborah D. Churchman,
Sallie M. Greenwood, Jan Holderness, Patricia
B. Kellogg, Mary R. Lamberton, Barbara W.
McConnell, Jean B. McConville, Michaeline
A. Sweeney

Production
Robert C. Firestone, Karen F. Edwards, and
Leslie Adams, Andrea Crosman, Richard
S. Wain

Pre-Press Graphics
Ellwood M. Kohler, Jr., Richard M. Kucharzak,
James C. Pflieger, Thomas Barna, Clayton R.
Burneston, Ernest J. Colantonio, Jr., Howard R.
Duley, Stephen T. Goldman, Debra Michael,
Archibald R. Orme, Joseph A. Stamm, Phillip
Williams, Jr.

Close-Up U.S.A.

To guide you through our great land...

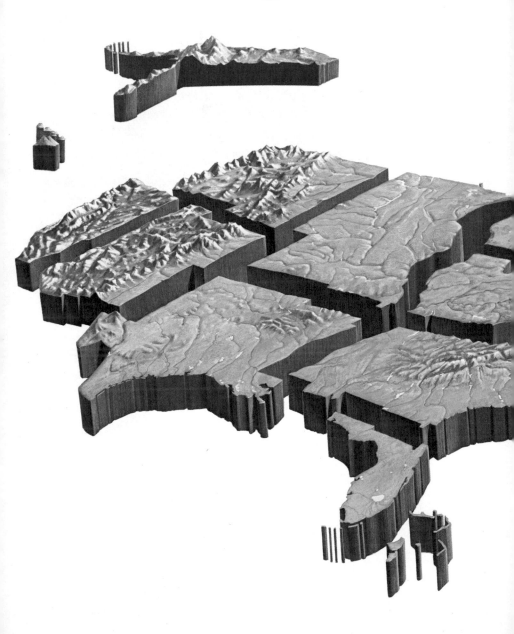

Majestic mountains, windswept beaches, sun-scorched deserts, rolling plains — what a wide and wonderful variety of natural scenery fills our land! Irresistibly it invites us to pack up and travel for a closer look at different landscapes and life-styles. Nebraska farmers stroll Maine's quaint fishing villages; Pennsylvania steelworkers saddle up at a Colorado dude ranch; Georgia peach growers delight in San Francisco's cable cars. Even armchair travelers enjoy exploring the fascinating variety of the U.S.A.

To help you plan your travels, this set of Close-up maps provides a wealth of information — not only highways, cities, recreation areas, and geographical features, but also historical highlights, descriptions of special points of interest, tours and seasonal events, notes on natural history, and addresses of state travel bureaus.

Begin with the map of the entire United States. Use the clear plastic "Mile-o-meter" to estimate driving times and distances. With the zero of the gauge placed over your departure point, direct one of the lines toward your destination. Driving time is given for average speeds of 35, 45, and 55 mph; distance is shown in both miles and kilometers. Note that the Mile-o-meter is scaled *only* for the U.S.A. map.

The Close-up maps divide the country into regions of a size that make possible the largest scale U. S. maps ever presented by National Geographic. These maps are number- and color-coded

to the map inside the box lid. Note places you'll want to see along the way, side trips to nearby attractions, and fairs, festivals, and sports events to include in your schedule.

Turn to pages 14-15 of this book for a handy guide to mileage between selected cities via the Interstate Highway System. Check weather data for 169 cities with the charts on pages 8-13. In both cases, if your specific destination is not listed, information for the city nearest it will be of help.

An index to all place-names on the regional maps begins on page 16. The boldface number after each index entry indicates the number of the regional map. The letter-number combination that follows the boldface number refers to keys on the top or bottom and sides of the map. Place your hand on the map with your index finger pointing to the number given and your thumb pointing to the letter; you'll find the place-name in the area where finger and thumb join.

Strategically located about the United States, these are the cities for which the weather data on the following pages was compiled. You can use the tables to learn how much rain to expect or what the temperature is likely to be for places you plan to visit. And if the city you're going to isn't on this map, figures for ones that are near it can give you a rough idea. Red numbers indicate the average daily high in degrees F., blue the average daily low, and black the average number of days with at least .01 inch of precipitation. An < indicates less than one. The data represents ten-year averages compiled by the National Climatic Center.

	JAN.			FEB.			MAR.			APR.			MAY		
ALABAMA																
Birmingham	54.3	34.1	11	57.7	36.1	11	64.8	41.8	11	75.3	51.0	9	82.5	58.4	9
Mobile	61.1	41.3	11	64.1	43.9	10	69.5	49.2	11	78.0	57.7	7	85.0	64.5	8
Montgomery	57.9	37.1	11	61.4	39.7	9	67.7	45.2	11	76.8	53.6	8	83.6	61.2	9
ALASKA																
Anchorage	20.0	3.5	6	26.6	8.9	9	32.6	14.6	8	43.8	26.8	7	55.2	37.2	7
Barrow	-8.0	-21.3	4	-12.6	-24.6	4	-8.6	-21.8	4	6.5	-8.2	4	24.2	14.0	4
Fairbanks	-2.2	-21.6	7	9.3	-14.3	7	23.3	-4.3	7	40.4	17.3	5	58.6	35.7	6
Juneau	29.1	17.8	18	33.9	22.1	17	38.2	25.6	18	46.5	31.3	17	55.4	38.2	17
Nome	13.5	-1.6	10	13.7	-3.3	8	16.6	-1.9	10	27.0	10.8	9	41.4	28.1	8
ARIZONA																
Grand Canyon	38.9	21.0	9	41.3	22.7	4	44.0	25.3	4	53.4	31.9	3	61.9	34.9	3
Phoenix	64.8	37.6	3	69.3	40.8	4	74.5	44.8	3	83.6	51.8	2	92.9	59.6	1
Tucson	63.5	38.2	4	67.0	39.9	3	71.5	43.6	4	80.7	50.3	2	89.6	57.5	1
ARKANSAS																
Fort Smith	49.9	28.0	7	54.6	32.0	8	62.1	38.5	9	74.2	50.2	10	81.3	58.8	10
Little Rock	50.1	28.9	10	53.8	31.9	9	61.8	38.7	11	73.5	49.9	10	81.4	58.1	10
CALIFORNIA																
Eureka	53.5	41.1	17	54.4	42.3	14	54.1	42.5	15	54.9	44.4	12	57.2	47.8	8
Fresno	54.8	35.8	8	60.8	39.0	7	66.6	41.2	6	74.3	46.2	5	82.9	51.9	2
Los Angeles	66.5	46.8	5	67.6	48.5	5	68.6	49.8	6	70.5	52.9	4	73.2	56.1	1
Needles	62.7	41.1	8	67.9	43.9	8	74.9	48.3	7	84.3	57.1	4	93.1	65.5	2
Red Bluff	53.6	36.7	11	59.5	40.4	9	63.8	42.5	9	71.6	47.3	7	80.6	54.2	4
San Diego	64.6	45.8	6	65.6	47.8	6	66.0	50.1	7	67.6	53.8	5	69.4	57.2	2
San Francisco	56.0	45.7	11	58.9	47.9	10	60.1	48.5	10	61.2	49.3	6	62.5	50.9	3
Yosemite	45.2	27.0	8	52.5	29.3	8	58.2	31.7	7	65.8	37.3	5	71.6	42.4	4
COLORADO																
Denver	43.5	16.2	6	46.2	19.4	6	50.1	23.8	9	61.0	33.9	9	70.3	43.6	10
Durango	43.9	12.3	6	46.6	14.6	4	53.5	20.6	4	62.8	27.7	3	71.8	34.3	3
Grand Junction	36.7	16.5	7	44.0	23.2	6	52.8	29.6	7	64.6	38.8	6	75.8	48.5	6
CONNECTICUT																
Bridgeport	36.9	23.4	11	37.9	23.9	10	45.0	30.8	11	56.5	40.3	11	66.7	49.9	11
Hartford	33.4	16.1	11	35.7	17.9	11	44.6	26.6	11	58.9	36.5	11	70.3	46.2	12
DELAWARE																
Dover	44.3	27.2	5	48.1	29.0	7	52.6	33.4	7	67.4	44.8	7	76.2	53.1	6
DISTRICT OF COLUMBIA																
Washington	43.5	27.7	11	46.0	28.6	9	55.0	35.2	11	67.1	45.7	10	76.6	55.7	11
FLORIDA																
Jacksonville	64.6	44.5	8	66.9	45.7	8	72.2	50.1	8	79.0	57.1	6	84.6	63.9	8
Key West	75.6	65.8	7	76.6	66.5	5	79.4	69.8	5	82.5	73.6	4	85.3	76.4	8
Miami	75.6	58.7	7	76.6	59.0	6	79.5	63.0	6	82.7	67.3	6	85.3	70.7	10
Orlando	70.5	50.0	6	71.8	51.2	7	76.0	55.7	8	81.5	61.1	5	86.7	66.1	9
Tallahassee	64.2	41.0	10	66.5	43.0	9	72.1	48.4	10	80.1	55.7	7	86.7	62.8	9
Tampa	70.6	50.1	6	71.9	51.7	7	76.1	55.9	7	82.4	61.6	5	87.5	66.9	6
GEORGIA																
Atlanta	51.4	33.4	11	54.5	35.5	10	61.1	41.1	12	71.4	50.7	9	79.0	59.2	9
Columbus	57.8	35.9	10	60.9	37.8	10	67.4	43.3	11	77.3	51.8	8	84.7	60.0	8
Savannah	61.1	38.7	9	63.6	40.5	9	69.5	46.4	10	77.8	54.3	7	84.8	61.8	9
HAWAII																
Hilo	79.6	62.8	18	79.4	62.6	19	78.8	63.3	24	79.8	64.6	25	81.3	65.6	25
Honolulu	79.3	65.3	10	79.2	65.3	10	79.7	66.3	9	81.4	68.1	9	83.6	70.2	7
IDAHO																
Boise	36.5	21.4	12	43.8	27.2	10	51.6	30.5	9	61.4	36.5	8	70.6	44.1	8
Lewiston	37.9	24.4	12	46.0	30.1	10	52.9	32.9	10	62.0	38.6	10	70.6	45.5	9
Pocatello	32.4	14.0	12	38.6	20.1	10	45.8	24.9	10	57.7	32.8	8	68.1	40.7	9
ILLINOIS																
Chicago	31.5	17.0	11	34.6	20.2	10	44.6	29.0	13	59.3	40.4	13	70.3	49.7	12
Moline	30.0	13.0	9	34.3	17.0	8	45.0	26.4	11	61.3	39.8	11	72.0	50.2	12
Springfield	34.8	18.6	9	38.9	21.8	9	48.7	30.1	12	63.6	42.6	12	74.1	52.6	11
INDIANA																
Evansville	41.5	23.7	10	45.4	26.4	9	54.6	34.0	12	67.9	45.6	11	77.0	54.4	11
Fort Wayne	32.6	17.9	12	35.5	19.7	11	45.1	27.9	14	59.5	39.0	13	70.2	48.9	12
Indianapolis	36.0	19.7	11	39.3	22.1	10	49.0	30.3	13	62.8	41.8	12	72.9	51.5	12
IOWA																
Des Moines	27.5	11.3	7	32.5	15.8	7	42.5	25.2	10	59.7	39.2	10	70.9	50.9	11
Mason City	23.2	5.2	1	29.0	11.3	2	36.0	18.6	4	56.5	35.2	5	69.1	47.2	8
Sioux City	28.2	7.7	7	33.3	13.4	7	42.9	23.4	9	61.3	37.4	10	72.5	49.3	11
KANSAS																
Dodge City	42.6	19.0	4	47.1	23.2	5	53.9	28.4	6	66.9	41.1	7	76.2	51.7	10
Goodland	41.5	13.7	4	45.1	17.8	5	50.3	22.2	6	63.3	34.1	7	72.9	44.8	10
Topeka	38.3	17.7	6	44.1	22.7	6	52.6	29.7	8	66.3	42.6	10	75.8	53.2	11
Wichita	41.4	21.2	5	47.1	25.4	5	55.0	32.1	7	68.1	45.1	8	77.1	55.0	10
KENTUCKY																
Baxter	44.7	25.2	8	49.7	26.8	9	54.8	30.8	11	68.9	41.2	9	77.4	51.1	9

JUN.			JUL.			AUG.			SEP.			OCT.			NOV.			DEC.		
88.4	66.4	10	90.3	69.5	13	89.7	68.7	10	84.7	63.0	8	75.8	50.8	6	64.0	40.1	9	55.5	34.9	11
89.8	70.7	11	90.5	72.6	17	90.6	72.3	14	86.5	68.4	10	79.7	58.0	6	69.5	47.5	8	63.0	42.8	11
89.2	68.6	9	90.5	71.5	12	90.7	70.7	9	86.5	65.5	8	78.0	53.5	5	67.2	42.7	8	59.3	37.7	10
62.9	46.2	8	65.6	50.1	11	63.8	48.0	12	55.7	40.4	13	41.8	27.8	11	28.3	13.9	10	20.6	5.3	11
37.1	28.9	5	44.3	33.0	9	42.0	33.1	10	33.4	27.2	10	20.2	10.4	11	5.4	-6.4	6	-6.4	-18.1	5
70.7	47.2	10	71.8	49.6	12	65.8	44.9	12	54.4	34.4	9	33.5	16.9	10	11.7	-6.2	9	-1.5	-19.3	8
62.0	44.4	15	63.6	47.7	17	62.3	46.2	18	56.1	42.3	20	47.2	35.4	23	37.3	27.6	19	32.0	22.5	21
52.2	38.8	9	55.8	44.4	13	54.6	43.7	15	48.2	35.9	13	34.4	22.6	10	22.1	9.1	12	11.7	-3.0	9
74.0	41.4	2	78.1	47.4	5	74.9	46.2	6	70.8	39.8	2	59.3	31.8	4	45.8	27.3	3	40.0	22.0	3
101.5	67.7	1	04.8	77.5	4	102.2	76.0	5	98.4	69.1	3	87.6	56.8	3	74.7	44.8	2	66.4	38.5	4
97.9	66.2	1	98.3	74.2	10	95.3	72.3	9	93.1	67.1	5	83.8	56.4	3	72.2	44.8	3	64.8	39.1	4
89.0	67.0	8	93.8	70.5	8	93.5	69.3	7	86.3	61.7	8	76.5	49.9	6	62.7	38.0	7	52.2	30.8	7
89.3	66.8	8	92.6	70.1	8	92.6	68.6	7	85.8	60.8	7	76.0	48.7	6	62.4	38.1	8	52.1	31.1	9
59.6	50.7	5	60.4	52.1	2	61.2	52.7	2	61.9	51.2	4	60.4	48.4	9	57.9	45.5	13	54.6	42.6	15
90.3	57.5	1	98.2	62.9	<	96.0	60.6	<	91.0	56.5	1	79.8	48.6	2	66.1	40.8	5	54.6	36.9	7
76.5	59.5	1	82.9	63.5	<	83.7	64.4	1	82.5	62.8	1	78.0	58.7	2	73.2	52.1	3	68.0	48.1	5
103.7	75.1	1	108.3	82.4	0	104.9	80.2	<	101.5	73.4	1	88.0	61.1	1	71.8	48.1	3	64.0	42.2	6
89.3	61.7	3	98.0	66.6	1	95.7	64.1	1	90.6	60.0	2	78.3	51.7	5	64.0	43.3	9	54.7	38.1	10
71.1	59.9	1	75.3	63.9	<	77.3	65.4	<	76.5	63.2	1	73.8	58.4	2	70.1	51.5	5	66.1	47.2	6
64.5	52.8	1	63.8	53.2	1	64.8	54.0	1	68.8	55.5	1	68.2	54.6	4	63.2	51.5	8	56.8	47.2	10
81.2	48.7	1	89.8	55.3	1	88.7	52.7	<	84.1	49.1	2	72.1	40.4	2	56.9	31.1	4	46.6	27.8	6
80.1	51.9	9	87.4	58.6	9	85.8	57.4	8	77.7	47.8	6	66.8	37.2	5	53.3	25.4	5	46.2	18.9	5
82.6	41.1	2	86.4	48.2	6	84.9	47.7	6	80.2	38.3	3	68.5	29.7	4	53.8	19.1	3	44.6	12.5	4
85.9	56.6	4	93.1	64.2	5	89.1	61.6	7	81.3	53.0	6	67.9	41.9	5	50.9	28.6	5	39.4	19.6	6
76.0	59.8	9	81.5	66.1	9	80.4	64.9	9	74.5	58.4	9	65.1	48.5	7	53.3	38.7	10	40.5	27.1	11
79.5	56.0	11	84.1	61.2	10	81.9	58.9	10	74.5	51.0	10	64.3	40.8	8	50.6	31.9	11	36.8	19.6	13
84.3	61.6	5	88.5	67.0	6	85.9	65.5	7	80.6	58.7	5	70.0	48.5	6	57.6	37.3	5	47.3	29.2	6
84.6	64.6	9	88.2	69.1	10	86.6	67.6	9	80.2	61.0	8	69.8	49.7	7	57.2	38.8	8	45.2	29.5	9
88.3	70.0	12	90.0	72.0	15	89.7	72.3	15	86.0	70.4	13	79.2	61.7	9	71.4	51.0	6	65.6	45.1	8
87.9	70.1	12	89.2	80.0	13	80.5	70.9	15	87.8	78.6	17	84.0	75.2	12	79.6	70.6	7	76.4	65.6	7
88.0	73.9	15	89.1	75.5	16	89.9	75.8	17	88.3	75.0	18	84.6	71.0	15	79.9	64.5	8	76.6	60.0	7
89.3	71.1	14	89.8	72.9	18	90.0	73.5	16	87.9	72.3	14	82.5	66.0	9	76.2	56.9	5	71.5	51.5	6
90.4	69.6	13	90.6	71.6	18	90.5	71.7	15	87.4	68.7	10	80.6	57.9	5	71.4	46.4	7	65.1	41.3	9
89.9	72.0	12	90.1	73.7	16	90.4	74.0	16	89.0	72.6	13	83.9	65.5	7	77.1	56.4	5	72.0	51.2	6
84.6	66.6	10	86.5	69.4	12	86.4	68.6	9	81.2	63.4	7	72.5	52.3	6	61.9	40.8	8	52.7	34.3	10
89.9	67.5	10	90.8	70.4	13	90.8	69.8	10	85.8	65.1	8	77.4	53.4	5	66.8	41.9	8	59.0	36.3	10
89.3	68.8	11	90.8	71.3	15	90.3	70.9	13	85.4	66.9	10	78.2	55.9	6	69.3	44.9	6	62.1	38.7	8
82.7	66.5	24	83.0	67.5	27	83.5	68.2	27	83.6	67.6	23	83.2	66.7	24	81.3	65.6	24	79.4	63.7	22
85.6	72.2	6	86.8	73.4	8	87.4	74.0	7	87.4	73.4	7	85.8	72.0	9	83.2	69.8	10	80.3	67.1	10
78.3	51.2	7	90.5	58.5	2	87.6	56.7	3	77.6	48.5	4	64.7	39.4	6	48.9	30.7	10	39.1	25.0	12
77.9	52.1	9	89.2	57.6	4	87.1	55.9	4	77.6	48.9	5	63.2	40.3	8	48.0	32.9	10	41.0	28.6	12
76.5	47.1	7	88.8	54.1	4	86.4	52.5	4	75.7	43.1	4	63.0	33.8	5	45.9	25.5	8	35.5	18.3	11
80.6	50.3	11	84.4	65.0	9	83.3	64.1	8	75.8	56.0	9	65.1	45.6	8	48.1	32.6	10	35.3	21.6	11
81.4	60.2	10	85.2	63.8	9	83.8	62.0	9	76.0	53.2	9	66.0	42.8	7	48.1	30.2	8	34.6	18.5	9
83.3	62.5	10	86.6	65.6	9	85.0	63.7	8	78.7	55.6	9	68.1	45.0	7	51.0	32.7	9	38.2	22.7	10
86.0	63.4	10	88.9	66.7	10	88.0	64.4	7	81.4	56.7	7	71.2	45.2	7	55.2	34.5	9	44.0	26.5	11
80.1	58.8	11	83.6	62.4	10	82.2	60.4	8	75.9	53.0	9	64.6	42.5	8	48.3	32.0	11	35.7	21.4	13
82.3	61.1	10	85.4	64.6	9	84.0	62.4	8	77.7	54.9	8	67.0	44.3	8	50.5	32.8	10	38.7	23.1	12
79.8	61.1	11	84.9	65.3	9	83.2	63.4	9	74.6	54.0	9	64.9	43.6	7	46.4	29.2	6	32.8	17.2	7
78.4	56.7	7	82.5	61.1	7	81.6	59.6	6	72.4	49.0	5	61.1	38.0	4	42.1	22.5	3	29.4	12.9	2
81.3	59.3	11	86.7	63.9	9	84.8	62.1	9	75.3	51.4	8	65.8	40.4	6	47.0	25.6	5	33.3	13.6	7
86.0	61.4	9	91.4	66.9	9	90.4	65.7	8	81.4	56.3	6	70.7	45.0	5	55.2	30.4	4	44.6	22.2	4
83.5	54.7	9	90.5	61.0	9	88.7	59.4	7	79.6	49.0	6	68.3	37.2	5	52.6	24.3	4	43.4	16.7	4
84.0	63.0	10	89.2	67.2	9	88.5	65.9	8	80.4	56.0	7	70.3	44.8	6	54.3	31.5	5	41.8	21.8	6
86.5	65.0	9	91.7	69.6	8	91.0	68.3	7	81.9	59.2	8	71.3	47.9	6	55.8	33.8	5	44.3	24.6	6
83.9	59.2	8	87.3	63.7	8	86.5	62.8	8	81.9	55.3	5	70.2	43.3	6	57.1	30.5	7	47.1	25.7	9

	JAN.			FEB.			MAR.			APR.			MAY		
Louisville	42.0	24.5	12	45.0	26.5	11	54.0	34.0	13	66.9	44.8	12	75.6	53.9	11
Paducah	45.8	27.3	5	50.0	30.1	7	56.7	34.7	5	70.5	46.8	7	79.3	55.9	8
LOUISIANA															
Lake Charles	61.6	42.9	9	64.6	45.5	7	70.0	50.5	8	78.2	59.5	7	84.3	66.0	8
New Orleans	62.3	43.5	10	65.1	46.0	9	70.4	50.9	9	78.4	58.8	7	84.9	65.3	8
Shreveport	56.6	37.8	10	60.4	40.6	8	67.3	46.2	10	76.9	55.9	9	83.6	63.1	9
MAINE															
Bar Harbor	33.9	16.9	10	35.3	18.0	8	40.4	24.7	10	52.9	34.9	9	63.5	42.9	9
Portland	31.2	11.7	11	33.3	12.5	10	40.8	22.8	11	52.8	32.5	12	63.6	41.7	13
Presque Isle	22.7	4.5	6	26.6	6.9	7	33.7	15.6	5	48.4	29.3	6	63.3	39.4	6
MARYLAND															
Baltimore	41.9	24.9	10	43.9	25.7	9	53.0	32.5	11	65.2	42.4	11	74.8	52.5	11
Cumberland	40.4	24.2	6	44.4	26.5	6	50.2	30.6	8	66.4	42.6	8	75.4	49.8	8
Ocean City	44.8	29.8	7	47.4	31.7	6	51.8	36.5	8	62.5	46.3	5	70.9	55.0	6
MASSACHUSETTS															
Boston	35.9	22.5	12	37.5	23.3	11	44.6	31.5	12	56.3	40.8	11	67.1	50.1	12
Pittsfield	30.3	13.1	7	33.8	15.7	6	38.7	22.5	7	55.2	34.5	10	65.8	42.7	7
Provincetown	39.2	26.8	5	40.1	27.5	7	44.6	31.1	7	54.1	39.0	8	64.3	47.0	6
MICHIGAN															
Detroit	31.7	19.2	13	33.7	20.1	12	43.1	27.6	13	57.6	38.6	12	68.5	48.3	12
Gaylord	26.6	10.1	6	29.6	9.9	4	35.9	15.0	6	54.2	30.8	7	66.5	39.0	7
Marquette	24.8	12.0	17	26.5	12.6	15	34.3	20.5	13	47.9	32.4	11	58.9	40.8	12
Muskegon	30.1	17.8	17	31.5	17.7	14	40.5	24.8	14	54.9	35.7	12	65.9	44.9	11
Sault Ste. Marie	22.0	6.4	19	23.7	6.7	15	32.5	15.5	13	47.2	29.2	11	59.4	38.5	11
MINNESOTA															
Duluth	17.6	-.6	12	22.1	2.0	10	32.6	14.4	11	47.8	29.3	11	60.0	38.8	13
International Falls	12.8	-9.1	12	19.4	-5.5	9	32.3	8.9	10	49.1	27.3	10	62.5	37.7	12
Minneapolis/St. Paul	21.2	3.2	9	25.9	7.1	7	36.9	19.6	10	55.4	34.7	10	67.9	46.3	12
MISSISSIPPI															
Greenville	55.5	34.2	8	59.0	37.1	6	65.1	41.9	7	75.8	51.9	7	83.1	61.1	8
Jackson	58.4	35.8	11	61.7	37.8	9	68.7	43.4	11	78.2	53.1	9	85.0	60.4	9
Tupelo	52.4	34.8	7	56.4	38.0	7	62.2	42.1	8	74.2	52.3	7	82.8	60.9	6
MISSOURI															
Kansas City	36.2	19.3	8	41.9	24.2	7	50.5	31.8	11	64.8	45.1	10	74.3	55.7	10
Springfield	43.2	22.6	8	47.5	26.5	8	55.1	32.8	10	68.0	45.0	11	76.1	54.0	11
St. Louis	39.9	22.6	8	44.2	26.0	8	53.0	33.5	11	67.0	46.0	11	76.0	55.5	11
MONTANA															
Billings	31.2	12.5	8	37.1	17.7	7	42.1	23.1	9	55.8	33.4	10	65.7	43.3	11
Glasgow	18.9	-.5	9	25.4	5.0	7	35.6	14.8	7	55.0	30.6	7	66.7	41.7	9
Helena	28.3	7.8	8	35.8	14.9	6	41.7	19.4	8	55.2	30.2	8	64.8	39.5	11
Kalispell	27.1	11.0	16	34.1	15.9	12	40.7	20.3	11	53.5	30.4	9	63.6	38.1	11
NEBRASKA															
Grand Island	33.3	11.2	5	38.7	16.7	6	46.7	24.3	7	62.2	37.6	9	72.7	48.7	11
Omaha	32.7	12.4	7	38.5	17.4	7	47.7	26.4	9	64.4	40.1	9	74.4	51.5	12
Scottsbluff	38.5	11.3	5	43.1	15.9	5	48.0	20.6	8	60.4	32.0	8	70.2	42.8	11
Valentine	33.2	7.5	4	37.2	11.8	5	43.5	18.9	6	59.0	32.5	8	70.1	43.7	10
NEVADA															
Elko	36.0	10.4	9	41.6	16.8	9	48.4	21.5	8	58.8	28.1	7	68.5	35.2	8
Las Vegas	55.7	32.6	3	61.3	36.9	2	67.8	41.7	3	77.5	50.0	2	87.5	59.0	1
Reno	45.4	18.3	6	51.1	23.0	6	56.0	24.6	6	64.0	29.6	4	72.2	37.0	5
NEW HAMPSHIRE															
Berlin	27.5	5.8	9	34.6	7.1	7	37.0	17.2	6	52.0	31.2	7	64.5	40.4	9
Concord	31.3	9.9	11	33.8	11.3	10	42.4	22.1	11	56.7	31.7	11	68.6	41.5	12
NEW JERSEY															
Atlantic City	41.4	24.0	11	42.9	24.9	10	50.7	31.5	11	62.3	41.0	11	72.4	50.7	10
New Brunswick	40.3	23.7	6	44.0	26.0	6	49.2	30.5	7	64.0	41.5	8	73.1	49.7	6
NEW MEXICO															
Gallup	45.4	14.7	3	48.0	16.3	3	54.1	22.5	3	64.5	29.6	1	73.7	36.9	2
Roswell	55.4	20.8	4	60.9	24.8	4	67.7	30.9	3	78.2	41.2	3	86.4	50.5	2
Santa Fe	42.6	20.8	2	45.0	21.8	2	51.0	26.1	3	61.7	33.2	2	70.9	42.6	3
NEW YORK															
Albany	30.4	12.5	13	32.7	14.3	11	42.6	24.2	12	58.0	35.7	12	69.7	45.7	13
Binghamton	28.7	15.2	17	30.1	15.4	15	38.9	23.7	16	54.0	35.3	14	65.0	45.2	14
Buffalo	29.8	17.6	20	31.0	17.7	17	39.0	25.2	16	53.3	36.4	14	64.3	45.9	13
New York	38.5	25.9	11	40.2	26.5	10	48.4	33.7	12	60.7	43.5	11	71.4	53.1	11
Saranac Lake	26.9	5.0	7	31.0	7.9	7	36.6	15.2	7	52.7	29.4	7	65.4	38.6	7
NORTH CAROLINA															
Asheville	48.4	27.3	11	50.6	28.2	10	58.3	33.5	12	69.4	42.4	9	76.8	50.6	12
Cape Hatteras	52.3	38.2	11	53.1	38.5	10	57.9	43.2	10	66.3	51.5	9	73.8	60.2	11
Raleigh	51.0	30.0	10	53.2	31.1	10	61.0	37.4	11	72.2	46.7	9	79.4	55.4	10
Wilmington	56.6	36.2	11	58.7	37.5	10	64.9	43.7	10	74.3	52.2	8	81.4	60.9	9
NORTH DAKOTA															
Bismarck	19.1	-2.8	8	24.5	2.4	7	35.4	14.7	8	54.8	31.1	8	67.1	41.7	10
Fargo	15.4	-3.6	9	20.6	.8	7	33.5	14.9	8	52.6	31.9	8	66.8	42.3	10

JUN.			JUL.			AUG.			SEP.			OCT.			NOV.			DEC.		
83.7	62.9	10	87.3	66.4	11	86.8	64.9	8	80.5	57.7	8	70.3	45.9	7	54.9	35.1	10	44.1	27.1	11
88.2	64.5	5	91.5	68.3	7	91.0	66.4	4	85.3	57.8	4	73.2	46.0	5	58.7	34.5	4	48.7	29.3	5
89.6	71.8	7	91.2	73.6	10	91.2	73.2	10	87.9	68.8	9	81.6	58.4	5	71.1	49.2	7	64.2	44.3	9
89.6	71.2	10	90.4	73.3	15	90.6	73.1	13	86.6	69.7	10	79.9	59.6	6	70.3	49.8	7	64.2	45.3	10
90.1	70.2	8	93.5	72.8	8	93.8	72.5	7	87.9	66.8	7	79.3	55.7	6	67.2	45.2	8	58.9	39.4	9
70.2	50.8	7	76.8	57.1	6	74.9	56.3	6	67.9	50.4	7	58.0	41.6	6	49.1	33.2	8	37.1	20.7	9
73.2	51.1	11	79.1	56.9	9	77.6	55.2	9	69.9	47.4	8	60.2	38.0	9	47.5	29.7	12	34.9	16.4	12
71.4	48.8	9	77.3	54.2	9	75.0	51.3	8	66.4	44.4	6	53.9	34.7	8	40.1	25.6	7	26.0	8.5	6
83.2	61.6	9	86.7	66.5	9	85.1	64.7	10	79.0	57.9	8	68.3	46.4	7	56.1	36.0	9	43.9	26.6	9
82.4	57.8	7	87.2	61.6	7	84.9	60.7	7	79.3	53.7	6	67.5	43.2	5	52.9	33.6	6	42.0	25.8	6
79.1	63.6	3	84.3	69.2	5	84.1	69.4	6	78.8	64.5	5	68.7	53.5	6	57.0	40.8	6	48.3	33.2	6
76.6	59.3	11	81.4	65.1	9	79.3	63.3	10	72.2	56.7	9	63.2	47.5	9	51.7	38.7	11	39.3	26.6	12
74.4	51.7	7	78.8	56.5	7	76.7	54.5	7	69.1	47.1	8	59.1	37.6	6	46.4	28.7	8	34.3	17.8	6
73.6	57.4	5	80.0	63.2	5	77.7	61.9	7	71.3	56.4	5	63.2	47.6	5	54.1	39.2	6	44.2	29.8	6
79.1	59.1	11	83.1	63.4	9	81.6	62.1	9	74.2	54.8	9	63.4	45.2	9	47.7	34.4	11	35.4	23.8	13
76.4	49.6	8	80.5	53.2	5	79.2	52.9	6	69.7	45.0	8	59.5	36.4	7	42.3	26.1	8	30.4	15.6	5
69.6	50.3	12	75.3	57.3	10	73.9	57.0	11	65.3	49.5	13	56.3	41.0	12	39.8	28.8	15	29.0	17.9	16
76.2	55.0	10	80.4	59.6	8	79.2	58.8	8	71.4	51.6	10	60.7	42.4	10	45.7	32.6	14	34.3	22.6	16
70.0	47.3	11	75.1	52.5	10	73.4	52.9	10	64.5	46.1	14	54.8	37.6	13	39.0	26.5	17	26.8	13.3	19
69.7	48.3	12	76.4	54.7	11	74.4	53.7	11	64.0	44.8	11	54.3	36.2	9	35.3	21.4	11	22.5	6.3	12
72.4	48.3	13	78.2	53.4	11	75.5	50.9	12	64.2	41.7	11	54.0	32.9	9	32.5	17.3	11	18.1	-.8	12
77.1	56.7	12	82.4	61.4	10	80.8	59.6	9	70.7	49.3	9	60.7	39.2	8	40.6	24.2	8	26.6	10.6	9
90.3	69.1	6	92.7	72.0	6	92.8	70.9	5	87.7	63.6	5	77.9	51.9	5	65.2	39.7	7	57.4	34.6	5
91.0	67.7	8	92.7	70.6	11	92.6	69.8	11	88.0	64.0	9	80.1	51.5	6	68.5	42.0	8	60.5	37.3	11
90.6	69.2	6	93.5	71.9	5	93.9	71.0	3	87.0	63.5	5	75.3	51.3	5	61.5	39.6	7	53.9	35.3	6
82.6	65.2	9	88.0	69.6	5	86.7	68.1	8	78.8	58.6	10	68.9	48.3	7	52.7	34.5	6	40.4	24.1	7
84.2	62.9	10	89.0	66.5	8	88.9	65.2	8	81.2	57.3	8	71.1	46.8	7	56.4	34.5	8	45.7	26.3	9
84.9	64.8	9	88.4	68.8	9	87.2	67.1	7	80.1	59.1	9	69.8	48.4	8	54.1	35.9	8	42.7	26.5	10
73.7	51.5	11	85.6	58.0	7	83.8	56.3	6	71.3	46.5	7	61.0	37.5	6	45.0	26.4	6	35.8	17.7	7
73.9	50.1	11	84.3	56.6	8	83.0	54.9	7	70.4	44.0	6	59.2	33.6	5	39.1	18.9	6	26.5	7.6	8
71.6	46.7	12	83.7	52.1	7	82.0	50.4	8	70.0	40.9	6	58.7	31.9	5	42.6	20.8	7	33.2	13.3	8
70.0	44.0	12	80.8	47.8	6	79.1	45.9	8	68.0	38.6	8	54.4	30.5	10	38.7	22.7	12	30.8	16.6	16
82.4	58.9	10	88.7	63.9	9	87.4	62.5	8	77.2	51.6	7	67.3	40.1	5	50.3	26.0	4	37.8	16.2	5
83.1	61.3	11	88.6	65.8	9	87.2	64.0	9	78.6	54.0	8	69.1	42.6	6	50.9	29.1	5	37.8	18.1	4
79.7	52.0	11	88.8	58.6	8	86.9	56.3	6	77.1	45.2	7	66.0	34.3	5	50.4	21.9	4	40.8	14.4	5
79.7	54.1	10	88.4	59.8	9	87.0	58.0	7	76.2	46.5	6	65.4	34.5	4	48.0	21.2	4	36.9	11.9	4
77.5	41.6	6	90.4	48.6	4	88.2	45.8	3	78.8	36.4	3	65.8	28.0	5	49.0	20.6	7	38.2	13.5	9
97.2	67.4	1	103.9	75.3	3	101.5	73.3	3	94.8	65.4	2	81.0	53.1	2	65.7	40.8	2	56.7	33.7	2
80.4	42.5	3	91.1	47.4	3	89.0	44.8	2	81.8	38.6	2	70.0	30.5	3	56.3	23.9	5	46.4	19.6	6
73.7	49.4	9	79.2	53.4	8	77.1	50.8	8	69.1	43.7	7	57.7	34.3	8	44.6	26.8	8	31.2	10.9	6
77.7	51.6	11	82.6	58.7	10	80.1	54.2	10	72.4	46.5	9	62.3	36.3	8	47.9	28.1	11	34.6	14.9	11
80.8	59.7	9	84.7	65.4	9	83.0	63.8	9	77.3	56.8	8	67.5	45.9	7	55.9	36.1	9	44.2	26.0	9
81.5	58.7	6	86.2	64.0	6	83.9	62.6	7	77.8	55.3	6	67.3	45.3	6	54.9	35.2	8	43.4	26.0	5
85.5	44.1	1	88.7	51.8	4	85.2	52.4	4	82.1	44.1	2	69.7	33.1	3	54.4	19.4	1	45.9	13.7	2
94.2	59.8	3	94.7	63.7	8	93.4	62.3	6	86.5	54.3	8	77.0	42.2	4	64.8	29.0	2	56.8	21.8	2
82.4	52.8	3	85.3	57.0	6	82.0	55.1	6	78.3	49.7	3	65.6	39.0	3	51.2	25.8	2	42.9	20.8	2
79.4	55.6	11	83.9	60.1	11	81.4	57.8	10	73.7	50.1	9	62.8	40.0	9	48.1	31.1	12	34.1	17.7	13
74.5	55.1	12	78.5	59.6	11	76.8	57.8	11	69.4	50.9	10	59.2	41.4	11	44.5	31.8	14	31.3	19.4	18
75.1	56.3	10	79.5	60.7	10	77.6	59.1	10	70.8	52.3	10	60.2	42.7	11	46.1	33.5	16	33.6	22.2	20
80.5	62.6	10	85.2	68.0	11	83.4	66.4	10	76.8	59.9	8	66.8	50.6	8	54.0	40.8	9	41.4	29.5	10
74.5	48.3	9	78.0	52.1	8	75.8	49.6	8	67.7	44.1	8	57.0	34.0	8	43.2	25.5	8	30.1	11.4	8
82.5	58.7	12	84.3	62.6	13	83.8	61.8	13	78.0	55.4	10	69.1	44.5	9	58.2	34.3	9	49.3	28.1	10
80.5	68.1	9	83.8	72.1	12	83.4	71.5	11	79.5	67.8	9	71.3	59.1	10	63.1	48.8	9	54.8	40.5	10
85.6	63.1	9	87.7	67.2	11	86.8	66.2	10	81.5	59.7	8	72.4	48.0	7	62.1	37.8	8	51.9	30.5	9
86.8	68.2	10	88.8	72.0	13	88.0	71.0	13	83.5	65.9	9	75.4	55.1	7	66.8	44.3	7	58.2	36.7	9
75.8	51.8	12	84.3	57.3	9	83.5	54.9	8	71.3	43.7	7	60.3	33.2	5	39.4	18.3	6	26.0	5.2	8
75.9	53.4	11	82.8	58.6	10	81.6	56.8	9	69.6	46.2	8	58.4	35.5	6	37.2	20.0	6	21.9	4.1	8

	JAN.			FEB.			MAR.			APR.			MAY		
Williston	19.3	-2.8	9	25.7	2.6	7	35.6	13.8	8	54.9	29.9	8	67.0	41.1	10
OHIO															
Cincinnati	39.8	24.3	12	42.9	25.8	11	52.2	33.5	13	65.5	44.6	12	75.2	53.6	12
Cleveland	33.4	20.3	16	35.0	20.8	15	44.1	28.1	16	58.0	38.5	14	68.4	48.1	13
Columbus	36.4	20.4	13	39.2	21.4	12	49.3	29.1	14	62.8	39.5	13	72.9	49.3	13
OKLAHOMA															
Guymon	49.2	21.5	2	52.4	24.6	2	57.5	28.8	3	69.2	40.0	3	78.5	51.1	6
Oklahoma City	47.6	26.0	5	52.6	30.0	6	59.8	36.5	7	71.6	49.1	8	78.7	57.9	10
Tulsa	47.0	26.1	6	52.2	30.2	7	59.7	36.9	8	71.8	49.7	9	79.2	58.4	10
OREGON															
Burns	35.4	15.0	13	41.5	20.4	9	47.9	24.2	11	58.1	30.2	7	66.5	37.8	7
Medford	44.2	29.0	14	51.8	30.7	11	56.7	32.8	12	63.8	36.6	9	71.7	42.8	8
Pendleton	38.6	25.3	13	46.5	31.3	11	53.2	34.3	10	61.9	39.8	9	70.4	46.5	8
Portland	43.6	32.5	19	50.1	35.5	16	54.3	37.0	17	60.3	40.8	14	67.0	46.3	12
PENNSYLVANIA															
Harrisburg	37.7	22.5	11	40.5	24.0	10	50.7	31.2	12	64.1	41.5	12	74.5	51.6	12
Philadelphia	40.1	24.4	11	42.2	25.5	9	51.2	32.5	11	63.5	42.3	11	74.1	52.3	11
Pittsburgh	35.3	20.8	15	37.3	21.3	14	47.2	29.0	15	60.9	39.4	14	70.8	48.7	13
Scranton	35.1	20.4	5	38.3	22.7	6	43.8	27.2	7	60.4	39.8	9	69.6	47.3	8
RHODE ISLAND															
Providence	36.2	20.6	11	37.6	21.2	11	44.7	29.0	12	56.7	37.8	11	66.8	46.9	11
SOUTH CAROLINA															
Charleston	59.8	37.3	10	61.9	39.0	9	67.8	45.1	11	76.2	53.0	7	83.1	61.1	9
Columbia	56.9	33.9	10	59.7	35.5	10	66.5	41.9	11	76.9	51.3	8	84.5	59.6	9
Greenville	51.6	33.0	12	54.1	34.7	10	61.6	40.2	12	72.0	49.9	9	79.9	58.3	11
SOUTH DAKOTA															
Aberdeen	20.5	-1.5	7	26.0	4.1	6	37.7	16.6	7	56.7	31.7	8	68.6	42.8	10
Rapid City	34.2	9.6	7	37.6	13.9	8	42.7	19.7	9	57.2	32.0	10	67.4	42.9	12
Sioux Falls	24.6	3.7	6	29.7	9.0	6	39.7	20.2	8	57.8	34.4	8	69.7	45.7	10
TENNESSEE															
Bristol/Johnson City	46.0	26.7	14	48.9	28.4	12	57.1	34.5	14	68.3	44.2	11	77.1	52.6	11
Chattanooga	49.9	30.5	12	53.4	32.3	11	61.2	38.4	12	72.9	48.1	10	81.0	56.0	10
Knoxville	48.9	32.3	13	52.0	33.5	12	60.4	39.4	13	72.0	48.6	11	79.8	56.9	11
Memphis	49.4	31.6	10	53.1	34.4	10	60.8	41.1	11	72.7	52.3	10	81.2	60.6	9
Nashville	47.6	29.0	11	50.9	31.0	11	59.2	38.1	12	71.3	48.8	11	79.6	57.3	11
TEXAS															
Amarillo	49.4	22.5	4	53.0	26.4	4	60.0	31.2	4	70.9	42.1	5	79.2	51.9	8
Brownsville	69.5	51.0	7	72.7	54.1	6	76.6	58.8	4	83.1	66.7	4	87.1	71.4	5
Dallas/Fort Worth	55.7	33.9	7	59.8	37.6	6	66.6	43.3	7	76.3	54.1	9	82.8	62.1	8
El Paso	57.0	30.2	4	62.5	34.3	3	68.9	40.3	2	78.5	49.3	2	87.2	57.2	2
Houston	62.6	41.5	11	66.0	44.6	6	71.8	49.8	10	79.4	59.3	7	85.9	65.6	9
San Angelo	59.1	33.6	4	63.2	37.5	4	70.7	43.5	3	80.4	54.0	5	86.5	62.4	7
San Antonio	61.5	39.8	8	65.6	43.4	8	72.5	49.1	7	80.3	58.8	7	86.2	65.7	8
UTAH															
Cedar City	42.8	17.4	2	45.2	19.6	2	52.5	24.8	3	62.5	32.4	2	71.7	40.7	2
Salt Lake City	37.4	18.5	10	43.4	23.3	9	50.8	28.3	9	61.8	36.6	10	72.4	44.2	7
VERMONT															
Burlington	25.9	7.6	14	28.2	8.9	12	38.0	20.1	13	53.3	32.6	12	66.1	43.5	14
Rutland	30.8	12.0	6	35.0	15.8	6	40.8	22.6	6	56.9	35.2	8	68.0	43.9	7
VIRGINIA															
Norfolk	48.8	32.2	10	50.0	32.7	10	57.3	38.9	11	67.7	47.9	10	76.2	57.2	10
Richmond	47.4	27.6	10	49.9	28.8	9	58.2	35.5	11	70.3	45.2	9	78.4	54.5	11
Roanoke	45.6	27.2	11	47.9	28.3	10	56.3	34.3	11	67.9	43.9	10	76.1	52.7	12
Winchester	43.2	25.7	5	47.0	27.9	7	52.4	31.8	8	67.6	44.2	8	75.6	52.1	7
WASHINGTON															
Seattle	44.7	34.7	20	50.0	36.9	16	53.0	38.0	17	59.0	41.8	14	65.8	47.1	10
Spokane	31.1	19.6	15	39.0	25.3	12	46.2	28.8	11	57.0	35.2	9	66.5	42.8	9
Yakima	36.4	18.6	9	46.1	25.2	7	54.8	28.8	6	64.1	34.8	4	73.1	42.6	5
WEST VIRGINIA															
Beckley	39.9	22.9	17	41.7	23.4	15	50.0	30.3	16	62.5	40.7	15	69.1	47.9	14
Huntington	42.9	25.6	13	45.4	26.8	13	54.7	33.8	15	67.5	43.8	13	76.2	52.7	12
Morgantown	40.2	24.0	8	43.8	26.0	8	49.3	29.8	7	64.9	42.4	8	73.4	50.4	9
WISCONSIN															
Green Bay	23.9	6.9	10	27.2	8.8	8	37.1	20.1	11	54.1	33.5	11	65.8	43.1	12
La Crosse	25.0	7.1	8	29.7	10.3	7	40.0	22.1	10	57.8	37.4	10	69.3	48.7	12
Milwaukee	27.3	11.4	11	30.3	14.6	9	39.4	23.4	12	54.6	34.7	12	65.0	43.3	12
WYOMING															
Casper	33.6	12.7	7	37.7	15.9	8	42.6	19.4	9	55.5	29.9	10	66.1	39.3	10
Cheyenne	38.2	14.9	6	40.7	17.3	6	43.5	19.6	9	55.4	30.0	10	65.1	39.7	11
Jackson	27.3	5.9	5	32.1	8.2	4	42.2	12.4	4	51.6	24.2	3	62.4	30.7	5
Sheridan	33.5	8.5	9	38.0	13.8	9	43.1	18.9	11	56.3	30.9	11	66.0	40.2	12
San Juan, Puerto Rico	81.9	68.8	18	82.1	68.4	13	83.6	68.9	12	84.4	70.6	13	85.6	72.8	17
Charlotte Amalie, V. I.	82.4	71.6	7	82.4	71.4	5	83.1	72.0	4	84.5	73.7	6	85.4	75.1	8

JUN.			JUL.			AUG.			SEP.			OCT.			NOV.			DEC.		
75.0	50.4	11	84.0	56.1	9	82.8	54.1	6	70.3	43.1	6	58.9	32.5	5	38.3	17.8	6	25.8	5.0	8
83.6	62.5	13	86.6	65.8	10	86.0	64.1	9	79.8	57.0	9	68.8	46.7	9	53.0	36.2	10	41.8	27.1	11
78.2	57.5	11	81.6	61.2	10	80.4	59.6	9	74.2	53.5	10	63.6	43.9	10	48.8	34.4	15	36.4	24.1	16
81.9	58.9	11	84.8	62.4	11	83.7	60.1	9	77.6	52.7	9	66.4	42.0	8	50.9	32.4	11	38.7	22.7	12
90.8	61.6	4	93.5	65.8	5	93.1	65.1	4	85.6	56.0	3	73.2	43.6	4	58.3	28.8	1	51.8	23.5	1
87.0	66.6	9	92.6	70.4	7	92.5	69.6	6	84.7	61.3	7	74.2	50.6	6	60.9	37.4	5	50.7	29.2	5
87.3	67.3	9	92.8	71.4	7	92.7	70.0	7	84.8	61.7	7	75.0	50.8	7	60.8	38.0	6	50.1	29.5	7
73.9	44.1	6	85.6	51.1	3	83.4	48.8	4	75.4	40.9	3	62.5	32.0	6	47.2	24.3	10	37.5	18.3	12
79.4	49.1	5	89.5	53.8	1	87.8	52.9	2	82.1	46.7	4	67.4	39.4	8	52.7	34.2	12	44.2	31.1	14
78.3	52.8	7	88.2	58.8	2	85.5	57.5	3	76.9	51.1	4	63.4	41.8	8	48.9	33.8	11	41.8	29.6	13
72.1	51.8	9	79.0	55.2	4	78.1	55.0	5	73.9	50.5	7	62.9	44.7	13	52.1	38.5	17	46.0	35.3	19
83.0	61.0	11	86.8	65.4	10	84.6	63.2	10	78.0	56.0	9	66.9	44.6	8	52.9	34.7	10	40.1	25.0	10
83.0	61.6	10	86.8	66.7	9	84.8	64.7	9	78.4	57.8	8	67.9	46.9	7	55.5	36.9	9	43.2	27.2	10
79.5	57.7	12	82.5	61.3	11	80.9	59.4	9	74.9	52.7	9	63.9	42.4	10	49.3	33.3	12	37.3	23.6	14
79.5	57.0	7	84.0	61.5	7	81.7	59.1	8	74.4	51.9	6	63.8	42.2	7	50.2	32.9	5	38.7	23.5	7
76.3	56.5	11	81.1	63.0	9	79.8	61.0	10	73.1	53.6	9	63.9	43.4	8	52.0	34.6	11	39.6	23.4	12
87.7	68.1	11	89.1	71.2	14	88.6	70.6	13	84.5	65.9	9	77.1	55.1	6	68.4	44.1	7	60.8	37.7	8
90.3	67.2	10	92.0	70.3	12	91.0	69.4	11	85.4	63.5	8	77.1	51.3	6	66.9	40.6	7	57.9	34.1	9
85.9	65.9	10	87.6	69.0	12	86.8	68.1	10	81.0	62.3	8	72.4	50.9	7	61.8	40.1	8	52.4	33.3	11
77.4	53.4	10	85.1	58.4	8	84.7	56.4	8	73.2	45.1	6	61.9	33.9	5	41.4	19.4	5	26.9	6.1	6
76.3	52.0	13	86.3	58.8	9	85.9	57.2	7	74.7	46.3	6	63.6	36.4	4	47.5	23.2	6	38.0	14.9	6
78.9	56.3	11	85.1	61.5	9	83.8	59.8	9	73.0	48.7	8	62.7	37.6	6	43.5	22.7	5	29.6	10.4	6
84.0	60.7	11	85.9	64.4	12	85.3	63.1	11	80.4	56.6	8	70.4	45.3	8	56.9	34.5	10	47.3	28.0	12
87.5	64.5	11	89.5	68.1	12	89.0	67.0	10	83.4	60.4	8	73.5	48.1	7	60.7	37.1	9	50.9	31.4	11
86.1	64.8	11	88.0	68.3	12	87.3	67.2	10	82.0	61.2	9	71.8	50.0	8	58.9	39.4	10	49.8	33.1	11
88.7	68.5	8	91.6	71.5	9	90.5	70.1	8	84.3	62.8	7	74.9	51.1	6	61.5	40.3	8	51.7	33.7	10
87.5	65.7	10	90.2	69.0	10	89.2	67.7	9	83.5	60.5	8	73.2	48.6	7	59.0	37.7	9	49.6	31.1	11
88.0	61.2	8	91.4	65.9	9	90.4	54.7	8	82.9	56.7	6	72.9	46.1	5	60.0	32.5	3	51.5	25.5	4
90.6	75.0	5	92.8	75.9	5	93.0	75.7	7	89.9	73.2	10	84.7	66.6	6	77.5	58.7	6	72.3	53.3	7
90.8	70.3	6	95.5	74.0	5	96.1	73.7	5	88.5	66.8	7	79.2	56.0	6	67.5	44.1	6	58.7	37.0	6
94.9	65.7	3	94.6	69.9	8	92.8	68.2	7	87.4	61.0	5	78.5	49.5	4	66.1	37.0	2	57.8	30.9	4
91.3	70.9	8	93.8	72.8	10	94.3	72.4	10	90.1	68.2	10	83.5	58.3	8	73.0	49.1	8	65.8	43.4	9
93.4	69.8	5	96.9	72.4	5	96.9	72.0	5	88.4	65.1	7	79.6	54.7	5	68.5	42.5	4	61.4	35.2	3
92.4	72.0	6	95.6	73.8	4	95.9	73.4	5	89.8	68.8	7	81.8	59.2	6	71.1	48.2	6	64.6	41.8	7
84.0	49.6	1	90.1	57.7	3	87.2	56.4	3	81.5	47.6	2	68.2	35.7	2	52.3	23.0	2	44.8	17.6	2
81.3	51.1	6	92.8	60.5	4	90.2	58.7	5	80.3	49.3	5	66.4	38.4	6	50.0	28.1	7	39.0	21.5	9
76.5	53.9	12	81.0	58.5	12	78.3	56.4	12	70.0	48.6	12	58.7	38.8	11	44.3	29.7	14	30.3	14.8	15
76.3	53.4	9	80.6	57.3	6	78.2	55.1	6	70.8	48.6	7	61.1	38.8	5	48.6	30.3	7	35.4	18.3	6
83.5	65.5	9	86.6	69.9	11	84.9	68.9	11	79.6	63.9	8	70.1	53.3	8	60.5	42.6	8	50.6	34.0	9
85.4	62.9	10	88.2	67.5	11	86.6	65.9	10	80.9	59.0	8	71.2	47.4	7	60.6	37.3	8	49.1	28.8	9
83.0	60.4	10	85.9	64.4	12	84.9	63.3	11	79.5	56.5	9	69.9	45.6	8	57.6	35.8	9	46.6	28.1	9
83.3	59.9	8	88.0	64.7	8	86.1	63.3	8	79.7	56.4	5	68.7	45.7	5	55.5	35.6	5	45.0	27.5	5
70.4	52.1	9	75.8	55.6	5	74.5	55.3	6	69.3	51.8	8	61.8	46.5	10	51.0	40.4	18	46.6	37.4	20
73.6	49.4	8	84.3	55.1	4	81.9	54.0	5	72.5	46.7	6	58.1	37.5	8	41.8	29.2	12	33.9	24.0	16
79.7	49.3	5	88.1	53.3	2	85.9	51.2	3	78.3	44.3	3	64.7	35.4	6	48.5	28.3	8	39.1	23.5	10
77.8	56.7	12	80.0	59.9	14	79.0	58.5	11	73.5	52.0	11	64.1	41.6	10	51.1	32.4	13	41.0	24.1	16
83.4	61.3	10	85.7	64.8	12	84.6	63.1	9	79.0	56.3	9	68.8	45.4	9	55.4	35.6	11	44.6	27.4	13
81.1	58.6	8	84.9	62.8	8	83.3	61.5	9	77.6	54.6	6	65.5	44.3	6	52.4	33.8	6	42.4	26.3	7
75.8	53.2	11	80.7	57.7	10	79.1	56.3	10	69.8	48.0	10	59.6	38.7	8	41.8	26.4	9	28.6	13.2	11
78.4	58.5	11	83.0	62.5	10	81.7	61.0	9	71.8	51.8	9	61.8	41.7	8	43.0	27.8	7	29.6	14.0	9
75.3	53.6	11	80.4	59.3	9	79.7	58.7	9	71.5	50.7	9	61.4	40.6	8	44.4	28.5	10	31.5	16.8	11
76.3	47.4	8	87.1	54.9	7	85.6	53.5	5	74.1	43.3	7	61.4	33.9	6	44.8	22.9	7	36.2	16.2	7
74.4	48.1	11	83.7	54.5	11	81.9	53.2	9	72.8	43.5	7	61.8	33.9	5	47.5	23.5	6	40.3	18.1	5
72.3	36.0	5	81.8	39.7	2	80.2	38.0	3	73.5	31.0	3	60.2	23.1	3	39.6	13.8	4	29.0	7.1	4
74.3	47.8	11	86.1	54.6	7	85.3	53.0	6	72.9	42.9	7	62.5	33.1	7	46.0	20.8	8	37.6	13.4	9
87.0	74.0	17	87.0	74.8	20	87.5	75.1	19	87.6	74.6	18	87.4	73.7	18	85.0	72.3	18	83.1	70.5	19
86.8	76.2	7	87.6	76.5	6	88.1	77.2	8	88.1	76.5	10	87.6	75.6	8	86.4	74.5	9	83.9	73.0	9

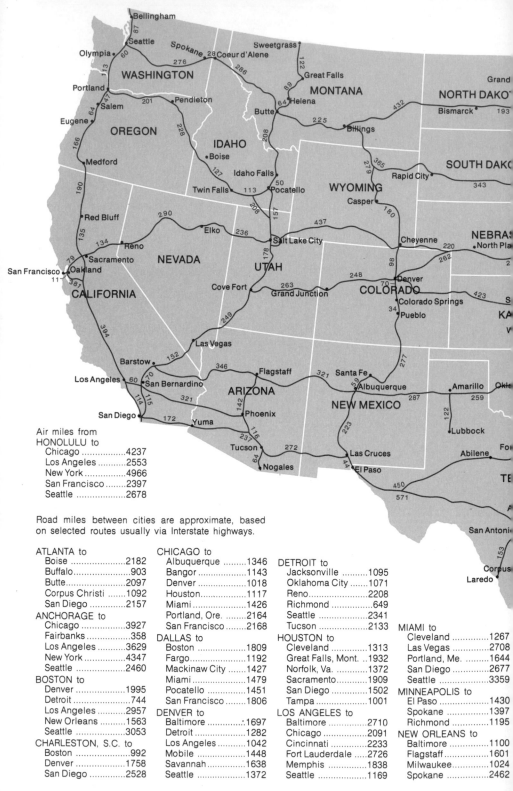

Bellingham

Seattle
Olympia • Spokane 28 Coeur d'Alene
Sweetgrass
60 276
WASHINGTON
Portland
Salem Pendleton
Great Falls
MONTANA
Helena
Butte
Billings
Eugene
OREGON
IDAHO
Boise
Idaho Falls
Medford
Twin Falls 113 Pocatello
WYOMING
Casper
Red Bluff
Elko Salt Lake City
Cheyenne
NEBRAS
North Pla
Reno
Sacramento NEVADA
San Francisco Oakland UTAH
CALIFORNIA Cove Fort Denver
Grand Junction COLORADO
Colorado Springs
Pueblo
Las Vegas
KA
Barstow
Flagstaff Santa Fe
Los Angeles San Bernardino Albuquerque Amarillo Okla
ARIZONA
NEW MEXICO
San Diego Yuma Phoenix
Lubbock
Tucson
Nogales Las Cruces
El Paso Abilene

Grand
NORTH DAKO
Bismarck 193
SOUTH DAKO
Rapid City
San Antoni

Air miles from
HONOLULU to
 Chicago 4237
 Los Angeles 2553
 New York 4966
 San Francisco 2397
 Seattle 2678

Corpus
Laredo

Road miles between cities are approximate, based
on selected routes usually via Interstate highways.

ATLANTA to
Boise 2182
Buffalo....................903
Butte.......................2097
Corpus Christi 1092
San Diego 2157
ANCHORAGE to
Chicago 3927
Fairbanks 358
Los Angeles 3629
New York 4347
Seattle 2460
BOSTON to
Denver 1995
Detroit 744
Los Angeles 2957
New Orleans 1563
Seattle 3053
CHARLESTON, S.C. to
Boston 992
Denver 1758
San Diego 2528

CHICAGO to
Albuquerque 1346
Bangor 1143
Denver 1018
Houston..................1117
Miami 1426
Portland, Ore. 2164
San Francisco 2168
DALLAS to
Boston 1809
Fargo......................1192
Mackinaw City 1427
Miami 1479
Pocatello 1451
San Francisco 1806
DENVER to
Baltimore 1697
Detroit 1282
Los Angeles 1042
Mobile 1448
Savannah...............1638
Seattle 1372

DETROIT to
Jacksonville 1095
Oklahoma City 1071
Reno.......................2208
Richmond 649
Seattle 2341
Tucson 2133
HOUSTON to
Cleveland 1313
Great Falls, Mont. ..1932
Norfolk, Va. 1372
Sacramento...........1909
San Diego 1502
Tampa....................1001
LOS ANGELES to
Baltimore 2710
Chicago 2091
Cincinnati 2233
Fort Lauderdale 2726
Memphis 1838
Seattle 1169

MIAMI to
Cleveland 1267
Las Vegas 2708
Portland, Me. 1644
San Diego 2677
Seattle 3359
MINNEAPOLIS to
El Paso 1430
Spokane 1397
Richmond 1195
NEW ORLEANS to
Baltimore 1100
Flagstaff.................1601
Milwaukee..............1024
Spokane 2462

14

Map of the eastern United States with highway mileage markers between cities.

Index

A

Abbreviations and symbols used

Adena ⚓, *Ohio* 7 J18
Adin, *Calif.* 2 E6
Adirondack ?, *N.Y.* 11 E16
Adirondack Center Museum and Colonial Garden, *Elizabethtown, N.Y.* 11 C17
Adirondack Mountains, *N.Y.* 11 D15
Adirondack Museum, *Blue Mountain Lake, N.Y.* 11 D15
Adirondack Northway, *N.Y.* 11 C16
Adirondack Park, *N.Y.* 11 C15
Adjuntas, *P. R.* 9 (B) B2
Adler Planetarium, *Chicago, Ill.* 7 C10
Admiral Nimitz Center, The, *Fredericksburg, Tex.* 5 K11
Admiral Rock, *N.S.* 13 K17
Admiralty Bay, *Alas.* 14 A13
Admiralty Inlet, *Wash.* 1 C4
Admiralty Island National Monument, *Alas.* 14 P22
Admiral William H. Standley ⚓, *Calif.* 2 H3
Adobe Creek Reservoir, *Colo.* 3 K14
Adobe Flat, *Nev.* 2 G9
Adolphus, *Ky.* 7 R12
Adrian, *Ga.* 8 G14
Adrian, *Mich.* 6 Q13
Adrian, *Minn.* 4 L9
Adrian, *Mo.* 4 T11
Adrian, *Oreg.* 1 K9
Adrian, *Tex.* 5 D7
Adrian, *W. Va.* 10 G10
Advance, *Ind.* 7 G11
Advance, *Mo.* 4 U15
Advocate Bay, *N.S.* 13 K14
Advocate Harbour, *N.S.* 13 K14
Aeneas, *Wash.* 1 C8
Aerial Lift Bridge, *Duluth, Minn.* 4 H13
Aerial Tramway, *Gatlinburg, Tenn.* 8 D13
A. E. Seaman Mineralogical Museum, *Houghton, Mich.* 6 E7
Afognak, *Alas.* 14 N13
Afognak Island, *Alas.* 14 N13
African Safari, *Port Clinton, Ohio* 7 D18
Afton, *Iowa* 4 Q11
Afton, *La.* 5 G19
Afton, *N.Y.* 11 H13
Afton, *Okla.* 5 B15
Afton, *Tex.* 5 F9
Afton, *Va.* 10 K14
Afton, *Wyo.* 1 M16
Afton Alps ?, *Minn.* 4 K12
Afton Canyon, *Calif.* 2 S12
Afton Station, *N.S.* 13 J20
Agamenticus, Mount, *Me.* 13 R2
Agar, *S. Dak.* 4 K5
Agashashok, river, *Alas.* 14 D11
Agassiz Glacier, *Mont.* 1 (C) B1
Agassiz National Wildlife Refuge, *Minn.* 4 E9
Agate, *Colo.* 3 J14
Agate Falls, *Mich.* 6 F6

Agate Fossil Beds National Monument, *Nebr.* 4 N1
Agattu Island, *Alas.* 14 Q14
Agattu Strait, *Alas.* 14 Q13
Agawa, river, *Ont.* 6 D12
Agawa Bay, *Ont.* 6 D12
Agawam, *Mass.* 12 S6
Agecroft Hall, *Richmond, Va.* 10 M18
Agency, *Iowa* 4 P13
Agency Lake, *Oreg.* 1 M4
Agenda, *Kans.* 4 R8
Aghiyuk Island, *Alas.* 14 Q11
Aglapuk, river, *Alas.* 14 E9
Agness, *Oreg.* 1 M2
Agnew Lake, *Ont.* 6 F16
Agoura, *Calif.* 2 T9
Agra, *Okla.* 5 C13
Agricola, *Miss.* 8 M5
Agricultural Hall of Fame and National Center, *Bonner Springs, Kans.* 4 S10
Agricultural Museum, *Clayton, N.Y.* 11 C12
Agriculture and Forestry Museum, *Jackson, Miss.* 8 K3
Agua Caliente, *Ariz.* 3 T2
Agua Caliente Indian Reservation, *Calif.* 2 U12
Aguada, *P. R.* 9 (B) A1
Aguadilla, *P. R.* 9 (B) A1
Aguadilla, Bahía de, *P. R.* 9 (B) A1
Agua Dulce, *Tex.* 5 N12
Agua Fria, river, *Ariz.* 3 S4
Aguanga, *Calif.* 2 U12
Agua Nueva, *Tex.* 5 Q12
Aguas Buenas, *P. R.* 9 (B) A4
Agua Tibia Wilderness, *Calif.* 2 U12
Aguila, *Ariz.* 3 R3
Águila, Punta, *P.R.* 9 (B) B1
Aguilar, *Colo.* 3 L13
Aguilares, *Tex.* 5 P11
Aguirre State Forest, *P. R.* 9 (B) B3
Agujereada, Punta, *P. R.* 9 (B) A1
Ahern Pass, *Mont.* 1 (C) B3
Ahihi Bay, *Hawaii* 15 H17
Ahjumawi Lava Springs ⚓, *Calif.* 2 F5
Ahklun Mountains, *Alas.* 14 M9
Ah Louis Store, The, *San Luis Obispo, Calif.* 2 R6
Ahnapee Trail, *Wis.* 6 J9
Ahoskie, *N.C.* 8 C22
Ahsahka, *Idaho* 1 F10
Ahu a Umi Heiau, *Hawaii* 15 N20
Ahuimanu, *Hawaii* 15 (A)
Ahumoa, peak, *Hawaii* 15 M20
Ahu o Laka Island, *Hawaii* 15 (A)
Ahwahnee, *Calif.* 2 M7
Aiak, Cape, *Alas.* 14 R5
Aiaktalik, *Alas.* 14 Q12
Aialik Bay, *Alas.* 14 M15
Aialik Peninsula, *Alas.* 14 M15
Aiautak Lagoon, *Alas.* 14 C9
Aibonito, *P. R.* 9 (B) B3
Aichilik, river, *Alas.* 14 C17

Aiea, *Hawaii* 15 E11
Aiken, *S.C.* 8 H15
Aiken, *Tex.* 5 E9
Aiken ⚓, *S.C.* 8 H16
Aiken Summit, *Va.* 10 Q12
Ailey, *Ga.* 8 K14
Ailsa Craig, *Ont.* 6 M16
Aina Haina, *Hawaii* 15 (A)
Aina Moana ⚓, 15 (A)
Ainslie, Lake, *N.S.* 13 G21
Ainsworth, *Nebr.* 4 N5
Ainsworth State Forest, *Vt.* 12 G6
Air and Missile Museum, *Florence, S.C.* 8 G18
Air and Space Museum, *Washington, D. C.* 10 (A)
Air Force Space Museum, *Fla.* 9 (A)
Airlie Gardens, *Wrightsville Beach, N.C.* 8 F21
Airpower Museum, *Ottumwa, Iowa* 4 Q12
Aitkin, *Minn.* 4 H11
Aix, Mount, *Wash.* 1 F5
Ajax, *Ont.* 6 L20
Ajax Mountain, *Idaho* 1 H13
Ajo, *Ariz.* 3 U3
Ajo, Mount, *Ariz.* 3 U4
Ajo Range, *Ariz.* 3 U3
Akaka Falls ⚓, *Hawaii* 15 M22
Akamina Pass, *Alta.-B.C.* 1 (C) A2
Akaska, *S. Dak.* 4 J5
Ak Chin Indian Reservation, *Ariz.* 3 T4
Akeley, *Minn.* 4 G10
Akeonik, *Alas.* 14 A11
Akhiok, *Alas.* 14 P12
Akiachak, *Alas.* 14 K9
Aklak, *Alas.* 14 K9
Akin, *Ill.* 7 M7
Akoakoa Point, *Hawaii* 15 K20
Akron, *Ala.* 8 J7
Akron, *Colo.* 3 H14
Akron, *Ind.* 7 E12
Akron, *Iowa* 4 M8
Akron, *Mich.* 6 M14
Akron, *N.Y.* 11 F8
Akron, *Ohio* 7 E20
Akron Art Museum, *Akron, Ohio* 7 E20
Ak-Sar-Ben Gardens, *Minn.* 4 H11
Akumsuk, *Alas.* 14 H9
Akun Island, *Alas.* 14 Q6
Akutan, *Alas.* 14 Q6
Akutan Bay, *Alas.* 14 Q6
Akutan Island, *Alas.* 14 Q5
Akutan Pass, *Alas.* 14 Q5
Alabama, river, *Ala.* 8 K9
Alabama, state, *U. S.* 8 J8
Alabama & Coushatta Indian Reservation, *Tex.* 5 K16
Alabama Department of Archives and History, *Montgomery, Ala.* 8 K9
Alabama International Motor Speedway, *Ala.* 8 H9
Alabama Space and Rocket Center, *Huntsville, Ala.* 8 F8
Alabaster, *Ala.* 8 H8
Alabaster Caverns ⚓, *Okla.* 5 B11

Alachua, *Fla.* 9 D11
Aladdin, *Wyo.* 1 J23
Alagnak, river, *Alas.* 14 M11
Alaid Island, *Alas.* 14 Q14
Alakai Swamp, *Hawaii* 15 B4
Alakanuk, *Alas.* 14 H8
Alakoko *see* Menehune Fishpond, *Hawaii* 15 B5
Alaktak, *Alas.* 14 A13
Alalakeiki Channel, *Hawaii* 15 H17
Alala Lava Flow, *Hawaii* 15 P20
Alala Point, *Hawaii* 15 (A)
Alamance, *N.C.* 8 D18
Alamance Battleground, *N.C.* 8 D18
Alameda, *Calif.* 2 M4
Alameda, *N. Mex.* 3 Q11
Alamito Creek, *Tex.* 5 L5
Alamo, *Ga.* 8 K14
Alamo, *Ind.* 7 G11
Alamo, *N. Dak.* 4 E2
Alamo, *Nev.* 2 M14
Alamo, *Tenn.* 8 D5
Alamo, *Tex.* 5 R12
Alamo Indian Reservation, *N. Mex.* 3 R10
Alamo, river, *Calif.* 2 V14
Alamo, The, *San Antonio, Tex.* 5 L11
Ala Moana Park, *Hawaii* 15 (A)
Alamogordo, *N. Mex.* 3 T11
Alamo Lake ⚓, *Ariz.* 3 R2
Alamosa, *Colo.* 3 L12
Alamosa, river, *Colo.* 3 M11
Alamosa National Wildlife Refuge, *Colo.* 3 M12
Alamota, *Kans.* 4 T5
Alamo Village, *Tex.* 5 L10
Alanreed, *Tex.* 5 D9
Alanson, *Mich.* 6 H12
Alapaha, *Ga.* 8 M13
Alapaha, river, *Ga.* 8 L13
Alaska, state, *U.S.* 14 H11
Alaska, Gulf of, *Alas.* 14 N16
Alaska Chilkat Bald Eagle Preserve, *Haines, Alas.* 14 M21
Alaska Highway, *Can.-U. S.* 14 K19
Alaska Indian Arts Center, *Haines, Alas.* 14 M21
Alaskaland, *Fairbanks, Alas.* 14 G15
Alaska Maritime National Wildlife Refuge, *Alas.* 14 J5, M9, Q1, Q6, Q14, R9
Alaska Peninsula, *Alas.* 14 Q9
Alaska Peninsula National Wildlife Refuge, *Alas.* 14 P11, Q8
Alaska Range, *Alas.* 14 J14
Alaska State Museum, *Juneau, Alas.* 14 N22
Alatna, *Alas.* 14 E14
Alava, Cape, *Wash.* 1 C2
Alazan Bay, *Tex.* 5 P13
Alba, *Mich.* 6 J12
Alba, *Tex.* 5 G15
Albania Mansion, *Jeanerette, La.* 5 L19
Albany, *Ga.* 8 L12
Albany, *Ill.* 7 C5
Albany, *Ind.* 7 G14
Albany, *Ky.* 7 R14
Albany, *Minn.* 4 J10

Allis-Bushnell House, Madison, Conn. **12** W6
Allison, Iowa **4** M12
Allison, Tex. **5** C10
Allisonia, Va. **10** P9
Allison Park, Pa. **11** M5
Alliston, Ont. **6** K19
Allons, Tenn. **8** C10
Alloway, N.J. **11** Q14
Alluvial City, La. **5** L21
Allyn, Wash. **1** D4
Alma, Ark. **5** C16
Alma, Colo. **3** J11
Alma, Ga. **8** L14
Alma, Ill. **7** L7
Alma, Kans. **4** S8
Alma, Mich. **6** M12
Alma, N.B. **13** J14
Alma, Nebr. **4** R5
Alma, N.S. **13** J18
Alma, Va. **10** H15
Alma, Wis. **6** K2
Alma, W. Va. **10** E9
Alma Center, Wis. **6** K3
Almanor, Calif. **2** G6
Almanor, Lake, Calif. **2** G5
Almedia, Pa. **11** L12
Almena, Kans. **4** R5
Almena, Wis. **6** H2
Almeria, Nebr. **4** N5
Almira, Wash. **1** D8
Almo, Idaho **1** N13
Almond, N.Y. **11** H9
Almond, Wis. **6** K6
Almondsville, Va. **10** M20
Almont, N. Dak. **4** G4
Almonte, Ont. **6** H23
Almyra, Ark. **5** E19
Aloha ♣, Mich. **6** H13
Aloha Tower, Honolulu, Hawaii **15** F11
Alpaugh, Calif. **2** Q8
Alpena, Ark. **5** B17
Alpena, Mich. **6** J14
Alpena, S. Dak. **4** L7
Alpha, Ill. **7** D5
Alpharetta, Ga. **8** G12
Alpine, Ariz. **3** S8
Alpine, Calif. **2** V12
Alpine, Mont. **1** (B) A4
Alpine, N.Y. **11** H11
Alpine, Oreg. **1** J3
Alpine, Tenn. **8** C11
Alpine, Tex. **5** K6
Alpine, Utah **3** G5
Alpine Junction, Wyo. **1** L16
Alpine Lake 🎣, W. Va. **10** E12
Alpine Lakes Wilderness, Wash. **1** D5
Alpine Meadows 🎿, Calif. **2** J7
Alpine Ridge 🎿, N.H. **12** K11
Alpine Valley 🎿, Mich. **6** N14
Alpine Valley 🎿, Ohio **7** C21
Alpine Valley 🎿, Wis. **6** N7
Alpoca, W. Va. **10** M7
Alsea, Oreg. **1** J2
Alsek, river, Yukon Terr. **14** L20
Alsen, N. Dak. **4** E6
Alsey, Ill. **7** H4
Alstead, N.H. **12** M7
Alston, Mich. **6** E7
Alta, Calif. **2** J6
Alta, Colo. **3** L9
Alta, Iowa **4** M10

Alta, Utah **3** G5
Alta Lake ♣, Wash. **1** D6
Altamaha, river, Ga. **8** L15
Altamahaw, N.C. **8** C18
Altamont, Ill. **7** K7
Altamont, Kans. **4** V9
Altamont, N.Y. **11** G16
Altamont, Oreg. **1** N4
Altamont, Tenn. **8** E10
Altamont, Utah **3** G6
Altamonte Springs, Fla. **9** G13
Alta Sierra, Calif. **2** Q9
Altaville, Calif. **2** L6
Altavista, Va. **10** N13
Altenburg, Mo. **4** U16
Altha, Fla. **9** B6
Altheimer, Ark. **5** E19
Altmar, N.Y. **11** E12
Alto, Ga. **8** F13
Alto, La. **5** G19
Alto, Mich. **6** N11
Alto, N. Mex. **3** S12
Alto, Tex. **5** H15
Alto, Cerro, Tex. **5** H4
Alton, Calif. **2** F2
Alton, Ill. **7** K5
Alton, Ind. **7** M12
Alton, Iowa **4** M9
Alton, Kans. **4** S6
Alton, Mo. **4** V14
Alton, N.H. **12** K11
Alton, N.Y. **11** E11
Alton, R.I. **12** V9
Alton, Utah **3** L4
Alton, W. Va. **10** G10
Altona, Ill. **7** E5
Altona, Ind. **7** D14
Altona, N.Y. **11** A17
Altona, St. Thomas **9** (C) A1
Alton Bay, N.H. **12** K11
Altoona, Ala. **8** G9
Altoona, Fla. **9** F13
Altoona, Kans. **4** U9
Altoona, Pa. **11** M8
Altoona, Wis. **6** J3
Alto Pass, Ill. **7** N6
Alturas, Calif. **2** E6
Alturas, Fla. **9** J13
Altus, Ark. **5** C16
Altus, Okla. **5** E11
Altus, Lake, Okla. **5** D11
Altus Air Force Base, Okla. **5** D11
Alum Creek, W. Va. **10** J6
Alum Creek ♣, Ohio **7** G18
Alum Ridge, Va. **10** P9
Alum Rock Park, San Jose, Calif. **2** M5
Alunite, Nev. **2** Q14
Alva, Fla. **9** L13
Alva, Okla. **5** B11
Alva, Wyo. **1** J23
Alvada, Ohio **7** E17
Alvarado, Minn. **4** E8
Alvarado, Tex. **5** G13
Alverstone, Mount, Alas.-Yukon Terr. **14** L19
Alvin, Ill. **7** G10
Alvin, Tex. **5** L15
Alvinston, Ont. **6** N16
Alvo, Nebr. **4** Q8
Alvon, W. Va. **10** K10
Alvord, Tex. **5** F13
Alvord Desert, Oreg. **1** M8
Alvord Lake, Oreg. **1** N8

Alvy, W. Va. **10** E9
Alzada, Mont. **1** H23
Amador County Museum, Jackson, Calif. **2** K6
Amagansett, N.Y. **11** L20
Amagansett National Wildlife Refuge, N.Y. **11** L20
Amak Island, Alas. **14** Q7
Amana, Iowa **4** P13
Amana Colonies, Amana, Iowa **4** P13
Amana Heim, Homestead, Iowa **4** P13
Amanda, Ohio **7** H18
Amanda Park, Wash. **1** D2
Amanka Lake, Alas. **14** M10
Amargosa, river, Calif. **2** P13
Amargosa Desert, Nev. **2** P12
Amargosa Range, Calif. **2** P12
Amargosa Valley, Nev. **2** P12
Amarillo, Tex. **5** D8
Amarillo Garden Center, Amarillo, Tex. **5** D8
Amarillo Livestock Auctions, Amarillo, Tex. **5** D8
Amasa, Mich. **6** F7
Amasa Day House, Moodus, Conn. **12** V7
Amatignak Island, Alas. **14** R18
Amatusuk Hills, Alas. **14** B11
Amazonia, Mo. **4** R10
Amber Bay, Alas. **14** P11
Amberg, Wis. **6** H8
Ambergris Cay, Bahamas **9** N21
Amberley, Ont. **6** L16
Ambia, Ind. **7** F10
Ambler, Alas. **14** E12
Ambler, river, Alas. **14** E12
Amboy, Calif. **2** S14
Amboy, Ill. **7** C6
Amboy, Ind. **7** F12
Amboy, Minn. **4** L11
Amboy Crater, Calif. **2** S13
Ambridge, Pa. **11** M5
Ambrose, Ga. **8** L14
Ambrose, N. Dak. **4** D2
Ambrose A. Call ♣, Iowa **4** M11
Amchitka, Alas. **14** R17
Amchitka Island, Alas. **14** R17
Amchitka Pass, Alas. **14** R17
Ameagle, W. Va. **10** K7
Amelia, La. **5** L20
Amelia, Nebr. **4** N6
Amelia, Ohio **7** K16
Amelia City, Fla. **9** B13
Amelia Court House, Va. **10** M16
Amelia Island, Fla. **9** B14
Amenia, N.Y. **11** J17
American, river, Calif. **2** K6
American Antiquarian Society, Worcester, Mass. **12** R9
American Camellia Society National Headquarters and Gardens, Marshallville, Ga. **8** K12
American Clock and Watch Museum, Bristol, Conn. **12** U5

American Falls, Idaho **1** M14
American Falls Dam, Idaho **1** M14
American Falls Reservoir, Idaho **1** M14
American Fly Fishing Museum, Manchester Center, Vt. **12** L4
American Fork, Utah **3** G5
American Fur Company Trading Post, Mackinac Island, Mich. **6** G12
American Legion State Forest, Conn. **12** T4
American Legion State Forest, Wis. **6** G6
American Museum of Fire Fighting, Hudson, N.Y. **11** H17
American Museum of Natural History, New York, N.Y. **11** M17
American Museum of Science and Energy, Oak Ridge, Tenn. **8** D12
American Precision Museum, Windsor, Vt. **12** K7
American Printing House for the Blind, Louisville, Ky. **7** M13
American Rose Center, Shreveport, La. **5** G17
American Saddle Horse Museum, Mexico, Mo. **4** S13
American Shakespeare Theatre, Stratford, Conn. **12** W4
American Swedish Historical Museum, Philadelphia, Pa. **11** P14
American Swedish Institute, Minneapolis, Minn. **4** K11
America's Stonehenge, N. Salem, N.H. **12** N11
Americus, Ga. **8** K12
Americus, Kans. **4** T8
Amery, Wis. **6** H2
Ames, Iowa **4** N11
Ames, Kans. **4** S7
Ames, Okla. **5** B12
Amesbury, Mass. **12** N12
Ames-Nowell ♣, Mass. **12** S12
Amet Sound, N.S. **13** H17
Amherst, Colo. **3** G15
Amherst, Mass. **12** R6
Amherst, Me. **13** L7
Amherst, N.H. **12** N10
Amherst, N.S. **13** H15
Amherst, N.Y. **11** F8
Amherst, Ohio **7** D19
Amherst, S. Dak. **4** J7
Amherst, Tex. **5** E7
Amherst, Va. **10** L13
Amherst, Wis. **6** K6
Amherst, Île see Havre Aubert, Île du, Que. **13** D19
Amherstburg, Ont. **6** Q15
Amherst College, Amherst, Mass. **12** Q6
Amherstdale, W. Va. **10** L6
Amicalola Falls ♣, Ga. **8** F12
Amidon, N. Dak. **4** G2

Antero Reservoir ♣, *Colo.* 3 J12
Anthony, *Fla.* 9 E12
Anthony, *Kans.* 4 V7
Anthony, *N. Mex.* 3 U11
Anthony, *R.I.* 12 U10
Anthony, *Tex.* 5 H3
Anthony, *W. Va.* 10 K10
Anthony Creek, *W. Va.* 10 K10
Anthony Lakes ⋔, *Oreg.* 1 J8
Anthony Peak, *Calif.* 2 H3
Anthracite Museum, *Scranton, Pa.* 11 K13
Anthropology Museum, *DeKalb, Ill.* 7 C7
Antietam Creek, *Md.* 10 D17
Antietam National Battlefield, *Md.* 10 E17
Antigo, *Wis.* 6 H6
Antigonish, *N.S.* 13 J19
Antigonish Harbour, *N.S.* 13 J20
Antilles Current, 9 K23
Antimony, *Utah* 3 K5
Antioch, *Calif.* 2 L5
Antioch, *Ill.* 7 A9
Antioch, *Nebr.* 4 N2
Antiquarian House, *Plymouth, Mass.* 12 S13
Antique Automobile Museum, *Asheville, N.C.* 8 D14
Antique Automobile Museum, *Edmundston, N.B.* 13 D7
Antique Town, *Murdo, S. Dak.* 4 L4
Antler, *N. Dak.* 4 D4
Antler, river, *Sask.* 4 D4
Antler Peak, *Nev.* 2 G11
Antlers, *Okla.* 5 E15
Antoine ♣, *Ont.* 6 F20
Anton, *Colo.* 3 H14
Anton Chico, *N. Mex.* 3 Q12
Antonito, *Colo.* 3 M12
Antrim, *N.H.* 12 M9
Antrim, *Pa.* 11 J10
Antwerp, *N.Y.* 11 C13
Antwerp, *Ohio* 7 E15
Anvik, *Alas.* 14 J10
Anvik, river, *Alas.* 14 H10
Anvil Peak, *Alas.* 14 R17
Anza, *Calif.* 2 U12
Anza-Borrego Desert State Park, *Calif.* 2 V13
Apache, *Okla.* 5 D12
Apache Junction, *Ariz.* 3 S5
Apache Kid Wilderness, *N. Mex.* 3 S10
Apache Mountain, *N. Mex.* 3 S8
Apache Mountains, *Tex.* 5 J5
Apache National Forest, *Ariz.-N. Mex.* 3 S8
Apache Pass, *Ariz.* 3 U7
Apache Peak, *Ariz.* 3 V6
Apalachee Bay, *Fla.* 9 D8
Apalachicola, *Fla.* 9 D6
Apalachicola, river, *Fla.* 9 C6
Apalachicola Bay, *Fla.* 9 D6
Apalachicola National Forest, *Fla.* 9 C7
Apalachin, *N.Y.* 11 H12
Apavawook Cape, *Alas.* 14 G7

Apex, *N.C.* 8 D19
Apgar, *Mont.* 1 (C) C2
Apgar Mountains, *Mont.* 1 (C) C2
Apishapa, river, *Colo.* 3 L13
Apohaqui, *N.B.* 13 J13
Apokak, *Alas.* 14 L9
Apole Point, *Hawaii* 15 J18
Apollo, *Pa.* 11 M6
Apollo Beach, *Fla.* 9 J12
Apopka, *Fla.* 9 G13
Apopka, Lake, *Fla.* 9 G13
Apostle Islands, *Wis.* 6 E5
Apostle Islands National Lakeshore, *Wis.* 6 E4
Appalachia, *Va.* 10 P3
Appalachian Mountains, *U.S.* 8 E12; 10 L11; 11 J12; 12 G8
Appalachian National Scenic Trail, *U.S.* 8 F12; 12 G10; 13 K3
Appalachian Ski Mountain ⋔, *N.C.* 8 C15
Apple, river, *Ill.* 7 B5
Apple, river, *Wis.* 6 H2
Apple Creek, *Ill.* 7 J4
Apple Creek, *Ohio* 7 E20
Applegate, *Calif.* 2 J6
Applegate, *Mich.* 6 M15
Apple Grove, *W. Va.* 10 H5
Apple Pie Hill, *N.J.* 11 P15
Apple River, *Ill.* 7 A5
Apple River, *N.S.* 13 J14
Apple River Canyon ♣, *Ill.* 7 A5
Apple Springs, *Tex.* 5 J15
Appleton, *Minn.* 4 J9
Appleton, *Wis.* 6 K7
Appleton City, *Mo.* 4 T11
Apple Valley, *Calif.* 2 S11
Apple Valley, *Minn.* 4 K12
Appling, *Ga.* 8 H14
Appomattox, *Va.* 10 M14
Appomattox, river, *Va.* 10 M15
Appomattox Court House National Historical Park, *Va.* 10 M14
Apsley, *Ont.* 6 J21
Aptos, *Calif.* 2 N4
Aptucxet Trading Post, *Bourne, Mass.* 12 U14
Apua Point, *Hawaii* 15 Q22
Apuupuu Seamount, *N. Pac. Oc.* 15 Q11
Aqua Circus, *W. Yarmouth, Mass.* 12 U15
Aquarama, *Cypress Gardens, Fla.* 9 H13
Aquarena Springs, *San Marcos, Tex.* 5 L12
Aquarium of Niagara Falls, *Niagara Falls, N.Y.* 11 F7
Aquarius Mountains, *Ariz.* 3 Q3
Aquebogue, *N.Y.* 11 L19
Aquia Creek, *Va.* 10 H18
Aquilla, *Ohio* 7 C21
Aquilla, *Tex.* 5 H13
Arab, *Ala.* 8 G9
Arabi, *Ga.* 8 L12
Aragon, *Ga.* 8 G10
Aransas, river, *Tex.* 5 N13
Aransas Bay, *Tex.* 5 N13

Aransas National Wildlife Refuge, *Tex.* 5 N14
Aransas Pass, *Tex.* 5 N13
Arapaho, *Okla.* 5 C11
Arapahoe, *Colo.* 3 J16
Arapahoe, *Nebr.* 4 Q5
Arapahoe, *Wyo.* 1 M19
Arapahoe Basin ⋔, *Colo.* 3 H12
Arapahoe National Wildlife Refuge, *Colo.* 3 G11
Arapaho National Forest, *Colo.* 3 G11
Ararat, *Va.* 10 Q9
Aravaipa Canyon Primitive Area, *Ariz.* 3 T6
Arboles, *Colo.* 3 M10
Arbon, *Idaho* 1 M14
Arbor Lodge ▲, *Nebr.* 4 Q9
Arbovale, *W. Va.* 10 H11
Arbuckle, *Calif.* 2 J4
Arbuckle, *W. Va.* 10 G6
Arbuckle, Lake, *Fla.* 9 J14
Arbuckle Mountains, *Okla.* 5 E13
Arbutus, Lake, *Wis.* 6 K4
Arbyrd, *Mo.* 4 W15
Arcade, *N.Y.* 11 G8
Arcade and Attica Railroad, *Arcade, N.Y.* 11 G8
Arcadia, *Calif.* 2 T10
Arcadia, *Fla.* 9 K13
Arcadia, *Ind.* 7 G12
Arcadia, *Kans.* 4 U10
Arcadia, *La.* 5 G17
Arcadia, *Mich.* 6 K10
Arcadia, *Nebr.* 4 P6
Arcadia, *N.S.* 13 P12
Arcadia, *Ohio* 7 E17
Arcadia, *Pa.* 11 M7
Arcadia, *R.I.* 12 U9
Arcadia, *S.C.* 8 E15
Arcadia, *Wis.* 6 K3
Arcadia Management Area, *R.I.* 12 U9
Arcadian Copper Mine, *Hancock, Mich.* 6 E7
Arcanum, *Ohio* 7 G15
Arcata, *Calif.* 2 F2
Arcata Bay, *Calif.* 2 F1
Arc Dome, *Nev.* 2 K11
Archbald, *Pa.* 11 K14
Archbald Pothole ♣, *Pa.* 11 K13
Archbold, *Ohio* 7 D15
Arch Cape, *Oreg.* 1 G2
Archdale, *N.C.* 8 D17
Archer, *Fla.* 9 E11
Archer City, *Tex.* 5 F11
Arches National Park, *Utah* 3 K8
Archie, *Mo.* 4 T11
Archimedes Ridge, *Alas.* 14 B11
Arco, *Idaho* 1 L13
Arcola, *Ill.* 7 H8
Arcola, *Ind.* 7 E14
Arcola, *Miss.* 8 H3
Arcosanti, *Ariz.* 3 R4
Arctic Circle 14 E22
Arctic Lagoon, *Alas.* 14 E9
Arctic National Wildlife Refuge, *Alas.* 14 C17
Arctic Ocean 14 A15
Arctic Red, river, *N.W.T.* 14 F22

Arctic Red River, *N.W.T.* 14 D21
Arctic Valley ⋔, *Alas.* 14 L15
Arctic Village, *Alas.* 14 D16
Ardastra Gardens, *Nassau, Bahamas* 9 Q22
Ardbeg, *Ont.* 6 G18
Arden, *Nev.* 2 Q14
Arden, *Wash.* 1 C9
Arden, *W. Va.* 10 F11
Ardenvoir, *Wash.* 1 D6
Ardmore, *Ala.* 8 E8
Ardmore, *Ind.* 7 C12
Ardmore, *Okla.* 5 E13
Ardoch, *N. Dak.* 4 E8
Ardoch National Wildlife Refuge, *N. Dak.* 4 E8
Arecibo, *P. R.* 9 (B) A2
Arecibo Ionospheric Observatory, *P. R.* 9 (B) A2
Arena, Point, *Calif.* 2 J2
Arenas, Punta, *P. R.* 9 (B) B5
Arena Stage, *Washington, D. C.* 10 (A)
Arenzville, *Ill.* 7 H5
Arey Island, *Alas.* 14 B17
Argenta, *Ill.* 7 G7
Argonia, *Kans.* 4 U7
Argonne, *Wis.* 6 G6
Argos, *Ind.* 7 D12
Argos, Cape, *N.S.* 13 J21
Arguello, Point, *Calif.* 2 S6
Argus, *Calif.* 2 Q11
Argus Range, *Calif.* 2 P11
Argusville, *N. Dak.* 4 G8
Argyle, *Ga.* 8 M14
Argyle, *Mich.* 6 M15
Argyle, *Minn.* 4 E8
Argyle, *N.Y.* 11 E17
Argyle, *Wis.* 6 N5
Argyle Lake ♣, *Ill.* 7 F4
Argyle Shore, *P.E.I.* 13 G17
Ariaíl, *S.C.* 8 F14
Arichat, *N.S.* 13 J22
Arikaree, river, *Colo.* 3 H15
Arimo, *Idaho* 1 M15
Aripeka, *Fla.* 9 G11
Arisaig, *N.S.* 13 H19
Ariton, *Ala.* 8 L10
Arizona, state, *U. S.* 3 R3
Arizona City, *Ariz.* 3 T5
Arizona Historical Society Museum, *Tucson, Ariz.* 3 U6
Arizona History Room, *Phoenix, Ariz.* 3 S4
Arizona Mineral Museum, *Phoenix, Ariz.* 3 S4
Arizona Museum, *Phoenix, Ariz.* 3 S4
Arizona Snow Bowl ⋔, *Ariz.* 3 P4
Arizona-Sonora Desert Museum, *Ariz.* 3 U5
Arizona State Museum, *Tucson, Ariz.* 3 U6
Arjay, *Ky.* 7 Q17
Ark, *Va.* 10 M20
Arkabutla, *Miss.* 8 F4
Arkabutla Lake, *Miss.* 8 F4
Arkadelphia, *Ark.* 5 E18
Arkansas, river, *U. S.* 3 K11; 4 U5; 5 D16
Arkansas, state, *U. S.* 5 D18

Bangor, *Me.* 13 L6
Bangor, *Mich.* 6 P10
Bangor, *Pa.* 11 L14
Bangor, *Wash.* 1 (A) E3
Bangor, *Wis.* 6 L4
Bangor Historical Society Museum, *Bangor, Me.* 13, L6
Bangs, *Tex.* 5 H11
Bangs, Mount, *Ariz.* 3 M3
Banilda, *Idaho* 1 N15
Ban Island, *Alas.* 14 N13
Banister, river, *Va.* 10 P12
Bankhead Lake, *Ala.* 8 H7
Banks, *Ala.* 8 L10
Banks, *Ark.* 5 F18
Banks, *Idaho* 1 K10
Banks, *Miss.* 8 E4
Banks, Point, *Alas.* 14 N13
Banks Lake, *Wash.* 1 D7
Banks Lake National Wildlife Refuge, *Ga.* 8 M13
Bankston, *Ala.* 8 H7
Bannack, *Mont.* 1 H14
Bannack ♣, *Mont.* 1 H14
Banner, *Ill.* 7 F6
Banner, *Wyo.* 1 J20
Banner Elk, *N.C.* 8 C15
Banner Hill, *Tenn.* 8 C14
Bannerman Town, *Bahamas* 9 R24
Bannertown, *N.C.* 8 C17
Banning, *Calif.* 2 T12
Banning ♣, *Minn.* 4 H12
Bannock Peak, *Idaho* 1 M14
Bannock Range, *Idaho* 1 M14
Banquete, *Tex.* 5 N12
Bantalor Game Management Area, *N.B.* 13 G11
Bantam, *Conn.* 12 U4
Bantam Lake, *Conn.* 12 U4
Bantry, *N. Dak.* 4 E5
Bar, river, *Ont.* 6 (A) A3
Baraboo, *Wis.* 6 M5
Baraboo, river, *Wis.* 6 M5
Baraboo Range, *Wis.* 6 M5
Barachois, *N.B.* 13 G15
Baraga, *Mich.* 6 E7
Baranof, *Alas.* 14 P21
Baranof Castle Hill State Historic Site, *Sitka, Alas.* 14 P21
Baranof Island, *Alas.* 14 P21
Baranof Museum, *Kodiak, Alas.* 14 P13
Barataria, *La.* 5 L21
Barataria Bay, *La.* 5 L21
Barataria Pass, *La.* 5 L21
Barbara Fritchie House and Museum, *Frederick, Md.* 10 E18
Barbeau, *Mich.* 6 (A) B2
Barber ♣, *Kans.* 4 U6
Barbers Point, *Hawaii* 15 E10
Barbers Point Naval Air Station, *Hawaii* 15 E10
Barberton, *Ohio* 7 E20
Barberville, *Fla.* 9 F13
Barbour Ponds ♣, *Colo.* 3 G12
Barbour's General Store, *St. John, N.B.* 13 K12
Barboursville, *Va.* 10 J15
Barboursville, *W. Va.* 10 H5

Barbourville, *Ky.* 7 Q16
Barca, Cayos de, *P. R.* 9 (B) B3
Barcelona, *N.Y.* 11 H6
Barclay, *Md.* 10 F21
Barco, *N.C.* 8 C23
Bard, *Calif.* 2 V15
Bardolph, *Ill.* 7 F4
Bardstown, *Ky.* 7 N14
Bardwell, *Ky.* 7 Q7
Bare Hill Pond, *Mass.* 12 Q10
Bare Mountain, *Nev.* 2 N12
Bareville, *Pa.* 11 N12
Barfield, *Ala.* 8 H10
Barge Canal, *Fla.* 9 (A)
Bargersville, *Ind.* 7 J12
Barge Turning Basin, *Fla.* 9 (A)
Barhamsville, *Va.* 10 M19
Bar Harbor, *Me.* 13 N7
Baril Station, Pointe au, *Ont.* 6 H18
Baring, *Me.* 13 K9
Barkcamp ♣, *Ohio* 7 G21
Bark Camp Recreation Area, *Va.* 10 P4
Barker, *N.Y.* 11 E8
Barker House, *Edenton, N.C.* 8 C22
Barkeyville, *Pa.* 11 K5
Barkhamsted Reservoir, *Conn.* 12 T5
Barking Sands, *Hawaii* 15 B3
Barking Sands Military Reservation, *Hawaii* 15 B3
Bark Lake, *Ont.* 6 E15
Bark Lake, *Ont.* 6 H21
Barkley, Lake, *Ky.* 7 Q9
Bark Point, *Wis.* 6 E3
Bark River, *Mich.* 6 G9
Barksdale Air Force Base, *La.* 5 G17
Barlow, *Ky.* 7 Q7
Barlow Pass, *Oreg.* 1 H5
Bar Mills, *Me.* 13 Q2
Barnabus, *W. Va.* 10 L5
Barnaby, river, *N.B.* 13 E13
Barnaby River, *N.B.* 13 E13
Barnard, *Kans.* 4 S7
Barnard, *S. Dak.* 4 J6
Barnard, *Vt.* 12 J6
Barnard Glacier, *Alas.* 14 L18
Barnegat, *N.J.* 11 P16
Barnegat Bay, *N.J.* 11 P16
Barnegat Light, *N.J.* 11 P16
Barnegat Lighthouse ♣, *N.J.* 11 P16
Barnegat National Wildlife Refuge, *N.J.* 11 P16
Barnes, *Pa.* 11 J7
Barnesboro, *Pa.* 11 M7
Barnes Corners, *N.Y.* 11 D13
Barnes Foundation Museum, *Philadelphia, Pa.* 11 P14
Barnes Junction, *Va.* 10 P15
Barnes Sound, *Fla.* 9 Q16
Barnesville, *Ga.* 8 J12
Barnesville, *Minn.* 4 G8
Barnesville, *Ohio* 7 G21
Barnesville, *Pa.* 11 L12
Barnet, *Vt.* 12 F8
Barnett Reservoir, *Miss.* 8 J4
Barneveld, *N.Y.* 11 E14
Barney Top, *Utah* 3 L5

Barnhart, *Tex.* 5 J9
Barnhill, *Ill.* 7 M8
Barnsdall, *Okla.* 5 B14
Barnstable, *Mass.* 12 U14
Barnstable Harbor, *Mass.* 12 U14
Barnstead, *N.H.* 12 L11
Barnum, *Minn.* 4 H12
Barnum Museum, *Bridgeport, Conn.* 12 W4
Darnwell, *S.C.* 8 H16
Barnwell ♣, *S.C.* 8 H16
Barometer Mountain, *Alas.* 14 K11
Barona Ranch Indian Reservation, *Calif.* 2 V12
Baron Bluff, *St. Croix* 9 (C) B2
Baron Fork, Illinois River, *Okla.* 5 C15
Barques, Point aux, *Mich.* 6 G10
Barrackville, *W. Va.* 10 E10
Barranquitas, *P. R.* 9 (B) B3
Barra Strait, *N.S.* 13 H22
Barre, *Mass.* 12 Q8
Barre, *Vt.* 12 F7
Barren, river, *Ky.* 7 Q12
Barren Island, *Md.* 10 J21
Barren Island, *N.S.* 13 L20
Barren Islands, *Alas.* 14 N13
Barren River Lake, *Ky.* 7 Q12
Barren River Lake ♣, *Ky.* 7 Q13
Barre Plains, *Mass.* 12 Q8
Barrett, *Minn.* 4 H9
Barrett, *W. Va.* 10 K6
Barrie, *Ont.* 6 K19
Barrie Island, *Ont.* 6 G15
Darrington, *Ill.* 7 B8
Barrington, *N.H.* 12 L12
Barrington, *N.S.* 13 Q13
Barrington, *R.I.* 12 U11
Barrington Bay, *N.S.* 13 Q13
Barrington Passage, *N.S.* 13 Q12
Bar River, *Ont.* 6 (A) A3
Barr Lake ♣, *Colo.* 3 H13
Barron, *Wis.* 6 H2
Barronett, *Wis.* 6 G2
Barrow, *Alas.* 14 A13
Barrow, Point, *Alas.* 14 A13
Barry, *Ill.* 7 H3
Barry, *Tex.* 5 H14
Barry's Bay, *Ont.* 6 G22
Barryton, *Mich.* 6 L12
Barryville, *N.B.* 13 D13
Barryville, *N.Y.* 11 K15
Barss Corner, *N.S.* 13 M14
Barstow, *Calif.* 2 S11
Barstow, *Tex.* 5 H6
Bartelso, *Ill.* 7 L6
Barter Island, *Alas.* 14 B17
Bartholomew's Cobble, *Mass.* 12 S3
Bartlesville, *Okla.* 5 B14
Bartlett, *Nebr.* 4 N6
Bartlett, *N.H.* 12 G11
Bartlett, *Tenn.* 8 E4
Bartlett, *Tex.* 5 K13
Bartlett Arboretum, *Kans.* 4 U7
Bartlett Cove, *Alas.* 14 N21
Bartlett Reservoir, *Ariz.* 3 S5
Bartley, *W. Va.* 10 M6
Barton, *Ala.* 8 F7

Barton, *Md.* 10 E13
Barton, *N. Dak.* 4 E5
Barton, *N.S.* 13 M12
Barton, *Ohio* 7 G22
Barton, *Vt.* 12 D8
Barton City, *Mich.* 6 J13
Bartonsville, *Vt.* 12 L6
Bartonville, *Ill.* 7 F6
Bartow, *Fla.* 9 H13
Bartow, *Ga.* 8 J14
Bartow, *W. Va.* 10 H11
Bartram's Gardens, *Philadelphia, Pa.* 11 P14
Barwick, *Ga.* 8 N13
Basalt, *Colo.* 3 J10
Basalt, *Idaho* 1 L15
Basalt, *Nev.* 2 L10
Bas Caraquet, *N.B.* 13 B14
Basco, *Ill.* 7 F3
Bascom, *Ohio* 7 E17
Bashbish Falls, *Mass.* 12 S3
Bashbish Falls State Forest, *Mass.* 12 S3
Bashi, *Ala.* 8 K7
Basile, *La.* 5 K18
Basilica of the Assumption of the Blessed Virgin, *Baltimore, Md.* 10 E20
Basin, *Mont.* 1 G14
Basin, *Wyo.* 1 J19
Basin Bayou ♣, *Fla.* 9 B4
Basinger, *Fla.* 9 K14
Basin Harbor, *Vt.* 12 F3
Basin Head Fisheries Museum, *Souris, P.E.I.* 13 G19
Basin Head Harbour, *P.E.I.* 13 G20
Basin Pond Campground, *N.H.* 12 F12
Baskahegan Lake, *Me.* 13 J8
Baskatong, Réservoir, *Que.* 6 E24
Baskett, *Ky.* 7 N10
Baskett Slough National Wildlife Refuge, *Oreg.* 1 H3
Baskin, *La.* 5 G19
Basom, *N.Y.* 11 F8
Bassett, *Nebr.* 4 N6
Bassett, *Va.* 10 P11
Bassett Peak, *Ariz.* 3 U6
Bassfield, *Miss.* 8 L4
Bass Harbor, *Me.* 13 N7
Bass Lake, *Calif.* 2 M8
Bass Lake, *Ind.* 7 E11
Bass Lake ♣, *Ind.* 7 D11
Bass Lake ♣, *Ont.* 6 J19
Bass River, *N.S.* 13 J16
Bass River State Forest, *N.J.* 11 Q16
B. A. Steinhagen Lake, *Tex.* 5 J16
Bastian, *Va.* 10 N8
Bastrop, *La.* 5 G19
Bastrop, *Tex.* 5 L13
Bastrop ♣, *Tex.* 5 L13
Basye, *Va.* 10 G14
Batavia, *Ill.* 7 C8
Batavia, *Iowa* 4 Q13
Batavia, *N.Y.* 11 F9
Batavia, *Ohio* 7 K16
Batchawana, river, *Ont.* 6 E13
Batchawana Bay, *Ont.* 6 E12

Beltrami Island State Forest, *Minn.* **4** E10
Beltzville ♣, *Pa.* **11** L13
Beluga Lake, *Alas.* **14** K14
Belva, *W. Va.* **10** J8
Belvidere, *Ill.* **7** B8
Belvidere, *Kans.* **4** U6
Belvidere, *N.J.* **11** M14
Belvidere, *S. Dak.* **4** L4
Belvidere Center, *Vt.* **12** D6
Belvidere Mountain, *Vt.* **12** D6
Belzoni, *Miss.* **8** H3
Bement, *Ill.* **7** H8
Bemidji, *Minn.* **4** F10
Bemis, *Tenn.* **8** D5
Bemiss, *Ga.* **8** M13
Bemus Point, *N.Y.* **11** H7
Bena, *Minn.* **4** G10
Benavides, *Tex.* **5** P12
Ben Bolt, *Tex.* **5** P12
Benbow Lake ♣, *Calif.* **2** G2
Bend, *Oreg.* **1** K5
Bendeleben Mountains, *Alas.* **14** F9
Bendigo ♣, *Pa.* **11** K8
Benedict, *Md.* **10** H20
Benedict, *N. Dak.* **4** F4
Benedicta, *Me.* **13** H7
Ben Eoin, *N.S.* **13** H23
Benge, *Wash.* **1** F8
Benham, *Ky.* **7** Q18
Ben Hawes ♣, *Ky.* **7** N10
Ben Hur, *Ark.* **5** C17
Ben Hur, *Va.* **10** P2
Benicia ♣, *Calif.* **2** L4
Benid, *Ill.* **7** K6
Benjamin, *Tex.* **5** F10
Benjamin Harrison Home, *Indianapolis, Ind.* **7** H12
Benkelman, *Nebr.* **4** R3
Ben Lomond, *Ark.* **5** F16
Ben Lomond, *Calif.* **2** N4
Bennet, *Nebr.* **4** Q8
Bennett, *Colo.* **3** H13
Bennett, *N.C.* **8** D18
Bennett, *Wis.* **6** F3
Bennett Lake, *Yukon Terr.* **14** L21
Bennett Peak, *N. Mex.* **3** N8
Bennett Place, *Durham, N.C.* **8** C19
Bennett Spring ♣, *Mo.* **4** U12
Bennettsville, *S.C.* **8** F18
Bennington, *Idaho* **1** N16
Bennington, *N.H.* **12** M8
Bennington, *Okla.* **5** E14
Bennington, *Vt.* **12** N4
Bennington Battlefield, *North Hoosick, N.Y.* **11** F17
Bennington Battle Monument, *Bennington, Vt.* **12** N4
Bennington Museum, *Bennington, Vt.* **12** N4
Benns Church, *Va.* **10** P20
Benoit, *Miss.* **8** G3
Benoit, *Wis.* **6** F4
Bensley, *Va.* **10** M17
Benson, *Ariz.* **3** U6
Benson, *Ill.* **7** E7
Benson, *Minn.* **4** J9
Benson, *N.C.* **8** E20
Benson, *Vt.* **12** J4
Benson's Wild Animal Farm, *N.H.* **12** P11

Bens Run, *W. Va.* **10** E8
Bentinck Point, *N.S.* **13** F23
Bentley, *Mich.* **6** L13
Bentley, *N. Dak.* **4** H3
Bentleyville, *Pa.* **11** N5
Benton, *Ala.* **8** K8
Benton, *Ark.* **5** D18
Benton, *Calif.* **2** L9
Benton, *Ill.* **7** M7
Benton, *Ind.* **7** D13
Benton, *La.* **5** G17
Benton, *Me.* **13** M5
Benton, *Miss.* **8** J3
Benton, *Mo.* **4** U16
Benton, *N.B.* **13** H8
Benton, *N.H.* **12** G9
Benton, *Pa.* **11** L12
Benton, *Tenn.* **8** E11
Benton, *Wis.* **6** N4
Benton City, *Wash.* **1** F7
Benton Harbor, *Mich.* **6** P9
Bentonia, *Miss.* **8** J3
Benton Lake National Wildlife Refuge, *Mont.* **1** D16
Bentonville, *Ark.* **5** B16
Bentonville, *Va.* **10** G15
Bentonville Battlefield , *N.C.* **8** E20
Bentsen-Rio Grande Valley ♣, *Tex.* **5** R11
Bent's Old Fort National Historic Site, *Colo.* **3** L14
Benwood, *W. Va.* **10** C9
Benzonia, *Mich.* **6** K10
Beowawe, *Nev.* **2** F12
Beowawe Hot Springs, *Nev.* **2** G12
Berbería, Cayo, *P. R.* **9** (B) B3
Berclair, *Tex.* **5** N13
Berea, *Ky.* **7** N16
Berea, *Ohio* **7** D20
Berea College, *Berea, Ky.* **7** N16
Berenda, *Calif.* **2** N7
Berens, river, *Ont.* **4** A11
Beresford, *N.B.* **13** C12
Beresford, *S. Dak.* **4** M8
Beresford Beach ♣, *N.B.* **13** C12
Bergen, *N. Dak.* **4** F5
Bergen, *N.Y.* **11** F9
Bergholz, *Ohio* **7** F22
Bergland, *Mich.* **6** E6
Bergoo, *W. Va.* **10** H10
Bergstrom Air Force Base, *Tex.* **5** K13
Bergton, *Va.* **10** G13
Bering Glacier, *Alas.* **14** L17
Bering Lake, *Alas.* **14** L17
Bering Land Bridge National Preserve, *Alas.* **14** E10
Beringovskiy, *U.S.S.R.* **14** E3
Bering Strait, *U. S.-U.S.S.R.* **14** E8
Berkeley, *Calif.* **2** L4
Berkeley, *R.I.* **12** T11
Berkeley Plantation, *Va.* **10** M18
Berkeley Springs ▲, *W. Va.* **10** D16
Berkley, *Mass.* **12** T12
Berkley, *Mich.* **6** (B) D1
Berkshire, *Mass.* **12** Q4
Berkshire, *N.Y.* **11** H12

Berkshire County Historical Society, *Pittsfield, Mass.* **12** Q3
Berkshire East ⟨?⟩, *Mass.* **12** P5
Berkshire Garden Center, *Stockbridge, Mass.* **12** R4
Berkshire Museum, *Pittsfield, Mass.* **12** Q3
Berkshires, The, mountains, *Mass.* **12** R4
Berlin, *Conn.* **12** U6
Berlin, *Ga.* **8** M13
Berlin, *Mass.* **12** Q10
Berlin, *Md.* **10** J23
Berlin, *N. Dak.* **4** H6
Berlin, *N.H.* **12** E11
Berlin, *N.J.* **11** P15
Berlin, *N.Y.* **11** G17
Berlin, *Ohio* **7** F20
Berlin, *Pa.* **11** P7
Berlin, *Wis.* **6** L6
Berlin, *W. Va.* **10** F10
Berlin-Ichthyosaur ▲, *Nev.* **2** K10
Berlin Lake, *Ohio* **7** E21
Bern, *Idaho* **1** N16
Bernalillo, *N. Mex.* **3** Q11
Bernard, *Me.* **13** N7
Bernardston, *Mass.* **12** P6
Bernardsville, *N.J.* **11** M15
Berne, *Ind.* **7** F14
Berners Bay, *Alas.* **14** N21
Bernheim Forest, *Ky.* **7** N13
Bernice, *La.* **5** G18
Bernice P. Bishop Museum, *Honolulu, Hawaii* **15** F11
Bernie, *Mo.* **4** V15
Berrien Springs, *Mich.* **6** Q10
Berry, *Ala.* **8** H7
Berry, *Ky.* **7** L15
Berry Camp, *Alas.* **14** G17
Berry Creek, *Calif.* **2** H5
Berryessa, Lake, *Calif.* **2** K4
Berry Head, *N.S.* **13** K21
Berry Hill, *Tenn.* **8** C8
Berry Islands, *Bahamas* **9** P21
Berryville, *Ark.* **5** B17
Berryville, *Va.* **10** F16
Bertha, *Minn.* **4** H10
Berthold, *N. Dak.* **4** E4
Berthoud, *Colo.* **3** G12
Bertram, *Tex.* **5** K12
Bertrand, *Mo.* **4** V16
Bertrand, *N.B.* **13** C13
Bertrand, *Nebr.* **4** Q5
Berville, *Mich.* **6** (B) B2
Berwick, *Ill.* **7** E4
Berwick, *La.* **5** L20
Berwick, *Me.* **13** R1
Berwick, *N.B.* **13** H13
Berwick, *N. Dak.* **4** E5
Berwick, *N.S.* **13** L14
Berwick, *Pa.* **11** L12
Berwind, *W. Va.* **10** M6
Berwyn, *Ill.* **7** C9
Berwyn, *Nebr.* **4** P5
Beryl, *Utah* **3** L3
Besboro Island, *Alas.* **14** G10
Besoco, *W. Va.* **10** L8
Bessemer, *Ala.* **8** H8
Bessemer, *Mich.* **6** F5
Bessemer, *Pa.* **11** L4
Bessemer City, *N.C.* **8** E16
Best, *Tex.* **5** J8

Betatakin Ruin *see* Navajo National Monument, *Ariz.* **3** N6
Bete Grise Bay, *Mich.* **6** D8
Bethalto, *Ill.* **7** K5
Bethany, *Conn.* **12** V4
Bethany, *Ill.* **7** H8
Bethany, *Mo.* **4** R11
Bethany, *N.Y.* **11** F9
Bethany, *Okla.* **5** C12
Bethany, *Ont.* **6** K21
Bethany, *W. Va.* **10** B9
Bethany Beach, *Del.* **10** H24
Bethel, *Alas.* **14** K9
Bethel, *Conn.* **12** V3
Bethel, *Del.* **10** H22
Bethel, *Ky.* **7** M16
Bethel, *Me.* **13** M2
Bethel, *N.C.* **8** D21
Bethel, *Ohio* **7** K16
Bethel, *Okla.* **5** E15
Bethel, *Vt.* **12** H6
Bethel College, *Newton, Kans.* **4** T7
Bethel Park, *Pa.* **11** N5
Bethel Springs, *Tenn.* **8** E6
Bethesda, *Md.* **10** F18
Bethesda, *Ohio* **7** G21
Bethlehem, *Conn.* **12** U4
Bethlehem, *N.H.* **12** F9
Bethlehem, *Pa.* **11** M14
Bethlehem, *W. Va.* **10** C9
Bethpage, *N.Y.* **11** M17
Bethpage, *Tenn.* **8** C9
Bethune, *Colo.* **3** J15
Bethune, *S.C.* **8** F17
Betsie, *Mich.* **6** K10
Betsie, river, *Mich.* **6** K10
Betsy Layne, *Ky.* **7** N19
Betsy Ross House, *Philadelphia, Pa.* **11** P14
Bettendorf, *Iowa* **4** P14
Betterton, *Md.* **10** E21
Bettie, *Tex.* **5** G15
Bettles, *Alas.* **14** E14
Bettles, river, *Alas.* **14** E15
Bettles Field *see* Evansville, *Alas.* **14** E14
Bettsville, *Ohio* **7** D17
Beulah, *Colo.* **3** L13
Beulah, *Mich.* **6** K10
Beulah, *Miss.* **8** G2
Beulah, *N. Dak.* **4** G4
Beulah, *Wyo.* **1** J23
Beulah Bay Public Use Area, *N. Dak.* **4** (A) 5C
Beulah Reservoir, *Oreg.* **1** K8
Beulaville, *N.C.* **8** E21
Beverley, Lake, *Alas.* **14** L10
Beverly, *Mass.* **12** Q12
Beverly, *Ohio* **7** H20
Beverly, *Wash.* **1** F7
Beverly, *W. Va.* **10** G11
Beverly Beach ♣, *Oreg.* **1** H2
Beverly Hills, *Calif.* **2** T9
Beverly Hills, *Fla.* **9** F11
Bevier, *Mo.* **4** R12
Bewabic ♣, *Mich.* **6** G7
Bewdley, *Ont.* **6** K21
Bexley, *Ohio* **7** H18
Beyer Home Museum, *Oconto, Wis.* **6** J8
Bibb City, *Ga.* **8** K11
Bible Grove, *Ill.* **7** K8
Bible Hill, *N.S.* **13** K17

Biblical Arts Center, *Dallas, Tex.* 5 G14

Bickle Knob, peak, *W. Va.* 10 G12

Bickleton, *Wash.* 1 G6

Bickmore, *W. Va.* 10 J8

Bicknell, *Ind.* 7 K10

Bicknell, *Utah* 3 K5

Bicycle Lake, *Calif.* 2 R12

Biddeford, *Me.* 13 Q2

Biddle, *Mont.* 1 H22

Bidwell, *Ohio* 7 K19

Bidwell, Mount, *Calif.* 2 D7

Bidwell Mansion ♦, *Calif.* 2 H5

Bieber, *Calif.* 2 F6

Bienville National Forest, *Miss.* 8 K4

Big, river, *Calif.* 2 J2

Big, river, *Ind.* 7 J13

Big Annemessex River, *Md.* 10 K22

Big Antelope Creek, *Oreg.* 1 N9

Big Arm, *Mont.* 1 D12

Big Arm ♣, *Mont.* 1 D12

Big Bald Mountain, *N.D.* 13 D11

Big Baldy, peak, *Idaho* 1 J11

Big Baldy Mountain, *Mont.* 1 E16

Big Basin Redwoods ♣, *Calif.* 2 N4

Big Bay, *Mich.* 6 E8

Big Bay ♣, *Wis.* 6 E4

Big Bay de Noc, *Mich.* 6 G9

Big Bay Point, *Mich.* 6 E8

Big Bear ⚲, *N.H.* 12 P9

Big Bear Lake, *Calif.* 2 T12

Big Beaver, *Pa.* 11 L4

Bigbee Valley, *Miss.* 8 H6

Big Belt Mountains, *Mont.* 1 F15

Big Bend, *Calif.* 2 F5

Bigbend, *W. Va.* 10 G8

Big Bend Dam, *S. Dak.* 4 L6

Big Bend National Park, *Tex.* 5 L6

Big Bend Tunnel, *W. Va.* 10 L9

Big Birch ⚲, *N.Y.* 11 K17

Big Black, river, *Me.* 13 E4

Big Black, river, *Miss.* 8 H4

Big Blue, river, *Nebr.* 4 Q8

Big Blue Lake, *Pa.* 11 K5

Big Bone Lick ♦, *Ky.* 7 K15

Big Bottom ♦, *Ohio* 7 H20

Big Boulder ⚲, *Pa.* 11 L13

Big Branch Recreation Area, *Vt.* 12 K5

Big Bras d'Or, *N.S.* 13 G23

Big Brook, *Me.* 13 E6

Big Canyon, river, *Tex.* 5 K8

Big Chico Creek, *Calif.* 2 H5

Big Chimney, *W. Va.* 10 J7

Big Chino Wash, *Ariz.* 3 Q4

Big Clifty, *Ky.* 7 P12

Big Coal, river, *W. Va.* 10 K6

Big Creek, *Alas.* 14 F17

Big Creek, *Calif.* 2 N8

Big Creek, *Idaho* 1 H11

Big Creek, *Ky.* 7 P17

Big Creek, *Miss.* 8 G4

Big Creek, *Mont.* 1 (C) C1

Big Creek, *W. Va.* 10 K5

Big Creek, ranger station, *Mont.* 1 (C) C1

Big Creek Lakes, *Colo.* 3 G10

Big Cypress Creek, *Tex.* 5 G15

Big Cypress National Preserve, *Fla.* 9 N14

Big Cypress Seminole Indian Reservation, *Fla.* 9 M14

Big Cypress Swamp, *Fla.* 9 M13

Big Darby Creek, *Ohio* 7 H18

Big Deer Recreation Area, *Vt.* 12 F7

Big Delta, *Alas.* 14 H16

Big Diomede *see* Ratmanova Island, *U.S.S.R.* 14 E8

Big Dry Creek, *Mont.* 1 E20

Big Eau Pleine Reservoir, *Wis.* 6 J5

Big Elk Mountain, *Idaho* 1 L16

Bigelow Hollow ♣, *Conn.* 12 S8

Bigelow Mountain, *Me.* 13 K3

Big Escambia Creek, *Ala.* 8 M7

Big Falls, *Minn.* 4 E11

Big Fish Lake, *Alas.* 14 D17

Big Flats, *N.Y.* 11 H11

Bigfoot, *Tex.* 5 M11

Big Foot Beach ♣, *Wis.* 6 N7

Bigfork, *Minn.* 4 F11

Bigfork, *Mont.* 1 D13

Big Fork, river, *Minn.* 4 F11

Big Fork, Kuskokwim River, *Alas.* 14 J12

Big Fork, Rainy River, *Minn.* 4 F11

Big Fork State Forest, *Minn.* 4 F11

Big Game, campground, *Wyo.* 1 (B) D4

Biggers, *Ark.* 5 B20

Biggs, *Calif.* 2 J5

Biggsville, *Ill.* 7 E4

Big Harbour, *N.S.* 13 G22

Big Hatchet Peak, *N. Mex.* 3 V9

Big Hole, river, *Mont.* 1 G13

Big Hole National Battlefield, *Mont.* 1 H13

Big Hole Tract 8 Indian Reservation, *N.B.* 13 E12

Bighorn, *Mont.* 1 G19

Big Horn, *Wyo.* 1 J20

Bighorn, river, *Wyo.* 1 K19

Bighorn Canyon National Recreation Area, *Mont.-Wyo.* 1 H19

Big Horn Mountains, *Ariz.* 3 S3

Big Horn Mountains, *Mont.-Wyo.* 1 J19

Bighorn National Forest, *Wyo.* 1 J20

Bighorn-Whitewater Recreation Land, *Calif.* 2 T12

Big House Mountain, *Va.* 10 L12

Big Isaac, *W. Va.* 10 F9

Big Island, *Va.* 10 M13

Big Joe Downer Cay, *Bahamas* 9 L21

Big Koniuji Island, *Alas.* 14 R9

Big Lagoon, *Calif.* 2 E2

Big Lake, *Alas.* 14 E15

Big Lake, *Alas.* 14 K14

Big Lake, *Ariz.* 3 S8

Big Lake, *Calif.* 2 F5

Big Lake, *Me.* 13 K8

Big Lake, *Minn.* 4 J11

Big Lake, *Mont.* 1 D16

Big Lake, *Tex.* 5 J9

Big Lake, *Wash.* 1 (A) C4

Big Lake ♣, *Mo.* 4 R10

Big Lake National Wildlife Refuge, *Ark.* 5 B20

Bigler, *Pa.* 11 L8

Biglerville, *Pa.* 11 P10

Big Lost, river, *Idaho* 1 L14

Big Lostmans Bay, *Fla.* 9 P14

Big Machias Lake, *Me.* 13 F6

Big Manitou Falls, *Wis.* 6 E2

Big Maria Mountains, *Calif.* 2 T15

Big Meadows, *Va.* 10 H15

Big Molly Upsim Lake, *N.S.* 13 M13

Big Moose, *N.Y.* 11 D14

Big Mountain, *Alas.* 14 M12

Big Mountain, *Nev.* 2 F8

Big Mountain ⚲, *Mont.* 1 C12

Big Mud, river, *Alas.* 14 G13

Big Muddy, river, *Ill.* 7 M7

Big Muddy Creek, *Mont.* 1 C22

Big Oak Tree ♣, *Mo.* 4 V16

Big Otter, river, *Va.* 10 M12

Big Pine, *Calif.* 2 N10

Big Pine Key, *Fla.* 9 R14

Big Pine Mountain, *Calif.* 2 S8

Big Piney, *Wyo.* 1 M17

Big Piney, river, *Mo.* 4 U13

Big Pocono ♣, *Pa.* 11 L14

Big Point, *Ont.* 6 (A) B4

Big Pond, *Mass.* 12 R5

Big Pond, *N.S.* 13 H23

Big Porcupine Creek, *Mont.* 1 F20

Big Port Walter, *Alas.* 14 Q22

Big Powderhorn ⚲, *Mich.* 6 F5

Big Rapids, *Mich.* 6 L11

Big Rib, river, *Wis.* 6 H5

Big Rideau Lake, *Ont.* 6 J24

Big Ridge ♣, *Tenn.* 8 C12

Big River State Forest, *Ill.* 7 E4

Big Rock, *Va.* 10 M5

Big Rock Campground, *N.H.* 12 G10

Big Rock Candy Mountain, *Utah* 3 K4

Big Run, *Pa.* 11 L7

Big Run ♣, *Md.* 10 E13

Big Sable, river, *Mich.* 6 L10

Big Sable Point, *Mich.* 6 L9

Big Sage Reservoir, *Calif.* 2 E6

Big Saint Martin Island, *Mich.* 6 (A) C1

Big Salt, river, *Alas.* 14 F14

Big Sand Lake ♣, *Utah* 3 G7

Big Sandy, *Mont.* 1 D16

Big Sandy, *Tenn.* 8 C7

Big Sandy, *Tex.* 5 G15

Big Sandy ♣, *Wyo.* 1 N18

Big Sandy, river, *Ariz.* 3 Q3

Big Sandy, river *Ky.-W. Va.* 10 J4

Big Sandy, river, *Wyo.* 1 N18

Big Sandy Creek, *Colo.* 3 J14

Big Sandy Creek, *Mont.* 1 C17

Big Sandy Creek, *W. Va.* 10 D12

Big Sandy Lake, *Minn.* 4 G11

Big Sandy Reservoir, *Wyo.* 1 N18

Big Savago Mountain, *Md.* 10 D13

Big Sky, *Mont.* 1 H16

Big Smoky Valley, *Nev.* 2 K11

Big Snowy Mountains, *Mont.* 1 F17

Big Southern Butte, *Idaho* 1 L13

Big South Fork National River and Recreation Area, *Ky.-Tenn.* 7 R15; 8 C12

Big Spring, *Tex.* 5 H9

Big Spring ♣, *Mo.* 4 V14

Big Spring ♣, *Pa.* 11 N10

Big Spring ♣, *Tex.* 5 H9

Big Springs, *Idaho* 1 J16

Big Springs, *Nebr.* 4 P3

Big Squaw Mountain, *Me.* 13 J4

Big Stone City, *S. Dak.* 4 J8

Big Stone Gap, *Va.* 10 P3

Big Stone Lake, *Minn.-S. Dak.* 4 J8

Big Stone National Wildlife Refuge, *Minn.* 4 J9

Big Sunflower, river, *Miss.* 8 G3

Big Sur, *Calif.* 2 P4

Big Tancook Island, *N.S.* 13 M16

Big Thicket, *Tex.* 5 K16

Big Thicket National Preserve, *Tex.* 5 K16

Big Thompson, river, *Colo.* 3 G12

Big Timber, *Mont.* 1 G17

Big Tracadie River Game Management Area, *N.B.* 13 C13

Big Tree, *Fla.* 9 G14

Big Tupper ⚲, *N.Y.* 11 C15

Big Valley ⚲, *Mich.* 6 F11

Big Valley Mountains, *Calif.* 2 E6

Big Vanilla at Davos ⚲, *N.Y.* 11 J15

Big Walker Lookout, *Va.* 10 N7

Big Wells, *Tex.* 5 M11

Bigwood, *Ont.* 6 G18

Big Wood Cay, *Bahamas* 9 R21

Bijou Hills, *S. Dak.* 4 L6

Bill, *Wyo.* 1 L22

Billerica, *Mass.* 12 P11

Billie Creek Village, *Rockville, Ind.* 7 H10

Billings, *Mo.* 4 V11

Billings, *Mont.* 1 G18

Billings, *Okla.* 5 B13
Billings, *W. Va.* 10 G7
Bill Moores, *Alas.* 14 H9
Bill Williams, river, *Ariz.* 3 R2
Bill Williams Mountain ⚡,
   Ariz. 3 Q4
Billy Island, *Bahamas* 9 R19
Billy the Kid's Grave
   Ft. Sumner, N. Mex.
   3 R14
Biloxi, *Miss.* 8 N5
Biloxi Lighthouse, *Biloxi,
   Miss.* 8 N5
Biltmore Homespun Shop,
   Asheville, N.C. 8 D14
Biltmore House and
   Gardens, *Asheville, N.C.* 8
   D14
Bily Clock Exhibit, *Spillville,
   Iowa* 4 M13
Bim, *W. Va.* 10 K6
Bimini Islands, *Bahamas* 9
   N18
Binford, *N. Dak.* 4 F7
Bingen, *Wash.* 1 G5
Binger, *Okla.* 5 D12
Bingham, *Me.* 13 K4
Bingham, *Nebr.* 4 N3
Bingham Canyon (open-pit
   copper mine), *Utah* 3 G5
Binghamton, *N.Y.* 11 H13
Bintz Apple Mountain ⚡,
   Mich. 6 M13
Biola, *Calif.* 2 N7
Biorka Island, *Alas.* 14 Q21
Bippus, *Ind.* 7 E13
Birch, river, *W. Va.* 10 H9
Birch Bay, *Wash.* 1 A2
Birch Bay ⚓, *Wash.* 1 B4
Birch Creek, *Alas.* 14 F16
Birch Creek, *Alas.* 14 G17
Birch Creek, *Mont.* 1 C14
Birch Creek, *Va.* 10 Q13
Birches, *Alas.* 14 G13
Birch Grove, *N.S.* 13 G23
Birch Island, *Ont.* 6 G16
Birch Lake, *Alas.* 14 H16
Birch Lake, *Minn.* 4 F13
Birch Lake State Forest,
   Minn. 4 J10
Birchleaf, *Va.* 10 N5
Birch Park ⚡, *Wis.* 6 H1
Birch River, *W. Va.* 10 H9
Birchtown, *N.S.* 13 P13
Birch Tree, *Mo.* 4 V13
Birchwood, *Alas.* 14 K15
Birchwood, *Tenn.* 8 E11
Birchwood, *Wis.* 6 G3
Bird Cage Theatre,
   Tombstone, Ariz. 3 V6
Bird Cape, *Alas.* 14 R17
Bird Cay, *Bahamas* 9 P21
Bird City, *Kans.* 4 R3
Bird in Hand, *Pa.* 11 P12
Bird Island, *Alas.* 14 R9
Bird Island, *Minn.* 4 K10
Bird Islands *see* Mokumanu
   Islands, *Hawaii* 15 E12
Bird Islands, *N.S.* 13 F23
Bird Park, *Hawaii* 15 P22
Birds, *Ill.* 7 K9
Birdseye, *Ind.* 7 M11
Birmingham, *Ala.* 8 H8
Birmingham, *Mich.* 6 (B) C1
Birmingham Museum of Art,
   Birmingham, Ala. 8 H8

Birmingham Zoo,
   Birmingham, Ala. 8 H8
Birnamwood, *Wis.* 6 J6
Birney, *Mont.* 1 H21
Biron, *Wis.* 6 K5
Birr, *Ont.* 6 N17
Birthday Pass, *Alas.* 14 C13
Bisbee, *Ariz.* 3 V7
Bisbee, *N. Dak.* 4 E6
Bisbee Civic Center and Min-
   ing and Historical Mu-
   seum, *Bisbee, Ariz.* 3 V7
Biscayne, Key, *Fla.* 9 N16
Biscayne Bay, *Fla.* 9 P16
Biscayne National Park, *Fla.*
   9 P16
Biscoe, *Ark.* 5 D19
Biscoe, *N.C.* 8 E18
Biscotasi Lake, *Ont.* 6 D16
Bishop, *Calif.* 2 M10
Bishop, *Tex.* 5 P12
Bishop, *Va.* 10 N7
Bishop Creek Reservoir,
   Nev. 2 E14
Bishop Hill, *Ill.* 7 D5
Bishop Hill ⚓, *Ill.* 7 D5
Bishop Museum, *Hawaii* 15
   (A)
Bishop Seamount,
   N. Pac. Oc. 15 Q9
Bishop's Palace, *Galveston,
   Tex.* 5 L16
Bishopville, *Md.* 10 H24
Bishopville, *S.C.* 8 G17
Bismarck, *Ark.* 5 E17
Bismarck, *Ill.* 7 G9
Bismarck, *Mo.* 4 U14
Bismarck, *N. Dak.* 4 G5
Bismarck, *Ont.* 6 (C) B1
Bison, *Kans.* 4 T6
Bison, *S. Dak.* 4 J3
Bison Peak, *Colo.* 3 J12
Bistineau, Lake, *La.* 5 G17
Bitely, *Mich.* 6 L11
Bitter Creek, *Utah* 3 H8
Bitter Creek, *Wyo.* 1 P19
Bitter Lake, *S. Dak.* 4 J8
Bitter Lake National Wildlife
   Refuge, *N. Mex.* 3 S13
Bitterroot, river, *Mont.* 1 G12
Bitterroot Lake ⚓, *Mont.* 1
   D12
Bitterroot National Forest,
   Idaho-Mont. 1 H12
Bitterroot Range,
   Idaho-Mont. 1 E11
Bitzshtini Mountains, *Alas.*
   14 G14
Bivalve, *Md.* 10 J22
Biwabik, *Minn.* 4 F12
Bixby, *Mo.* 4 U14
Bixby, *Okla.* 5 C14
Black, *Ala.* 8 M10
Black, *Alas.* 14 H8
Black, *Tex.* 5 D7
Black, river, *Alas.* 14 F17
Black, river, *Alas.* 14 H8
Black, river, *Ariz.* 3 S7
Black, river, *Ark.* 5 C19
Black, river, *Mich.* 6 E5
Black, river, *Mich.* 6 H13
Black, river, *Minn.* 4 E11
Black, river, *N.Y.* 11 D14
Black, river, *Ont.* 6 A11
Black, river, *Ont.* 6 B18

Black, river, *Ont.* 6 J20
Black, river, *S.C.* 8 H19
Black, river, *Vt.* 12 D7
Black, river, *Vt.* 12 K6
Black, river, *Wis.* 6 H4
Black, river, *Wis.* 6 F2
Black Bay, *Ont.* 6 B7
Blackbeard Island National
   Wildlife Refuge, *Ga.* 8 L16
Blackbeard's Tower,
   Bahamas 9 Q22
Blackberry Crossing
   Campground, *N.H.* 12 H11
Blackbird, *Del.* 10 E22
Blackbird State Forest, *Del.*
   10 E22
Black Brook, *N.S.* 13 E23
Black Brook Cove, *N.S.* 13
   E23
Blackburn, *Alas.* 14 H10
Blackburn, Mount, *Alas.* 14
   K17
Black Butte, *Calif.* 2 H3
Black Butte, *Mont.* 1 J15
Black Butte Lake, *Calif.* 2 H4
Black Canyon ⚓, *Idaho* 1
   K10
Black Canyon City, *Ariz.* 3
   R4
Black Canyon of the
   Gunnison National
   Monument, *Colo.* 3 K9
Black Coulee National Wild-
   life Refuge, *Mont.* 1 C18
Black Creek, *Miss.* 8 M5
Black Creek, *N.Y.* 11 H8
Black Creek, *Wis.* 6 K7
Black Diamond, *Wash.* 1 E5
Blackduck, *Minn.* 4 F10
Blackduck State Forest,
   Minn. 4 F10
Black Eagle, *Mont.* 1 E15
Blackey, *Ky.* 7 P18
Blackfeet Indian
   Reservation, *Mont.* 1 C14
Blackfoot, *Idaho* 1 L14
Blackfoot, *Mont.* 1 C14
Blackfoot, river, *Mont.* 1 F14
Blackfoot Glacier, *Mont.* 1
   (C) C3
Blackfoot Mountains, *Idaho* 1
   L15
Blackfoot Reservoir, *Idaho* 1
   M15
Black Forest, *Colo.* 3 J13
Blackfork, *Ohio* 7 K19
Black Hall, *Conn.* 12 W7
Black Hawk, *Miss.* 8 H4
Black Hawk, *S. Dak.* 4 K2
Black Hawk ⚓, *Ill.* 7 D4
Black Hawk Lake ⚓, *Iowa* 4
   N10
Black Hills, *Alas.* 14 J18
Black Hills, *S. Dak.-Wyo.* 1
   J23; 4 K2
Black Hills Central Railroad,
   Hill City, S. Dak. 4 L2
Black Hills National Forest,
   Wyo. 1 J23; 4 K2
Black Hut Management
   Area, *R.I.* 12 S10
Black Kettle Museum,
   Cheyenne, Okla. 5 C11
Black Kettle National
   Grassland, *Okla.* 5 C10
Black Lake, *Alas.* 14 P9

Black Lake, *Mich.* 6 H13
Black Lake, *N.Y.* 11 B13
Black Lassic, peak, *Calif.* 2 G2
Black Lick, *Pa.* 11 M6
Black Lick Creek, *Pa.* 11 M7
Black Mesa, *Ariz.* 3 N6
Black Mesa, *Okla.* 5 A7
Black Mesa ⚓, *Okla.* 5 A7
Black Moshannon ⚓, *Pa.* 11
   L9
Black Mountain, *Calif.* 2 R7
Black Mountain, *Calif.* 2 N10
Black Mountain, *Colo.* 3 G10
Black Mountain, *Ky.* 7 Q18
Black Mountain, *N.C.* 8 D15
Black Mountain, *Tex.* 5 J6
Black Mountain, ⚡, *Me.* 13 M4
Black Mountains, *Ariz.* 3 N1
Black Mountains, *Calif.* 2 P12
Black Mountain State Forest,
   N.H. 12 G8
Black Mountain Tramways,
   N.H. 12 G12
Black Peak, *Ariz.* 3 R2
Black Pine Peak, *Idaho* 1
   N14
Black Point *see* Kupikipikio
   Point, *Hawaii* 15 F11
Black Point, *N.S.* 13 M16
Black Point Beach Club,
   Conn. 12 W8
Black Pond, *Me.* 13 G5
Black Range, *N. Mex.* 3 T9
Black Rapids Glacier, *Alas.*
   14 H16
Blackridge, *Va.* 10 Q16
Black River, *Mich.* 6 J14
Black River, *N.B.* 13 K12
Black River, *N.Y.* 11 D13
Black River Falls, *Wis.* 6 K4
Black River Lake, *N.S.* 13
   L15
Black River State Forest,
   Wis. 6 K4
Black Rock, *Ark.* 5 B19
Black Rock ⚓, *Conn.* 12 U4
Black Rock Desert, *Nev.* 1
   F9
Black Rock Mountain ⚓, *Ga.*
   8 F13
Black Rock Range, *Nev.* 2
   E9
Black Sand Beach *see*
   Kaimu Beach, *Hawaii* 15 P9
Blacksburg, *S.C.* 8 E15
Blacksburg, *Va.* 10 N10
Blacks Fork, Green River,
   Wyo. 1 P17
Blacks Harbour, *N.B.* 13 L10
Blackshear, *Ga.* 8 M14
Blackshear, Lake, *Ga.* 8 L12
Blacksmith Shop, *High Point,
   N.C.* 8 D17
Blackstone, *Mass.* 12 S10
Blackstone, *Va.* 10 N16
Blackstone, river, *Mass.* 12
   R9
Blacksville, *W. Va.* 10 D10
Blacktail Deer Creek, *Mont.* 1
   J14
Black Thunder Creek, *Wyo.* 1
   K22
Blackville, *N.B.* 13 F12
Blackville, *S.C.* 8 F16
Black Warrior, river, *Ala.* 8 J7
Blackwater, *Va.* 10 Q2

Blackwater, river, *Fla.* 9 B3
Blackwater, river, *Mo.* 4 S11
Blackwater, river, *Md.* 10 H21
Blackwater, river, *Va.* 10 P19
Blackwater Falls ♣, *W. Va.* 10 F12
Blackwater National Wildlife Refuge, *Md.* 10 H21
Blackwater River ♣, *Fla.* 9 B2
Blackwater River State Forest, *Fla.* 9 A3
Blackwater Sound, *Fla.* 9 Q16
Blackwell, *Okla.* 5 B13
Blackwell, *Tex.* 5 H10
Blackwells, *Ga.* 8 G12
Bladen, *Nebr.* 4 Q6
Bladenboro, *N.C.* 8 F19
Bladen Lakes State Forest, *N.C.* 8 F20
Blades, *Del.* 10 H22
Bladon Springs, *Ala.* 8 L6
Bladon Springs ♣, *Ala.* 8 L6
Blaine, *Ky.* 7 M18
Blaine, Lake, *Mont.* 1 (C) D2
Blaine, *Me.* 13 F8
Blaine, *Mich.* 6 (B) A3
Blaine, *Minn.* 4 J11
Blaine, *Wash.* 1 B4
Blaine House, *Augusta, Me.* 13 N4
Blair, *Nebr.* 4 P9
Blair, *Okla.* 5 D11
Blair, *Wis.* 6 K3
Blair, *W. Va.* 10 K6
Blairs, *Va.* 10 Q12
Blairsden, *Calif.* 2 H7
Blairstown, *Iowa* 4 N13
Blairstown, *N.J.* 11 L15
Blairsville, *Ga.* 8 F12
Blairsville, *Pa.* 11 M6
Blaisdell, *N. Dak.* 4 E3
Blakely, *Ga.* 8 M11
Blakely, *Pa.* 11 K13
Blake Point, *Mich.* 6 C7
Blakes, *Va.* 10 M21
Blakiston, Mount, *Alta.* 1 (C) A2
Blakiston Island *see* Saint Clements Island, *Md.* 10 J19
Blanca, *Colo.* 3 L12
Blanca, Sierra, *Tex.* 5 J4
Blanca Peak, *Colo.* 3 L12
Blanchard, *Idaho* 1 D9
Blanchard, *La.* 5 G17
Blanchard, *Mich.* 6 M11
Blanchard, *N. Dak.* 4 F8
Blanchard, *Okla.* 5 D12
Blanchard, *Pa.* 11 L9
Blanchard Lake, *Pa.* 11 L10
Blanchard Springs Caverns, Mountain View, *Ark.* 5 C18
Blanchardville, *Wis.* 6 N5
Blanchester, *Ohio* 7 J16
Blanco, *Tex.* 5 K12
Blanco ♣, *Tex.* 5 L12
Blanco, river, *P. R.* 9 (B) A2
Bland, *Mo.* 4 T13
Bland, *Va.* 10 N8
Blandburg, *Pa.* 11 M8
Blanden Art Gallery, *Ft. Dodge, Iowa* 4 N10
Blandford, *Mass.* 12 R5
Blandford, *N.S.* 13 M16

Blandford Church, Petersburg, *Va.* 10 N18
Blandford Nature Center, Grand Rapids, *Mich.* 6 N10
Blanding, *Utah* 3 L8
Blandinsville, *Ill.* 7 F3
Blaney Park, *Mich.* 6 G11
Blanford, *Ind.* 7 H10
Blanket, *Tex.* 5 H11
Blasdell, *N.Y.* 11 F7
Bledsoe, *Tex.* 5 F7
Bledsoe Creek ♣, *Tenn.* 8 C9
Bledsoe State Forest, *Tenn.* 8 D11
Blenheim, *Ont.* 6 P16
Blennerhassett, *W. Va.* 10 F7
Blessed Sacrament Church, Holyoke, *Mass.* 12 R6
Blessing, *Tex.* 5 M14
Blewett, *Tex.* 5 M10
Blewett Falls Lake, *N.C.* 8 E18
Blind Bay, *La.* 5 L22
Blind Pass Mountain, *Alas.* 14 D12
Blind River, *Ont.* 6 G15
Bliss, *Idaho* 1 M12
Bliss, *N.Y.* 11 G8
Blissfield, *Mich.* 6 Q13
Blissfield, *N.B.* 13 F11
Blizzard Mountain ♣, *Idaho* 1 L13
Blocher, *Ind.* 7 L13
Blockade Runners Museum, Carolina Beach, *N.C.* 8 G21
Block House, *N.S.* 13 M15
Block Island, *R.I.* 12 W10
Block Island Beach ♣, *R.I.* 12 W10
Block Island National Wildlife Refuge, *Mass.* 12 W10
Block Island Sound, *R.I.* 12 W10
Blomidon ♣, *N.S.* 13 K15
Blomidon Peninsula, *N.S.* 13 K15
Blood Indian Reserve, *Alta.* 1 (C) A3
Bloodsworth Island, *Md.* 10 J21
Bloody Mountain, *Calif.* 2 M9
Bloom, *Kans.* 4 U5
Bloomburg, *Tex.* 5 F17
Bloomdale, *Ohio* 7 D17
Bloomer, *Wis.* 6 H3
Bloomfield, *Conn.* 12 T6
Bloomfield, *Ind.* 7 K11
Bloomfield, *Iowa* 4 Q13
Bloomfield, *Ky.* 7 N14
Bloomfield, *Mo.* 4 V15
Bloomfield, *Mont.* 1 D22
Bloomfield, *N.B.* 13 J12
Bloomfield, *Nebr.* 4 N7
Bloomfield, *N.J.* 11 M16
Bloomfield, *N. Mex.* 3 N9
Bloomfield, *P.E.I.* 13 F15
Bloomfield, *Vt.* 12 D9
Bloomfield Hills, *Mich.* 6 P14
Bloom House, *Trinidad, Colo.* 3 M13
Bloomingburg, *Ohio* 7 H17
Bloomingdale, *Ga.* 8 K16
Bloomingdale, *Ind.* 7 H10
Bloomingdale, *N.Y.* 11 B16

Blooming Grove, *Tex.* 5 H14
Blooming Prairie, *Minn.* 4 L11
Bloomington, *Idaho* 1 N16
Bloomington, *Ill.* 7 F7
Bloomington, *Ind.* 7 K11
Bloomington, *Md.* 10 E13
Bloomington, *Minn.* 4 K11
Bloomington, *Nebr.* 4 R6
Bloomington, *N.Y.* 11 J16
Bloomington, *Tex.* 5 M13
Bloomington, *Wis.* 6 N3
Bloomington Lake, Md.-W. Va. 10 E13
Blooming Valley, *Pa.* 11 J5
Bloomsburg, *Pa.* 11 L12
Bloomville, *N.Y.* 11 H15
Bloomville, *Ohio* 7 E18
Blossburg, *Pa.* 11 J11
Blossom, Cape, *Alas.* 14 E10
Blossom, *Tex.* 5 F15
Blossvale, *N.Y.* 11 E13
Blount Mansion, Knoxville, *Tenn.* 8 C15
Blountstown, *Fla.* 9 B6
Blountsville, *Ala.* 8 G8
Blountsville, *Ind.* 7 G14
Blountville, *Tenn.* 8 C15
Blowhole *see* Halona Point, *Hawaii* 15 (A)
Blowhole *see* Makapuu Point, *Hawaii* 15 E12
Blowing Rock, *N.C.* 8 C15
Bloxom, *Va.* 10 K22
Blue, *Ariz.* 3 S8
Blue, river, *Colo.* 3 H11
Blue, river, *Ind.* 7 J13
Blue, river, *Okla.* 5 E14
Blue Ash, *Ohio* 7 J15
Blue Ball, *Pa.* 11 N13
Bluebeard's Castle, *St. Thomas* 9 (C) A2
Blue Bell Knoll, *Utah* 3 K5
Blue Bend Recreation Area, *W. Va.* 10 K10
Bluebird Gap Farm, Hampton, *Va.* 10 N21
Blue Buttes, *N. Dak.* 4 (A) B2
Bluecloud Mountain, *Alas.* 14 E15
Blue Creek, *Idaho* 1 N10
Blue Creek, *W. Va.* 10 H7
Blue Cypress Lake, *Fla.* 9 J15
Blue Diamond, *Nev.* 2 Q14
Blue Earth, *Minn.* 4 L11
Blue Earth, river, *Minn.* 4 L11
Blue Earth County Historical Society Museum, Mankato, *Minn.* 4 L11
Bluefield, *W. Va.* 10 N7
Blue Grass, *Va.* 10 H12
Blue Grass Parkway, *Ky.* 7 N14
Blue Hill, *Me.* 13 M6
Blue Hill, *N. Dak.* 4 (A) B5
Blue Hill, *Nebr.* 4 Q7
Blue Hill Bay, *Me.* 13 N7
Blue Hill Falls, *Me.* 13 M6
Blue Hills, *Wis.* 6 G3
Blue Hills ♣, *Mass.* 12 R12
Blue Hills Trailside Museum, Milton, *Mass.* 12 R12
Blue Island, *Ill.* 7 C9
Bluejacket, *Okla.* 5 B15
Bluejoint Lake, *Oreg.* 1 M7

Blue Knob ♣, *Pa.* 11 N8
Blue Lake, *Calif.* 2 F2
Blue Licks Battlefield ♣, *Ky.* 7 L16
Blue Mesa Reservoir, *Colo.* 3 K10
Bluemont, *Va.* 10 F16
Bluemont ♣, *N.Y.* 11 G8
Blue Mound, *Ill.* 7 H7
Blue Mounds ♣, *Minn.* 4 L9
Blue Mounds ♣, *Wis.* 6 N5
Blue Mountain, *Ark.* 5 D16
Blue Mountain, *Calif.* 2 D6
Blue Mountain, *Colo.* 3 H8
Blue Mountain, *Miss.* 8 F5
Blue Mountain, *Mont.* 1 E23
Blue Mountain, *N.B.* 13 C11
Blue Mountain, *Nev.* 2 F10
Blue Mountain, *Nev.* 2 M15
Blue Mountain, *N.H.* 12 D10
Blue Mountain, *N.S.* 13 J19
Blue Mountain, *Oreg.* 1 N8
Blue Mountain, *Pa.* 11 M12
Blue Mountain ♣, *Ont.* 6 K18
Blue Mountain ♣, *Utah* 3 L8
Blue Mountain Lake, *Ark.* 5 D17
Blue Mountain Lake, *N.Y.* 11 D15
Blue Mountain Pass, *Oreg.* 1 N9
Blue Mountains, Oreg.-Wash. 1 H8
Bluenose II, *Halifax, N.S.* 13 M17
Blue Range Wilderness, Ariz.-N. Mex. 3 S8
Blue Rapids, *Kans.* 4 R8
Blue Ridge, *Ga.* 8 F12
Blue Ridge, *Va.* 10 M11
Blue Ridge, mountains, *U. S.* 10 J14
Blue Ridge Lake, *Ga.* 8 F12
Blue Ridge Parkway, N.C.-Va. 8 C16, D15; 10 Q9
Blue Ridge Summit, *Pa.* 11 P10
Blue River, *Oreg.* 1 K4
Blue River, *Wis.* 6 M4
Blue Rock ♣, *Ohio* 7 H20
Blue Rocks, *N.S.* 13 N15
Blue Rock State Forest, *Ohio* 7 H20
Blue Spring, *Eureka Springs, Ark.* 5 B17
Blue Springs, *Ala.* 8 L10
Blue Springs, *Fla.* 9 B6
Blue Springs, *Fla.* 9 F13
Blue Springs, *Miss.* 8 F5
Blue Springs, *Nebr.* 4 R8
Blue Springs ♣, *Ala.* 8 L10
Bluestem ♣, *Nebr.* 4 Q8
Bluestone, river, *W. Va.* 10 M8
Bluestone ♣, *W. Va.* 10 L8
Bluestone Lake, *W. Va.* 10 M9
Bluewater Lake ♣, *N. Mex.* 3 Q9
Bluff, *Alas.* 14 F9
Bluff, *Alas.* 14 G16
Bluff, *Utah* 3 M7
Bluff City, *Kans.* 4 V7
Bluff City, *Tenn.* 8 C15
Bluffdale, *Utah* 5 M7
Bluff Lake, *Miss.* 8 H5
Bluffs, *Ill.* 7 H4
Bluff Springs, *Fla.* 9 A2

Bluffton, *Ga.* 8 L11
Bluffton, *Ind.* 7 F14
Bluffton, *Ohio* 7 E16
Bluffton, *S.C.* 8 K16
Bluford, *Ill.* 7 L7
Blum, *Tex.* 5 H13
Blunt, *S. Dak.* 4 K5
Bly, *Oreg.* 1 M5
Blyth, *Ont.* 6 L17
Blythe, *Calif.* 2 U15
Blythedale, *Mo.* 4 Q11
Blytheswood, *Ont.* 6 (B) E4
Blytheville, *Ark.* 5 C21
Blytheville Air Force Base,
    Ark. 5 B21
Blythewood, *S.C.* 8 G16
Boal Estate, *State College,
    Pa.* 11 M9
Boalsburg, *Pa.* 11 M9
Boardman, *Ohio* 7 E22
Boardman, *Oreg.* 1 G7
Boardman, river, *Mich.* 6 J11
Board of Trade Building,
    Chicago, Ill. 7 C10
Boardwalk, *Atlantic City, N.J.*
    11 Q16
Boatyard and Exchange
    Place, *Kingsport, Tenn.* 8
    C14
Boaz, *Ala.* 8 G9
Boaz, *W. Va.* 10 E7
Bobby Brown ⚓, *Ga.* 8 G14
Bobcat 🐾, *N.H.* 12 M9
Bob Jones University Art
    Museum, *Greenville, S.C.*
    8 F15
Bob Marshall Wilderness,
    Mont. 1 D13
Bobo, *Miss.* 8 G3
Bobrof Island, *Alas.* 14 R19
Bobtail Tunnel, *Central City,
    Colo.* 3 H12
Bobtown, *Pa.* 11 P5
Bob White, *W. Va.* 10 K6
Bob White ⚓, *Iowa* 4 U11
Boca Chica, *Tex.* 5 R13
Boca Chica Key, *Fla.* 9 R13
Boca Grande, *Fla.* 9 L12
Boca Raton, *Fla.* 9 M16
Bodega Bay, *Calif.* 2 K3
Bodega Head, *Calif.* 2 L3
Bodfish, *Calif.* 2 R9
Bodie ▲, *Calif.* 2 L9
Boerne, *Tex.* 5 L11
Boeuf, river, *La.* 5 H19
Bogachiel ⚓, *Wash.* 1 D2
Bogachiel, river, *Wash.* 1 D2
Bogalusa, *La.* 5 J21
Bogard, *Mo.* 4 S11
Bogart, *Ga.* 8 G13
Bogata, *Tex.* 5 F15
Boger City, *N.C.* 8 D16
Boggs and Begich Peaks,
    Alas. 14 L15
Bog Lake, *Me.* 13 L8
Bogota, *Tenn.* 8 C5
Bogue, *Kans.* 4 S5
Bogue Chitto, *Miss.* 8 L3
Bogue Chitto, river, *La.* 5 J21
Bogue Chitto National
    Wildlife Refuge, *Miss.* 8 N4
Bogue Falaya ⚓, *La.* 5 K21
Bogue Homo, river, *Miss.* 8
    L5
Bogue Inlet, *N.C.* 8 F22
Bogus Basin 🐾, *Idaho* 1 K10

Boiestown, *N.B.* 13 F11
Boiling Springs, *N.C.* 8 E15
Boiling Springs, *Pa.* 11 N11
Boiling Springs ⚓, *Okla.* 5
    B11
Bois Blanc Island, *Mich.* 6
    G13
Bois Brule, river, *Wis.* 6 F3
Bois Bubert Island, *Me.* 13
    M8
Boisdale, *N.S.* 13 G23
Boisdale Hills, *N.S.* 13 G23
Bois de Sioux, river, *U. S.* 4
    H8
Boise, *Idaho* 1 L10
Boise City, *Okla.* 5 B7
Boise National Forest, *Idaho*
    1 K11
Boissevain, *Va.* 10 M7
Bok Amphitheater, *Camden,
    Me.* 13 N6
Bokchito, *Okla.* 5 E14
Bokeelia, *Fla.* 9 L12
Bolair, *W. Va.* 10 H10
Bolar, *Va.* 10 J12
Bolckow, *Mo.* 4 R10
Boldt Castle, *Alexandria
    Bay, N.Y.* 11 C13
Bolduc House, *Ste.
    Genevieve, Mo.* 4 T15
Boles, *Ark.* 5 D16
Boley, *Okla.* 5 C14
Boligee, *Ala.* 8 J6
Boling, *Tex.* 5 M14
Bolingbrook, *Ill.* 7 C9
Bolinger, *Ala.* 8 L6
Bolivar, *Mo.* 4 U12
Bolivar, *N.Y.* 11 H9
Bolivar, *Ohio* 7 F21
Bolivar, *Tenn.* 8 E5
Bolivar, *W. Va.* 10 E17
Bolivar, Mount, *Oreg.* 1 L2
Boll Weevil Monument,
    Enterprise, Ala. 8 M9
Bolton, *Miss.* 8 K3
Bolton, *N.C.* 8 F20
Bolton, *N.Y.* 11 E16
Bolton, *Vt.* 12 F5
Bolton Lakes, *Conn.* 12 T7
Bolton Landing, *N.Y.* 11 E16
Bolton Valley 🐾, *Vt.* 12 E5
Bomarton, *Tex.* 5 F11
Bombay, *N.Y.* 11 A15
Bombay Hook Island, *Del.* 10
    E23
Bombay Hook National
    Wildlife Refuge, *Del.* 10
    E23
Bomont, *W. Va.* 10 H8
Bomoseen, *Vt.* 12 J4
Bomoseen, Lake, *Vt.* 12 J4
Bona, Mount, *Alas.* 14 L18
Bon Air, *Tenn.* 8 D10
Bon Air, *Va.* 10 M17
Bonaire, *Ga.* 8 K13
Bonanza, *Alas.* 14 K18
Bonanza, *Oreg.* 1 N5
Bonanza, *Utah* 3 H8
Bonanza Creek, *Alas.* 14 J11
Bonanza Hills, *Alas.* 14 L12
Bonanzaville, U.S.A., *W.
    Fargo, N. Dak.* 4 G8
Bonaparte, *Iowa* 4 Q13
Bonaparte, Mount, *Wash.* 1
    C8
Bonasila, river, *Alas.* 14 J10

Bonasila Dome, *Alas.* 14 J10
Bonaventure, river, *Que.* 13
    B13
Bond, *Colo.* 3 H10
Bond, *Ky.* 7 P16
Bond, *Miss.* 8 M5
Bond Falls, *Mich.* 6 F6
Bond Falls Flowage, *Mich.* 6
    F6
Bonds Cay, *Bahamas* 9 P21
Bondsville, *Mass.* 12 R7
Bonduel, *Wis.* 6 J7
Bondurant, *Wyo.* 1 L17
Bondville, *Ill.* 7 G8
Bondville, *Vt.* 12 M5
Bon Echo ⚓, *Ont.* 6 J22
Bone Gap, *Ill.* 7 L9
Bone Lake, *Wis.* 6 G2
Bonesteel, *S. Dak.* 4 M6
Bonetraill, *N. Dak.* 4 E2
Boney Creek, *Alas.* 14 G14
Bonfield, *Ill.* 7 E9
Bonfield, *Ont.* 6 F20
Bonham, *Tex.* 5 F14
Bonham ⚓, *Tex.* 5 F14
Bonham House, *York, Pa.* 11
    P11
Bonifay, *Fla.* 9 B5
Bonilla, *S. Dak.* 4 K6
Bonita Springs, *Fla.* 9 M13
Bonneau, *S.C.* 8 H18
Bonnechere, river, *Ont.* 6
    G22
Bonnechere ⚓, *Ont.* 6 G22
Bonner, *Mont.* 1 F13
Bonner House, *Bath, N.C.* 8
    D22
Bonners Ferry, *Idaho* 1 C10
Bonner Springs, *Kans.* 4 S10
Bonne Terre, *Mo.* 4 T15
Bonneville Dam,
    Oreg.-Wash. 1 G4
Bonneville Peak, *Idaho* 1
    M15
Bonney Lake, *Wash.* 1 (A)
    G4
Bonnie, *Ill.* 7 M7
Bonnieville, *Ky.* 7 P12
Bonny Reservoir ⚓, *Colo.* 3
    H16
Bono, *Ohio* 7 C17
Bonsall, *Calif.* 2 V11
Bon Secour, *Ala.* 8 N7
Bon Secour Bay, *Fla.* 9 B1
Bon Secour National Wildlife
    Refuge, *Ala.* 8 N6
Bonshaw, *P.E.I.* 13 G17
Bon Wier, *Tex.* 5 K17
Booby Island, *Bahamas* 9
    Q23
Boody, *Ill.* 7 H7
Book Cliffs, *Colo.* 3 J8
Booker, *Tex.* 5 B9
Booker T. Washington ⚓,
    Tenn. 8 E11
Booker T. Washington
    Monument, *Malden,
    W. Va.* 10 J7
Booker T. Washington
    Monument, *Tuskegee,
    Ala.* 8 K10
Booker T. Washington
    National Monument, *Va.*
    10 N12
Boomer, *W. Va.* 10 J7
Boom Lake, *Wis.* 6 G6

Boon, *Mich.* 6 K11
Boone, *Colo.* 3 K13
Boone, *Iowa* 4 N11
Boone, *N.C.* 8 C15
Boone, river, *Iowa* 4 N11
Boone Grove, *Ind.* 7 D11
Boone Hall Plantation,
    Charlestown, S.C. 8 J18
Boone Lake, *Tenn.* 8 C14
Boonesborough, *Ky.* 7 N16
Boone's Cave ⚓, *N.C.* 8 D17
Booneville, *Ark.* 5 D16
Booneville, *Ky.* 7 P17
Booneville, *Miss.* 8 F6
Boonsboro, *Md.* 10 E17
Boonville, *Calif.* 2 J3
Boonville, *Ind.* 7 M10
Boonville, *Mo.* 4 S12
Boonville, *N.C.* 8 C17
Boonville, *N.Y.* 11 E14
Booth, *W. Va.* 10 D11
Boothbay, *Me.* 13 P4
Boothbay Harbor, *Me.*
    13 P4
Boothbay Railway Village
    Museum, *Boothbay, Me.*
    13 P4
Boothbay Region Art Gallery,
    Boothbay Harbor, Me. 13
    P4
Boothbay Region Historical
    Society Museum,
    Boothbay Harbor, Me. 13
    P4
Boothe Memorial Park,
    Stratford, Conn. 12 W4
Boot Hill, *Ogallala, Nebr.* 4
    P3
Boot Hill Cemetery, *Tascosa,
    Tex.* 5 C8
Boothill Graveyard,
    Tombstone, Ariz. 3 V6
Boot Hill Museum, *Dodge
    City, Kans.* 4 U5
Boothville, *La.* 5 L22
Boquerón Beach, *P. R.* 9 (B)
    B1
Boquerón State Forest, *P. R.*
    9 (B) B1
Boracho Peak, *Tex.* 5 J5
Borah Peak, *Idaho* 1 K13
Bordeaux Mountain, *St. John*
    9 (C) A3
Borden, *P.E.I.* 13 G16
Bordentown, *N.J.* 11 N15
Border Field Beach ⚓, *Calif.*
    2 W11
Borderland, *W. Va.* 10 L5
Bordulac, *N. Dak.* 4 F6
Boreal Ridge 🐾, *Calif.* 2 J7
Bore View Park, *Moncton,
    N.B.* 13 H14
Borger, *Tex.* 5 C9
Borgne, Lake, *La.* 5 K21
Borinquen, Punta, *P. R.* 9 (B)
    A1
Boron, *Calif.* 2 R11
Borrego Springs, *Calif.* 2 V13
Borton, *Ill.* 7 H9
Borup, *Minn.* 4 G8
Boscawen, *N.H.* 12 L10
Boscobel, *Wis.* 6 M4
Boscobel Mansion, *Garrison,
    N.Y.* 11 K16
Bosler, *Wyo.* 1 N22

Bosque Del Apache National Wildlife Refuge, *N. Mex.* 3 S10

Bossier City, *La.* 5 G17

Boston, *Ga.* 8 N12

Boston, *Ky.* 7 N13

Boston, *Mass.* 12 R12

Boston, *N.Y.* 11 G8

Boston, *Va.* 10 H16

Boston Common, *Boston, Mass.* 12 R12

Boston Hill ☆, *Mass.* 12 P11

Boston Massacre Site, *Boston, Mass.* 12 R12

Boston Mills ☆, *Ohio* 7 D20

Boston Mountains, *Ark.* 5 C17

Boston Museum of Science, *Boston, Mass.* 12 R12

Boston Museum of Fine Arts, *Boston, Mass.* 12 R12

Boston Tea Party Ship and Museum, *Boston, Mass.* 12 R12

Bostwick, *Fla.* 9 D13

Bostwick, *Ga.* 8 H13

Boswell, *Ind.* 7 F10

Boswell, *Okla.* 5 E15

Boswell, *Pa.* 11 N7

Boswells, *Va.* 10 K15

Bosworth, *Mo.* 4 S12

Botanical Gardens, *Birmingham, Ala.* 8 H8

Botanic Garden, *Corpus Christi, Tex.* 5 P12

Botanic Garden, *Fort Worth, Tex.* 5 G13

Botany Bay, *St. Thomas* 9 (C) A1

Bothell, *Wash.* 1 D4

Bothe-Napa Valley ☆, *Calif.* 2 K4

Bothwell, *Ont.* 6 N16

Botkins, *Ohio* 7 F16

Botsford, *Conn.* 12 V4

Bottineau, *N. Dak.* 4 E5

Bottle House, *Rhyolite, Nev.* 2 N12

Bottomless Lakes ☆, *N. Mex.* 3 S14

Bouckville, *N.Y.* 11 F14

Boughton Bay, *P.E.I.* 13 G19

Boularderie Island, *N.S.* 13 G23

Boulder, *Colo.* 3 H12

Boulder, *Mont.* 1 G15

Boulder, *Utah* 3 L5

Boulder, *Wyo.* 1 M17

Boulder, river, *Mont.* 1 G17

Boulder Beach, *Nev.* 2 Q15

Boulder Beach Recreation Area, *Vt.* 12 F8

Boulder City, *Nev.* 2 Q15

Boulder Creek, *Calif.* 2 N4

Boulder Lake, *Wyo.* 1 M18

Boulder Mountains, *Idaho* 1 K12

Boulder Pass, *Mont.* 1 (C) B2

Boulder Peak, *Calif.* 2 E3

Boulogne, *Fla.* 9 B12

Boundary, *Alas.* 14 H18

Boundary, *Wash.* 1 B9

Boundary Bald Mountain, *Me.* 13 H3

Boundary Dam, *Wash.* 1 B9

Boundary Peak, *Calif.-Nev.* 2 L10

Boundary Waters Canoe Area, *Minn.* 4 F12, F13

Bountiful, *Utah* 3 G5

Bounty Exhibit, *St. Petersburg, Fla.* 9 J11

Bouquet Reservoir, *Calif.* 2 S10

Bourbon, *Ind.* 7 D12

Bourbon, *Miss.* 8 H3

Bourbon, *Mo.* 4 T14

Bourbonnais, *Ill.* 7 E9

Bourg, *La.* 5 L20

Bourne, *Mass.* 12 U13

Bourneville, *Ohio* 7 J18

Bouse, *Ariz.* 3 R2

Bouse Wash, *Ariz.* 3 R2

Bousquet ☆, *Mass.* 12 Q4

Boutiliers Point, *N.S.* 13 M16

Bova ☆, *N.Y.* 11 H8

Bovey, *Minn.* 4 G11

Bovill, *Idaho* 1 F10

Bovina, *Tex.* 5 E7

Bow, *N.H.* 12 M10

Bowbells, *N. Dak.* 4 E3

Bow Center, *N.H.* 12 M10

Bowden, *W. Va.* 10 G11

Bowdle, *S. Dak.* 4 J6

Bowdoin, Lake, *Mont.* 1 C19

Bowdoin College Museum of Art, *Brunswick, Me.* 13 P3

Bowdoinham, *Me.* 13 N4

Bowdoin National Wildlife Refuge, *Mont.* 1 C19

Bowdon, *Ga.* 8 H10

Bowdon, *N. Dak.* 4 F6

Bowen, *Ill.* 7 G3

Bowers Beach, *Del.* 10 F23

Bowers Hill, *Va.* 10 P20

Bowers Mansion, *Nev.* 2 J8

Bowerston, *Ohio* 7 F21

Bowesmont, *N. Dak.* 4 E8

Bowie, *Ariz.* 3 U7

Bowie, *Md.* 10 G19

Bowie, *Tex.* 5 G11

Bow Lake, *N.H.* 12 L11

Bow Lake Village, *N.H.* 12 L12

Bowlegs, *Okla.* 5 D13

Bowlegs Point, *Fla.* 9 E9

Bowler, *Wis.* 6 J6

Bowlers Wharf, *Va.* 10 L20

Bowling Green, *Fla.* 9 J13

Bowling Green, *Ind.* 7 J11

Bowling Green, *Ky.* 7 Q11

Bowling Green, *Mo.* 4 S14

Bowling Green, *Ohio* 7 D17

Bowling Green, *Va.* 10 K18

Bowman, *Ga.* 8 G14

Bowman, *N. Dak.* 4 H2

Bowman, *S.C.* 8 H17

Bowman Creek, campground, *Mont.* 1 (C) B1

Bowman Lake, *Mont.* 1 C12

Bowman Lake ☆, *Nebr.* 4 P6

Bowman Lake ☆, *N.Y.* 11 G13

Bowman Lake, ranger station, *Mont.* 1 (C) B1

Bowmanville, *Ont.* 6 L20

Bowmont, *Idaho* 1 L10

Bowstring State Forest, *Minn.* 4 F10

Box Butte Creek, *Nebr.* 4 N2

Box Butte Reservoir, *Nebr.* 4 M2

Box Butte Reservoir ☆, *Nebr.* 4 N2

Box Elder, *Mont.* 1 C17

Boxelder Creek, *Mont.* 1 C21

Box Elder Creek, *Mont.* 1 E18

Boxelder Creek, *Mont.* 1 G23

Box Elder Tabernacle, *Brigham City, Utah* 3 F5

Boxford, *Mass.* 12 P12

Boxwood Hall, *Elizabeth, N.J.* 11 M16

Boyce, *La.* 5 J18

Boyce, *Va.* 10 F16

Boyce Thompson Southwestern Arboretum, *Superior, Ariz.* 3 S6

Boyceville, *Wis.* 6 H2

Boyd, *Mont.* 1 H18

Boyd, *Tex.* 5 G13

Boyden, *Iowa* 4 M9

Boyden Lake, *Me.* 13 L9

Boyd Lake, *Me.* 13 K6

Boyd Lake ☆, *Colo.* 3 G12

Boydton, *Va.* 10 Q15

Boyer, river, *Iowa* 4 N10

Boyers, *Pa.* 11 L5

Boyertown, *Pa.* 11 N13

Boyes, *Mont.* 1 H22

Boykin, *Ga.* 8 M11

Boykins, *Va.* 10 Q18

Boyle, *Miss.* 8 G3

Boylston, *Mass.* 12 R9

Boylston, *N.S.* 13 J21

Boylston ☆, *N.S.* 13 J20

Boyne City, *Mich.* 6 H12

Boyne Falls, *Mich.* 6 J12

Boyne Highlands ☆, *Mich.* 6 H11

Boyne Mountain ☆, *Mich.* 6 J12

Boynton, *Okla.* 5 C15

Boynton Beach, *Fla.* 9 M16

Boysen ☆, *Wyo.* 1 L19

Boysen Reservoir, *Wyo.* 1 L19

Boys Town, *Nebr.* 4 P9

Bozeman, *Mont.* 1 H16

Bozman, *Md.* 10 G20

Brabazon Range, *Alas.* 14 M20

Bracebridge, *Ont.* 6 J20

Braceville, *Ill.* 7 D9

Bracey, *Va.* 10 Q16

Brackenridge Park, *San Antonio, Tex.* 5 L11

Brackettville, *Tex.* 5 L10

Brackley Beach, *P.E.I.* 13 F17

Bradbury Mountain ☆, *Me.* 13 P3

Bradbury Science Hall, *Los Alamos, N. Mex.* 3 P11

Braddock, *N. Dak.* 4 G5

Braddock Bay ☆, *N.Y.* 11 E10

Braddock Heights, *Md.* 10 E17

Braddock Heights, *N.Y.* 11 E10

Braden, *Tenn.* 8 D5

Bradenton, *Fla.* 9 J11

Bradenville, *Pa.* 11 N6

Bradfield Canal, *Alas.* 14 Q23

Bradford, *Ark.* 5 C19

Bradford, *Ill.* 7 D6

Bradford, *Me.* 13 K6

Bradford, *N.H.* 12 L9

Bradford, *N.Y.* 11 H11

Bradford, *Ohio* 7 G15

Bradford, *Ont.* 6 K19

Bradford, *Pa.* 11 J8

Bradford, *R.I.* 12 V9

Bradford, *Tenn.* 8 C6

Bradford, *Vt.* 12 H8

Bradford Brinton Memorial Ranch, *Sheridan, Wyo.* 1 J20

Bradfordsville, *Ky.* 7 P14

Bradley, *Ark.* 5 F17

Bradley, *Calif.* 2 Q6

Bradley, *Ill.* 7 E9

Bradley, *Me.* 13 L6

Bradley, *S. Dak.* 4 J7

Bradley, *W. Va.* 10 K7

Bradley International Airport, *Conn.* 12 T6

Bradley Junction, *Fla.* 9 J12

Bradley W. Palmer ☆, *Mass.* 12 P13

Bradner, *Ohio* 7 D17

Bradshaw, *Nebr.* 4 Q7

Bradshaw, *Tex.* 5 H10

Bradshaw, *W. Va.* 10 M6

Brady, *Alas.* 14 C12

Brady, *Mont.* 1 D15

Brady, *Nebr.* 4 P5

Brady, *Tex.* 5 J11

Brady Creek, *Tex.* 5 J11

Brady Glacier, *Alas.* 14 N20

Draggs, *Okla.* 5 C15

Braham, *Minn.* 4 J11

Braidwood, *Ill.* 7 D9

Brailey Brook, *Me.* 13 G4

Brainard, *Nebr.* 4 P8

Brainard, *N.Y.* 11 G17

Brainardsville, *N.Y.* 11 A16

Brainerd, *Minn.* 4 H11

Braintree, *Mass.* 12 R12

Bramadero, Bahía, *P. R.* 9 (B) B1

Bramalea, *Ont.* 6 L19

Braman, *Okla.* 5 A13

Brampton, *N. Dak.* 4 H7

Brampton, *Ont.* 6 L19

Bramwell, *W. Va.* 10 M7

Branbury ☆, *Vt.* 12 H4

Branch Lake, *Me.* 13 M6

Branchland, *W. Va.* 10 J5

Branchport, *N.Y.* 11 G10

Branchville, *Conn.* 12 W3

Branchville, *N.J.* 11 L15

Branchville, *S.C.* 8 H17

Branchville, *Va.* 10 Q18

Brandeis University, *Waltham, Mass.* 12 Q11

Brandenburg, *Ky.* 7 M12

Brandon, *Colo.* 3 K15

Brandon, *Fla.* 9 H12

Brandon, *Man.* 4 C6

Brandon, *Minn.* 4 H9

Brandon, *Miss.* 8 K4

Brandon, *Nebr.* 4 Q3

Brandon, *Vt.* 12 H4

Brandon, *Wis.* 6 L7

Brandon Brook Recreation Area, *Vt.* 12 H4

Brandon Plantation, *Va.* **10** N19

Brandonville, *W. Va.* **10** D12

Brandsville, *Mo.* **4** V13

Brandt, *S. Dak.* **4** K8

Brandy Camp, *Pa.* **11** K8

Brandy Peak, *Oreg.* **1** M2

Brandy Station, *Va.* **10** H16

Brandywine, *W. Va.* **10** H13

Brandywine Battlefield Park, *Chadds Ford, Pa.* **11** P14

Brandywine Center ☞, *Ohio* **7** D20

Brandywine Creek ♣, *Del.* **10** C22

Brandywine Park, *Wilmington, Del.* **10** D22

Brandywine Recreation Area, *W. Va.* **10** H13

Brandywine River Museum, *Chadds Ford, Pa.* **11** P14

Branford, *Conn.* **12** W5

Branford, *Fla.* **9** D11

Branigan Cultural Center, *Las Cruces, N. Mex.* **3** U10

Brannan Island ♣, *Calif.* **2** L5

Branson, *Colo.* **3** M14

Branson, *Mo.* **4** V12

Brant, *N.Y.* **11** G7

Brantford, *Ont.* **6** M18

Brantingham, *N.Y.* **11** D14

Brant Lake, *N.Y.* **11** D17

Brantley, *Ala.* **8** L9

Brant Rock, *Mass.* **12** S13

Brantville, *N.B.* **13** D14

Bras d'Or, *N.S.* **13** G23

Bras d'Or Lake, *N.S.* **13** H22

Brasher Falls, *N.Y.* **11** A15

Brasstown Bald, *Ga.* **8** F12

Brassua Lake, *Me.* **13** J4

Bratt, *Fla.* **9** A2

Brattleboro, *Vt.* **12** N6

Brattleboro Museum and Art Center, *Brattleboro, Vt.* **12** N6

Brave, *Pa.* **11** P4

Brawley, *Calif.* **2** V14

Braxton, *Miss.* **8** K4

Braymer, *Mo.* **4** R11

Brayton, *Iowa* **4** P10

Brazil, *Ind.* **7** J10

Brazoria, *Tex.* **5** M15

Brazoria National Wildlife Refuge, *Tex.* **5** M15

Brazos, river, *Tex.* **5** F10

Brazos Island ♣, *Tex.* **5** R13

Brazos Peak, *N. Mex.* **3** M11

Brazosport, *Tex.* **5** M15

Brea, *Calif.* **2** T10

Brea, Punta, *P. R.* **9** (B) B2

Breaks, *Va.* **10** M5

Breaks Interstate ♣, *Ky.-Va.* **7** P19; **10** M5

Breaux Bridge, *La.* **5** K19

Breckenridge, *Colo.* **3** J11

Breckenridge, *Mich.* **6** M13

Breckenridge, *Minn.* **4** H8

Breckenridge, *Mo.* **4** R11

Breckenridge, *Tex.* **5** G11

Breese, *Ill.* **7** L6

Breesport, *N.Y.* **11** H11

Breezewood, *Pa.* **11** P8

Breien, *N. Dak.* **4** H4

Bremen, *Ga.* **8** H10

Bremen, *Ill.* **7** M6

Bremen, *Ind.* **7** D12

Bremen, *Ky.* **7** P10

Bremen, *N. Dak.* **4** F6

Bremen, *Ohio* **7** H19

Bremer County Historical Museum, *Waverly, Iowa* **4** M13

Bremerton, *Wash.* **1** D4

Bremner, river, *Alas.* **14** L17

Bremo Bluff, *Va.* **10** L15

Bremond, *Tex.* **5** J14

Brenham, *Tex.* **5** K14

Brent, *Ala.* **8** J8

Brent, *Ont.* **6** G20

Brentford, *S. Dak.* **4** J7

Brenton, *W. Va.* **10** L6

Brentwood, *Calif.* **2** L5

Brentwood, *N.H.* **12** M12

Brentwood, *N.Y.* **11** M18

Brentwood, *Tenn.* **8** C8

Brentwood Corners, *N.H.* **12** M11

Breton, Cape, *N.S.* **13** H24

Breton Bay, *Md.* **10** J20

Breton Cove, *N.S.* **13** F23

Breton Island, *La.* **5** L22

Breton National Wildlife Refuge, *La.* **5** L22

Breton Sound, *La.* **5** L22

Bretton Woods, *N.H.* **12** F10

Bretton Woods ☞, *N.H.* **12** F10

Brevard, *N.C.* **8** E14

Brevig Mission, *Alas.* **14** E8

Brevoort Lake, *Mich.* **6** G12

Brewer, *Me.* **13** L6

Brewers Bay, *St. Thomas* **9** (C) A1

Brewerton, *N.Y.* **11** E12

Brewster, *Kans.* **4** S3

Brewster, *Mass.* **12** T15

Brewster, *Minn.* **4** L9

Brewster, *Nebr.* **4** N5

Brewster, *N.Y.* **11** K17

Brewster, *Ohio* **7** F20

Brewster, *Wash.* **1** D7

Brewton, *Ala.* **8** M8

Brian Head, peak, *Utah* **3** L4

Brian Head ☞, *Utah* **3** L3

Briarwood Beach, *Ohio* **7** E20

Briceland, *Calif.* **2** G2

Brices Cross Roads National Battlefield Site, *Miss.* **8** F5

Briceville, *Tenn.* **8** C12

Brick Market, *Newport, R.I.* **12** V11

Brick Store Museum, *Kennebunk, Me.* **13** Q2

Brick Town, *N.J.* **11** N16

Bridal Cave, *Mo.* **4** T12

Bridal Veil Falls, *Highlands, N.C.* **8** E13

Bridge, *Idaho* **1** N13

Bridge Bay, campground, *Wyo.* **1** (B) C3

Bridgeboro, *Ga.* **8** M12

Bridge City, *Tex.* **5** L17

Bridgehampton, *N.Y.* **11** L20

Bridgeland, *Utah* **3** H7

Bridge of Flowers, *Shelburne Falls, Mass.* **12** P6

Bridgeport, *Ala.* **8** E10

Bridgeport, *Calif.* **2** L8

Bridgeport, *Conn.* **12** W4

Bridgeport, *Ill.* **7** L9

Bridgeport, *Nebr.* **4** P2

Bridgeport, *N.Y.* **11** F13

Bridgeport, *Ohio* **7** G22

Bridgeport, *Oreg.* **1** J9

Bridgeport, *Tex.* **5** F12

Bridgeport, *Wash.* **1** D7

Bridgeport, *W. Va.* **10** E10

Bridgeport ♣, *Wash.* **1** D7

Bridgeport, Lake, *Tex.* **5** F12

Bridger, *Mont.* **1** H18

Bridger Bowl ☞, *Mont.* **1** G16

Bridger Mountains, *Wyo.* **1** L19

Bridger National Forest, *Wyo.* **1** L17, M16

Bridger Peak, *Wyo.* **1** P21

Bridger Wilderness, *Wyo.* **1** M17

Bridgeton, *Ind.* **7** H10

Bridgeton, *N.C.* **8** E22

Bridgeton, *N.J.* **11** Q14

Bridgetown, *N.S.* **13** L13

Bridgetown, *Ohio* **7** K15

Bridgeville, *Calif.* **2** G2

Bridgeville, *Del.* **10** G22

Bridgeville, *N.S.* **13** J18

Bridgewater, *Conn.* **12** V3

Bridgewater, *Mass.* **12** S12

Bridgewater, *Me.* **13** F8

Bridgewater, *N.H.* **12** J9

Bridgewater, *N.S.* **13** M15

Bridgewater, *N.Y.* **11** F14

Bridgewater, *S. Dak.* **4** L7

Bridgewater, *Va.* **10** J14

Bridgewater, *Vt.* **12** K6

Bridgewater Corners, *Vt.* **12** J6

Bridgman, *Mich.* **6** Q10

Bridgton, *Me.* **13** N2

Bridle Trails ♣, *Wash.* **1** (A) F4

Bridport, *Vt.* **12** H4

Briensburg, *Ky.* **7** Q8

Brier Creek, *Ga.* **8** H15

Brier Hill, *N.Y.* **11** B13

Brier Island, *N.S.* **13** N11

Briery Mountains, *W. Va.* **10** E12

Brigantine, *N.J.* **11** Q16

Brigantine National Wildlife Refuge, *N.J.* **11** Q16

Brigden, *Ont.* **6** N16

Briggs, *Tex.* **5** J12

Briggsdale, *Colo.* **3** G13

Briggsville, *Mass.* **12** P4

Brigham City, *Utah* **3** F4

Brigham Seamount, *N. Pac. Oc.* **15** R8

Brigham Young University, *Provo, Utah* **3** H5

Brigham Young University, *Laie, Hawaii* **15** D11

Brigham Young Winter Home State Historic Site, *Saint George, Utah* **3** M3

Brighton, *Colo.* **3** H13

Brighton, *Ill.* **7** K5

Brighton, *Mich.* **6** P13

Brighton, *N.S.* **13** M12

Brighton, *Ont.* **6** K22

Brighton, *Tenn.* **8** D4

Brighton ♣, *Mich.* **6** P13

Brighton ♣, *Vt.* **12** D8

Brighton Dam, *Md.* **10** F19

Brighton Seminole Indian Reservation, *Fla.* **9** K14

Brights Grove, *Ont.* **6** N16

Brightwood, *Va.* **10** J15

Brilliant, *Ala.* **8** G7

Brilliant, *Ohio* **7** G22

Brillion, *Wis.* **6** K8

Brimfield, *Ill.* **7** E6

Brimfield, *Ind.* **7** D14

Brimfield, *Mass.* **12** S7

Brimfield, *Ohio* **7** E21

Brimfield State Forest, *Mass.* **12** S7

Brimley, *Mich.* **6** F12

Brimley ♣, *Mich.* **6** (A) A2

Bringhurst Park, *Alexandria, La.* **5** J18

Brinkley, *Ark.* **5** D19

Brinnon, *Wash.* **1** D4

Brinsmade, *N. Dak.* **4** E6

Brinson, *Ga.* **8** M11

Brion, Île, *Que.* **13** B21

Briscoe, *Tex.* **5** C10

Bristol, *Colo.* **3** K15

Bristol, *Conn.* **12** U5

Bristol, *Fla.* **9** C6

Bristol, *Ga.* **8** M15

Bristol, *Ind.* **7** C13

Bristol, *N.B.* **13** F8

Bristol, *N.H.* **12** K9

Bristol, *Pa.* **11** N15

Bristol, *R.I.* **12** U11

Bristol, *S. Dak.* **4** J7

Bristol, *Tenn.-Va.* **8** C15

Bristol, *Va.* **10** Q5

Bristol, *Vt.* **12** G4

Bristol, *W. Va.* **10** E9

Bristol Bay, *Alas.* **14** N9

Bristol Caverns, *Bristol, Tenn.* **8** C15

Bristol Lake, *Calif.* **2** S14

Bristol Mountain ☞, *N.Y.* **11** F10

Bristol Mountains, *Calif.* **2** S13

Bristol Wilderness, *Vt.* **12** G5

Bristow, *Nebr.* **4** M6

Bristow, *Okla.* **5** C14

British Columbia, province, *Can.* **1** B6

British Mountains, *Alas.* **14** C18

Britt, *Iowa* **4** M11

Britt, *Ont.* **6** G18

Britton, *S. Dak.* **4** H7

Britton, Lake, *Calif.* **2** F5

Broad, river, *Ga.* **8** G14

Broad, river, *S.C.* **8** F16

Broadalbin, *N.Y.* **11** F16

Broadbent, *Oreg.* **1** L1

Broad Brook, *Conn.* **12** T6

Broad Cove, *N.S.* **13** N15

Broad Creek, *Md.* **10** D20

Broaddus, *Tex.* **5** J16

Broadford, *Va.* **10** P6

Broadkill Beach, *Del.* **10** G23

Broadland, *S. Dak.* **4** K6

Broadlands, *Ill.* **7** H9

Broadmoor, *Colo.* **3** K12

Broad Pass, *Alas.* **14** J15

Broad River, *S.C.* **8** K16

Broadus, *Mont.* **1** G22

Broadview, *Mont.* **1** G18

Broadwater, *Nebr.* **4** P2

Broadway, *N.C.* **8** D19

Broadway, *Va.* **10** H14

Broadway Historic District, *Bangor, Me.* **13** L6

Broadwell, *Ill.* **7** G6

Brocket, *N. Dak.* **4** E7

Buckeye Trail, *Ohio* 7 D17, D20, H20, K17

Buckfield, *Me.* 13 N3

Buckhannon, *W. Va.* 10 G10

Buckhannon, river, *W. Va.* 10 G10

Buck Hill Falls, *Pa.* 11 L14

Buckholts, *Tex.* 5 K13

Buckhorn Draw, *Tex.* 5 J9

Buckhorn Island ♣, *N.Y.* 11 F7

Buckhorn Lake ♣, *Ky.* 7 P17

Buckingham, *Va.* 10 M14

Buckingham Appomattox State Forest, *Va.* 10 M14

Buckingham Fountain, *Chicago, Ill.* 7 C10

Buck Island, *St. Croix* 9 (C) B3

Buck Island National Wildlife Refuge, *Virgin Is.* 9 (C) A2

Buck Island Reef National Monument, *St. Croix* 9 (C) B3

Buckland, *Alas.* 14 E11

Buckland, *Mass.* 12 P5

Buckland, river, *Alas.* 14 F11

Buckley, *Ill.* 7 F9

Buckley, *Wash.* 1 E5

Bucklin, *Kans.* 4 U5

Bucklin, *Mo.* 4 R12

Buckner, *Ark.* 5 F17

Buckner, *Ill.* 7 M7

Buckner, *Ky.* 7 L13

Buckner Creek, *Kans.* 4 T5

Buck Pond Recreation Area, *N.Y.* 11 B16

Buckroe Beach, *Va.* 10 N21

Bucks, *Ala.* 8 M6

Bucks County Playhouse, *New Hope, Pa.* 11 N14

Bucks Harbor, *Me.* 13 M9

Buckskin, *Ind.* 7 M10

Buckskin Mountain ♣, *Ariz.* 3 R2

Buckskin Mountains, *Ariz.* 3 R2

Bucks Lake, *Calif.* 2 H6

Bucks Pocket ♣, *Ala.* 8 F9

Bucksport, *Me.* 13 M6

Buckstock Mountains, *Alas.* 14 K11

Bucktail ▲, *Pa.* 11 K8

Bucoda, *Wash.* 1 E4

Buctouche, *N.B.* 13 F14

Buctouche 16 Indian Reservation, *N.B.* 13 F14

Bucyrus, *N. Dak.* 4 H3

Bucyrus, *Ohio* 7 E18

Bud, *W. Va.* 10 M7

Buda, *Ill.* 7 D6

Buda, *Tex.* 5 L12

Bude, *Miss.* 8 L2

Buechel Memorial Sioux Museum, *Saint Francis, S. Dak.* 4 M4

Buel, Lake, *Mass.* 12 R4

Buellton, *Calif.* 2 S7

Buena, *N.J.* 11 Q15

Buena, *Wash.* 1 F6

Buena Vista, *Colo.* 3 K11

Buena Vista, *Ga.* 8 K12

Buena Vista, *New Castle, Del.* 10 D22

Buena Vista, *P. R.* 9 (B) B4

Buena Vista, *Va.* 10 L12

Buena Vista Lake Bed, *Calif.* 2 R9

Buena Vista State Forest, *Minn.* 4 F10

Buescher ♣, *Tex.* 5 L13

Buffalo, *Ill.* 7 H6

Buffalo, *Ind.* 7 E11

Buffalo, *Iowa* 4 P14

Buffalo, *Kans.* 4 U9

Buffalo, *Ky.* 7 P13

Buffalo, *Minn.* 4 J11

Buffalo, *Mo.* 4 U12

Buffalo, *Mont.* 1 F17

Buffalo, *N. Dak.* 4 G7

Buffalo, *N.Y.* 11 F7

Buffalo, *Ohio* 7 G21

Buffalo, *Okla.* 5 B10

Buffalo, *S.C.* 8 F15

Buffalo, *S. Dak.* 4 H2

Buffalo, *Tex.* 5 J14

Buffalo, *Wis.* 6 K2

Buffalo, *W. Va.* 10 H6

Buffalo, *Wyo.* 1 J20

Buffalo, river, *Ark.* 5 C18

Buffalo, river, *Tenn.* 8 D7

Buffalo, river, *Va.* 10 L14

Buffalo, river, *Wis.* 6 K2

Buffalo and Erie County Historical Society Museum, *Buffalo, N.Y.* 11 F7

Buffalo Bay, *Man.* 4 D9

Buffalo Bill ♣, *Wyo.* 1 J18

Buffalo Bill, campground, *Wyo.* 1 (B) C5

Buffalo Bill Historical Center, *Cody, Wyo.* 1 J18

Buffalo Bill Memorial Museum, *Golden, Colo.* 3 H12

Buffalo Bill Ranch ▲, *Nebr.* 4 P4

Buffalo Bill Reservoir, *Wyo.* 1 J18

Buffalo Center, *Iowa* 4 M11

Buffalo Creek, *Kans.* 4 R7

Buffalo Creek, *N.Y.* 6 (C) C4

Buffalo Creek, *W. Va.* 10 B9

Buffalo Creek, *Wyo.* 1 L20

Buffalo Entrance, ranger station, *Grand Teton Nat. Park* 1 (B) E3

Buffalo Fork, Snake River, *Wyo.* 1 K17

Buffalo Gap, *S. Dak.* 4 L2

Buffalo Gap, *Tex.* 5 H10

Buffalo Gap Historic Village, *Abilene, Tex.* 5 G10

Buffalo Gap National Grassland, *S. Dak.* 4 L2

Buffalo Hump, peak, *Idaho* 1 H11

Buffalo Junction, *Va.* 10 Q14

Buffalo Lake, *Minn.* 4 K10

Buffalo Lake, *Tex.* 5 D8

Buffalo Lake National Wildlife Refuge, *N. Dak.* 4 F5

Buffalo Lake National Wildlife Refuge, *Tex.* 5 D8

Buffalo Mountain, *Nev.* 2 G10

Buffalo Museum of Science, *Buffalo, N.Y.* 11 F7

Buffalo National River, *Ark.* 5 C17

Buffalo Point ♣, *Ark.* 5 B18

Buffalo Preserve, *Kans.* 4 U3

Buffalo River ♣, *Minn.* 4 G9

Buffalo Rock ♣, *Ill.* 7 D7

Buffalo Zoological Gardens, *Buffalo, N.Y.* 11 F7

Buffington Island ▲, *Ohio* 7 K20

Buffumville Pond ♣, *Mass.* 12 S9

Buford, *Colo.* 3 H9

Buford, *Ga.* 8 G12

Buford, *N. Dak.* 4 E2

Buford, *Wyo.* 1 P22

Buhl, *Ala.* 8 H7

Buhl, *Idaho* 1 M12

Buhl, *Minn.* 4 F12

Buhler, *Kans.* 4 T7

Buhl Science Center, *Pittsburgh, Pa.* 11 M5

Buies Creek, *N.C.* 8 D19

Bulan, *Ky.* 7 P18

Buldir Island, *Alas.* 14 Q15

Bullard, *Tex.* 5 H15

Bullards Beach ♣, *Oreg.* 1 L1

Bull Creek, *S. Dak.* 4 H2

Bull Creek, *S. Dak.* 4 L5

Bullen, *Alas.* 14 B16

Bullfrog Creek, *Utah* 3 L6

Bullhead, *S. Dak.* 4 H4

Bullhead City, *Ariz.* 3 Q1

Bullion Mountains, *Calif.* 2 S13

Bull Island, *S.C.* 8 J18

Bull Lake, *Wyo.* 1 L18

Bull Mountains, *Mont.* 1 G18

Bullock's Harbour, *Bahamas* 9 N20

Bullpasture, river, *Va.* 10 J12

Bull Run Mountains, *Va.* 10 G17

Bulls Bay, *S.C.* 8 J18

Bulls Bridge, *Conn.* 12 U3

Bulls Gap, *Tenn.* 8 C13

Bull Shoals, *Ark.* 5 B18

Bull Shoals ♣, *Ark.* 5 B18

Bull Shoals Caverns, *Bull Shoals, Ark.* 5 B18

Bull Shoals Lake, *Ark.-Mo.* 4 V12; 5 B18

Bully Choop Mountain, *Calif.* 2 G3

Bully Creek Reservoir, *Oreg.* 1 K9

Bulow Plantation ▲, *Fla.* 9 E14

Bumble Bee, *Ariz.* 3 R4

Bumpass, *Va.* 10 K17

Bumpus Mills, *Tenn.* 8 B7

Buna, *Tex.* 5 K17

Bunavista, *Tex.* 5 C9

Buncombe, *Ill.* 7 P7

Bunker, *Mo.* 4 U14

Bunker Hill, *Alas.* 14 F9

Bunker Hill, *Ill.* 7 K5

Bunker Hill, *Ind.* 7 F12

Bunker Hill, *Miss.* 8 L4

Bunker Hill, *Nev.* 2 J11

Bunker Hill, *W. Va.* 10 E16

Bunker Hill Monument, *Boston, Mass.* 12 R12

Bunkerville, *Nev.* 2 N15

Bunkie, *La.* 5 J18

Bunn, *N.C.* 8 D20

Bunnell, *Fla.* 9 E14

Buras, *La.* 5 L22

Burbank, *Calif.* 2 T9

Burbank, *Ill.* 7 C9

Burbank, *Okla.* 5 B13

Burbank, *Wash.* 1 G7

Burden, *Kans.* 4 U8

Burdett, *Kans.* 4 T5

Burdett, *N.Y.* 11 G11

Bureau, *Ill.* 7 D7

Bureau of Engraving and Printing, *Washington, D. C.* 10 (A)

Burford, *Ont.* 6 N18

Burgaw, *N.C.* 8 F20

Burgdorf, *Idaho* 1 H11

Burgdorf Hot Springs, *Idaho* 1 H11

Burgess, *Va.* 10 K21

Burgettstown, *Pa.* 11 N4

Burgoon, *Ohio* 7 D17

Burgwin-Wright House and Garden, *Wilmington, N.C.* 8 G20

Burkburnett, *Tex.* 5 E11

Burke, *N.Y.* 11 A16

Burke, *S. Dak.* 4 M6

Burke, *Tex.* 5 J16

Burke Lake ♣, *S. Dak.* 4 M6

Burke Mountain ♣, *Vt.* 12 E8

Burkesville, *Ky.* 7 Q13

Burket, *Ind.* 7 E13

Burkett, Mount, *Alas.-B.C.* 14 P23

Burkett, *Tex.* 5 H11

Burkeville, *Tex.* 5 J17

Burkeville, *Va.* 10 N16

Burk's Falls, *Ont.* 6 G19

Burleson, *Tex.* 5 G13

Burley, *Idaho* 1 M13

Burlingame, *Kans.* 4 S9

Burlingame ♣, *R.I.* 12 V10

Burlingame Management Area, *R.I.* 12 V10

Burlington, *Colo.* 3 J16

Burlington, *Conn.* 12 T5

Burlington, *Ind.* 7 F12

Burlington, *Iowa* 4 Q14

Burlington, *Kans.* 4 T9

Burlington, *Mass.* 12 Q11

Burlington, *Me.* 13 K7

Burlington, *N.C.* 8 C18

Burlington, *N. Dak.* 4 E4

Burlington, *N.J.* 11 N15

Burlington, *Ohio* 7 L19

Burlington, *Okla.* 5 B12

Burlington, *Ont.* 6 M19

Burlington, *P.E.I.* 13 F16

Burlington, *Vt.* 12 E4

Burlington, *Wash.* 1 C4

Burlington, *Wis.* 6 N7

Burlington, *W. Va.* 10 E14

Burlington, *Wyo.* 1 J19

Burlington Junction, *Mo.* 4 Q10

Burlison, *Tenn.* 8 D4

Burnet, *Tex.* 5 K12

Burnett, *Ind.* 7 J10

Burnettsville, *Ind.* 7 F11

Burney, *Calif.* 2 F5

Burney, *Ind.* 7 J13

Burney Mountain, *Calif.* 2 F5

Burnham, *Pa.* 11 M10

Burnham Point ♣, *N.Y.* 11 C12

Burnham Tavern, *Machias, Me.* 13 M9

Burning Springs, *W. Va.* 10 G7

Burns, *Colo.* 3 H10

Burns, *Miss.* 8 K4

Burns, *N.Y.* 11 G9

Burns, *Oreg.* 1 L7
Burns, *Tenn.* 8 C8
Burns, *Wyo.* 1 P23
Burns City, *Ind.* 7 K11
Burnside, *Ill.* 7 F3
Burnside, *Ky.* 7 Q15
Burnstad, *N. Dak.* 4 H5
Burnsville, *Ala.* 8 K8
Burnsville, *Minn.* 4 K12
Burnsville, *Miss.* 8 F6
Burnsville, *N.C.* 8 D14
Burnsville, *W. Va.* 10 G9
Burnsville Lake, *W.Va.* 10 G9
Burnt, river, *Ont.* 6 J20
Burnt, river, *Oreg.* 1 J9
Burnt Chimney, *Va.* 10 N11
Burnt Church 14 Indian Reservation, *N.B.* 13 D13
Burntcoat Head, *N.S.* 13 K16
Burnt Corn, *Ala.* 8 L8
Burnt Hills, *N.Y.* 11 F16
Burnt House, *W. Va.* 10 F8
Burnt Island, *Mich.* 6 (A) B4
Burnt Paw, *Alas.* 14 E17
Burnt Peak, *Calif.* 2 S9
Burnt Prairie, *Ill.* 7 M8
Burntside State Forest, *Minn.* 4 F12
Burnwell, *W. Va.* 10 K7
Burpee Art Museum, *Rockford, Ill.* 7 B7
Burpee Game Management Area, *N.B.* 13 H11
Burpee Natural History Museum, *Rockford, Ill.* 7 B7
Burritt Museum and Park, *Huntsville, Ala.* 8 F8
Burr Oak, *Ind.* 7 D12
Burr Oak, *Kans.* 4 R7
Burr Oak ♣, *Ohio* 7 H20
Burro Creek, *Ariz.* 3 Q3
Burro Peak, *N. Mex.* 3 T8
Burrows, *Ind.* 7 F12
Burrowsville, *Va.* 10 N19
Burr Pond ♣, *Conn.* 12 T4
Burrton, *Kans.* 4 T7
Burrwood, *La.* 5 M22
Burt, *Iowa* 4 M11
Burt, *N. Dak.* 4 H3
Burt Lake, *Mich.* 6 H12
Burt Lake ♣, *Mich.* 6 H12
Burton, *Ky.* 7 P18
Burton, *Mich.* 6 N14
Burton, *Nebr.* 4 M5
Burton, *Ohio* 7 D21
Burton, *Tex.* 5 K14
Burton, *W. Va.* 10 D10
Burton, Lake, *Ga.* 8 F13
Burton Island ♣, *Vt.* 12 D4
Burtons, *N.S.* 13 K17
Burtts Corner, *N.B.* 13 H10
Burwell, *Nebr.* 4 P6
Busby, *Mont.* 1 H20
Busch Gardens, *Fla.* 9 H11
Busch Gardens (The Old Country), *Va.* 10 N20
Bush, *Ill.* 7 N7
Bush-Holley House, *Greenwich, Conn.* 12 X2
Bushkill, *Pa.* 11 L14
Bushkill Falls, *Pa.* 11 L14
Bushkin River ♣, *Alas.* 14 P13

Bushland, *Tex.* 5 D8
Bushnell, *Fla.* 9 G12
Bushnell, *Ill.* 7 F4
Bushnell, *Nebr.* 4 P1
Bushnell Park, *Hartford, Conn.* 12 T6
Bushton, *Kans.* 4 T6
Bushwhacker Museum, *Nevada, Mo.* 4 U11
Bustamante, *Tex.* 5 Q11
Butano ♣, *Calif.* 2 M4
Buten Museum of Wedgwood, *Philadelphia, Pa.* 11 P14
Butler, *Ala.* 8 K6
Butler, *Ga.* 8 K12
Butler, *Ill.* 7 J6
Butler, *Ind.* 7 D14
Butler, *Ky.* 7 K15
Butler, *Mo.* 4 T11
Butler, *Ohio* 7 F19
Butler, *Okla.* 5 C11
Butler, *Pa.* 11 L6
Butler, *S. Dak.* 4 J7
Butler Bay, *St. Croix* 9 (C) B2
Butler Institute of American Art, *Youngstown, Ohio* 7 D22
Butler-McCook Homestead, *Hartford, Conn.* 12 T6
Butler Point, *Mass.* 12 U13
Butler University, *Indianapolis, Ind.* 7 H12
Butlerville, *Ind.* 7 K13
Butner, *N.C.* 8 C19
Buttahatchee, river, *Ala.* 8 G7
Butte, *Mont.* 1 G14
Butte, *N. Dak.* 4 H5
Butte, *Nebr.* 4 M6
Butte City, *Calif.* 2 H4
Butte City, *Idaho* 1 L13
Butte Creek, *Calif.* 2 H5
Butte des Morts, Lake, *Wis.* 6 K6
Butte Falls, *Oreg.* 1 M3
Butte Meadows, *Calif.* 2 G5
Butter Creek, *Oreg.* 1 G7
Butterfield, *Mich.* 6 K12
Buttermilk Falls ♣, *N.Y.* 11 G12
Buttermilk-Tiehack ?, *Colo.* 3 J10
Butternut, *Wis.* 6 G5
Butternut Basin ?, *Mass.* 12 R3
Butte Saint Paul ♣, *N. Dak.* 4 E5
Butte View ♣, *N. Dak.* 4 H2
Buttolph-Williams House, *Wethersfield, Conn.* 12 U6
Button Bay ♣, *Vt.* 12 G3
Buttonwillow, *Calif.* 2 R8
Butt Valley Reservoir, *Calif.* 2 G5
Buxton, *Me.* 13 P2
Buxton, *N.C.* 8 D24
Buxton, *N. Dak.* 4 F8
Buzzard Hill, *Ind.* 7 D13
Buzzards Bay, *Mass.* 12 U13
Buzzards Bay, *Mass.* 12 T13
Byer, *Ohio* 7 J18
Byers, *Colo.* 3 H13
Byers, *Tex.* 5 E12
Byesville, *Ohio* 7 G20
Byfield, *Mass.* 12 P12

Byhalia, *Miss.* 8 E4
Bylas, *Ariz.* 3 T6
Byng Inlet, *Ont.* 6 G17
Bynum, *Ala.* 8 H9
Bynum, *Mont.* 1 D14
Bynum, *N.C.* 8 D19
Bynum Reservoir, *Mont.* 1 D14
Byodo-In Temple, *Heeia, Hawaii* 15 E11
Byrdstown, *Tenn.* 8 C11
Byrnedale, *Pa.* 11 K8
Byromville, *Ga.* 8 K12
Byron, *Calif.* 2 L5
Byron, *Ga.* 8 J12
Byron, *Ill.* 7 B7
Byron, *Me.* 13 L2
Byron, *Minn.* 4 L12
Byron, *N.Y.* 11 F9
Byron, *Okla.* 5 B12
Byron, *Wyo.* 1 J19
Byron, Lake, *S. Dak.* 4 K7
Byron Center, *Mich.* 6 N11

C

Caballo, *N. Mex.* 3 T10
Caballo Lake ♣, *N. Mex.* 3 T10
Caballo Reservoir, *N. Mex.* 3 T10
Caberfae ?, *Mich.* 6 K11
Cabery, *Ill.* 7 E9
Cabeza Prieta Game Range, *Ariz.* 3 U3
Cabezazos, Cayos, *P. R.* 9 (B) B3
Cabezon, *N. Mex.* 3 P10
Cabildo, The, *New Orleans, La.* 5 K21
Cabinet Mountains, *Idaho-Mont.* 1 C10
Cabinet Mountains Wilderness, *Mont.* 1 D11
Cabins, *W. Va.* 10 G13
Cable, *Wis.* 6 F3
Cable Beach, *Bahamas* 9 Q22
Cable Head, *P.E.I.* 13 F18
Cabonga, Réservoir, *Que.* 6 D23
Cabool, *Mo.* 4 V13
Cabo Rojo, *P. R.* 9 (B) B1
Cabo Rojo National Wildlife Refuge, *P. R.* 9 (B) B1
Cabot, *Ark.* 5 D18
Cabot, *Pa.* 11 M6
Cabot, *Vt.* 12 E7
Cabot ♣, *P.E.I.* 13 F16
Cabot, Mount, *N.H.* 12 E10
Cabot Head, *Ont.* 6 H17
Cabot House, *Beverly, Mass.* 12 Q12
Cabot Trail, *N.S.* 13 E22
Cabrillo National Monument, *Calif.* 2 W11
Cabwaylingo State Forest, *W. Va.* 10 K5
Cacapon, river, *W. Va.* 10 E15
Cacapon ♣, *W. Va.* 10 E15
Cacapon Mountain, *W. Va.* 10 E15
Cache, *Okla.* 5 E11
Cache, river, *Ark.* 5 C19

Cache Bay, *Ont.* 6 F18
Cache Creek, *Calif.* 2 K4
Cache la Poudre, river, *Colo.* 3 G12
Cache Mountain, *Alas.* 14 G16
Cache National Forest, *Utah* 3 E5
Cache National Forest, *Idaho* 1 N15
Cache Peak, *Idaho* 1 N13
Cachuma, Lake, *Calif.* 2 S7
Cactus, *Tex.* 5 C8
Cactus Flat, *Nev.* 2 M12
Cactus Range, *Nev.* 2 L12
Caddo, *Okla.* 5 E14
Caddo, *Tex.* 5 G12
Caddo Indian Museum, *Longview, Tex.* 5 G16
Caddo Lake, *La.-Tex.* 5 G16
Caddo Mills, *Tex.* 5 G14
Caddo National Grassland, *Tex.* 5 F14
Cades, *S.C.* 8 G18
Cadet Chapel, *West Point, N.Y.* 11 K16
Cadillac, *Mich.* 6 K11
Cadillac Mountain, *Me.* 13 N7
Cadiz, *Ky.* 7 Q9
Cadiz, *Ohio* 7 G22
Cadiz Lake, *Calif.* 2 T14
Cadiz Springs ♣, *Wis.* 6 N5
Cadogan, *Pa.* 11 M6
Cadosia, *N.Y.* 11 J14
Cadott, *Wis.* 6 J3
Cadwell, *Ga.* 8 K14
Cady Mountains, *Calif.* 2 S12
Cadyville, *N.Y.* 11 B17
Caesars I lead, *S.C.* 8 E14
Caguas, *P. R.* 9 (B) A4
Cahaba, river, *Ala.* 8 J8
Cahokia, *Ill.* 7 L5
Cahokia Courthouse State Historic Site, *Cahokia, Ill.* 7 L5
Cahokia Mounds ♣, *Ill.* 7 L5
Cahone, *Colo.* 3 L8
Cahuilla Indian Reservation, *Calif.* 2 U12
Caillou Bay, *La.* 5 L20
Cains, river, *N.B.* 13 G11
Cainsville, *Mo.* 4 Q11
Cairn Mountain, *Alas.* 14 K12
Cairo, *Ga.* 8 N12
Cairo, *Ill.* 7 Q6
Cairo, *Nebr.* 4 Q6
Cairo, *N.Y.* 11 H16
Cairo, *Ohio* 7 E16
Cairo, *W. Va.* 10 F8
Caja de Muertos, Isla, *P. R.* 9 (B) B3
Cajon Pass, *Calif.* 2 T11
Calabash, *N.C.* 8 G20
Calabogie, *Ont.* 6 H23
Calabogie Peaks ?, *Ont.* 6 H23
Caladesi Island ♣, *Fla.* 9 H10
Calais, *Me.* 13 K9
Calamus, river, *Nebr.* 4 N5
Calapooya Mountains, *Oreg.* 1 L4
Calaveras, river, *Calif.* 2 L6
Calaveras Big Trees ♣, *Calif.* 2 L7
Calaway, *Md.* 10 J20

Calcasieu, river, *La.* 5 K18
Calcasieu Lake, *La.* 5 L18
Calcium, *N.Y.* 11 C13
Calcutta, *Ohio* 7 F22
Calder, *Idaho* 1 E10
Caldron Falls Reservoir, *Wis.* 6 H8
Caldwell, *Idaho* 1 L10
Caldwell, *Kans.* 4 V7
Caldwell, *Ohio* 7 H21
Caldwell, *Tex.* 5 K14
Caldwell, *W. Va.* 10 L10
Caldwell Park, *Redding, Calif.* 2 F4
Caldwell Zoo, *Tyler, Tex.* 5 G15
Caledonia, *Ill.* 7 B7
Caledonia, *Minn.* 4 L13
Caledonia, *Miss.* 8 G6
Caledonia, *N.S.* 13 K19
Caledonia, *N.S.* 13 N14
Caledonia, *N.Y.* 11 F9
Caledonia, *P.E.I.* 13 H18
Caledonia ♣, *Pa.* 11 P10
Calera, *Ala.* 8 J8
Calera, *Okla.* 5 E14
Calexico, *Calif.* 2 W14
Cal Farley's Boys Ranch, *Tex.* 5 C7
Calfpasture, river, *Va.* 10 K12
Calhan, *Colo.* 3 J13
Calhoun, *Ga.* 8 K9
Calhoun, *Ga.* 8 F11
Calhoun, *Ill.* 7 L9
Calhoun, *Ky.* 7 N10
Calhoun, *La.* 5 G18
Calhoun, *Mo.* 4 T11
Calhoun, *Tenn.* 8 E11
Calhoun City, *Miss.* 8 G4
Calhoun Falls, *S.C.* 8 G14
Calico Ghost Town, *Calif.* 2 S12
Calico Mountains Recreation Land, *Calif.* 2 R12
Calico Peak, *Nev.* 2 D11
Calico Rock, *Ark.* 5 B18
Caliente, *Calif.* 2 R9
Caliente, *Nev.* 2 M15
Caliente Range, *Calif.* 2 R7
California, *Md.* 10 J20
California, *Mo.* 4 T13
California, *Pa.* 11 N5
California, state, *U. S.* 2 M7
California, Golfo de, *Mex.* 2 Y16; 3 W2
California Aqueduct, *Calif.* 2 P6
California City, *Calif.* 2 R10
California Hot Springs, *Calif.* 2 Q9
California State Indian Museum, *Sacramento, Calif.* 2 K4
California Trail, *Nev.* 2 G9
California Trail (Carson Route), *Nev.* 2 H9
California Trail (Humboldt Trail), *U. S.* 2 D15
California Trail (Truckee Route), *Nev.* 2 H9
California Valley, *Calif.* 2 R7
California Western Railroad Skunk Trains, *Fort Bragg, Calif.* 2 H2
Calio, *N. Dak.* 4 E6
Calion, *Ark.* 5 F18

Calipatria, *Calif.* 2 V14
Calispell Peak, *Wash.* 1 C9
Calistoga, *Calif.* 2 K3
Callaghan, *Va.* 10 L11
Callaghan, Mount, *Nev.* 2 H11
Callahan, *Calif.* 2 E3
Callahan, *Fla.* 9 B13
Callander, *Ont.* 6 F19
Callands, *Va.* 10 P12
Callao, *Mo.* 4 R12
Callao, *Va.* 10 K20
Callaway, *Fla.* 9 C5
Callaway, *Minn.* 4 G9
Callaway, *Va.* 10 N10
Callaway Gardens, *Ga.* 8 J11
Callaway Plantation, *Washington, Ga.* 8 H14
Callensburg, *Pa.* 11 L6
Callicoon, *N.Y.* 11 J14
Calliham, *Tex.* 5 N12
Callville Bay, *Nev.* 2 P15
Calmar, *Iowa* 4 M13
Caloosahatchee, river, *Fla.* 9 L13
Caloosahatchee National Wildlife Refuge, *Fla.* 9 L13
Calpella, *Calif.* 2 J3
Calpet, *Wyo.* 1 N17
Calumet, *Mich.* 6 D7
Calumet, *Okla.* 5 C12
Calumet City, *Ill.* 7 C10
Calvary, *Ga.* 8 N12
Calvert, *Ala.* 8 M6
Calvert, *Tex.* 5 J14
Calvert City, *Ky.* 7 Q8
Calvert Cliffs ♣, *Md.* 10 H20
Calvin, *Ky.* 7 Q17
Calvin, *La.* 5 H18
Calvin, *Okla.* 5 D14
Calvin Coolidge Homestead, *Plymouth, Vt.* 12 K6
Calvin Coolidge Memorial Room, *Northampton, Mass.* 12 R6
Calvin Coolidge State Forest, *Vt.* 12 J6, K6
Calvin Price State Forest, *W. Va.* 10 K10
Calwa, *Calif.* 2 N7
Calypso, *N.C.* 8 E20
Camanche, *Iowa* 4 N14
Camanche Reservoir, *Calif.* 2 L6
Camano, *Wash.* 1 (A) D3
Camano Island ♣, *Wash.* 1 (A) D3
Camargo, *Ill.* 7 H9
Camargo, *Okla.* 5 C11
Camarillo, *Calif.* 2 T8
Camas, *Idaho* 1 K15
Camas, *Wash.* 1 G4
Camas Creek Entrance, ranger station, *Glacier Nat. Park* 1 (C) C2
Camas National Wildlife Refuge, *Idaho* 1 K14
Camas Valley, *Oreg.* 1 L2
Cambalache State Forest, *P. R.* 9 (B) A2
Cambria, *Calif.* 2 R5
Cambria, *Ill.* 7 N7
Cambridge, *Idaho* 1 J10
Cambridge, *Ill.* 7 D5

Cambridge, *Mass.* 12 R12
Cambridge, *Md.* 10 H21
Cambridge, *Me.* 13 K4
Cambridge, *Minn.* 4 J11
Cambridge, *Nebr.* 4 Q5
Cambridge, *N.S.* 13 K16
Cambridge, *N.Y.* 11 F17
Cambridge, *Ohio* 7 G20
Cambridge, *Ont.* 6 M18
Cambridge, *Vt.* 12 D5
Cambridge ♣, *Mich.* 6 Q13
Cambridge City, *Ind.* 7 H14
Cambridge-Narrows, *N.B.* 13 H12
Cambridgeport, *Vt.* 12 M6
Cambridge Springs, *Pa.* 11 J5
Camden, *Ala.* 8 L8
Camden, *Ark.* 5 F17
Camden, *Del.* 10 F22
Camden, *Ill.* 7 G4
Camden, *Ind.* 7 F11
Camden, *Me.* 13 N6
Camden, *Miss.* 8 J4
Camden, *N.C.* 8 C23
Camden, *N.J.* 11 P14
Camden, *N.Y.* 11 E13
Camden, *Ohio* 7 H15
Camden, *S.C.* 8 G17
Camden, *Tenn.* 8 C7
Camden, *Tex.* 5 J16
Camden, *W. Va.* 10 F9
Camden ♣, *Minn.* 4 K9
Camden Bay, *Alas.* 14 B17
Camden Hills ♣, *Me.* 13 N5
Camden on Gauley, *W. Va.* 10 J9
Camden Snow Bowl ⚡, *Me.* 13 N5
Camdenton, *Mo.* 4 T12
Camelback ⚡, *Pa.* 11 L14
Camelback Mountain, *Alas.* 14 J11
Camelback Mountain, *Ariz.* 3 S4
Camels Hump ♣, *Vt.* 12 F5
Camels Hump, peak, *Vt.* 12 F5
Camels Hump Natural Area, *Vt.* 12 F5
Camels Hump State Forest, *Vt.* 12 F5, G5
Cameron, *Ariz.* 3 P5
Cameron, *Ill.* 7 E4
Cameron, *La.* 5 L17
Cameron, *Mo.* 4 R11
Cameron, *Mont.* 1 H15
Cameron, *N.C.* 8 E19
Cameron, *S.C.* 8 H17
Cameron, *Tex.* 5 J13
Cameron, *Wis.* 6 H3
Cameron, *W. Va.* 10 D9
Cameron Lake, *Alta.* 1 (C) A2
Camilla, *Ga.* 8 M12
Camillus, *N.Y.* 11 F12
Camino, *Calif.* 2 K6
Campaign, *Tenn.* 8 D10
Campbell, *Alas.* 14 R23
Campbell, *Calif.* 2 M5
Campbell, *Minn.* 4 H9
Campbell, *Mo.* 4 V15
Campbell, *Ohio* 7 E22
Campbell, *Tex.* 5 G14
Campbell Falls, *Mass.* 12 S4

Campbell Falls ♣, *Conn.* 12 S4
Campbellford, *Ont.* 6 K22
Campbell Hill, *Ill.* 7 M6
Campbell Hill, *Ohio* 7 G17
Campbell Museum, *Camden, N.J.* 11 P14
Campbell's-Bay, *Que.* 6 G23
Campbellsburg, *Ind.* 7 L12
Campbellsburg, *Ky.* 7 L14
Campbell's Cove ♣, *P.E.I.* 13 F20
Campbellsport, *Wis.* 6 L7
Campbellsville, *Ky.* 7 P14
Campbellton, *Fla.* 9 A6
Campbellton, *N.B.* 13 B10
Campbellton, *P.E.I.* 13 E15
Campbellton, *Tex.* 5 M12
Camp Blanding, *Fla.* 9 D12
Camp Creek, *Alas.* 14 G12
Camp Creek, *W. Va.* 10 M8
Camp Creek State Forest, *W. Va.* 10 M8
Camp Crook, *S. Dak.* 4 J2
Camp David, *Md.* 10 D17
Camp Debert, *N.S.* 13 J17
Campden, *Ont.* 6 (C) B1
Camp Disappointment, *Mont.* 1 C14
Camp Douglas, *Wis.* 6 L4
Camp Fire Farm, *Laona, Wis.* 6 H7
Camp Floyd ⚡, *Utah* 3 G4
Camp-Fortune ⚡, *Que.* 6 G24
Camp Grove, *Ill.* 7 E6
Camp Hancock Museum, *Bismarck, N. Dak.* 4 G5
Camp Hill, *Ala.* 8 J10
Camp Hill, *Pa.* 11 N11
Camp Lejeune, *N.C.* 8 F21
Camp Nelson, *Calif.* 2 Q9
Camp 19, *Alas.* 14 F10
Campo, *Calif.* 2 W12
Campo, *Colo.* 3 M15
Campobello, *S.C.* 8 G10
Campobello Island, *N.B.* 13 L10
Campobello Island ♣, *N.B.* 13 L10
Campo Indian Reservation, *Calif.* 2 W12
Camp Pendleton Marine Corps Base, *Calif.* 2 V11
Camp Point, *Ill.* 7 G3
Camp San Saba, *Tex.* 5 J11
Camp Springs, *Md.* 10 G19
Camp 10 ⚡, *Wis.* 6 H6
Campti, *La.* 5 H17
Campton, *Ky.* 7 N17
Campton Campground, *N.H.* 12 H10
Camptonville, *Calif.* 2 J6
Campus, *Ill.* 7 E8
Campus Martius Museum, *Marietta, Ohio* 7 J21
Camp Verde, *Ariz.* 3 R5
Camp Verde Indian Reservation, *Ariz.* 3 R4
Camp Wood, *Tex.* 5 L10
Camuy, *P. R.* 9 (B) A2
Camuy, river, *P. R.* 9 (B) A2
Cana, *Va.* 10 Q9
Canaan, *Conn.* 12 S3
Canaan, *Me.* 13 L5
Canaan, *N.B.* 13 G14

Canaan, *N.H.* 12 J8
Canaan, *Vt.* 12 C10
Canaan, river, *N.B.* 13 H12
Canaan Forks, *N.B.* 13 H12
Canaan Game Management
  Area, *N.B.* 13 G13
Canaan Valley, *W. Va.* 10
  F12
Canaan Valley ☂, *W. Va.* 10
  F12
Canada, *Ky.* 7 N19
Canada Department of
  Agriculture Experimental
  Farm, *Nappan, N.S.* 13
  H15
Canada Falls Lake, *Me.* 13
  H4
Canadensis, *Pa.* 11 L14
Canadian, *Okla.* 5 D15
Canadian, *Tex.* 5 C10
Canadian, river, *U. S.* 3 N13;
  5 C10
Canadian Forces Base
  Gagetown, *Oromocto,
  N.B.* 13 H10
Canadys, *S.C.* 8 J17
Canajoharie, *N.Y.* 11 F15
Canal Fulton, *Ohio* 7 E20
Canal Museum, *Syracuse,
  N.Y.* 11 F12
Canalou, *Mo.* 4 V15
Canal Point, *Fla.* 9 L15
Canal Winchester, *Ohio* 7
  H18
Canandaigua, *N.Y.* 11 F10
Canandaigua Lake, *N.Y.* 11
  F10
Cananea, *Mex.* 3 W6
Canard, river, *Ont.* 6 (B) E2
Canaseraga, *N.Y.* 11 G9
Canastota, *N.Y.* 11 F13
Canaveral, *Fla.* 9 (A)
Canaveral, Cape (Cape
  Kennedy), *Fla.* 9 G15
Canaveral, Port, *Fla.* 9 (A)
Canaveral National
  Seashore, *Fla.* 9 F15
Canby, *Calif.* 2 E6
Canby, *Minn.* 4 K9
Canby, *Oreg.* 1 H3
Candelaria, *Tex.* 5 K5
Candelero, Punta, *P. R.* 9 (B)
  B4
Candia, *N.H.* 12 M11
Candiac Skiways ☃, *Ont.* 6
  H22
Candle, *Alas.* 14 E10
Candler, *Fla.* 9 F12
Candler, *N.C.* 8 D14
Candlewood Lake, *Conn.* 12
  V3
Cando, *N. Dak.* 4 E6
Candor, *N.C.* 8 E18
Candor, *N.Y.* 11 H12
Candy Mountain ☃, *Ont.* 6 B6
Caneadea, *N.Y.* 11 H9
Cane Bay, *St. Croix* 9 (C) B2
Caneel Bay Plantation, *St.
  John* 9 (C) A2
Cane Ridge Meeting
  House, *Paris, Ky.* 7 M16
Cane Valley, *Ky.* 7 P14
Caney, *Kans.* 4 V9
Caney, *Ky.* 7 N18
Caney, river, *Kans.* 4 V8
Caneyville, *Ky.* 7 P11

Canfield, *Ark.* 5 F17
Canfield, *Ohio* 7 E22
Canfield Lake National
  Wildlife Refuge, *N. Dak.* 4
  G5
Canisteo, *N.Y.* 11 H10
Canistota, *S. Dak.* 4 L8
Cannel City, *Ky.* 7 N18
Cannelton, *Ind.* 7 N11
Canning, *N.S.* 13 K15
Canning, river, *Alas.* 14 C16
Cannington, *Ont.* 6 K20
Cannon, river, *Minn.* 4 K12
Cannon Air Force Base,
  N. Mex. 3 R14
Cannon Ball, *N. Dak.* 4 H5
Cannonball, river, *N. Dak.* 4
  G3
Cannon Ball House, *Macon,
  Ga.* 8 J13
Cannon Beach, *Oreg.* 1 G2
Cannondale, *Conn.* 12 W3
Cannon Falls, *Minn.* 4 K12
Cannon Mountain ☃, *N.H.* 12
  G9
Cannonsburg, *Ky.* 7 L19
Cannonsville Reservoir, *N.Y.*
  11 H14
Cannonville, *Utah* 3 L5
Canobie Lake, *N.H.* 12 N11
Canoe, *Ala.* 8 M7
Canoe Creek ☂, *Pa.* 11 M8
Canoe Picnic Point ☂, *N.Y.*
  11 C13
Canon, *Ga.* 8 G13
Canoncito Indian
  Reservation, *N. Mex.* 3
  Q10
Canon City, *Colo.* 3 K12
Canon City Municipal
  Museum, *Canon City,
  Colo.* 3 K12
Cañon Largo, river, *N. Mex.*
  3 N10
Canonsburg, *Pa.* 11 N5
Canoochee, river, *Ga.* 8 K15
Canoose Flowage, *N.B.* 13
  J9
Canova, *S. Dak.* 4 L7
Canso, *N.S.* 13 K22
Canso, Strait of, *N.S.* 13 J21
Canterbury, *Conn.* 12 U8
Canterbury, *Del.* 10 F22
Canterbury, *N.B.* 13 H9
Canterbury, *N.H.* 12 L10
Cantigny, *Wheaton, Ill.* 7 C9
Cantil, *Calif.* 2 R10
Canton, *Conn.* 12 T5
Canton, *Ga.* 8 G12
Canton, *Ill.* 7 F5
Canton, *Kans.* 4 T7
Canton, *Ky.* 7 Q9
Canton, *Mass.* 12 S12
Canton, *Me.* 13 M3
Canton, *Miss.* 8 J4
Canton, *Mo.* 4 R13
Canton, *N.C.* 8 E14
Canton, *N.J.* 11 Q14
Canton, *N.Y.* 11 B14
Canton, *Ohio* 7 E20
Canton, *Okla.* 5 C11
Canton, *Pa.* 11 J11
Canton, *S. Dak.* 4 M8
Canton, *Tex.* 5 G14
Cantonment, *Fla.* 9 B2
Cantrall, *Ill.* 7 G6

Cantua Creek, *Calif.* 2 P6
Cantwell, *Alas.* 14 J15
Canute, *Okla.* 5 D11
Canutillo, *Tex.* 5 H3
Canyon, *Tex.* 5 D8
Canyon, *Wyo.* 1 J16
Canyon City, *Oreg.* 1 J7
Canyon Creek, *Idaho* 1 L11
Canyon Creek, *Mont.* 1 F14
Canyon Creek Pass, *Oreg.* 1
  L2
Canyondam, *Calif.* 2 G6
Canyon De Chelly National
  Monument, *Ariz.* 3 N7
Canyon Ferry, *Mont.* 1 F15
Canyon Ferry ☂, *Mont.* 1 F15
Canyon Ferry Lake, *Mont.* 1
  F15
Canyon Lake, *Tex.* 5 L12
Canyonlands National Park,
  Utah 3 K7
Canyonlands National Park
  (Horseshoe Canyon), *Utah*
  3 K6
Canyonville, *Oreg.* 1 L2
Caonillas, Lago, *P. R.* 9 (B)
  A2
Capa, *S. Dak.* 4 L4
Capac, *Mich.* 6 N15
Caparra, ruins, *P. R.* 9 (B) A4
Cap-aux-Meules, *Que.* 13
  D20
Cap aux Meules, Île du, *Que.*
  13 D19
Cape Ann Historical
  Association, *Gloucester,
  Mass.* 12 P13
Cape Blanco ☂, *Oreg.* 1 L1
Cape Breton Heritage
  Museum, *N.E. Margaree,
  N.S.* 13 G22
Cape Breton Highlands Golf
  Links, *Middle Head, N.S.*
  13 F23
Cape Breton Highlands
  National Park, *N.S.* 13 E22
Cape Breton Island, *N.S.* 13
  F23
Cape Canaveral, *Fla.* 9 G15
Cape Canaveral Air Force
  Station, *Fla.* 9 G15
Cape Charles, *Va.* 10 M21
Cape Charles Lighthouse,
  Va. 10 N22
Cape Chin, *Ont.* 6 J17
Cape Cod Art Association,
  Barnstable, Mass. 12 U14
Cape Cod Bay, *Mass.* 12
  T15
Cape Cod Canal, *Mass.* 12
  T14
Cape Cod Museum of
  Natural History, *W.
  Brewster, Mass.* 12 T15
Cape Cod National
  Seashore, *Mass.* 12 T16
Cape Cod Pilgrim Memorial
  Monument, *Provincetown,
  Mass.* 12 S15
Cape Coral, *Fla.* 9 M13
Cape Croker, *Ont.* 6 J17
Cape Elizabeth, *Me.* 13 Q3
Cape Fanshaw, *Alas.* 14 P22
Cape Fear, river, *N.C.* 8 F20
Cape Florida ☂, *Fla.* 9 P16
Cape George, *N.S.* 13 H20

Cape Girardeau, *Mo.* 4 U15
Cape Hatteras Lighthouse,
  N.C. 8 D24
Cape Hatteras National
  Seashore, *N.C.* 8 D24
Cape Henlopen ☂, *Del.* 10
  G24
Cape Henry Memorial *see*
  Colonial National Historical
  Park, *Va.* 10 P22
Cape Island, *S.C.* 8 J19
Cape Krusenstern National
  Monument, *Alas.* 14 D10
Capella Islands, *Virgin Is.* 9
  (C) B2
Cape Lookout ☂, *Oreg.* 1 H2
Cape Lookout National
  Seashore, *N.C.* 8 E23
Cape May, *N.J.* 11 R15
Cape May County Historical
  Museum, *Cape May Court
  House, N.J.* 11 R15
Cape May Court House, *N.J.*
  11 R15
Cape Meares National Wild-
  life Refuge, *Oreg.* 1 G2
Cape Neddick, *Me.* 13 R2
Cape Newenham National
  Wildlife Refuge, *Alas.* 14
  M9
Cape North, *N.S.* 13 E22
Cape Pole, *Alas.* 14 Q22
Cape Rock Drive, *Cape
  Girardeau, Mo.* 4 U15
Cape Romain National
  Wildlife Refuge, *S.C.* 8 J18
Cape Sable, *N.S.* 13 R12
Cape Sable Island, *N.S.* 13
  Q13
Cape Saint Mary, *N.S.* 13
  N11
Cape Smoky ☃, *N.S.* 13 F23
Cape Tormentine, *N.B.* 13
  H16
Cape Vincent, *N.Y.* 11 C12
Cape Wolfe, *P.E.I.* 13 F15
Cape Yakataga, *Alas.* 14
  M18
Capistrano Beach, *Calif.* 2
  U11
Capital Centre, *Md.* 10 G19
Capitan, *N. Mex.* 3 S12
Capitan Grande Indian
  Reservation, *Calif.* 2 V12
Capitan Mountain
  Wilderness, *N.Mex.* 3 S12
Capitan Peak, *N. Mex.* 3 S13
Capitol, *Mont.* 1 G23
Capitola, *Calif.* 2 N4
Capitol Reef National Park,
  Utah 3 K6
Capleville, *Tenn.* 8 E4
Capon Bridge, *W. Va.* 10 E15
Capon Springs, *W. Va.* 10 F15
Cap-Pelé, *N.B.* 13 G15
Capps Glacier, *Alas.* 14 K14
Capreol, *Ont.* 6 E17
Caprock Canyon ☂, *Tex.* 5
  E9
Cap Rock Escarpment, *Tex.*
  5 F9
Capron, *Ill.* 7 B8
Capron, *Va.* 10 P18
Capron Park, *Attleboro,
  Mass.* 12 T11
Capstick, *N.S.* 13 E22

Captain Bangs Hallet House, *Yarmouth Port, Mass.* **12** T15

Captain Cook, *Hawaii* **15** P19

Captain Cook's Monument, *Hawaii* **15** P19

Captiva, *Fla.* **9** M12

Captiva Island, *Fla.* **9** M12

Capulin, *N. Mex.* **3** M14

Capulin Mountain National Monument, *N. Mex.* **3** M14

Caraquet, *N.B.* **13** C14

Caratunk, *Me.* **13** K4

Caraway, *Ark.* **5** C20

Carbon, *Ind.* **7** H11

Carbon, *Tex.* **5** H11

Carbonado, *Wash.* **1** E5

Carbon Cliff, *Ill.* **7** D5

Carbon County Museum, *Rawlins, Wyo.* **1** N20

Carbon Creek, *Alas.* **14** C12

Carbondale, *Colo.* **3** J10

Carbondale, *Ill.* **7** N6

Carbondale, *Kans.* **4** S9

Carbondale, *Pa.* **11** K14

Carbon Hill, *Ala.* **8** G7

Carbonville, *Utah* **3** H6

Carbury, *N. Dak.* **4** D5

Cardiff, *Md.* **10** D20

Cardiff, *N.J.* **11** Q15

Cardiff by the Sea, *Calif.* **2** V11

Cardigan, Mount, *N.H.* **12** J9

Cardigan, *P.E.I.* **13** G19

Cardigan, *N.H.* **12** J8

Cardinal, *Va.* **10** M20

Cardinal Spellman Philatelic Museum, *Waltham, Mass.* **12** Q11

Cardington, *Ohio* **7** F18

Card Lake, *N.S.* **13** M15

Card Sound, *Fla.* **9** P16

Cardston, *Alta.* **1** (C) A4

Cardville, *Me.* **13** L6

Cardwell, *Mo.* **4** W15

Cardwell, *Mont.* **1** G15

Carefree, *Ariz.* **3** S5

Carencro, *La.* **5** K19

Caret, *Va.* **10** K19

Caretta, *W. Va.* **10** M6

Carew Tower Observatory, *Cincinnati, Ohio* **7** K15

Carey, *Idaho* **1** L13

Carey, *Ohio* **7** E17

Carey, *Tex.* **5** E10

Caribbean Gardens, *Fla.* **9** M12

Caribbean National Forest, *P. R.* **9** (B) B5

Caribou, *Alas.* **14** G16

Caribou, *Me.* **13** E8

Caribou, *N.S.* **13** H18

Caribou ?, *Idaho* **1** M15

Caribou, river, *Alas.* **14** Q8

Caribou Bar, *Alas.* **14** E15

Caribou Falls, *Minn.* **4** F13

Caribou Island, *N.S.* **13** H18

Caribou Island, *Ont.* **6** D11

Caribou Lake, *Me.* **13** H5

Caribou Lake, *Mich.* **6** (A) C3

Caribou Mountain, *Alas.* **14** F15

Caribou National Forest, *Idaho* **1** M16

Caribou Range, *Idaho* **1** L15

Caribou Wilderness, *Calif.* **2** G6

Carillon Park, *Dayton, Ohio* **7** H16

Carl Blackwell, Lake, *Okla.* **5** C13

Carlen House Museum, *Mobile, Ala.* **8** N6

Carleton, *Mich.* **6** Q14

Carleton, *Nebr.* **4** R7

Carleton, *N.S.* **13** P12

Carleton, *P.E.I.* **13** G16

Carleton, *P.E.I.* **13** F15

Carleton ♣, *N.B.* **13** G9

Carleton, Mount, *N.B.* **13** D10

Carleton, river, *N.S.* **13** N12

Carleton Island, *N.Y.* **11** C12

Carleton Martello Tower National Historic Site, *N.B.* **13** K11

Carleton Place, *Ont.* **6** H23

Carley ♣, *Minn.* **4** L12

Carl G. Fenner Arboretum, *Lansing, Mich.* **6** N12

Carl G. Washburne ♣, *Oreg.* **1** J2

Car Life Museum, *Bonshaw, P.E.I.* **13** G17

Carlile, *Wyo.* **1** J22

Carlin, *Nev.* **2** F13

Carlin Mine, *Nev.* **2** F12

Carlinville, *Ill,* **7** J5

Carlisle, *Ark.* **5** D19

Carlisle, *Ind.* **7** K10

Carlisle, *Iowa* **4** P11

Carlisle, *Ky.* **7** M16

Carlisle, *Mass.* **12** Q11

Carlisle, *Miss.* **8** K3

Carlisle, *N. Mex.* **3** T8

Carlisle, *Ohio* **7** H16

Carlisle, *Pa.* **11** N10

Carlisle, *S.C.* **8** F16

Carlisle Barracks, *Carlisle, Pa.* **11** N10

Carlisle Island, *Alas.* **14** R3

Carl Junction, *Mo.* **4** V10

Carlock, *Ill.* **7** F7

Carlotta, *Calif.* **2** F2

Carlowville, *Ala.* **8** K8

Carl Sandburg Birthplace, *Galesburg, Ill.* **7** E5

Carl Sandburg Home National Historic Site, *N.C.* **8** E14

Carlsbad, *Calif.* **2** V11

Carlsbad, *N. Mex.* **3** U14

Carlsbad, *Tex.* **5** J9

Carlsbad Caverns National Park, *N. Mex.* **3** U14

Carlsbad Municipal Museum, *Carlsbad, N. Mex.* **3** U14

Carlsborg, *Wash.* **1** C3

Carlton, *Minn.* **4** G12

Carlton, *Oreg.* **1** H3

Carlton, *Tex.* **5** H12

Carlton, *Wash.* **1** C7

Carlyle, *Ill.* **7** L6

Carlyle, *Mont.* **1** E23

Carlyle House, *Alexandria, Va.* **10** G18

Carlyle Lake, *Ill.* **7** L7

Carmacks, *Yukon Terr.* **14** K20

Carmel, *Calif.* **2** P4

Carmel, *Ind.* **7** G12

Carmel, *Me.* **13** L5

Carmel, *N.J.* **11** Q14

Carmel, *N.Y.* **11** K17

Carmel, river, *Calif.* **2** P5

Carmel, Mount, *Calif.* **2** P4

Carmel Highlands, *Calif.* **2** P4

Carmel Valley, *Calif.* **2** P5

Carmen, *Idaho* **1** H13

Carmen, *Okla.* **5** B12

Carmi, *Ill.* **7** M8

Carmi, Lake, *Vt.* **12** C5

Carmichael, *Calif.* **2** K5

Carmichaels, *Pa.* **11** P5

Carmine, *Tex.* **5** K13

Carnegie, *Okla.* **5** D11

Carnegie, *Pa.* **11** M5

Carnegie Institute, *Pittsburgh, Pa.* **11** M5

Carnesville, *Ga.* **8** F13

Carney, *Mich.* **6** H8

Carney, *Okla.* **5** C13

Carnifex Ferry Battlefield ⚔, *W. Va.* **10** J8

Caro, *Alas.* **14** E16

Caro, *Mich.* **6** M14

Caroga Lake, *N.Y.* **11** F15

Caroga Lake Recreation Area, *N.Y.* **11** F15

Carol City, *Fla.* **9** N16

Caroleen, *N.C.* **8** E15

Carolina, *Ala.* **8** M9

Carolina, *P. R.* **9** (B) A4

Carolina, *W. Va.* **10** E10

Carolina Beach, *N.C.* **8** G21

Carolina Beach ♣, *N.C.* **8** G21

Carolina Management Area, *R.I.* **12** V10

Carolina Sandhills National Wildlife Refuge, *S.C.* **8** F17

Caron Brook, *N.B.* **13** D6

Carowinds, *Charlotte, N.C.* **8** E17

Carp, *Nev.* **2** N15

Carp, river, *Mich.* **6** G12

Carpenter, *S. Dak.* **4** K7

Carpenter, *Wyo.* **1** P24

Carpenter Lake, *N. Dak.* **4** (A) A5

Carpenters' Hall, *Philadelphia, Pa.* **11** P14

Carpentersville, *Ill.* **7** B8

Carpin Beach, *Ont.* **6** (A) A2

Carpinteria, *Calif.* **2** T8

Carpinteria Beach ♣, *Calif.* **2** T8

Carpio, *N. Dak.* **4** E4

Carr, *Colo.* **3** G13

Carrabassett, *Me.* **13** K3

Carrabelle, *Fla.* **9** D7

Carrboro, *N.C.* **8** D19

Carr Fork Lake, *Ky.* **7** P18

Carriage House Museum, *Plaquemine, La.* **5** K19

Carriere, *Miss.* **8** N4

Carrier Mills, *Ill.* **7** N7

Carrigain, Mount, *N.H.* **12** G10

Carrington, *N. Dak.* **4** F6

Carrington Island, *Utah* **3** F4

Carrizo, *Ariz.* **3** R7

Carrizo Creek, *N. Mex.* **3** N15

Carrizo Plain, *Calif.* **2** R7

Carrizo Springs, *Tex.* **5** N10

Carrizo Wash, *Ariz.* **3** R8

Carrizozo, *N. Mex.* **3** S12

Carr Mountain, *N.H.* **12** H9

Carroll, *Iowa* **4** N10

Carroll, *Me.* **13** J8

Carroll, *Nebr.* **4** N8

Carroll, *Ohio* **7** H18

Carroll County Farm Museum, *Westminster, Md.* **10** D19

Carroll Glacier, *Alas.* **14** M20

Carroll Mansion, *Baltimore, Md.* **10** E20

Carrollton, *Ala.* **8** H6

Carrollton, *Ga.* **8** H11

Carrollton, *Ill.* **7** J5

Carrollton, *Ky.* **7** L14

Carrollton, *Mich.* **6** M13

Carrollton, *Miss.* **8** H4

Carrollton, *Mo.* **4** S12

Carrollton, *N.Y.* **11** H8

Carrollton, *Ohio* **7** F21

Carrollton, *Tex.* **5** G13

Carrolltown, *Pa.* **11** M8

Carrotoman River, *Va.* **10** L20

Carr Pond Mountain, *Me.* **13** F6

Carrsville, *Ky.* **7** P8

Carrsville, *Va.* **10** P19

Carrville, *Ala.* **8** K10

Carry Falls Reservoir, *N.Y.* **11** B15

Carry Nation Home Memorial, *Medicine Lodge, Kans.* **4** U6

Carson, *Iowa* **4** P10

Carson, *Miss.* **8** L4

Carson, *N. Dak.* **4** H4

Carson, *Va.* **10** N18

Carson, *Wash.* **1** G5

Carson, river, *Nev.* **2** J9

Carson City, *Mich.* **6** M12

Carson City, *Nev.* **2** J8

Carson House, *Brownville, Nebr.* **4** R9

Carson Lake, *Nev.* **2** J9

Carson Lake ♣, *Ont.* **6** G22

Carson Mansion, *Eureka, Calif.* **2** F1

Carson National Forest, *N. Mex.* **3** M10, M11

Carson Pass, *Calif.* **2** K7

Carson Route see California Trail, *Nev.* **2** H9

Carson Sink, *Nev.* **2** H9

Carsonville, *Mich.* **6** M15

Carswell Air Force Base, *Tex.* **5** G13

Cartago, *Calif.* **2** P10

Carta Valley, *Tex.* **5** L9

Carter, *Ky.* **7** L18

Carter, *Mont.* **1** D16

Carter, *Okla.* **5** D11

Carter, *S. Dak.* **4** L5

Carter, *Wis.* **6** H7

Carter, *Wyo.* **1** P17

Carter Caves ♣, *Ky.* **7** L18

Carter House, *Franklin, Tenn.* **8** D8

Carter's Cays, *Bahamas* **9** K20

Carter's Grove, *Va.* **10** N20

Carters Lake, *Ga.* **8** F11

Carter Spit, *Alas.* **14** L9

Cartersville, *Ga.* **8** G11

Cartersville, *Va.* **10** L16

Carterton, *Ont.* **6** (A) B4

Cave Run Lake, *Ky.* **7** M17
Cave Spring, *Ga.* **8** G10
Cave Spring, *Va.* **10** N10
Cave Springs Recreation Area, *Va.* **10** P3
Cave Without a Name, *Tex.* **5** L11
Cavour, *S. Dak.* **4** K7
Cawker City, *Kans.* **4** S6
Cawood, *Ky.* **7** Q18
Cayce, *Ky.* **7** R7
Cayce, *S.C.* **8** G16
Cayey, *P. R.* **9** (B) B3
Cayey, Sierra de, *P. R.* **9** (B) B4
Cayler Prairie, *Iowa* **4** M9
Cayo Costa, *Fla.* **9** L12
Cayo Costa Island, *Fla.* **9** L12
Cayucos, *Calif.* **2** R6
Cayucos Beach ♣, *Calif.* **2** R5
Cayuga, *Ill.* **7** E8
Cayuga, *Ind.* **7** H10
Cayuga, *N. Dak.* **4** H8
Cayuga, *N.Y.* **11** F11
Cayuga & Seneca Canal, *N.Y.* **11** F10
Cayuga Heights, *N.Y.* **11** G12
Cayuga Lake, *N.Y.* **11** G12
Cayuga Lake ♣, *N.Y.* **11** F11
Cayuga Museum of History and Art, *Auburn, N.Y.* **11** F12
Cayuse, *Oreg.* **1** G8
Cazadero, *Calif.* **2** K3
Cazenovia, *N.Y.* **11** F13
Cazenovia, *Wis.* **6** L4
Cecil, *Ga.* **8** M13
Cecil, *Ind.* **1** G6
Cecil, *Wis.* **6** J7
Cecil Field Naval Air Station, *Fla.* **9** C12
Cecilia, *Ky.* **7** N12
Cecil M. Harden Lake, *Ind.* **7** H11
Cecilton, *Md.* **10** E21
Cedar, *Mich.* **6** J11
Cedar, river, *Iowa* **4** M12
Cedar, river, *Mich.* **6** H9
Cedar, river, *Nebr.* **4** P6
Cedar, river, *Wash.* **1** (A) F4
Cedar Bluff, *Ala.* **8** G10
Cedarbluff, *Miss.* **8** H5
Cedar Bluff, *Va.* **10** N6
Cedar Bluff ♣, *Kans.* **4** S5
Cedar Bluffs, *Nebr.* **4** P8
Cedar Breaks National Monument, *Utah* **3** L4
Cedarburg, *Wis.* **6** M7
Cedar City, *Mo.* **4** T13
Cedar City, *Utah* **3** L3
Cedar Creek, *Ala.* **8** F7
Cedar Creek, *Ala.* **8** K8
Cedar Creek, *Ark.* **5** D16
Cedar Creek, *Ind.* **7** D14
Cedar Creek, *Iowa* **4** Q13
Cedar Creek, *N. Dak.* **4** H3
Cedar Creek, *Tex.* **5** L13
Cedar Creek ♣, *W. Va.* **10** G8
Cedar Creek Reservoir, *Idaho* **1** N11
Cedar Creek Reservoir, *Tex.* **5** H14

Cedar Dunes ♣, *P.E.I.* **13** F15
Cedaredge, *Colo.* **3** J9
Cedar Falls, *Iowa* **4** N12
Cedar Grove, *Calif.* **2** N9
Cedar Grove, *Ind.* **7** J14
Cedar Grove, *Wis.* **6** M8
Cedar Grove, *W. Va.* **10** J7
Cedar Harbour, *Bahamas* **9** L21
Cedar Hill, *Tenn.* **8** C8
Cedar Island, *Md.* **10** K22
Cedar Island, *N.C.* **8** E22
Cedar Island, *Ont.* **6** (A) B4
Cedar Island, *Va.* **10** L23
Cedar Island ♣, *N.Y.* **11** B13
Cedar Island National Wildlife Refuge, *N.C.* **8** E22
Cedar Key, *Fla.* **9** F10
Cedar Keys National Wildlife Refuge, *Fla.* **9** F10
Cedar Lake, *Ill.* **7** N6
Cedar Lake, *Ind.* **7** D10
Cedar Lake, *Tex.* **5** G7
Cedar Lake, *Wis.* **6** H1
Cedar Park, *Tex.* **5** K12
Cedar Pass, *Calif.* **2** E7
Cedar Pass, *S. Dak.* **4** L3
Cedar Point, *Ill.* **7** D7
Cedar Point, *Ohio* **7** D18
Cedar Point ♣, *N.Y.* **11** C12
Cedar Point National Wildlife Refuge, *Ohio* **7** C17
Cedar Rapids, *Iowa* **4** N13
Cedar Rapids, *Nebr.* **4** P7
Cedar Rapids Museum of Art, *Cedar Rapids, Iowa* **4** N13
Cedar Ridge, *Calif.* **2** J6
Cedar River, *Mich.* **6** H9
Cedar River National Grassland, *N. Dak.* **4** H4
Cedars of Lebanon State Park and Forest, *Tenn.* **8** C9
Cedar Springs, *Ga.* **8** M11
Cedar Springs, *Mich.* **6** M11
Cedartown, *Ga.* **8** G10
Cedar Vale, *Kans.* **4** V8
Cedarville, *Calif.* **2** E7
Cedarville, *Ill.* **7** B6
Cedarville, *Ind.* **7** E14
Cedarville, *Mass.* **12** T14
Cedarville, *Mich.* **6** G13
Cedarville, *N.J.* **11** Q14
Cedarville, *Ohio* **7** H16
Cedarville, *W. Va.* **10** G9
Cedarville ♣, *Md.* **10** H19
Cedarville State Forest, *Md.* **10** H19
Ceiba, *P. R.* **9** (B) A5
Ceiba State Forest, *P. R.* **9** (B) A5
Celeste, *Tex.* **5** F14
Celestine, *Ind.* **7** L11
Celina, *Ohio* **7** F15
Celina, *Tenn.* **8** C10
Celina, *Tex.* **5** F14
Celoron, *N.Y.* **11** H7
Cement, *Okla.* **5** D12
Centenary, *S.C.* **8** G19
Centennial, *Wyo.* **1** P22
Centennial Mountains, *Idaho* **1** J15
Centennial Park, *Moncton, N.B.* **13** H14

Center, *Colo.* **3** L11
Center, *Mo.* **4** R13
Center, *N. Dak.* **4** G4
Center, *Nebr.* **4** N7
Center, *Tex.* **5** H16
Center Barnstead, *N.H.* **12** L11
Centerbrook, *Conn.* **12** W7
Centerburg, *Ohio* **7** G18
Center Conway, *N.H.* **12** H12
Center Cross, *Va.* **10** L19
Centereach, *N.Y.* **11** L18
Centerfield, *Utah* **3** J5
Center Harbor, *N.H.* **12** J10
Center Hill Dam, *Tenn.* **8** C10
Center Hill Lake, *Tenn.* **8** D10
Center Lovell, *Me.* **13** N2
Center Moriches, *N.Y.* **11** M19
Center Mountain, *Idaho* **1** J11
Center of Science and Industry, *Columbus, Ohio* **7** H18
Center Ossipee, *N.H.* **12** J12
Center Peak, *Calif.* **2** P6
Center Point, *Ala.* **8** H9
Center Point, *Ind.* **7** J11
Center Point, *Iowa* **4** N13
Center Point, *La.* **5** J18
Center Point, *Tex.* **5** L11
Center Point, *W. Va.* **10** E9
Center Rutland, *Vt.* **12** J5
Center Sandwich, *N.H.* **12** H10
Center Star, *Ala.* **8** E8
Centerton, *Ind.* **7** J12
Centertown, *Ky.* **7** P10
Centertown, *Tenn.* **8** D9
Center Tuftonboro, *N.H.* **12** J11
Centerville, *Ga.* **8** K12
Centerville, *Ind.* **7** H14
Centerville, *Iowa* **4** Q12
Centerville, *Mass.* **12** U15
Centerville, *N.S.* **13** M11
Centerville, *N.Y.* **11** G8
Centerville, *Ohio* **7** H16
Centerville, *Pa.* **11** J6
Centerville, *Pa.* **11** N5
Centerville, *Pa.* **11** P8
Centerville, *S. Dak.* **4** M8
Centerville, *Tenn.* **8** D8
Centerville, *Tex.* **5** J15
Centerville, *Utah* **3** F5
Central, *Alas.* **14** G17
Central, *Ariz.* **3** T7
Central, *N. Mex.* **3** T9
Central, *S.C.* **8** F14
Central, *Utah* **3** K4
Central, *Utah* **3** L3
Central, Cordillera, *P. R.* **9** (B) B2
Central Aguirre, *P. R.* **9** (B) B3
Central Argyle, *N.S.* **13** P12
Central Bedeque, *P.E.I.* **13** G16
Central Blissville, *N.B.* **13** J10
Central Bridge, *N.Y.* **11** G15
Central City, *Colo.* **3** H12
Central City, *Ill.* **7** L7
Central City, *Iowa* **4** N13
Central City, *Ky.* **7** P10

Central City, *Nebr.* **4** P7
Central City, *Pa.* **11** N7
Central City, *S. Dak.* **4** K1
Central City Opera House, *Central City, Colo.* **3** H12
Central Falls, *R.I.* **12** T11
Central Ferry ♣, *Wash.* **1** F9
Central Gold Mine and Museum, *Central City, Colo.* **3** H12
Centralia, *Ill.* **7** L7
Centralia, *Kans.* **4** R9
Centralia, *Mo.* **4** S13
Centralia, *Pa.* **11** M12
Centralia, *Wash.* **1** F4
Centralia, *W. Va.* **10** H9
Central Lake, *Mich.* **6** J11
Central Moravian Church, *Bethlehem, Pa.* **11** M14
Central Park, *Ill.* **7** G10
Central Park, *New York, N.Y.* **11** M17
Central Point, *Oreg.* **1** M3
Central Square, *N.Y.* **11** E12
Central Station, *W. Va.* **10** E8
Central Valley, *Calif.* **2** F4
Central Village, *Conn.* **12** U9
Central Village, *Mass.* **12** U12
Centre, *Ala.* **8** G10
Centre College, *Danville, Ky.* **7** N15
Centre Hall, *Pa.* **11** L9
Centreville, *Ala.* **8** J8
Centreville, *Calif.* **2** N8
Centreville, *Ill.* **7** L5
Centreville, *Md.* **10** F21
Centreville, *Mich.* **6** Q11
Centreville, *Miss.* **8** M2
Centreville, *N.B.* **13** G8
Centreville, *N.S.* **13** K14
Centreville, *Va.* **10** G17
Centuria, *Wis.* **6** G1
Century, *Fla.* **9** A2
Century, *W. Va.* **10** F10
Century House, *Yuma, Ariz.* **3** T1
Century Village, *Burton, Ohio* **7** D21
Cerbat Mountains, *Ariz.* **3** P2
Ceredo, *W. Va.* **10** J4
Ceres, *Calif.* **2** M6
Ceres, *N.Y.* **11** H9
Ceres, *Va.* **10** N7
Ceresco, *Nebr.* **4** Q8
Cerrillos, *N. Mex.* **3** P11
Cerro Gordo, *Ill.* **7** H8
Cerro Gordo, Punta, *P. R.* **9** (B) A3
Cerro Vista, peak, *N. Mex.* **3** N12
Cerulean, *Ky.* **7** Q9
Ceylon, *Minn.* **4** L10
Chaco, river, *N. Mex.* **3** N3
Chaco Culture National Historical Park, *N. Mex.* **3** P9
Chacon, Cape, *Alas.* **14** R23
Chacuaco Canyon, *Colo.* **3** L14
Chacuaco Creek, *Colo.* **3** M14
Chadbourn, *N.C.* **8** F19
Chadds Ford, *Pa.* **11** P14
Chadron, *Nebr.* **4** M2

Chautauqua Institution, *Mayville, N.Y.* 11 H6
Chautauqua, *N.Y.* 11 H6
Chautauqua Lake, *N.Y.* 11 H6
Chautauqua National Wildlife Refuge, *Ill.* 7 F5
Chauvin, *La.* 5 L20
Chavies, *Ky.* 7 P17
Chazy, *N.Y.* 11 A17
Chazy Landing, *N.Y.* 11 A17
Cheaha ♣, *Ala.* 8 H9
Cheaha Mountain, *Ala.* 8 H10
Cheapside, *Va.* 10 N21
Cheat, river, *W. Va.* 10 F12
Cheatham Dam, *Tenn.* 8 C8
Cheat Lake, *W. Va.* 10 D11
Cheat Mountain, *W. Va.* 10 H11
Chebanse, *Ill.* 7 E9
Chebeague Island, *Me.* 13 P3
Chebogue Point, *N.S.* 13 P11
Cheboygan, *Mich.* 6 H12
Cheboygan ♣, *Mich.* 6 H13
Cheching, *Alas.* 14 K8
Check, *Va.* 10 N10
Checotah, *Okla.* 5 C15
Chedabucto Bay, *N.S.* 13 J21
Cheektowaga, *N.Y.* 6 (C) C4
Cheektowaga, *N.Y.* 11 F7
Cheesequake ♣, *N.J.* 11 N16
Cheesman Park, *Denver, Colo.* 3 H13
Chefornak, *Alas.* 14 K8
Chegoggin, *N.S.* 13 P11
Chehalis, *Wash.* 1 F4
Chehalis, river, *Wash.* 1 E3
Chehalis Indian Reservation, *Wash.* 1 E3
Chehaw Indian Monument ▲, *Ga.* 8 L12
Chehaw Wild Animal Park, *Ga.* 8 L12
Chekika ♣, *Fla.* 9 P15
Chelan, *Wash.* 1 D7
Chelan, Lake, *Wash.* 1 D6
Chelan Falls, *Wash.* 1 D7
Chelan Mountains, *Wash.* 1 D6
Chelatna Lake, *Alas.* 14 J14
Chelmsford, *Mass.* 12 P10
Chelmsford, *Ont.* 6 F17
Chelsea, *Ala.* 8 H9
Chelsea, *Mass.* 12 Q12
Chelsea, *Mich.* 6 P13
Chelsea, *N.S.* 13 N14
Chelsea, *Okla.* 5 B15
Chelsea, *Vt.* 12 H7
Chelyan, *W. Va.* 10 J7
Chemehuevi Indian Reservation, *Calif.* 2 S15
Chemehuevi Peak, *Calif.* 2 S15
Chemin-a-Haut ♣, *La.* 5 G19
Chemo Pond, *Me.* 13 L7
Chemquasabamticook Lake, *Me.* 13 F4
Chemult, *Oreg.* 1 L4
Chemung, *Ill.* 7 A8
Chemung, *N.Y.* 11 H12
Chemung, river, *N.Y.* 11 H11
Chena, river, *Alas.* 14 G16

Chena Hot Springs, *Alas.* 14 G16
Chenango, river, *N.Y.* 11 F13
Chenango Bridge, *N.Y.* 11 H13
Chenango Forks, *N.Y.* 11 H13
Chenango Valley ♣, *N.Y.* 11 H13
Chena River ♣, *Alas.* 14 G16
Chenega, *Alas.* 14 L15
Cheney, *Kans.* 4 U7
Cheney, *Wash.* 1 E9
Cheney Cowles Memorial Museum, *Spokane, Wash.* 1 D9
Cheney Homestead, *Manchester, Conn.* 12 T7
Cheney Reservoir, *Kans.* 4 U7
Cheneyville, *La.* 5 J19
Chengwatana State Forest, *Minn.* 4 H12
Chenik, *Alas.* 14 M12
Chenoa, *Ill.* 7 F8
Chepachet, *R.I.* 12 T10
Chequamegon Bay, *Wis.* 6 E4
Chequamegon National Forest, *Wis.* 6 E4, F5, G5, H4
Cheraw, *Miss.* 8 M4
Cheraw, *S.C.* 8 F18
Cheraw ♣, *S.C.* 8 F18
Cherisco, Mesa, *N. Mex.* 3 Q13
Cheriton, *Va.* 10 M21
Chernabura Island, *Alas.* 14 R9
Chernofski, *Alas.* 14 R5
Cherokee, *Ala.* 8 F7
Cherokee, *Iowa* 4 M9
Cherokee, *Kans.* 4 U10
Cherokee, *N.C.* 8 E13
Cherokee, *Okla.* 5 B12
Cherokee, *Tex.* 5 J12
Cherokee, Lake, *Tex.* 5 G16
Cherokee Falls, *S.C.* 8 E16
Cherokee Indian Reserve, *N.C.* 8 E13
Cherokee Lake, *Tenn.* 8 C13
Cherokee National Capitol, *Tahlequah, Okla.* 5 C15
Cherokee National Forest, *Tenn.* 8 C15, E12
Cherokee Park, *Louisville, Ky.* 7 M13
Cherokees, Lake O' The, *Okla.* 5 B16
Cherokee Sound, *Bahamas* 9 M22
Cherokee Strip Historical Museum, *Perry, Okla.* 5 B13
Cherokee Strip Living Museum, *Arkansas City, Kans.* 4 V8
Cherry, *Ill.* 7 D7
Cherry, river, *W. Va.* 10 J9
Cherry Creek, *N. Dak.* 4 (A) B2
Cherry Creek, *Nev.* 2 H14
Cherry Creek, *N.Y.* 11 H7
Cherry Creek, *S. Dak.* 4 K4
Cherry Creek ♣, *Colo.* 3 H13

Cherry Creek Range, *Nev.* 2 G14
Cherryfield, *Me.* 13 M8
Cherry Grove, *Ohio* 7 K16
Cherry Grove, *W. Va.* 10 H12
Cherry Hill, *N.J.* 11 P15
Cherry Hill, *N.S.* 13 N15
Cherry Lake, *Calif.* 2 L7
Cherry Lake, *Fla.* 9 B9
Cherry Plain ♣, *N.Y.* 11 G17
Cherry Point Marine Corps Air Station, *N.C.* 8 E22
Cherry Run, *W. Va.* 10 D16
Cherry Springs ♣, *Pa.* 11 J9
Cherrystone Inlet, *Va.* 10 M21
Cherryvale, *Kans.* 4 U9
Cherry Valley, *Ark.* 5 C20
Cherry Valley, *Ill.* 7 B7
Cherry Valley, *Mass.* 12 R9
Cherry Valley, *N.Y.* 11 F15
Cherry Valley, *P.E.I.* 13 G18
Cherryville, *N.C.* 8 E16
Chesaning, *Mich.* 6 M13
Chesapeake, *Ohio* 7 L19
Chesapeake, *Va.* 10 P21
Chesapeake, *W. Va.* 10 J6
Chesapeake and Delaware Canal, *Del.-Md.* 10 E22
Chesapeake and Delaware Canal Museum, *Chesapeake City, Del.* 10 E21
Chesapeake and Ohio Canal, *Washington, D. C.* 10 (A)
Chesapeake and Ohio Canal National Historic Park, *Md.* 10 F18
Chesapeake Bay, *Md.-Va.* 10 J21
Chesapeake Bay Bridge-Tunnel, *Va.* 10 N21
Chesapeake Bay Maritime Museum, *St. Michaels, Md.* 10 G21
Chesapeake Beach, *Md.* 10 H20
Chesapeake City, *Md.* 10 E22
Chesapeake Ranch Estates, *Md.* 10 J20
Chesdin, Lake, *Va.* 10 N17
Chesham, *N.H.* 12 N8
Cheshire, *Conn.* 12 V5
Cheshire, *Mass.* 12 P4
Cheshire, *Ohio* 7 K20
Cheshire, *Oreg.* 1 J3
Cheshire Reservoir, *Mass.* 12 Q4
Chesilhurst, *N.J.* 11 P15
Chesley, *Ont.* 6 K17
Chesnee, *S.C.* 8 E15
Chester, *Calif.* 2 G5
Chester, *Conn.* 12 V6
Chester, *Ga.* 8 K13
Chester, *Idaho* 1 K15
Chester, *Ill.* 7 M5
Chester, *Mass.* 12 R5
Chester, *Md.* 10 F21
Chester, *Me.* 13 J7
Chester, *Mont.* 1 C16
Chester, *N.H.* 12 N11
Chester, *N.S.* 13 M15
Chester, *N.Y.* 11 K16
Chester, *Pa.* 11 P14

Chester, *S.C.* 8 F16
Chester, *S. Dak.* 4 L8
Chester, *Tex.* 5 J16
Chester, *Va.* 10 M17
Chester, *Vt.* 12 L6
Chester, *W. Va.* 10 A9
Chester ♣, *S.C.* 8 F16
Chester, river, *Md.* 10 F21
Chester A. Arthur Birthplace, *Fairfield, Vt.* 12 C5
Chester Basin, *N.S.* 13 M15
Chester Blandford State Forest, *Mass.* 12 R5
Chester Depot, *Vt.* 12 L6
Chesterfield, *Idaho* 1 M15
Chesterfield, *Ill.* 7 J5
Chesterfield, *Ind.* 7 G13
Chesterfield, *Mass.* 12 Q5
Chesterfield, *Mich.* 6 (B) C2
Chesterfield, *N.H.* 12 N7
Chesterfield, *S.C.* 8 F17
Chesterfield, *Va.* 10 M18
Chesterfield Gorge, *Mass.* 12 Q5
Chesterhill, *Ohio* 7 J20
Chesterland, *Ohio* 7 D21
Chester River, *Md.* 10 F21
Chesterton, *Ind.* 7 D11
Chestertown, *Md.* 10 F21
Chestertown, *N.Y.* 11 D17
Chesterwood, *Mass.* 12 R3
Chestnut, *Ill.* 7 G7
Chestnut Mountain ♪, *Ill.* 7 B5
Chestnut Ridge, *Pa.* 11 N6
Chestnut Ridge ♪, *W. Va.* 10 D12
Chesuncook Lake, *Me.* 13 H5
Cheswold, *Del.* 10 F22
Chetco, river, *Oreg.* 1 M1
Chetek, *Wis.* 6 H3
Chéticamp, *N.S.* 13 F22
Chetopa, *Kans.* 4 V10
Chevak, *Alas.* 14 J8
Chevelon Butte, *Ariz.* 3 Q6
Chevelon Creek, *Ariz.* 3 R6
Cheverie, *N.S.* 13 K15
Cheviot, *Ohio* 7 K15
Chevy Chase, *Md.* 10 G18
Chewack, river, *Wash.* 1 C7
Chewacla ♣, *Ala.* 8 K10
Chewelah, *Wash.* 1 C9
Chewelah Peak ♪, *Wash.* 1 D9
Chewton, *Pa.* 11 L5
Cheyenne, *Okla.* 5 C11
Cheyenne, *Wyo.* 1 P23
Cheyenne, river, *S. Dak.* 4 K3
Cheyenne, river, *Wyo.* 1 L23
Cheyenne Mountain Zoological Park, *Broadmoor, Colo.* 3 K12
Cheyenne River Indian Reservation, *S. Dak.* 4 J4
Cheyenne Wells, *Colo.* 3 J16
Chiachi Island, *Alas.* 14 Q10
Chicago, *Ill.* 7 C10
Chicago Academy of Sciences, *Chicago, Ill.* 7 C10
Chicago Creek, *Alas.* 14 E10
Chicago Heights, *Ill.* 7 D10
Chicago Historical Society, *Chicago, Ill.* 7 C10

Christiansted National
Historic Site, *St. Croix* 9
(C) B3
Christie Point, *Alas.* 14 A14
Christina, *Mont.* 1 E17
Christine, *N. Dak.* 4 H8
Christine, *Tex.* 5 M11
Christmas, *Fla.* 9 G14
Christmas Island, *N.S.* 13
H22
Christmas Lake Valley,
Oreg. 1 L6
Christ of the Ozarks, *Eureka
Springs, Ark.* 5 B17
Christopher, *Ill.* 7 M7
Christoval, *Tex.* 5 J10
Christus Gardens,
Gatlinburg, Tenn. 8 D13
Chrysler Museum, *Norfolk,
Va.* 10 P21
Chualar, *Calif.* 2 P5
Chuathbaluk (Russian
Mission), *Alas.* 14 J10
Chubbuck, *Idaho* 1 M14
Chub Cay, *Bahamas* 9 P21
Chucalissa Indian Village
and Museum, *Memphis,
Tenn.* 8 E4
Chuck Swan State Forest,
Tenn. 8 C13
Chuckwalla Mountains, *Calif.*
2 U14
Chuckwalla Recreation
Land, *Calif.* 2 U14
Chuckwalla Valley Desert
Lily Recreation Land, *Calif.*
2 U14
Chugach ♣, *Alas.* 14 K15
Chugach Islands, *Alas.* 14
M14
Chugach Mountains, *Alas.*
14 L15
Chugach National Forest,
Alas. 14 L15, N13
Chugach State Park,
Alas. 14 K15
Chugiak, *Alas.* 14 K15
Chuginadak Island, *Alas.* 14
R3
Chugul Island, *Alas.* 14 R20
Chugwater, *Wyo.* 1 N23
Chugwater Creek, *Wyo.* 1
N23
Chuilnuk Mountains, *Alas.* 14
K11
Chukchi Peninsula, *U.S.S.R.*
14 C6
Chukchi Sea 14 A7
Chukowan, river, *Alas.* 14
K11
Chula, *Ga.* 8 L13
Chula, *Mo.* 4 R11
Chula, *Va.* 10 M16
Chula Vista, *Calif.* 2 W12
Chulitna, *Alas.* 14 J15
Chulitna, river, *Alas.* 14 J15
Chuloonawick, *Alas.* 14 H9
Chunchula, *Ala.* 8 M6
Chunky, *Miss.* 8 K5
Chunu, Cape, *Alas.*
14 R19
Church Hill, *Md.* 10 F21
Church Hill, *Mont.* 1 G15
Church Hill, *Tenn.* 8 C14
Churchill, Mount, *Alas.* 14
K18

Churchill County Museum,
Fallon, Nev. 2 J9
Churchill Downs, *Louisville,
Ky.* 7 M13
Churchill House and
Maritime Museum,
Hantsport, N.S. 13 K16
Churchill Lake, *Me.* 13 F5
Churchill Weavers, *Berea,
Ky.* 7 N16
Church of Saint Michael and
All Angels, *Anniston, Ala.* 8
H9
Church of the Covenanters,
Grand Pré, N.S. 13 K15
Church of the Holy Family,
Cahokia, Ill. 7 L5
Church Point, *La.* 5 K18
Church Point, *N.S.* 13 N12
Church Road, *Va.* 10 N17
Church Rock, *N. Mex.* 3 P9
Churchs Ferry, *N. Dak.* 4
E6
Churchton, *Md.* 10 G20
Church View, *Va.* 10 L20
Churchville, *N.Y.* 11 F9
Churchville, *Va.* 10 J13
Churdan, *Iowa* 4 N10
Churubusco, *Ind.* 7 D13
Churubusco, *N.Y.* 11 A16
Chuska Mountains,
Ariz.-N. Mex. 3 N8
Chutes ♣, *Ont.* 6 F15
Ciales, *P. R.* 9 (B) A3
Cibecue, *Ariz.* 3 R6
Cibola, *Ariz.* 3 S1
Cibola National Forest,
N. Mex. 3 P10, R9, Q9,
Q11, R11, S10
Cibola National Wildlife
Refuge, *Ariz.-Calif.* 2 U15;
3 S1
Cibolo, *Tex.* 5 L12
Cicero, *Ill.* 7 C9
Cicero, *Ind.* 7 G12
Cicero, *N.Y.* 11 F12
Cidra, *P. R.* 9 (B) B3
Cigarette Spring Cave, *Ariz.*
3 M7
Cima, *Calif.* 2 R14
Cimarron, *Kans.* 4 U5
Cimarron, *N. Mex.* 3 N13
Cimarron, river, *Colo.* 3 K10
Cimarron, river, *Okla.* 5 B12
Cimarron Cutoff, *U. S.* 3 N14;
4 U3; 5 B7
Cimarron National
Grassland, *Kans.* 4 V3
Cincinnati, *Ohio* 7 K15
Cincinnati Art Museum,
Cincinnati, Ohio 7 K15
Cincinnati Fire Museum,
Cincinnati, Ohio 7 K15
Cincinnati Museum of
Natural History, *Cincinnati,
Ohio* 7 K15
Cincinnati Zoo, *Cincinnati,
Ohio* 7 K15
Cincinnatus, *N.Y.* 11 G13
Cinder, river, *Alas.* 14 P10
Cinnabar Mountain, *Idaho* 1
M10
Cinnaminson, *N.J.* 11 P15
Circle, *Alas.* 14 F17
Circle, *Mont.* 1 D21
Circle Back, *Tex.* 5 E7

Circle Hot Springs, *Alas.* 14
G17
Circle Theater, *Indianapolis,
Ind.* 7 H12
Circleville, *Ohio* 7 H18
Circleville, *Utah* 3 K4
Circleville, *W. Va.* 10 H12
Circus Winter Headquarters,
Fla. 9 K11
Circus World Museum,
Baraboo, Wis. 6 M5
Cisco, *Ill.* 7 G8
Cisco, *Tex.* 5 G11
Cisco, *Utah* 3 J8
Cismont, *Va.* 10 K15
Cisne, *Ill.* 7 L8
Cissna Park, *Ill.* 7 F9
Cistern Cay, *Bahamas* 9 R23
Citadel Memorial Military
Archives-Museum,
Charleston, S.C. 8 J18
Citadel National Historic
Park, *Halifax, N.S.* 13 M17
Citico Wilderness, *Tenn.* 8
E12
Citra, *Fla.* 9 E12
Citronelle, *Ala.* 8 M6
Citrus Heights, *Calif.* 2 K5
Citrus Springs, *Fla.* 9 F12
Citrus Tower, *Fla.* 9 G13
City Hall, *Philadelphia, Pa.*
11 P14
City of Rocks, *Idaho* 1 N13
City of Rocks ♣, *N. Mex.* 3
T9
City Park, *New Orleans, La.*
5 K21
Ciudad Acuña, *Coahuila* 5 L9
Ciudad Juárez, *Chihuahua* 3
V11; 5 H2
Civic Arena, *Pittsburgh, Pa.*
11 M5
Civil War Fort Ruins, *Hilton
Head Island, S.C.* 8 K17
C. J. Strike Reservoir, *Idaho*
1 M10
Clackamas, river, *Ore.* 1 H4
Claflin, *Kans.* 4 T6
Clair, *N.B.* 13 D6
Claire City, *S. Dak.* 4 H8
Clairemont, *Tex.* 5 F9
Clair Engle Lake, *Calif.* 2 F3
Clairette, *Tex.* 5 H12
Clairfield, *Tenn.* 8 C12
Clairton, *Pa.* 11 N5
Claksburg ♣, *Mass.* 12 P4
Clallam Bay, *Wash.* 1 C2
Clam, river, *Wis.* 6 G2
Clam Gulch, *Alas.* 14 L14
Clam Harbour, *N.S.* 13 M18
Clam Harbour Beach ♣, *N.S.*
13 M18
Clam Lake, *Wis.* 6 F4
Clan Alpine Mountains, *Nev.*
2 H10
Clancy, *Mont.* 1 F15
Clanton, *Ala.* 8 J8
Claquato Church, *Wash.* 1
F3
Clara, *Miss.* 8 L5
Clara Barton Birthplace, *N.
Oxford, Mass.* 12 R9
Clara City, *Minn.* 4 K9
Clare, *Mich.* 6 L12
Claremont, *Calif.* 2 T10
Claremont, *Ill.* 7 L9

Claremont, *N.C.* 8 D16
Claremont, *N.H.* 12 L7
Claremont, *S. Dak.* 4 J7
Claremont, *Va.* 10 N19
Claremore, *Okla.* 5 B14
Clarence, *Iowa* 4 N14
Clarence, *Mo.* 4 R13
Clarence, *N.Y.* 6 (C) B4; 11
F8
Clarence, *Pa.* 11 L9
Clarence, Port, *Alas.* 14 E8
Clarence Cannon Dam, *Mo.*
4 R13
Clarence Cannon National
Wildlife Refuge, *Mo.* 4 S14
Clarence Center, *N.Y.* 6 (C) B4
Clarence Strait, *Alas.* 14 Q23
Clarendon, *Ark.* 5 D19
Clarendon, *N.Y.* 11 F9
Clarendon, *Pa.* 11 J7
Clarendon, *Tex.* 5 D9
Clarendon, *Vt.* 12 K5
Clarinda, *Iowa* 4 Q10
Clarington, *Ohio* 7 H22
Clarion, *Iowa* 4 M11
Clarion, *Pa.* 11 K6
Clarion, river, *Pa.* 11 K7
Clarissa, *Minn.* 4 H10
Clark, *Colo.* 3 G10
Clark, *Pa.* 11 K5
Clark, *S. Dak.* 4 K7
Clark, Lake, *Alas.* 14 L13
Clark, Point, *Ont.* 6 L16
Clark ♣, *Kans.* 4 U5
Clark Canyon ♣, *Mont.* 1 J14
Clarkco ♣, *Miss.* 8 K6
Clark County Historical
Society Museum,
Springfield, Ohio 7 H17
Clarkdale, *Ariz.* 3 Q4
Clarkesville, *Ga.* 8 F13
Clarkfield, *Minn.* 4 K9
Clark Fork, *Idaho* 1 D11
Clark Fork, river, *Mont.* 1 F13
Clark House, *Wolfboro, N.H.*
12 K11
Clarkia, *Idaho* 1 E10
Clark Mills, *N.Y.* 11 F14
Clark Mountain, *Calif.* 2 Q13
Clark Peak, *Colo.* 3 G11
Clarkrange, *Tenn.* 8 C11
Clarks, *Nebr.* 4 P7
Clarksburg, *Ind.* 7 J14
Clarksburg, *Ohio* 7 J17
Clarksburg, *Tenn.* 8 D6
Clarksburg, *W. Va.* 10 D9
Clarksdale, *Miss.* 8 F3
Clarksdale, *Mo.* 4 R10
Clark Seamount, *N. Pac. Oc.*
15 L12
Clarks Fork, Yellowstone
River, *Wyo.* 1 J18
Clarks Harbour, *N.S.* 13 Q12
Clarks Hill, *Ind.* 7 G11
Clarks Hill, *S.C.* 8 H15
Clarks Hill Lake, *Ala.-S.C.* 8
H14
Clarkson, *Ky.* 7 P12
Clarkson, *Nebr.* 4 P8
Clarkson, *N.Y.* 11 F9
Clarks Point, *Alas.* 14 M10
Clarks Summit, *Pa.* 11 K13
Clark State Forest, *Ind.* 7 L12
Clarkston, *Mich.* 6 (B) C1
Clarkston, *Utah* 3 E5
Clarkston, *Wash.* 1 F9

Clover Lawn, *Bloomington, Ill.* 7 F7
Clover Pass, *Alas.* 14 Q24
Cloverport, *Ky.* 7 N11
Clovis, *Calif.* 2 N8
Clovis, *N. Mex.* 3 R15
Cluster Springs, *Va.* 10 Q14
Clute, *Tex.* 5 M15
Clyattville, *Ga.* 8 N13
Clyburn Brook, *N.S.* 13 F22
Clyburn Wildflower Preserve and Garden Center, *Baltimore, Md.* 10 E20
Clyde, *Kans.* 4 R8
Clyde, *N.C.* 8 D14
Clyde, *N. Dak.* 4 E6
Clyde, *N.Y.* 11 F11
Clyde, *Ohio* 7 D18
Clyde, river, *N.S.* 13 P13
Clyde, river, *Vt.* 12 C8
Clyde, *Tex.* 5 G10
Clyde Park, *Mont.* 1 G16
Clyde River, *N.S.* 13 Q13
Clymer, *N.Y.* 11 H6
Clymer, *Pa.* 11 M7
Clyo, *Ga.* 8 K16
C. M. Gardner ♣, *Mass.* 12 R5
Coachella, *Calif.* 2 U13
Coachella Canal, *Calif.* 2 U14
Coach House, The, *West Chesterfield, N.H.* 12 N7
Coahoma, *Miss.* 8 F3
Coahoma, *Tex.* 5 H9
Coahuila, state, *Mex.* 3 Z15; 5 Q9
Coakley Town (Fresh Creek), *Bahamas* 9 Q21
Coal, river, *W. Va.* 10 J6
Coal Branch, *N.B.* 13 G13
Coal City, *Ill.* 7 D8
Coal City, *Ind.* 7 J11
Coal City, *W. Va.* 10 L8
Coal Creek, *Alas.* 14 G17
Coal Creek, *Colo.* 3 K12
Coal Creek, *Mont.* 1 (C) C1
Coal Creek, *Mont.* 1 (C) D3
Coal Creek State Forest, *Mont.* 1 C12
Coaldale, *Colo.* 3 K12
Coaldale, *Nev.* 2 L10
Coaldale, *Pa.* 11 M13
Coalgate, *Okla.* 5 E14
Coal Grove, *Ohio* 7 L19
Coal Hill, *Ark.* 5 C17
Coaling, *Ala.* 8 H7
Coalinga, *Calif.* 2 P7
Coalmont, *Ind.* 7 J10
Coalmont, *Tenn.* 8 E10
Coal Mountain, *W. Va.* 10 L6
Coalport, *Pa.* 11 M8
Coalridge, *Mont.* 1 B22
Coalton, *Ill.* 7 J7
Coalton, *Ohio* 7 K19
Coalton, *W. Va.* 10 G11
Coal Valley, *Ill.* 7 D5
Coalville, *Utah* 3 G5
Coalwood, *W. Va.* 10 M6
Coamo, *P. R.* 9 (B) B3
Coamo, river, *P. R.* 9 (B) B3
Coarsegold, *Calif.* 2 M7
Coast Guard Beach, *Mass.* 12 T16
Coast Mountains, *Can.-U. S.* 14 M21

Coast Ranges, *U. S.* 1 M2; 2 M5
Coatesville, *Ind.* 7 H11
Coatesville, *Pa.* 11 P13
Coaticook, *Que.* 12 B9
Coaticook, river, *Que.* 12 B9
Coats, *Kans.* 4 U6
Coats, *N.C.* 8 D20
Coatsburg, *Ill.* 7 G3
Coatsworth Station, *Ont.* 6 (B) E4
Coatue Beach, *Mass.* 12 V16
Cobalt, *Idaho* 1 H12
Cobb, *Calif.* 2 K3
Cobb Bay, *Va.* 10 M22
Cobb Island, *Md.* 10 J19
Cobb Island, *Va.* 10 M22
Cobble Mountain Reservoir, *Mass.* 12 R5
Cobbosseecontee Lake, *Me.* 13 N3
Cobbs Creek, *Va.* 10 M20
Cobbtown, *Ga.* 8 K15
Cobden, *Ill.* 7 N6
Cobequid Bay, *N.S.* 13 K16
Cobequid Mountains, *N.S.* 13 J16
Cobleskill, *N.Y.* 11 G15
Cobol, *Alas.* 14 P21
Cobourg, *Ont.* 6 L21
Cobre, *Nev.* 2 E15
Cobscook Bay, *Me.* 13 L9
Cobscook Bay ♣, *Me.* 13 L9
Coburg, *Oreg.* 1 K3
Coburn Gore, *Me.* 13 J2
Coburn Mountain, *Me.* 13 J3
Cocagne, *N.B.* 13 G14
Cocagne, river, *N.B.* 13 G14
Cocheco, river, *N.H.* 12 L12
Cochecton, *N.Y.* 11 J14
Cochetopa Hills, *Colo.* 3 K11
Cochise, *Ariz.* 3 U7
Cochise Head, peak, *Ariz.* 3 U7
Cochiti Indian Reservation, *N. Mex.* 3 P11
Cochituate, *Mass.* 12 R11
Cochran, *Ga.* 8 K13
Cochran, *Va.* 10 P16
Cochrane, *Wis.* 6 K2
Cochranton, *Pa.* 11 K5
Cockaigne ♪, *N.Y.* 11 H7
Cockaponset State Forest, *Conn.* 12 V6, W6
Cockburn Island, *Ont.* 6 G14
Cockedhat Mountain, *Alas.* 14 D14
Cockeysville, *Md.* 10 E20
Cockroach Cay, *Bahamas* 9 P21
Cocoa, *Fla.* 9 G15
Cocoa Beach, *Fla.* 9 H15
Cocodrie, *La.* 5 L20
Coconino National Forest, *Ariz.* 3 Q5
Coconino Plateau, *Ariz.* 3 P4
Coconut Grove, *Fla.* 9 N16
Coconut Island *see* Moku O Loe Island, *Hawaii* 15 (A)
Cocopah Indian Reservation, *Ariz.* 3 T1
Coculus Point, *St. Thomas* 9 (C) A2
Cod, Cape, *Mass.* 12 U15
Codell, *Kans.* 4 S6
Coden, *Ala.* 8 N6

Codorus ♣, *Pa.* 11 P11
Cody, *Ky.* 7 P18
Cody, *Nebr.* 4 M4
Cody, *Wyo.* 1 J18
Codys, *N.B.* 13 H12
Coeburn, *Va.* 10 P4
Coesse, *Ind.* 7 E14
Coeur d'Alene, *Idaho* 1 D10
Coeur d'Alene, river, *Idaho* 1 D10
Coeur d'Alene Indian Reservation, *Idaho* 1 E10
Coeur d'Alene Lake, *Idaho* 1 E10
Coeur d'Alene Mountains, *Mont.* 1 E11
Coeur d'Alene National Forest, *Idaho* 1 D10
Coeymans, *N.Y.* 11 G16
Coffee Creek, *Mont.* 1 E17
Coffeen, *Ill.* 7 K6
Coffeen Lake, *Ill.* 7 K6
Coffee Springs, *Ala.* 8 M9
Coffeeville, *Ala.* 8 L6
Coffeeville, *Miss.* 8 G4
Coffeyville, *Kans.* 4 V9
Cogdell, *Ga.* 8 M14
Coglar Buttes, *Oreg.* 1 M5
Cogswell, *N. Dak.* 4 H7
Cohagen, *Mont.* 1 E20
Cohasset, *Calif.* 2 H5
Cohasset, *Mass.* 12 R13
Cohasset Historic House, *Cohasset, Mass.* 12 R13
Cohasset Maritime Museum, *Cohasset, Mass.* 12 R13
Cohoctah, *Mich.* 6 N13
Cohocton, *N.Y.* 11 G10
Cohocton, river, *N.Y.* 11 H10
Cohoe, *Alas.* 14 L14
Cohoes, *N.Y.* 11 F17
Cohutta, *Ga.* 8 E11
Cohutta Wilderness, *Ga.* 8 F11
Coinjock, *N.C.* 8 C23
Coit Memorial Tower, *San Francisco* 2 (A) A5
Cokato, *Minn.* 4 J10
Cokedale, *Colo.* 3 M13
Coker, *Ala.* 8 H7
Cokeville, *Wyo.* 1 N16
Coki Bay, *St. Thomas* 9 (C) A2
Colbert, *Ga.* 8 G13
Colbert, *Okla.* 5 F14
Colborne, *Ont.* 6 K21
Colburn, *Idaho* 1 C10
Colburn Memorial Mineral Museum, *Asheville, N.C.* 8 D14
Colby, *Kans.* 4 S4
Colby, *Me.* 13 E7
Colby, *Wis.* 6 J4
Colby College ♪, *Me.* 13 M4
Colby College Museum of Art and Miller Library, *Me.* 13 M5
Colbyville, *Vt.* 12 F5
Colchester, *Conn.* 12 U7
Colchester, *Ill.* 7 F4
Colchester, *Ont.* 6 (B) F2
Colchester, *Vt.* 12 E4
Colcord, *W. Va.* 10 K7
Cold Bay, *Alas.* 14 Q8
Coldbrook, *N.B.* 13 K12
Coldbrook, *N.S.* 13 L15

Cold Brook, *N.Y.* 11 E14
Cold Brook ♣, *S. Dak.* 4 L2
Colden, *N.Y.* 11 G8
Coldfoot, *Alas.* 14 E15
Cold Hollow Mountains, *Vt.* 12 D6
Cold River Campground, *N.H.* 12 F12
Cold Spring, *Minn.* 4 J10
Coldspring, *Tex.* 5 K15
Cold Springs, *N.Y.* 11 K16
Cold Springs National Wildlife Refuge, *Oreg.* 1 G7
Cold Stream Pond, *Me.* 13 K7
Coldwater, *Kans.* 4 U5
Coldwater, *Mich.* 6 Q12
Coldwater, *Miss.* 8 F4
Coldwater, *Ohio* 7 F15
Coldwater, *Ont.* 6 J19
Coldwater, river, *Miss.* 8 F3
Coldwater Creek, *Tex.* 5 B8
Coldwater Lake, *Mich.* 6 Q11
Coldwell, *Ont.* 6 A10
Colebrook, *Conn.* 12 S4
Colebrook, *N.H.* 12 C10
Cole Camp, *Mo.* 4 T12
Cole County Historical Society Museum, *Jefferson City, Mo.* 4 T13
Coleen, river, *Alas.* 14 D18
Coleharbor, *N. Dak.* 4 F4
Cole Harbour, *N.S.* 13 M17
Coleman, *Fla.* 9 F12
Coleman, *Ga.* 8 L11
Coleman, *Mich.* 6 L12
Coleman, *P.E.I.* 13 F15
Coleman ♣, *N.H.* 12 C11
Coleman, *Tex.* 5 H11
Coleman, *Wis.* 6 J8
Coleman Falls, *Va.* 10 M13
Coleman's Crystal Mine, *Hot Springs, Ark.* 5 E18
Colerain, *N.C.* 8 C22
Coleraine, *Minn.* 4 G11
Coleridge, *Nebr.* 4 N8
Coles, *Miss.* 8 J2
Coles County Courthouse, *Charleston, Ill.* 7 J8
Coles Creek ♣, *N.Y.* 11 A14
Coles Island, *N.B.* 13 H12
Coles Point, *Va.* 10 J20
Colesville, *Md.* 10 F19
Coleta, *Ill.* 7 C6
Coleville, *Calif.* 2 K8
Colfax, *Calif.* 2 J6
Colfax, *Ill.* 7 F8
Colfax, *Ind.* 7 G11
Colfax, *Iowa* 4 P12
Colfax, *La.* 5 H18
Colfax, *Wash.* 1 F9
Colfax, *Wis.* 6 H3
Colfax, *W. Va.* 10 E11
Collbran, *Colo.* 3 J9
Colleen, *Va.* 10 L14
College, *Alas.* 14 G15
College Bridge, *N.B.* 13 H15
College City, *Calif.* 2 J4
College Corner, *Ohio* 7 J15
College Grove, *Tenn.* 8 D8
College of William and Mary, *Williamsburg, Va.* 10 M19
College Park, *Ga.* 8 H11
College Park, *Md.* 10 F19
College Place, *Wash.* 1 G8

Cordova, *N.C.* **8** E18
Cordova Bay, *Alas.* **14** R23
Corea, *Me.* **13** M8
Core Banks, *N.C.* **8** E23
Core Sound, *N.C.* **8** E23
Corey Peak, *Nev.* **2** K9
Corfu, *N.Y.* **11** F8
Corinna, *Me.* **13** L5
Corinne, *Utah* **3** F5
Corinth, *Ky.* **7** L15
Corinth, *Miss.* **8** E6
Corinth, *N. Dak.* **4** E2
Corinth, *N.Y.* **11** E16
Corinth, *W. Va.* **10** E12
Cork, *N.B.* **13** J10
Corkscrew Swamp
   Sanctuary, *Fla.* **9** M13
Cormorant Cays, *Bahamas* **9**
   P21
Cormorant Point, *Bahamas* **9**
   L19
Corn, *Okla.* **5** D11
Cornelia, *Ga.* **8** F13
Cornelius, *N.C.* **8** E16
Cornelius, *Oreg.* **1** G3
Cornell, *Ill.* **7** E8
Cornell, *Wis.* **6** H4
Cornell University, *Ithaca,*
   N.Y. **11** G12
Corning, *Ark.* **5** B20
Corning, *Calif.* **2** H4
Corning, *Iowa* **4** Q10
Corning, *N.Y.* **11** H11
Corning, *Ohio* **7** H20
Corning Glass Center,
   Corning, N.Y. **11** H11
Cornish, *Me.* **13** P2
Cornish Center, *N.H.*
   12 K7
Cornish Flat, *N.H.* **12** K7
Cornishtown *see* Cooper's
   Town, *Bahamas* **9** L21
Cornucopia, *Wis.* **6** E4
Cornville, *Ariz.* **3** Q5
Cornwall, *Conn.* **12** T3
Cornwall, *N.Y.* **11** K16
Cornwall, *Pa.* **11** N12
Cornwall, *P.E.I.* **13** G17
Cornwall, *Va.* **10** L13
Cornwall Bridge, *Conn.* **12**
   T3
Cornwall Furnace, *Cornwall,*
   Pa. **11** N12
Cornwallis Canadian Forces
   Base, *N.S.* **13** M13
Cornwall-on-Hudson, *N.Y.* **11**
   K16
Corona, *Ala.* **8** H7
Corona, *Calif.* **2** T11
Corona, *N. Mex.* **3** R12
Corona, *S. Dak.* **4** J8
Coronado, *Calif.* **2** W11
Coronado ▲, *N. Mex.* **3** Q11
Coronado National Forest,
   Ariz.-N. Mex. **3** T6, U6, U7,
   V5, V6, V8
Coronado National
   Memorial, *Ariz.* **3** V6
Corona Lake ⏍, *Mont.* **1** E12
Coronation Island, *Alas.* **14**
   Q22
Corozal, *P. R.* **9** (B) A3
Corozo, *P. R.* **9** (B) B1
Corpus Christi, *Tex.* **5** P12
Corpus Christi, Lake, *Tex.* **5**
   N12

Corpus Christi Bay, *Tex.* **5**
   P13
Corpus Christi Museum,
   Corpus Christi, Tex. **5** P12
Corpus Christi Naval Air
   Station, *Tex.* **5** P13
Corral, *Idaho* **1** L12
Corrales, *N. Mex.* **3** Q11
Correctionville, *Iowa* **4** N9
Corrigan, *Tex.* **5** J16
Corriganville, *Md.* **10** D14
Corrinne, *W. Va.* **10** M7
Corrumpa Creek, *N. Mex.* **3**
   M14
Corry, *Pa.* **11** J6
Corsica, *Pa.* **11** L7
Corsica, *S. Dak.* **4** M7
Corsicana, *Tex.* **5** H14
Corson's Inlet ⏍, *N.J.* **11** R15
Cortez, *Colo.* **3** M8
Cortez, *Nev.* **2** G12
Cortez Mountains, *Nev.* **2**
   G12
Cortina Valley ⏍, *N.Y.* **11**
   H16
Cortland, *Ill.* **7** C8
Cortland, *Ind.* **7** K13
Cortland, *Nebr.* **4** Q8
Cortland, *N.Y.* **11** G12
Cortland, *Ohio* **7** D22
Corunna, *Ind.* **7** D14
Corunna, *Mich.* **6** N13
Corunna, *Ont.* **6** N15
Corvallis, *Mont.* **1** G13
Corvallis, *Oreg.* **1** J3
Corwin, Cape, *Alas.* **14** K7
Cory, *Ind.* **7** J10
Corydon, *Ind.* **7** M12
Corydon, *Iowa* **4** Q11
Corydon, *Ky.* **7** N9
Corydon Capitol State
   Memorial, *Corydon, Ind.* **7**
   M12
Cosby, *Tenn.* **8** D13
Coshocton, *Ohio* **7** G20
Cosmic Cavern, *Berryville,*
   Ark. **5** B17
Cosmit Indian Reservation,
   Calif. **2** V12
Cosmopolis, *Wash.* **1** E3
Cosmos, *Minn.* **4** K10
Cosna, river, *Alas.* **14** G14
Coso Range, *Calif.* **2** P10
Cossatot, river, *Ark.* **5** E16
Cossayuna, *N.Y.* **11** E17
Costa, *W. Va.* **10** J6
Costa Mesa, *Calif.* **2** U10
Costigan, *Me.* **13** L6
Costilla, *N. Mex.* **3** M12
Cosumnes, river, *Calif.* **2** K6
Coteau, *N. Dak.* **4** E3
Cotile Lake and Recreation
   Area, *Alexandria, La.* **5**
   J18
Cotopaxi, *Colo.* **3** K12
Cottage Grove, *Oreg.* **1** K3
Cottage Grove, *Tenn.* **8** C6
Cottage Grove Lake, *Oreg.* **1**
   K3
Cottageville, *S.C.* **8** J17
Cottageville, *W. Va.* **10** G6
Cottam, *Ont.* **6** (B) E3
Cotter, *Ark.* **5** B18
Cottle, *W. Va.* **10** J9
Cottondale, *Ala.* **8** H7
Cottondale, *Fla.* **9** B6

Cottonlandia, *Greenwood,*
   Miss. **8** H3
Cotton Plant, *Ark.* **5** D19
Cottonport, *La.* **5** J19
Cotton Row Historic District,
   Memphis, Tenn. **8** E4
Cottonton, *Ala.* **8** K10
Cotton Valley, *La.* **5** G17
Cottonwood, *Ala.* **8** M10
Cottonwood, *Ariz.* **3** Q4
Cottonwood, *Calif.* **2** G4
Cottonwood, *Idaho* **1** G10
Cottonwood, *Minn.* **4** K9
Cottonwood, *S. Dak.* **4** L3
Cottonwood, *Tex.* **5** H11
Cottonwood Cove, *Nev.* **2**
   R15
Cottonwood Creek, *Mont.* **1**
   C19
Cottonwood Creek, *Tex.* **5**
   H6
Cottonwood Falls, *Kans.* **4**
   T8
Cottonwood Lake ⏍, *Nebr.* **4**
   M4
Cottonwood Mountains,
   Calif. **2** N11
Cottonwood Pass, *Calif.* **2**
   Q7
Cottonwood Pass, *Calif.* **2**
   U14
Cotuit, *Mass.* **12** U14
Cotulla, *Tex.* **5** N11
Couderay, *Wis.* **6** G3
Coudersport, *Pa.* **11** J9
Coudres, Île aux, *Que.* **13** D3
Cougar, *Wash.* **1** G4
Cougar Peak, *Oreg.* **1** M5
Cougar Reservoir, *Oreg.* **1**
   K4
Coulee, *N. Dak.* **4** E3
Coulee City, *Wash.* **1** D7
Coulee Dam, *Wash.* **1** D8
Coulee Dam National
   Recreation Area, *Wash.* **1**
   D9
Coulonge, river, *Que.* **6** F22
Coulterville, *Calif.* **2** M7
Coulterville, *Ill.* **7** M6
Counce, *Tenn.* **8** E6
Council, *N. Dak.* **4** E3
Council, *Alas.* **14** F10
Council, *Ga.* **8** N14
Council, *Idaho* **1** J10
Council Bluffs, *Iowa* **4** P9
Council Grounds ⏍, *Wis.* **6**
   H5
Council Grove, *Kans.* **4** T9
Council Mountain, *Idaho* **1**
   J10
Council Oak Shrine, *Council*
   Grove, Kans. **4** T8
Country Club Plaza, *Kansas*
   City, Mo. **4** S10
Country Doctor Museum,
   Bailey, N.C. **8** D20
Country Harbour, *N.S.* **13**
   K21
Country Harbour Mines, *N.S.*
   13 K20
Country Music Hall of Fame
   and Museum, *Nashville,*
   Tenn. **8** C8
Countyline, *Okla.* **5** E13
Coupeville, *Wash.* **1** C4
Courtenay, *N. Dak.* **4** G7
Courtland, *Ala.* **8** F8

Courtland, *Calif.* **2** L5
Courtland, *Kans.* **4** R7
Courtland, *Miss.* **8** F4
Courtland, *Va.* **10** P19
Court of Judge Roy Bean ▲,
   Tex. **5** L8
Courtright, *Ont.* **6** (B) B4
Coushatta, *La.* **5** H17
Cove, *Ark.* **5** E16
Cove, *Oreg.* **1** H9
Cove, *Tex.* **5** J12
Cove City, *N.C.* **8** E21
Cove Gap, *W. Va.* **10** K5
Cove Hot Springs, *Oreg.* **1**
   H9
Cove Island, *Ont.* **6** H16
Covel, *W. Va.* **10** M7
Cove Lake ⏍, *Tenn.* **8** C12
Covelo, *Calif.* **2** H3
Coventry, *Conn.* **12** T7
Coventry, *N.Y.* **11** H13
Coventry, *Vt.* **12** C7
Coventry (Washington), *R.I.*
   12 U10
Cove Palisades ⏍, *Oreg.* **1**
   J5
Cove Point, *Md.* **10** J20
Cove Point Lighthouse, *Md.*
   10 J20
Coverdale Crossroads, *Del.*
   10 G22
Covered Bridge
   Campground, *N.H.* **12** G11
Covered Wells (Maish Vaya),
   Ariz. **3** U4
Covert, *Mich.* **6** P10
Covesville, *Va.* **10** K14
Coville, Lake, *Alas.* **14** M12
Covington, *Ga.* **8** H12
Covington, *Ind.* **7** G10
Covington, *Ky.* **7** K15
Covington, *La.* **5** K21
Covington, *Mich.* **6** F7
Covington, *Ohio* **7** G15
Covington, *Okla.* **5** B12
Covington, *Pa.* **11** J11
Covington, *Tenn.* **8** D4
Covington, *Va.* **10** L11
Cowan, *Tenn.* **8** E9
Cowan Lake ⏍, *Ohio* **7** J16
Cowans Gap ⏍, *Pa.* **11** P9
Cowansville, *Pa.* **11** L6
Coward, *S.C.* **8** G18
Cowarts, *Ala.* **8** M10
Cowarts Creek, *Ala.* **8** M10
Cowboy Museum, *Ogallala,*
   Nebr. **4** P3
Cow Creek, *Mont.* **1** D18
Cow Creek, *Oreg.* **1** M2
Cowden, *Ill.* **7** J7
Cowdrey, *Colo.* **3** G11
Cowen, *W. Va.* **10** J9
Cowen, Mount, *Mont.* **1** H16
Coweta, *Okla.* **5** C15
Cowhorn Mountain, *Oreg.* **1**
   L4
Cow Lakes, *Oreg.* **1** L9
Cowley, *Wyo.* **1** J19
Cowley ⏍, *Kans.* **4** V8
Cowley County Historical
   Museum, *Winfield, Kans.* **4**
   V8
Cowlic, *Ariz.* **3** U4
Cowlington, *Okla.* **5** D16
Cowlitz, river, *Wash.* **1** F5
Cowpack Inlet, *Alas.* **14** E9

Cowpasture-Cross

Cowpasture, river, *Va.* 10 K12
Cowpens, *S.C.* 8 E15
Cowpens National Battlefield, *S.C.* 8 E15
Cowtown, *Wichita, Kans.* 4 U8
Coxcomb Mountains, *Calif.* 2 T14
Cox Mills, *W. Va.* 10 F9
Coxsackie, *N.Y.* 11 H17
Cox's Antique Car Museum, *Gatlinburg, Tenn.* 8 D13
Coy, *Ala.* 8 L7
Coyanosa Draw, *Tex.* 5 J7
Coy City, *Tex.* 5 M12
Coyle, *Okla.* 5 C13
Coyne Center, *Ill.* 7 D5
Coyote Creek ♣, *N. Mex.* 3 N13
Coyote Lake, *Calif.* 2 R12
Coyote Peak, *Ariz.* 3 T2
Cozad, *Nebr.* 4 Q5
Crabbe Mountain ⚡, *N.B.* 13 G10
Crab Cay, *Bahamas* 9 L19
Crab Creek, *Wash.* 1 E8
Crab Orchard, *Ill.* 7 N7
Crab Orchard, *Ky.* 7 P15
Crab Orchard, *Tenn.* 8 D11
Crab Orchard, *W. Va.* 10 L8
Crab Orchard Lake, *Ill.* 7 N7
Crab Orchard National Wildlife Refuge, *Ill.* 7 N7
Crabtree, *Oreg.* 1 J3
Crabtree, *Pa.* 11 N6
Craddockville, *Va.* 10 L22
Craftsbury, *Vt.* 12 D7
Craftsbury Common, *Vt.* 12 D7
Craftsman Center, *Barre, Vt.* 12 F7
Cragfont, *Gallatin, Tenn.* 8 C9
Craggy Gardens, *N.C.* 8 D14
Craig, *Alas.* 14 R23
Craig, *Colo.* 3 G10
Craig, *Mo.* 4 R10
Craig, *Mont.* 1 E15
Craig, *Nebr.* 4 P9
Craig Air Force Base, *Ala.* 8 K8
Craig Beach, *Ohio* 7 E21
Craig Creek, *Va.* 10 L11
Craighurst, *Ont.* 6 K19
Craig Lake ♣, *Mich.* 6 F7
Craigleith ♣, *Ont.* 6 K18
Craigmont, *Idaho* 1 G10
Craigmore, *N.S.* 13 H21
Craigsville, *Va.* 10 K13
Craigsville, *W. Va.* 10 J9
Craigville Beach, *Mass.* 12 U14
Crailo State Historic Site, *Albany, N.Y.* 11 G17
Cramer Park, *St. Croix* 9 (C) B3
Cramerton, *N.C.* 8 E16
Cranberry, *Pa.* 11 K6
Cranberry, river, *W. Va.* 10 J9
Cranberry Creek, *N.Y.* 11 F16
Cranberry Islands, *N.S.* 13 K22
Cranberry Isles, *Me.* 13 N7
Cranberry Lake, *N.Y.* 11 C15

Cranberry Lake Recreation Area, *N.Y.* 11 C15
Cranberry Mountain Visitors Center, *W. Va.* 10 J10
Cranberry Wilderness Study Area, *W. Va.* 10 J10
Cranbrook, *B.C.* 1 B11
Cranbrook, *Bloomfield Hills, Mich.* 6 P14
Crandall, *Tex.* 5 G14
Crandell, Mount, *Alta.* 1 (C) A2
Crandon, *Va.* 10 N8
Crandon, *Wis.* 6 H7
Crandon Park, *Key Biscayne, Fla.* 9 P16
Crane, *Ind.* 7 K11
Crane, *Mo.* 4 V12
Crane, *Mont.* 1 D23
Crane, *Oreg.* 1 L8
Crane, *Tex.* 5 J8
Crane Creek ♣, *Ohio* 7 C18
Crane Creek Reservoir, *Idaho* 1 K10
Crane Hill, *Ala.* 8 G8
Crane Lake, *Minn.* 4 E12
Crane Mountain, *Oreg.* 1 N6
Crane Museum, *Dalton, Mass.* 12 Q4
Crane Prairie Reservoir, *Oreg.* 1 K4
Crane's Beach, *Mass.* 12 P13
Cranes Nest, *Va.* 10 N4
Cranesville, *Pa.* 11 J5
Cranfills Gap, *Tex.* 5 H12
Cranston, *R.I.* 12 T11
Crapaud, *P.E.I.* 13 G17
Crapo Park Arboretum, *Burlington, Iowa* 4 Q14
Crary, *N. Dak.* 4 F7
Craryville, *N.Y.* 11 H17
Crater, *Hawaii* 15 G16
Crater Lake, *Alas.* 14 N12
Crater Lake, *Oreg.* 1 L4
Crater Lake National Park, *Oreg.* 1 L4
Crater Mountain, *Alas.* 14 J12
Crater Mountain, *Calif.* 2 F6
Crater of Diamonds ♣, *Ark.* 5 E17
Crater Peak, *Calif.* 2 F5
Craters, Chain of, *Hawaii* 15 P22
Craters of the Moon National Monument, *Idaho* 1 L13
Cravens House, *Chattanooga, Tenn.* 8 E11
Crawfish, river, *Wis.* 6 M6
Crawford, *Colo.* 3 K10
Crawford, *Ga.* 8 G13
Crawford, *Miss.* 8 H6
Crawford, *Nebr.* 4 M2
Crawford ♣, *Kans.* 4 U10
Crawford Cave ♣, *Wash.* 1 B9
Crawford Lake, *Me.* 13 L8
Crawford Notch, *N.H.* 12 G10
Crawford Notch ♣, *N.H.* 12 G11
Crawford Reservoir ♣, *Colo.* 3 K10
Crawfordsville, *Ark.* 5 D20
Crawfordsville, *Ind.* 7 G10
Crawfordville, *Fla.* 9 C7

Crawfordville, *Ga.* 8 H14
Crawford W. Long Medical Museum, *Jefferson, Ga.* 8 G13
Crawley, *W. Va.* 10 K9
Crazy Horse Memorial, *S. Dak.* 4 L2
Crazy Horse Museum, *Crawford, Nebr.* 4 M2
Crazy Mountains, *Alas.* 14 F17
Crazy Mountains, *Mont.* 1 G17
Crazy Peak, *Mont.* 1 G17
Crazy Woman Creek, *Wyo.* 1 J21
Creal Springs, *Ill.* 7 N7
Credit, river, *Ont.* 6 M19
Creede, *Colo.* 3 L10
Creedman Coulee National Wildlife Refuge, *Mont.* 1 B17
Creedmoor, *N.C.* 8 C19
Creek Indian Museum, *Okmulgee, Okla.* 5 C14
Creekmore Park, *Fort Smith, Ark.* 5 D16
Creekside, *Pa.* 11 M7
Creighton, *Nebr.* 4 N7
Creignish, *N.S.* 13 H21
Crenshaw, *Miss.* 8 F4
Crenshaw, *Pa.* 11 K8
Creola, *Ala.* 8 M6
Creole Nature Trail, *Lake Charles, La.* 5 K18
Cresaptown, *Md.* 10 D14
Cresbard, *S. Dak.* 4 J6
Crescent, *Ga.* 8 L16
Crescent, *Okla.* 5 C13
Crescent, *Oreg.* 1 L4
Crescent, Lake, *Wash.* 1 C3
Crescent Beach ♣, *Me.* 13 Q3
Crescent City, *Calif.* 2 D1
Crescent City, *Fla.* 9 E13
Crescent City, *Ill.* 7 F9
Crescent Junction, *Utah* 3 J7
Crescent Lake, *Fla.* 9 E13
Crescent Lake, *Oreg.* 1 L4
Crescent Lake National Wildlife Refuge, *Nebr.* 4 P3
Crescent Mills, *Calif.* 2 G6
Crescent Peak, *Nev.* 2 R14
Crescent Valley, *Nev.* 2 G12
Cresco, *Iowa* 4 L13
Cresco, *Pa.* 11 L14
Cresson, *Pa.* 11 M8
Cresson, *Tex.* 5 G12
Crested Butte, *Colo.* 3 J10
Crest Hill, *Ill.* 7 D9
Crestline, *Calif.* 2 T11
Crestline, *Ohio* 7 E18
Creston, *B.C.* 1 B10
Creston, *Calif.* 2 R6
Creston, *Ill.* 7 C7
Creston, *Iowa* 4 Q11
Creston, *W. Va.* 10 G7
Creston, *Wyo.* 1 N20
Crestone, *Colo.* 3 L12
Crestone Peak, *Colo.* 3 L12
Crestview, *Fla.* 9 B4
Crestview, *Hawaii* 15 (A)
Creswell, *N.C.* 8 C23
Creswell, *Oreg.* 1 K3
Crete, *Nebr.* 4 Q8

Creve Coeur, *Ill.* 7 F6
Crewe, *Va.* 10 N16
Cridersville, *Ohio* 7 F16
Criglersville, *Va.* 10 H15
Crillon, Mount, *Alas.* 14 N20
Crimora, *Va.* 10 J14
Cripple Creek, *Colo.* 3 K12
Cripple Creek District Museum, *Cripple Creek, Colo.* 3 K12
Cripple Landing, *Alas.* 14 H12
Crisfield, *Md.* 10 K22
Crishy Swash, *Bahamas* 9 L19
Crisson's Gold Mine, *Dahlonega, Ga.* 8 F12
Cristo Rey, *N. Mex.* 3 V11
Cristo Rey, Sierra del, *Tex.* 5 G4
Cristo Rey Church, *Santa Fe, N. Mex.* 3 P12
Crittenden, *Ky.* 7 K15
Crittenden, *N.Y.* 11 F8
Critz, *Va.* 10 Q10
Crivitz, *Wis.* 6 H8
Croatan National Forest, *N.C.* 8 E22
Crocheron, *Md.* 10 J21
Crockett, *Tex.* 5 J15
Crockett, *Va.* 10 P8
Crocodile Lake National Wildlife Refuge, *Fla.* 9 P16
Croft ♣, *S.C.* 8 F15
Crofton, *Ky.* 7 Q10
Crofton, *Nebr.* 4 M7
Croghan, *N.Y.* 11 D14
Croix, Lac à la, *Que.* 13 A9
Cromberg, *Calif.* 2 H6
Cromwell, *Conn.* 12 U6
Cromwell, *Ind.* 7 D13
Cromwell, *Ky.* 7 P11
Crook, *Colo.* 3 F15
Crooked, river, *Oreg.* 1 K6
Crooked Creek, *Alas.* 14 G18
Crooked Creek, *Alas.* 14 J11
Crooked Creek, *Kans.* 4 V4
Crooked Creek, *Mont.* 1 E18
Crooked Creek, *Oreg.* 1 M9
Crooked Creek ♣, *Pa.* 11 M6
Crooked Island, *Alas.* 14 M9
Crooked Island, *Fla.* 9 D5
Crooked Lake, *Fla.* 9 J13
Crooked River ♣, *Ga.* 8 M16
Crooked River National Grassland, *Oreg.* 1 J5
Crookston, *Minn.* 4 F8
Crookston, *Nebr.* 4 M4
Crooksville, *Ohio* 7 H19
Cropper, *Ky.* 7 M14
Cropsey, *Ill.* 7 F8
Crosby, *Md.* 10 F21
Crosby, *Minn.* 4 H11
Crosby, *Miss.* 8 L2
Crosby, *N. Dak.* 4 D2
Crosby, *Ont.* 6 J24
Crosby, *Pa.* 11 J8
Crosbyton, *Tex.* 5 L15
Crosbyton, *Tex.* 5 F9
Cross Cays, *Bahamas* 9 L20
Cross City, *Fla.* 9 D10
Cross Creek, *N.B.* 13 G10
Cross Creeks National Wildlife Refuge, *Tenn.* 8 C7

Crossett, *Ark.* **5** F19
Cross Fork, *Pa.* **11** K9
Cross Harbor Point, *Bahamas* **9** N22
Cross Hill, *S.C.* **8** G15
Crossing Rocks, *Bahamas* **9** M22
Crossing Rocks Bay, *Bahamas* **9** M22
Cross Island, *Alas.* **14** B16
Cross Island, *Me.* **13** M9
Cross Island, *N.S.* **13** N15
Cross Island National Wildlife Refuge, *Me.* **13** M9
Cross Lake, *Me.* **13** E7
Cross Lake, *N.Y.* **11** F12
Cross Lake, *Shreveport, La.* **5** G17
Cross Lanes, *W. Va.* **10** H6
Crossman Peak, *Ariz.* **3** Q2
Cross Plains, *Ind.* **7** K14
Cross Plains, *Tex.* **5** H11
Cross River, *N.Y.* **11** K17
Cross Roads, *Ala.* **8** F9
Cross Roads Country Harbour, *N.S.* **13** K20
Cross Seamount, *N. Pac. Oc.* **15** Q10
Cross Sound, *Alas.* **14** N20
Cross Timbers, *Mo.* **4** T12
Cross Village, *Mich.* **6** H11
Crossville, *Ala.* **8** G9
Crossville, *Ill.* **7** M9
Crossville, *Tenn.* **8** D11
Crosswind Lake, *Alas.* **14** J16
Croswell, *Mich.* **6** M15
Crotched Mountain ⚓, *N.H.* **12** M9
Crothersville, *Ind.* **7** K13
Croton Creek, *Tex.* **5** F9
Croton Falls, *N.Y.* **11** K17
Croton-on-Hudson, *N.Y.* **11** L17
Crouch, *Idaho* **1** K11
Crouseville, *Me.* **13** F7
Crow, river, *Minn.* **4** J11
Crow Agency, *Mont.* **1** G19
Crowbush ⚓, *P.E.I.* **13** F18
Crow Butte ⚓, *Wash.* **1** G7
Crow Creek, *Colo.* **3** F13
Crow Creek, *S. Dak.* **4** L6
Crow Creek Indian Reservation, *S. Dak.* **4** L6
Crowder, *Miss.* **8** G3
Crowder, *Okla.* **5** D14
Crowder ⚓, *Mo.* **4** R11
Crowell, *Tex.* **5** E10
Crow Flies High ⚓, *N. Dak.* **4** E3
Crowheart, *Wyo.* **1** L18
Crow Indian Reservation, *Mont.* **1** H19
Crowley, *Colo.* **3** K14
Crowley, *La.* **5** K18
Crowley, Lake, *Calif.* **2** M9
Crowleys Ridge, *Ark.* **5** C20
Crowleys Ridge ⚓, *Ark.* **5** C19
Crown City, *Ohio* **7** L19
Crown Haven, *Bahamas* **9** K21
Crown King, *Ariz.* **3** R4
Crown Mountain, *St. Thomas* **9** (C) A1
Crown Point, *Ind.* **7** D10

Crownpoint, *N. Mex.* **3** P9
Crown Point, *N.Y.* **11** D17
Crown Point Reservation ▲, *N.Y.* **11** C17
Crow Peak, *Mont.* **1** G15
Crows Landing, *Calif.* **2** M5
Crow Village, *Alas.* **14** J10
Crow Wing ⚓, *Minn.* **4** H10
Crow Wing, river, *Minn.* **4** H10
Crow Wing State Forest, *Minn.* **4** G11
Croydon, *N.H.* **12** K8
Crozet, *Va.* **10** K14
Crozier, *Va.* **10** L17
Crucible, *Pa.* **11** P5
Cruger, *Miss.* **8** H3
Crum, *W. Va.* **10** K4
Crump, *Tenn.* **8** E6
Crump Lake, *Oreg.* **1** N6
Crumpler, *W. Va.* **10** M7
Crumpton, *Md.* **10** F22
Cruz Bay, *St. John* **9** (C) A2
Crystal, *Me.* **13** H7
Crystal, *N. Dak.* **4** E7
Crystal, *N.H.* **12** D11
Crystal Bay, *Fla.* **9** F11
Crystal Beach, *Ont.* **6** (C) C2
Crystal Beach Park, *Woodward, Okla.* **5** B11
Crystal Cave, *Pa.* **11** M13
Crystal Cave, *Put-in-Bay, Ohio* **7** C18
Crystal Cave, *Wis.* **6** J2
Crystal City, *Mo.* **4** T15
Crystal City, *Tex.* **5** M10
Crystal Falls, *Mich.* **6** G7
Crystal Grottoes, *Boonsboro, Md.* **10** E17
Crystal Hill, *Va.* **10** P14
Crystal Ice Cave, *Idaho* **1** M13
Crystal Lake, *Conn.* **12** T7
Crystal Lake, *Ill.* **7** B8
Crystal Lake, *Mich.* **6** J10
Crystal Lake, *Mich.* **6** M12
Crystal Lake ⚓, *Nebr.* **4** Q6
Crystal Lake ⚓, *Vt.* **12** D7
Crystal Lake Cave, *Iowa* **4** N14
Crystal Lakes, *Ohio* **7** H16
Crystal Mountain ⚓, *Wash.* **1** E5
Crystal Onyx Cave, *Ky.* **7** Q13
Crystal Palace Saloon, *Tombstone, Ariz.* **3** V6
Crystal River, *Fla.* **9** F11
Crystal River ▲, *Fla.* **9** F11
Crystal Springs, *Miss.* **8** K3
Cuba, *Ala.* **8** K6
Cuba, *Ill.* **7** F5
Cuba, *Kans.* **4** R7
Cuba, *Miss.* **8** K6
Cuba, *Mo.* **4** T14
Cuba, *N. Mex.* **3** P10
Cuba, *N.Y.* **11** H9
Cuba City, *Wis.* **6** N4
Cub Run, *Ky.* **7** P12
Cucamonga Wilderness, *Calif.* **2** T11
Cuchara, *Colo.* **3** L12
Cucharas Reservoir, *Colo.* **3** L13
Cucumber, *W. Va.* **10** M6
Cudahy, *Wis.* **6** N8

Cuddeback Lake, *Calif.* **2** R11
Cuddebackville, *N.Y.* **11** K15
Cudjoe Key, *Fla.* **9** R13
Cuero, *Tex.* **5** M13
Cuervo, *N. Mex.* **3** Q13
Cuivre, river, *Mo.* **4** S14
Cuivre River ⚓, *Mo.* **4** S14
Culbertson, *Mont.* **1** C22
Culbertson, *Nebr.* **4** Q4
Culbertson Mansion, *New Albany, Ind.* **7** M13
Culdesac, *Idaho* **1** G10
Culebra, *P. R.* **9** (B) A5
Culebra, island, *P. R.* **9** (B) A5
Culebra National Wildlife Refuge, *P. R.* **9** (B) A5
Culebra Peak, *Colo.* **3** M12
Culebra Range, *Colo.* **3** M12
Cullen, *W. Va.* **10** M7
Culleoka, *Tenn.* **8** D8
Cullison, *Kans.* **4** U6
Cullman, *Ala.* **8** G8
Culloden, *Ga.* **8** J12
Culloden, *W. Va.* **10** H5
Cullom, *Ill.* **7** E8
Cullomburg, *Ala.* **8** L6
Cullowhee, *N.C.* **8** E13
Culp Creek, *Oreg.* **1** K3
Culpeper, *Va.* **10** H16
Culross Island, *Alas.* **14** L15
Cultural Center, *Charleston, W. Va.* **10** J7
Cultural Center for the Arts, *Canton, Ohio* **7** E21
Culver, *Ind.* **7** D12
Culver, *Oreg.* **1** J5
Cumberland, *Ky.* **7** Q18
Cumberland, *Md.* **10** D14
Cumberland, *Ohio* **7** H20
Cumberland, *Va.* **10** M15
Cumberland, *Wis.* **6** G2
Cumberland, river, *Ky.-Tenn.* **7** Q17; **8** C8
Cumberland, Lake, *Ky.* **7** Q14
Cumberland Basin, *N.B.-N.S.* **13** J15
Cumberland Bay, *N.B.* **13** H12
Cumberland Bay ⚓, *N.Y.* **11** B17
Cumberland Caverns, *Tenn.* **8** D10
Cumberland Center, *Me.* **13** P3
Cumberland City, *Tenn.* **8** C7
Cumberland County Playhouse, *Crossville, Tenn.* **8** D11
Cumberland Falls ⚓, *Ky.* **7** Q16
Cumberland Furnace, *Tenn.* **8** C8
Cumberland Gap National Historical Park, *U. S.* **7** R17; **8** C13; **10** P1
Cumberland Gap, *Tenn.* **8** C13
Cumberland Hill, *R.I.* **12** S11
Cumberland Island, *Ga.* **8** M16
Cumberland Island National Seashore, *Ga.* **8** N16
Cumberland Mountain ⚓, *Tenn.* **8** D11

Cumberland Mountains, *Ky.-Va.* **7** R17; **10** P1
Cumberland Museum and Science Center, *Nashville, Tenn.* **8** C8
Cumberland Parkway, *Ky.* **7** Q13
Cumberland Plateau, *U. S.* **7** Q16; **8** E10
Cumberland Point, *Mich.* **6** C6
Cumberland State Forest, *Va.* **10** M16
Cumbres and Toltec Scenic Railroad, *Chama, N. Mex.* **3** M11
Cumbres Pass, *Colo.* **3** M11
Cumby, *Tex.* **5** G15
Cummer Gallery of Art, *Jacksonville, Fla.* **9** C13
Cumming, *Ga.* **8** G12
Cummings, *Calif.* **2** H2
Cummington, *Mass.* **12** Q5
Cummins Peak, *Oreg.* **1** J2
Cunard, *W. Va.* **10** K8
Cuney, *Tex.* **5** H15
Cunningham, *Kans.* **4** U6
Cunningham, *Ky.* **7** Q7
Cunningham, *Tex.* **5** F15
Cunningham, *Wash.* **1** F8
Cunningham Cabin, *Wyo.* **1** (B) F3
Cunningham Falls ⚓, *Md.* **10** D18
Cunningham Mountain, *Ariz.* **3** S2
Cupola House, *Edenton, N.C.* **8** C22
Cupola Mountain, *Tex.* **5** L7
Cuprum, *Idaho* **1** H10
Cupsuptic Lake, *Me.* **13** K2
Curdsville, *Ky.* **7** N10
Curecanti National Recreation Area, *Colo.* **3** K10
Curlee House, *Corinth, Miss.* **8** E6
Curlew, *Wash.* **1** C8
Curlew Lake, *Alas.* **14** H9
Curlew Lake ⚓, *Wash.* **1** C8
Curlew National Grassland, *Idaho* **1** N14
Curran, *Ill.* **7** H6
Currant, *Nev.* **2** K14
Currant Mountain, *Nev.* **2** J14
Current, *Bahamas* **9** P23
Current, river, *Mo.* **4** V14
Current Island, *Bahamas* **9** P23
Current Island Settlement, *Bahamas* **9** P23
Currie, *Minn.* **4** L9
Currie, *Nev.* **2** G15
Currier and Ives Antiques Gallery, *York, Pa.* **11** P11
Currier Gallery of Art, *Manchester, N.H.* **12** M10
Currituck, *N.C.* **8** B23
Currituck Sound, *N.C.* **8** C23
Curry, *Alas.* **14** J15
Curtin, *Oreg.* **1** K3
Curtin, *W. Va.* **10** H10
Curtin Village, *Pa.* **11** L9
Curtis, *Nebr.* **4** Q4
Curwensville, *Pa.* **11** L8
Curwensville ⚓, *N.Y.* **11** L8

Cushing, *Okla.* **5** C13
Cushing, *Tex.* **5** H16
Cushing ▲, *Wis.* **6** M7
Cushing House,
 Newburyport, Mass. **12**
 N13
Cushman, *Ark.* **5** C19
Cushman, *Mass.* **12** Q7
Cushman, *Mont.* **1** G18
Cushman, Lake, *Wash.* **1** D3
Cushman Dams, *Wash.* **1** (A)
 F2
Cusick, *Wash.* **1** C9
Cusseta, *Ga.* **8** K11
Custer, *Mich.* **6** L10
Custer, *Mont.* **1** G19
Custer, *S. Dak.* **4** L2
Custer, *Wash.* **1** B4
Custer ▲, *Ohio* **7** F21
Custer ♣, *S. Dak.* **4** L2
Custer Battlefield National
 Monument, *Mont.* **1** G20
Custer City, *Okla.* **5** C11
Custer City, *Pa.* **11** J8
Custer City, *Tex.* **5** C11
Custer Museum, *Idaho*
 1 J12
Custer National Forest,
 Mont.-S. Dak. **1** G21;
 4 H2
Cut Bank, *Mont.* **1** C15
Cut Bank ♣, *Mont.* **1** (C) C4
Cut Bank, ranger station,
 Mont. **1** C4
Cut Bank Creek, *Mont.* **1**
 C14
Cut Bank Pass, *Mont.* **1** (C)
 C4
Cutchogue, *N.Y.* **11** L19
Cuthbert, *Ga.* **8** L11
Cutler, *Calif.* **2** P8
Cutler, *Ill.* **7** M6
Cutler, *Me.* **13** M9
Cutler, river, *Alas.* **14** D12
Cutler Ridge, *Fla.* **9** P16
Cut Off, *La.* **5** L21
Cuttingsville, *Vt.* **12** K5
Cuttyhunk, *Mass.* **12** V12
Cuttyhunk Island, *Mass.* **12**
 V12
Cuyahoga Falls, *Ohio* **7** D21
Cuyahoga Valley National
 Recreation Area, *Ohio* **7**
 D21
Cuyama, *Calif.* **2** S8
Cuyama, river, *Calif.* **2** R7
Cuyamaca Rancho ♣, *Calif.*
 2 V12
Cuyapaipe Indian
 Reservation, *Calif.* **2** V13
C. W. McConaughy, Lake,
 Nebr. **4** P3
Cyclone, *Pa.* **11** J8
Cyclone, *W. Va.* **10** L6
Cyclorama Center,
 Gettysburg N.M.P., Pa. **11**
 P10
Cyclorama of the Cherokee
 Indian, *Cherokee, N.C.* **8**
 E13
Cygnet, *Ohio* **7** D16
Cynthiana, *Ind.* **7** M9
Cynthiana, *Ky.* **7** L16
Cypress, *Ill.* **7** P7
Cypress Gardens, *Fla.* **9** H13
Cypress Gardens, *S.C.* **8** J18

Cypress Island, *Wash.* **1** (A)
 C3
Cypress Knee Museum, *Fla.*
 9 L14
Cypress Lake, *Fla.* **9** H14
Cypress Quarters, *Fla.* **9** K15
Cypress Swamp, *Del.* **10**
 H23
Cyprus Lake ♣, *Ont.* **6** H16
Cyril, *Okla.* **5** D12
Cyril E. King Airport, *St.
 Thomas* **9** (C) A1
Cyrus, *Minn.* **4** J9
Cyrus McCormick Reaper
 Museum (Walnut Grove),
 Va. **10** K14
Czar, *W. Va.* **10** G10

D

Dacoma, *Okla.* **5** B12
Dacre, *Ont.* **6** H23
Dacula, *Ga.* **8** G12
Dade Battlefield ▲, *Fla.* **9**
 G12
Dade City, *Fla.* **9** G12
Dadeville, *Ala.* **8** J10
Dafter, *Mich.* **6** (A) A2
Daggett, *Calif.* **2** S12
Daggett, *Mich.* **6** H8
Daggett House, *Pawtucket,
 R.I.* **12** T11
Dagmar, *Mont.* **1** C22
Dagsboro, *Del.* **10** H23
Dagus Mines, *Pa.* **11** K8
Dahl, *Alas.* **14** F9
Dahlgren, *Ill.* **7** M8
Dahlgren, *Va.* **10** J19
Dahlonega, *Ga.* **8** F12
Dahlonega Courthouse Gold
 Museum, *Ga.* **8** F12
Daigle, *Me.* **13** D7
Dailey, *W. Va.* **10** G11
Daingerfield, *Tex.* **5** G16
Dairy, *Oreg.* **1** N4
Dairyland, *Wis.* **6** F2
Dairyland Reservoir, *Wis.* **6**
 G3
Daisetta, *Tex.* **5** K16
Daisy, *Wash.* **1** C9
Daisy ♣, *Ark.* **5** E17
Dakota, *Ill.* **7** B6
Dakota City, *Iowa* **4** M10
Dakota City, *Nebr.* **4** N8
Dale, *Ill.* **7** M8
Dale, *Ind.* **7** M11
Dale, *Oreg.* **1** H7
Dale, *Tex.* **5** L13
Dale, *Wis.* **6** K7
Dale City, *Va.* **10** H18
Dale Hollow Lake, *Tenn.* **8**
 C11
Dale Hollow Lake ♣, *Ky.* **7**
 R14
Daleville, *Ala.* **8** M10
Daleville, *Ind.* **7** G13
Daleville, *Miss.* **8** J6
Dalhart, *Tex.* **5** C8
Dalhousie, *N.B.* **13** B11
Dalhousie West, *N.S.* **13**
 M13
Dallas, *Ga.* **8** G11
Dallas, *N.C.* **8** E16
Dallas, *Oreg.* **1** H3
Dallas, *Pa.* **11** K13

Dallas, *S. Dak.* **4** M5
Dallas, *Tex.* **5** G14
Dallas, *Wis.* **6** H3
Dallas, *W. Va.* **10** C10
Dallas City, *Ill.* **7** F3
Dallas County Forest Park,
 Perry, Iowa **4** P11
Dallas Naval Air Station, *Tex.*
 5 G13
Dallas Theater Center,
 Dallas, Tex. **5** G14
Dallastown, *Pa.* **11** P12
Dallas Zoo, *Dallas, Tex.* G14
Dall Island, *Alas.* **14** R23
Dall Lake, *Alas.* **14** K8
Dall Mountain, *Alas.* **14** F15
Dalmatia, *Pa.* **11** M11
Dalnoi Point, *Alas.* **14** N4
Dalton, *Ga.* **8** F11
Dalton, *Mass.* **12** Q4
Dalton, *Nebr.* **4** P2
Dalton, *N.H.* **12** E10
Dalton, *N.Y.* **11** G9
Dalton, *Wis.* **6** J6
Dalton City, *Ill.* **7** H7
Dalton Gang Hideout,
 Meade, Kans. **4** U4
Dalton Gardens, *Idaho* **1** E10
Dalton Highway, *Alas.* **14**
 C15
Dalton Museum, *Coffeyville,
 Kans.* **4** V9
Dalvay Beach, *P.E.I.* **13** F18
Daly City, *Calif.* **2** M3
Dalzell, *S.C.* **8** G17
Damar, *Kans.* **4** S5
Damariscotta, *Me.* **13** N5
Damariscotta Lake, *Me.* **13**
 N4
Damariscotta Lake ♣, *Me.* **13**
 N4
Damascus, *Ga.* **8** M11
Damascus, *Md.* **10** E18
Damascus, *N.Y.* **11** H13
Damascus, *Pa.* **11** J14
Damascus, *Va.* **10** Q6
Dames Quarter, *Md.* **10** J22
Damon, *Tex.* **5** M15
Damon House,
 Northampton, Mass. **12**
 R6
Damon Memorial Historical
 Museum, *Soldotna, Alas.*
 14 L14
Dan, river, *N.C.-Va.* **8** C18;
 10 Q13
Dana, Mount, *Alas.* **14** Q8
Dana, Mount, *Calif.* **2** L8
Dana House, *Woodstock, Vt.*
 12 J6
Dana Point, *Calif.* **2** U10
Danbury, *Conn.* **12** V3
Danbury, *N.C.* **8** C17
Danbury, *Nebr.* **4** R5
Danbury, *N.H.* **12** K9
Danbury, *Tex.* **5** M15
Danbury, *Wis.* **6** F2
Danbury Scott-Fanton
 Museum and Historical
 Society, *Danbury, Conn.*
 12 V3
Danby, *Vt.* **12** L5
Danby Lake, *Calif.* **2** T15
Dandridge, *Tenn.* **8** D13
Danese, *W. Va.* **10** K8
Danforth, *Ill.* **7** E9

Danforth, *Me.* **13** J8
Danforth Hills, *Colo.* **3** G9
Danger Cave ▲, *Utah* **3** G2
Dangerous Cape, *Alas.* **14**
 P13
Dania, *Fla.* **9** N16
Daniel, *Wyo.* **1** M17
Daniel Boone Cave,
 Nicholasville, Ky. **7** N15
Daniel Boone Home, *Mo.* **4**
 T14
Daniel Boone Homestead,
 Reading, Pa. **11** N13
Daniel Boone National
 Forest, *Ky.* **7** M17
Daniel Boone Native
 Gardens, *Boone, N.C.* **8**
 C15
Daniel Boone Parkway, *Ky.* **7**
 P17
Daniel Boone's Grave,
 Frankfort, Ky. **7** M15
Danielson, *Conn.* **12** T9
Danielsville, *Ga.* **8** G13
Danieltown, *Va.* **10** P16
Daniel Webster Birthplace,
 Franklin, N.H. **12** K9
Danish Mill, *Kenmare,
 N. Dak.* **4** E4
Danish Museum, *New
 Denmark, N.B.* **13** E9
Dannebrog, *Nebr.* **4** P6
Dannemora, *N.Y.* **11** B17
Dans Mountain, *Md.* **10** E14
Dans Mountain ♣, *Md.* **10**
 E14
Dansville, *N.Y.* **11** G9
Dante, *Va.* **10** N5
Danvers, *Ill.* **7** F7
Danvers, *Mass.* **12** P12
Danvers, *Mont.* **1** E17
Danville, *Ala.* **8** F8
Danville, *Ark.* **5** D17
Danville, *Ga.* **8** J13
Danville, *Ill.* **7** G10
Danville, *Ind.* **7** H11
Danville, *Ky.* **7** N15
Danville, *Mo.* **4** S13
Danville, *N.H.* **12** N12
Danville, *Ohio* **7** F19
Danville, *Pa.* **11** L11
Danville, *Va.* **10** Q13
Danville, *Vt.* **12** E8
Danville, *W. Va.* **10** K6
Danville Museum of Fine
 Arts, *Danville, Va.* **10** Q12
Daphne, *Ala.* **8** N7
DAR ♣, *Vt.* **12** G3
D'Arbonne ♣, *La.* **5** G18
D'Arbonne, Bayou, *La.* **5** G18
D'Arbonne National Wildlife
 Refuge, *La.* **5** G18
Darby, *Mont.* **1** G12
Darby, Cape, *Alas.* **14** G10
Darbydale, *Ohio* **7** H17
Darby Mountains, *Alas.* **14**
 F10
Dardanelle, *Ark.* **5** D17
Dardanelle, *Calif.* **2** K8
Dardanelle, Lake, *Ark.* **5** D17
Darden, *Tenn.* **8** D6
Dard Hunter Paper Museum,
 Appleton, Wis. **6** K7
Dargan, *Md.* **10** E17
Darien, *Conn.* **12** X3
Darien, *Ga.* **8** M16

Darien Center, *N.Y.* **11** F8
Darien Lakes ⚓, *N.Y.* **11** F8
Dark Canyon Primitive Area, *Utah* **3** L7
Darling, *Miss.* **8** F4
Darling, Lake, *N. Dak.* **4** E4
Darlington, *Idaho* **1** K13
Darlington, *Ind.* **7** G11
Darlington, *Md.* **10** D20
Darlington, *S.C.* **8** G18
Darlington, *Wis.* **6** N4
Darlington ⚓, *Ont.* **6** L20
Darmstadt, *Ill.* **7** M6
Darmstadt, *Ind.* **7** M10
Darnley Bay, *N.W.T.* **14** B23
Darrington, *Wash.* **1** C5
Darrouzett, *Tex.* **5** B10
Dartmouth, *Mass.* **12** U12
Dartmouth, *N.S.* **13** M17
Dartmouth College, *Hanover, N.H.* **12** J7
Dartmouth Heritage Museum, *Dartmouth, N.S.* **13** M17
Dartmouth Skiway ⚡, *N.H.* **12** J8
Darvills, *Va.* **10** N17
Darwin, *Calif.* **2** P11
Darwin, Mount, *Calif.* **2** N9
Dasher, *Ga.* **8** N13
Dash Point ⚓, *Wash.* **1** (A) G3
Dassel, *Minn.* **4** J10
Dateland, *Ariz.* **3** T3
Datheekook Point, *Alas.* **14** K6
Datil, *N. Mex.* **3** R9
Daufuskie Island, *S.C.* **8** K17
Daughters of the American Revolution State Forest, *Mass.* **12** Q5
Daughters of Utah Pioneers Museum, *Salt Lake City, Utah* **3** G4
Dauphin, *Man.* **4** B5
Dauphin, Lake, *Man.* **4** B6
Dauphin Island, *Ala.* **8** P6
Davenport, *Calif.* **2** N4
Davenport, *Fla.* **9** H13
Davenport, *Iowa* **4** P14
Davenport, *N. Dak.* **4** G8
Davenport, *Nebr.* **4** R7
Davenport, *N.Y.* **11** G15
Davenport, *Okla.* **5** C14
Davenport, *Va.* **10** N5
Davenport, *Wash.* **1** D8
Davenport House, *Savannah, Ga.* **8** K16
David, *Ky.* **7** N18
David Bradford House, *Washington, Pa.* **11** N4
David City, *Nebr.* **4** P8
David Crockett ⚓, *Tenn.* **8** E8
David Judson House, *Stratford, Conn.* **12** W4
David Point, *St. Thomas* **9** (C) A1
Davidson, *N.C.* **8** D16
Davidson, *Okla.* **5** E11
Davidson Mountains, *Alas.* **14** D17
Davie, *Fla.* **9** N16
Davilla, *Tex.* **5** K13
Davin, *W. Va.* **10** L6
Davis, *Calif.* **2** K5

Davis, *Ill.* **7** A7
Davis, *Mich.* **6** (B) C2
Davis, *N.C.* **8** E22
Davis, *Okla.* **5** E13
Davis, *W. Va.* **10** F12
Davis, Lake, *Calif.* **2** H6
Davis Beach, *St. Croix* **9** (C) B2
Davisboro, *Ga.* **8** J14
Davis Creek, *Calif.* **2** E7
Davis Creek, *W. Va.* **10** J6
Davis Dam, *Ariz.* **3** P1
Davis Dam, *Ariz.-Nev.* **2** R15
Davis-Monthan Air Force Base, *Ariz.* **3** U6
Davis Mountains, *Tex.* **5** K5
Davis Mountains ⚓, *Tex.* **5** K5
Davison, *Mich.* **6** N14
Davis Station, *S.C.* **8** H17
Davol Square Marketplace, *Providence, R.I.* **12** T10
Davy, *W. Va.* **10** M6
Davy Crockett Cabin, *Rutherford, Tenn.* **8** C6
Davy Crockett National Forest, *Tex.* **5** J15
Davy Crockett Tavern-Museum, *Morristown, Tenn.* **8** C13
Dawes Arboretum, *Newark, Ohio* **7** G19
Dawes Glacier, *Alas.* **14** P22
Dawn, *Tex.* **5** D8
Dawson, *Ga.* **8** L12
Dawson, *Ill.* **7** H6
Dawson, *Minn.* **4** K9
Dawson, *N. Dak.* **4** Q0
Dawson, *Nebr.* **4** R9
Dawson, *Tex.* **5** H14
Dawson, *Yukon Terr.* **14** H19
Dawson Pass, *Mont.* **1** (C) C3
Dawson Springs, *Ky.* **7** P9
Dawsonville, *Ga.* **8** F12
Day, *Fla.* **9** C10
Daybrook, *W. Va.* **10** D10
Daylight Pass, *Calif.-Nev.* **2** N12
Day Pond ⚓, *Conn.* **12** U7
Days Creek, *Oreg.* **1** L3
Dayspring, *N.S.* **13** N15
Dayton, *Idaho* **1** N15
Dayton, *Ind.* **7** G11
Dayton, *Md.* **10** F19
Dayton, *Nev.* **2** J8
Dayton, *N.Y.* **11** G7
Dayton, *Ohio* **7** H16
Dayton, *Oreg.* **1** H3
Dayton, *Pa.* **11** L6
Dayton, *Tenn.* **8** D11
Dayton, *Tex.* **5** K15
Dayton, *Va.* **10** J13
Dayton, *Wash.* **1** F9
Dayton, *Wyo.* **1** J20
Daytona Beach, *Fla.* **9** E14
Daytona International Speedway, *Fla.* **9** E14
Dayton Art Institute, *Dayton, Ohio* **7** H16
Dayton Museum of Natural History, *Dayton, Ohio* **7** H16
Dayville, *Conn.* **12** T9

Dayville, *Oreg.* **1** J7
Dazey, *N. Dak.* **4** G7
Dead, river, *Me.* **13** K3
Dead Diamond, river, *N.H.* **12** C11
Deadhorse, *Alas.* **14** B15
Dead Horse Point ⚓, *Utah* **3** K7
Dead Horse Ranch ⚓, *Ariz.* **3** Q5
Dead Lake, *Fla.* **9** C6
Dead Lakes ⚓, *Fla.* **9** C6
Deadman Bay, *Fla.* **9** D9
Deadman's Basin ⚓, *Mont.* **1** F18
Dead Mountains, *Calif.* **2** R15
Dead Timber ⚓, *Nebr.* **4** P8
Deadwood, *S. Dak.* **4** K2
Deadwood Reservoir, *Idaho* **1** K11
Deale, *Md.* **10** G20
Deal Island, *Md.* **10** J21
Dean Lake, *Ont.* **6** F14
Dean Porter Park, *Brownsville, Tex.* **5** R13
Deansboro, *N.Y.* **11** F14
Dean State Forest, *Ohio* **7** L19
Dearborn, *Mich.* **6** P14
Dearborn, river, *Mont.* **1** E14
Dearborn Heights, *Mich.* **6** (B) D1
Dearing, *Ga.* **8** H14
De Armanville, *Ala.* **8** H10
Deary, *Idaho* **1** F10
Dease Inlet, *Alas.* **14** A14
Death Valley, *Alas.* **14** F10
Death Valley, *Calif.* **2** P12
Death Valley Junction, *Calif.* **2** P12
Death Valley National Monument, *Calif.* **2** P11
Death Valley National Monument (Devils Hole), *Nev.* **2** P13
Deatsville, *Ala.* **8** J9
Deatsville, *Ky.* **7** N13
Deaver, *Wyo.* **1** J18
De Bary, *Fla.* **9** F14
De Bary Hall ⚓, *Fla.* **9** F14
Debauch Mountain, *Alas.* **14** G11
Debec, *N.B.* **13** H8
De Beque, *Colo.* **3** J9
Debert, *N.S.* **13** J17
Deblois, *Me.* **13** L8
Deborah, Mount, *Alas.* **14** H16
Decatur, *Ala.* **8** F8
Decatur, *Ark.* **5** B16
Decatur, *Ga.* **8** H12
Decatur, *Ill.* **7** H7
Decatur, *Ind.* **7** E14
Decatur, *Mich.* **6** P10
Decatur, *Miss.* **8** K5
Decatur, *Nebr.* **4** N8
Decatur, *Tenn.* **8** D11
Decatur, *Tex.* **5** F13
Decaturville, *Tenn.* **8** D7
Deception Pass ⚓, *Wash.* **1** C4
Decherd, *Tenn.* **8** E9
Decision, Cape, *Alas.* **14** Q22
Decker, *Mont.* **1** H20
Deckerville, *Mich.* **6** M15

Declo, *Idaho* **1** M13
Decorah, *Iowa* **4** M13
DeCordova and Dana Museum and Park, *Lincoln, Mass.* **12** Q11
Decota, *W. Va.* **10** K7
Dedham, *Mass.* **12** R11
Dedham, *Me.* **13** M6
Dee, *Oreg.* **1** G5
Deedsville, *Ind.* **7** E12
Deep, river, *N. Dak.* **4** E4
Deep Brook, *N.S.* **13** M13
Deep Crater, *Calif.* **2** E5
Deep Creek, *Bahamas* **9** Q20
Deep Creek, *Bahamas* **9** Q24
Deep Creek, *Idaho* **1** N10
Deep Creek, *Va.* **10** L22
Deep Creek, *Va.* **10** N16
Deep Creek, *Va.* **10** P20
Deep Creek ⚡, *Mont.* **1** G13
Deep Creek Lake, *Md.* **10** E13
Deep Creek Peak, *Idaho* **1** M14
Deep Creek Range, *Utah* **3** H3
Deep Fork, Canadian River, *Okla.* **5** C14
Deep Gap, *N.C.* **8** C16
Deep Red Creek, *Okla.* **5** E11
Deep River, *Conn.* **12** V6
Deep River, *Ont.* **6** F22
Deep Springs, *Calif.* **2** M10
Deep Springs Lake, *Calif.* **2** N10
Deepwater, *Mo.* **4** T11
Deepwater, *N.J.* **11** P14
Deep Water Cay, *Bahamas* **0** L20
Deep Water Creek, *N. Dak.* **4** (A) B4
Deep Water Creek Bay, *N. Dak.* **4** (A) B4
Deepwood ⚡, *Wis.* **6** H2
Deer Creek, *Calif.* **2** G5
Deer Creek, *Ill.* **7** F7
Deer Creek, *Ind.* **7** F12
Deer Creek, *Md.* **10** D20
Deer Creek, *Minn.* **4** H10
Deer Creek, *Miss.* **8** J2
Deer Creek, *Okla.* **5** B13
Deer Creek, *Wyo.* **1** M21
Deer Creek ⚓, *Ohio* **7** H17
Deer Creek Lake ⚓, *Utah* **3** G5
Deerfield, *Ill.* **7** B9
Deerfield, *Kans.* **4** T4
Deerfield, *Mass.* **12** Q6
Deerfield, *Mo.* **4** U10
Deerfield, *N.H.* **12** M11
Deerfield, *Va.* **10** J12
Deerfield, *Wis.* **6** N6
Deerfield, river, *Mass.* **12** P5
Deerfield Beach, *Fla.* **9** M16
Deerfield Center, *N.H.* **12** M11
Deerfield Parade, *N.H.* **12** M11
Deer Flat National Wildlife Refuge, *Idaho* **1** L10
Deer Forest, *Mich.* **6** P10
Deer Forest, *Minn.* **4** H10
Deer Harbor, *Wash.* **1** (A) C2

Drain, *Oreg.* **1** K3
Drake, *N. Dak.* **4** F5
Drake Peak, *Oreg.* **1** M6
Drakes Bay, *Calif.* **2** L3
Drakesboro, *Ky.* **7** P11
Drakes Branch, *Va.* **10** P15
Drake Well Memorial Park, *Pa.* **11** J6
Draper, *S. Dak.* **4** L5
Draper, *Utah* **3** G5
Draper, *Va.* **10** P9
Drayton, *N. Dak.* **4** E8
Drayton, *Ont.* **6** L18
Drayton Island, *Fla.* **9** E13
Drayton Plains, *Mich.* **6** (B) C1
Dreher Park, *West Palm Beach, Fla.* **9** L17
Dresden, *Detroit, Mich.* **6** P14
Dresden, *N.Y.* **11** G11
Dresden, *Ohio* **7** G19
Dresden, *Tenn.* **8** C6
Drew, *Miss.* **8** G3
Drew, *Oreg.* **1** L3
Drew Point, *Alas.* **14** A14
Drewrys Bluff (Fort Darling), *Va.* **10** M17
Drewryville, *Va.* **10** P18
Drewsey, *Oreg.* **1** K8
Drews Reservoir, *Oreg.* **1** N5
Drexel, *N.C.* **8** D15
Drift, *Ky.* **7** N19
Drift, river, *Alas.* **14** L13
Drifting, *Pa.* **11** L9
Driftwood, *Tex.* **5** L12
Driftwood ♣, *Ont.* **6** F21
Driggs, *Idaho* **1** K16
Drinkwater Pass, *Oreg.* **1** K8
Dripping Springs, *Tex.* **5** K12
Driscoll, *N. Dak.* **4** G5
Driskill Mountain, *La.* **5** G17
Driver, *Va.* **10** P20
Droop, *W. Va.* **10** K10
Droop Mount Battlefield ▲, *W. Va.* **10** K10
Druid Hill Park, *Baltimore, Md.* **10** E20
Drum, Mount, *Alas.* **14** K17
Drumhead, *N.S.* **13** K21
Drummer Boy Museum, *W. Brewster, Mass.* **12** T15
Drummond, *Idaho* **1** K16
Drummond, *Mich.* **6** G13
Drummond, *Mont.* **1** F13
Drummond, *N.B.* **13** E8
Drummond, *Okla.* **5** B12
Drummond, *Wis.* **6** F3
Drummond, Lake, *Va.* **10** Q20
Drummond Island, *Mich.* **6** G14
Drum Point, *Md.* **10** J20
Drumright, *Okla.* **5** C14
Dry Bay, *Alas.* **14** M19
Dry Cimarron, river, *N. Mex.* **3** M15
Dry Creek, *W. Va.* **10** K7
Dry Creek, *Wyo.* **1** J18, L22
Dry Creek ♣, *Alas.* **14** K16
Dryden, *Mich.* **6** N14
Dryden, *N.Y.* **11** G12
Dryden, *Ont.* **4** C12
Dryden, *Tex.* **5** K7
Dryden, *Va.* **10** P3

Dryden Potteries, *Hot Springs, Ark.* **5** E18
Dry Devils, river, *Tex.* **5** K9
Dry Falls, *Highlands, N.C.* **8** E13
Dry Falls, *Wash.* **1** E7
Dry Fork, *La.* **5** H18
Dry Fork, Big Sandy River, *W. Va.* **10** M6
Dry Fork, Cheat River, *W. Va.* **10** G12
Dry Fork, Cheyenne River, *Wyo.* **1** L22
Dry Fork, Marias River, *Mont.* **1** C15
Dry Lagoon Beach ♣, *Calif.* **2** E1
Dry Lake, *Nev.* **2** P14
Dry Mills, *Me.* **13** P3
Dry Mountain, *Calif.* **2** N10
Dry Prong, *La.* **5** H18
Dry Ridge, *Ky.* **7** L15
Dry Run, *Pa.* **11** N9
Dry Tortugas, islands, *Fla.* **9** R11
Duanesburg, *N.Y.* **11** G16
Dubach, *La.* **5** G18
Du Bay, Lake, *Wis.* **6** J5
Dublin, *Ga.* **8** K14
Dublin, *Ind.* **7** H14
Dublin, *Md.* **10** D21
Dublin, *Miss.* **8** G3
Dublin, *N.C.* **8** F19
Dublin, *N.H.* **12** N8
Dublin, *Tex.* **5** H12
Dublin, *Va.* **10** N9
Dubois, *Idaho* **1** K15
Du Bois, *Ill.* **7** M6
Dubois, *Ind.* **7** L11
Du Bois, *Pa.* **11** L7
Dubois, *Wyo.* **1** L17
Duboistown, *Pa.* **11** L11
Dubuque, *Iowa* **4** N14
Duchesne, *Utah* **3** H6
Duchikthluk Bay, *Alas.* **14** K7
Duck, *W. Va.* **10** H8
Duck, river, *Tenn.* **8** D9
Duckabush, river, *Wash.* **1** (A) E1
Duck Creek, *Nev.* **2** H14
Duck Hill, *Miss.* **8** G4
Duck Lake, *Mont.* **1** (C) B4
Ducktown, *Tenn.* **8** E12
Duck Valley Indian Reservation, *Idaho-Nev.* **1** N10; **2** D12
Duckwater, *Nev.* **2** J13
Duckwater Indian Reservation, *Nev.* **2** J13
Ducor, *Calif.* **2** Q8
Dudley, *Ga.* **8** K14
Dudley, *Mass.* **12** S9
Dudley Gap, *W. Va.* **10** H5
Dudleyville, *Ariz.* **3** T6
Due West, *S.C.* **8** G14
Dufur, *Oreg.* **1** H5
Dugger, *Ind.* **7** K10
Dugspur, *Va.* **10** P9
Dugway, *Utah* **3** G4
Dugway Proving Ground, *Utah* **3** G3
Duke, *Ala.* **8** G9
Duke, *Okla.* **5** D10
Duke Center, *Pa.* **11** J8
Duke Gardens, *Somerville, N.J.* **11** M15

Duke Homestead and Tobacco Museum, *Durham, N.C.* **8** C19
Duke Island, *Alas.* **14** R24
Duke Power ♣, *N.C.* **8** D16
Duke University, *Durham, N.C.* **8** C19
Dulbi, river, *Alas.* **14** G13
Dulbi Flats, *Alas.* **14** F12
Dulce, *N. Mex.* **3** M10
Duluth, *Ga.* **8** G12
Duluth, *Minn.* **4** G12
Dumas, *Ark.* **5** E19
Dumas, *Miss.* **8** F6
Dumas, *Tex.* **5** C8
Dumbarton Oaks, *Washington, D. C.* **10** G19
Dumfries, *N.B.* **13** H9
Dumfries, *Va.* **10** H18
Dumoine, river, *Que.* **6** F21
Dumoine, Lac, *Que.* **6** E21
Dumont, *Tex.* **5** F9
Dunbar, *Alas.* **14** G15
Dunbar, *Nebr.* **4** Q9
Dunbar, *Pa.* **11** P6
Dunbar, *W. Va.* **10** J6
Dunbar Cave, *Tenn.* **8** C8
Dunbarton Center, *N.H.* **12** M10
Duncan, *Ariz.* **3** T8
Duncan, *Miss.* **8** G3
Duncan, *Nebr.* **4** P7
Duncan, *Okla.* **5** E12
Duncan Canal, *Alas.* **14** P22
Duncan Falls, *Ohio* **7** H20
Duncannon, *Pa.* **11** N11
Duncansville, *Pa.* **11** N8
Duncan Tavern Historic Shrine, *Paris, Ky.* **7** M16
Dunchurch, *Ont.* **6** G19
Dundalk, *Md.* **10** F20
Dundalk, *Ont.* **6** K18
Dundas, *Ill.* **7** K8
Dundas, *Ont.* **6** M19
Dundas, *P.E.I.* **13** G18
Dundas, *Va.* **10** P16
Dundee, *Fla.* **9** H13
Dundee, *Mich.* **6** Q13
Dundee, *Miss.* **8** F3
Dundee, *N.Y.* **11** G11
Dundee, *Tex.* **5** F11
Dunedin, *Fla.* **9** H11
Dunes ♣, *Mich.* **6** J10
Dunes City, *Oreg.* **1** K2
Dungannon, *Va.* **10** P4
Dungarvan, Mount, *Alta.* **1** (C) A2
Dungarvon, river, *N.B.* **13** F11
Dungeness, *Wash.* **1** (A) D2
Dungeness, river, *Wash.* **1** (A) D2
Dungeness National Wildlife Refuge, *Wash.* **1** C3
Dunham Tavern Museum, *Cleveland, Ohio* **7** C20
Dunkirk, *Ind.* **7** G14
Dunkirk, *Mont.* **1** C15
Dunkirk, *N.Y.* **11** G6
Dunkirk, *Ohio* **7** E16
Dunlap, *Ill.* **7** E6
Dunlap, *Iowa* **4** P9
Dunlap, *Kans.* **4** T9
Dunlap, *Tenn.* **8** E10
Dunlay, *Tex.* **5** M11
Dunlow, *W. Va.* **10** K4

Dunmore, *Pa.* **11** K13
Dunmore, *W. Va.* **10** J11
Dunmore, Lake, *Vt.* **12** H4
Dunmore Town, *Bahamas* **9** P23
Dunn, *N.C.* **8** E20
Dunn, *Tex.* **5** G9
Dunn Center, *N. Dak.* **4** F3
Dunnellon, *Fla.* **9** F12
Dunnigan, *Calif.* **2** J4
Dunning, *Nebr.* **4** N5
Dunns Valley, *Ont.* **6** (A) A4
Dunnsville, *Va.* **10** K19
Dunnville, *Ky.* **7** P14
Dunnville, *Ont.* **6** N19
Dunphy, *Nev.* **2** F12
Dunreith, *Ind.* **7** H13
Dunseith, *N. Dak.* **4** E5
Dunsmuir, *Calif.* **2** E4
Dunstable, *Mass.* **12** P10
Dunvegan, *N.S.* **13** G21
Duo, *W. Va.* **10** K9
Dupo, *Ill.* **7** L5
Du Pont, *Ga.* **8** M14
Dupont, *Ind.* **7** K13
DuPont, *Wash.* **1** (A) G3
Dupont City, *W. Va.* **10** J6
Dupree, *S. Dak.* **4** J4
Dupuis Corner, *N.B.* **13** G15
Dupuyer, *Mont.* **1** D14
Du Quoin, *Ill.* **7** M7
Duran, *N. Mex.* **3** R12
Durand, *Ill.* **7** A7
Durand, *Mich.* **6** N13
Durand, *Wis.* **6** J2
Durango, *Colo.* **3** M9
Durango, state, *Mex.* **5** Q6
Durango-Silverton Narrow-gauge Railroad, *Durango, Colo.* **3** M9
Durant, *Iowa* **4** P14
Durant, *Miss.* **8** H4
Durant, *Okla.* **5** E14
Durbin, *W. Va.* **10** H11
Durfee Hill Management Area, *R.I.* **12** T9
Durham, *Calif.* **2** H5
Durham, *Conn.* **12** V6
Durham, *Kans.* **4** T7
Durham, *N.C.* **8** C19
Durham, *N.H.* **12** M12
Durham, *N.S.* **13** J18
Durham, *Okla.* **5** C10
Durham, *Ont.* **6** K18
Durham Bridge, *N.B.* **13** G11
Durhamville, *N.Y.* **11** F13
Durkee, *Oreg.* **1** J9
Duryea, *Pa.* **11** K13
Dushore, *Pa.* **11** K12
Duson, *La.* **5** K18
Dustin, *Okla.* **5** D14
Dusty, *Wash.* **1** F9
Dutchcap Cay, *Virgin Is.* **9** (C) A1
Dutch Flat, *Calif.* **2** J6
Dutch Harbor, *Alas.* **14** Q5
Dutch Island Management Area, *R.I.* **12** U11
Dutch John, *Utah* **3** G8
Dutch Mountain, *Utah* **3** G3
Dutch Village, *Holland, Mich.* **6** N10
Dutton, *Ala.* **8** F9
Dutton, *Mont.* **1** D15
Dutton, *Ont.* **6** N17
Dutton, *Va.* **10** M20

East Haddam, *Conn.* **12** V7
Eastham, *Mass.* **12** T16
East Hampstead, *N.H.* **12** N11
East Hampton, *Conn.* **12** U6
Easthampton, *Mass.* **12** R6
East Hampton, *N.Y.* **11** L20
East Harbor ♣, *Ohio* **7** D18
East Hardwick, *Vt.* **12** E7
East Hartford, *Conn.* **12** T6
East Hartland, *Conn.* **12** S5
East Haven, *Conn.* **12** W5
East Haverhill, *N.H.* **12** G9
East Hebron, *N.H.* **12** J9
East Helena, *Mont.* **1** F15
East Hickory, *Pa.* **11** K6
East Highgate, *Vt.* **12** C5
East Holden, *Me.* **13** L6
East Holderness, *N.H.* **12** J10
East Hubbardton, *Vt.* **12** J4
East Isaac, island, *Bahamas* **9** N19
East Jeddore, *N.S.* **13** M18
East Jordan, *Mich.* **6** J12
East Jordan, *N.S.* **13** P13
East Killingly, *Conn.* **12** T9
East Kingston, *N.H.* **12** N12
East Korah, *Ont.* **6** (A) A2
East Lake, *Mich.* **6** K10
Eastlake, *Ohio* **7** C20
East Lake Tohopekaliga, *Fla.* **9** H14
Eastland, *Tex.* **5** G11
East Lansing, *Mich.* **6** N13
East Las Vegas, *Nev.* **2** P14
East Lempster, *N.H.* **12** L8
East Lewistown, *Ohio* **7** E21
East Liverpool, *Ohio* **7** F22
East Loch, *Hawaii* **15** (A)
East Longmeadow, *Mass.* **12** S7
East Lyme, *Conn.* **12** V7
East Lynn, *W. Va.* **10** J4
East Lynn Lake, *W. Va.* **10** J5
East Machias, *Me.* **13** M9
East Madison, *Me.* **13** L4
Eastman, *Ga.* **8** K13
East Marion, *Mass.* **12** U13
East Marion, *N.Y.* **11** L19
East Martello Gallery and Museum, *Key West, Fla.* **9** R13
East Matagorda Bay, *Tex.* **5** M15
East Matunuck Beach ♣, *R.I.* **12** V10
East Meredith, *N.Y.* **11** G14
East Middlebury, *Vt.* **12** H4
East Millinocket, *Me.* **13** J7
East Moline, *Ill.* **7** C4
East Montpelier, *Vt.* **12** F6
East Mountain, *Oreg.* **1** H4
East Mountain, *Vt.* **12** D9
East Mountain State Forest, *Mass.* **12** S3
East Naples, *Fla.* **9** N13
East New Market, *Md.* **10** H22
East Nodaway, river, *Iowa* **4** Q10
East Okoboji Lake, *Iowa* **4** M10
Easton, *Calif.* **2** P7
Easton, *Conn.* **12** W4
Easton, *Ill.* **7** G6

Easton, *Md.* **10** G21
Easton, *Me.* **13** F8
Easton, *Pa.* **11** M14
Easton, *Wash.* **1** E5
Easton Reservoir, *Conn.* **12** W4
Easton's Beach, *R.I.* **12** V11
East Orange, *N.J.* **11** M16
East Orleans, *Mass.* **12** T16
East Otto, *N.Y.* **11** H8
Eastover, *S.C.* **8** G17
East Palatka, *Fla.* **9** D13
East Palestine, *Ohio* **7** E22
East Park Reservoir, *Calif.* **2** J4
East Pembroke, *N.Y.* **11** F9
East Peoria, *Ill.* **7** F6
East Pepperell, *Mass.* **12** P10
East Petersburg, *Pa.* **11** N12
Eastpoint, *Fla.* **9** D7
East Point, *Ga.* **8** H11
East Point, *P.E.I.* **13** F20
East Point, *St. Croix* **9** (C) B3
Eastport, *Idaho* **1** B10
Eastport, *Me.* **13** L9
Eastport, *Mich.* **6** J11
Eastport, *N.Y.* **11** L19
East Potomac Park, *Washington, D. C.* **10** (A)
East Poultney, *Vt.* **12** K4
East Prairie, *Mo.* **4** V16
East Providence, *R.I.* **12** T11
East Putney, *Vt.* **12** M6
East Quogue, *N.Y.* **11** L19
East Randolph, *N.Y.* **11** H7
East Randolph, *Vt.* **12** H6
East Range, *Nev.* **2** G10
East Ridge, *Tenn.* **8** E11
East Rift, *Hawaii* **15** P23
East River, *Conn.* **12** W6
East River, *N.Y.* **11** M17
East River Point, *N.S.* **13** M15
East River Saint Marys, *N.S.* **13** K19
East Riverside-Kingshurst, *N.B.* **13** K12
East Rochester, *N.Y.* **11** F10
East Rock Park, *New Haven, Conn.* **12** W5
East Ryegate, *Vt.* **12** F8
East Saint Johnsbury, *Vt.* **12** E8
East Saint Louis, *Ill.* **7** L5
East Sandwich, *Mass.* **12** U14
East Schodack, *N.Y.* **11** G17
East Sebago, *Me.* **13** P2
East Smethport, *Pa.* **11** J8
East Smithfield, *Pa.* **11** J11
Eastsound, *Wash.* **1** B4
East Springfield, *Ohio* **7** F21
East Springfield, *Pa.* **11** H5
East Stone Gap, *W. Va.* **10** P4
East Stoneham, *Me.* **13** N2
East Stroudsburg, *Pa.* **11** L14
East Sullivan, *N.H.* **12** M8
East Swanzey, *N.H.* **12** N7
East Tavaputs Plateau, *Utah* **3** J7
East Templeton, *Mass.* **12** Q8

East Thermopolis, *Wyo.* **1** K19
East Thetford, *Vt.* **12** H8
East Thompson, *Conn.* **12** S9
East Topsham, *Vt.* **12** G8
East Troy, *Wis.* **6** N7
East Verde, river, *Ariz.* **3** R5
East Vestal, *N.Y.* **11** H13
Eastview, *Tenn.* **8** E6
Eastville, *Va.* **10** M21
East Walker, river, *Nev.* **2** K9
East Wallingford, *Vt.* **12** K5
East Walpole, *Mass.* **12** S11
East Wareham, *Mass.* **12** T13
East Waterboro, *Me.* **13** Q2
East Williamson, *N.Y.* **11** E11
East Wilton, *Me.* **13** M3
East Windsor, *Conn.* **12** T6
East Wolfeboro, *N.H.* **12** J12
East Worchester, *N.Y.* **11** G15
Eaton, *Colo.* **3** G13
Eaton, *Ind.* **7** G14
Eaton, *Me.* **13** J8
Eaton, *N.Y.* **11** F13
Eaton, *Ohio* **7** H15
Eaton Center, *N.H.* **12** H11
Eaton Mountain 𝕥, *Me.* **13** L4
Eaton Rapids, *Mich.* **6** P12
Eatonton, *Ga.* **8** H13
Eatontown, *N.J.* **11** N16
Eatonville, *Wash.* **1** E4
Eau Claire, *Pa.* **11** L6
Eau Claire, *Wis.* **6** J3
Eau Claire, river, *Wis.* **6** J6
Eau Claire, Lake, *Wis.* **6** J4
Eau Galle Reservoir, *Wis.* **6** J2
Ebbetts Pass, *Calif.* **2** K7
Ebeemee Lake, *Me.* **13** J5
Ebenezer, *Miss.* **8** J3
Ebensburg, *Pa.* **11** M7
Ebro, *Fla.* **9** B5
Eccles, *W. Va.* **10** L7
Echo, *Oreg.* **1** G7
Echo, *Utah* **3** F5
Echo Bay, *Nev.* **2** P15
Echo Bay, *Ont.* **6** F13
Echo Canyon Reservoir ♣, *Nev.* **2** L15
Echo Cliffs, *Ariz.* **3** N5
Echo Hills 𝕥, *Ohio* **7** H19
Echo Lake ♣, *N.H.* **12** G11
Echooka, river, *Alas.* **14** C16
Echo Park, *Colo.* **3** G8
Echo Summit, *Calif.* **2** K7
Echo Valley ♣, *Iowa* **4** M13
Eckerman, *Mich.* **6** F12
Eckley, *Colo.* **3** G15
Eckley, *Pa.* **11** L13
Eckman, *W. Va.* **10** M7
Eclectic, *Ala.* **8** J9
Ecola ♣, *Oreg.* **1** G2
Econfina, river, *Fla.* **9** C9
Econfina Creek, *Fla.* **9** C5
Econlockhatchee River, *Fla.* **9** G14
Economy, *Ind.* **7** H14
Economy, *N.S.* **13** K16
Economy, *Pa.* **11** M5
Economy Mountain, *N.S.* **13** K16
Economy Point, *N.S.* **13** K16
Écorces, river, *Que.* **13** A1

Ecorse, *Mich.* **6** (B) E1
Ecru, *Miss.* **8** F5
Ector, *Tex.* **5** F14
Ecum Secum, *N.S.* **13** L20
Edaville Heritage Museum, *Edaville Railroad, Mass.* **12** T13
Edaville Railroad, *Mass.* **12** T13
Edcouch, *Tex.* **5** Q12
Eddiceton, *Miss.* **8** L2
Eddington, *Me.* **13** L6
Eddy, *Tex.* **5** J13
Eddy, Mount, *Calif.* **2** E4
Eddy Point, *N.S.* **13** J21
Eddyville, *Ill.* **7** P8
Eddyville, *Ky.* **7** Q8
Eddyville, *Nebr.* **4** Q5
Eddyville, *N.Y.* **11** J16
Edelweiss-Valley 𝕥, *Que.* **6** G24
Eden, *Idaho* **1** M12
Eden, *Ill.* **7** M6
Eden, *Md.* **10** J22
Eden, *Miss.* **8** J3
Eden, *N.C.* **8** C18
Eden, *N.Y.* **11** G7
Eden, *S. Dak.* **4** J7
Eden, *Tex.* **5** J10
Eden, *Vt.* **12** D6
Eden, *Wyo.* **1** N18
Eden ♣, *Fla.* **9** C4
Eden Lake, *N.S.* **13** J19
Eden Mills, *Vt.* **12** D7
Eden Park, Cincinnati, *Ohio* **7** K15
Edenton, *N.C.* **8** C22
Eden Valley, *Minn.* **4** J10
Eden Valley Reservoir, *Wyo.* **1** N18
Edesville, *Md.* **10** F21
Edgar, *Mont.* **1** H18
Edgar, *Nebr.* **4** Q7
Edgar, *Wis.* **6** J5
Edgar Allan Poe Museum, *Richmond, Va.* **10** M18
Edgar Allan Poe House, *Baltimore, Md.* **10** E20
Edgar Allen Poe House, *Philadelphia, Pa.* **11** P14
Edgar Lee Masters Memorial Home, *Petersburg, Ill.* **7** G5
Edgar Mine, *Idaho Springs, Colo.* **3** H12
Edgarton, *W. Va.* **10** L5
Edgartown, *Mass.* **12** V14
Edgecomb, *Me.* **13** P4
Edgefield, *S.C.* **8** G15
Edgehill, *Va.* **10** J18
Edgeley, *N. Dak.* **4** H6
Edgemere, *Md.* **10** F20
Edgemont, *S. Dak.* **4** L2
Edge of the Cedars ▲, *Utah* **3** L7
Edgerly, *La.* **5** K17
Edgerton, *Kans.* **4** T10
Edgerton, *Minn.* **4** L9
Edgerton, *Mo.* **4** S10
Edgerton, *Ohio* **7** D15
Edgerton, *Wis.* **6** N6
Edgerton, *Wyo.* **1** L21
Edgerton Highway, *Alas.* **14** K17
Edgewater, *Fla.* **9** F15
Edgewood, *Calif.* **2** E4

Estill, *S. C.* **8** J16
Estill Springs, *Tenn.* **8** E9
Esto, *Fla.* **9** A5
Estral Beach, *Mich.* **6** (B) F1
Eternal Peace Memorial,
  Gettysburg N.M.P., Pa. **11**
  P10
Ethan, *S. Dak.* **4** L7
Ethan Allen Park, *Burlington,*
  Vt. **12** E4
Ethel, *Miss.* **8** H5
Ethel, *Wash.* **1** F4
Ethel, *W. Va.* **10** K6
Ethete, *Wyo.* **1** L18
Ethridge, *Mont.* **1** C14
Ethridge, *Tenn.* **8** E8
Etivluk, river, *Alas.* **14** C13
Etlan, *Va.* **10** H15
Etna, *Calif.* **2** E3
Etna, *Me.* **13** L5
Etna, *N.H.* **12** J8
Etna, *N.Y.* **11** G12
Etna, *Pa.* **11** M5
Etna, *Wyo.* **1** M16
Etna Green, *Ind.* **7** D12
Etolin, Cape, *Alas.* **14** K7
Etolin Island, *Alas.* **14** Q23
Etolin Strait, *Alas.* **14** K8
Etowah, *Tenn.* **8** E11
Etowah, river, *Ga.* **8** G11
Etowah Mounds ▲, *Ga.* **8**
  G11
Etsel Ridge, *Calif.* **2** H3
Ettrick, *Va.* **10** N18
Ettrick, *Wis.* **6** K3
Eubank, *Ky.* **7** P15
Euclid, *Minn.* **4** F8
Euclid, *Ohio* **7** C20
Eudora, *Ark.* **5** F19
Eudora, *Kans.* **4** S10
Eufaula, *Ala.* **8** L10
Eufaula, *Okla.* **5** D15
Eufaula Lake, *Okla.* **5** D15
Eufaula National Wildlife
  Refuge, *Ala.* **8** L10
Eugene, *Ind.* **7** G10
Eugene, *Oreg.* **1** K3
Eugene O'Neill Memorial
  Theater Center, *New*
  London, Conn. **12** V8
Eulonia, *Ga.* **8** L16
Eunice, *La.* **5** K18
Eunice, *N. Mex.* **3** T15
Eunola, *Ala.* **8** M10
Eupora, *Miss.* **8** H5
Eureka, *Alas.* **14** G14
Eureka, *Calif.* **2** F1
Eureka, *Ill.* **7** F7
Eureka, *Kans.* **4** U8
Eureka, *Mo.* **4** T14
Eureka, *Mont.* **1** C12
Eureka, *Nev.* **2** H13
Eureka, *N.S.* **13** J18
Eureka, *Utah* **3** H4
Eureka, *Wash.* **1** F8
Eureka, *W. Va.* **10** E8
Eureka Roadhouse, *Alas.* **14**
  K15
Eureka Schoolhouse,
  Springfield, Vt. **12** L6
Eureka Sentinel Museum,
  Eureka, Nev. **2** H13
Eureka Springs, *Ark.* **5** B17
Eureka Springs Historical
  Museum, *Eureka Springs,*
  Ark. **5** B17

Eureka Valley, *Calif.* **2** N10
Eustis, *Fla.* **9** F13
Eustis, *Me.* **13** K3
Eustis, *Nebr.* **4** Q5
Eustis, Lake, *Fla.* **9** F13
Eutaw, *Ala.* **8** J7
Eutawville, *S.C.* **8** H17
Eva, *Tenn.* **8** C7
Evadale, *Tex.* **5** K17
Evandale, *N.B.* **13** J11
Evangeline Oak, *Saint*
  Martinville, La. **5** K19
Evangeline Statue, *Grand*
  Pré, N.S. **13** L15
Evangeline's Well, *Grand*
  Pré, N.S. **13** L15
Evangola ⚓, *N.Y.* **11** G7
Evans, *Colo.* **3** G13
Evans, *Ga.* **8** H15
Evans, *Wash.* **1** C9
Evans, *W. Va.* **10** G6
Evans, Mount, *Colo.* **3** H12
Evans, Mount, *Mont.* **1** G14
Evans City, *Pa.* **11** M5
Evansdale, *Iowa* **4** N13
Evans Island, *Alas.* **14** M15
Evans Mills, *N.Y.* **11** C13
Evans Notch, *Me.* **13** N2
Evanston, *Ill.* **7** B10
Evanston, *Wyo.* **1** P16
Evansville, *Ill.* **7** M5
Evansville, *Ind.* **7** M10
Evansville, *Minn.* **4** H9
Evansville, *Wis.* **6** N6
Evansville, *Wyo.* **1** L21
Evansville (Bettles Field),
  Alas. **14** E14
Evansville Museum of Arts
  and Sciences, *Evansville,*
  Ind. **7** M10
Evant, *Tex.* **5** J12
Evart, *Mich.* **6** L11
Evarts, *Ky.* **7** Q18
Eveleth, *Minn.* **4** F12
Evening Shade, *Ark.* **5** B19
Evensville, *Tenn.* **8** D11
Everard, *Ont.* **6** A8
Everett, *Ga.* **8** M16
Everett, *Mass.* **12** Q12
Everett, *N.B.* **13** E9
Everett, *Wash.* **1** D5
Everett, Mount, *Mass.* **12**
  S3
Everettville, *W. Va.* **10** D11
Everglades, The, *Fla.* **9** N15
Everglades City, *Fla.* **9** N14
Everglades National Park,
  Fla. **9** P14
Everglades Parkway
  (Alligator Alley), *Fla.* **9**
  M14
Everglades Reclamation ▲,
  Fla. **9** L15
Everglades Wonder
  Gardens, *Fla.* **9** M12
Evergreen, *Ala.* **8** L8
Evergreen, *Va.* **10** M14
Evergreen Hills, *W. Va.* **10**
  G6
Evergreen Park, *Ill.* **7** C10
Evergreen Shores, *Mich.* **6**
  (A) C1
Everly, *Iowa* **4** M10
Everson, *Pa.* **11** N6
Everson, *Wash.* **1** B4

Everson Museum of Art,
  Syracuse, N.Y. **11** F12
Everton, *Ind.* **7** J14
Everton, *Mo.* **4** U11
Evington, *Va.* **10** N13
Evinston, *Fla.* **9** E12
E. V. Spence Reservoir, *Tex.*
  5 H9
Ewa, *Hawaii* **15** E10
Ewa, district, *Hawaii* **15** (A)
Ewa Beach, *Hawaii* **15** E10
Ewa Beach Park, *Hawaii* **15**
  (A)
Ewa Forest Reserve, *Hawaii*
  15 E11
Ewan, *Wash.* **1** E9
Ewan Lake, *Alas.* **14** J16
Ewell, *Md.* **10** K21
Ewen, *Mich.* **6** F6
Ewing, *Ill.* **7** M7
Ewing, *Ky.* **7** L16
Ewing, *Nebr.* **4** N6
Ewing, *Va.* **10** Q2
Excel, *Ala.* **8** L7
Excelsior House, *Jefferson,*
  Tex. **5** G16
Excelsior Mountains, *Nev.* **2**
  M9
Excelsior Springs, *Mo.* **4** S11
Excursion Inlet, *Alas.* **14** N21
Exeland, *Wis.* **6** G3
Exeter, *Calif.* **2** P9
Exeter, *Me.* **13** L5
Exeter, *Nebr.* **4** Q7
Exeter, *N.H.* **12** M12
Exeter, *Ont.* **6** M17
Exeter, *R.I.* **12** U10
Exeter, river, *N.H.* **12** N12
Exira, *Iowa* **4** P10
Exmore, *Va.* **10** L22
Experiment, *Ga.* **8** H12
Explorer Mountain, *Alas.* **14**
  L9
Exploreum Museum of
  Discovery, *Mobile, Ala.* **8**
  N6
Exposition Park, *Los*
  Angeles, Calif. **2** T9
Exuma Cays, *Bahamas* **9**
  R23
Exuma Cays Land and Sea
  Park, *Bahamas* **9** R23
Exuma Sound, *Bahamas* **9**
  R24
Eyak, *Alas.* **14** L16
Eyre Hall, *Va.* **10** M22
Ezel, *Ky.* **7** N17

F

Fabens, *Tex.* **5** H3
Faber, *Va.* **10** L18
Fabius, *N.Y.* **11** F13
Faceville, *Ga.* **8** N11
Factor's Walk Military
  Museum, *Savannah, Ga.* **8**
  K16
Factoryville, *Pa.* **11** K13
Fahnestock Memorial ⚓,
  N.Y. **11** K17
Fairbank Lake ⚓, *Ont.* **6** F16
Fairbanks, *Alas.* **14** G15
Fairbanks, *Fla.* **9** D12
Fairbanks, *Ind.* **7** J10
Fairbanks, *Me.* **13** L3

Fairbanks House, *Dedham,*
  Mass. **12** R11
Fairbanks Museum of
  Natural Science, *St.*
  Johnsbury, Vt. **12** E8
Fair Bluff, *N.C.* **8** F19
Fairborn, *Ohio* **7** H16
Fairburn, *Ga.* **8** H11
Fairburn, *S. Dak.* **4** L2
Fairbury, *Ill.* **7** F8
Fairbury, *Nebr.* **4** R8
Fairchance, *Pa.* **11** P5
Fairchild, *Wis.* **6** J4
Fairchild Air Force Base,
  Wash. **1** D9
Fairchild Tropical Garden,
  Coral Gables, Fla. **9** N16
Fairdale, *N. Dak.* **4** E7
Fairdale, *W. Va.* **10** L7
Fairfax, *Ala.* **8** J10
Fairfax, *Minn.* **4** K10
Fairfax, *Mo.* **4** R10
Fairfax, *Okla.* **5** B14
Fairfax, *S. C.* **8** J16
Fairfax, *S. Dak.* **4** M6
Fairfax, *Va.* **10** G18
Fairfax, *Vt.* **12** D5
Fairfax Stone ▲, *W. Va.* **10**
  F12
Fairfield, *Ala.* **8** H8
Fairfield, *Calif.* **2** L4
Fairfield, *Conn.* **12** W4
Fairfield, *Fla.* **9** E12
Fairfield, *Idaho* **1** L12
Fairfield, *Ill.* **7** L8
Fairfield, *Iowa* **4** Q13
Fairfield, *Me.* **13** M4
Fairfield, *Mont.* **1** E15
Fairfield, *N.C.* **8** D23
Fairfield, *N. Dak.* **4** F2
Fairfield, *Nebr.* **4** Q7
Fairfield, *Ohio* **7** J15
Fairfield, *Pa.* **11** P10
Fairfield, *Tex.* **5** H14
Fairfield, *Utah* **3** G4
Fairfield, *Va.* **10** L13
Fairfield, *Vt.* **12** D5
Fairfield, *Wash.* **1** E9
Fairfield, Cape, *Alas.* **14** M15
Fairfield Lake ⚓, *Tex.* **5** H14
Fairfield Pond, *Vt.* **12** C5
Fairhaven, *Mass.* **12** U13
Fairhaven, *Md.* **10** G20
Fair Haven, *Mich.* **6** (B) C3
Fair Haven, *N.Y.* **11** E11
Fair Haven, *Vt.* **12** J3
Fair Haven Beach ⚓, *N.Y.* **11**
  E11
Fair Hill, *Md.* **10** D22
Fairhope, *Ala.* **8** N7
Fairland, *Ind.* **7** H13
Fair Lawn, *N.J.* **11** L16
Fairlawn, *Ohio* **7** E20
Fairlawn, *Va.* **10** N9
Fairlea, *W. Va.* **10** L9
Fairlee, *Md.* **10** F21
Fairlee, *Vt.* **12** H8
Fairmead, *Calif.* **2** N7
Fairmont, *Md.* **10** K22
Fairmont, *Minn.* **4** L10
Fairmont, *N.C.* **8** F19
Fairmont, *Nebr.* **4** Q7
Fairmont, *W. Va.* **10** E11
Fairmount, *Ga.* **8** F11
Fairmount, *Ill.* **7** G9
Fairmount, *Ind.* **7** F13

Fountain, *Fla.* 9 B6
Fountain, *Mich.* 6 L10
Fountain, *N.C.* 8 D21
Fountain City, *Ind.* 7 H14
Fountain City, *Wis.* 6 K3
Fountain Creek, *Colo.* 3 K13
Fountain Green, *Utah* 3 H5
Fountain Head, *Md.* 10 D17
Fountainhead ⚓, *Okla.* 5 D15
Fountain Hill, *Ark.* 5 F19
Fountain Hill, *Pa.* 11 M14
Fountain Inn, *S.C.* 8 F15
Fountain Paint Pot, *Wyo.* 1
    (B) C2
Four Bears Memorial Bridge,
    N. Dak. 4 (A) B3
Four Bears Public Use Area,
    N. Dak. 4 (A) B3
Four Buttes, *Mont.* 1 B21
Fourchu, *N.S.* 13 H23
Fourchu Bay, *N.S.* 13 H23
Four Corners, *U. S.* 3 M8
Four Corners, *Wyo.* 1 J23
Four Mile Creek ⚓, *N.Y.* 11
    C7
Four Mile Fork, *Va.* 10 J17
Four Mile Meadows,
    campground, *Wyo.* 1 (B)
    E3
Four Mountains, Islands of,
    Alas. 14 R3
Four Oaks, *N.C.* 8 D20
Fourpeaked Mountain, *Alas.*
    14 N13
Fourteen Mile Point, *Mich.* 6
    E6
Fourth Lake Flowage, *N.S.*
    13 N12
Fourth Machias Lake, *Me.* 13
    K7
Fowler, *Calif.* 2 P8
Fowler, *Colo.* 3 K13
Fowler, *Ill.* 7 G3
Fowler, *Ind.* 7 F10
Fowler, *Kans.* 4 U4
Fowler, *Mich.* 6 N12
Fowler, *N.Y.* 11 C14
Fowlerton, *Ind.* 7 F13
Fowlerton, *Tex.* 5 N11
Fowlerville, *Mich.* 6 N13
Fowlkes, *Tenn.* 8 C5
Fowlstown, *Ga.* 8 N11
Fox, *Alas.* 14 G16
Fox, *Okla.* 5 E13
Fox, *Oreg.* 1 J7
Fox, river, *Ill.* 7 L9
Fox, river, *Ill.-Wis.* 6 N7; 7 C8
Foxboro, *Mass.* 12 S11
Foxboro, *Wis.* 6 E2
Foxburg, *Pa.* 11 L6
Foxholm, *N. Dak.* 4 E4
Fox Island, *N.B.* 13 E14
Fox Islands, *Alas.* 14 Q4
Fox Islands, *Mich.* 6 H11
Fox Lake, *Ill.* 7 B9
Fox Lake, *Wis.* 6 L6
Fox Mountain, *Nev.* 2 F8
Foxpark, *Wyo.* 1 P22
Fox Point, *N.S.* 13 M15
Fox Point, *Wis.* 6 M8
Fox Ridge ⚓, *Ill.* 7 J9
Fox River, *N.S.* 13 J15
Fox River National Wildlife
    Refuge, *Wis.* 6 L6
Fox State Forest, *N.H.* 12 M9
Foxville, *Vt.* 12 G7

Foxworth, *Miss.* 8 M4
Foyes Corner, *N.H.* 12 M13
Frackville, *Pa.* 11 M12
Frailes, Laguna de los,
    Coahuila 5 P6
Framboise, *N.S.* 13 H23
Framboise Cove, *N.S.* 13
    H23
Frame, *W. Va.* 10 H7
Frametown, *W. Va.* 10 H8
Framingham, *Mass.* 12 R10
Frances, *Ky.* 7 P8
Frances, Lake, *Mont.* 1 D14
Frances E. Willard House,
    Evanston, Ill. 7 B10
Frances Slocum ⚓, *Pa.* 11
    K13
Francestown, *N.H.* 12 M9
Francesville, *Ind.* 7 E11
Francis, *Okla.* 5 D14
Francis, Lake, *N.H.* 12 B11
Francis Case, Lake, *S. Dak.*
    4 M6
Francisco, *Ind.* 7 M10
Francis E. Warren Air Force
    Base, *Wyo.* 1 P23
Francis Marion National
    Forest, *S.C.* 8 H18
Franconia, *N.H.* 12 F9
Franconia, *Ont.* 6 (C) C1
Franconia Notch, *N.H.* 12
    G10
Franconia Notch ⚓, *N.H.* 12
    G9
Francs Peak, *Wyo.* 1 K18
Franey Peak, *N.S.* 13 F23
Frank, *W. Va.* 10 H11
Frank Church-River of No
    Return Wilderness, *Idaho*
    1 H12
Frankel City, *Tex.* 5 G7
Frankenmuth, *Mich.* 6 M14
Frankewing, *Tenn.* 8 E8
Frankford, *Del.* 10 H23
Frankford, *Mo.* 4 R14
Frankford, *W. Va.* 10 K10
Frankfort, *Ala.* 8 F7
Frankfort, *Ill.* 7 D9
Frankfort, *Ind.* 7 G11
Frankfort, *Kans.* 4 R8
Frankfort, *Ky.* 7 M15
Frankfort, *Me.* 13 M6
Frankfort, *Mich.* 6 K10
Frankfort, *N.Y.* 11 F14
Frankfort, *Ohio* 7 J18
Frankford, *S. Dak.* 4 K7
Frank H. McClung Museum,
    Knoxville, Tenn. 8 D12
Frank Island, *Wyo.* 1 (B) D3
Franklin, *Ala.* 8 L7
Franklin, *Alas.* 14 H18
Franklin, *Ariz.* 3 T8
Franklin, *Ga.* 8 H11
Franklin, *Idaho* 1 N15
Franklin, *Ill.* 7 H5
Franklin, *Ind.* 7 J12
Franklin, *Ky.* 7 R11
Franklin, *La.* 5 L19
Franklin, *Mass.* 12 S11
Franklin, *Me.* 13 M7
Franklin, *N.C.* 8 E13
Franklin, *Nebr.* 4 R6
Franklin, *N.H.* 12 K9
Franklin, *N.Y.* 11 H14
Franklin, *Ohio* 7 J15

Franklin, *Pa.* 11 K5
Franklin, *Tenn.* 8 D8
Franklin, *Tex.* 5 J14
Franklin, *Va.* 10 Q19
Franklin, *Vt.* 12 C5
Franklin, *Wis.* 6 N8
Franklin, *W. Va.* 10 H13
Franklin, Point, *Alas.* 14 A12
Franklin Delano Roosevelt
    Lake, *Wash.* 1 D8
Franklin D. Roosevelt ⚓, *Ga.*
    8 J11
Franklin Furnace, *Ohio* 7 L18
Franklin Grove, *Ill.* 7 C7
Franklin Institute Science
    Museum and Planetarium,
    Philadelphia, Pa. 11 P14
Franklin Island National
    Wildlife Refuge, *Me.* 13 P5
Franklin Lake, *Nev.* 2 G14
Franklin Manor Indian
    Reservation, *N.S.* 13 J15
Franklin Mountains, *Alas.* 14
    C17
Franklin Park, *Pa.* 11 M5
Franklin Park Zoo, *Boston,*
    Mass. 12 R12
Franklin Pierce Homestead,
    Hillsboro Lower Village,
    N.H. 12 M8
Franklin Springs, *Ga.* 8 G13
Franklin State Forest, *Tenn.*
    8 E9
Franklinton, *La.* 5 J21
Franklinton, *N.C.* 8 C20
Franklinville, *N.C.* 8 D18
Franklinville, *N.Y.* 11 H8
Frank Lloyd Wright Home
    and Studio, *Oak Park, Ill.* 7
    C10
Frankston, *Tex.* 5 H15
Franks Tract ⚓, *Calif.* 2 L5
Frankton, *Ind.* 7 G13
Franktown, *Va.* 10 M22
Frankville, *N.S.* 13 J20
Frannie, *Wyo.* 1 H18
Franz, *Ont.* 6 B13
Franz Jevne ⚓, *Minn.* 4 E10
Fraser, *Colo.* 3 H12
Fraser, *Mich.* 6 (B) C2
Fraser Mills, *N.S.* 13 J20
Fray House, *Deerfield,*
    Mass. 12 Q6
Frazee, *Minn.* 4 G9
Frazer, *Mont.* 1 D21
Frazer's Hog Cay, *Bahamas*
    9 P21
Frazier Mountain, *Calif.* 2 S8
Frazier Park, *Calif.* 2 S8
Fraziers Bottom, *W. Va.* 10
    H5
Freda, *Mich.* 6 E7
Frederic, *Mich.* 6 J12
Frederic, *Wis.* 6 G2
Frederica, *Del.* 10 F23
Frederick, *Colo.* 3 H13
Frederick, *Ill.* 7 G4
Frederick, *Md.* 10 E18
Frederick, *Okla.* 5 E11
Frederick, *S. Dak.* 4 H6
Frederick C. Crawford
    Auto-Aviation Museum,
    Cleveland, Ohio 7 C20
Frederick House, river, *Ont.*
    6 A17
Fredericksburg, *Tex.* 5 K11

Fredericksburg, *Va.* 10 J18
Fredericksburg and
    Spotsylvania National
    Military Park, *Va.* 10 J17
Fredericks Hall, *Va.* 10 K16
Frederick Sound, *Alas.* 14
    P22
Fredericktown, *Mo.* 4 U15
Fredericktown, *Ohio* 7 F19
Fredericktown, *Pa.* 11 N5
Fredericton, *N.B.* 13 H11
Fredericton, *P.E.I.* 13 G17
Fredericton Junction, *N.B.* 13
    J11
Frederiksted, *St. Croix* 9 (C)
    B2
Fred Gannon ⚓, *Fla.* 9 B4
Fredonia, *Ariz.* 3 M4
Fredonia, *Kans.* 4 U9
Fredonia, *Ky.* 7 P9
Fredonia, *N. Dak.* 4 H6
Fredonia, *N.Y.* 11 G7
Fredonia, *Tex.* 5 J11
Fredonia, *Wis.* 6 M8
Fredonyer Pass, *Calif.* 2 G6
Fredonyer Peak, *Calif.* 2 F7
Freeburg, *Ill.* 7 L5
Freeburg, *Mo.* 4 T13
Freeburg, *Pa.* 11 M11
Freeburn, *Ky.* 7 N20
Freedom, *Calif.* 2 N4
Freedom, *Ind.* 7 J11
Freedom, *Me.* 13 M5
Freedom, *N.H.* 12 H12
Freedom, *Okla.* 5 B11
Freedom, *Pa.* 11 M5
Freedom, *Wyo.* 1 M16
Freedom Trail, *Boston,*
    Mass. 12 R12
Freehold, *N.J.* 11 N16
Freehold, *N.Y.* 11 H16
Freeland, *Pa.* 11 L13
Freeland, *P.E.I.* 13 F16
Freeland, *Wash.* 1 (A) D3
Freelandville, *Ind.* 7 K10
Freeman, *Mo.* 4 T10
Freeman, *S. Dak.* 4 M8
Freeman, *Wash.* 1 E9
Freeman, Lake, *Ind.* 7 F11
Freeman Plantation,
    Jefferson, Tex. 5 G16
Free Meeting House,
    Moncton, N.B. 13 H14
Freeport, *Bahamas* 9 M19
Freeport, *Fla.* 9 B4
Freeport, *Ill.* 7 B6
Freeport, *Me.* 13 P3
Freeport, *Minn.* 4 J10
Freeport, *N.S.* 13 N11
Freeport, *N.Y.* 11 M17
Freeport, *Ohio* 7 G21
Freeport, *Pa.* 11 M6
Freeport, *Tex.* 5 M15
Freer, *Tex.* 5 N11
Freesoil, *Mich.* 6 L10
Freetown, *Bahamas* 9 L20
Freetown, *Ind.* 7 K11
Freetown-Fall River State
    Forest, *Mass.* 12 T12
Free Union, *Va.* 10 J14
Freeville, *N.Y.* 11 G12
Freewood Acres, *N.J.* 11
    N16
Freezeout Lake, *Mont.* 1 D15
Freezeout Mountain, *Oreg.* 1
    L9

71

Fremont, *Calif.* 2 M5
Fremont, *Ind.* 7 C14
Fremont, *Mich.* 6 M10
Fremont, *Mo.* 4 V14
Fremont, *N.C.* 8 D20
Fremont, *Nebr.* 4 P8
Fremont, *N.H.* 12 M12
Fremont, *Ohio* 7 D17
Fremont, *Utah* 3 K5
Fremont, *Wis.* 6 K6
Fremont, river, *Utah* 3 K6
Fremont Ford ♣, *Calif.* 2 M6
Fremont Island, *Utah* 3 F4
Fremont Lake, *Wyo.* 1 M17
Fremont Lakes ♣, *Nebr.* 4 P1
Fremont Mountains, *Oreg.* 1
   L5
Fremont National Forest,
   Oreg. 1 L5
Fremont Peak, *Calif.* 2 N5
Fremont Peak, *Wyo.* 1 L18
French, river, *Mass.* 12 S9
French, river, *Ont.* 6 G18
French Azilum, *Pa.* 11 J12
French Broad, river, *Tenn.* 8
   D13
Frenchburg, *Ky.* 7 M17
French Camp, *Calif.* 2 L5
French Camp, *Miss.* 8 H4
French Creek, *Pa.* 11 K5
French Creek, *W. Va.* 10 G10
French Creek ♣, *Pa.* 11 N13
French Frigate Shoals,
   N. Pac. Oc. 15 N7
Frenchglen, *Oreg.* 1 M7
French Lick, *Ind.* 7 L11
Frenchman, *Nev.* 2 J9
Frenchman, river, *Mont.* 1
   B19
Frenchman Bay, *Me.* 13 M7
Frenchman Flat, *Nev.* 2 N13
Frenchman Lake, *Calif.* 2 H7
French Market, *New*
   Orleans, La. 5 K21
French Quarter, *New*
   Orleans, La. 5 K21
French River, *Minn.* 4 G13
French River, *P.E.I.* 13 F17
French Settlement, *La.* 5 K20
Frenchtown, *Mont.* 1 E13
Frenchtown, *N.J.* 11 M15
Frenchville, *Me.* 13 D7
Frenes, Point aux, *Mich.* 6
   (A) B3
Fresh Creek *see* Coakley
   Town, *Bahamas* 9 R21
Freshwater, *Calif.* 2 F2
Fresno, *Calif.* 2 N8
Fresno Reservoir, *Mont.* 1
   C17
Fresno Slough, river, *Calif.* 2
   P7
Frewsburg, *N.Y.* 11 H7
Friant, *Calif.* 2 N7
Friant Kern Canal, *Calif.* 2 N8
Friars Point, *Miss.* 8 F3
Frick Art Museum,
   Pittsburgh, Pa. 11 M5
Frick Collection, *New York,*
   N.Y. 11 M17
Friday Harbor, *Wash.* 1 C4
Fridley, *Minn.* 4 J11
Friedens, *Pa.* 11 N7
Friend, *Kans.* 4 S14
Friend, *Nebr.* 4 Q8
Friend, *Oreg.* 1 H5

Friendly, *W. Va.* 10 E8
Friendship, *Ark.* 5 E17
Friendship, *Ind.* 7 K14
Friendship, *Me.* 13 P5
Friendship, *N.Y.* 11 H9
Friendship, *Ohio* 7 L18
Friendship, *Wis.* 6 L5
Friendsville, *Md.* 10 D12
Friendsville, *Tenn.* 8 D12
Friendswood, *Tex.* 5 L15
Frierson, *La.* 5 H17
Fries, *Va.* 10 P8
Frio, river, *Tex.* 5 M11
Frio Canyon, *Tex.* 5 L10
Frio Draw, *N. Mex.* 3 Q15
Friona, *Tex.* 5 D7
Fripps Inlet, *S.C.* 8 K17
Frisco, *Colo.* 3 H11
Frisco, *N.C.* 8 D23
Frisco, *Tex.* 5 F13
Frisco City, *Ala.* 8 L7
Frisco Peak, *Utah* 3 K3
Frissell, Mount, *Conn.* 12 S3
Fritch, *Tex.* 5 C9
Frog Hollow State Craft
   Center, *Middlebury, Vt.* 12
   G4
Frogmore, *S.C.* 8 K17
Froid, *Mont.* 1 C22
Fromberg, *Mont.* 1 H18
Frontenac, *Kans.* 4 U10
Frontenac ♣, *Minn.* 4 K12
Frontier, *Wyo.* 1 N17
Frontier City U.S.A., *Okla.* 5
   C13
Frontier Times Museum,
   Bandera, Tex. 5 L11
Frontier Town, *North*
   Hudson, N.Y. 11 C17
Frontier Village, *Jamestown,*
   N. Dak. 4 G6
Front Range, *Colo.* 3 G12
Front Royal, *Va.* 10 G16
Front Street, *Ogallala, Nebr.*
   4 P3
Frost, *Tex.* 5 H13
Frost, *W. Va.* 10 J11
Frostburg, *Md.* 10 D13
Frostproof, *Fla.* 9 J13
Frosty Peak, *Alas.* 14 Q7
Frozen Head State Natural
   Area, *Tenn.* 8 C11
Frozen Ocean Lake, *N.S.* 13
   M13
Fruita, *Colo.* 3 J8
Fruita, *Utah* 3 K6
Fruitdale, *Ala.* 8 M6
Fruitdale, *S. Dak.* 4 K2
Fruithurst, *Ala.* 8 H10
Fruitland, *Idaho* 1 K10
Fruitland, *Md.* 10 J22
Fruitland, *N. Mex.* 3 N9
Fruitland Park, *Fla.* 9 F12
Fruitlands Museums National
   Historic Landmark,
   Harvard, Mass. 12 Q10
Fruitport, *Mich.* 6 N10
Fruitvale, *Idaho* 1 J10
Fruitville, *Fla.* 9 K11
Fryburg, *Pa.* 11 K6
Frydendal, *St. Thomas* 9 (C)
   A2
Frye, *Me.* 13 M2
Fryeburg, *Me.* 13 N1
Fuego Mountain, *Oreg.* 1 M5
Fulda, *Minn.* 4 L9

Fulks Run, *Va.* 10 H14
Fuller Memorial, *Brockton,*
   Mass. 12 S12
Fullerton, *Calif.* 2 U10
Fullerton, *N. Dak.* 4 H7
Fullerton, *Nebr.* 4 P7
Fulton, *Ala.* 8 L7
Fulton, *Ark.* 5 F17
Fulton, *Ill.* 7 C5
Fulton, *Ind.* 7 E12
Fulton, *Kans.* 4 U10
Fulton, *Ky.* 7 R7
Fulton, *Miss.* 8 F6
Fulton, *Mo.* 4 S13
Fulton, *N.Y.* 11 E12
Fulton, *Ohio* 7 F18
Fulton, *S. Dak.* 4 L7
Fulton, *Tex.* 5 N13
Fultondale, *Ala.* 8 H8
Fultonham, *N.Y.* 11 G16
Fulton Opera House,
   Lancaster, Pa. 11 P12
Fultonville, *N.Y.* 11 F15
Fults, *Ill.* 7 M5
Fundy, Bay of, *Can.-U. S.* 13
   M11
Fundy National Park, *N.B.* 13
   J13
Funeral Mountains, *Calif.* 2
   P12
Funeral Peak, *Calif.* 2 Q12
Funkstown, *Md.* 10 D17
Funston, *Ga.* 8 M12
Funston Memorial, *Kans.* 4
   U10
Funter, *Alas.* 14 N21
Fuquay-Varina, *N.C.* 8 D19
Furman, *S.C.* 8 J16
Furman University,
   Greenville, S.C. 8 F15
Futheyville, *Miss.* 8 G4
Future City, *Ill.* 7 Q6
Fyffe, *Ala.* 8 F10
Fyler House, *Windsor, Conn.*
   12 T6

G

Gabarus, *N.S.* 13 H24
Gabarus, Cape, *N.S.* 13 H24
Gabarus Bay, *N.S.* 13 H24
Gabarus Lake, *N.S.* 13 H23
Gabbs, *Nev.* 2 K10
Gabbs Valley, *Nev.* 2 K10
Gabbs Valley Range, *Nev.* 2
   K10
Gabilan Range, *Calif.* 2 N5
Gabriels, *N.Y.* 11 B16
Gackle, *N. Dak.* 4 G6
Gadsby's Tavern,
   Alexandria, Va. 10 G18
Gadsden, *Ala.* 8 G10
Gadsden, *Ariz.* 3 T1
Gadsden, *Tenn.* 8 D5
Gadsden Museum, *Las*
   Cruces, N. Mex. 3 U10
Gaffney, *S.C.* 8 E15
Gage, *Okla.* 5 B10
Gagetown, *Mich.* 6 L14
Gagetown, *N.B.* 13 H11
Gagetown Military Reserve,
   Canadian Forces Base,
   N.B. 13 J11
Gahanna, *Ohio* 7 G18
Gail, *Tex.* 5 G9

Gaillard, Lake, *Conn.* 12 V6
Gainesboro, *Tenn.* 8 C10
Gainesville, *Ala.* 8 J6
Gainesville, *Fla.* 9 D11
Gainesville, *Ga.* 8 G12
Gainesville, *Mo.* 4 V12
Gainesville, *N.Y.* 11 G9
Gainesville, *Tex.* 5 F13
Gainesville, *Va.* 10 G17
Gaithersburg, *Md.* 10 F18
Gakona, *Alas.* 14 K16
Gakona, river, *Alas.* 14 J17
Galata, *Mont.* 1 C15
Galatia, *Ill.* 7 N8
Galatia, *Kans.* 4 T6
Galax, *Va.* 10 Q8
Galbraith Lake, *Alas.* 14 D15
Gale, *Ill.* 7 P6
Galena, *Alas.* 14 G12
Galena, *Ill.* 7 A5
Galena, *Kans.* 4 V10
Galena, *Md.* 10 E22
Galena, *Mo.* 4 V12
Galena, *Ohio* 7 G18
Galena Historical Museum,
   Galena, Ill. 7 A5
Galena Park, *Tex.* 5 L15
Galena Peak, *Idaho* 1 K12
Galesburg, *Ill.* 7 E5
Galesburg, *Mich.* 6 P11
Galesburg, *N. Dak.* 4 G8
Gales Ferry, *Conn.* 12 V8
Galesville, *Md.* 10 G20
Galesville, *Wis.* 6 K3
Galeton, *Colo.* 3 G13
Galeton, *Pa.* 11 J10
Galilee, *R.I.* 12 V10
Galion, *Ohio* 7 F18
Galiuro Mountains, *Ariz.* 3 T6
Galiuro Wilderness, *Ariz.* 3
   T6
Gallagher Canyon ♣, *Nebr.* 4
   Q5
Gallant, *Ala.* 8 G9
Gallatin, *Mo.* 4 R11
Gallatin, *Tenn.* 8 C9
Gallatin, river, *Mont.* 1 H16
Gallatin Gateway, *Mont.* 1
   H16
Gallatin National Forest,
   Mont. 1 H16
Gallatin Peak, *Mont.* 1 H16
Gallatin Range, *Mont.-Wyo.*
   1 H16
Gallaway, *Tenn.* 8 E5
Galliano, *La.* 5 L21
Gallier House, *New Orleans,*
   La. 5 K21
Gallina, *N. Mex.* 3 N10
Gallina Peak, *N. Mex.* 3 N10
Gallinas, river, *N. Mex.* 3 P13
Gallinas Peak, *N. Mex.* 3
   R12
Gallion, *Ala.* 8 K7
Gallion State Forest, *Va.* 10
   N15
Gallipolis, *Ohio* 7 K19
Gallipolis Ferry, *W. Va.* 10 G5
Gallitzin, *Pa.* 11 M8
Gallitzis State Forest, *Pa.* 11
   N7
Gallo Arroyo, *N. Mex.* 3 R12
Gallo Mountains, *N. Mex.* 3
   R8
Galloo Island, *N.Y.* 11 D12
Galloway, *W. Va.* 10 F11

Gilbertville, *Mass.* **12** R8
Gilbertville, *Me.* **13** M3
Gilboa, *W. Va.* **10** J8
Gilby, *N. Dak.* **4** F7
Gilchrist, *Oreg.* **1** L4
Gilcrest, *Colo.* **3** G13
Gildford, *Mont.* **1** C17
Gilead, *Me.* **13** M2
Gile Flowage, *Wis.* **6** F5
Giles, *Tex.* **5** D10
Gile State Forest, *N.H.* **12** K8
Gilford, *N.H.* **12** K10
Gilford Park, *N.J.* **11** P16
Gill, *Colo.* **3** G13
Gillespie, *Ill.* **7** J6
Gillespie Dam, *Ariz.* **3** S4
Gillet, *Pa.* **11** J11
Gillett, *Ark.* **5** E19
Gillett, *Wis.* **6** J7
Gillette, *Wyo.* **1** J22
Gillette Castle ♣, *Conn.* **12** V7
Gillham, *Ark.* **5** E16
Gilliam, *Mo.* **4** S12
Gilliland, *Tex.* **5** F11
Gillis Range, *Nev.* **2** K9
Gillon Point, *Alas.* **14** Q13
Gills Rock, *Wis.* **6** H9
Gilman, *Colo.* **3** J11
Gilman, *Conn.* **12** U8
Gilman, *Ill.* **7** F9
Gilman, *Vt.* **12** E9
Gilman, *Wis.* **6** H4
Gilman City, *Mo.* **4** R11
Gilmanton, *N.H.* **12** K11
Gilmanton, *Wis.* **6** J3
Gilmanton Ironworks, *N.H.* **12** K11
Gilmer, *Tex.* **5** G15
Gilmer, *W. Va.* **10** G9
Gilmore, *Idaho* **1** J13
Gilroy, *Calif.* **2** N5
Gilsum, *N.H.* **12** M7
Gilt Edge, *Tenn.* **8** D4
Giltner, *Nebr.* **4** Q7
Ginkgo Petrified Forest ♣, *Wash.* **1** E6
Girard, *Ga.* **8** J15
Girard, *Ill.* **7** J6
Girard, *Kans.* **4** U10
Girard, *Ohio* **7** D22
Girard, *Pa.* **11** H5
Girard, *Tex.* **5** F9
Girardville, *Pa.* **11** M12
Girdler, *Ky.* **7** Q17
Girdletree, *Md.* **10** J23
Girdwood, *Alas.* **14** L15
Girvin, *Tex.* **5** J7
Gisasa, river, *Alas.* **14** G12
Given, *W. Va.* **10** G6
Givhans Ferry ♣, *S.C.* **8** J17
Glace, *W. Va.* **10** L10
Glace Bay, *N.S.* **13** G24
Glacial Grooves State Memorial, *Kelleys Island, Ohio* **7** C18
Glacial Lakes ♣, *Minn.* **4** J9
Glacier, *Wash.* **1** B5
Glacier Bay, *Alas.* **14** N21
Glacier Bay National Park and Preserve, *Alas.* **14** N21
Glacier Island, *Alas.* **14** L16
Glacier National Park, *Mont.* **1** C13

Glacier Park International Airport, *Mont.* **1** (C) D1
Glacier Peak, *Wash.* **1** D6
Glacier Peak Wilderness, *Wash.* **1** C6
Glacier Primitive Area, *Wyo.* **1** (B) F5
Glade Creek Reservoir, *W. Va.* **10** L8
Gladehill, *Va.* **10** P11
Glade Park, *Colo.* **3** J8
Glades, The, *N.J.* **11** R14
Glade Spring, *Va.* **10** P6
Gladesville, *W. Va.* **10** E11
Gladewater, *Tex.* **5** G16
Gladstone, *Ill.* **7** E4
Gladstone, *Mich.* **6** G9
Gladstone, *N.J.* **11** M15
Gladstone, *Oreg.* **1** H4
Gladstone, *Va.* **10** M14
Gladstone Ski Park ?, *Mich.* **6** G9
Glad Valley, *S. Dak.* **4** J3
Gladwin, *Mich.* **6** L12
Gladwin ♣, *Mich.* **6** L13
Glady, *W. Va.* **10** G12
Glady Fork, Cheat River, *W. Va.* **10** G12
Gladys, *Va.* **10** N13
Gladys City-Spindletop Boomtown, *Beaumont, Tex.* **5** L16
Gladys Porter Zoo, *Brownsville, Tex.* **5** R13
Glammis, *Ont.* **6** K17
Glandorf, *Ohio* **7** E16
Glasco, *Kans.* **4** S7
Glasco, *N.Y.* **11** H16
Glasford, *Ill.* **7** F6
Glasgo, *Conn.* **12** U9
Glasgow, *Ill.* **7** H4
Glasgow, *Ky.* **7** Q12
Glasgow, *Mo.* **4** S12
Glasgow, *Mont.* **1** C20
Glasgow, *Va.* **10** L12
Glasgow, *W. Va.* **10** J7
Glass, *Va.* **10** M20
Glassboro, *N.J.* **11** P14
Glass Buttes, *Oreg.* **1** L6
Glass Mountain, *Calif.* **2** E5, M9
Glass Mountain, *Okla.* **5** B11
Glass Mountains, *Tex.* **5** K6
Glass Peninsula, *Alas.* **14** N22
Glassport, *Pa.* **11** N5
Glassville, *N.B.* **13** F9
Glass Window, *Bahamas* **9** P23
Glastenbury Mountain, *Vt.* **12** M5
Glastonbury, *Conn.* **12** U6
Glazier, *Tex.* **5** C10
Gleason, *Tenn.* **8** C6
Gleason, *Wis.* **6** H6
Gleasondale, *Mass.* **12** Q10
Glebe House, *Woodbury, Conn.* **12** U4
Gleeson, *Ariz.* **3** V7
Glen, *Miss.* **8** E6
Glen, *Mont.* **1** H14
Glen, *N.H.* **12** G11
Glen, Mount, *Ariz.* **3** U7
Glenada, *Oreg.* **1** K2
Glen Allan, *Miss.* **8** H2
Glen Allen, *Ala.* **8** G7

Glen Allen, *Va.* **10** L17
Glen Alpine, *N.C.* **8** D15
Glen Arbor, *Mich.* **6** J11
Glenarm, *Ill.* **7** H6
Glen Aubrey, *N.Y.* **11** H12
Glenburn, *Calif.* **2** F5
Glenburn, *N. Dak.* **4** E4
Glen Burnie, *Md.* **10** F20
Glencairn Gardens, *Rock Hill, S.C.* **8** E16
Glen Canyon Bridge, *Page, Ariz.* **3** M5
Glen Canyon City, *Utah* **3** M5
Glen Canyon Dam, *Ariz.* **3** M5
Glen Canyon National Recreation Area, *Utah* **3** M5
Glen Carbon, *Ill.* **7** K5
Glen Castle, *N.Y.* **11** H13
Glencliff, *N.H.* **12** H9
Glencoe, *Ala.* **8** G10
Glencoe, *Ill.* **7** B9
Glencoe, *Ky.* **7** L14
Glencoe, *Minn.* **4** K10
Glencoe, *Ont.* **6** N16
Glen Cove, *Me.* **13** N5
Glen Cove, *N.Y.* **11** L17
Glen Cove, *Tex.* **5** H10
Glencross, *S. Dak.* **4** J4
Glendale, *Ariz.* **3** S4
Glendale, *Calif.* **2** T10
Glendale, *Ill.* **7** P8
Glendale, *Ky.* **7** N12
Glendale, *Mass.* **12** R3
Glendale, *Nev.* **2** N15
Glendale, *N.H.* **12** J10
Glendale, *N.S.* **13** H21
Glendale, *Oreg.* **1** M2
Glendale, *Utah* **3** M4
Glendale, *W. Va.* **10** C9
Glendale Falls, *Mass.* **12** Q4
Glendale Heights, *W. Va.* **10** C9
Glendale Lake, *Pa.* **11** M8
Glendevey, *Colo.* **3** G11
Glendive, *Mont.* **1** E22
Glendo, *Wyo.* **1** M22
Glendo ♣, *Wyo.* **1** M23
Glendora, *Miss.* **8** G3
Glendo Reservoir, *Wyo.* **1** M23
Glendower State Memorial, *Lebanon, Ohio* **7** J16
Glen Easton, *W. Va.* **10** D9
Gleneden Beach, *Oreg.* **1** H2
Glen Elder, *Kans.* **4** S7
Glen Elder ♣, *Kans.* **4** R6
Glenelg, *N.S.* **13** K19
Glenfield, *N. Dak.* **4** F7
Glenfield, *N.Y.* **11** D14
Glen Flora, *Tex.* **5** L14
Glenford, *N.Y.* **11** H16
Glen Fork, *W. Va.* **10** L7
Glengary, *W. Va.* **10** E15
Glenham, *S. Dak.* **4** J5
Glenhaven, *Calif.* **2** J4
Glen Haven, *Mich.* **6** J10
Glen Haven, *N.S.* **13** M16
Glenhayes, *W. Va.* **10** K4
Glenholme, *N.S.* **13** K16
Glen Jean, *W. Va.* **10** K8
Glen Lake, *Mich.* **6** J11
Glen Lyon, *Pa.* **11** L13
Glen Margaret, *N.S.* **13** M16
Glenmora, *La.* **5** J18

Glennallen, *Alas.* **14** K16
Glenn H. Curtiss Museum, *Hammondsport, N.Y.* **11** H10
Glenn Highway, *Alas.* **14** K16
Glennie, *Mich.* **6** K14
Glenns Ferry, *Idaho* **1** M11
Glenns Lake, *Mont.* **1** (C) B3
Glennville, *Calif.* **2** Q9
Glennville, *Ga.* **8** L15
Glen Oak Park, *Peoria, Ill.* **7** F6
Glenoma, *Wash.* **1** F4
Glen Orchard, *Ont.* **6** H19
Glen Park, *N.Y.* **11** D13
Glen Rock, *Pa.* **11** P11
Glenrock, *Wyo.* **1** L22
Glen Rogers, *W. Va.* **10** L7
Glen Rose, *Tex.* **5** H12
Glen Saint Mary, *Fla.* **9** C12
Glens Falls, *N.Y.* **11** E17
Glen Spey, *N.Y.* **11** K15
Glentana, *Mont.* **1** B21
Glen Ullin, *N. Dak.* **4** G3
Glenview Naval Air Station, *Ill.* **7** B9
Glenville, *Minn.* **4** L12
Glenville, *W. Va.* **10** G9
Glenwood, *Ala.* **8** L9
Glenwood, *Ark.* **5** E17
Glenwood, *Fla.* **9** F14
Glenwood, *Ga.* **8** K14
Glenwood, *Hawaii* **15** P22
Glenwood, *Ind.* **7** H14
Glenwood, *Iowa* **4** Q9
Glenwood, *Minn.* **4** J9
Glenwood, *Mo.* **4** Q12
Glenwood, *N. Mex.* **3** S8
Glenwood, *N.Y.* **11** G8
Glenwood, *Oreg.* **1** G3
Glenwood, *Utah* **3** K5
Glenwood, *Va.* **10** Q13
Glenwood, *Wash.* **1** G5
Glenwood, *W. Va.* **10** H5
Glenwood ♣, *N.B.* **13** B10
Glenwood City, *Wis.* **6** H2
Glenwood Park, *Erie, Pa.* **11** H5
Glenwood Springs, *Colo.* **3** H10
Glezon, *Ind.* **7** L10
Glidden, *Iowa* **4** N10
Glidden, *Tex.* **5** L14
Glidden, *Wis.* **6** F4
Glide, *Oreg.* **1** L3
Glimmerglass ♣, *N.Y.* **11** G14
Globe, *Ariz.* **3** S6
Globe, *Ky.* **7** M17
Gloria Dei Church National Historic Site, *Philadelphia, Pa.* **11** P14
Glory of Russia Cape, *Alas.* **14** J5
Gloster, *Miss.* **8** M2
Gloucester, *Mass.* **12** P13
Gloucester, *Va.* **10** M20
Gloucester Harbor, *Mass.* **12** P13
Gloucester Point, *Va.* **10** N20
Glouster, *Ohio* **7** J20
Glover, *Vt.* **12** D8
Glover Creek, *Okla.* **5** E15
Glover Gap, *W. Va.* **10** D10
Gloversville, *N.Y.* **11** F15
Gloverville, *S.C.* **8** H15

Gracewood, *Ga.* 8 H15
Gracey, *Ky.* 7 Q9
Grady, *Ark.* 5 E19
Grady, *N. Mex.* 3 Q15
Graeagle, *Calif.* 2 H6
Graettinger, *Iowa* 4 M10
Graford, *Tex.* 5 G12
Grafton, *Ill.* 7 K4
Grafton, *Mass.* 12 R9
Grafton, *N. Dak.* 4 E8
Grafton, *N.H.* 12 K9
Grafton, *N.S.* 13 K14
Grafton, *N.Y.* 11 G17
Grafton, *Ohio* 7 D19
Grafton, *Utah* 3 M3
Grafton, *Va.* 10 N20
Grafton, *Vt.* 12 M6
Grafton, *Wis.* 6 M8
Grafton, *W. Va.* 10 E11
Grafton, Mount, *Nev.* 2 K14
Grafton Lake, *N.S.* 13 N13
Grafton Lakes ♣, *N.Y.* 11
   F17
Grafton Notch ♣, *Me.* 13 M2
Grafton State Forest, *Vt.* 12
   M6
Graham, *Ga.* 8 L14
Graham, *Ind.* 7 L10
Graham, *Ky.* 7 P10
Graham, *N.C.* 8 D18
Graham, *Tex.* 5 G12
Graham, Mount, *Ariz.* 3 T7
Graham Cave ♣, *Mo.* 4 S13
Graham Lake, *Me.* 13 M7
Grahamsville, *N.Y.* 11 J15
Grahamville, *Ky.* 7 P7
Grahn, *Ky.* 7 M18
Grainfield, *Kans.* 4 S4
Grainola, *Okla.* 5 A13
Grambling, *La.* 5 G18
Gramercy, *La.* 5 K20
Grampian, *Pa.* 11 L8
Granada, *Colo.* 3 K16
Granary Burying Ground,
   Boston, Mass. 12 R12
Granbury, *Tex.* 5 G12
Granby, *Colo.* 3 H11
Granby, *Conn.* 12 S5
Granby, *Mass.* 12 R7
Granby, *Mo.* 4 V11
Granby, *Vt.* 12 E9
Granby, Lake, *Colo.* 3 H11
Grand, river, *Iowa* 4 Q10
Grand, river, *Mich.* 6 N12
Grand, river, *Ohio* 7 C21
Grand, river, *Ont.* 6 L18
Grand, river, *S. Dak.* 4 J4
Grandad Bluff, *La Crosse,
   Wis.* 6 L3
Grand Bahama Island,
   Bahamas 9 M19
Grand Banks Schooner
   Museum, *Boothbay
   Harbor, Me.* 13 P4
Grand Bay, *Ala.* 8 N6
Grand Bay, *La.* 5 L22
Grand Bay, *N.B.* 13 K11
Grand Bend, *Ont.* 6 M16
Grand Blanc, *Mich.* 6 N14
Grand Canyon, *Ariz.* 3 N3
Grand Canyon Caverns,
   Ariz. 3 P3
Grand Canyon in Miniature,
   Idaho 1 K12
Grand Canyon National
   Park, *Ariz.* 3 N3

Grand Canyon of the,
   Yellowstone, *Wyo.* 1 (B)
   B3
Grand Caverns, *Va.* 10 J14
Grand Cay, *Bahamas* 9 K20
Grand Chain, *Ill.* 7 P7
Grand Chenier, *La.* 5 L18
Grand Coteau, *La.* 5 K19
Grand Coulee, *Wash.* 1 D7,
   D8
Grand Coulee Dam, *Wash.* 1
   D8
Grand Desert, *N.S.* 13 M17
Grand Detour, *Ill.* 7 C7
Grande-Anse, *N.B.* 13 C13
Grande Anse, *N.S.* 13 J21
Grande de Añasco, river,
   P. R. 9 (B) A1
Grande de Arecibo, river,
   P. R. 9 (B) A2
Grande de Manatí, river,
   P. R. 9 (B) A3
Grande-Entrée, *Que.* 13 C21
Grand Étang, *N.S.* 13 F21
Grande Ronde, river, *Oreg.* 1
   G9
Grand Falls, *Ariz.* 3 P6
Grand Falls, *N.B.* 13 E8
Grandfalls, *Tex.* 5 J7
Grand Falls Flowage, *Me.* 13
   K8
Grandfather Mountain, *N.C.*
   8 C15
Grandfield, *Okla.* 5 E12
Grand Forks, *N. Dak.* 4 F8
Grand Forks Air Force Base,
   N. Dak. 4 F8
Grand Gorge, *N.Y.* 11 H15
Grand Gulch Primitive Area,
   Utah 3 M6
Grand Gulf Military Park,
   Miss. 8 K2
Grand Harbour, *N.B.* 13 M10
Grand Haven, *Mich.* 6 N10
Grand Haven ♣, *Mich.* 6 N10
Grandin, *Mo.* 4 V14
Grandin, *N. Dak.* 4 G8
Grand Island, *Mich.* 6 F9
Grand Island, *Nebr.* 4 Q6
Grand Island, *N.Y.* 11 F7
Grand Isle, *La.* 5 L21
Grand Isle, *Me.* 13 D8
Grand Isle, *Vt.* 12 D4
Grand Isle ♣, *La.* 5 L21
Grand Isle ♣, *Vt.* 12 D4
Grand Junction, *Colo.* 3 J8
Grand Junction, *Iowa* 4 N11
Grand Junction, *Mich.* 6 P10
Grand Junction, *Tenn.* 8 E5
Grand Lake, *Colo.* 3 G11
Grand Lake, *La.* 5 L18
Grand Lake, *Me.-N.B.* 13 J8
Grand Lake, *Mich.* 6 H14
Grand Lake, *N.B.* 13 H11
Grand Lake, *Ohio* 7 F15
Grand Lake ♣, *N.B.* 13 H11
Grand Lake Matagamon,
   Me. 13 G6
Grand Lake Saint Marys ♣,
   Ohio 7 F15
Grand Lake Seboeis, *Me.* 13
   G6
Grand Lake Station, *N.S.* 13
   L17
Grand Lake Stream, *Me.* 13
   K8

Grand Ledge, *Mich.* 6 N12
Grand Manan Channel,
   Can.-U. S. 13 M10
Grand Manan Island, *N.B.* 13
   M10
Grand Manan Museum,
   Grand Manan Island, Me.
   13 M10
Grand Marais, *Mich.* 6 F11
Grand Marais, *Minn.* 4 F14
Grand Mesa, *Colo.* 3 J9
Grand Mesa National Forest,
   Colo. 3 J9
Grand Mira, *N.S.* 13 H23
Grand Narrows, *N.S.* 13
   H22
Grand Ole Opry, *Nashville,
   Tenn.* 8 C8
Grand Opera House, *Macon,
   Ga.* 8 J13
Grand Opera House,
   Wilmington, Del. 10 D22
Grand Pacific Glacier,
   Can.-U. S. 14 M20
Grand Portage Indian
   Reservation, *Minn.* 4 F15
Grand Portage National
   Monument, *Minn.* 4 F15
Grand Portage State Forest,
   Minn. 4 F14
Grand Prairie, *Tex.* 5 G13
Grand Rapids, *Mich.* 6 N10
Grand Rapids, *Minn.* 4 G11
Grand Rapids, *Ohio* 7 D16
Grand Rapids Art Museum,
   Grand Rapids, Mich. 6
   N10
Grand Rapids Public
   Museum, *Grand Rapids,
   Mich.* 6 N10
Grand Pré, *N.S.* 13 L15
Grand Pré National Historic
   Park, *N.S.* 13 K15
Grand Ridge, *Fla.* 9 B6
Grand Ridge, *Ill.* 7 D7
Grand River, *N.S.* 13 J22
Grand River National
   Grassland, *S. Dak.* 4 H3,
   J4
Grand Rivers, *Ky.* 7 Q8
Grand Ronde, *Oreg.* 1 H2
Grand Saline, *Tex.* 5 G15
Grand Targhee ♣, *Wyo.* 1 (B)
   F2
Grand Terre Islands, *La.* 5
   L21
Grand Teton, peak, *Wyo.* 1
   K16
Grand Teton National Park,
   Wyo. 1 K16
Grand Tower, *Ill.* 7 N6
Grand Traverse Bay, *Mich.* 6
   J11
Grand Valley, *Colo.-Utah* 3
   J8
Grand View, *Idaho* 1 M10
Grandview, *Ill.* 7 H6
Grandview, *Ind.* 7 M10
Grandview, *Mo.* 4 S10
Grandview, *Tenn.* 8 D11
Grandview, *Tex.* 5 H13
Grandview, *Wash.* 1 F7
Grand View, *Wis.* 6 F3
Grandview ♣, *W. Va.* 10 L8
Grandview Cemetery,
   Johnstown, Pa. 11 N7

Grandview Heights, *Ohio* 7
   G17
Grand Village of the Natchez
   Indians, *Natchez, Miss.* 8
   L2
Grandville, *Mich.* 6 N10
Grandy, *N.C.* 8 C23
Grandyle Village, *N.Y.* 11 F7
Granger, *Ind.* 7 C12
Granger, *Tex.* 5 K13
Granger, *Utah* 3 G5
Granger, *Wash.* 1 F6
Granger, *Wyo.* 1 P17
Granger Homestead,
   Canandaigua, N.Y. 11 F11
Grangeville, *Idaho* 1 G10
Grangousier Hill, *Ont.* 6 D12
Granite, *Okla.* 5 D11
Granite, *Oreg.* 1 J8
Granite Canon, *Wyo.* 1 P23
Granite City, *Ill.* 7 K5
Granite Creek, *Alas.* 14 L18
Granite Falls, *Minn.* 4 K9
Granite Falls, *N.C.* 8 D16
Granite Falls, *Wash.* 1 C5
Granite Island, *Mich.* 6 E9
Granite Mountain, *Alas.* 14
   F11, J12
Granite Mountain, *Ariz.* 3 S5
Granite Mountain, *Nev.* 2
   G10
Granite Mountains, *Ariz.* 3
   U3
Granite Mountains, *Calif.* 2
   R12
Granite Mountains, *Calif.* 2
   S13
Granite Mountains, *Calif.* 2
   T15
Granite Park Chalets, *Mont.*
   1 (C) B2
Granite Pass, *Calif.* 2 R12
Granite Pass, *Wyo.* 1 J19
Granite Peak, *Mont.* 1 H17
Granite Peak, *Nev.* 2 F8
Granite Peak, *Nev.* 2 E11
Granite Peak, *Utah* 3 H3
Granite Peak, *Wyo.* 1 M18
Granite Point, *Mich.* 6 E8
Granite Quarry, *N.C.* 8 D17
Granite Range, *Alas.* 14 L18
Graniteville, *Mass.* 12 P10
Graniteville, *S.C.* 8 H15
Graniteville, *Vt.* 12 G7
Grannis, *Ark.* 5 E16
Gran Quivira, *N. Mex.* 3 R11
Grant, *Ala.* 8 F9
Grant, *Fla.* 9 H15
Grant, *Mich.* 6 M11
Grant, *Mont.* 1 J14
Grant, *Nebr.* 4 Q3
Grant, *Okla.* 5 E15
Grant, Mount, *Nev.* 2 H10
Grant, Mount, *Nev.* 2 K9
Grant City, *Mo.* 4 Q11
Grant Creek, *Alas.* 14 G13
Grantham, *N.H.* 12 K8
Grant-Kohrs Ranch National
   Historic Site, *Mont.* 1 F14
Grantley Harbor, *Alas.* 14 E9
Granton, *Wis.* 6 J4
Grant Park, *Atlanta, Ga.* 8
   H11
Grant Park, *Ill.* 7 D9
Grant Range, *Nev.* 2 K14
Grants, *N. Mex.* 3 Q9

Greenbrier, river, *W. Va.* **10** J11

Greenbrier River Trail, *W. Va.* **10** K10

Greenbrier State Forest, *W. Va.* **10** L10

Greenbush, *Me.* **13** K6

Greenbush, *Mich.* **6** K14

Greenbush, *Minn.* **4** E9

Greenbush, *Va.* **10** L22

Green Camp, *Ohio* **7** F17

Green Castle, *Bahamas* **9** Q24

Greencastle, *Ind.* **7** H11

Greencastle, *Pa.* **11** P9

Green Cay National Wildlife Refuge, *St. Croix* **9** (C) B3

Green City, *Mo.* **4** R12

Green Cove Springs, *Fla.* **9** D13

Green Creek, *N.J.* **11** R15

Greendale, *Ind.* **7** K14

Greendale Recreation Area, *Vt.* **12** L5

Greene, *Iowa* **4** M12

Greene, *Me.* **13** N3

Greene, *N.Y.* **11** H13

Greene-Sullivan State Forest, *Ind.* **7** K10

Greeneville, *Tenn.* **8** C14

Greenfield, *Calif.* **2** P5

Greenfield, *Ill.* **7** J5

Greenfield, *Ind.* **7** H13

Greenfield, *Iowa* **4** P10

Greenfield, *Mass.* **12** P6

Greenfield, *Me.* **13** L7

Greenfield, *Mo.* **4** U11

Greenfield, *N.H.* **12** N9

Greenfield, *N.S.* **13** N14

Greenfield, *Ohio* **7** J17

Greenfield, *Okla.* **5** C12

Greenfield, *Tenn.* **8** C6

Greenfield, *Wis.* **6** N8

Greenfield ♣, *N.H.* **12** N9

Greenfield (Delkern), *Calif.* **2** R8

Greenfield Hill, *Conn.* **12** W3

Greenfield Village, *Dearborn, Mich.* **6** P14

Green Forest, *Ark.* **5** B17

Green Harbor, *Mass.* **12** S13

Green Hill, *Ala.* **8** E7

Greenhill, *N.S.* **13** J18

Green Hill, *R.I.* **12** V10

Greenhorn Mountain, *Colo.* **3** L12

Greenhorn Mountains, *Calif.* **2** Q9

Greenhurst, *N.Y.* **11** H7

Green Island, *Alas.* **14** M16

Green Island, *Me.* **13** P6

Green Island, *N.S.* **13** J22

Green Island, *N.Y.* **11** G17

Green Lake, *Me.* **13** M7

Green Lake, *Mich.* **6** K11

Green Lake, *N. Dak.* **4** H6

Green Lake, *Wis.* **6** L6

Green Lakes ♣, *N.Y.* **11** F13

Greenland, *N.H.* **12** M13

Greenleaf, *Idaho* **1** L10

Greenleaf, *Kans.* **4** R8

Greenleaf ♣, *Okla.* **5** C15

Green Mountain ♣, *Colo.* **3** H11

Green Mountain National Forest, *Vt.* **12** H5, L5

Green Mountains, *Vt.* **12** N4

Green Mountains, *Wyo.* **1** M20

Greenock Presbyterian Church, *St. Andrews, N.B.* **13** K10

Greenough, *Mont.* **1** F13

Greenough, Mount, *Alas.* **14** C18

Green Park Museum, *Port Hill, P.E.I.* **13** F16

Green Peter Lake, *Oreg.* **1** J3

Green Point, *N.S.* **13** Q13

Green Pond, *S.C.* **8** J17

Greenport, *N.Y.* **11** L19

Green Ridge, *Mo.* **4** T12

Green Ridge State Forest, *Md.* **10** D15

Green River, *Utah* **3** J6

Green River, *Vt.* **12** N6

Green River, *Wyo.* **1** P18

Green River ♣, *Utah* **3** J6

Green River Lake, *Ky.* **7** P14

Green River Lake ♣, *Ky.* **7** P13

Green River Parkway, *Ky.* **7** N11

Green River Reservoir, *Vt.* **12** D7

Greensboro, *Ala.* **8** J7

Greensboro, *Fla.* **9** B7

Greensboro, *Ga.* **8** H13

Greensboro, *Md.* **10** F22

Greensboro, *N.C.* **8** C17

Greensboro, *Pa.* **11** P5

Greensboro, *Vt.* **12** E7

Greensboro Bend, *Vt.* **12** E7

Greensboro Historical Museum, *Greensboro, N.C.* **8** C18

Greensburg, *Ind.* **7** J13

Greensburg, *Kans.* **4** U6

Greensburg, *Ky.* **7** P13

Greensburg, *La.* **5** J20

Greensburg, *Pa.* **11** N6

Greens Fork, *Ind.* **7** H14

Greens Landing, *Pa.* **11** J12

Greens Peak, *Ariz.* **3** R7

Green Spring, *W. Va.* **10** E14

Green Springs, *Ohio* **7** D18

Greenstone Ridge Trail, *Mich.* **6** C7

Green Sulphur Springs, *W. Va.* **10** L9

Green Swamp, *N.C.* **8** G20

Greentop, *Mo.* **4** Q12

Greentown, *Ind.* **7** F12

Greentown, *Ohio* **7** E20

Greentown Glass Museum, *Kokomo, Ind.* **7** F12

Green Turtle Cay, *Bahamas* **9** L22

Greenup, *Ill.* **7** J9

Greenup, *Ky.* **7** L18

Green Valley, *Ariz.* **3** U6

Green Valley, *Ill.* **7** F6

Green Valley ♣, *Iowa* **4** Q10

Greenview, *Calif.* **2** E4

Greenview, *Ill.* **7** G5

Greenville, *Ala.* **8** L9

Greenville, *Calif.* **2** G6

Greenville, *Del.* **10** D22

Greenville, *Fla.* **9** B9

Greenville, *Ga.* **8** J11

Greenville, *Ill.* **7** K6

Greenville, *Ind.* **7** L12

Greenville, *Ky.* **7** P10

Greenville, *Me.* **13** J5

Greenville, *Mich.* **6** M11

Greenville, *Miss.* **8** H2

Greenville, *Mo.* **4** U15

Greenville, *N.C.* **8** D21

Greenville, *N.H.* **12** N9

Greenville, *N.Y.* **11** G16

Greenville, *Ohio* **7** G15

Greenville, *Pa.* **11** K4

Greenville, *R.I.* **12** T10

Greenville, *S.C.* **8** F15

Greenville, *Tex.* **5** F14

Greenville, *Va.* **10** K13

Greenville, *W. Va.* **10** L9

Greenville County Museum of Art, *Greenville, S.C.* **8** F15

Greenville Creek, *Ohio* **7** G15

Greenville Junction, *Me.* **13** J4

Greenville Zoo, *Greenville, S.C.* **8** F15

Greenway, *S. Dak.* **4** H6

Greenwich, *Conn.* **12** X2

Greenwich, *N.J.* **11** Q14

Greenwich, *N.Y.* **11** F17

Greenwich, *Ohio* **7** E19

Greenwich Lake, *Ont.* **6** A7

Greenwich Village, *New York, N.Y.* **11** M17

Greenwood, *Ark.* **5** D16

Greenwood, *Del.* **10** G22

Greenwood, *Fla.* **9** A6

Greenwood, *Ind.* **7** H12

Greenwood, *Me.* **13** N2

Greenwood, *Miss.* **8** H3

Greenwood, *Nebr.* **4** Q8

Greenwood, *N.Y.* **11** H10

Greenwood, *Pa.* **11** M8

Greenwood, *S.C.* **8** G14

Greenwood, *S. Dak.* **4** M7

Greenwood, *Va.* **10** L18

Greenwood, *Wis.* **6** J4

Greenwood, *W. Va.* **10** F9

Greenwood ♣, *S.C.* **8** G15

Greenwood, Lake, *S.C.* **8** G15

Greenwood Canadian Forces Base, *N.S.* **13** L14

Greenwood Furnace ♣, *Pa.* **11** M9

Greenwood Ice Caves, *Me.* **13** M2

Greenwood Lake, *N.Y.* **11** K16

Green Woods Model Railroad, *Liverpool, N.S.* **13** P15

Greer, *Ariz.* **3** R8

Greer, *Idaho* **1** F11

Greer, *S.C.* **8** E15

Greers Ferry Lake, *Ark.* **5** C18

Greeson, Lake, *Ark.* **5** E17

Gregory, *S. Dak.* **4** M6

Gregory, *Tex.* **5** N13

Gregory House, *Fla.* **9** B7

Gregory Town, *Bahamas* **9** P23

Greigsville, *N.Y.* **11** F9

Grenada, *Calif.* **2** E4

Grenada, *Miss.* **8** G4

Grenada Lake, *Miss.* **8** G4

Grenadier Island, *N.Y.* **11** C12

Grenola, *Kans.* **4** U8

Grenora, *N. Dak.* **4** E2

Grenville, *S. Dak.* **4** J8

Gresham, *Nebr.* **4** Q7

Gresham, *Oreg.* **1** G4

Gresham, *Wis.* **6** J6

Gretna, *Fla.* **9** B7

Gretna, *La.* **5** L21

Gretna, *Nebr.* **4** P8

Gretna, *Va.* **10** P13

Greville Bay, *N.S.* **13** K14

Greybull, *Wyo.* **1** J19

Greybull, river, *Wyo.* **1** J19

Greycliff, *Mont.* **1** G17

Grey Eagle, *Minn.* **4** H10

Greylock, Mount, *Mass.* **12** P4

Greystone ♣, *N.B.* **13** D13

Greyton H. Taylor Wine Museum, *Hammondsport, N.Y.* **11** H10

Gridley, *Calif.* **2** J5

Gridley, *Ill.* **7** F7

Gridley, *Kans.* **4** T9

Griffin, *Ga.* **8** H12

Griffin, *Ind.* **7** M9

Griffin Point, *Alas.* **14** B17

Griffiss Air Force Base, *N.Y.* **11** E14

Griffith Island, *Ont.* **6** J17

Griffith Park, *Los Angeles, Calif.* **2** T9

Griffithsville, *W. Va.* **10** J5

Grifton, *N.C.* **8** D21

Griggs, Mount, *Alas.* **14** N12

Griggsville, *Ill.* **7** H4

Grigston, *Kans.* **4** T4

Grimes, *Calif.* **2** J4

Grimms Landing, *W. Va.* **10** H6

Grimsby, *Ont.* **6** M19

Grimsley, *Tenn.* **8** C11

Grindstone, *Me.* **13** J7

Grindstone Creek, *Calif.* **2** H4

Grinnell, *Iowa* **4** P12

Grinnell, *Kans.* **4** S4

Grinnell Glacier, *Mont.* **1** (C) B3

Grissom Air Force Base, *Ind.* **7** F12

Griswold, *Iowa* **4** P10

Griswoldville, *Mass.* **12** P6

Grizzly Creek Redwoods ♣, *Calif.* **2** G2

Groesbeck, *Tex.* **5** J14

Groom, *Tex.* **5** D9

Groom Lake, *Nev.* **2** M13

Gros Cap, *Mich.* **6** (A) C1

Gros Cap, *Ont.* **6** (A) A2

Grosse Ile, *Mich.* **6** (B) E2

Grosse Île, *Que.* **13** C20

Grosse Pointe, *Mich.* **6** (B) D3

Grosse Pointe Farms, *Mich.* **6** (B) D3

Grosse Pointe Park, *Mich.* **6** (B) D3

Grosse Pointe Woods, *Mich.* **6** (B) D2

Grosses Coques, *N.S.* **13** N12

Grosse Tete, *La.* **5** K19

Grosvenor, *Tex.* **5** H11

Grosvenor, Lake, *Alas.* 14 N12
Grosvenor, Mount, *Alas.* 14 L16
Grosvenor Arch, *Utah* 3 L5
Grosvenor Camp, *Alas.* 14 N12
Grosvenor Dale, *Conn.* 12 S8
Gros Ventre ♣, *Wyo.* 1 (B) F3
Gros Ventre, campground, *Wyo.* 1 (B) F3
Gros Ventre, river, *Wyo.* 1 L17
Gros Ventre Range, *Wyo.* 1 L17
Gros Ventre Slide, *Wyo.* 1 (B) F3
Groton, *Conn.* 12 V8
Groton, *Mass.* 12 P10
Groton, *N.H.* 12 J9
Groton, *N.Y.* 11 G12
Groton, *S. Dak.* 4 J7
Groton, *Vt.* 12 F8
Groton State Forest, *Vt.* 12 F7
Grottoes, *Va.* 10 J14
Grotto of Lourdes, *Md.* 10 D18
Grotto of the Redemption, West Bend, *Iowa* 4 M10
Groundhog, river, *Ont.* 6 B15
Grouse Creek, *Utah* 3 E3
Grouse Creek Mountain, *Idaho* 1 K13
Grove City, *Fla.* 9 L11
Grove City, *Minn.* 4 J10
Grove City, *Ohio* 7 H18
Grove City, *Pa.* 11 L5
Grove Hill, *Ala.* 8 L7
Groveland, *Fla.* 9 G12
Groveland, *Mass.* 12 P12
Groveland, *N.Y.* 11 G9
Grove Oak, *Ala.* 8 F9
Grove Place, *St. Croix* 9 (C) B2
Groveport, *Ohio* 7 H18
Grover, *Colo.* 3 G13
Grover, *Pa.* 11 K11
Grover City, *Calif.* 2 R6
Grover Hill, *Ohio* 7 E15
Grover Hot Springs ♣, *Calif.* 2 K8
Grovertown, *Ind.* 7 D12
Groves, *Tex.* 5 L17
Grove Street Cemetery, New Haven, *Conn.* 12 W5
Groveton, *N.H.* 12 E10
Groveton, *Tex.* 5 J15
Growler Mountains, *Ariz.* U3
Growler Pass, *Ariz.* 3 U3
Grulla, *Tex.* 5 Q11
Grulla National Wildlife Refuge, *N. Mex.* 3 R15
Grundy, *Va.* 10 M5
Grundy Center, *Iowa* 4 N12
Grundy Lake ♣, *Ont.* 6 G18
Gruver, *Tex.* 5 B9
Grygla, *Minn.* 4 E9
Gu Achi (Santa Rosa), *Ariz.* 3 U4
Guadalupe, *Ariz.* 3 S4
Guadalupe, *Calif.* 2 S6
Guadalupe, river, *Mex.* 2 X12
Guadalupe, river, *Tex.* 5 L12

Guadalupe Mountains, *N. Mex.* 3 U13
Guadalupe Mountains National Park, *Tex.* 5 H5
Guadalupe Peak, *Tex.* 5 H4
Guadalupita, *N. Mex.* 3 N12
Guage, *Ky.* 7 N18
Guajataca, Lago de, *P. R.* 9 (B) A2
Guajataca, river, *P. R.* 9 (B) A2
Guajataca State Forest, *P. R.* 9 (B) A1
Gualala, *Calif.* 2 K2
Guanajibo, Punta, *P. R.* 9 (B) B1
Guanajibo, river, *P. R.* 9 (B) B1
Guánica, *P. R.* 9 (B) B2
Guánica State Forest, *P. R.* 9 (B) B2
Guaniquilla, Punta, *P. R.* 9 (B) B1
Guano Lake, *Oreg.* 1 N7
Guard House, *Fredericton, N.B.* 13 H11
Guavate State Forest, *P. R.* 9 (B) B4
Guayama, *P. R.* 9 (B) B4
Guayanilla, *P. R.* 9 (B) B2
Guaynabo, *P. R.* 9 (B) A3
Guelph, *N. Dak.* 4 H7
Guelph, *Ont.* 6 M18
Guemes, *Wash.* 1 (A) C3
Guemes Island, *Wash.* 1 (A) C3
Guerette, *Me.* 13 D7
Guerneville, *Calif.* 2 K3
Guernsey, *Wyo.* 1 M23
Guernsey ♣, *Wyo.* 1 M23
Guernsey Reservoir, *Wyo.* 1 M23
Guerra, *Tex.* 5 Q11
Guide Rock, *Nebr.* 4 R7
Guilarte State Forest, *P. R.* 9 (B) B2
Guild, *N.H.* 12 L8
Guild Hall, *East Hampton, N.Y.* 11 L20
Guildhall, *Vt.* 12 E10
Guilford, *Conn.* 12 W6
Guilford, *Me.* 13 K5
Guilford, *N.C.* 8 C17
Guilford, *Va.* 10 K22
Guilford, *Vt.* 12 N6
Guilford Courthouse National Memorial Park, *N.C.* 8 C18
Guilford Lake ♣, *Ohio* 7 E21
Guin, *Ala.* 8 G7
Guinda, *Calif.* 2 K4
Guinea, *Va.* 10 J18
Guist Creek Lake, *Ky.* 7 M14
Gulf, *N.C.* 8 D18
Gulf ♣, *Ala.* 8 N7
Gulfarium, *Ft. Walton Beach, Fla.* 9 B3
Gulf Beach, *Fla.* 9 C2
Gulf Breeze, *Fla.* 9 C2
Gulf Hammock, *Fla.* 9 E11
Gulf Islands National Seashore, *Fla.* 8 P5; 9 C3
Gulfport, *Fla.* 9 J11
Gulfport, *Ill.* 7 B8
Gulfport, *Miss.* 8 N5
Gulf Shores, *Ala.* 8 N7
Gulf Stream, *Atl. Oc.* 9 K17

Gulfstream Park, *Fla.* 9 N16
Gulf World, *Fla.* 9 C5
Gulkana, *Alas.* 14 K16
Gulkana, river, *Alas.* 14 J16
Gull Island, *Mich.* 6 G11
Gull Islands, *Mich.* 6 B8
Gullivan Bay, *Fla.* 9 N13
Gulliver, *Mich.* 6 G10
Gull Lake, *Mich.* 6 P11
Gull Lake, *Minn.* 4 H10
Gull Lake, *Sask.* 1 A18
Gull Point ♣, *Iowa* 4 M9
Gull Rock, *N.S.* 13 N11
Gumboro, *Del.* 10 H23
Gum Spring, *Va.* 10 L16
Gun Cay, *Bahamas* 9 P18
Gun Lake, *Mich.* 6 P11
Gunlock, *Utah* 3 M2
Gunlock Lake ♣, *Utah* 3 M2
Gunningsville, *N.B.* 13 H14
Gunnison, *Colo.* 3 K10
Gunnison, *Miss.* 8 G2
Gunnison, *Utah* 3 J5
Gunnison, river, *Colo.* 3 K9
Gunnison National Forest, *Colo.* 3 J10, K11
Gunpowder ♣, *Md.* 10 D20
Gunpowder Falls ♣, *Md.* 10 E20
Gunset ⚓, *N.Y.* 11 F14
Gunsight Pass, *Mont.* 1 (C) C3
Gunstock ⚓, *N.H.* 12 K10
Gunstock Recreation Area, *N.H.* 12 K11
Gunston Hall, *Va.* 10 H18
Gunter Air Force Base, *Ala.* 8 K9
Guntersville, *Ala.* 8 F9
Guntersville Lake, *Ala.* 8 F9
Guntown, *Miss.* 8 F6
Guntown Mountain, *Cave City, Ky.* 7 P13
Gurabo, *P. R.* 9 (B) A4
Gurdon, *Ark.* 5 E17
Gurnee, *Ill.* 7 B9
Gusher, *Utah* 3 G7
Gustavus, *Alas.* 14 N21
Gustine, *Calif.* 2 M6
Gustine, *Tex.* 5 H12
Guthrie, *Ky.* 7 R10
Guthrie, *Okla.* 5 C13
Guthrie, *Tex.* 5 F10
Guthrie Center, *Iowa* 4 P10
Guthrie Theater, *Minneapolis, Minn.* 4 K11
Guttenberg, *Iowa* 4 M14
Guyandotte, river, *W. Va.* 10 L7
Guyandotte Mountain, *W. Va.* 10 L7
Guymon, *Okla.* 5 B9
Guyot Glacier, *Alas.* 14 M18
Guy Park Manor, *Amsterdam, N.Y.* 11 F16
Guysborough, *N.S.* 13 J21
Guysborough Intervale, *N.S.* 13 J20
Guys Mills, *Pa.* 11 J5
Guyton, *Ga.* 8 K16
Gwinn, *Mich.* 6 F8
Gwynn, *Va.* 10 M21
Gwynn Island, *Va.* 10 M21
Gypsum, *Colo.* 3 H10
Gypsum, *Kans.* 4 T7

Gypsy, *W. Va.* 10 E10

H

Haakoa Stream, *Hawaii* 15 L22
Habersham, *Ga.* 8 F13
Habersham, *Tenn.* 8 C12
Hachita, *N. Mex.* 3 U9
Hackberry, *Ariz.* 3 P2
Hackberry, *La.* 5 L17
Hackensack, *Minn.* 4 G10
Hackensack, *N.J.* 11 L16
Hacker Valley, *W. Va.* 10 H10
Hacketts Cove, *N.S.* 13 M16
Hackettstown, *N.J.* 11 M15
Hackleburg, *Ala.* 8 G7
Hacksneck, *Va.* 10 L22
Haddam, *Conn.* 12 V6
Haddam, *Kans.* 4 R8
Haddam Meadows ♣, *Conn.* 12 V6
Haddock, *Ga.* 8 J13
Haddonfield, *N.J.* 11 P15
Hadensville, *Va.* 10 L16
Hadley, *Mass.* 12 R6
Hadley, *Mich.* 6 (B) B1
Hadley, *N.Y.* 11 E16
Hadley, *Pa.* 11 K5
Hadley Farm Museum, *Hadley, Mass.* 12 R6
Hadley Lake, *Me.* 13 L9
Hadley Mountain, *N.Y.* 11 E16
Hadlyme, *Conn.* 12 V7
Hadweenzie, river, *Alas.* 14 E16
Haena, *Hawaii, Hawaii* 15 N23
Haena, *Kauai, Hawaii* 15 A4
Haffenreffer Museum of Anthropology, *Bristol, R.I.* 12 U11
Hagaman, *N.Y.* 11 F16
Hagan, *Ga.* 8 K15
Hagar, *Ont.* 6 F18
Hagarstown, *Ill.* 7 K7
Hagemeister Island, *Alas.* 14 M9
Hagemeister Strait, *Alas.* 14 M9
Hagerhill, *Ky.* 7 N18
Hagerman, *Idaho* 1 M12
Hagerman, *N. Mex.* 3 T14
Hagerman National Wildlife Refuge, *Tex.* 5 F13
Hagerstown, *Ind.* 7 H14
Hagerstown, *Md.* 10 D16
Hagersville, *Ont.* 6 N18
Haggin Galleries, *Stockton, Calif.* 2 L6
Hagley Museum, *Wilmington, Del.* 10 D22
Hague, *N. Dak.* 4 H5
Hague, *N.Y.* 11 D17
Hague, *Va.* 10 K20
Hahira, *Ga.* 8 M13
Hahns Peak, *Colo.* 3 G10
Hahnville, *La.* 5 K20
Haigler, *Nebr.* 4 R3
Haiku, *Hawaii* 15 G17
Hailesboro, *N.Y.* 11 C13
Hailey, *Idaho* 1 L12
Haileyville, *Okla.* 5 D15

Hailstone National Wildlife
Refuge, *Mont.* 1 G18
Haina, *Hawaii* 15 L21
Haines, *Alas.* 14 M21
Haines, *Oreg.* 1 J9
Haines City, *Fla.* 9 H13
Haines Falls, *N.Y.* 11 H16
Haines Highway, *Can.-U. S.*
14 L20
Haines Junction, *Yukon Terr.*
14 L20
Haiwee Reservoir, *Calif.* 2
P10
Hakalau, *Hawaii* 15 M22
Halalii Lake, *Hawaii* 15 C2
Halaula (Kohala Mill), *Hawaii*
15 K20
Halawa, *Hawaii, Hawaii* 15
K20
Halawa, *Molokai, Hawaii* 15
F16
Halawa, Cape, *Hawaii* 15
F16
Halawa Bay, *Hawaii* 15 F16
Halawa Heights, *Hawaii* 15
E11
Halawa Valley, *Hawaii* 15
F16
Halcottsville, *N.Y.* 11 H15
Haldeman, *Ky.* 7 M17
Haldimand, *Ont.* 6 N19
Hale, *Mich.* 6 K13
Hale, *Mo.* 4 R11
Haleakala Crater, *Hawaii* 15
H18
Haleakala National Park,
Hawaii 15 H18
Hale Center, *Tex.* 5 E8
Hale Eddy, *N.Y.* 11 J14
Hale Farm, *Akron, Ohio* 7
E20
Hale Hoikeike, *Wailuku,*
Hawaii 15 G17
Hale House, *Beverly, Mass.*
12 Q12
Haleiwa, *Hawaii* 15 D10
Haleiwa Beach Park, *Hawaii*
15 D10
Halekii-Pihana Heiaus ▲,
Hawaii 15 G17
Halelea Forest Reserve,
Hawaii 15 A4
Halemaumau Crater, *Hawaii*
15 P22
Halena, *Hawaii* 15 F14
Hale Pohaku Area *see*
Mauna Kea ♣, *Hawaii* 15
M21
Halethorpe, *Md.* 10 F20
Haleyville, *Ala.* 8 G7
Halfbreed National Wildlife
Refuge, *Mont.* 1 G18
Half Island Cove, *N.S.* 13
J22
Half Moon Bay, *Calif.* 2 M4
Half Moon Pond ♣, *Vt.* 12 J3
Halfway, *Md.* 10 D16
Halfway, *Oreg.* 1 J9
Halfway Mountain, *Alas.* 14
L12
Halfway River East, *N.S.* 13
J15
Haliburton, *Ont.* 6 J21
Haliburton House, *Windsor,*
N.S. 13 L15
Halibut Point, *Mass.* 12 P13

Halifax, *Mass.* 12 S13
Halifax, *N.C.* 8 C21
Halifax, *N.S.* 13 M17
Halifax, *Va.* 10 P14
Halifax, *Vt.* 12 N6
Haliimaile, *Hawaii* 15 G17
Halkett, Cape, *Alas.* 14 B15
Hall, *Mont.* 1 F14
Hall, *N.Y.* 11 G11
Hallandale, *Fla.* 9 N16
Halleck, *Nev.* 2 F14
Hallettsville, *Tex.* 5 L13
Halley, *Ark.* 5 F19
Halliday, *N. Dak.* 4 F3
Hall Island, *Alas.* 14 H4
Hall Meadow ♣, *Conn.* 12 T4
Hallo Bay, *Alas.* 14 N12
Hallock, *Minn.* 4 E8
Hall of Fame of the Trotter,
Goshen, N.Y. 11 K16
Halloran Springs, *Calif.* 2
R13
Hallowell, *Me.* 13 N4
Halls, *Tenn.* 8 D5
Hallsboro, *N.C.* 8 F19
Halls Creek, *Utah* 3 L6
Halls Crossroads, *Tenn.* 8
C12
Halls Harbour, *N.S.* 13 K14
Hall's Point, *Bahamas* 9 L20
Halls Pond Cay, *Bahamas* 9
R24
Halls Stream, *N.H.-Que.* 12
B10
Hallstead, *Pa.* 11 J13
Hall Summit, *La.* 5 H17
Hallsville, *Tex.* 5 G16
Hall Tavern, *Deerfield, Mass.*
12 Q6
Halma, *Minn.* 4 E8
Halona Point (Blowhole),
Hawaii 15 (A)
Halona Point, *Hawaii* 15 J17
Halsell, *Ala.* 8 K6
Halsey, *Nebr.* 4 N5
Halsey, *Oreg.* 1 J3
Halsey Homestead,
Southampton, N.Y. 11 L19
Halsey Valley, *N.Y.* 11 H12
Halstad, *Minn.* 4 F8
Halstead, *Kans.* 4 U7
Halton Hills, *Ont.* 6 L18
Halulu Lake, *Hawaii* 15 C1
Hamakua, district, *Hawaii* 15
M21
Hamakua Forest Reserve,
Hawaii 15 L21
Hamar, *N. Dak.* 4 F7
Hamaston Brook ♣, *Conn.*
12 U4
Hamberg, *N. Dak.* 4 F6
Hambleton, *W. Va.* 10 F12
Hamburg, *Ark.* 5 F19
Hamburg, *Calif.* 2 D3
Hamburg, *Conn.* 12 V7
Hamburg, *Ill.* 7 J4
Hamburg, *Iowa* 4 Q9
Hamburg, *Miss.* 8 L2
Hamburg, *N.J.* 11 L15
Hamburg, *N.Y.* 11 G8
Hamburg, *Pa.* 11 M13
Hamburg, *Wis.* 6 H5
Hamburg ♣, *Ga.* 8 H14
Hamden, *Conn.* 12 V5
Hamden, *N.Y.* 11 H14
Hamden, *Ohio* 7 J19

Hamel, *Ill.* 7 K5
Hamer, *Idaho* 1 K15
Ham House Museum,
Dubuque, Iowa 4 N14
Hamill, *S. Dak.* 4 L5
Hamill House, *Georgetown,*
Colo. 3 H12
Hamilton, *Ala.* 8 G7
Hamilton, *Alas.* 14 H9
Hamilton, *Ga.* 8 J11
Hamilton, *Ill.* 7 F3
Hamilton, *Ind.* 7 D14
Hamilton, *Kans.* 4 U9
Hamilton, *Mass.* 12 P13
Hamilton, *Miss.* 8 G6
Hamilton, *Mo.* 4 R11
Hamilton, *Mont.* 1 G13
Hamilton, *N.C.* 8 C21
Hamilton, *N. Dak.* 4 E8
Hamilton, *Nev.* 2 J14
Hamilton, *N.Y.* 11 F14
Hamilton, *Ohio* 7 J15
Hamilton, *Ont.* 6 M19
Hamilton, *Oreg.* 1 J7
Hamilton, *R.I.* 12 U10
Hamilton, *Tex.* 5 H12
Hamilton, *Va.* 10 F17
Hamilton, *Wash.* 1 (A) C4
Hamilton ♣, *Kans.* 4 T3
Hamilton, Lake, *Ark.* 5 E17
Hamilton, Mount, *Alas.* 14
K10
Hamilton, Mount, *Nev.* 2 J13
Hamilton Branch ♣, *S.C.* 8
G15
Hamilton City, *Calif.* 2 H4
Hamilton County ♣, *Ill.* 7 M8
Hamilton Dome, *Wyo.* 1 K18
Hamilton Grange National
Memorial, *New York, N.Y.*
11 M17
Hamilton House, *S. Berwick,*
Me. 13 R1
Hamilton Reservoir, *Mass.*
12 S8
Hamilton Square, *N.J.* 11
N15
Hamler, *Ohio* 7 D16
Hamlet, *Ind.* 7 D11
Hamlet, *N.C.* 8 E18
Hamlet, *Nebr.* 4 Q4
Hamletsburg, *Ill.* 7 P8
Hamlin, *Me.* 13 E8
Hamlin, *N.Y.* 11 E9
Hamlin, *Tex.* 5 G10
Hamlin, *W. Va.* 10 J5
Hamlin Beach ♣, *N.Y.* 11 E9
Hamlin Lake, *Mich.* 6 L10
Hamma Hamma, river,
Wash. 1 (A) F1
Hammersly Camp, *Alas.* 14
M12
Hammett, *Idaho* 1 M11
Hammocks Beach ♣, *N.C.* 8
F22
Hammon, *Okla.* 5 C11
Hammonasset Beach ♣,
Conn. 12 W6
Hammond, *Ill.* 7 H8
Hammond, *Ind.* 7 D10
Hammond, *La.* 5 K21
Hammond, *Mont.* 1 H22
Hammond, *N.Y.* 11 B13
Hammond, *Oreg.* 1 F2
Hammond, *Wis.* 6 H2
Hammond, river, *N.B.* 13 J12

Hammond-Harwood House,
Annapolis, Md. 10 F20
Hammond Museum,
Brewster, N.Y. 11 K17
Hammond Museum,
Gloucester, Mass. 12 P13
Hammond River ⤸, *N.B.* 13
J12
Hammonds Plains, *N.S.* 13
L16
Hammondsport, *N.Y.* 11 H11
Hammonton, *N.J.* 11 Q15
Hampden, *Mass.* 12 S7
Hampden, *Me.* 13 L6
Hampden, *N. Dak.* 4 E6
Hampden, *W. Va.* 10 L6
Hampden Highlands, *Me.* 13
M6
Hampden Sidney, *Va.* 10
N15
Hampson Museum ♣, *Ark.* 5
C21
Hampstead, *Md.* 10 D19
Hampstead, *N.B.* 13 J12
Hampstead, *N.C.* 8 F21
Hampstead, *N.H.* 12 N11
Hampton, *Ark.* 5 F18
Hampton, *Conn.* 12 T8
Hampton, *Fla.* 9 D12
Hampton, *Ga.* 8 H12
Hampton, *Ill.* 7 C5
Hampton, *Iowa* 4 M12
Hampton, *N.B.* 13 J12
Hampton, *Nebr.* 4 Q7
Hampton, *N.H.* 12 N13
Hampton, *N.S.* 13 L13
Hampton, *N.Y.* 11 E17
Hampton, *Oreg.* 1 K6
Hampton, *S.C.* 8 J16
Hampton, *Tenn.* 8 C15
Hampton, *Va.* 10 N21
Hampton Bays, *N.Y.* 11 L19
Hampton Beach, *N.H.* 12
N13
Hampton Butte, *Oreg.* 1 K6
Hampton Falls, *N.H.* 12 N13
Hampton Institute, *Hampton,*
Va. 10 N21
Hampton National Historic
Site, *Md.* 10 E20
Hampton Ponds ♣, *Mass.* 12
R6
Hampton-Preston Mansion,
Columbia, S.C. 8 G17
Hampton Roads, *Va.* 10 P20
Hampton Roads
Bridge-Tunnel, *Va.* 10 N21
Hams Bay, *St. Croix* 9 (C) B2
Hams Bluff, *St. Croix* 9 (C)
B2
Hams Fork, Green River,
Wyo. 1 N16
Hamtramck, *Mich.* 6 (B) D2
Hana, *Hawaii* 15 H19
Hana Bay, *Hawaii* 15 H19
Hana Forest Reserve,
Hawaii 15 H19
Hanagita Peak, *Alas.* 14 L17
Hanaipoe, *Hawaii* 15 L21
Hanakaoo Point, *Hawaii* 15
G16
Hanakauhi, peak, *Hawaii* 15
H18
Hanalei, *Hawaii* 15 A4
Hanalei, river, *Hawaii* 15 A4
Hanalei Bay, *Hawaii* 15 A4

Hanalei National Wildlife Refuge, *Hawaii* 15 A4
Hanamalo Point, *Hawaii* 15 Q19
Hanamanioa, Cape, *Hawaii* 15 J17
Hanamaulu, *Hawaii* 15 B5
Hanapepe, *Hawaii* 15 C4
Hanaula, peak, *Hawaii* 15 G16
Hanauma Bay, *Hawaii* 15 (A)
Hanauma Bay Beach Park, *Hawaii* 15 (A)
Hanceville, *Ala.* 8 G8
Hancock, *Mass.* 12 Q3
Hancock, *Md.* 10 D16
Hancock, *Me.* 13 M7
Hancock, *Mich.* 6 D7
Hancock, *Minn.* 4 J9
Hancock, *N.H.* 12 M8
Hancock, *N.Y.* 11 J14
Hancock, *Vt.* 12 H5
Hancock, Lake, *Fla.* 9 H13
Hancock House, *N.J.* 11 Q13
Hancock Picnic Area, *N.H.* 12 G10
Hancocks Bridge, *N.J.* 11 Q13
Hancock Shaker Village, *Mass.* 12 Q3
Handel Seamount, *N. Pac. Oc.* 15 L9
Handies Peak, *Colo.* 3 L10
Hanford, *Calif.* 2 P8
Hanford Reservation (D.O.E.), *Wash.* 1 F7
Hanford Science Center, *Richland, Wash.* 1 F7
Hanging Glacier Mountain, *Alas.* 14 D14
Hanging Woman Creek, *Mont.* 1 H21
Hankinson, *N. Dak.* 4 H8
Hanksville, *Utah* 3 K6
Hanna, *Ind.* 7 D11
Hanna, *Wyo.* 1 N21
Hanna City, *Ill.* 7 F5
Hannaford, *N. Dak.* 4 G7
Hannah, *N. Dak.* 4 D6
Hannah Dustin ▲, *N.H.* 12 L10
Hannahville Indian Reservation, *Mich.* 6 G8
Hannawa Falls, *N.Y.* 11 B15
Hannibal, *Mo.* 4 R13
Hannibal, *N.Y.* 11 E12
Hannibal, *Ohio* 7 H22
Hanover, *Conn.* 12 U8
Hanover, *Ill.* 7 B5
Hanover, *Ind.* 7 L13
Hanover, *Kans.* 4 R8
Hanover, *Mass.* 12 S13
Hanover, *Me.* 13 M2
Hanover, *N.H.* 12 J7
Hanover, *Ohio* 7 G19
Hanover, *Ont.* 6 K17
Hanover, *Pa.* 11 P11
Hanover, *Va.* 10 L18
Hanover, *W. Va.* 10 L6
Hanover House, *Clemson, S.C.* 8 F14
Hansboro, *N. Dak.* 4 D6
Hansen, *Idaho* 1 M12
Hansen Planetarium, *Salt Lake City, Utah* 3 G4

Hans Lollik Island, *Virgin Is.* 9 (C) A2
Hanson, *Ky.* 7 P10
Hanson, *Mass.* 12 S13
Hanson Hills ⚐, *Mich.* 6 K12
Hansonville, *Va.* 10 P5
Hanston, *Kans.* 4 T5
Hantsport, *N.S.* 13 L15
Haou, *Hawaii* 15 H19
Hapapa, Puu, *Hawaii* 15 (A)
Hapeville, *Ga.* 8 H12
Hapgood Recreation Area, *Vt.* 12 L5
Happy, *Tex.* 5 D8
Happy, river, *Alas.* 14 K13
Happy Camp, *Calif.* 2 D3
Happy Jack, *Ariz.* 3 Q5
Happy Jack ⚐, *Wyo.* 1 P22
Hapuna Beach ☘, *Hawaii* 15 L20
Harbeson, *Del.* 10 G23
Harbinger, *N.C.* 8 C23
Harbison State Forest, *S.C.* 8 G16
Harbor, *Oreg.* 1 N1
Harbor Beach, *Mich.* 6 L15
Harborcreek, *N.Y.* 11 H6
Harbor Island, *Mich.* 6 (A) C4
Harborplace, *Baltimore, Md.* 10 E20
Harborside, *Me.* 13 N6
Harbor Springs, *Mich.* 6 H11
Harborton, *Va.* 10 L22
Harbor View, *Ohio* 7 C17
Harbour Island, *Bahamas* 9 P23
Harborplace, *Baltimore, Md.* 10 E20
Harbourview, *N.S.* 13 H21
Harbourville, *N.S.* 13 K14
Harcourt, *N.B.* 13 F13
Harcuvar Mountains, *Ariz.* 3 R3
Hardeeville, *S.C.* 8 K16
Hardesty, *Okla.* 5 B9
Hardin, *Ill.* 7 J4
Hardin, *Ky.* 7 Q8
Hardin, *Mont.* 1 G19
Hardin, *Tex.* 5 K16
Harding, *W. Va.* 10 G11
Harding, Lake, *Ala.* 8 J10
Harding Home and Museum, *Marion, Ohio* 7 F18
Harding Icefield, *Alas.* 14 M14
Harding Lake ☘, *Alas.* 14 H16
Harding Memorial, *Marion, Ohio* 7 F18
Hardinsburg, *Ind.* 7 L12
Hardinsburg, *Ky.* 7 N11
Hard Labor Creek ☘, *Ga.* 8 H13
Hardman, *Oreg.* 1 H7
Hardscrabble ⚐, *Wis.* 6 G3
Hardshell, *Ky.* 7 P17
Hardtner, *Kans.* 4 V6
Hardware, river, *Va.* 10 K15
Hardwick, *Ga.* 8 J13
Hardwick, *Mass.* 12 R8
Hardwick, *Vt.* 12 E7
Hardwicke, *N.B.* 13 E13
Hardy, *Ark.* 5 B19
Hardy, *Va.* 10 N11
Hardy Dam Pond, *Mich.* 6 M11

Hardy Lake ☘, *Ind.* 7 K13
Hardyville, *Ky.* 7 P13
Harford, *Pa.* 11 J13
Hargill, *Tex.* 5 Q12
Harkers Island, *N.C.* 8 F23
Harkness Memorial ▲, *Conn.* 12 W8
Harlan, *Ind.* 7 E14
Harlan, *Iowa* 4 P9
Harlan, *Kans.* 4 R6
Harlan, *Ky.* 7 Q18
Harlan-Lincoln Museum, *Mount Pleasant, Iowa* 4 Q13
Harlan, *Oreg.* 1 J2
Harlan County Lake, *Nebr.* 4 R5
Harlansburg, *Pa.* 11 L5
Harlem, *Fla.* 9 L14
Harlem, *Ga.* 8 H15
Harlem, *Mont.* 1 C18
Harlequin Lake, *Alas.* 14 M19
Harleyville, *S.C.* 8 H17
Harlingen, *Tex.* 5 R13
Harlow, *N. Dak.* 4 E6
Harlow Old Fort House, *Plymouth, Mass.* 12 S13
Harlowton, *Mont.* 1 F17
Harman, *Va.* 10 M5
Harman, *W. Va.* 10 G12
Harmon, *Ill.* 7 C6
Harmonie ☘, *Ind.* 7 M9
Harmonsburg, *Pa.* 11 J5
Harmony, *Ind.* 7 J11
Harmony, *Me.* 13 L4
Harmony, *Minn.* 4 L13
Harmony, *N.C.* 8 D17
Harmony, *Pa.* 11 L5
Harmony, *R.I.* 12 T10
Harmony, *Va.* 10 Q13
Harmony Museum, *Harmony, Pa.* 11 L5
Harned, *Ky.* 7 N12
Harney, Lake, *Fla.* 9 F14
Harney Basin, *Oreg.* 1 L7
Harney Lake, *Oreg.* 1 L7
Harney Peak, *S. Dak.* 4 L2
Harold, *Ky.* 7 N19
Harold Kaminski House, *Georgetown, S.C.* 8 H19
Harold Parker State Forest, *Mass.* 12 P12
Harold Warp Pioneer Village, *Nebr.* 4 Q6
Haro Strait, *Can.-U. S.* 1 (A) C1
Harper, *Kans.* 4 U7
Harper, *Oreg.* 1 K9
Harper, *Tex.* 5 K11
Harper, Mount, *Alas.* 14 H17
Harper Lake, *Calif.* 2 R11
Harpers Ferry, *W. Va.* 10 E17
Harpers Ferry National Historical Park, *W. Va.* 10 E16
Harpersville, *Ala.* 8 H9
Harpster, *Idaho* 1 G11
Harpursville, *N.Y.* 11 H13
Harquahala Mountains, *Ariz.* 3 S3
Harrah, *Wash.* 1 F6
Harrah's Automobile Collection, *Sparks, Nev.* 2 H8
Harrell, *Ark.* 5 F18

Harriet Beecher Stowe House, *Brunswick, Me.* 13 P3
Harriet Beecher Stowe House, *Hartford, Conn.* 12 T6
Harrietta, *Mich.* 6 K11
Harrigan Cove, *N.S.* 13 L19
Harriman, *Tenn.* 8 D11
Harriman Reservoir, *Vt.* 12 N5
Harriman State Park, *N.Y.* 11 L16
Harrington, *Del.* 10 G22
Harrington, *Me.* 13 M8
Harrington, *Wash.* 1 E8
Harrington Beach ☘, *Wis.* 6 M8
Harrington Lake, *Me.* 13 H5
Harris, *Minn.* 4 J12
Harris, *Okla.* 5 F16
Harris, Lake, *Fla.* 9 F12
Harris Beach ☘, *Oreg.* 1 M1
Harrisburg, *Ark.* 5 C19
Harrisburg, *Ill.* 7 N8
Harrisburg, *N.C.* 8 E17
Harrisburg, *Nebr.* 4 P1
Harrisburg, *Oreg.* 1 J3
Harrisburg, *Pa.* 11 N11
Harris Hill, *N.Y.* 6 (C) B4
Harris Home, *Augusta, Ga.* 8 H15
Harris Neck National Wildlife Refuge, *Ga.* 8 L16
Harrison, *Ark.* 5 B17
Harrison, *Ga.* 8 J14
Harrison, *Idaho* 1 E10
Harrison, *Me.* 13 N2
Harrison, *Mont.* 1 H15
Harrison, *Nebr.* 4 M1
Harrison, *Ohio* 7 J15
Harrison, *S. Dak.* 4 L7
Harrison Bay, *Alas.* 14 B15
Harrison Bay ☘, *Tenn.* 8 E11
Harrisonburg, *La.* 5 H19
Harrisonburg, *Va.* 10 H13
Harrison Crawford State Forest, *Ind.* 7 M12
Harrison Glacier, *Mont.* 1 (C) C3
Harrison Lake, *Mont.* 1 (C) C3
Harrison Lake ☘, *Ohio* 7 C15
Harrison Pass, *Nev.* 2 G14
Harrison Valley, *Pa.* 11 J9
Harrisonville, *Mo.* 4 T11
Harris Peninsula, *Alas.* 14 M15
Harriston, *Miss.* 8 L2
Harriston, *Ont.* 6 L17
Harristown, *Ill.* 7 H7
Harrisville, *Mich.* 6 J14
Harrisville, *Miss.* 8 K3
Harrisville, *N.H.* 12 N8
Harrisville, *N.Y.* 11 C14
Harrisville, *Pa.* 11 L5
Harrisville, *R.I.* 12 S9
Harrisville, *W. Va.* 10 H13
Harrisville ☘, *Mich.* 6 K14
Harrod, *Ohio* 7 F16
Harrodsburg, *Ind.* 7 K11
Harrodsburg, *Ky.* 7 N15
Harrogate, *Tenn.* 8 C13
Harrold, *S. Dak.* 4 K5
Harrold, *Tex.* 5 E11
Harrow, *Ont.* 6 (B) F2

Heritage Center, The, *Berryville, Ark.* 5 B17
Heritage Museum and Gallery, *Leadville, Colo.* 3 J11
Heritage Plantation, *Sandwich, Mass.* 12 T14
Herkimer, *N.Y.* 11 F15
Herkimer Home, *Herkimer, N.Y.* 11 F15
Herlong, *Calif.* 2 G7
Herman, *Mich.* 6 E7
Herman, *Minn.* 4 H9
Herman, *Nebr.* 4 P9
Herman, *Pa.* 11 L6
Herman Davis ▲, *Ark.* 5 C20
Hermann, *Mo.* 4 S14
Hermann Park and Houston Zoo, *Houston, Tex.* 5 L15
Hermann's Monument, *New Ulm, Minn.* 4 K10
Hermansville, *Mich.* 6 G8
Hermanville, *Miss.* 8 K2
Hermiston, *Oreg.* 1 G7
Hormitage, *Ark.* 5 F18
Hermitage, The, *Nashville, Tenn.* 8 C8
Hermitage Foundation Museum, *Norfolk, Va.* 10 P21
Hermleigh, *Tex.* 5 G9
Hermon, *Me.* 13 L6
Hermon, *N.Y.* 11 B14
Hermosa, *S. Dak.* 4 L2
Hermosillo, *Mex.* 3 Y6
Hernando, *Fla.* 9 F11
Hernando, *Miss.* 8 E4
Herndon, *Ky.* 7 Q10
Herndon, *Pa.* 11 M11
Herndon, *Va.* 10 G18
Herndon, *W. Va.* 10 M7
Hernshaw, *W. Va.* 10 J6
Herod, *Ill.* 7 N8
Heron, *Mont.* 1 D11
Heron Bay, *Ont.* 6 B10
Heron Island, *N.B.* 13 B12
Heron Lake, *Minn.* 4 L10
Heron Lake ▲, *N. Mex.* 3 N11
Herreid, *S. Dak.* 4 H5
Herrick, *Ill.* 7 J7
Herrick, *S. Dak.* 4 M6
Horrin, *Ill.* 7 N7
Herring Bay, *Md.* 10 G20
Herring Cove, *N.S.* 13 M17
Herring Cove Beach, *Mass.* 12 S15
Herrington Lake, *Ky.* 7 N15
Herrington Manor ▲, *Md.* 10 E12
Herscher, *Ill.* 7 E9
Hersey, *Mich.* 6 L11
Hershey, *Nebr.* 4 P4
Hershey, *Pa.* 11 N11
Hershey Gardens, *Hershey, Pa.* 11 N11
Hershey Museum, *Hershey, Pa.* 11 N11
Hersheypark, *Hershey, Pa.* 11 N11
Hershey's Chocolate World, *Hershey, Pa.* 11 N11
Hertford, *N.C.* 8 C22
Hesperia, *Calif.* 2 S11

Hesperia, *Mich.* 6 M10
Hesperus, *Colo.* 3 M9
Hess Creek, *Alas.* 14 F15
Hessel, *Mich.* 6 G12
Hessmer, *La.* 5 J18
Hesston, *Kans.* 4 T8
Hetch Hetchy Reservoir, *Calif.* 2 L8
Hettick, *Ill.* 7 J5
Hettinger, *N. Dak.* 4 H3
Heuvelton, *N.Y.* 11 B14
Hewett, *W. Va.* 10 K6
Hewitt Lake National Wildlife Refuge, *Mont.* 1 C19
Hext, *Tex.* 5 J11
Heyburn, *Idaho* 1 M13
Heyburn ▲, *Idaho* 1 E10
Heyward-Washington House, *Charleston, S.C.* 8 J18
Heyworth, *Ill.* 7 G7
Hialeah, *Fla.* 9 N16
Hialeah Park, *Fla.* 9 N16
Hiawassee, *Ga.* 8 E13
Hiawatha, *Kans.* 4 R9
Hiawatha, *Utah* 3 J6
Hiawatha, *Utah* 3 J6
Hiawatha National Forest, *Mich.* 6 F9, F12
Hibbing, *Minn.* 4 F12
Hickam Air Force Base, *Hawaii* 15 E11 (A)
Hickam Village, *Hawaii* 15 (A)
Hickison Petroglyph Recreation Site ▲, *Nev.* 2 H12
Hickiwan, *Ariz.* 3 U4
Hickman, *Ky.* 7 R6
Hickman, *Nebr.* 4 Q8
Hickok, *Kans.* 4 U3
Hickory, *Ky.* 7 Q8
Hickory, *Miss.* 8 K5
Hiokory, *N.C.* 8 D16
Hickory, *Pa.* 11 N4
Hickory ?, *N.Y.* 11 E16
Hickory, Lake, *N.C.* 8 D16
Hickory Flat, *Miss.* 8 F5
Hickory Knob ▲, *Miss.* 8 G14
Hickory Museum of Art, *Hickory, N.C.* 8 D16
Hickory Ridge, *Ark.* 5 C19
Hickory Run ▲, *Pa.* 11 L13
Hickory Valley, *Tenn.* 8 E5
Hickox, *Ga.* 8 M15
Hickson, *Ont.* 6 M18
Hicksville, *N.Y.* 11 M17
Hicksville, *Ohio* 7 D15
Hico, *Tex.* 5 H12
Hico, *W. Va.* 10 K8
Hicpochee, Lake, *Fla.* 9 L14
Hidalgo, *Ill.* 7 J9
Hidalgo de Parral, *Chihuahua* 3 P3
Hiddenite, *N.C.* 8 D16
Hidden Lake Gardens, *Mich.* 6 Q13
Hidden Springs State Forest, *Ill.* 7 J8
Hidden Timber, *S. Dak.* 4 M5
Hidden Valley ?, *N.Y.* 11 E17
Hidden Valley ?, *Ont.* 6 H20
Hidden Valley ?, *Pa.* 11 N6
Hidden Valley ?, *Wisc.* 6 K8
Higganum, *Conn.* 12 V6
Higgins, *Tex.* 5 C10

Higgins Armory Museum, *Worcester, Mass.* 12 R9
Higgins Lake (Lyon Manor), *Mich.* 6 K12
Higginsport, *Ohio* 7 K16
Highbourn Cay, *Bahamas* 9 Q23
High Bridge, *Ky.* 7 N15
High Bridge, *N.H.* 12 P9
High Bridge, *N.J.* 11 M15
High Cliff ▲, *Wis.* 6 K7
High Desert, *Oreg.* 1 K6
High Falls, *Ga.* 8 J12
High Falls, *N.Y.* 11 J16
High Falls ▲, *Ga.* 8 J12
High Falls Gorge, *Wilmington, N.Y.* 11 B16
High Falls Reservoir, *Wis.* 6 H8
Highgate Center, *Vt.* 12 C4
Highgate Falls, *Vt.* 12 C5
Highgate Springs, *Vt.* 12 C5
High Island, *Alas.* 14 M9
High Island, *Mich.* 6 G11
High Island, *Tex.* 5 L16
High Knob Recreation Area, *Va.* 10 P4
Highland, *Ill.* 7 K6
Highland, *Kans.* 4 R10
Highland, *N.Y.* 11 J16
Highland, *Wis.* 6 M4
Highland ▲, *Mich.* 6 N14
Highland Beach, *Fla.* 9 M16
Highland Falls, *N.Y.* 11 K17
Highland Home, *Ala.* 8 L9
Highland Light, *Mass.* 12 S16
Highland-on-the-Lake, *N.Y.* 11 G7
Highland Park, *Ill.* 7 B9
Highland Park, *Kokomo, Ind.* 7 F12
Highland Park, *Mich.* 6 P15
Highland Park Historical Society, *Highland Park, Ill.* 7 C10
Highland Peak, *Nev.* 2 L15
Highlands, *N.C.* 8 E13
Highlands ?, *N.H.* 12 K10
Highlands Hammock ▲, *Fla.* 9 J13
Highlands Nature Center, *Highlands, N.C.* 8 E13
Highland Springs, *Va.* 10 M18
Highland View, *Fla.* 9 D6
Highline Lake ▲, *Colo.* 3 J8
Highline Trail, *Utah* 3 G7
High Meadows ?, *N.C.* 8 C16
Highmore, *S. Dak.* 4 K6
Highmount ?, *N.Y.* 11 H15
High Plains, *U. S.* 3 G14; 5 B8
High Point, *Miss.* 8 H5
High Point, *N.C.* 8 D17
High Point, *N.J.* 11 K15
High Point ▲, *N.J.* 11 K15
High Point Historical Society Museum, *High Point, N.C.* 8 D17
High Rock, *Bahamas* 9 L20
High Rock Lake, *N.C.* 8 D17
High Rock Lake, *Nev.* 2 E8
High Rolls, *N. Mex.* 3 T12

High Sierra Primitive Area, *Calif.* 2 N9
High Springs, *Fla.* 9 D11
Hightown, *Va.* 10 H12
Hightstown, *N.J.* 11 N16
High Uintas Primitive Area, *Utah* 3 G6
Highway City, *Calif.* 2 N7
Highwood, *Mont.* 1 E16
Highwood Baldy, peak, *Mont.* 1 E16
Higley Flow ▲, *N.Y.* 11 B14
Higüero, Punta, *P.R.* 9 (B) A1
Hiiaka Crater, *Hawaii* 15 P22
Hikiau Heiau ▲, *Hawaii* 15 P19
Hiko, *Nev.* 2 M14
Hiland, *Wyo.* 1 L20
Hilbert, *Wis.* 6 K7
Hilda, *S.C.* 8 H16
Hilden, *N.S.* 13 K17
Hildreth, *Nebr.* 4 Q6
Hilger, *Mont.* 1 E17
Hilham, *Tenn.* 8 C10
Hilina Pali, *Hawaii* 15 P22
Hill, *Conn.* 12 T6
Hill, *N.H.* 12 K9
Hill Air Force Base, *Utah* 3 F5
Hill Air Force Range, *Utah* 3 F3
Hill City, *Idaho* 1 L11
Hill City, *Kans.* 4 S5
Hill City, *Minn.* 4 G11
Hill City, *S. Dak.* 4 L2
Hill Creek, *Utah* 3 H7
Hillcrest, *Ill.* 7 C7
Hillcrest, *N.Y.* 11 H8
Hillcrest Appaloosa Horse Ranch, *Tex.* 5 H14
Hillcrest Heights, *Md.* 10 G19
Hillcrest Park, *Clovis, N. Mex.* 3 R15
Hill Cumorah, *Palmyra, N.Y.* 11 F10
Hillers, Mount, *Utah* 3 L6
Hilliard, *Fla.* 9 B13
Hilliard, *Ohio* 7 G17
Hillman, *Mich.* 6 J13
Hillman ▲, *Pa.* 11 M4
Hill River State Forest, *Minn.* 4 G11
Hillrose, *Colo.* 3 G14
Hills, *Minn.* 4 L8
Hillsboro, *Ga.* 8 J12
Hillsboro, *Ill.* 7 J6
Hillsboro, *Ind.* 7 G10
Hillsboro, *Kans.* 4 T8
Hillsboro, *Ky.* 7 M17
Hillsboro, *Md.* 10 G22
Hillsboro, *Miss.* 8 K4
Hillsboro, *Mo.* 5 T14
Hillsboro, *N. Dak.* 4 F8
Hillsboro, *N.H.* 12 M9
Hillsboro, *N. Mex.* 3 T10
Hillsboro, *Ohio* 7 J17
Hillsboro, *Oreg.* 1 G3
Hillsboro, *Tex.* 5 H13
Hillsboro, *Va.* 10 F17
Hillsboro, *Wis.* 6 L4
Hillsboro, *W. Va.* 10 K10
Hillsboro Lower Village, *N.H.* 12 M8
Hillsborough, *N.B.* 13 H14

Hopi Indian Reservation, *Ariz.* 3 P6
Hopkins, *Mich.* 6 N11
Hopkins, *Mo.* 4 Q10
Hopkins, Mount, *Ariz.* 3 V6
Hopkins Center, *Hanover, Vt.* 12 J7
Hopkins Prairie, *Fla.* 9 E13
Hopkinsville, *Ky.* 7 Q9
Hopkinton, *Iowa* 4 N14
Hopkinton, *Mass.* 12 R10
Hopkinton, *N.H.* 12 L10
Hopkinton, *R.I.* 12 V9
Hopland, *Calif.* 2 J3
Hopper Mountain National Wildlife Refuge, *Calif.* 2 T9
Hopsewee Plantation, *S.C.* 8 H19
Hoquiam, *Wash.* 1 E3
Horace, *Kans.* 4 T3
Horace, *N. Dak.* 4 G8
Horatio, *Ark.* 5 E16
Horatio, *S.C.* 8 G17
Hord Lake ♣, *Nebr.* 4 Q7
Horicon, *Wis.* 6 M7
Horicon National Wildlife Refuge, *Wis.* 6 L7
Horizon Tablemount, *N. Pac. Oc.* 15 Q6
Hormigueros, *P. R.* 9 (B) B1
Hornbeak, *Tenn.* 8 C5
Hornbeck, *La.* 5 J17
Hornbrook, *Calif.* 2 D4
Hornell, *N.Y.* 11 H10
Horner, *W. Va.* 10 F10
Hornersville, *Mo.* 4 W15
Horn Island, *Miss.* 8 N5
Horn Lake, *Miss.* 8 E4
Horn Mountains, *Alas.* 14 J11
Hornsby, *Tenn.* 8 E5
Horntown, *Va.* 10 K23
Horse Branch, *Ky.* 7 P11
Horse Cave, *Ky.* 7 P13
Horse Creek, *Fla.* 9 K12
Horse Creek, *Wyo.* 1 N23
Horse Creek, *Wyo.* 1 P22
Horse Creek Reservoir, *Colo.* 3 K14
Horsehead Lake, *N. Dak.* 4 G5
Horseheads, *N.Y.* 11 H11
Horse Heaven Hills, *Wash.* 1 G7
Horse Lake, *Calif.* 2 F7
Horse Mountain, *N. Mex.* 3 S9
Horseneck Beach ♣, *Mass.* 12 V12
Horse Pasture, *Va.* 10 Q11
Horsepen, *Va.* 10 N7
Horseshoe Beach, *Fla.* 9 E9
Horseshoe Bend, *Idaho* 1 K10
Horseshoe Bend National Memorial Park, *Ala.* 8 J10
Horseshoe Canyon, *Utah* 3 K6
Horseshoe Cove, *Fla.* 9 E10
Horseshoe Creek, *Wyo.* 1 M22
Horseshoe Curve, *Altoona, Pa.* 11 M8
Horseshoe Lake ♣, *Ill.* 7 P6
Horseshoe Reservoir, *Ariz.* 3 R4

Horseshoe Valley ⚲, *Ont.* 6 J19
Horsethief Lake ♣, *Wash.* 1 G5
Hortense, *Ga.* 8 M15
Horton, *Ala.* 8 G9
Horton, *Kans.* 4 R9
Horton Indian Reservation, *N.S.* 13 L15
Hortonville, *N.S.* 13 K15
Hortonville, *Wis.* 6 K7
Hosford, *Fla.* 9 C7
Hoskins, *Nebr.* 4 N8
Hoskinston, *Ky.* 7 Q17
Hosmer, *S. Dak.* 4 J6
Hosta Butte, *N. Mex.* 3 P9
Hotchkiss, *Colo.* 3 K10
Hot Coffee, *Miss.* 8 L4
Hot Creek Range, *Nev.* 2 K12
Hotel de Paris, *Georgetown, Colo.* 3 H12
Hotevilla, *Ariz.* 3 P6
Hotham Inlet, *Alas.* 14 E11
Hotham Peak, *Alas.* 14 E11
Hot Springs, *Ark.* 5 E18
Hot Springs, *Calif.* 2 L4
Hot Springs, *Mont.* 1 E12
Hot Springs, *N.C.* 8 D14
Hot Springs, *S. Dak.* 4 L2
Hot Springs, *Va.* 10 K11
Hot Springs ♣, *Wyo.* 1 K19
Hot Springs National Park, *Ark.* 5 E17
Hot Springs Peak, *Calif.* 2 G7
Hot Springs Peak, *Nev.* 2 E11
Hot Sulphur Springs, *Colo.* 3 H11
Hou, Lua, *Hawaii* 15 P20
Hou, Puu, *Hawaii* 15 R20
Houck, *Ariz.* 3 Q8
Houghton, *Mich.* 6 E7
Houghton, *N.Y.* 11 H9
Houghton, *S. Dak.* 4 H7
Houghton, Point, *Mich.* 6 C7
Houghton, Port, *Alas.* 14 P22
Houghton Lake, *Mich.* 6 K12
Houghton Lake State Forest, *Mich.* 6 K12
Houlka, *Miss.* 8 G5
Houlton, *Me.* 13 G8
Houma, *La.* 5 L20
Houmas House, *La.* 5 K20
Hound Creek, *Mont.* 1 E15
Hound Ears ⚲, *N.C.* 8 C15
Housatonic, *Mass.* 12 R3
Housatonic, river, *Conn.-Mass.* 12 Q4
Housatonic Meadows, *Conn.* 12 T3
Housatonic State Forest, *Conn.* 12 S4, T3
House, *N. Mex.* 3 Q14
House in the Horseshoe, *N.C.* 8 D18
House of Clocks Museum, *French Lick, Ind.* 7 L11
House of History, *Kinderhook, N.Y.* 11 G17
House of InternationalDolls, *Bonshaw, P.E.I.* 13 G17
House of Refuge Museum, *Fla.* 9 K16

House of Seven Gables, *Salem, Mass.* 12 Q13
House of Wickersham, *Juneau, Alas.* 14 N22
House of Yesteryear Museum, *Iron Mountain, Mich.* 6 G8
House on the Rock, *Wis.* 6 M4
House with the Eye, *Leadville, Colo.* 3 J11
Houston, *Del.* 10 G23
Houston, *Minn.* 4 L13
Houston, *Miss.* 8 G5
Houston, *Mo.* 4 U13
Houston, *Tex.* 5 L15
Houston, Lake, *Tex.* 5 L16
Houston Antique Museum, *Chattanooga, Tenn.* 8 E11
Houston Civic Center, *Houston, Tex.* 5 L15
Houtzdale, *Pa.* 11 M8
Hoven, *S. Dak.* 4 J5
Hovenweep National Monument, *Colo.-Utah* 3 M8
Hovland, *Minn.* 4 F14
Howard, *Kans.* 4 U8
Howard, *S. Dak.* 4 L7
Howard City, *Mich.* 6 M11
Howard Dittrick Museum of Historical Medicine, *Cleveland, Ohio* 7 C20
Howard Draw, *Tex.* 5 K8
Howard Pass, *Alas.* 14 D13
Howard Steamboat Museum, *Jefferson, Ind.* 7 M13
Howardsville, *Va.* 10 L15
Howe, *Idaho* 1 K14
Howe, *Ind.* 7 C13
Howe, *Tex.* 5 F14
Howe Caverns, *Howes Cave, N.Y.* 11 G15
Howell, *Mich.* 6 P13
Howells, *Nebr.* 4 P8
Howe Pond State Forest, *Vt.* 12 P5
Howes, *S. Dak.* 4 K3
Howes Cave, *N.Y.* 11 G15
Howesville, *W. Va.* 10 E11
Howkan, *Alas.* 14 R23
Howland, *Me.* 13 K6
Howland House, *Plymouth, Mass.* 12 S13
Hoxie, *Ark.* 5 B19
Hoxie, *Kans.* 4 S4
Hoxie House, *Sandwich, Mass.* 12 T14
Hoya Memorial Library and Museum, *Nacogdoches, Tex.* 5 H16
Hoyleton, *Ill.* 7 L6
Hoyt, *N.B.* 13 J11
Hoyt-Barnum Farmhouse, *Stamford, Conn.* 12 X2
Hoyt Lakes, *Minn.* 4 F12
Hoyt Peak, *Utah* 3 G6
Huachuca City, *Ariz.* 3 V6
Hualalai, peak, *Hawaii* 15 N19
Hualapai Indian Reservation, *Ariz.* 3 P3
Hualapai Mountain Park, *Ariz.* 3 Q2
Hualapai Mountains, *Ariz.* 3 Q2

Hualapai Peak, *Ariz.* 3 Q2
Hubball, *W. Va.* 10 J5
Hubbard, *Ohio* 7 D22
Hubbard, *Tex.* 5 H13
Hubbard, Mount, *Alas.-Yukon Terr.* 14 L19
Hubbard Creek Lake, *Tex.* 5 G11
Hubbard Glacier, *Alas.* 14 L19
Hubbard Lake, *Mich.* 6 J14
Hubbard Park, *Meriden, Conn.* 12 V5
Hubbards, *N.S.* 13 M15
Hubbardston, *Mass.* 12 Q8
Hubbardsville, *N.Y.* 11 G14
Hubbardton Battlefield and Museum, *East Hubbardton, Vt.* 12 J4
Hubbart Lake, *Mont.* 1 D12
Hubbell, *Mich.* 6 D7
Hubbell Trading Post National Historic Site, *Ariz.* 3 P7
Huber Heights, *Ohio* 7 H16
Huckleberrry Road, *Flint, Mich.* 6 N13
Huddleston, *Va.* 10 N12
Huddy, *Ky.* 7 N19
Hudnall Planetarium, *Tyler, Tex.* 5 G15
Hudson, *Fla.* 9 G11
Hudson, *Ill.* 7 F7
Hudson, *Ind.* 7 D14
Hudson, *Iowa* 4 N12
Hudson, *Mass.* 12 Q10
Hudson, *Md.* 10 H21
Hudson, *Me.* 13 L6
Hudson, *Mich.* 6 Q12
Hudson, *N.C.* 8 D16
Hudson, *N.H.* 12 P10
Hudson, *N.Y.* 11 H17
Hudson, *Ohio* 7 D20
Hudson, *S. Dak.* 4 M8
Hudson, *Wis.* 6 H1
Hudson, *Wyo.* 1 M19
Hudson, river, *N.Y.* 11 D16
Hudson, Lake, *Okla.* 5 B15
Hudson Falls, *N.Y.* 11 E17
Hudson Lake, *Ind.* 7 C12
Hudson River Museum, *Yonkers, N.Y.* 11 L17
Hudsonville, *Mich.* 6 N10
Hueco Tanks ▲, *Tex.* 5 H4
Huehue Ranch, *Hawaii* 15 M19
Huelo, *Hawaii* 15 G18
Huerfano, river, *Colo.* 3 L13
Hueston Woods ♣, *Ohio* 7 H15
Hueytown, *Ala.* 8 H8
Huff, *N. Dak.* 4 G5
Hufmans, *Alas.* 14 J16
Huger, *S.C.* 8 J18
Huggins Island, *Alas.* 14 F13
Hugh Butler Lake, *Nebr.* 4 Q4
Hughes, *Alas.* 14 F13
Hughes, *Ark.* 5 D20
Hughes Springs, *Tex.* 5 G16
Hugheston, *W. Va.* 10 J7
Hughesville, *Md.* 10 H19
Hughesville, *Pa.* 11 K11
Hughson, *Calif.* 2 M6

Jefferson, Mount, *Oreg.* 1 J5
Jefferson, river, *Mont.* 1 G15
Jefferson City, *Mo.* 4 T13
Jefferson City, *Mont.* 1 F15
Jefferson City, *Tenn.* 8 C13
Jefferson County Museum, *Charles Town, W. Va.* 10 F16
Jefferson Davis Monument ▲, *Ky.* 7 Q10
Jefferson Davis Memorial ▲, *Ga.* 8 L13
Jefferson Historical Museum, *Jefferson, Iowa* 4 N10
Jefferson Lake ♣, *Ohio* 7 F22
Jefferson Mahanay Memorial Carillon Tower, *Jefferson, Iowa* 4 N10
Jefferson Memorial, *Washington, D. C.* 10 (A)
Jefferson National Expansion Memorial, *St. Louis, Mo.* 4 T15
Jefferson National Forest, *Ky.-Va.* 7 Q19; 10 M10, M12, N4
Jefferson Park, *Va.* 10 N18
Jeffersonton, *Va.* 10 H16
Jeffersontown, *Ky.* 7 M13
Jeffersonville, *Ga.* 8 J13
Jeffersonville, *Ind.* 7 M13
Jeffersonville, *Ky.* 7 M17
Jeffersonville, *Ohio* 7 H17
Jeffersonville, *Vt.* 12 D5
Jeffrey, *W. Va.* 10 K6
Jeffrey City, *Wyo.* 1 M20
Jekyll Island ♣, *Ga.* 8 M16
Jellico, *Ky.* 7 R16
Jellico, *Tenn.* 8 C12
Jemez ▲, *N. Mex.* 3 P11
Jemez Indian Reservation, *N. Mex.* 3 P10
Jemez Springs, *N. Mex.* 3 P11
Jemison, *Ala.* 8 J8
Jemseg, *N.B.* 13 H12
Jemtland, *Me.* 13 E8
Jena, *Fla.* 9 D10
Jena, *La.* 5 H19
Jenkinjones, *W. Va.* 10 M7
Jenkins, *Ky.* 7 P19
Jenkins Ferry Battleground ▲, *Ark.* 5 E18
Jenkinsville, *S.C.* 8 G16
Jenks, *Okla.* 5 C14
Jenners, *Pa.* 11 N7
Jenney Grist Mill, *Plymouth, Mass.* 12 S13
Jennie, *Ark.* 5 F19
Jennings, *Fla.* 9 B10
Jennings, *La.* 5 K18
Jennings, *Mo.* 4 S15
Jenny Jump State Forest, *N.J.* 11 L15
Jenny Lake, *Wyo.* 1 (B) F3
Jenny Lake, ranger station, *Wyo.* 1 (B) F2
Jenny Wiley ♣, *Ky.* 7 N18
Jensen, *Utah* 3 G8
Jensen Beach, *Fla.* 9 K16
Jensen Living Historical Farm, *Logan, Utah* 3 E5
Jensens Camp, *Alas.* 14 F9

Jeremiah Lee Mansion, *Marblehead, Mass.* 12 Q13
Jeremiah Sullivan House, *Madison, Ind.* 7 L14
Jeremy Point, *Mass.* 12 T15
Jericho, *N.Y.* 11 M17
Jericho, *Vt.* 12 E5
Jericho Center, *Vt.* 12 E5
Jericho Springs, *Mo.* 4 U11
Jerimoth Hill, *R.I.* 12 T9
Jermyn, *Pa.* 11 K13
Jermyn, *Tex.* 5 F12
Jerome, *Ariz.* 3 Q4
Jerome, *Idaho* 1 M12
Jerome, *Ill.* 7 H6
Jerome, *Pa.* 11 N7
Jerome State Historic Park Museum, *Jerome, Ariz.* 3 Q4
Jersey Bay, *St. Thomas* 9 (C) A2
Jersey City, *N.J.* 11 M16
Jersey Shore, *Pa.* 11 L10
Jerseyville, *Ill.* 7 J4
Jerusalem, *R.I.* 12 V10
Jesse, *W. Va.* 10 L7
Jesse James and Hundred Dome Caves, *Ky.* 7 Q12
Jesse James Farm, *Mo.* 4 S10
Jesse James Home, *St. Joseph, Mo.* 4 R10
Jessup, *Md.* 10 F19
Jesup, *Ga.* 8 L15
Jesup, *Iowa* 4 N13
Jesup, Lake, *Fla.* 9 F14
Jet, *Okla.* 5 B12
Jetersville, *Va.* 10 M16
Jetmore, *Kans.* 4 T5
Jewel Cave, *Tenn.* 8 C7
Jewel Cave National Monument, *S. Dak.* 4 L2
Jewell, *Iowa* 4 N11
Jewell, *Oreg.* 1 G3
Jewell Ridge, *Va.* 10 N6
Jewell's Country Gardens, *Charlottetown, P.E.I.* 13 G17
Jewett, *Ill.* 7 J8
Jewett, *Ohio* 7 F21
Jewett, *Tex.* 5 J14
Jewett City, *Conn.* 12 U8
Jicarilla Apache Indian Reservation, *N. Mex.* 3 M10
Jigger Johnson Campground, *N.H.* 12 G11
Jiggs, *Nev.* 2 G13
Jim, river, *Alas.* 14 E14
Jim Bowie Museum, *Opelousas, La.* 5 K18
Jim Hogg ▲, *Tex.* 5 H15
Jiminy Peak ?, *Mass.* 12 Q4
Jimmie Rodgers Memorial Museum, *Meridian, Miss.* 8 K5
Jimmy Carter Library and Museum, *Atlanta, Ga.* 8 H11
Jim Thorpe, *Pa.* 11 L13
Jim Woodruff Dam, *Fla.* 9 B6
Jim Woodruff Lock and Dam, *Fla.-Ga.* 8 N11
J. J. Dorand State Forest, *Vt.* 12 L6
J. M. Davis Gun Museum, *Claremore, Okla.* 5 B14

J. M. McDonald Planetarium, *Hastings, Nebr.* 4 Q7
J. N. "Ding" Darling National Wildlife Refuge, *Fla.* 9 M12
Joanna, *S.C.* 8 F15
Joan Whitney Payson Gallery of Art, *Portland, Me.* 13 Q3
Joaquin, *Tex.* 5 H16
Job Peak, *Nev.* 2 H10
Jocassee, Lake, *S.C.* 8 E14
Jockey Ridge ♣, *N.C.* 8 C24
Jodie, *W. Va.* 10 J8
Joe Creek, *Alas.* 14 C18
Joes, *Colo.* 3 H15
Joes Pond, *Vt.* 12 E7
Joe Weatherly Stock Car Museum, *Darlington, S.C.* 8 G18
Joe Wheeler ♣, *Ala.* 8 E8
Joggins, *N.S.* 13 J15
Johannesburg, *Calif.* 2 R11
Johannesburg, *Mich.* 6 J13
John, Cape, *N.S.* 13 H17
John, river, *Alas.* 14 E14
John A. Latsch ♣, *Minn.* 4 K13
John Alden House, *Duxbury, Mass.* 12 S13
John Boyd Thacher ♣, *N.Y.* 11 G16
John Brown Farm, *Lake Placid, N.Y.* 11 C16
John Brown House, Akron, *Ohio* 7 E20
John Brown House, *Providence, R.I.* 12 T10
John Brown Memorial Park, *Kans.* 4 T10
John Brown's Cave, *Nebraska City, Nebr.* 4 Q9
John Bryan ♣, *Ohio* 7 H16
John C. Beasley ♣, *Fla.* 9 C3
John C. Robinson ♣, *Mass.* 12 S6
John Day, *Oreg.* 1 J8
John Day, river, *Oreg.* 1 J6
John Day Dam, *Oreg.-Wash.* 1 G6
John Day Fossil Beds National Monument, *Oreg.* 1 J6
John Deere Historic Site, *Grand Detour, Ill.* 7 C6
John D. Rockefeller Jr. Memorial Parkway, *Wyo.* 1 K16
John E. Pearce ♣, *Ont.* 6 N17
John F. Kennedy Center for the Performing Arts, *Washington, D. C.* 10 G19
John F. Kennedy Grave, *Arlington, Va.* 10 (A)
John F. Kennedy International Airport, *N.Y.* 11 M17
John F. Kennedy Memorials, *Dallas, Tex.* 5 G14
John F. Kennedy National Historic Site, *Boston, Mass.* 12 R12
John F. Kennedy Space Center, *Fla.* 9 G15
John Fox, Jr., Home and Museum, *Big Stone Gap, Va.* 10 P3
John Greenleaf Whittier Birthplace, *Haverhill, Mass.* 12 N12

John Greenleaf Whittier Home, *Amesbury, Mass.* 12 N12
John G. Shedd Aquarium, *Chicago, Ill.* 7 C10
John Haley House, *High Point, N.C.* 8 D17
John Hancock Observatory, *Boston, Mass.* 12 R12
John Hancock Center, *Chicago, Ill.* 7 C10
John H. Kerr Reservoir, *N.C.-Va.* 10 Q15
John James Audubon ▲, *Ky.* 7 N9
John Jay, Mount, *Alas.-B.C.* 14 Q24
John Little ♣, *Calif.* 2 P5
John Long Mountains, *Mont.* 1 F13
John Marshall House, *Richmond, Va.* 10 M18
John Martin Reservoir, *Colo.* 3 K15
John Muir National Historic Site, *Calif.* 2 L4
John Muir Wilderness, *Calif.* 2 M9
John Neeley Bryan Cabin, *Dallas, Tex.* 5 G14
John Paul Jones House, *Portsmouth, N.H.* 12 M13
John Paul Jones State Memorial, *Kittery, Me.* 13 R2
John Pennekamp Coral Reef State Park, *Fla.* 9 Q16
John Rankin House, *Ohio* 7 K17
John Redmond Reservoir, *Kans.* 4 T9
Johnsburg, *N.Y.* 11 D16
Johns Creek, *Va.* 10 M10
Johns Folly Bay, *St. John* 9 (C) A3
Johns Island, *S.C.* 8 J17
Johnson, *Nebr.* 4 Q9
Johnson, *Vt.* 12 D6
Johnson, river, *Alas.* 14 H17
Johnson, river, *Alas.* 14 J9
Johnson Bay, *Md.* 10 J23
Johnsonburg, *Pa.* 11 K8
Johnson City, *Kans.* 4 U3
Johnson City, *N.Y.* 11 H12
Johnson City, *Tenn.* 8 C14
Johnson City, *Tex.* 5 K12
Johnsondale, *Calif.* 2 N9
Johnson Draw, *Tex.* 5 K9
Johnson Hall, *Johnson, N.Y.* 11 F15
Johnson-Humrickhouse Museum, *Coshocton, Ohio* 7 G20
Johnson Lake ♣, *Alas.* 14 M14
Johnson Lake ♣, *Nebr.* 4 Q5
Johnson Lake National Wildlife Refuge, *N. Dak.* 4 F7
Johnson Sauk Trail ♣, *Ill.* 7 D5
Johnsons Pass, *Utah* 3 G4
Johnson's Shut-ins ♣, *Mo.* 4 U14
Johnsonville, *Ill.* 7 L8
Johnsonville, *N.Y.* 11 F17
Johnsonville, *S.C.* 8 G18
Johnston, *R.I.* 12 T10
Johnston, *S.C.* 8 G15

Johnston City, *Ill.* **7** N7

Johnstone Park, *Bartlesville, Okla.* **5** B14

Johnston Key, *Fla.* **9** R13

Johnston Tavern, *Pa.* **11** L5

Johnstonville, *Calif.* **2** G7

Johnstown, *Colo.* **3** G13

Johnstown, *Nebr.* **4** N5

Johnstown, *N.S.* **13** H22

Johnstown, *N.Y.* **11** F15

Johnstown, *Ohio* **7** G18

Johnstown, *Pa.* **11** N7

Johnstown Flood National Memorial, *Pa.* **11** N8

Johnswood, *Mich.* **6** G14

John Tanner ♣, *Ga.* **8** H11

John Wesley Powell Memorial Museum, *Page, Ariz.* **3** M5

John W. Flannagan Reservoir, *Va.* **10** N5

John Wipple House, *Ipswich, Mass.* **12** P13

John W. Kyle ♣, *Miss.* **8** F4

Joiner, *Ark.* **5** C20

Joli, Port, *N.S.* **13** P14

Joliet, *Ill.* **7** D9

Joliet, *Mont.* **1** H18

Jolietville, *Ind.* **7** G12

Jolo, *W. Va.* **10** M6

Jolon, *Calif.* **2** Q5

Jonathan Dickinson ♣, *Fla.* **9** K16

Jones, *Ala.* **8** K8

Jones Beach ♣, *N.Y.* **11** M17

Jonesboro, *Ark.* **5** C19

Jonesboro, *Ga.* **8** H12

Jonesboro, *Ill.* **7** P6

Jonesboro, *Ind.* **7** F13

Jonesboro, *La.* **5** H18

Jonesboro, *Me.* **13** M9

Jonesboro, *Tex.* **5** H12

Jonesborough, *Tenn.* **8** C14

Jonesburg, *Mo.* **4** S14

Jones Creek, *Tex.* **5** M15

Jones Island, *Wash.* **1** (A) C2

Jones Islands, *Alas.* **14** B15

Jones Lake ♣, *N.C.* **8** F19

Jones Library, *Amherst, Mass.* **12** Q6

Jones Mills, *Ark.* **5** E18

Jonesport, *Me.* **13** M8

Jones Springs, *W. Va.* **10** E16

Jonestown, *Miss.* **8** F3

Jonesville, *Ind.* **7** K12

Jonesville, *La.* **5** H19

Jonesville, *Mich.* **6** Q12

Jonesville, *N.C.* **8** C17

Jonesville, *S.C.* **8** F15

Jonesville, *Va.* **10** P2

Joplin, *Mo.* **4** V11

Joplin, *Mont.* **1** C16

Joppa, *Ill.* **7** P7

Joppa, *Md.* **10** E20

Jordan, *Ala.* **8** L6

Jordan, *Mont.* **1** E20

Jordan, *N.Y.* **11** F12

Jordan, *Ont.* **6** (C) A1

Jordan, river, *Mich.* **6** J12

Jordan, river, *N.S.* **13** P13

Jordan, river, *Utah* **3** G5

Jordan, Lake, *Ala.* **8** J9

Jordan Bay, *N.S.* **13** Q13

Jordan Creek, *Oreg.* **1** M9

Jordan Falls, *N.S.* **13** P13

Jordan Lake, *N.S.* **13** N13

Jordan Mines, *Va.* **10** L11

Jordan Valley, *Oreg.* **1** M9

Jornada del Muerto, *N. Mex.* **3** T10

Joseph, *Alas.* **14** H17

Joseph, *Oreg.* **1** H9

Joseph, *Utah* **3** K4

Joseph, Lake, *Ont.* **6** H19

Joseph Allen Skinner ♣, *Mass.* **12** R6

Joseph City, *Ariz.* **3** Q6

Joseph Davis ♣, *N.Y.* **11** E7

Joseph Manigault House, *Charleston, S.C.* **8** J18

Joseph Moore Museum, *Richmond, Ind.* **7** H14

Joseph Smith Historic Center, *Nauvoo, Ill.* **7** F3

Joseph Smith Home, *Palmyra, N.Y.* **11** F10

Joseph T. Smitherman Historic Building, *Selma, Ala.* **8** K8

Joshua Tree, *Calif.* **2** T13

Joshua Tree National Monument, *Calif.* **2** T13

Josiah Bell House, *Beaufort, N.C.* **8** F22

Joslyn Art Museum, *Omaha, Nebr.* **4** P9

Joulter Cays, *Bahamas* **9** P20

Jourdanton, *Tex.* **5** M11

Joy, *Ill.* **7** D4

Joyce, *Wash.* **1** C3

Joyce Kilmer Birthplace, *New Brunswick, N.J.* **12** M15

Joyce Kilmer-Slick Rock Wilderness, *N.C.* **8** E13

J. Paul Getty Museum, *Malibu, Calif.* **2** T9

J. P. Coleman ♣, *Miss.* **8** E6

J. Percy Priest Dam, *Tenn.* **8** C9

J. Percy Priest Lake, *Tenn.* **8** C9

Juana Díaz, *P. R.* **9** (B) B3

Juan De Fuca, Strait of, *Can.-U. S.* **1** C3

Jubilee College ♣, *Ill.* **7** E5

Jubilee Pass, *Calif.* **2** Q12

Jud, *N. Dak.* **4** H6

Judge C. R. Magney ♣, *Minn.* **4** F14

Judge Roy Bean Museum, *Langtry, Tex.* **5** L8

Judique, *N.S.* **13** H21

Judique North, *N.S.* **13** H20

Judith, river, *Mont.* **1** D17

Judith Basin, *Mont.* **1** E17

Judith Gap, *Mont.* **1** F17

Judith Mountains, *Mont.* **1** E18

Judson, *N. Dak.* **4** G4

Judsonia, *Ark.* **5** C19

Judy Creek, *Alas.* **14** B14

Julesburg, *Colo.* **3** F15

Julesburg Reservoir, *Colo.* **3** F15

Julia A. Purnell Museum, *Snow Hill, Md.* **10** J23

Juliaetta, *Idaho* **1** F10

Julian, *Calif.* **2** V12

Julian, *W. Va.* **10** J6

Julia Pfeiffer Burns ♣, *Calif.* **2** P4

Julien Dubuque Monument, *Dubuque, Iowa* **4** N14

Juliette Gordon Low Girl Scout National Center, *Savannah, Ga.* **8** K16

Julius C. Wilkie Steamboat Center, *Winona, Minn.* **4** K14

Julius Sturgis Pretzel House, *Lancaster, Pa.* **11** P12

Jumbo Peak, *Nev.* **2** P15

Jump, river, *Wis.* **6** H4

Jump Creek Canyon, *Idaho* **1** L9

Jumping Branch, *W. Va.* **10** L8

Juncos, *P. R.* **9** (B) A4

Junction, *Tex.* **5** K10

Junction, *Utah* **3** K4

Junction City, *Ark.* **5** F18

Junction City, *Calif.* **2** F3

Junction City, *Ga.* **8** K12

Junction City, *Ill.* **7** L7

Junction City, *Kans.* **4** S8

Junction City, *Ky.* **7** N15

Junction City, *Ohio* **7** H19

Junction City, *Oreg.* **1** J3

Junction City, *Wis.* **6** J5

Juneau, *Alas.* **14** N22

Juneau, *Wis.* **6** M6

June in Winter, Lake, *Fla.* **9** K13

June Lake, *Calif.* **2** M9

June Mountain ⚱, *Calif.* **2** M9

June Park, *Fla.* **9** H15

June Tolliver House, *Big Stone Gap, Va.* **10** P3

Jungle Gardens, *Avery Island, La.* **5** L19

Jungo, *Nev.* **2** F9

Juniata, *Nebr.* **4** Q6

Juniata, river, *Pa.* **11** M9

Junior, *W. Va.* **10** G11

Junior Lake, *Me.* **13** K8

Juniper, *N.B.* **13** F9

Juniper Creek, *Alas.* **14** C16

Juniper Hills ⚱, *N.Y.* **11** C14

Juniper Lake, *Calif.* **2** G6

Juniper Mountain, *Oreg.* **1** M6

Juniper Mountains, *Ariz.* **3** Q3

Junipero Serra Peak, *Calif.* **2** P5

Juniper Peak, *Nev.* **2** H8

Juniper Springs, *Fla.* **9** F13

Junjik, river, *Alas.* **14** D16

Juno, *Tex.* **5** K9

Juno Beach, *Fla.* **9** L16

Juntura, *Oreg.* **1** K8

Jupiter, *Fla.* **9** L16

Jupiter Inlet Beach Colony, *Fla.* **9** L16

Jupiter Island, *Fla.* **9** K16

Justice, *W. Va.* **10** L6

Justiceburg, *Tex.* **5** G9

Justin Smith Morrill Homestead, *Vt.* **12** H7

J. W. Wells ♣, *Mich.* **6** H0

K

Kaaawa, *Hawaii* **15** D11

Kaala, peak, *Hawaii* **15** D10

Kaalawai, *Hawaii* **15** (A)

Kaalualu Bay, *Hawaii* **15** R21

Kaanapali, *Hawaii* **15** G16

Kaapuna Lava Flow of 1950, *Hawaii* **15** Q19

Kabenung Lake, *Ont.* **6** B11

Kabetogama Lake, *Minn.* **4** E11

Kabetogama State Forest, *Minn.* **4** E12

Kabinakagami Lake, *Ont.* **6** A12

Kachemak, *Alas.* **14** M14

Kachemak Bay, *Alas.* **14** M13

Kachemak Bay ♣, *Alas.* **14** M13

Kadleroshilik, river, *Alas.* **14** B16

Kadoka, *S. Dak.* **4** L4

Kaelepulu Pond, *Hawaii* **15** (A)

Kaena Point, *Hawaii* **15** D9

Kaeo, peak, *Hawaii* **15** B2

Kagalaska Island, *Alas.* **14** R19

Kagamil Island, *Alas.* **14** R3

Kagati Lake, *Alas.* **14** L10

Kaguyak, *Alas.* **14** P12

Kaguyak Crater, *Alas.* **14** N12

Kahakuloa, *Hawaii* **15** G16

Kahakuloa Head, *Hawaii* **15** G17

Kahala, *Hawaii* **15** (A)

Kahala Hilton Hotel, *Hawaii* **15** (A)

Kahaluu, *Hawaii, Hawaii* **15** N19

Kahaluu, *Oahu, Hawaii* **15** E11

Kahaluu Beach Park, *Hawaii* **15** N19

Kahaluu Forest Reserve, *Hawaii* **15** N19

Kahana, *Maui, Hawaii* **15** G16

Kahana, *Oahu, Hawaii* **15** D11

Kahana Valley ♣, *Hawaii* **15** D11

Kahei Homesteads, *Hawaii* **15** K19

Kahe Point Beach Park, *Hawaii* **15** (A)

Kahikinui Forest Reserve, *Hawaii* **15** H18

Kahili, peak, *Hawaii* **15** B4

Kahiltna, river, *Alas.* **14** K14

Kahiltna Glacier, *Alas.* **14** J14

Kahiu Point, *Hawaii* **15** F15

Kahiwa Falls, *Hawaii* **15** F15

Kahlotus, *Wash.* **1** F8

Kahoka, *Mo.* **4** Q13

Kaholele Falls, *Wailua, Hawaii* **15** B5

Kaholo Pali, *Hawaii* **15** H14

Kahoolawe, island, *Hawaii* **15** J16

Kahua Ranch, *Hawaii* **15** L19

Kahuku, *Hawaii, Hawaii* 15 R20

Kahuku, *Oahu, Hawaii* 15 D11

Kahuku Forest Reserve, *Hawaii* 15 D11

Kahuku Point, *Hawaii* 15 C10

Kahului, *Hawaii* 15 G17

Kahului Harbor, *Hawaii* 15 G17

Kaibab, *Ariz.* 3 M4

Kaibab Indian Reservation, *Ariz.* 3 M4

Kaibab National Forest, *Ariz.* 3 N4, P4

Kaibab Plateau, *Ariz.* 3 N4

Kaibito, *Ariz.* 3 N5

Kaigani, *Alas.* 14 R23

Kaiholena, peak, *Hawaii* 15 Q21

Kailio Point, *Hawaii* 15 H18

Kailua, *Maui, Hawaii* 15 G18

Kailua, *Oahu, Hawaii* 15 E12

Kailua Bay, *Hawaii, Hawaii* 15 N19

Kailua Bay, *Oahu, Hawaii* 15 E12

Kailua Beach, *Hawaii* 15 (A)

Kailua Beach Park, *Hawaii* 15 (A)

Kailua Kona, *Hawaii* 15 N19

Kaimu, *Hawaii* 15 P23

Kaimu Beach (Black Sand Beach), *Hawaii* 15 P23

Kaimuki, *Hawaii* 15 (A)

Kainaliu, *Hawaii* 15 N19

Kaiona Beach Park, *Hawaii* 15 (A)

Kaipapau Forest Reserve, *Hawaii* 15 D11

Kaiwi Channel, *Hawaii* 15 F13

Kaiyuh Mountains, *Alas.* 14 H11

Kakabeka Falls, *Ont.* 6 B6

Kakabeka Falls ♣, *Ont.* 6 B6

Kakahaia National Wildlife Refuge, *Hawaii* 15 F15

Kaka Point, *Hawaii* 15 J17

Kake, *Alas.* 14 P22

Kakhonak, *Alas.* 14 M12

Kakhonak Lake, *Alas.* 14 M13

Kakio Point, *Hawaii* 15 Q19

Kaktovik, *Alas.* 14 B17

Kaladar, *Ont.* 6 J22

Kalae, *Hawaii* 15 F15

Ka Lae (South Cape), *Hawaii* 15 R20

Kalaeloa, island, *Hawaii* 15 F15

Kalaeloa Harbor, *Hawaii* 15 G15

Kalaheo, *Hawaii* 15 B4

Kalahiki Beach, *Hawaii* 15 P19

Kalahu Point, *Hawaii* 15 H19

Kalakaket Creek Air Force Station, *Alas.* 14 G12

Kalalau Lookout, *Hawaii* 15 A4

Kalalau Valley, *Hawaii* 15 A4

Kalaloch, *Wash.* 1 D2

Kalama, *Wash.* 1 G4

Kalama, river, *Oreg.* 1 G4

Kalama Beach Park, *Hawaii* 15 H16

Kalamazoo, *Mich.* 6 P11

Kalamazoo, river, *Mich.* 6 P10

Kalamazoo Nature Center, *Kalamazoo, Mich.* 6 P11

Kalamazoo Public Museum, *Kalamazoo, Mich.* 6 P11

Kalanianaole Highway, *Hawaii* 15 (A)

Kalaoa, *Hawaii* 15 N19

Kalapana, *Hawaii* 15 P23

Kalaupapa, *Hawaii* 15 F14

Kalaupapa National Historical Park, *Hawaii* 15 F15

Kalaupapa Peninsula, *Hawaii* 15 F14

Kalawao, *Hawaii* 15 F15

Kaldolyeit Lake, *Alas.* 14 F14

Kaleva, *Mich.* 6 K10

Kalgin Island, *Alas.* 14 L13

Kalida, *Ohio* 7 E16

Kalihi, *Hawaii* 15 (A)

Kalihi Kai, *Hawaii* 15 (A)

Kalihi Stream, *Hawaii* 15 (A)

Kalihiwai, *Hawaii* 15 A4

Kalihiwai Bay, *Hawaii* 15 A4

Kalispel Indian Reservation, *Wash.* 1 C10

Kalispell, *Mont.* 1 D12

Kaliuwaa see Sacred Falls, *Hawaii* 15 D11

Kalkaska, *Mich.* 6 J12

Kallands, *Alas.* 14 G13

Kalmia Gardens, *Hartsville, S.C.* 8 F18

Kalmiopsis Wilderness, *Oreg.* 1 M2

Kalohi Channel, *Hawaii* 15 G15

Kaloko-Honokohau National Historical Park, *Hawaii* 15 N18

Kaloli Point, *Hawaii* 15 N23

Kalona, *Iowa* 4 P13

Kalopa ♣, *Hawaii* 15 L21

Kalopa Gulch, *Hawaii* 15 L21

Kalskag, *Alas.* 14 J10

Kaltag, *Alas.* 14 G11

Kaluakauka see Doctor D. Douglas Historical Monument, *Hawaii* 15 M22

Kaluapuhi Pond, *Hawaii* 15 (A)

Kalvesta, *Kans.* 4 T4

Kamakoa Gulch, *Hawaii* 15 L20

Kamakou, peak, *Hawaii* 15 F15

Kamalino, *Hawaii* 15 C1

Kamalo, *Hawaii* 15 G15

Kamalo Harbor, *Hawaii* 15 G15

Kamana, Puu, *Hawaii* 15 (A)

Kamaole, *Hawaii* 15 H17

Kamaole Beach Park, *Hawaii* 15 H17

Kamas, *Utah* 3 G5

Kamay, *Tex.* 5 F11

Kamehameha Heights, *Hawaii* 15 (A)

Kamehameha Highway, *Hawaii* 15 (A)

Kamehameha Schools, *Hawaii* 15 (A)

Kamiah, *Idaho* 1 G11

Kamilo, Lae o, *Hawaii* 15 R21

Kamilo Point, *Hawaii* 15 R21

Kaministiquia, *Ont.* 6 B6

Kaministiquia, river, *Ont.* 6 B6

Kamishak Bay, *Alas.* 14 M13

Kamohio Bay, *Hawaii* 15 J16

Kamoi Point, *Hawaii* 15 Q19

Kamooloa, *Hawaii* 15 D10

Kampsville, *Ill.* 7 J4

Kamuela see Waimea, *Hawaii* 15 L20

Kamuela Museum, *Waimea, Hawaii* 15 L20

Kanab, *Utah* 3 M4

Kanab Creek, *Ariz.* 3 N4

Kanaga Island, *Alas.* 14 R19

Kanaga Pass, *Alas.* 14 R19

Kanaga Sound, *Alas.* 14 R19

Kanaga Volcano, *Alas.* 14 R19

Kanakanak, *Alas.* 14 M10

Kanaloa Point, *Hawaii* 15 J17

Kanapou Bay, *Hawaii* 15 J17

Kanarraville, *Utah* 3 L3

Kanatak, *Alas.* 14 P11

Kanauga, *Ohio* 7 K20

Kanawha, *Iowa* 4 M11

Kanawha, *W. Va.* 10 F7

Kanawha, river, *W. Va.* 10 G5

Kanawha Falls, *W. Va.* 10 K7

Kanawha State Forest, *W. Va.* 10 J6

Kancamagus Highway, *N.H.* 12 G10

Kandik, river, *Alas.* 14 G18

Kane, *Ill.* 7 J4

Kane, *Pa.* 11 J8

Kaneaki Heiau, *Hawaii* 15 D9

Kaneana Cave, *Hawaii* 15 D9

Kanektok, river, *Alas.* 14 L9

Kaneohe, *Hawaii* 15 E11

Kaneohe Bay, *Hawaii* 15 D11

Kaneohe Bay Marine Corps Air Station, *Hawaii* 15 E12

Kaneohe Forest Reserve, *Hawaii* 15 E11

Kaneohe State Hospital, *Hawaii* 15 (A)

Kangaroo Lake, *Wis.* 6 J9

Kangik, *Alas.* 14 B12

Kangilipak, Lake, *Alas.* 14 D12

Kaniksu National Forest, *Idaho-Wash.* 1 C10

Kaniku Lava Flow, *Hawaii* 15 M19

Kankakee, *Ill.* 7 E9

Kankakee, river, *Ind.* 7 D11

Kankakee County Historical Society Museum, *Kankakee, Ill.* 7 E9

Kankakee River ♣, *Ill.* 7 D9

Kannapolis, *N.C.* 8 E16

Kanona, *N.Y.* 11 H10

Kanopolis, *Kans.* 4 T7

Kanopolis ♣, *Kans.* 4 T7

Kanopolis Lake, *Kans.* 4 T7

Kanorado, *Kans.* 4 S3

Kanosh, *Utah* 3 K4

Kansas, *Ala.* 8 G7

Kansas, *Ill.* 7 J9

Kansas, *Vt.* 12 M4

Kansas, river, *Kans.* 4 S8

Kansas, state, *U. S.* 4 T6

Kansas City, *Kans.* 4 S10

Kansas City, *Mo.* 4 S10

Kansas City Museum, *Kansas City, Mo.* 4 S10

Kansas State Historical Society, *Topeka, Kans.* 4 S9

Kansas State University, *Manhattan, Kans.* 4 S8

Kantishna, *Alas.* 14 H14

Kantishna, river, *Alas.* 14 H14

Kantishna Hills, *Alas.* 14 H14

Kanuti, river, *Alas.* 14 F14

Kanuti Flats, *Alas.* 14 F14

Kanuti National Wildlife Refuge, *Alas.* 14 F14

Kaohikaipu Island, *Hawaii* 15 (A)

Kaolak, river, *Alas.* 14 B12

Kapaa, *Hawaii* 15 B5

Kapaa Beach Park, *Hawaii, Hawaii* 15 K19

Kapaa Beach Park, *Kauai, Hawaii* 15 B5

Kapaau (Kohala), *Hawaii* 15 K20

Kapalua Beach, *Hawaii* 15 G16

Kapaoo Point, *Hawaii* 15 Q21

Kapapa Island, *Hawaii* 15 E11

Kapapala Forest Reserve, *Hawaii* 15 P21

Kapapala Ranch, *Hawaii* 15 P21

Ka Pele, Puu, *Hawaii* 15 B3

Kapiolani Park, *Honolulu, Hawaii* 15 F11

Kaplan, *La.* 5 L18

Kapoho, *Hawaii* 15 N24

Kapoho Crater, *Hawaii* 15 P24

Kapoho Lava Flow of 1960, *Hawaii* 15 N24

Kapoho Point, *Hawaii* 15 (A)

Kapowsin, *Wash.* 1 E4

Kapuai, Puu, *Hawaii* 15 (A)

Kapuaiwa Coconut Grove, *Hawaii* 15 F14

Kapue Stream, *Hawaii* 15 M22

Kapukapu, Puu (Sacred Hill), *Hawaii* 15 Q22

Kapulena, *Hawaii* 15 L21

Kapuskasing, river, *Ont.* 6 A15

Karbers Ridge, *Ill.* 7 N8

Karl E. Mundt National Wildlife Refuge, *S. Dak.* 4 M6

Karlsruhe, *N. Dak.* 4 E5

Karlstad, *Minn.* 4 E8

Karluk, *Alas.* 14 P12

Karluk Lake, *Alas.* 14 P12

Karnack, *Tex.* 5 G16

Karnak, *Ill.* 7 P7

Karnes City, *Tex.* 5 M12

Karns City, *Pa.* 11 L6

Kemole Gulch, *Hawaii* 15 M20
Kemp, Lake, *Tex.* 5 F11
Kemp, *Tex.* 5 G14
Kempner, *Tex.* 5 J12
Kempt, *N.S.* 13 M13
Kempton, *Ill.* 7 E8
Kempton, *Ind.* 7 G12
Kempton, *Pa.* 11 M13
Kempton Farm Museum, *Kempton, Pa.* 11 M13
Kemptown, *N.S.* 13 J17
Kempt Shore, *N.S.* 13 K15
Kemptville, *N.S.* 13 P12
Kemptville, *Ont.* 6 H24
Kenai, *Alas.* 14 L14
Kenai, river, *Alas.* 14 L14
Kenai Fjords National Park, *Alas.* 14 M14
Kenai Lake, *Alas.* 14 L15
Kenai Mountains, *Alas.* 14 M14
Kenai National Wildlife Refuge, *Alas.* 14 L14
Kenai Peninsula, *Alas.* 14 L14
Kenansville, *Fla.* 9 J14
Kenansville, *N.C.* 8 E21
Kenbridge, *Va.* 10 P16
Kendall, *Fla.* 9 P16
Kendall, *Kans.* 4 T3
Kendall, *N.Y.* 11 E8
Kendall, *Wis.* 6 L4
Kendallville, *Ind.* 7 D14
Kendall Whaling Museum, *Sharon, Mass.* 12 S11
Kendrick, *Idaho* 1 F10
Kenduskeag, *Me.* 13 L6
Kenedy, *Tex.* 5 M12
Kenel, *S. Dak.* 4 H5
Kenesaw, *Nebr.* 4 Q6
Kenilworth, *Utah* 3 H6
Kenlake ♣, *Ky.* 7 Q8
Kenly, *N.C.* 8 D20
Kenmare, *N. Dak.* 4 E3
Kenmore, *Fredericksburg, Va.* 10 J18
Kenmore, *N.Y.* 11 F8
Kenmore, *Wash.* 1 (A) E4
Konna, *W. Va.* 10 H6
Kennan, *Wis.* 6 G4
Kennard, *Ind.* 7 H13
Kennard, *Tex.* 5 J15
Kennebago Lake, *Me.* 13 K2
Kennebec, *S. Dak.* 4 H5
Kennebec, river, *Me.* 13 K4
Kennebecasis, river, *N.B.* 13 J12
Kennebunk, *Me.* 13 Q2
Kennebunk Beach, *Me.* 13 Q2
Kennebunkport, *Me.* 13 Q3
Kennedy, *Ala.* 8 H7
Kennedy, *Minn.* 4 E8
Kennedy, *N.Y.* 11 H7
Kennedy, Cape *see* Canaveral, Cape, *Fla.* 9 G15
Kennedy Creek, *Mont.* 1 (C) B3
Kennedy Entrance, *Alas.* 14 M13
Kennedy Space Center Headquarters, *Fla.* 9 (A)
Kennedyville, *Md.* 10 E21
Kenner, *La.* 5 K21

Kennesaw, *Ga.* 8 G11
Kennesaw Mountain National Battlefield Park, *Ga.* 8 G11
Kennetcook, *N.S.* 13 K16
Kennetcook, river, *N.S.* 13 K16
Kennett, *Mo.* 4 W15
Kennett Square, *Pa.* 11 P13
Kennewick, *Wash.* 1 G7
Kenney, *Ill.* 7 G7
Kennicott, *Alas.* 14 K17
Keno, *Oreg.* 1 N4
Kénogami, Lac, *Que.* 13 A1
Kenogamissi Lake, *Ont.* 6 C16
Kenora, *Ont.* 4 C10
Kenosha, *Wis.* 6 P8
Kenova, *W. Va.* 10 H4
Kensal, *N. Dak.* 4 G6
Kensett, *Ark.* 5 D19
Kensington, *Kans.* 4 R6
Kensington, *Md.* 10 F18
Kensington, *Minn.* 4 J9
Kensington, *N.H.* 12 N12
Kensington, *P.E.I.* 13 F17
Kent, *Ala.* 8 J9
Kent, *Conn.* 12 U3
Kent, *Ohio* 7 D21
Kent, *Oreg.* 1 H6
Kont, *Tex.* 5 J5
Kent, *Wash.* 1 E4
Kent-Delord House Museum, *Plattsburgh, N.Y.* 11 B17
Kentenia State Forest, *Ky.* 7 Q18
Kent Falls ♣, *Conn.* 12 T3
Kent Furnace, *Conn.* 12 U3
Kent Iron Furnace, *Kent Furnace, Conn.* 12 U3
Kent Island, *Del.* 10 F23
Kent Island, *Md.* 10 G21
Kent Junction, *N.B.* 13 F13
Kentland, *Ind.* 7 F10
Kenton, *Del.* 10 F22
Kenton, *Ky.* 7 K15
Kenton, *Mich.* 6 F7
Kenton, *Ohio* 7 F17
Kenton, *Okla.* 5 A7
Kenton, *Tenn.* 8 C5
Kents Corner, *Vt.* 12 F6
Kents Hill, *Me.* 13, M4
Kents Tavern Museum, *Kents Corner, Vt.* 12 F6
Kentuck, *W. Va.* 10 H7
Kentucky, river, *Ky.* 7 N16
Kentucky, state, *U.S.* 7 P10
Kentucky Dam Village ♣, *Ky.* 7 Q8
Kentucky History Museum, *Frankfort, Ky.* 7 M15
Kentucky Horse Park, *Lexington, Ky.* 7 M15
Kentucky Lake, *Ky.* 7 Q8
Kentucky Lake, *Tenn.* 8 D7
Kentucky Military History Museum, *Frankfort, Ky.* 7 M15
Kentucky Railway Museum, *Louisville, Ky.* 7 M13
Kentucky Ridge State Forest, *Ky.* 7 Q16
Kentucky Horse Park ♣, *Ky.* 7 M15
Kentucky State University, *Frankfort, Ky.* 7 M15

Kentville, *N.S.* 13 L15
Kentwood, *La.* 5 J20
Kentwood, *Mich.* 6 N11
Kenyon, *Minn.* 4 K12
Kenyon, *R.I.* 12 V10
Keokea, *Hawaii, Hawaii* 15 P19
Keokea, *Maui, Hawaii* 15 H17
Keokee, *Va.* 10 P3
Keokeo, Puu o, *Hawaii* 15 Q20
Keokuk, *Iowa* 4 Q14
Keokuk River Museum, *Keokuk, Iowa* 4 Q14
Keolu Hills, *Hawaii* 15 (A)
Keomuku, *Hawaii* 15 G15
Keoneoio, *Hawaii* 15 H17
Keosauqua, *Iowa* 4 Q13
Keota, *Iowa* 4 P13
Keota, *Okla.* 5 D15
Keowee, Lake, *S.C.* 8 F14
Keppoch Mountain ?, *N.S.* 13 J19
Kepuhi, *Hawaii* 15 F14
Kerby, *Oreg.* 1 M2
Kerens, *Tex.* 5 H14
Kerhonkson, *N.Y.* 11 J16
Kerkhoven, *Minn.* 4 J9
Kerman, *Calif.* 2 N7
Kermit, *Tex.* 5 H7
Kermit, *W. Va.* 10 K4
Kern, river, *Calif.* 2 P10
Kern Canyon, *Calif.* 2 P9
Kernersville, *N.C.* 8 C17
Kern National Wildlife Refuge, *Calif.* 2 Q8
Kernville, *Calif.* 2 Q10
Kerr, Lake, *Fla.* 9 E13
Kerr Dam, *Va.* 10 Q15
Kerrick, *Tex.* 5 B8
Kerr Museum, *Poteau, Okla.* 5 D16
Kerrville, *Tex.* 5 L11
Kerrville ♣, *Tex.* 5 L11
Kersey, *Colo.* 3 G13
Kersey, *Pa.* 11 K8
Kershaw, *S.C.* 8 F17
Kershaw-Ryan ♣, *Nev.* 2 M15
Keshena, *Wis.* 6 J7
Keshena Falls, *Wis.* 6 J7
Kessinger, *Ky.* 7 P13
Kessler, *W. Va.* 10 K9
Kesterson National Wildlife Refuge, *Calif.* 2 M6
Keswick, *N.B.* 13 H10
Keswick, river, *N.B.* 13 G10
Ketchem Creek ♣, *Alas.* 14 F17
Ketch Harbour, *N.S.* 13 M17
Ketchikan, *Alas.* 14 Q24
Ketchum, *Idaho* 1 L12
Ketchum, *Okla.* 5 B15
Ketik, river, *Alas.* 14 B12
Ketok Mountain, *Alas.* 14 L11
Kettering, *Ohio* 7 H16
Kettle, river, *Minn.* 4 H12
Kettlebowl ?, *Wis.* 6 H7
Kettle Creek, *Pa.* 11 K9
Kettle Creek ♣, *Pa.* 11 K9
Kettle Falls, *Wash.* 1 C9
Kettleman City, *Calif.* 2 Q7
Kettle Moraine State Forest, *Wis.* 6 L7, N7

Kettle River, *Minn.* 4 H12
Kettle River Range, *Wash.* 1 C8
Kettletown ♣, *Conn.* 12 V4
Keuka, *N.Y.* 11 G11
Keuka Lake, *N.Y.* 11 G11
Keuka Lake ♣, *N.Y.* 11 G11
Keuka Park, *N.Y.* 11 G11
Keuterville, *Idaho* 1 G10
Kevil, *Ky.* 7 Q7
Kevin, *Mont.* 1 C15
Kewanee, *Ill.* 7 D6
Kewanee, *Miss.* 8 K6
Kewanna, *Ind.* 7 E12
Kewaskum, *Wis.* 6 M7
Kewaunee, *Wis.* 6 K8
Keweenaw Bay, *Mich.* 6 E7
Keweenaw Bay Indian Reservation, *Mich.* 6 E7
Keweenaw Peninsula, *Mich.* 6 D8
Keweenaw Point, *Mich.* 6 D8
Keya Paha, river, *S. Dak.* 4 M5
Key Bridge, *Washington, D.C.* 10 (A)
Key Colony Beach, *Fla.* 9 R15
Keyes, *Calif.* 2 M6
Keyes, *Okla.* 5 B8
Keyesport, *Ill.* 7 K6
Key Harbour, *Ont.* 6 G17
Keyhole ♣, *Wyo.* 1 J23
Keyhole Reservoir, *Wyo.* 1 J22
Key Largo, *Fla.* 9 Q15
Key Largo, *Fla.* 9 Q16
Keyport, *Wash.* 1 (A) E3
Keyser, *W. Va.* 10 E14
Keystone, *Ind.* 7 F14
Keystone, *Nebr.* 4 N3
Keystone, *S. Dak.* 4 L2
Keystone, *Wash.* 1 (A) D3
Keystone, *W. Va.* 10 M7
Keystone ?, *Colo.* 3 H11
Keystone ♣, *Okla.* 5 C14
Keystone ♣, *Pa.* 11 N6
Keystone Canyon, *Alas.* 14 L16
Keystone Heights, *Fla.* 9 D12
Keystone Lake, *Okla.* 5 B14
Keystone Lake, *Pa.* 11 M7
Keystone Peak, *Ariz.* 3 U5
Keys View, peak, *Calif.* 2 T13
Keysvillo, *Ga.* 8 H15
Keysville, *Va.* 10 N15
Keytesville, *Mo.* 4 S12
Key West, *Fla.* 9 R13
Key West Aquarium, *Key West, Fla.* 9 R13
Key West National Wildlife Refuge, *Fla.* 9 R12
Key West Naval Air Station, *Fla.* 9 R13
Kezar Falls, *Me.* 13 P2
Kezar Lake, *Me.* 13 N1
Kgun Lake, *Alas.* 14 J8
Khotol, river, *Alas.* 14 G11
Khotol Mountain, *Alas.* 14 G11
Ki, Puu, *Hawaii* 15 D11
Kiahsville, *W. Va.* 10 K5
Kiakeana Point, *Hawaii* 15 J18
Kialegak Mountains, *Alas.* 14 G7

Kiamichi, river, *Okla.* 5 E15
Kiamichi Mountain, *Okla.* 5 E15
Kiana, *Alas.* 14 E11
Kiasutha Recreation Area, *Pa.* 11 J7
Kiawah Island, *S.C.* 8 J18
Kichatna Mountains, *Alas.* 14 J13
Kickapoo, *Ill.* 7 E6
Kickapoo ♣, *Ill.* 7 G9
Kickapoo, river, *Wis.* 6 M4
Kickapoo, Lake, *Tex.* 5 F11
Kickapoo Indian Caverns, *Wis.* 6 M3
Kickapoo Indian Reservation, *Kans.* 4 R9
Kidder, *S. Dak.* 4 H7
Kidron, *Ohio* 7 F20
Kief, *N. Dak.* 4 F5
Kiekie, *Hawaii* 15 C1
Kiel, *Wis.* 6 L7
Kiester, *Minn.* 4 L11
Kigalik, river, *Alas.* 14 C13
Kigluaik Mountains, *Alas.* 14 F9
Kigoumiut, *Alas.* 14 K7
Kigun, Cape, *Alas.* 14 R20
Kihei, *Hawaii* 15 H17
Kiholo, *Hawaii* 15 M19
Kiholo Bay, *Hawaii* 15 M19
Kii Landing, *Hawaii* 15 B2
Kii Lava Flow of 1955, *Hawaii* 15 P24
Kijik, *Alas.* 14 L12
Kikegtek Island, *Alas.* 14 K8
Kikiakrorak, river, *Alas.* 14 C14
Kikoa Point, *Hawaii* 15 H15
Kila, *Mont.* 1 D12
Kilauea, *Hawaii* 15 A5
Kilauea Bay, *Hawaii* 15 A5
Kilauea Crater, *Hawaii* 15 P22
Kilauea Forest Reserve, *Hawaii* 15 P22
Kilauea Iki Crater, *Hawaii* 15 P22
Kilauea Lighthouse, *Hawaii* 15 A5
Kilbourne, *Ill.* 7 G5
Kilbuck Mountains, *Alas.* 14 L10
Kilburn, *N.B.* 13 F8
Kildare, Cape, *P.E.I.* 13 E16
Kilen Woods ♣, *Minn.* 4 L10
Kilgore, *Idaho* 1 K15
Kilgore, *Nebr.* 4 M4
Kilgore, *Tex.* 5 G16
Kiligwa, river, *Alas.* 14 C12
Kilimantavi, *Alas.* 14 A12
Kiliuda Bay, *Alas.* 14 P13
Killala Lake, *Ont.* 6 A10
Killarney, *Ont.* 6 G16
Killarney, Lake, *Bahamas* 9 Q21
Killarney Provincial Park, *Ont.* 6 G17
Killbear Point ♣, *Ont.* 6 H18
Kill Buck, *N.Y.* 11 H8
Killbuck, *Ohio* 7 F19
Killcohock National Wildlife Refuge, *N.J.* 11 Q13
Killcohook National Wildlife Refuge, *Del.* 10 D22
Killdeer, *N. Dak.* 4 F3

Killdeer Battlefield ▲, *N. Dak.* 4 (A) C3
Killdeer Mountains, *N. Dak.* 4 F3
Kill Devil Hills, *N.C.* 8 C24
Killeak Lakes, *Alas.* 14 E10
Killeen, *Tex.* 5 J12
Killen, *Ala.* 8 E7
Killens Pond ♣, *Del.* 10 F23
Killik, river, *Alas.* 14 C14
Killington, *Vt.* 12 J6
Killington Basin ⸮, *Vt.* 12 J5
Killingworth, *Conn.* 12 V6
Kilmarnock, *Va.* 10 L21
Kilmichael, *Miss.* 8 H4
Kiln, *Miss.* 8 N4
Kilokak, Cape, *Alas.* 14 P11
Kim, *Colo.* 3 M15
Kimball, *Nebr.* 4 P1
Kimball, *S. Dak.* 4 L6
Kimball, *Tenn.* 8 E10
Kimball, *W. Va.* 10 M7
Kimball, Mount, *Alas.* 14 J17
Kimballton, *Va.* 10 M9
Kimbell Art Museum, *Fort Worth, Tex.* 5 G13
Kimberley, *Ont.* 6 K18
Kimberly, *Ala.* 8 G8
Kimberly, *Idaho* 1 M12
Kimberly, *Nev.* 2 J14
Kimberly, *Oreg.* 1 J7
Kimberly, *Wis.* 6 K7
Kimberly, *W. Va.* 10 J7
Kimbrough, *Ala.* 8 K7
Kimmell, *Ind.* 7 D13
Kinak Bay, *Alas.* 14 K8
Kinard, *Fla.* 9 C6
Kincaid, *Ill.* 7 H6
Kincaid, *W. Va.* 10 K7
Kincaid Lake ♣, *Ky.* 7 L15
Kincardine, *Ont.* 6 K16
Kinde, *Mich.* 6 L15
Kinder, *La.* 5 K18
Kinderhook, *Ill.* 7 H3
Kinderhook, *N.Y.* 11 G17
Kindred, *N. Dak.* 4 G8
Kinegnak, *Alas.* 14 M9
Kineo, Mount, *Me.* 13 J4
King, *N.C.* 8 C17
King, *Wis.* 6 K6
King and Queen Courthouse, *Va.* 10 L19
King City, *Calif.* 2 P6
King City, *Mo.* 4 R10
King Cove, *Alas.* 14 Q8
Kingdom Come ♣, *Ky.* 7 Q18
King Ferry, *N.Y.* 11 G12
Kingfield, *Me.* 13 L3
Kingfisher, *Okla.* 5 C12
King George, *Va.* 10 J18
King Hill, *Idaho* 1 M11
King Hooper Mansion, *Marblehead, Mass.* 12 Q13
King Island, *Alas.* 14 E8
King Kamehameha I Birthplace, *Hawaii* 15 K19
King Kamehameha I Statue, *Kapaau, Hawaii* 15 K20
King Lear Peak, *Nev.* 2 F9
Kingman, *Ariz.* 3 Q2
Kingman, *Ind.* 7 H10
Kingman, *Kans.* 4 U7
Kingman ♣, *Kans.* 4 U6

Kingman Museum of Natural History, *Battle Creek, Mich.* 6 P12
King Mountain, *Oreg.* 1 K8
King Mountain, *Tex.* 5 J8
King Pine ⸮, *N.H.* 12 H12
King Ranch, *Tex.* 5 P12
King Range National Conservation Area, *Calif.* 2 G1
King Ridge ⸮, *N.H.* 12 K8
Kingross, *N.S.* 13 F22
Kings, *Ill.* 7 B7
Kings, river, *Ark.* 5 B17
Kings, river, *Calif.* 2 N9
Kings, river, *Nev.* 2 E10
King's County Museum, *Hampton, N.B.* 13 J13
King Salmon, *Alas.* 14 N11
King Salmon, river, *Alas.* 14 L11
Kings Beach, *Calif.* 2 J7
Kingsboro, *P.E.I.* 13 F20
Kingsburg, *Calif.* 2 P8
Kingsburg, *N.S.* 13 N15
Kingsbury, *Ind.* 7 D11
Kingsbury Lake, *Mont.* 1 E16
Kings Canyon, *Calif.* 2 N9
Kings Canyon National Park, *Calif.* 2 N9
Kingsclear, *N.B.* 13 H10
Kingsclear 6 Indian Reservation, *N.B.* 13 H10
Kings Dominion, *Va.* 10 L18
Kingsdown, *Kans.* 4 U5
Kings Ferry, *Fla.* 9 B13
Kingsford, *Mich.* 6 G7
Kingsford Heights, *Ind.* 7 D11
Kings Hill ⸮, *Mont.* 1 F16
Kings Island, *Lebanon, Ohio* 7 J16
Kingsland, *Ark.* 5 E18
Kingsland, *Ga.* 8 N15
Kingsland, *Tex.* 5 K12
Kings Landing Historical Settlement, *N.B.* 13 H9
Kingsley, *Fla.* 9 D12
Kingsley, *Iowa* 4 N9
Kingsley, *Mich.* 6 K11
Kingsley Dam, *Nebr.* 4 P3
Kingsley Lake, *Fla.* 9 D12
Kingsley Plantation State Historic Site, *Ft. George Island, Fla.* 9 C15
Kingsmill, *Tex.* 5 C9
Kings Mountain, *Ky.* 7 P15
Kings Mountain National Memorial Park, *S.C.* 8 E16
Kings Mountain, *N.C.* 8 E16
Kings Mountain ▲, *S.C.* 8 E16
Kings Peak, *Calif.* 2 G1
Kings Peak, *Utah* 3 G7
Kingsport, *N.S.* 13 K15
Kingsport, *Tenn.* 8 C14
Kingsport Fine Arts Center, *Kingsport, Tenn.* 8 C14
Kings Slough Village, *Alas.* 14 F16
Kingston, *Ark.* 5 C17
Kingston, *Ga.* 8 G11
Kingston, *Idaho* 1 E10
Kingston, *Mass.* 12 S13
Kingston, *Mich.* 6 M14
Kingston, *Mo.* 4 R11

Kingston, *N.H.* 12 N12
Kingston, *N.S.* 13 L14
Kingston, *N.Y.* 11 J16
Kingston, *Ohio* 7 J18
Kingston, *Okla.* 5 E13
Kingston, *Ont.* 6 K23
Kingston, *Pa.* 11 K13
Kingston, *R.I.* 12 V10
Kingston, *Tenn.* 8 D12
Kingston, *Utah* 3 K4
Kingston, *Wash.* 1 D4
Kingston ♣, *N.H.* 12 N12
Kingston Mines, *Ill.* 7 F6
Kingston Peak Recreation Land, *Calif.* 2 Q13
Kingston Range, *Calif.* 2 Q13
Kingston Springs, *Tenn.* 8 C8
Kingston Wash, *Calif.* 2 Q13
Kings Town, *Md.* 10 F21
Kingstree, *S.C.* 8 H18
Kingsville, *N.S.* 13 H21
Kingsville, *Ohio* 7 C22
Kingsville, *Ont.* 6 Q15
Kingsville, *Tex.* 5 P12
Kingsville Naval Air Station, *Tex.* 5 P13
Kingswood, *Ky.* 7 N12
King William, *Va.* 10 L19
King William Street, *San Antonio, Tex.* 5 L11
Kingwood, *W. Va.* 10 E11
Kingwood Center and Gardens, *Mansfield, Ohio* 7 E19
Kinipaghulghat Mountains, *Alas.* 14 G7
Kinkora, *P.E.I.* 13 G17
Kinlichee, *Ariz.* 3 P8
Kinloch, *Va.* 10 K15
Kinmount, *Ont.* 6 J20
Kinnear, *Wyo.* 1 L18
Kinney Pioneer Museum, *Clear Lake, Iowa* 4 M12
Kinross, *Mich.* 6 (A) B2
Kinsale, *Va.* 10 K20
Kinsey, *Mont.* 1 F21
Kinsley, *Kans.* 4 U5
Kinsman, *Ohio* 7 D22
Kinston, *Ala.* 8 M9
Kinston, *N.C.* 8 E21
Kintla Glacier, *Mont.* 1 (C) B1
Kintla Lake, *Mont.* 1 B12
Kintla Lake, ranger station, *Mont.* 1 (C) B1
Kintla Peak, *Mont.* 1 (C) B2
Kintyre, *N. Dak.* 4 G5
Kinzua, *Oreg.* 1 H6
Kinzua Bridge ♣, *Pa.* 11 J8
Kinzua Dam, *Pa.* 11 J7
Kiokluk Mountains, *Alas.* 14 K11
Kiona, *Wash.* 1 G7
Kiowa, *Colo.* 3 J13
Kiowa, *Kans.* 4 V6
Kiowa, *Mont.* 1 C5
Kiowa, *Okla.* 5 D14
Kiowa National Grasslands, *N. Mex.* 3 N13
Kipahoehoe Bay, *Hawaii* 15 Q19
Kipahulu, *Hawaii* 15 H18
Kipahulu Forest Reserve, *Hawaii* 15 H18
Kipahulu Valley, *Hawaii* 15 H18

Kipapa Stream, *Hawaii* **15** (A)
Kipawa, Lac, *Que.* **6** E20
Kipchuk, river, *Alas.* **14** K10
Kipmik, Lake, *Alas.* **14** D13
Kipnuk, *Alas.* **14** L8
Kiptopeke Beach, *Va.* **10** N21
Kirby, *Ark.* **5** E17
Kirby, *Mont.* **1** H20
Kirby, *Tex.* **5** L12
Kirbyville, *Tex.* **5** K17
Kirk, *Colo.* **3** H15
Kirkland, *Ga.* **8** M14
Kirkland, *Ill.* **7** B8
Kirkland, *Tex.* **5** E10
Kirkland, *Wash.* **1** D4
Kirkland Fine Arts Center, *Decatur, Ill.* **7** H7
Kirkland Lake, *Ont.* **6** B18
Kirklin, *Ind.* **7** G12
Kirksville, *Mo.* **4** R12
Kirkwood, *Ill.* **7** E4
Kirkwood, *Mo.* **4** T15
Kirkwood, *N.Y.* **11** H13
Kirtland, *N. Mex.* **3** N9
Kirtland, *Ohio* **7** C21
Kirtland Air Force Base, *N. Mex.* **3** Q11
Kirtland Warbler National Wildlife Refuge, *Mich.* **6** K13
Kirwin National Wildlife Refuge, *Kans.* **4** R6
Kirwin Reservoir, *Kans.* **4** R5
Kisaralik, river, *Alas.* **14** K10
Kisatchie National Forest, *La.* **5** G18, H18
K. I. Sawyer Air Force Base, *Mich.* **6** F9
Kiser Lake ♣, *Ohio* **7** G16
Kiska Harbor, *Alas.* **14** R16
Kiska Island, *Alas.* **14** R16
Kiska Volcano, *Alas.* **14** Q16
Kiskiminetas, river, *Pa.* **11** M6
Kismet, *Kans.* **4** U4
Kissimmee, *Fla.* **9** H13
Kissimmee, river, *Fla.* **9** K14
Kissimmee, Lake, *Fla.* **9** H14
Kissimmee Park, *Fla.* **9** H14
Kissing Bridge ⸮, *N.Y.* **11** G8
Kistler, *W. Va.* **10** L6
Kit Carson, *Calif.* **2** K7
Kit Carson, *Colo.* **3** J15
Kit Carson Home and Museum, *Taos, N. Mex.* **3** N12
Kit Carson Memorial ♣, *N. Mex.* **3** N12
Kitchener, *Ont.* **6** M18
Kite, *Ga.* **8** J14
Kitsap Memorial ♣, *Wash.* **1** (A) E2
Kittanning, *Pa.* **11** L6
Kittatinny Mountains, *N.J.-Pa.* **11** L15
Kittery, *Me.* **13** R2
Kittery Historical and Naval Museum, *Kittery, Me.* **13** R2
Kittery Island, *Hawaii* **15** L3
Kittery Point, *Me.* **13** R2
Kittitas, *Wash.* **1** E6
Kitt Peak, *Ariz.* **3** U5
Kitt Peak National Observatory, *Ariz.* **3** U4

Kittrell, *N.C.* **8** C20
Kitts Hammock, *Del.* **10** F23
Kitty Hawk, *N.C.* **8** C24
Kitzmiller, *Md.* **10** E13
Kivalina, *Alas.* **14** C10
Kivalina, river, *Alas.* **14** C10
Kivalina Lagoon, *Alas.* **14** C10
Kividlo, *Alas.* **14** D9
Kivliktort Mountain, *Alas.* **14** D13
Kiwalik, *Alas.* **14** E10
Kiwalik, river, *Alas.* **14** F10
Kiwalik Lagoon, *Alas.* **14** E10
Klamath, *Calif.* **2** E2
Klamath, river, *Calif.-Oreg.* **1** N4; **2** E3
Klamath Agency, *Oreg.* **1** M4
Klamath Falls, *Oreg.* **1** N4
Klamath Forest National Wildlife Refuge, *Oreg.* **1** M4
Klamath Glen, *Calif.* **2** E2
Klamath Mountains, *Calif.* **2** E3
Klamath National Forest, *Calif.-Oreg.* **1** N3; **2** E3
Klamath River, *Calif.* **2** D4
Klawock, *Alas.* **14** Q23
Klein Museum, *Mobridge, S. Dak.* **4** J5
Klery Creek, *Alas.* **14** D11
Klickitat, *Wash.* **1** G5
Klickitat, river, *Wash.* **1** G5
Klikitarik, *Alas.* **14** H10
Kline, *S.C.* **8** J16
Klondike, *Ind.* **7** F11
Klondike, river, *Yukon Terr.* **14** H19
Klondike Gold Rush National Historical Park, *Alas.* **14** M21
Kloten, *N. Dak.* **4** F7
Klug Gulch, peak, *Idaho* **1** J12
Klukwan, *Alas.* **14** M21
Klutina Lake, *Alas.* **14** K16
Knapp, *Wis.* **6** H2
Knapp Creek, *N.Y.* **11** H8
Knickerbocker, *Tex.* **5** J9
Knife, river, *N. Dak.* **4** G3
Knifeblade Ridge, *Alas.* **14** C13
Knife River, *Minn.* **4** G13
Knife River Indian Villages National Historic Site, *N. Dak.* **4** (A) C5
Knifley, *Ky.* **7** P14
Knightdale, *N.C.* **8** D20
Knight Island, *Alas.* **14** L15
Knights Landing, *Calif.* **2** K5
Knightstown, *Ind.* **7** H13
Knightsville, *Ind.* **7** J11
Knik, *Alas.* **14** K15
Knik Arm, *Alas.* **14** K14
Knik Glacier, *Alas.* **14** K15
Kniman, *Ind.* **7** E11
Knippa, *Tex.* **5** M10
Knob Fork, *W. Va.* **10** D9
Knob Lick, *Ky.* **7** Q13
Knobly Mountain, *W. Va.* **10** F13
Knob Noster, *Mo.* **4** S11
Knobs State Forest, *Ky.* **7** N13
Knollwood, *Conn.* **12** W7

Knollwood, *W. Va.* **10** J6
Knott, *Tex.* **5** G8
Knott's Berry Farm, *Los Angeles, Calif.* **2** T9
Knotts Island, *N.C.* **8** B23
Knottsville, *Ky.* **7** N11
Knowles, *Okla.* **5** B10
Knowlesville, *N.Y.* **11** E9
Knox, *Ind.* **7** D11
Knox, *N. Dak.* **4** E6
Knox, *Pa.* **11** K6
Knoxboro, *N.Y.* **11** F13
Knox City, *Tex.* **5** F10
Knox Dale, *Pa.* **11** L7
Knox Headquarters, *Newburgh, N.Y.* **11** K17
Knox Lake, *Ohio* **7** F19
Knoxville, *Ga.* **8** J12
Knoxville, *Ill.* **7** E5
Knoxville, *Iowa* **4** P12
Knoxville, *Pa.* **11** J10
Knoxville, *Tenn.* **8** D13
Knoxville Zoological Park, *Knoxville, Tenn.* **8** D13
Koali, *Hawaii* **15** H19
Kobuk, *Alas.* **14** E12
Kobuk, river, *Alas.* **14** E12
Kobuk Valley National Park, *Alas.* **14** D12
Koch Peak, *Mont.* **1** J15
Kodachrome Basin ♣, *Utah* **3** L5
Kodiak, *Alas.* **14** P13
Kodiak, United States Coast Guard Support Center, *Alas.* **14** P13
Kodiak Island, *Alas.* **14** P12
Kodiak National Wildlife Refuge, *Alas.* **14** N12, P12
Kodonce River ♣, *Minn.* **4** F14
Koehler, *Va.* **10** Q11
Koehn Lake, *Calif.* **2** R10
Kofa Game Range, *Ariz.* **3** S2
Kofa Mountains, *Ariz.* **3** S2
Koggiung, *Alas.* **14** M11
Kogosukruk, river, *Alas.* **14** C14
Kogru, river, *Alas.* **14** B14
Kogrukluk, river, *Alas.* **14** L11
Kohala, district, *Hawaii* **15** L20
Kohala Forest Reserve, *Hawaii* **15** L20
Kohala Mill see Halaula, *Hawaii* **15** K20
Kohala Mountains, *Hawaii* **15** L20
Kohala see Kapaau, *Hawaii* **15** K20
Kohelepelepe, peak, *Hawaii* **15** (A)
Kohler, *Wis.* **6** L8
Kohler-Andrae ♣, *Wis.* **6** L8
Kokechik Bay, *Alas.* **14** J7
Kokee, *Hawaii* **15** A3
Kokee ♣, *Hawaii* **15** A4
Kokee Natural History Museum, *Kokee, Hawaii* **15** A3
Koko Crater, *Hawaii* **15** E12
Koko Head, *Hawaii* **15** F12
Koko Head, peak, *Hawaii* **15** (A)

Koko Head Natural Park, *Hawaii* **15** F12
Kokokahi, *Hawaii* **15** (A)
Kokole Point, *Hawaii* **15** B3
Kokolik, river, *Alas.* **14** B11
Kokomo, *Hawaii* **15** G17
Kokomo, *Ind.* **7** F12
Kokomo, *Miss.* **8** M3
Kokoolau, peak, *Hawaii* **15** N21
Kokrines, *Alas.* **14** G13
Kokrines Hills, *Alas.* **14** G13
Kokruagarok, *Alas.* **14** A14
Kolekole Pass, *Hawaii* **15** D10
Kolekole Stream, *Hawaii* **15** M22
Koliganek, *Alas.* **14** L11
Kolin, *Mont.* **1** E17
Koloa, *Hawaii* **15** C4
Kolomoki Mounds ▲, *Ga.* **8** L11
Komoamoa Village, *Hawaii* **15** P23
Kona, district, *Hawaii* **15** N19
Konahuanui, peak, *Hawaii* **15** (A)
Konawa, *Okla.* **5** D13
Koness, river, *Alas.* **14** D17
Konets Head, *Alas.* **14** R4
Kongakut, river, *Alas.* **14** C18
Konglganak, *Alas.* **14** L9
Koniuji Island, *Alas.* **14** Q20
Konkapot, river, *Mass.* **12** S4
Konnarock, *Va.* **10** Q6
Kontrashibuna Lake, *Alas.* **14** L13
Koocanusa, Lake, *Mont.* **1** C11
Koochiching State Forest, *Minn.* **4** F11
Kookooligit Mountains, *Alas.* **14** F7
Kookoolik, *Alas.* **14** F7
Koolau Forest Reserve, *Hawaii* **15** G18
Koolau Gap, *Hawaii* **15** H18
Koolaupoko, district, *Hawaii* **15** (A)
Koolau Range, *Hawaii* **15** D11
Koontz Lake, *Ind.* **7** D11
Kooser ♣, *Pa.* **11** N7
Koosharem, *Utah* **3** K5
Kooskia, *Idaho* **1** G10
Kootenai, river, *Idaho-Mont.* **1** C11
Kootenai National Forest, *Mont.* **1** C11
Kootenai National Wildlife Refuge, *Idaho* **1** C10
Kootenai Pass, *Mont.* **1** (C) B3
Kootenai Peak, *Mont.* **1** (C) B2
Kootenay, river, *Alta.* **1** B11
Kootenay Lake, *B.C.* **1** A10
Koozata Lagoon, *Alas.* **14** G6
Kopachuck ♣, *Wash.* **1** (A) G2
Koppel, *Pa.* **11** L4
Kopperston, *W. Va.* **10** L6
Korah, *Ont.* **6** (A) A2
Korbel, *Calif.* **2** F2
Koreshan ♣, *Fla.* **9** M13

Larimer Square, *Denver, Colo.* **3** H13
Larimore, *N. Dak.* **4** F7
Larned, *Kans.* **4** T6
Larose, *La.* **5** L21
Larrabee ♣, *Wash.* **1** C4
Larrys River, *N.S.* **13** K21
Larsen Bay, *Alas.* **14** P12
Larslan, *Mont.* **1** C20
Larsmont, *Minn.* **4** G13
La Rue, *Ohio* **7** F17
Larwill, *Ind.* **7** E13
La Sal, *Utah* **3** K8
La Salle, *Colo.* **3** G13
La Salle, *Ill.* **7** D7
La Salle, *Ont.* **6** (B) E2
La Sal Mountains, *Utah* **3** K8
Las Animas, *Colo.* **3** L15
Lasara, *Tex.* **5** Q12
Las Cruces, *N. Mex.* **3** U10
La Selva Beach, *Calif.* **2** N4
Las Piedras, *P. R.* **9** (B) B4
Lassen National Forest, *Calif.* **2** F5, G5
Lassen Peak, *Calif.* **2** G5
Lassen Volcanic National Park, *Calif.* **2** G5
Last Chance, *Colo.* **3** H14
Last Chance Creek, *Calif.* **2** G7
Last Chance Gulch Tour Train, *Helena, Mont.* **1** F15
Last Chance Range, *Calif.* **2** N11
Last Indian Raid Museum, *Oberlin, Kans.* **4** R4
Last Mountain Lake, *Sask.* **4** A1
Las Tunas, Punta, *P. R.* **9** (B) A2
Las Vegas, *Nev.* **2** P14
Las Vegas, *N. Mex.* **3** P13
Las Vegas Bay, *Nev.* **2** P15
Las Vegas Convention Center, *Las Vegas, Nev.* **2** P14
Las Vegas Indian Reservation, *Nev.* **2** P14
Las Vegas National Wildlife Refuge, *N. Mex.* **3** P13
Las Vegas Valley, *Nev.* **2** P14
Latah, *Wash.* **1** E9
Latexo, *Tex.* **5** J15
Latham, *Ill.* **7** G7
Latham, *N.Y.* **11** G17
Lathrop, *Calif.* **2** L5
Lathrop, *Mo.* **4** S11
Lathrop ♣, *Colo.* **3** L13
Latir Peak Wilderness, *N. Mex.* **3** M12
Laton, *Calif.* **2** P8
Latouche, *Alas.* **14** M15
Latour State Forest, *Calif.* **2** F5
Latrobe, *Pa.* **11** N6
Latta, *S.C.* **8** F18
Lauderdale, *Miss.* **8** J6
Lauderdale Lakes, *Fla.* **9** M16
Laughing Whitefish Falls, *Mich.* **6** F9
Laughlin, *Nev.* **2** R15
Laughlin Air Force Base, *Tex.* **5** L9

Laughlin Peak, *N. Mex.* **3** N14
La Union, *N. Mex.* **3** U11
Launiupoko ♣, *Hawaii* **15** G16
Laupahoehoe, *Hawaii* **15** L22
Laupahoehoe Point, *Hawaii* **15** L22
Laura S. Walker ♣, *Ga.* **8** M14
Laurel, *Del.* **10** H22
Laurel, *Fla.* **9** K11
Laurel, *Ind.* **7** J14
Laurel, *Md.* **10** F19
Laurel, *Miss.* **8** L5
Laurel, *Mont.* **1** G18
Laurel, *Nebr.* **4** N8
Laurel, *Va.* **10** L17
Laurel Bay, *S.C.* **8** K16
Laurel Bloomery, *Tenn.* **8** C15
Laurel Caverns, *Pa.* **11** P5
Laureldale, *Pa.* **11** N13
Laurel Fork, Cheat River, *W. Va.* **10** G12
Laurel Hill, *Fla.* **9** A4
Laurel Hill, *N.C.* **8** F18
Laurel Hill, *Pa.* **11** N7
Laurel Hill ♣, *Pa.* **11** P7
Laurel Lake Gardens, *N.C.* **8** E20
Laurel Mountain, *W. Va.* **10** F11
Laurel Mountain ⍟, *Pa.* **11** N7
Laurel Ridge ♣, *Pa.* **11** P6
Laurel River Lake, *Ky.* **7** Q16
Laurelville, *Ohio* **7** J18
Lauren Rogers Museum of Art, *Laurel, Miss.* **8** L5
Laurens, *Iowa* **4** M10
Laurens, *N.Y.* **11** G14
Laurens, *S.C.* **8** F15
Laurie ♣, *N.S.* **13**, L16
Laurier, *Wash.* **1** B9
Laurin, *Mont.* **1** H15
Laurinburg, *N.C.* **8** F19
Laurium, *Mich.* **6** D7
Lava Beds National Monument, *Calif.* **2** D5
Lavaca, *Ala.* **8** K6
Lavaca, river, *Tex.* **5** M13
Lavaca Bay, *Tex.* **5** N14
Lava Cast Forest, *Oreg.* **1** K5
Lavacicle Cave, *Oreg.* **1** K6
Lava Flow of 1801, *Hawaii* **15** M19
Lava Flow of 1840, *Hawaii* **15** N23
Lava Flow of 1843, *Hawaii* **15** N21
Lava Flow of 1851, *Hawaii* **15** P20
Lava Flow of 1852, *Hawaii* **15** N22
Lava Flow of 1855, *Hawaii* **15** N22
Lava Flow of 1859, *Hawaii* **15** M19
Lava Flow of 1868, *Hawaii* **15** R20
Lava Flow of 1880, *Hawaii* **15** P21
Lava Flow of 1881, *Hawaii* **15** N21; N22

Lava Flow of 1887, *Hawaii* **15** Q20
Lava Flow of 1907, *Hawaii* **15** Q20
Lava Flow of 1920, *Hawaii* **15** P21
Lava Flow of 1926, *Hawaii* **15** Q20
Lava Flow of 1935, *Hawaii* **15** N21
Lava Flow of 1942, *Hawaii* **15** N22
Lava Flow of 1949, *Hawaii* **15** P21
Lava Flow of 1950, *Hawaii* **15** P19
Lava Flow of 1955, *Hawaii* **15** P23
Lava Flow of 1965, *Hawaii* **15** P23
Lava Flow of 1969-1974, *Hawaii* **15** P22
Lava Hot Springs ♣, *Idaho* **1** M15
La Vale, *Md.* **10** D14
Lavaletto, *W. Va.* **10** J4
La Valle, *Wis.* **6** L5
Lavallette, *N.J.* **11** P16
La Valley, *Colo.* **3** M12
Lava River Caves ♣, *Oreg.* **1** K5
Lavas, The, *Idaho* **1** L15
Lava Tree ♠, *Hawaii* **15** P23
Laveaga Peak, *Calif.* **2** N6
Lavender Copper Mine, *Bisbee, Ariz.* **3** V7
La Vergne, *Tenn.* **8** D8
La Verkin, *Utah* **3** M3
Laverne, *Okla.* **5** B10
Lavina, *Mont.* **1** F18
Lavonia, *Ga.* **8** F13
Lavon Lake, *Tex.* **5** G14
Lawai, *Hawaii* **15** B4
La Ward, *Tex.* **5** M14
Lawen, *Oreg.* **1** L7
Lawing, *Alas.* **14** L15
Lawn, *Tex.* **5** H10
Lawnfield, *Mentor, Ohio* **7** C21
Lawrence, *Ind.* **7** H13
Lawrence, *Kans.* **4** S9
Lawrence, *Mass.* **12** P11
Lawrence, *Mich.* **6** P10
Lawrenceburg, *Ind.* **7** K14
Lawrenceburg, *Ky.* **7** M14
Lawrenceburg, *Tenn.* **8** E8
Lawrence Park, *Pa.* **11** H5
Lawrence Station, *N.B.* **13** K9
Lawrencetown, *N.S.* **13** L14
Lawrencetown, *N.S.* **13** M17
Lawrenceville, *Ga.* **8** G12
Lawrenceville, *Ill.* **7** L10
Lawrenceville, *N.Y.* **11** A15
Lawrenceville, *Pa.* **11** J11
Lawrenceville, *Va.* **10** P17
Lawson, *Mo.* **4** S11
Lawsonia, *Md.* **10** K22
Lawtey, *Fla.* **9** D12
Lawton, *Ky.* **7** M18
Lawton, *Mich.* **6** P10
Lawton, *N. Dak.* **4** E7
Lawton, *Okla.* **5** E12

Lay, *Colo.* **3** G9
Layland, *W. Va.* **10** K8
Laysan Island, *Hawaii* **15** M5
Layton, *Utah* **3** F5
Laytonville, *Calif.* **2** H3
Lázaro Cardenas, Presa, *Durango* **5** R4
Lazbuddie, *Tex.* **5** E7
Leaburg, *Oreg.* **1** K3
Leach Island, *Ont.* **6** D12
Leach Lake, *Calif.* **2** Q12
Leachville, *Ark.* **5** B20
Lead, *S. Dak.* **4** K2
Lead Hill, *Ark.* **5** B17
Lead Mine, *W. Va.* **10** F12
Lead Mountain, *Me.* **13** L7
Leadore, *Idaho* **1** J13
Leadville, *Colo.* **3** J11
Leaf, *Miss.* **8** M5
Leaf, river, *Miss.* **8** K4
Leaf River, *Ill.* **7** B7
League City, *Tex.* **5** L16
Leakesville, *Miss.* **8** M5
Leamington, *Ont.* **6** Q15
Leamington, *Utah* **3** H4
Leander, *Tex.* **5** K12
Learned, *Miss.* **8** K3
Leary, *Ga.* **8** L11
Leary, *Tex.* **5** F16
Leasburg, *N.C.* **8** C19
Leasburg Dam ♣, *N. Mex.* **3** T10
Leatherwood, *Ky.* **7** Q18
Leavenworth, *Ind.* **7** M12
Leavenworth, *Kans.* **4** S10
Leavenworth, *Wash.* **1** D6
Leavenworth ⍟, *Wash.* **1** D6
Leavitt Peak, *Calif.* **2** L8
Leavitt's Maple Tree Craft, *Alberton, P.E.I.* **13** E16
Lebam, *Wash.* **1** F3
Lebanon, *Conn.* **12** U7
Lebanon, *Ill.* **7** L6
Lebanon, *Ind.* **7** G11
Lebanon, *Kans.* **4** R6
Lebanon, *Ky.* **7** N14
Lebanon, *Mo.* **4** U12
Lebanon, *Nebr.* **4** R5
Lebanon, *N.H.* **12** J8
Lebanon, *N.Y.* **11** G13
Lebanon, *Ohio* **7** J16
Lebanon, *Oreg.* **1** J3
Lebanon, *Pa.* **11** N12
Lebanon, *S. Dak.* **4** J5
Lebanon, *Tenn.* **8** C9
Lebanon, *Va.* **10** P5
Lebanon Junction, *Ky.* **7** N13
Lebanon Springs, *N.Y.* **11** G17
Lebanon State Forest, *N.J.* **11** P16
Lebec, *Calif.* **2** S9
Le Bouthillier, *N.B.* **13** C14
Lecanto, *Fla.* **9** F11
Le Claire, *Iowa* **4** P14
Lecompte, *La.* **5** J18
Le Conte Glacier, *Alas.* **14** P23
Lecontes Mills, *Pa.* **11** L8
Ledford, *Ill.* **7** N8
Ledger, *Mont.* **1** D15
Ledges ♣, *Iowa* **4** N11
Ledoux, *N. Mex.* **3** P12
Lee, *Fla.* **9** C10
Lee, *Ill.* **7** C7
Lee, *Mass.* **12** R4

Livermore, Mount, *Tex.* **5** K5
Livermore Falls, *Me.* **13** M3
Liverpool, *Ill.* **7** F5
Liverpool, *N.S.* **13** P14
Liverpool, *N.Y.* **11** F12
Liverpool, *Pa.* **11** M11
Liverpool Bay, *N.W.T.* **14** B22
Living Desert ♣, *N. Mex.* **3** U14
Living Desert State Park, *Carlsbad, N. Mex.* **3** U14
Living History Farms, *Des Moines, Iowa* **4** P11
Livingston, *Ala.* **8** H5
Livingston, *Calif.* **2** M6
Livingston, *Ill.* **7** K5
Livingston, *Ky.* **7** P16
Livingston, *La.* **5** K20
Livingston, *Mont.* **1** G16
Livingston, *N.J.* **11** L16
Livingston, *Tenn.* **8** C11
Livingston, *Tex.* **5** K16
Livingston, Lake, *Tex.* **5** K15
Livingstone Cove, *N.S.* **13** H19
Livingston Manor, *N.Y.* **11** J14
Livonia, *Ind.* **7** L12
Livonia, *Mich.* **6** P14
Livonia, *N.Y.* **11** F10
Lizard Creek ♣, *Wyo.* **1** (B) E3
Lizard Head Peak, *Wyo.* **1** M18
Lizard Head Wilderness, *Colo.* **3** L9
Lizard Mound ▲, *Wis.* **6** M7
Lizella, *Ga.* **8** J12
Lizemores, *W. Va.* **10** J8
Lizton, *Ind.* **7** H11
Llano, *Tex.* **5** K11
Llano, river, *Tex.* **5** K11
Llano Estacado, *N. Mex.* **3** S15
Llewellyn John's ♣, *S. Dak.* **4** H3
Lloyd, *Fla.* **9** C8
Lloyd, *Mont.* **1** C17
Loa, *Utah* **3** K5
Loa, Mauna, *Hawaii* **15** P20
Loachapoka, *Ala.* **8** J10
Loaloa Heiau, *Hawaii* **15** H18
Loami, *Ill.* **7** H5
Lobeco, *S.C.* **8** K17
Lobelville, *Tenn.* **8** D7
Lobster Lake, *Me.* **13** H5
Lochaber Lake, *N.S.* **13** J20
Lochaber Mines, *N.S.* **13** L19
Loch Lomond, *N.S.* **13** H23
Loch Lomond ♥, *Ont.* **6** B6
Lochloosa, *Fla.* **9** E12
Lochloosa Lake, *Fla.* **9** E12
Lochmere, *N.H.* **12** K10
Loch Raven Reservoir, *Md.* **10** E20
Lochsa, river, *Idaho* **1** F12
Locke, *N.Y.* **11** G12
Lockeford, *Calif.* **2** L6
Lockehaven Schoolhouse Museum, *Enfield, N.H.* **12** J8
Locke Mills, *Me.* **13** M2
Lockeport, *N.S.* **13** Q14
Lockesburg, *Ark.* **5** E16
Lockhart, *Ala.* **8** M9
Lockhart, *Fla.* **9** G13

Lockhart, *S.C.* **8** F15
Lockhart, *Tex.* **5** L13
Lockhart ♣, *Tex.* **5** L13
Lock Haven, *Pa.* **11** L10
Lockington Locks ▲, *Ohio* **7** G16
Lockney, *Tex.* **5** E9
Lockport, *Ill.* **7** D9
Lockport, *La.* **5** L21
Lockport, *N.Y.* **11** F8
Locks Village, *Mass.* **12** Q7
Lockwood, *Calif.* **2** Q6
Lockwood, *Mo.* **4** U11
Lockwood, *W. Va.* **10** J8
Lockwood Hills, *Alas.* **14** E13
Loco Hills, *N. Mex.* **3** T14
Loco Mountain, *Mont.* **1** G16
Locust Creek, *Mo.* **4** R12
Locust Dale, *Va.* **10** J16
Locust Fork, *Ala.* **8** G9
Locust Fork, river, *Ala.* **8** G8
Locust Grove, *Louisville, Ky.* **7** M13
Locust Grove, *Ga.* **8** H12
Locust Grove, *Ohio* **7** K17
Locust Grove, *Va.* **10** J16
Locust Lake ♣, *Pa.* **11** M12
Locust Point, *Ohio* **7** D17
Locustville, *Va.* **10** L22
Loda, *Ill.* **7** F9
Lodge, *S.C.* **8** J17
Lodge, Mount, *Alas.-B.C.* **14** M20
Lodge Grass, *Mont.* **1** H20
Lodge Pole, *Mont.* **1** D18
Lodgepole, *Nebr.* **4** P2
Lodgepole, *S. Dak.* **4** H3
Lodgepole Creek, *Nebr.* **4** P2
Lodgepole Creek, *Wyo.* **1** K23
Lodgepole Creek, *Wyo.* **1** P23
Lodi, *Calif.* **2** L6
Lodi, *N.Y.* **11** G11
Lodi, *Ohio* **7** E19
Lodi, *Wis.* **6** M5
Lodore, Canyon of, *Colo.* **3** G8
Loft Mountain, *Va.* **10** J15
Logan, *Ala.* **8** G8
Logan, *Ill.* **7** M7
Logan, *Iowa* **4** P9
Logan, *Kans.* **4** R5
Logan, *Mont.* **1** G15
Logan, *N. Dak.* **4** (A) A6
Logan, *N. Mex.* **3** P15
Logan, *Ohio* **7** H19
Logan, *Utah* **3** E5
Logan, *W. Va.* **10** K6
Logan ♣, *Kans.* **4** S3
Logan ♣, *Mont.* **1** D12
Logan, Mount, *Ariz.* **3** N3
Logan, Mount, *Wash.* **1** C6
Logan, Mount, *Yukon Terr.* **14** L19
Logandale, *Nev.* **2** N15
Logan Glacier, *Alas.* **14** L18
Logan Martin Lake, *Ala.* **8** H9
Logan Pass, *Mont.* **1** C13
Logansport, *Ind.* **7** F12
Logansport, *La.* **5** H17
Loganton, *Pa.* **11** L10
Loganville, *Pa.* **11** P11
Logarville, *Ga.* **8** G12
Loggerhead Key, *Fla.* **9** R10
Loggieville, *N.B.* **13** E13

Logging Creek, ranger station, *Mont.* **1** (C) C2
Logging Lake, *Mont.* **1** C12
Logging Mountain, *Mont.* **1** (C) B2
Log Lane Village, *Colo.* **3** G14
Lohman, *Mont.* **1** C17
Loihi Seamount, *N. Pac. Oc.* **15** R22
Loíza, *P.R.* **9** (B) B4
Loíza, Lago, *P.R.* **9** (B) B4
Loíza Aldea, *P.R.* **9** (B) A4
Lola, *Ky.* **7** P8
Loleta, *Calif.* **2** F1
Loleta Recreation Area, *Pa.* **11** K7
Lolita, *Tex.* **5** M14
Lolo, *Mont.* **1** F13
Lolo Hot Springs, *Mont.* **1** F12
Lolo National Forest, *Mont.* **1** E11
Lolo Pass, *Idaho-Mont.* **1** F12
Loma, *Colo.* **3** J8
Loma, *Mont.* **1** D16
Loman, *Minn.* **4** E11
Loma Parda, *N. Mex.* **3** P13
Lomax, *Ill.* **7** F3
Lombard, *Ill.* **7** C9
Lometa, *Tex.* **5** J12
Lomira, *Wis.* **6** L7
Lomond, Loch, *N.S.* **13** H23
Lompoc, *Calif.* **2** S6
Lonaconing, *Md.* **10** E13
London, *Ky.* **7** P16
London, *Ohio* **7** H17
London, *Ont.* **6** N17
London, *Tex.* **5** K10
London, *W. Va.* **10** J7
London Bridge, *Lake Havasu City, Ariz.* **3** R2
Londonderry, *N.H.* **12** N10
Londonderry, *N.S.* **13** J16
Londonderry, *Ohio* **7** J18
Londonderry, *Vt.* **12** L6
London Mills, *Ill.* **7** F5
Londontowne, *Md.* **10** G20
Lone Grove, *Okla.* **5** E13
Lonely Distant Early Warning Station, *Alas.* **14** A14
Lonely Island, *Ont.* **6** H17
Loneman Mountain, *Mont.* **1** (C) C3
Lone Mountain State Forest, *Tenn.* **8** C11
Lone Oak, *Ky.* **7** Q7
Lone Oak, *Tex.* **5** G14
Lone Pine, *Calif.* **2** P10
Lonepine, *Mont.* **1** E12
Lone Pine ♣, *Mont.* **1** D12
Lonerock, *Oreg.* **1** H7
Lone Rock, *Wis.* **6** M5
Lone Star, *Tex.* **5** G16
Lone Star Hiking Trail, *Tex.* **5** K15
Lonetree, *Wyo.* **1** Q17
Lone Tree Monument, *Nebr.* **4** Q7
Lone Wolf, *Okla.* **5** D11
Long, *Alas.* **14** G13
Long Barn, *Calif.* **2** L7
Long Bay, *S.C.* **8** H19
Long Beach, *Calif.* **2** U10
Long Beach, *Ind.* **7** C11

Long Beach, *Md.* **10** H20
Long Beach, *Miss.* **8** N4
Long Beach, *N.C.* **8** G20
Long Beach, *N.Y.* **11** M17
Long Beach, *Ont.* **6** (C) C1
Long Beach, *Wash.* **1** F2
Long Beach Museum of Art, *Long Beach, Calif.* **2** U10
Long Branch, *N.J.* **11** N16
Long Branch, *Wash.* **1** E4
Long Branch Historical Museum, *Long Branch, N.J.* **11** N16
Long Branch Saloon, *Dodge City, Kans.* **4** U5
Long Cay, *Bahamas* **9** L21
Long Creek, *Ill.* **7** H7
Long Creek, *Oreg.* **1** J7
Longdale, *Okla.* **5** C11
Long Eddy, *N.Y.* **11** J14
Longfellow-Evangeline ♣, *La.* **5** K19
Longfellow Mountains, *Me.* **13** M2
Longfellow National Historic Site, *Cambridge, Mass.* **12** R12
Longfellow Peak, *Mont.* **1** (C) B2
Longfellow's Wayside Inn, *S. Sudbury, Mass.* **12** Q10
Longford, *Kans.* **4** S8
Longhorn Cavern ♣, *Tex.* **5** K12
Longhurst, *N.C.* **8** C19
Long Island, *Alas.* **14** R23
Long Island, *Kans.* **4** R5
Long Island, *Me.* **13** N6
Long Island, *Mich.* **6** C7
Long Island, *N.S.* **13** N11
Long Island, *N.Y.* **11** M19
Long Island, *Va.* **10** N13
Long Island, *Wash.* **1** F2
Long Island, *Wis.* **6** E4
Long Island Sound, *Conn.-N.Y.* **11** L19; **12** X5
Long Key ♣, *Fla.* **9** R15
Long Lake, *Alas.* **14** L12
Long Lake, *Me.* **13** D7
Long Lake, *Me.* **13** F5
Long Lake, *Me.* **13** N2
Long Lake, *Mich.* **6** H14
Long Lake, *N.B.* **13** E10
Long Lake, *N. Dak.* **4** G5
Long Lake, *N.S.* **13**, L16
Long Lake, *N.Y.* **11** C16
Long Lake, *S. Dak.* **4** H6
Long Lake, *Wis.* **6** G3
Long Lake, *Wis.* **6** G7
Long Lake ♣, *Nebr.* **4** N5
Long Lake National Wildlife Refuge, *N. Dak.* **4** G5
Longleaf, *La.* **5** J18
Longmeadow, *Mass.* **12** S6
Longmire, *Wash.* **1** F5
Longmont, *Colo.* **3** H12
Long Pine, *Nebr.* **4** N5
Long Pine ♣, *Nebr.* **4** M5
Long Point, *Ill.* **7** E7
Long Point, *Mass.* **12** S15
Long Point, *Ont.* **6** P19
Long Point, *St. Croix* **9** (C) B2
Long Point, *St. Thomas* **9** (C) A2

Lower Barneys River, *N.S.* 13 J19
Lower Bogue, *Bahamas* 9 P23
Lower Brule, *S. Dak.* 4 L5
Lower Brule Indian Reservation, *S. Dak.* 4 L5
Lower Burrell, *Pa.* 11 M5
Lower East Pubnico, *N.S.* 13 Q12
Lower Elwha Indian Reservation, *Wash.* 1 C3
Lower Falls, *Wyo.* 1 J17
Lower Goose Creek Reservoir, *Idaho* 1 N13
Lower Hatchie National Wildlife Refuge, *Tenn.* 8 D4
Lower Jemseg, *N.B.* 13 H12
Lower Kalskag, *Alas.* 14 J10
Lower Kent ♣, *N.B.* 13 G14
Lower Klamath Lake, *Calif.* 2 D5
Lower Klamath National Wildlife Refuge, *Calif.-Oreg.* 1 N4; 2 D5
Lower L'Ardoise, *N.S.* 13 J22
Lower Lake, *Calif.* 2 E7
Lower Lake, *Calif.* 2 K3
Lower Matecumbe Key, *Fla.* 9 Q15
Lower Montague, *P.E.I.* 13 G19
Lower Monumental Dam, *Wash.* 1 F8
Lower Mouth, Birch Creek, *Alas.* 14 F16
Lower Ohio, *N.S.* 13 P13
Lower Paia, *Hawaii* 15 G17
Lower Peach Tree, *Ala.* 8 L7
Lower Pistol Lake, *Me.* 13 K7
Lower Red Lake, *Minn.* 4 F10
Lower Red Rock Lake, *Mont.* 1 J15
Lower Sackville, *N.S.* 13 L17
Lower Saint Croix National Scenic River, *Minn.-Wis.* 4 J12; 6 H1
Lower Saint Mary Lake, *Mont.* 1 (C) B4
Lower Sioux Indian Reservation, *Minn.* 4 K10
Lower South River, *N.S.* 13 J20
Lower Suwannee National Wildlife Refuge, *Fla.* 9 E10
Lower Tonsina, *Alas.* 14 K16
Lower Ugashik Lake, *Alas.* 14 P11
Lower Village, *Hawaii* 15 (A)
Lower Waterford, *Vt.* 12 F9
Lower Wedgeport, *N.S.* 13 Q11
Lower West Pubnico, *N.S.* 13 Q12
Lower Woods Harbour, *N.S.* 13 Q12
Lowe Sound, *Bahamas* 9 P20
Lowesville, *Va.* 10 L13
Lowgap, *N.C.* 8 C16
Lowland, *N.C.* 8 D22
Lowman, *Idaho* 1 K11
Lowndesboro, *Ala.* 8 K9
Low Point, *Ill.* 7 E7

Lowry, *Minn.* 4 J9
Lowry, *S. Dak.* 4 J5
Lowry City, *Mo.* 4 T11
Lowry Indian Ruins, *Colo.* 3 L8
Lowrys, *S.C.* 8 F16
Lows Lake, *N.Y.* 11 C15
Low State Forest, *N.H.* 12 L8
Lowville, *N.Y.* 11 D13
Lowville, *Pa.* 11 H6
Loxahatchee, *Fla.* 9 L16
Loxahatchee National Wildlife Refuge, *Fla.* 9 L16
Loxahatchee River, *Fla.* 9 L16
Loxley, *Ala.* 8 N7
Loyal, *Wis.* 6 J4
Loyalist Burial Ground, *St. John, N.B.* 13 K12
Loyalist House, *St. John, N.B.* 13 K12
Loyall, *Ky.* 7 Q17
Loyalsock Creek, *Pa.* 11 K11
Loyalton, *Calif.* 2 H7
Loyalton, *S. Dak.* 4 J6
Loysville, *Pa.* 11 N10
L. R. Jones State Forest, *Vt.* 12 F7
Lualualei Reservoir, *Hawaii* 15 (A)
Lubbock, *Tex.* 5 F8
Lubec, *Me.* 13 L10
Lubeck, *W. Va.* 10 F6
Lucama, *N.C.* 8 D20
Lucan, *Ont.* 6 M17
Lucas, *Kans.* 4 S6
Lucas, *Mich.* 6 K11
Lucas, *Ohio* 7 F19
Lucasville, *Ohio* 7 K18
Lucaya, *Bahamas* 9 L19
Lucaya Estates, *Bahamas* 9 L19
Lucedale, *Miss.* 8 M5
Lucerne, *Calif.* 2 J3
Lucerne, *Ind.* 7 E12
Lucerne, *Mo.* 4 Q12
Lucerne, *Wash.* 1 C6
Lucerne, *Wyo.* 1 K19
Lucerne in Maine, *Me.* 13 M7
Lucerne Lake, *Calif.* 2 S12
Lucerne Valley, *Calif.* 2 S12
Lucile, *Idaho* 1 H10
Lucinda, *Pa.* 11 K6
Lucius Woods ♣, *Wis.* 6 F2
Luck, *Wis.* 6 G2
Lucketts, *Va.* 10 F17
Luckey, *Ohio* 7 D17
Lucknow, *Ont.* 6 L16
Lucky Boy Pass, *Nev.* 2 K9
Lucky Peak ♣, *Idaho* 1 L11
Lucky Peak Lake, *Idaho* 1 L11
Ludden, *N. Dak.* 4 H7
Ludell, *Kans.* 4 R4
Ludington, *Mich.* 6 L9
Ludington ♣, *Mich.* 6 L9
Ludlow, *Calif.* 2 S13
Ludlow, *Ill.* 7 F9
Ludlow, *Mass.* 12 R7
Ludlow, *Me.* 13 G7
Ludlow, *Miss.* 8 J4
Ludlow, *N.B.* 13 F11
Ludlow, *Pa.* 11 J7
Ludlow, *S. Dak.* 4 H2
Ludlow, *Vt.* 12 K6
Ludlow ♣, *Mass.* 12 R7

Ludlowville, *N.Y.* 11 G12
Ludowici, *Ga.* 8 L15
Lueders, *Tex.* 5 G10
Lufkin, *Tex.* 5 J16
Lugoff, *S.C.* 8 G17
Lukachukai, *Ariz.* 3 N8
Luke, *Md.* 10 E13
Luke Air Force Base, *Ariz.* 3 S4
Luke Air Force Range, *Ariz.* 3 T2
Lukeville, *Ariz.* 3 U3
Lula, *Ga.* 8 F13
Lula, *Miss.* 8 F3
Luling, *Tex.* 5 L13
Lulu, *Fla.* 9 C11
Lulu Island, *Alas.* 14 R22
Lumahai Beach, *Hawaii* 15 A4
Lumber City, *Ga.* 8 L14
Lumberman's Museum, *Patten, Me.* 13 H7
Lumbermen's Memorial, *Mich.* 6 K14
Lumberport, *W. Va.* 10 E10
Lumberton, *Miss.* 8 M4
Lumberton, *N.C.* 8 F19
Lumbertown, *U.S.A., Minn.* 4 H10
Lummi, *Wash.* 1 (A) B3
Lummi Indian Reservation, *Wash.* 1 B4
Lummi Island, *Wash.* 1 (A) B3
Lumpkin, *Ga.* 8 K11
Lums Pond ♣, *Del.* 10 D22
Luna, *N. Mex.* 3 S8
Lunar Crater, *Nev.* 2 K13
Lund, *Nev.* 2 K14
Lundys Lane (Wellsburg), *Pa.* 11 J5
Lunenberg, *Va.* 10 P16
Lunenburg, *Mass.* 12 P9
Lunenburg, *N.S.* 13 N15
Lunenburg, *Vt.* 12 E9
Lunenburg Fisheries Museum, *Lunenburg, N.S.* 13 N15
Luning, *Nev.* 2 K10
Lupine, river, *Alas.* 14 C15
Lupton, *Ariz.* 3 Q8
Lupton, *Mich.* 6 K13
Luquillo, *P. R.* 9 (B) A4
Luquillo, Sierra de, *P. R.* 9 (B) A4
Luquillo Beach, *P. R.* 9 (B) A4
Luray, *Kans.* 4 S6
Luray, *Tenn.* 8 D6
Luray, *Va.* 10 H15
Luray Caverns, *Va.* 10 H15
Luray Singing Tower, *Luray, Va.* 10 H16
Lusk, *Wyo.* 1 L23
Lustre, *Mont.* 1 C21
Lutcher, *La.* 5 K20
Lutesville, *Mo.* 4 U15
Luther, *Mich.* 6 L11
Luther, *Mont.* 1 H17
Luther, *Okla.* 5 C13
Luther Burbank Home and Gardens, *Santa Rosa, Calif.* 2 K3
Luthersburg, *Pa.* 11 L8
Luthersville, *Ga.* 8 H11

Lutherville-Timonium, *Md.* 10 E19
Lutsen, *Minn.* 4 F14
Luttrell, *Tenn.* 8 C13
Lutts, *Tenn.* 8 E7
Lutz, *Fla.* 9 H11
Lutz Children's Museum, *Manchester, Conn.* 12 T7
Luverne, *Ala.* 8 L9
Luverne, *Minn.* 4 L9
Luverne, *N. Dak.* 4 G7
Luxapalila Creek, *Ala.* 8 H6
Luxemburg, *Wis.* 6 K8
Luxora, *Ark.* 5 C21
Luzerne, *Mich.* 6 K13
Luzerne Recreation Area, *N.Y.* 11 E17
Lyal Island, *Ont.* 6 J16
Lycoming, *N.Y.* 11 E12
Lycoming Creek, *Pa.* 11 K11
Lydia, *S.C.* 8 G18
Lydick, *Ind.* 7 C12
Lydonville, *N.Y.* 11 E8
Lye Brook Wilderness, *Vt.* 12 M4
Lyell, Mount, *Calif.* 2 M8
Lyells, *Va.* 10 K20
Lyerly, *Ga.* 8 F10
Lyford, *Ind.* 7 H10
Lyford, *Tex.* 5 Q12
Lyford Cay, *Bahamas* 9 Q21
Lykens, *Pa.* 11 M11
Lyle, *Minn.* 4 L12
Lyle, *Wash.* 1 G5
Lyles, *Tenn.* 8 D8
Lyman, *Miss.* 8 N5
Lyman, *Utah* 3 K5
Lyman, *Wash.* 1 C5
Lyman, *Wyo.* 1 P17
Lyman Allyn Museum, *New London, Conn.* 12 V8
Lyman Hills, *Alas.* 14 K12
Lyman House Memorial Museum, *Hilo, Hawaii* 15 M23
Lyman Lake, *Ariz.* 3 R8
Lyman Lake ♣, *Ariz.* 3 R7
Lyman Run ♣, *Pa.* 11 J9
Lyme, *Conn.* 12 V7
Lyme, *Vt.* 12 H8
Lyme Art Association, *Old Lyme, Conn.* 12 W7
Lynch, *Ky.* 7 Q18
Lynch, *Nebr.* 4 M6
Lynchburg, *Ohio* 7 J17
Lynchburg, *S.C.* 8 G17
Lynchburg, *Tenn.* 8 E9
Lynchburg, *Va.* 10 M13
Lynches, river, *S.C.* 8 G18
Lynch Station, *Va.* 10 N12
Lynden, *Wash.* 1 B4
Lyndhurst, *Ohio* 7 C20
Lyndhurst, *Tarrytown, N.Y.* 11 L17
Lyndhurst, *Va.* 10 K13
Lyndon, *Ill.* 7 C5
Lyndon, *Kans.* 4 T9
Lyndon, *Vt.* 12 E8
Lyndon Baines Johnson Library, *Austin, Tex.* 5 K13
Lyndon B. Johnson ▲, *Tex.* 5 K11
Lyndon B. Johnson, Lake, *Tex.* 5 K11

Lyndon B. Johnson Memorial Grove, *Arlington, Va.* **10** (A)
Lyndon B. Johnson National Grassland, *Tex.* **5** F12
Lyndon B. Johnson National Historical Park, *Tex.* **5** K11
Lyndon B. Johnson Space Center, *Clear Lake City, Tex.* **5** L16
Lyndon Center, *Vt.* **12** E8
Lyndonville, *Vt.* **12** E8
Lyndora, *Pa.* **11** L5
Lynn, *Ala.* **8** G7
Lynn, *Ind.* **7** G14
Lynn, *Mass.* **12** Q12
Lynn Canal, *Alas.* **14** N21
Lynn Center, *Ill.* **7** D5
Lynndyl, *Utah* **3** H4
Lynne, *Fla.* **9** E12
Lynnfield, *Mass.* **12** Q12
Lynn Grove, *Ky.* **7** R8
Lynn Haven, *Fla.* **9** C5
Lynnhaven Bay, *Va.* **10** P21
Lynnville, *Ind.* **7** M10
Lynnwood, *Wash.* **1** (A) E4
Lyon, *Miss.* **8** F3
Lyon Manor *see* Higgins Lake, *Mich.* **6** K12
Lyon Mountain, *N.Y.* **11** B16
Lyons, *Colo.* **3** G12
Lyons, *Ga.* **8** K15
Lyons, *Ind.* **7** K10
Lyons, *Kans.* **4** T7
Lyons, *Nebr.* **4** N8
Lyons, *N.Y.* **11** F11
Lyons, *Ohio* **7** C16
Lyons, *Oreg.* **1** J3
Lyons, *Tex.* **5** K14
Lyons Brook, *N.S.* **13** J18
Lyons Falls, *N.Y.* **11** D14
Lyons State Forest, *Minn.* **4** H10
Lysite, *Wyo.* **1** L20
Lytle, *Tex.* **5** M11

M

Maalaea, *Hawaii* **15** H16
Maalaea Bay, *Hawaii* **15** H17
Maben, *Miss.* **8** H5
Mabie, *W. Va.* **10** G11
Mableton, *Ga.* **8** G12
Mabou, *N.S.* **13** G21
Mabou Harbour Mouth, *N.S.* **13** G20
Mabou Highlands, *N.S.* **13** G21
Mabry Mill, *Va.* **10** P9
Mabscott, *W. Va.* **10** L7
Mabton, *Wash.* **1** G6
Maccan, *N.S.* **13** J15
Macclenny, *Fla.* **9** C12
Macclesfield, *N.C.* **8** D21
MacDill Air Force Base, *Fla.* **9** J11
Macdoel, *Calif.* **2** D5
MacDonald Farm Historic Farm, *Chatham, N.B.* **13** E13
MacDonough Memorial, *Plattsburgh, N.Y.* **11** B17
Macedon, *N.Y.* **11** F10
Macedonia, *Ill.* **7** M8

Macedonia, *Ohio* **7** D20
Macedonia Brook State Park, *Conn.* **12** T3
Maceo, *Ky.* **7** N11
Maces Bay, *N.B.* **13** K11
Macfarlan, *W. Va.* **10** F8
Machesney Park, *Ill.* **7** B7
Machias, *Me.* **13** L9
Machias, *N.Y.* **11** G8
Machias, river, *Me.* **13** L8
Machias, river, *Me.* **13** F6
Machias Bay, *Me.* **13** M9
Machiasport, *Me.* **13** M9
Machias Seal Island, *N. Atl. Oc.* **13** M10
Machipongo, *Va.* **10** M22
Mack, *Colo.* **3** J8
Mackay, *Idaho* **1** K13
Mackay Island, *Va.* **10** Q22
Mackay Island National Wildlife Refuge, *N.C.* **8** B23
Mackay Reservoir, *Idaho* **1** K13
Mackay School of Mines Museum, *Reno, Nev.* **2** H7
MacKenzie ♣, *Hawaii* **15** P24
Mackenzie ♣, *Tex.* **5** F8
Mackenzie, river, *N.W.T.* **14** E22
Mackenzie Bay, *N.W.T.-Yukon Terr.* **14** C19
MacKerricher ♣, *Calif.* **2** H2
Mackey, *Ind.* **7** M10
Mackinac, Straits of, *Mich.* **6** G12
Mackinac Bridge, *Straits of Mackinac* **6** G12
Mackinac Island, *Mich.* **6** G12
Mackinac Island ♣, *Mich.* **6** G12
Mackinaw, *Ill.* **7** F7
Mackinaw, river, *Ill.* **7** F6
Mackinaw City, *Mich.* **6** G12
Mackinaw State Forest, *Mich.* **6** G12, H12, H13, J12, J13
Macks Inn, *Idaho* **1** (B) C2
Macksville, *Kans.* **4** T6
Mackville, *Ky.* **7** N14
Maclaren, river, *Alas.* **14** J16
Macomb, *Ill.* **7** F4
Macomb Reservation ♣, *N.Y.* **11** B17
Macon, *Ga.* **8** J13
Macon, *Ill.* **7** H7
Macon, *Miss.* **8** H6
Macon, *Mo.* **4** R12
Macon, *N.C.* **8** C20
Macon, *Tenn.* **8** E5
Macon, *Va.* **10** M16
Macon-Confederate Museum, *Macon, Ga.* **8** J13
Macoupin Creek, *Ill.* **7** J5
Mactaquac, *N.B.* **13** H10
Mactaquac Dam, *N.B.* **13** H10
Mactaquac Provincial Park, *N.B.* **13** H10
MacTier, *Ont.* **6** H19
Macwahoc, *Me.* **13** J7
Macy, *Ind.* **7** E12
Mad, river, *Calif.* **2** F2
Mad, river, *N.H.* **12** H10

Mad, river, *Vt.* **12** F6
Madaket, *Mass.* **12** W15
Madame, Isle, *N.S.* **13** J22
Madame John's Legacy, *New Orleans, La.* **5** K21
Madawaska, *Me.* **13** D7
Madawaska, river, *Ont.* **6** H22
Madawaska, river, *Que.* **13** C7
Madawaska Lake, *Me.* **13** E7
Madawaska Weavers, *St. Leonard, N.B.* **13** D8
Madbury, *N.H.* **12** M12
Maddock, *N. Dak.* **4** F6
Madeira, *Ohio* **7** J15
Madelia, *Minn.* **4** L10
Madeline, *Calif.* **2** F6
Madeline Island, *Wis.* **6** E4
Madera, *Calif.* **2** N7
Madera, *Pa.* **11** L8
Madera, Sierra, *Tex.* **5** K7
Madera Canal, *Calif.* **2** N7
Madill, *Okla.* **5** E14
Madira Bickel Mound ▲, *Fla.* **9** J11
Madison, *Ala.* **8** F8
Madison, *Ark.* **5** D20
Madison, *Calif.* **2** K5
Madison, *Conn.* **12** W6
Madison, *Fla.* **9** B10
Madison, *Ga.* **8** H13
Madison, *Ill.* **7** K5
Madison, *Ind.* **7** L14
Madison, *Kans.* **4** T9
Madison, *Me.* **13** L4
Madison, *Minn.* **4** J9
Madison, *Miss.* **8** J3
Madison, *Mo.* **4** S13
Madison, *N.C.* **8** C17
Madison, *Nebr.* **4** P8
Madison, *N.H.* **12** H11
Madison, *N.Y.* **11** F14
Madison, *Ohio* **7** C21
Madison, *S. Dak.* **4** L8
Madison, *Tenn.* **8** C8
Madison, *Va.* **10** J15
Madison, *Wis.* **6** M5
Madison, *W. Va.* **10** K6
Madison, river, *Mont.* **1** J15
Madison Art Center, *Madison, Wis.* **6** N5
Madison Buffalo Jump ▲, *Mont.* **1** G16
Madison Heights, *Va.* **10** M13
Madison Lake ♣, *Ohio* **7** H17
Madison Mills, *Va.* **10** J16
Madison Range, *Mont.* **1** H15
Madison Run, *Va.* **10** J16
Madison Square Garden, *New York, N.Y.* **11** M17
Madisonville, *Ky.* **7** P9
Madisonville, *La.* **5** K21
Madisonville, *Tenn.* **8** D12
Madisonville, *Tex.* **5** J14
Madisonville, *Va.* **10** N14
Madoc, *Mont.* **1** B21
Madoc, *Ont.* **6** J22
Madras, *Oreg.* **1** J5
Madre, Laguna, *Tex.* **5** Q13
Madre, Sierra, *Wyo.* **1** P20
Madre Mountain, *N. Mex.* **3** R9
Madrid, *Iowa* **4** N11
Madrid, *Me.* **13** L2
Madrid, *Nebr.* **4** Q3

Madrid, *N. Mex.* **3** P11
Madrid, *N.Y.* **11** B14
Mad River Glen ⋩, *Vt.* **12** G5
Mad River Mountain ⋩, *Ohio* **7** G16
Maeser, *Utah* **3** G7
Maeystown, *Ill.* **7** M5
Magaguadavic, *N.B.* **13** J9
Magaguadavic, river, *N.B.* **13** J10
Magaguadavic Lake, *N.B.* **13** J9
Magalia, *Calif.* **2** H5
Magazine, *Ark.* **5** D16
Magazine Mountain, *Ark.* **5** D17
Magdalena, *N. Mex.* **3** R10
Magdalen Islands, *Que.* **13** C20
Magee, *Miss.* **8** K4
Magee Marsh Wildlife Area, *Port Clinton, Ohio* **7** D18
Mageik, Mount, *Alas.* **14** N12
Magens Bay, *St. Thomas* **9** (C) A1
Maggie Creek, *Nev.* **2** F12
Maggie Mountain, *Calif.* **2** P9
Maggie Valley, *N.C.* **8** D13
Magic Hot Springs, *Idaho* **1** N12
Magic Island, *Hawaii* **15** (A)
Magic Mountain ⋩, *Idaho* **1** N12
Magic Mountain ⋩, *Vt.* **12** L6
Magic Reservoir, *Idaho* **1** L12
Magna, *Utah* **3** G4
Magnetawan, river, *Ont.* **6** G18
Magnetic Hill, *N.B.* **13** G14
Magnetic Hill ⋩, *N.B.* **13** G14
Magnetic Springs, *Ohio* **7** G17
Magnolia, *Ark.* **5** F17
Magnolia, *Del.* **10** F22
Magnolia, *Ill.* **7** E7
Magnolia, *Ky.* **7** P13
Magnolia, *Miss.* **8** M3
Magnolia, *N.C.* **8** E20
Magnolia, *Ohio* **7** F21
Magnolia, *Tex.* **5** K14
Magnolia, *Va.* **10** P20
Magnolia Beach, *Tex.* **5** N14
Magnolia Gardens, *S.C.* **8** J17
Magnolia Grove, *Greensboro, Ala.* **8** J7
Magnolia Manor, *Cairo, Ill.*
Magnolia Springs, *Ala.* **8** N7
Magnolia Springs ♣, *Ga.* **8** J15
Magog, *Que.* **12** A8
Magothy Bay, *Va.* **10** N22
Magruder Mountain, *Nev.* **2** M11
Maguire Islands, *Alas.* **14** B16
Mahaffey, *Pa.* **11** L8
Mahaiula, *Hawaii* **15** M19
Mahaiula Bay, *Hawaii* **15** M18
Mahan, *W. Va.* **10** K7
Mahana Bay, *Hawaii* **15** R20
Mahanoy City, *Pa.* **11** M12
Mahaska, *Kans.* **4** R8

Marietta, *Ohio* 7 J21
Marietta, *Okla.* 5 E13
Marietta, *Pa.* 11 P11
Marietta, *S.C.* 8 E14
Marietta, *Wash.* 1 B4
Marilla, *N.Y.* 11 F8
Marina, *Calif.* 2 N4
Marin County Civic Center, *San Rafael, Calif.* 2 L4
Marine, *Ill.* 7 K5
Marine Centre, *Shippegan, N.B.* 13 C14
Marine City, *Mich.* 6 N15
Marine Corps Air Station, *Yuma, Ariz.* 3 T1
Marine Corps Development and Educational Command, *Va.* 10 H17
Marine Corps Memorial, *Arlington, Va.* 10 (A)
Marine Gardens, *Pacific Grove, Calif.* 2 P4
Marineland, *Fla.* 9 D14
Marine Life, *Gulfport, Miss.* 8 N5
Marine Museum, *Fall River, Mass.* 12 U12
Marine Museum of the Atlantic, *Halifax, N.S.* 13 M17
Mariners Museum, *Va.* 10 N20
Marinette, *Wis.* 6 J8
Marine World/Africa U.S.A., *Redwood City, Calif.* 2 M4
Marion, *Ala.* 8 J7
Marion, *Ark.* 5 C20
Marion, *Conn.* 12 U5
Marion, *Ill.* 7 N7
Marion, *Ind.* 7 F13
Marion, *Iowa* 4 N13
Marion, *Kans.* 4 T8
Marion, *Ky.* 7 P8
Marion, *La.* 5 G18
Marion, *Mass.* 12 U13
Marion, *Md.* 10 K22
Marion, *Mich.* 6 L11
Marion, *Miss.* 8 K5
Marion, *Mont.* 1 D12
Marion, *N.C.* 8 D15
Marion, *N. Dak.* 4 G7
Marion, *N.Y.* 11 F10
Marion, *Ohio* 7 F18
Marion, *Pa.* 11 P9
Marion, *S.C.* 8 G18
Marion, *S. Dak.* 4 M8
Marion, *Tex.* 5 L12
Marion, *Va.* 10 P6
Marion, *Wis.* 6 J6
Marion, Lake, *Fla.* 9 H13
Marion, Lake, *S.C.* 8 H17
Marion Bridge, *N.S.* 13 H23
Marion Center, *Pa.* 11 M7
Marion Junction, *Ala.* 8 K8
Marion Koogler McNay Art Institute, *San Antonio, Tex.* 5 L11
Marion Lake, *Kans.* 4 T8
Marionville, *Mo.* 4 V11
Mariposa, *Calif.* 2 M7
Mariposa Grove, *Calif.* 2 M8
Mariscal Mountain, *Tex.* 5 M6
Marissa, *Ill.* 7 M5
Marjorie K. Rawlings Home ▲, *Fla.* 9 E12

Mark's Mill Battleground ▲, *Ark.* 5 E19
Markdale, *Ont.* 6 K18
Marked Tree, *Ark.* 5 C20
Markesan, *Wis.* 6 L6
Market House, *Fayetteville, N.C.* 8 E19
Market House, *Paducah, Ky.* 7 Q7
Market House, *Providence, R.I.* 12 T10
Market Square, *Saint John, N.B.* 13 K12
Market Square, *San Antonio, Tex.* 5 L11
Markham, *Ont.* 6 L19
Markham, *Tex.* 5 M14
Markle, *Ind.* 7 E14
Markleeville, *Calif.* 2 K8
Markleville, *Ind.* 7 H13
Marks, *Miss.* 8 F4
Marks Butte, *Colo.* 3 G15
Marksville, *La.* 5 J18
Marksville Prehistoric Indian Park ▲, *La.* 5 J19
Mark Twain ☆, *Mo.* 4 S13
Mark Twain Boyhood Home and Museum, *Hannibal, Mo.* 4 R13
Mark Twain Memorial, *Hartford, Conn.* 12 T6
Mark Twain National Forest, *Mo.* 4 V14
Mark Twain National Wildlife Refuge, *U. S.* 4 P14; 7 K4
Mark Twain Study and Grave, *Elmira, N.Y.* 11 H11
Marland, *Okla.* 5 B13
Marlboro, *N.Y.* 11 K16
Marlboro, *Vt.* 12 N6
Marlborough, *Conn.* 12 U7
Marlborough, *Mass.* 12 R10
Marlborough, *N.H.* 12 N8
Marlette, *Mich.* 6 M14
Marlin see Krupp, *Wash.* 1 E8
Marlin, *Tex.* 5 J13
Marlinton, *W. Va.* 10 J10
Marlow, *N.H.* 12 M8
Marlow, *Okla.* 5 E12
Marlton, *N.J.* 11 P15
Marmaduke, *Ark.* 5 B20
Marmarth, *N. Dak.* 4 H2
Marmet, *W. Va.* 10 J6
Marmora, *Ont.* 6 K22
Marmot Bay, *Alas.* 14 N13
Marmot Island, *Alas.* 14 N13
Maroa, *Ill.* 7 G7
Maroon Bells-Snowmass Wilderness, *Colo.* 3 J10
Maro Reef, *Hawaii* 15 M5
Marquand, *Mo.* 4 U15
Marquesas Keys, *Fla.* 9 R12
Marquette, *Iowa* 4 M14
Marquette, *Kans.* 4 T7
Marquette, *Mich.* 6 F9
Marquette, *Nebr.* 4 Q7
Marquette County Historical Society Museum, *Marquette, Mich.* 6 F9
Marquette Island, *Mich.* 6 G13
Marquette Mountain, *Mich.* 6 F9
Marquez, *Tex.* 5 J14

Marrero, *La.* 5 L21
Marrowbone, *Ky.* 7 Q13
Marryatt Inlet, *Alas.* 14 C9
Mars, *Pa.* 11 M5
Marseilles, *Ill.* 7 D8
Marshall, *Ark.* 5 C18
Marshall, *Ill.* 7 J9
Marshall, *Ind.* 7 H10
Marshall, *Mich.* 6 P12
Marshall, *Minn.* 4 K9
Marshall, *Mo.* 4 S12
Marshall, *N.C.* 8 D14
Marshall, *N. Dak.* 4 G3
Marshall, *Okla.* 5 C13
Marshall, *Tex.* 5 G16
Marshall, *Va.* 10 G16
Marshall (Fortuna Ledge), *Alas.* 14 J9
Marshall ☆, *Mont.* 1 F13
Marshallberg, *N.C.* 8 E23
Marshall County ☆, *Ill.* 7 E6
Marshall Gold Discovery ▲, *Calif.* 2 K6
Marshall Terrace, *W. Va.* 10 B9
Marshallton, *Del.* 10 D22
Marshalltown, *Iowa* 4 N12
Marshalltown, *N.S.* 13 M12
Marshallville, *Ga.* 8 K12
Marsh Creek ☆, *Pa.* 11 P13
Marshfield, *Ind.* 7 G10
Marshfield, *Mass.* 12 S13
Marshfield, *Mo.* 4 U12
Marshfield, *Vt.* 12 F7
Marshfield, *Wis.* 6 J5
Marshfield Hills, *Mass.* 12 R13
Marsh Fork, Canning River, *Alas.* 14 D16
Marsh Harbour, *Bahamas* 9 L22
Mars Hill, *Me.* 13 F8
Mars Hill, *N.C.* 8 D14
Marsh Island, *La.* 5 L19
Marsh Lake, *Minn.* 4 J9
Marsh Pass, *Ariz.* 3 N6
Marsh Peak, *Utah* 3 G7
Marshville, *N.C.* 8 E17
Marshyhope Creek, *Del.-Md.* 10 G22
Marsing, *Idaho* 1 L10
Marsland, *Nebr.* 4 N2
Mart, *Tex.* 5 J14
Marten Creek, *Alas.* 14 E16
Martha, *Okla.* 5 D11
Martha's Vineyard, island, *Mass.* 12 W13
Martha's Vineyard State Forest, *Mass.* 12 V13
Martin, *Ky.* 7 N18
Martin, *Mich.* 6 P11
Martin, *N. Dak.* 4 F5
Martin, *N.H.* 12 M10
Martin, *S. Dak.* 4 M3
Martin, *Tenn.* 8 C6
Martin, Lake, *Ala.* 8 J9
Martin, Mount, *Alas.* 14 N11
Martinak ☆, *Md.* 10 G22
Martin and Osa Johnson Safari Museum, *Chanute, Kans.* 4 U10
Martin City, *Mont.* 1 C13
Martin Creek Lake ☆, *Tex.* 5 H16
Martindale, *Tex.* 5 L12
Martin Dam, *Ala.* 8 J10

Martin Dies, Junior ☆, *Tex.* 5 J17
Martinez, *Ga.* 8 H15
Martinez Lake, *Ariz.* 3 T1
Martin Luther King, Jr., National Historic Site, *Atlanta, Ga.* 8 H11
Martin National Wildlife Refuge, *Md.* 10 K21
Martin Point, *Alas.* 14 B17
Martin River Glacier, *Alas.* 14 L17
Martinsburg, *N.Y.* 11 D13
Martinsburg, *Pa.* 11 N8
Martinsburg, *W. Va.* 10 E16
Martinsdale, *Mont.* 1 F17
Martins Ferry, *Ohio* 7 G22
Martins Fork, Cumberland River, *Ky.* 7 Q17
Martinsville, *Ill.* 7 J9
Martinsville, *Ind.* 7 J12
Martinsville, *Me.* 13 P5
Martinsville, *Ohio* 7 J16
Martinsville, *Va.* 10 Q11
Martinton, *Ill.* 7 E9
Martin Van Buren National Historic Site, *Kinderhook, N.Y.* 11 G17
Marumsco National Wildlife Refuge, *Va.* 10 H18
Marvel, *Ala.* 8 H8
Marvel, *Colo.* 3 M9
Marvel Cave, *Mo.* 4 V11
Marvell, *Ark.* 5 D19
Marvine, Mount, *Utah* 3 K5
Mary Baker Eddy Historic House, *Plymouth, N.H.* 12 J9
Mary Baker Eddy Historic House, *Amesbury, Mass.* 12 N12
Mary Baker Eddy Museum, *Boston, Mass.* 12 R12
Marydel, *Md.* 10 F22
Mary Esther, *Fla.* 9 B3
Mary Jane, Lake, *Fla.* 9 G14
Mary Jane Thurston ☆, *Ohio* 7 D16
Mary Lakes, *Me.* 13 J6
Maryland, *N.Y.* 11 G15
Maryland, state, *U. S.* 10 E18
Maryland Historical Society, *Baltimore, Md.* 10 E20
Maryland Institute of Art, *Baltimore, Md.* 10 E20
Maryland Line, *Md.* 10 D19
Maryland Science Center, *Baltimore, Md.* 10 E20
Mary Meeker Cramer Museum, *Camden, Me.* 13 N6
Mary Merritt Doll Museum, *Reading, Pa.* 11 N13
Maryneal, *Tex.* 5 H9
Mary Point, *St. John* 9 (C) A3
Marys, river, *Nev.* 2 E14
Marys Igloo, *Alas.* 14 F9
Marysvale, *Utah* 3 K4
Marysville, *Calif.* 2 J5
Marysville, *Idaho* 1 K16
Marysville, *Ind.* 7 L13
Marysville, *Kans.* 4 R8
Marysville, *Mich.* 6 N15
Marysville, *Mont.* 1 F15
Marysville, *Ohio* 7 G17
Marysville, *Pa.* 11 N11
Marysville, *Wash.* 1 D4

Maysville, *Ky.* **7** L16
Maysville, *Mo.* **4** R10
Maysville, *N.C.* **8** E21
Maysville, *Okla.* **5** D13
Maysville, *W. Va.* **10** F13
Mayville, *Mich.* **6** M14
Mayville, *N. Dak.* **4** F8
Mayville, *N.Y.* **11** H6
Mayville, *Oreg.* **1** H6
Mayville, *Wis.* **6** M7
Maywood, *Ill.* **7** C9
Maywood, *Nebr.* **4** Q4
Maza, *N. Dak.* **4** E6
Mazama, *Wash.* **1** C6
Mazatzal Peak, *Ariz.* **3** R5
Mazatzal Wilderness, *Ariz.* **3** R5
Mazeppa, *Minn.* **4** K12
Mazinaw Lake, *Ont.* **6** J22
Mazomanie, *Wis.* **6** M5
Mazon, *Ill.* **7** D8
McAdam, *N.B.* **13** J9
McAdam ♣, *N.B.* **13** J9
McAdams, *Miss.* **8** J4
McAdoo, *Pa.* **11** L13
McAdoo, *Tex.* **5** F9
McAfee, *N.J.* **11** L15
McAfee Peak, *Nev.* **2** E13
McAlester, *Okla.* **5** D15
McAlester Army Ammunition Plant, *Okla.* **5** D15
McAlisterville, *Pa.* **11** M10
McAllen, *Tex.* **5** R12
McAllister, *Mont.* **1** H15
McAndrews, *Ky.* **7** N19
McArthur, *Calif.* **2** F6
McArthur, *Ohio* **7** J19
McArthur, river, *Alas.* **14** L14
McArthur-Burney Falls Memorial ♣, *Calif.* **2** F5
McBain, *Mich.* **6** K11
McBee, *S.C.* **8** F17
McCabe, *Mont.* **1** C22
McCall, *Idaho* **1** J10
McCall Creek, *Miss.* **8** L3
McCall Seamount, *N. Pac. Oc.* **15** R14
McCamey, *Tex.* **5** J8
McCammon, *Idaho* **1** M15
McCarron, *Mich.* **6** (A) B2
McCarthy, *Alas.* **14** K17
McCarthy Beach ♣, *Minn.* **4** F12
McCartys, *N. Mex.* **3** Q9
McCaslin Mountain, *Wis.* **6** H7
McCauley Mountain ♪, *N.Y.* **11** D15
McCaulley, *Tex.* **5** G10
McCausland, *Iowa* **4** P14
McCaysville, *Ga.* **8** E11
McChord Air Force Base, *Wash.* **1** E4
McClave, *Colo.* **3** K15
McCleary, *Wash.* **1** E3
McClellan Air Force Base, *Calif.* **2** K5
McClellan Creek, *Tex.* **5** D9
McClellandtown, *Pa.* **11** P5
McClellanville, *S.C.* **8** J19
McCloud, *Calif.* **2** E4
McCloud, river, *Calif.* **2** F4
McCloud, Lake, *Calif.* **2** E5
McClure, *Ill.* **7** P6
McClure, *Ohio* **7** D16
McClure, *Pa.* **11** M10

McClure, *Va.* **10** N4
McClure, Lake, *Calif.* **2** M7
McClure Islands, *Alas.* **14** B16
McClusky, *N. Dak.* **4** F5
McColl, *N.C.* **8** F18
McComas, *W. Va.* **10** M7
McComb, *Miss.* **8** M3
McComb, *Ohio* **7** E16
McCondy, *Miss.* **8** G5
McConnell, *Ill.* **7** A6
McConnell ♣, *Calif.* **2** M6
McConnell Air Force Base, *Kans.* **4** U8
McConnells, *S.C.* **8** F16
McConnellsburg, *Pa.* **11** P9
McConnells Mill ♣, *N.Y.* **11** L5
McConnellsville, *N.Y.* **11** E13
McConnelsville, *Ohio* **7** H20
McCook, *Nebr.* **4** R4
McCool, *Miss.* **8** H5
McCool Junction, *Nebr.* **4** Q7
McCord, *Alas.* **14** P13
McCordsville, *Ind.* **7** H12
McCormick, *S.C.* **8** G15
McCormick's Creek ♣, *Ind.* **7** J11
McCoy, *Colo.* **3** H10
McCoy, *Tex.* **5** M12
McCoy, *Va.* **10** N9
McCoy Mountains, *Calif.* **2** U15
McCracken, *Kans.* **4** T5
McCrory, *Ark.* **5** C19
McCroskey Memorial ▲, *Idaho* **1** E10
McCullough, *Ala.* **8** M7
McCullough Range, *Nev.* **2** Q14
McCune, *Kans.* **4** U10
McCurtain County Wilderness Area, *Okla.* **5** E15
McDavid, *Fla.* **9** A2
McDermitt, *Nev.* **2** D10
McDonald, *Kans.* **4** R3
McDonald, *N. Mex.* **3** T14
McDonald, *Pa.* **11** N5
McDonald, Lake, *Mont.* **1** C13
McDonald Creek, *Mont.* **1** (C) C3
McDonald Observatory, *Tex.* **5** J5
McDonald Peak, *Calif.* **2** F7
McDonald State Forest, *Oreg.* **1** J3
McDonough, *Ga.* **8** H12
McDonough, *N.Y.* **11** G13
McDougall Pass, *N.W.T.-Yukon Terr.* **14** D19
McDowell, *Va.* **10** J12
McDowell, *W. Va.* **10** M7
McDowell House and Apothecary Shop, *Danville, Ky.* **7** N15
McDowell Mountains, *Ariz.* **3** S5
McEwen, *Tenn.* **8** C7
McFadden, *Wyo.* **1** N22
McFarland, *Calif.* **2** Q8
McFarland, *Mich.* **6** F9
McFarland, *Wis.* **6** N6
McGaheysville, *Va.* **10** J14
McGee Creek Reservoir, *Okla.* **5** E14

McGehee, *Ark.* **5** F19
McGill, *Nev.* **2** J14
McGivney, *N.B.* **13** G11
McGrady, *N.C.* **8** C16
McGrath, *Alas.* **14** J12
McGrath Beach ♣, *Calif.* **2** T8
McGraw, *N.Y.* **11** G13
McGregor, *Iowa* **4** M14
McGregor, *Minn.* **4** G11
McGregor, *N. Dak.* **4** E3
McGregor, *Ont.* **6** (B) E2
McGregor, *Tex.* **5** J13
McGregor Point, *Hawaii* **15** H16
McGrew, *Nebr.* **4** N2
McGuffey, *Ohio* **7** F16
McGuire, Mount, *Idaho* **1** H12
McGuire Air Force Base, *N.J.* **11** P15
McGuire Park, *W. Va.* **10** F10
McHenry, *Ill.* **7** B9
McHenry, *Ky.* **7** P11
McHenry, *Md.* **10** E12
McHenry, *Miss.* **8** N5
McHenry, *N. Dak.* **4** F6
McIndoe Falls, *Vt.* **12** F8
McIntosh, *Ala.* **8** M6
McIntosh, *Fla.* **9** E12
McIntosh, *Minn.* **4** F9
McIntosh, *S. Dak.* **4** H4
McKay Creek National Wildlife Refuge, *Oreg.* **1** H8
McKean, *Pa.* **11** H5
McKee, *Ky.* **7** P16
McKee City, *N.J.* **11** Q15
McKee Creek, *Ill.* **7** H4
McKeefroy, *W. Va.* **10** C9
McKeesport, *Pa.* **11** N6
McKees Rocks, *Pa.* **11** M5
McKee's Sunken Treasure Fortress, *Plantation Key, Fla.* **9** Q15
McKellar, *Ont.* **6** H19
McKenney, *Va.* **10** P17
McKenzie, *Ala.* **8** L8
McKenzie, *N. Dak.* **4** G5
McKenzie, *Tenn.* **8** C6
McKenzie Pass, *Oreg.* **1** J4
McKerrow, *Ont.* **6** F16
McKinley, river, *Alas.* **14** H14
McKinley, Mount (Denali), *Alas.* **14** J14
McKinley Museum of History, *Canton, Ohio* **7** E21
McKinley Park, *Alas.* **14** H15
McKinleyville, *Calif.* **2** F2
McKinney, *Ky.* **7** P15
McKinney, *Tex.* **5** F14
McKinnon, *Tenn.* **8** C7
McKinnon, *Wyo.* **1** Q17
McKittrick, *Calif.* **2** R8
McKonkey Ferry Museum State Historic Site, *Trenton, N.J.* **11** N15
McLain, *Miss.* **8** M5
McLaughlin, *S. Dak.* **4** H4
McLaurin, *Miss.* **8** M4
McLean, *Ill.* **7** G7
McLean, *N.Y.* **11** G12
McLean, *Tex.* **5** D9
McLean, *Va.* **10** G18

McLean Mountain, *Me.* **13** E6
McLean National Wildlife Refuge, *N. Dak.* **4** F4
McLeansboro, *Ill.* **7** M8
McLean's Town, *Bahamas* **9** L21
McLemoresville, *Tenn.* **8** D6
McLeod, *Mont.* **1** H17
McLeod, *Tex.* **5** G16
McLoughlin, Mount, *Oreg.* **1** M3
McMechen, *W. Va.* **10** C9
McMillan, *Mich.* **6** F11
McMillan, Lake, *N. Mex.* **3** T14
McMillan Reservoir, *Washington, D. C.* **10** (A)
McMinnville, *Oreg.* **1** H3
McMinnville, *Tenn.* **8** D10
McMurray, *Pa.* **11** N5
McMurray, *Wash.* **1** (A) D4
McNab, *Ark.* **5** F16
McNabb, *Ill.* **7** D7
McNary, *Ariz.* **3** R7
McNary, *Tex.* **5** J4
McNary Dam, *Oreg.-Wash.* **1** G7
McNary National Wildlife Refuge, *Wash.* **1** G8
McNeil, *Ark.* **5** F17
McNeil Island, *Wash.* **1** (A) G3
McNeill, *Miss.* **8** N4
McNutt Island, *N.S.* **13** Q13
McPherson, *Kans.* **4** T7
McQueeney, *Tex.* **5** L12
McRae, *Ark.* **5** D19
McRae, *Ga.* **8** K14
McRoberts, *Ky.* **7** P19
McRoss, *W. Va.* **10** K9
McSherrystown, *Pa.* **11** P11
McVeigh, *Ky.* **7** N19
McVeytown, *Pa.* **11** M10
McVille, *N. Dak.* **4** F7
McWhorter, *W. Va.* **10** F10
McWilliams, *Ala.* **8** L8
Meacham, *Oreg.* **1** H8
Meacham Lake, *N.Y.* **11** B15
Meacham Lake Recreation Area, *N.Y.* **11** B15
Mead, *Wash.* **1** D9
Mead, Lake, *Ariz.-Nev.* **2** Q15; **3** N2
Mead Art Building, *Amherst, Mass.* **12** Q6
Mead Botanical Garden, *Winter Park, Fla.* **9** G14
Meade, *Kans.* **4** U4
Meade, *Mich.* **6** (B) C2
Meade ♣, *Kans.* **4** U4
Meade, Lake, *Va.* **10** P20
Meade, river, *Alas.* **14** A13
Meade County Historical Society Museum, *Meade, Kans.* **4** U4
Meade Peak, *Idaho* **1** M16
Meadow, *S. Dak.* **4** J3
Meadow, *Tex.* **5** F8
Meadow, *Utah* **3** J4
Meadow, river, *W. Va.* **10** K9
Meadow Bridge, *W. Va.* **10** K9
Meadow Brook, *N.B.* **13** H15
Meadow Creek, *W. Va.* **10** L8

Meadowcroft Village, *Avella, Pa.* **11** N4

Meadow Garden, *Augusta, Ga.* **8** H15

Meadow Grove, *Nebr.* **4** N7

Meadowlands, *Minn.* **4** G12

Meadowlark ✈, *Wyo.* **1** K20

Meadows, *Idaho* **1** J10

Meadows, *N.H.* **12** F10

Meadows of Dan, *Va.* **10** P10

Meadow Valley, *Calif.* **2** H6

Meadow Valley Wash, *Nev.* **2** N15

Meadowview, *Va.* **10** P6

Meadow Vista, *Calif.* **2** J6

Meadville, *Miss.* **8** L2

Meadville, *Pa.* **11** J5

Meaford, *Ont.* **6** J18

Meaghers Grant, *N.S.* **13** L17

Meally, *Ky.* **7** N19

Mears, *Mich.* **6** L10

Meat Cove, *N.S.* **13** E22

Meat Mountain, *Alas.* **14** C11

Mebane, *N.C.* **8** C19

Mecca, *Calif.* **2** U13

Mecca, *Ind.* **7** H10

Mecca Hills Recreation Land, *Calif.* **2** U13

Mechanic Falls, *Me.* **13** N2

Mechanicsburg, *Ill.* **7** H6

Mechanicsburg, *Ohio* **7** G17

Mechanicsburg, *Pa.* **11** N11

Mechanicsburg, *Va.* **10** N8

Mechanicsville, *Iowa* **4** N14

Mechanicsville, *Md.* **10** H19

Mechanicsville, *Va.* **10** L18

Mechanicsville, *Vt.* **12** F4

Mechanicville, *N.Y.* **11** F17

Mecklenburg, *N.Y.* **11** G11

Mecosta, *Mich.* **6** M11

Medaryville, *Ind.* **7** E11

Meddybemps, *Me.* **13** L9

Meddybemps Lake, *Me.* **13** L9

Medfield, *Mass.* **12** R11

Medford, *Mass.* **12** Q11

Medford, *Me.* **13** K6

Medford, *Okla.* **5** B12

Medford, *Oreg.* **1** M3

Medford, *Wis.* **6** H5

Medfra, *Alas.* **14** J12

Media, *Ill.* **7** E4

Media, *Pa.* **11** P14

Mediapolis, *Iowa* **4** P14

Medical Lake, *Wash.* **1** E9

Medical Springs, *Oreg.* **1** J9

Medicinal Garden, *Bailey, N.C.* **8** D20

Medicine Bow, *Wyo.* **1** N21

Medicine Bow, river, *Wyo.* **1** N21

Medicine Bow ✈, *Wyo.* **1** P22

Medicine Bow Mountains, *Colo.-Wyo.* **1** P21; **3** G11

Medicine Bow National Forest, *Wyo.* **1** P21

Medicine Bow Peak, *Wyo.* **1** P21

Medicine Creek, *Mo.* **4** R12

Medicine Creek, *S. Dak.* **4** L5

Medicine Creek ✈, *Nebr.* **4** Q5

Medicine Hat, *Alta.* **1** A16

Medicine Lake, *Calif.* **2** E5

Medicine Lake, *Mont.* **1** C22

Medicine Lodge, *Kans.* **4** U6

Medicine Lodge, river, *Kans.* **4** V6

Medicine Lodge Stockade and Museum, *Medicine Lodge, Kans.* **4** U6

Medicine Mound, *Tex.* **5** E10

Medicine Rocks ✈, *Mont.* **1** G23

Medicine Wheel, *Wyo.* **1** J19

Medina, *N. Dak.* **4** G6

Medina, *N.Y.* **11** E8

Medina, *Ohio* **7** E20

Medina, *Tenn.* **8** D6

Medina, *Tex.* **5** L11

Medina, *Wash.* **1** (A) F4

Medina Lake, *Tex.* **5** L11

Medon, *Tenn.* **8** D5

Medora, *Ill.* **7** J5

Medora, *Ind.* **7** K12

Medora, *N. Dak.* **4** G2

Meductic, *N.B.* **13** H9

Medway, *Mass.* **12** S11

Medway, *Me.* **13** J7

Medway, *N.S.* **13** N14

Medway, river, *N.S.* **13** M13

Medway Harbour, *N.S.* **13** N15

Meeker, *Colo.* **3** H9

Meeker, *Okla.* **5** C13

Meeker Home, *Greeley, Colo.* **3** G13

Meeker Massacre site, *Colo.* **3** H9

Meeman-Shelby State Park and Forest ✈, *Tenn.* **8** E4

Meeteetse, *Wyo.* **1** K18

Mefford's Station, *Washington, Ky.* **7** L17

Megargel, *Ala.* **8** M7

Megargel, *Tex.* **5** F11

Meggett, *S.C.* **8** J18

Meherrin, river, *Va.* **10** P15

Meherrin, *Va.* **10** N15

Mehoopany, *Pa.* **11** K12

Meigs, *Ga.* **8** M12

Meiners Oaks, *Calif.* **2** S8

Meiss Lake, *Calif.* **2** D5

Mekinock, *N. Dak.* **4** F7

Mekoryuk, *Alas.* **14** K7

Melba, *Idaho* **1** L10

Melbourne, *Ark.* **5** B18

Melbourne, *Fla.* **9** H15

Melbourne, *Ont.* **6** N17

Melbourne Beach, *Fla.* **9** H15

Melcher, *Iowa* **4** P12

Meldrum Bay, *Ont.* **6** G14

Melfa, *Va.* **10** L22

Mel Fisher's Treasure Exhibit, *Key West, Fla.* **9** R13

Melissa, *W. Va.* **10** J5

Mellen, *Wis.* **6** F4

Mellenville, *N.Y.* **11** H17

Mellette, *S. Dak.* **4** J6

Mellette House, *Watertown, S. Dak.* **4** K8

Mellwood, *Ark.* **5** E19

Melody Fair, *Buffalo, N.Y.* **11** F7

Melozi Springs, *Alas.* **14** G13

Melozitna, river, *Alas.* **14** F13

Melrose, *Fla.* **9** D12

Melrose, *La.* **5** H18

Melrose, *Mass.* **12** Q12

Melrose, *Minn.* **4** J10

Melrose, *Mont.* **1** H14

Melrose, *N. Mex.* **3** R14

Melrose, *N.S.* **13** K20

Melrose, *N.Y.* **11** F17

Melrose, *Wis.* **6** K3

Melrose Cavern, *Va.* **10** H14

Melstone, *Mont.* **1** F19

Melstrand, *Mich.* **6** F10

Melville, *La.* **5** K19

Melville, *Mont.* **1** G17

Melvin, *Ala.* **8** L6

Melvin, *Ill.* **7** F8

Melvin, *Ky.* **7** P19

Melvin, *Tex.* **5** J10

Melvin Village, *N.H.* **12** J11

Memaloose ▲, *Wash.* **1** G5

Memorial Art Gallery, *Rochester, N.Y.* **11** F10

Memorial Bridge, *Washington, D. C.-Va.* **10** (A)

Memorial Building, *Washington Crossing, Pa.* **11** N14

Memorial Flagstaff, *Washington Crossing, Pa.* **11** N14

Memorial Hall Museum, *Deerfield, Mass.* **12** Q6

Memorial Highway, *Wilmington, N.Y.* **11** B16

Memorial Lake ✈, *Pa.* **11** N12

Memorial Museum, *Mo.* **4** V12

Memorial Tower, *Halifax, N.S.* **13** M17

Memphis, *Fla.* **9** J11

Memphis, *Ind.* **7** L13

Memphis, *Mich.* **6** (B) B3

Memphis, *Mo.* **4** Q13

Memphis, *Tenn.* **8** E4

Memphis, *Tex.* **5** D9

Memphis Lake ✈, *Nebr.* **4** Q8

Memphis Naval Air Station, *Tenn.* **8** D4

Memphis Pink Palace Museum, *Memphis, Tenn.* **8** E4

Memphremagog, Lake, *Que.* **12** B7

Memramcook, *N.B.* **13** H15

Mena, *Ark.* **5** E16

Menahga, *Minn.* **4** G10

Menan, *Idaho* **1** L15

Menands, *N.Y.* **11** G17

Menard, *Tex.* **5** J10

Menasha, *Wis.* **6** K7

Mendelssohn Seamount, *N. Pac. Oc.* **15** M8

Mendenhall, *Miss.* **8** K4

Mendenhall, Cape, *Alas.* **14** K7

Mendenhall Glacier, *Alas.* **14** N22

Mendes, *Ga.* **8** L15

Mendham, *N.J.* **11** M15

Mendocino, *Calif.* **2** J2

Mendocino, Cape, *Calif.* **2** G1

Mendocino, Lake, *Calif.* **2** J3

Mendocino Coast Botanical Gardens, *Fort Bragg, Calif.* **2** H2

Mendocino National Forest, *Calif.* **2** H3

Mendon, *Ill.* **7** G3

Mendon, *Mass.* **12** S10

Mendon, *N.Y.* **11** F10

Mendon, *Ohio* **7** F15

Mendota, *Calif.* **2** N7

Mendota, *Ill.* **7** D7

Mendota, *Minn.* **4** K12

Mendota, *Va.* **10** P5

Mendota, Lake, *Wis.* **6** M5

Menehune Fishpond (Alakoko), *Hawaii* **15** B5

Menemsha, *Mass.* **12** V13

Menlo, *Ga.* **8** F10

Menlo, *Kans.* **4** S4

Menlo, *Wash.* **1** F3

Menneval, *N.B.* **13** B9

Mennonite and Pennsylvania Dutch Information Centers, *Lancaster, Pa.* **11** P12

Menoken, *N. Dak.* **4** G5

Menominee, *Mich.* **6** J8

Menominee, river, *Mich.-Wis.* **6** H8

Menomonee Falls, *Wis.* **6** M7

Menomonie, *Wis.* **6** J3

Menors Ferry, *Wyo.* **1** (B) F3

Mentasta Lake, *Alas.* **14** J17

Mentasta Mountains, *Alas.* **14** J17

Mentone, *Ind.* **7** E12

Mentone, *Tex.* **5** H6

Mentor, *Minn.* **4** F9

Mentor, *Ohio* **7** C21

Mentor-on-the-Lake, *Ohio* **7** C20

Mequon, *Wis.* **6** M8

Meramec ✈, *Mo.* **4** T14

Meramec Caverns, *Mo.* **4** T14

Merced, *Calif.* **2** M6

Merced, river, *Calif.* **2** M7

Mercedes, *Tex.* **5** R12

Mercedita Airport, *P. R.* **9** (B) B3

Merced National Wildlife Refuge, *Calif.* **2** N6

Merced Peak, *Calif.* **2** M8

Mercer, *Mo.* **4** Q11

Mercer, *N. Dak.* **4** F5

Mercer, *Pa.* **11** K5

Mercer, *Tenn.* **8** D5

Mercer, *Wis.* **6** F5

Mercer Cave, *Calif.* **2** L6

Mercer Island, *Wash.* **1** (A) F4

Mercer Museum, *Doylestown, Pa.* **11** N14

Mercersburg, *Pa.* **11** P9

Mercerville, *N.J.* **11** N15

Merchandise Mart, *Chicago, Ill.* **7** C10

Mercury, *Nev.* **2** P13

Mercury, *Tex.* **5** J11

Meredith, *N.H.* **12** J10

Meredith, Lake, *Colo.* **3** K14

Meredith, Lake, *Tex.* **5** C8

Meredith Center, *N.H.* **12** J10

Meredith Lake, *Ont.* **6** (A) A4

Meredithville, *Va.* **10** P16

Meredosia, *Ill.* **7** H4

Meredosia National Wildlife Refuge, *Ill.* **7** H4

Meridale, *N.Y.* **11** H14

Meriden, *Conn.* **12** V5

Meriden, *N.H.* **12** K7

Meriden, *Wyo.* **1** N23

Meridian, *Calif.* **2** J4

Meridian, *Idaho* **1** L10
Meridian, *Miss.* **8** K5
Meridian, *N.Y.* **11** F12
Meridian, *Pa.* **11** L5
Meridian, *Tex.* **5** H13
Meridian ⬧, *Tex.* **5** H12
Meridian Hill Park,
   Washington, D. C.
   10 (A)
Meridian Museum of Art,
   Meridian, Miss. **8** K5
Meridian Naval Air Station,
   Miss. **8** J5
Merigold, *Miss.* **8** G3
Merigomish, *N.S.* **13** J19
Merigomish Harbour, *N.S.* **13**
   J19
Merigomish Island, *N.S.* **13**
   J19
Merino, *Colo.* **3** G14
Meriwether Lewis
   Monument, *Tenn.* **8** D8
Merkel, *Tex.* **5** G10
Merlin, *Oreg.* **1** M2
Mermentau, *La.* **5** K18
Mermet Lake ⬧, *Ill.* **7** P7
Merna, *Nebr.* **4** P5
Merom, *Ind.* **7** K10
Merrehope, *Meridian, Miss.*
   8 K5
Merriam, *Ind.* **7** D13
Merrick ⬧, *Wis.* **6** K3
Merricourt, *N. Dak.* **4** H6
Merrill, *Oreg.* **1** N4
Merrill, *Wis.* **6** H6
Merrillan, *Wis.* **6** K4
Merrill Pass, *Alas.* **14** K13
Merrillville, *Ind.* **7** D10
Merrimac, *Mass.* **12** N12
Merrimack, *N.H.* **12** N10
Merrimack, river, *N.H.* **12** L10
Merrimack Valley Textile
   Museum, *Andover, Mass.*
   12 P12
Merriman, *Nebr.* **4** M3
Merriman State Forest, *N.H.*
   12 G12
Merritt, Lake, *Oakland, Calif.*
   2 L4
Merritt Island, *Fla.* **9** G15
Merritt Island National
   Wildlife Refuge, *Fla.* **9** G15
Merritt Parkway, *Conn.* **12** X2
Merritt Pass, *Ariz.* **3** R3
Merritt Reservoir ⬧, *Nebr.* **4**
   M4
Mer Rouge, *La.* **5** G19
Merryville, *La.* **5** K17
Mersey, river, *N.S.* **13** M13
Mershon, *Ga.* **8** L15
Mertzon, *Tex.* **5** J9
Merwin, Lake, *Wash.* **1** G4
Merwin House, *Stockbridge,*
   Mass. **12** R4
Mesa, *Ariz.* **3** S5
Mesa, *Colo.* **3** J9
Mesa, *Idaho* **1** J10
Mesa, *Wash.* **1** F7
Mesabi Range, *Minn.* **4** F11
Mesa de Maya, *Colo.* **3** M14
Mesa Falls, *Idaho* **1** K16
Mesa Mountain, *Alas.*
   14 L12
Mesa Verde National Park,
   Colo. **3** M9
Mescalero, *N. Mex.* **3** T12

Mescalero Indian
   Reservation, *N. Mex.* **3**
   T12
Meshanticut ⬧, *R.I.* **12** T10
Meshik, river, *Alas.* **14** P10
Meshomasic State Forest,
   Conn. **12** U6
Meshoppen, *Pa.* **11** K13
Mesic, *N.C.* **8** E22
Mesick, *Mich.* **6** K11
Mesilla, *N. Mex.* **3** U11
Mesker Park Zoo, *Evansville,*
   Ind. **7** M10
Mesquite, *Nev.* **2** N16
Mesquite, *N. Mex.* **3** U11
Mesquite, *Tex.* **5** G14
Mesquite Lake, *Calif.* **2** Q13
Messalonskee Lake, *Me.* **13**
   M4
Meta, *Mo.* **4** T13
Metairie, *La.* **5** K21
Metaline, *Wash.* **1** C9
Metaline Falls, *Wash.* **1** C9
Metals Park, *Newbury, Ohio*
   7 D21
Metamora, *Ill.* **7** E7
Metamora, *Ind.* **7** J14
Metamora, *Mich.* **6** (B) BI
Metamora, *Ohio* **7** C16
Metamora Courthouse ▲, *Ill.*
   7 E7
Metamora-Hadley ⬧, *Mich.* **6**
   N14
Metcalf, *Ga.* **8** N12
Metcalf, *Ill.* **7** H9
Metedeconk, river, *N.J.* **11**
   N16
Meteghan, *N.S.* **13** N11
Meteghan River, *N.S.* **13** N12
Meteor Crater, *Ariz.* **3** Q6
Methow, *Wash.* **1** D6
Methuen, *Mass.* **12** P11
Metinic Island, *Me.* **13** P5
Metlakatla, *Alas.* **14** R24
Metolius, *Oreg.* **1** J5
Metomkin Island, *Va.* **10** L23
Metroparks Zoological Park,
   Cleveland, Ohio **7** C20
Metropolis, *Ill.* **7** P7
Metropolis, *Nev.* **2** E14
Metropolitan Beach, *Mich.* **6**
   (B) C3
Metropolitan Museum of Art,
   New York, N.Y. **11** M17
Metrozoo, *Fla.* **9** F15
Metter, *Ga.* **8** K15
Mettler, *Calif.* **2** R9
Metuchen, *N.J.* **11** M15
Metz, *Ind.* **7** C14
Metz, *Mich.* **6** H13
Metz, *W. Va.* **10** D10
Mexia, *Tex.* **5** H14
Mexicali, *Mex.* **2** W14
Mexican Hat, *Utah* **3** M7
Mexican Springs, *N. Mex.* **3**
   P8
Mexican Water, *Ariz.* **3** M7
Mexico, *Ind.* **7** E12
Mexico, *Me.* **13** M3
Mexico, *Mo.* **4** S13
Mexico, *N.Y.* **11** E12
Mexico, Gulf of **5** N19; **9** J5
Mexico Bay, *N.Y.* **11** E12
Mexico Beach, *Fla.* **9** D5
Meyers Chuck, *Alas.* **14** Q23
Meyersdale, *Pa.* **11** P7

Miami, *Ariz.* **3** S6
Miami, *Fla.* **9** N16
Miami, *Ind.* **7** F12
Miami, *N. Mex.* **3** N13
Miami, *Okla.* **5** B15
Miami, *Tex.* **5** C10
Miami, *W. Va.* **10** J7
Miami, river, *Ohio* **7** G16
Miami Beach, *Fla.* **9** N16
Miami Canal, *Fla.* **9** M15
Miami County Historical
   Museum, *Peru, Ind.* **7** F12
Miamisburg, *Ohio* **7** H15
Miamisburg Mound ▲, *Ohio* **7**
   H15
Miami Springs, *Fla.* **9** N16
Mianus, river, *Conn.* **12** X2
Micanopy, *Fla.* **9** E12
Micco, *Fla.* **9** J15
Miccosukee, Lake, *Fla.* **9** B8
Miccosukee Indian
   Reservation, *Fla.* **9** M15,
   N15
Michael, *Ill.* **7** J4
Michaud, Point, *N.S.* **13** J22
Miohaux State Forest, *Pa.* **11**
   P10
Michaywe Slopes ⬧, *Mich.* **6**
   J12
Michelson, Mount, *Alas.* **14**
   C17
Michie, *Tenn.* **8** E6
Michie Tavern, *Va.* **10** K15
Michigamme, *Mich.* **6** F7
Michigamme, Lake, *Mich.* **6**
   F7
Michigamme Reservoir,
   Mich. **6** F7
Michigan, *N. Dak.* **4** F7
Michigan, state, *U. S.* **6** J11
Michigan, Lake, *Mich.-Wis.* **6**
   L9
Michigan, University of, *Ann*
   Arbor, Mich. **6** P13
Michigan Center, *Mich.* **6**
   P13
Michigan City, *Ind.* **7** C11
Michigan City, *Miss.* **8** E5
Michigan Historical Museum,
   Lansing, Mich. **6** N12
Michigan International
   Speedway, *Mich.* **6** Q12
Michigan Island, *Wis.* **6** E5
Michigan Islands National
   Wildlife Refuge, *Mich.* **6**
   G11, J14
Michigan Riding and Hiking
   Trail, *Mich.* **6** J11, K14
Michigan Space Center,
   Jackson, Mich. **6** P12
Michigan State University,
   East Lansing, Mich. **6**
   N13
Michipicoten, *Ont.* **6** C12
Michipicoten Island, *Mich.* **6**
   C10
Michipicoten River, *Ont.* **6**
   C12
Micmac Communities, *Me.*
   13 G8
Micmac Indian Village,
   Rocky Point, P.E.I. **13**
   G17
Micmac Museum, *Pictou,*
   N.S. **13** J18
Mico, *Tex.* **5** L11

Mid-America All-Indian
   Center, *Wichita, Kans.* **4**
   U8
Mid-Pacific Mountains,
   N. Pac. Oc. **15** Q3
Midas, *Nev.* **2** E12
Middle, river, *Iowa* **4** P10
Middle, river, *Minn.* **4** E8
Middle, river, *N.B.* **13** C12
Middle, river, *N.S.* **13** G22
Middle Alkali Lake, *Calif.* **2**
   E7
Middle Bass Island, *Ohio* **7**
   C18
Middleboro, *Mass.* **12** T12
Middleborough Historical
   Museum, *Middleboro,*
   Mass. **12** T12
Middlebourne, *W. Va.* **10**
   E9
Middle Branch, Westfield
   River, *Mass.* **12** Q5
Middle Branch Douglas
   Creek, *N. Dak.* **4** (A) B5
Middlebrook, *Va.* **10** K13
Middleburg, *Fla.* **9** C12
Middleburg, *Ky.* **7** P14
Middleburg, *Md.* **10** D18
Middleburg, *Pa.* **11** M11
Middleburg, *Va.* **10** G17
Middleburgh, *N.Y.* **11** G16
Middlebury, *Conn.* **12** V4
Middlebury, *Ind.* **7** C13
Middlebury, *Vt.* **12** G4
Middlebury College,
   Middlebury, Vt. **12** G4
Middlebury College Snow
   Bowl ⬧, *Vt.* **12** H5
Middle Butte, *Idaho* **1** L14
Middle Concho, river, *Tex.* **5**
   J9
Middle Fabius, river, *Mo.* **4**
   R13
Middle Falls ⬧, *Ont.* **6** C6
Middlefield, *Conn.* **12** V6
Middlefield, *Mass.* **12** Q4
Middlefield, *N.S.* **13** N14
Middlefield, *Ohio* **7** D21
Middle Fork, river, *W. Va.* **10**
   G11
Middle Fork, American River,
   Calif. **2** J6
Middle Fork, Chandalar
   River, *Alas.* **14** D16
Middle Fork, Clearwater,
   river, *Idaho* **1** G11
Middle Fork, Fortymile River,
   Alas. **14** H17
Middle Fork, Holston River,
   Va. **10** P6
Middle Fork, Kentucky River,
   Ky. **7** N17
Middle Fork, Kings River,
   Calif. **2** N9
Middle Fork, Koyukuk River,
   Alas. **14** E15
Middle Fork, Kuskokwim
   River, *Alas.* **14** J13
Middle Fork, Powder River,
   Wyo. **1** K20
Middle Fork, Smith River,
   Calif. **2** D2
Middle Fork Coquille, river,
   Oreg. **1** L2
Middle Fork Eel, river, *Calif.*
   2 H3

Middle Fork Feather, river, *Calif.* **2** H6
Middle Fork Flathead, river, *Mont.* **1** C13
Middle Fork Salmon, river, *Idaho* **1** J11
Middle Fork Salt, river, *Mo.* **4** R13
Middle Granville, *N.Y.* **11** E17
Middle Haddam, *Conn.* **12** U6
Middle Head, *N.S.* **13** F23
Middle Hope, *N.Y.* **11** K16
Middle Island ♣, *N.B.* **13** E13
Middle Island Creek, *W. Va.* **10** E8
Middle Loch, *Hawaii* **15** (A)
Middle Loup, river, *Nebr.* **4** P5
Middle Musquodoboit, *N.S.* **13** L17
Middle Ohio, *N.S.* **13** P13
Middle Passage, *Virgin Is.* **9** (C) A2
Middle Pease, river, *Tex.* **5** E10
Middle Point, *Ohio* **7** E15
Middleport, *N.Y.* **11** E8
Middleport, *Ohio* **7** K19
Middle River, *Md.* **10** E20
Middle River, *Minn.* **4** E9
Middle River, *N.S.* **13** G22
Middle Sackville, *N.B.* **13** H15
Middle Sackville, *N.S.* **13** L16
Middlesboro, *Ky.* **7** R17
Middlesex, *N.Y.* **11** G10
Middlesex, *Vt.* **12** F6
Middle Stewiacke, *N.S.* **13** K17
Middleton, *Idaho* **1** L10
Middleton, *Mass.* **12** P12
Middleton, *N.S.* **13** L14
Middleton, *Tenn.* **8** E6
Middleton, *Wis.* **6** M5
Middleton Gardens, *S.C.* **8** J17
Middleton Island, *Alas.* **14** M16
Middletown, *Calif.* **2** K4
Middletown, *Conn.* **12** U6
Middletown, *Del.* **10** E22
Middletown, *Ill.* **7** G6
Middletown, *Ind.* **7** G13
Middletown, *Ky.* **7** M13
Middletown, *Md.* **10** E17
Middletown, *N.J.* **11** N16
Middletown, *N.Y.* **11** K16
Middletown, *Ohio* **7** J15
Middletown, *Pa.* **11** N11
Middletown, *R.I.* **12** V11
Middletown, *Va.* **10** F15
Middletown Springs, *Vt.* **12** K4
Middleville, *Mich.* **6** N11
Middleville, *N.Y.* **11** F15
Middle Water, *Tex.* **5** C7
Middleway, *W. Va.* **10** E16
Middle West Pubnico, *N.S.* **13** Q12
Middlewood, *N.S.* **13** N14
Middle Yuba, river, *Calif.* **2** J6
Midkiff, *W. Va.* **10** J5
Midland, *Md.* **10** D14
Midland, *Mich.* **6** M13
Midland, *Ont.* **6** J19

Midland, *Oreg.* **1** N4
Midland, *Pa.* **11** M4
Midland, *S. Dak.* **4** L4
Midland, *Tex.* **5** H8
Midland City, *Ala.* **8** M10
Midlothian, *Va.* **10** M17
Midnight, *Miss.* **8** H3
Midpines, *Calif.* **2** M7
Midvale, *Idaho* **1** J10
Midvale, *Ohio* **7** F21
Mid Vale, *Utah* **3** G5
Midville, *Ga.* **8** J15
Midway, *Ala.* **8** K10
Midway, *Fla.* **9** B7
Midway, *Ga.* **8** L16
Midway, *Ind.* **7** M10
Midway, *Ky.* **7** M15
Midway Church, *Midway, Ga.* **8** L16
Midway Geyser Basin, *Wyo.* **1** (B) C2
Midway Islands, *N. Pac. Oc.* **15** L3
Midway Islands, *Alas.* **14** B16
Midway Museum, *Midway, Ga.* **8** L16
Midway Park, *N.C.* **8** E21
Midwest, *Wyo.* **1** L21
Midwest City, *Okla.* **5** C13
Mifflin, *Pa.* **11** M10
Mifflinburg, *Pa.* **11** L11
Mifflintown, *Pa.* **11** M10
Mifflinville, *Pa.* **11** L12
Mikado, *Mich.* **6** K14
Mikisagimiut, *Alas.* **14** K7
Mikisew ♣, *Ont.* **6** G19
Milaca, *Minn.* **4** J11
Milam, *Tex.* **5** J17
Milam, *W. Va.* **10** G13
Milan, *Ga.* **8** L14
Milan, *Ill.* **7** D4
Milan, *Ind.* **7** K14
Milan, *Kans.* **4** V7
Milan, *Mich.* **6** Q14
Milan, *Mo.* **4** R12
Milan, *N.H.* **12** E11
Milan, *N. Mex.* **3** Q9
Milan, *Ohio* **7** D18
Milan, *Tenn.* **8** D6
Milan, *Wash.* **1** D9
Milan Hill ♣, *N.H.* **12** E11
Milan Historical Museum, *Milan, Ohio* **7** E19
Milano, *Tex.* **5** K13
Milbank, *S. Dak.* **4** J8
Milbridge, *Me.* **13** M8
Milburn, *Okla.* **5** E14
Milburn Landing ♣, *Md.* **10** J22
Mildred, *Mont.* **1** F22
Mildred, *Pa.* **11** K12
Miles, *Tex.* **5** H10
Miles, *Wash.* **1** D8
Milesburg, *Pa.* **11** L9
Miles City, *Mont.* **1** F21
Miles Glacier, *Alas.* **14** L17
Miles Musical Museum, *Eureka Springs, Ark.* **5** B17
Miles River, *Md.* **10** G21
Milesville, *S. Dak.* **4** K3
Miley, *S.C.* **8** J16
Milford, *Calif.* **2** G7

Milford, *Conn.* **12** W4
Milford, *Del.* **10** G23
Milford, *Ill.* **7** F9
Milford, *Ind.* **7** D13
Milford, *Iowa* **4** M10
Milford, *Kans.* **4** S8
Milford, *Mass.* **12** S10
Milford, *Me.* **13** L6
Milford, *Nebr.* **4** Q8
Milford, *N.H.* **12** N10
Milford, *N.S.* **13** L17
Milford, *N.Y.* **11** G14
Milford, *Pa.* **11** K15
Milford, *Tex.* **5** H13
Milford, *Utah* **3** K3
Milford, *Va.* **10** K18
Milford Center, *Ohio* **7** G17
Milford Haven, *Ont.* **6** (A) B4
Milford Lake, *Kans.* **4** S8
Mililani Town, *Hawaii* **15** (A)
Milk, river, *Alta.-Mont.* **1** B14
Mill, river, *Mass.* **12** Q5
Millard, *Ky.* **7** P19
Mill Bluff ♣, *Wis.* **6** L5
Millboro, *S. Dak.* **4** M5
Millboro, *Va.* **10** K12
Millboro Springs, *Va.* **10** K12
Millbrook, *Ala.* **8** K9
Millbrook, *N.Y.* **11** J17
Millbrook Indian Reservation, *N.S.* **13** K17
Millbury, *Mass.* **12** R9
Mill City, *Nev.* **2** F10
Mill City, *Oreg.* **1** H4
Mill Cove, *N.S.* **13** M16
Mill Creek, *Calif.* **2** G5
Mill Creek, *Pa.* **11** M9
Mill Creek, *W. Va.* **10** G6
Mill Creek, *W. Va.* **10** G11
Mill Creek Falls, *Oreg.* **1** M3
Mill Creek Mountain, *W. Va.* **10** F14
Mill Creek Park, *Youngstown, Ohio* **7** D22
Milldale, *Conn.* **12** U5
Milledgeville, *Ill.* **7** B6
Milledgeville, *Ga.* **8** J13
Milledgeville, *Tenn.* **8** E6
Mille Lacs, Lac des, *Ont.* **6** A5
Mille Lacs Indian Reservation, *Minn.* **4** H11
Mille Lacs Kathio ♣, *Minn.* **4** H11
Mille Lacs Lake, *Minn.* **4** H11
Millen, *Ga.* **8** J15
Millenbeck, *Va.* **10** L20
Miller, *Mo.* **4** V11
Miller, *S. Dak.* **4** K6
Miller, Mount, *Alas.* **14** L18
Miller ♣, *N.H.* **12** N9
Miller City, *Ill.* **7** P6
Miller Dam Flowage, *Wis.* **6** H4
Miller House, *Alas.* **14** G16
Miller House, *Hagerstown, Md.* **10** D16
Miller Lake, *Ont.* **6** J16
Miller Peak, *Ariz.* **3** V6
Millers, river, *Mass.* **12** P8
Millersburg, *Ind.* **7** D13
Millersburg, *Ky.* **7** M16
Millersburg, *Ohio* **7** F20
Millersburg, *Pa.* **11** M11
Millers Camp, *Alas.* **14** G18
Millers Falls, *Mass.* **12** P7

Millers Ferry, *Ala.* **8** K7
Millers Pond ♣, *Conn.* **12** V6
Millersport, *N.Y.* **6** (C) B4
Millersport, *Ohio* **7** H19
Millers Tavern, *Va.* **10** L19
Millerstown, *Pa.* **11** M10
Millersville, *Pa.* **11** P12
Millersville, *Tenn.* **8** C9
Millersylvania ♣, *Wash.* **1** E4
Millerton, *N.B.* **13** E12
Millerton, *N.Y.* **11** J17
Millerton, *Pa.* **11** J11
Millerton Lake ♣, *Calif.* **2** N8
Millett, *Tex.* **5** M11
Millfield, *Ohio* **7** J20
Mill Hall, *Pa.* **11** L10
Millheim, *Pa.* **11** L10
Millhousen, *Ind.* **7** J14
Millicent A. Rogers Memorial Museum, *Taos, N. Mex.* **3** N12
Milligan, *Fla.* **9** B3
Milligan, *Nebr.* **4** Q8
Milligan Creek, *Nev.* **2** E11
Millimagassett Lake, *Me.* **13** G6
Millington, *Ill.* **7** D8
Millington, *Md.* **10** E22
Millington, *Mich.* **6** M14
Millington, *Tenn.* **8** D4
Millinocket, *Me.* **13** J6
Millinocket Lake, *Me.* **13** G6
Millinocket Lake, *Me.* **13** H6
Mill Iron, *Mont.* **1** G23
Millis, *Mass.* **12** R11
Mill Mountain Park, *Roanoke, Va.* **10** M11
Millport, *Ala.* **8** H6
Millport, *N.Y.* **11** H11
Mill River, *Mass.* **12** S4
Mill River ♣, *P.E.I.* **13** F15
Mill Run, *Pa.* **11** P6
Millry, *Ala.* **8** L6
Mills, *Nebr.* **4** M6
Mills, *Wyo.* **1** M21
Millsboro, *Del.* **10** H23
Millsboro, *Pa.* **11** P5
Mill Shoals, *Ill.* **7** M8
Millsite Lake ♣, *Utah* **3** J5
Mills Memorial ♣, *N.Y.* **11** J17
Mill Springs, *Ky.* **7** Q15
Millstadt, *Ill.* **7** L5
Millston, *Wis.* **6** K4
Millstone, *Ky.* **7** P18
Millstone, *W. Va.* **10** G8
Milltown, *Ind.* **7** M12
Milltown, *Ky.* **7** Q13
Milltown, *Mont.* **1** F13
Milltown, *Wis.* **6** G2
Milltown Cross, *P.E.I.* **13** G19
Mill Valley, *Calif.* **2** L4
Mill Village, *N.S.* **13** N14
Mill Village, *Pa.* **11** J5
Millville, *Del.* **10** H24
Millville, *Mass.* **12** S10
Millville, *N.B.* **13** G9
Millville, *N.J.* **11** Q15
Millville, *Ohio* **7** J15
Millville, *Pa.* **11** L12
Millville, *W. Va.* **10** E16
Millwood, *Ga.* **8** M14
Millwood, *Va.* **10** F16
Millwood, *Wash.* **1** D9
Millwood, *W. Va.* **10** G6
Millwood Lake, *Ark.* **5** F16

Milner, *Colo.* 3 G10
Milnor, *N. Dak.* 4 H8
Milo, *Me.* 13 K6
Milo, *Oreg.* 1 L3
Miloli, *Hawaii* 15 Q19
Milpitas, *Calif.* 2 M5
Milroy, *Ind.* 7 J13
Milroy, *Pa.* 11 M10
Milton, *Del.* 10 G23
Milton, *Fla.* 9 B2
Milton, *Ill.* 7 H4
Milton, *Ind.* 7 H14
Milton, *Iowa* 4 Q13
Milton, *Ky.* 7 L14
Milton, *Mass.* 12 R12
Milton, *N.C.* 8 C18
Milton, *N. Dak.* 4 E7
Milton, *N.H.* 12 K12
Milton, *N.S.* 13 N14
Milton, *Ont.* 6 M19
Milton, *Pa.* 11 L11
Milton, *Vt.* 12 D4
Milton, *Wash.* 1 E4
Milton, *Wis.* 6 N6
Milton, *W. Va.* 10 H5
Milton ⚓, *Pa.* 11 L11
Milton-Freewater, *Oreg.* 1 G8
Milton House Museum, *Milton, Wis.* 6 N6
Milton Mills, *N.H.* 12 K12
Miltonvale, *Kans.* 4 S7
Miluveach, river, *Alas.* 14 B15
Milverton, *Ont.* 6 M17
Milwaukee, *Wis.* 6 N8
Milwaukee, river, *Wis.* 6 M7
Milwaukee Public Museum, *Milwaukee, Wis.* 6 N8
Milwaukie, *Oreg.* 1 H4
Miminegash, *P.E.I.* 13 E15
Mims, *Fla.* 9 G15
Mina, *Nev.* 2 K10
Mina, *S. Dak.* 4 J6
Mina ⚓, *S. Dak.* 4 J6
Minam, *Oreg.* 1 H9
Minam, river, *Oreg.* 1 H9
Minam ⚓, *Oreg.* 1 H9
Minarets Wilderness, *Calif.* 2 M8
Minas Basin, *N.S.* 13 K15
Minas Channel, *N.S.* 13 K14
Minasville, *N.S.* 13 K16
Minatare, *Nebr.* 4 N2
Minchumina, Lake, *Alas.* 14 H14
Minco, *Okla.* 5 D12
Mindemoya, *Ont.* 6 G16
Minden, *La.* 5 G17
Minden, *Nebr.* 4 Q6
Minden, *Nev.* 2 J7
Minden, *Ont.* 6 J20
Minden, *W. Va.* 10 K8
Minden City, *Mich.* 6 L15
Mine Kill ⚓, *N.Y.* 11 G16
Mineola, *Tex.* 5 G15
Miner, *Mont.* 1 H16
Mineral, *Calif.* 2 G5
Mineral, *Tex.* 5 N12
Mineral, *Va.* 10 K16
Mineral, *Wash.* 1 F4
Mineral City, *Ohio* 7 F21
Mineral King, *Calif.* 2 P9
Mineral Point, *Wis.* 6 N4
Mineral Ridge, *Ohio* 7 D22
Mineral Springs, *Ark.* 5 E16

Mineral Wells, *Tex.* 5 G12
Mineralwells, *W. Va.* 10 F7
Miners' Museum and Village, *Glace Bay, N.S.* 13 G24
Minersville, *Ohio* 7 K20
Minersville, *Pa.* 11 M12
Minersville, *Utah* 3 K3
Minersville Lake ⚓, *Utah* 3 K3
Mine Run, *Va.* 10 J16
Minerva, *N.Y.* 11 D16
Minerva, *Ohio* 7 E21
Minetto, *N.Y.* 11 E12
Mineville, *N.Y.* 11 C17
Minford, *Ohio* 7 K18
Mingo, *W. Va.* 10 H11
Mingo Junction, *Ohio* 7 F22
Mingo National Wildlife Refuge, *Mo.* 4 V15
Mingus, *Tex.* 5 G12
Miniature Museum, *Kansas City, Mo.* 4 S10
Minidoka, *Idaho* 1 M13
Minidoka National Wildlife Refuge, *Idaho* 1 M14
Minier, *Ill.* 7 F7
Mining Museum, *Stellarton, N.S.* 13 J19
Mink Creek, *Idaho* 1 N15
Mink Lake, *N.S.* 13 N13
Minneapolis, *Kans.* 4 S7
Minneapolis, *Minn.* 4 K11
Minneapolis Institute of Arts, *Minneapolis, Minn.* 4 K11
Minnehaha Falls, *Minneapolis, Minn.* 4 K11
Minnehaha Springs, *W. Va.* 10 J11
Minneola, *Fla.* 9 G13
Minneola, *Kans.* 4 U5
Minneopa ⚓, *Minn.* 4 L10
Minneota, *Minn.* 4 K9
Minnesota, river, *Minn.* 4 K9
Minnesota, state, *U.S.* 4 H10
Minnesota Historical Society, *St. Paul, Minn.* 4 K12
Minnesota Landscape Arboretum, *Shakopee, Minn.* 4 K11
Minnesota Zoological Society, *Apple Valley, Minn.* 4 K12
Minnetonka, Lake, *Minn.* 4 K11
Minnetonka Cave, *Idaho* 1 N16
Minnewaska, Lake, *Minn.* 4 J9
Minnewaukan, *N. Dak.* 4 F6
Minnora, *W. Va.* 10 G8
Minocqua, *Wis.* 6 G5
Minonk, *Ill.* 7 E7
Minooka, *Ill.* 7 D9
Minor Hill, *Tenn.* 8 E8
Minot, *N. Dak.* 4 E4
Minot Air Force Base, *N. Dak.* 4 E4
Minots Ledge Light, *Mass.* 12 R13
Minster, *Ohio* 7 F15
Minter City, *Miss.* 8 G3
Mint Hill, *N.C.* 8 E17
Mint Museum, *Charlotte, N.C.* 8 E17
Minto, *Alas.* 14 G15
Minto, *N.B.* 13 H11

Minto, *N. Dak.* 4 E8
Minto Lakes, *Alas.* 14 G15
Minton, *Sask.* 1 B22
Minturn, *Colo.* 3 H11
Minute Man National Historical Park, *Mass.* 12 Q11
Mio, *Mich.* 6 K13
Mio Mountain ⚓, *Mich.* 6 K13
Mio Pond, *Mich.* 6 K13
Mira, river, *N.S.* 3 H23
Mira Bay, *N.S.* 13 G24
Miracle Hot Springs, *Calif.* 2 R9
Mira Gut, *N.S.* 13 G24
Miramar, *Fla.* 9 N16
Miramar Naval Air Station, *Calif.* 2 V11
Miramichi Atlantic Salmon Museum, *Doaktown, N.B.* 13 F11
Miramichi Bay, *N.B.* 13 D14
Miramichi Natural History Museum, *Chatham, N.B.* 13 D12
Miramonte, *Calif.* 2 N8
Miramonte ⚓, *Colo.* 3 L9
Miranda, *Calif.* 2 G2
Mirando City, *Tex.* 5 P11
Mira River ⚓, *N.S.* 13 G23
Mirror Lake, *N.H.* 12 J11
Mirror Lake ⚓, *Wis.* 6 L5
Miscou Centre, *N.B.* 13 B14
Miscouche, *P.E.I.* 13 F16
Miscou Island, *N.B.* 13 B15
Misenheimer, *N.C.* 8 D17
Mishawaka, *Ind.* 7 C12
Misheguk Mountain, *Alas.* 14 C11
Mishibishu Lake, *Ont.* 6 C11
Mishicot, *Wis.* 6 K8
Miskimon, *Va.* 10 K20
Mispec, *N.B.* 13 K12
Misquah Hills, *Minn.* 4 F14
Misquamicut Beach ⚓, *R.I.* 12 W9
Missanabie, *Ont.* 6 B13
Missile Test Center, *N. Mex.* 3 U11
Missinaibi, river, *Ont.* 6 A14
Missinaibi Lake, *Ont.* 6 B14
Mission, *S. Dak.* 4 M4
Mission, *Tex.* 5 R12
Mission Bay Park, *San Diego, Calif.* 2 V11
Mission City, *B.C.* 1 (A) A4
Mission House, *Stockbridge, Mass.* 12 R12
Mission Houses Museum, *Honolulu, Hawaii* 15 F11
Mission Indian Reservation, *Calif.* 2 U12
Mission Inn, *Riverside, Calif.* 2 T11
Mission Mountains Wilderness, *Mont.* 1 E13
Mission Nuestra Señora de la Soledad, *Calif.* 2 P5
Mission Range, *Mont.* 1 D13
Mission Ridge, *S. Dak.* 4 K4
Mission Ridge ⚓, *Wash.* 1 E6
Mission San Antonio de Padua, *Calif.* 2 Q6
Mission San Antonio de Pala, *Calif.* 2 U11
Mission San Buenaventura, *Calif.* 2 T8

Mission San Carlos Borromeo del Río Carmelo, *Carmel by the Sea, Calif.* 2 P5
Mission San Diego de Alcalá, *San Diego, Calif.* 2 V11
Mission San Fernando Rey de España, *San Fernando, Calif.* 2 T9
Mission San Francisco de los Tejas, *Tex.* 5 H16
Mission San Francisco Solano, *Sonoma, Calif.* 2 L4
Mission San Gabriel Arcángel, *Los Angeles, Calif.* 2 T9
Mission San José Museum, *Fremont, Calif.* 2 M5
Mission San Juan Bautista, *San Juan Bautista, Calif.* 2 N5
Mission San Juan Capistrano, *San Juan Capistrano, Calif.* 2 U10
Mission San Luís Obispo de Tolosa, *Calif.* 2 R6
Mission San Luís Rey de Francia, *Calif.* 2 V11
Mission San Miguel Arcángel, *Calif.* 2 Q6
Mission San Rafael Arcángel, *San Rafael, Calif.* 2 L4
Mission Santa Barbara, *Calif.* 2 T7
Mission Santa Clara de Asís, *Santa Clara, Calif.* 2 M3
Mission Santa Cruz, *Santa Cruz, Calif.* 2 N4
Mission Santa Ines, *Calif.* 2 S7
Mission San Xavier del Bac, *Tucson, Ariz.* 3 U6
Mission Viejo, *Calif.* 2 U11
Missisquoi, river, *Vt.* 12 C6
Missisquoi Bay, *Que.* 12 B4
Missisquoi National Wildlife Refuge, *Vt.* 12 C4
Mississagi, river, *Ont.* 6 F14
Mississagi Provincial Park, *Ont.* 6 F15
Mississauga, *Ont.* 6 L19
Mississinewa, river, *Ind.* 7 G14
Mississinewa Lake, *Ind.* 7 F13
Mississippi, river, *Ont.* 6 H23
Mississippi, river, *U.S.* 4 F10; 5 E20; 6 J1; 7 B5; 8 D4
Mississippi, state, *U.S.* 8 J4
Mississippi Arts Center, *Jackson, Miss.* 8 K3
Mississippi Headwaters State Forest, *Minn.* 4 G10
Mississippi Museum of Natural Science, *Jackson, Miss.* 8 K3
Mississippi Palisades ⚓, *Ill.* 7 B5
Mississippi Petrified Forest, *Miss.* 8 J3
Mississippi River Delta, *La.* 5 L22

Monongahela National Forest, *W. Va.* **10** G12, J10
Monponsett, *Mass.* **12** S12
Monroe, *Conn.* **12** W4
Monroe, *Ga.* **8** H13
Monroe, *Ind.* **7** F14
Monroe, *Iowa* **4** P12
Monroe, *La.* **5** G19
Monroe, *Me.* **13** M5
Monroe, *Mich.* **6** Q14
Monroe, *N.C.* **8** E17
Monroe, *Nebr.* **4** P7
Monroe, *N.H.* **12** F8
Monroe, *N.Y.* **11** K16
Monroe, *Ohio* **7** J15
Monroe, *Oreg.* **1** J3
Monroe, *Utah* **3** K5
Monroe, *Va.* **10** M13
Monroe, *Wash.* **1** D4
Monroe, *Wis.* **6** N5
Monroe, Lake, *Fla.* **9** F14
Monroe Bridge, *Mass.* **12** P5
Monroe City, *Mo.* **4** R13
Monroe Civic Center, *Monroe, La.* **5** G19
Monroe Lake, *Ind.* **7** K12
Monroe State Forest, *Mass.* **12** P5
Monroeton, *Pa.* **11** J12
Monroeville, *Ala.* **8** L8
Monroeville, *Ind.* **7** E14
Monroeville, *Ohio* **7** D18
Monroeville, *Pa.* **11** M6
Monrovia, *Ind.* **7** J12
Monson, *Mass.* **12** S7
Monson, *Me.* **13** K4
Monson Lake ♣, *Minn.* **4** J9
Montague, *Calif.* **2** D4
Montague, *Mass.* **12** Q7
Montague, *Mich.* **6** M10
Montague, *Mont.* **1** D16
Montague, *P.E.I.* **13** G18
Montague, *Tex.* **5** F13
Montague Island, *Alas.* **14** M16
Montague Strait, *Alas.* **14** M15
Montalba, *Tex.* **5** H14
Mont Alto, *Pa.* **11** P10
Mont Alto ♣, *Pa.* **11** P10
Montana, state **1** F14
Montana, *Alas.* **14** K15
Montana de Oro ♣, *Calif.* **2** R6
Montana Historical Society, *Helena, Mont.* **1** F15
Montauk, *N.Y.* **11** L20
Montauk ♣, *Mo.* **4** U13
Montauk Point ♣, *N.Y.* **11** L20
Mont Belvieu, *Tex.* **5** L15
Montcalm, *W. Va.* **10** M8
Montclair, *N.J.* **11** L16
Montclair Art Museum, *Montclair, N.J.* **11** L16
Montcoal, *W. Va.* **10** K7
Monteagle, *Tenn.* **8** E10
Montebello, *Va.* **10** L13
Montecito, *Calif.* **2** T8
Monte Cristo Cottage, *New London, Conn.* **12** V8
Montell, *Tex.* **5** L10
Montello, *Nev.* **2** E15
Monterey, *Calif.* **2** P5
Monterey, *Ind.* **7** E12
Monterey, *Ky.* **7** L15

Monterey, *Mass.* **12** R4
Monterey, *Tenn.* **8** C11
Monterey, *Va.* **10** J12
Monterey Bay, *Calif.* **2** N4
Monterey Bay Aquarium, *Monterey, Calif.* **2** P5
Monterey State Historic Park, *Monterey, Calif.* **2** P5
Monte Rio, *Calif.* **2** K3
Monterrey, *Nuevo León* **5** R10
Monterville, *W. Va.* **10** H11
Montesano, *Wash.* **1** E3
Montevallo, *Ala.* **8** J8
Montevideo, *Minn.* **4** K9
Monteview, *Idaho* **1** K14
Monte Vista, *Colo.* **3** L11
Monte Vista National Wildlife Refuge, *Colo.* **3** L11
Montezuma, *Ga.* **8** K12
Montezuma, *Ind.* **7** H10
Montezuma, *Kans.* **4** U4
Montezuma Castle National Monument, *Ariz.* **3** Q5
Montezuma Creek, *Utah* **3** M7
Montezuma National Wildlife Refuge, *N.Y.* **11** F11
Montezuma Peak, *Nev.* **2** M11
Montfort, *Wis.* **6** N4
Montgomery, *Ala.* **8** K9
Montgomery, *Ill.* **7** C8
Montgomery, *Ind.* **7** L11
Montgomery, *La.* **5** H18
Montgomery, *Mich.* **6** Q12
Montgomery, *N.Y.* **11** K16
Montgomery, *Pa.* **11** L11
Montgomery, *Vt.* **12** C6
Montgomery, *W. Va.* **10** J7
Montgomery ♣, *Kans.* **4** V9
Montgomery Bell State Park and Forest ♣, *Tenn.* **8** D8
Montgomery Center, *Vt.* **12** C6
Montgomery City, *Mo.* **4** S14
Montgomery Creek, *Calif.* **2** F4
Montgomery Museum of Fine Arts, *Montgomery, Ala.* **8** K9
Montgomery Pass, *Nev.* **2** L10
Montgomery Woods ♣, *Calif.* **2** J2
Monticello, *Ark.* **5** F19
Monticello, *Fla.* **9** B9
Monticello, *Ga.* **8** H13
Monticello, *Ill.* **7** G8
Monticello, *Ind.* **7** F11
Monticello, *Iowa* **4** N14
Monticello, *Ky.* **7** Q15
Monticello, *Me.* **13** G8
Monticello, *Minn.* **4** J11
Monticello, *Miss.* **8** L3
Monticello, *N.Y.* **11** J15
Monticello, *Utah* **3** L8
Monticello, *Va.* **10** K15
Monticello, *Wis.* **6** N5
Montour, *Idaho* **1** K10
Montour Falls, *N.Y.* **11** H11
Montoursville, *Pa.* **11** K11
Montpelier, *Idaho* **1** N16
Montpelier, *Ind.* **7** F14
Montpelier, *Md.* **10** F19
Montpelier, *Miss.* **8** G5

Montpelier, *N. Dak.* **4** G7
Montpelier, *Ohio* **7** D15
Montpelier, *Thomaston, Me.* **13** N5
Montpelier, *Va.* **10** L17
Montpelier, *Vt.* **12** F6
Montreal, *Wis.* **6** F5
Montreal, river, *Ont.* **6** D13
Montreal, river, *Ont.* **6** D17
Montreal Island, *Ont.* **6** D12
Montreal River Harbour, *Ont.* **6** D12
Mont Ripley ♣, *Mich.* **6** D7
Montrose, *Ark.* **5** F19
Montrose, *Colo.* **3** K9
Montrose, *Ill.* **7** J8
Montrose, *Iowa* **4** Q14
Montrose, *Mich.* **6** M13
Montrose, *Miss.* **8** K5
Montrose, *Mo.* **4** T11
Montrose, *Pa.* **11** J13
Montrose, *P.E.I.* **13** E15
Montrose, *S. Dak.* **4** L8
Montrose, *Va.* **10** K19
Montrose, *W. Va.* **10** F11
Montvale, *Va.* **10** M12
Mont Vernon, *N.H.* **12** N10
Montville, *Conn.* **12** V8
Monument, *Colo.* **3** J13
Monument, *Kans.* **4** S4
Monument, *N. Mex.* **3** T15
Monument, *Oreg.* **1** J7
Monumental Buttes, *Idaho* **1** E11
Monument Beach, *Mass.* **12** U13
Monument Butte, *Wyo.* **1** N17
Monument Hill ♠, *Tex.* **5** L13
Monument Mountain, *Mass.* **12** R3
Monument Mountain, *Alas.* **14** F10
Monument Rocks, *Kans.* **4** S4
Monument Valley, *Ariz.-Utah* **3** M7
Moodus, *Conn.* **12** V7
Moody, *Me.* **13** R2
Moody, *Tex.* **5** J13
Moody Air Force Base, *Ga.* **8** M13
Moody National Wildlife Refuge, *Tex.* **5** L16
Mooers, *N.Y.* **11** A17
Mooers Forks, *N.Y.* **11** A17
Mookini Heiau, *Hawaii* **15** K19
Moon Lake, *Calif.* **2** F7
Moon Lake, *Miss.* **8** F3
Moon Lake, *Utah* **3** G7
Moon Lake ♣, *Alas.* **14** J17
Moon Reservoir, *Oreg.* **1** L7
Moon Valley ♣, *N.Y.* **11** B15
Moorcroft, *Wyo.* **1** J23
Moore, *Idaho* **1** L13
Moore, *Mont.* **1** E17
Moore, *Okla.* **5** D13
Moore, *Tex.* **5** M11
Moore Creek, *Alas.* **14** J12
Moorefield, *W. Va.* **10** F14
Moorefield see South Fork, river, *W. Va.* **10** G13
Moore Haven, *Fla.* **9** L14
Moore Home ♣, *Ill.* **7** J8
Mooreland, *Ind.* **7** G14
Mooreland, *Okla.* **5** B11

Mooresburg, *Tenn.* **8** C13
Moores Creek National Battlefield, *N.C.* **8** F20
Moores Hill, *Ind.* **7** K14
Moores' Island, *Bahamas* **9** M21
Moores Mills, *N.B.* **13** K9
Moore Station, *N.H.* **12** F9
Mooresville, *Ind.* **7** H12
Mooresville, *N.C.* **8** D17
Mooreton, *N. Dak.* **4** H8
Mooretown, *Ont.* **6** (B) B4
Moorhead, *Minn.* **4** G8
Moorhead, *Miss.* **8** H3
Mooringsport, *La.* **5** G17
Moorman, *Ky.* **7** P10
Moorpark, *Calif.* **2** T9
Moosalamoo Recreation Area, *Vt.* **12** H5
Moose, *Wyo.* **1** L16
Moose, river, *N.Y.* **11** D14
Moose, river, *Vt.* **12** E9
Moose Brook ♣, *N.H.* **12** E11
Moose Creek ♣, *Idaho* **1** (B) F2
Moosehead Lake, *Me.* **13** H4
Moosehead Marine Museum, *Greenville, Me.* **13** J5
Moosehorn National Wildlife Refuge, *Me.* **13** L9
Moose Jaw, *Sask.* **4** B1
Moose Lake, *Minn.* **4** H12
Mooseland, *N.S.* **13** L18
Mooseleuk Lake, *Me.* **13** F6
Mooselookmeguntic Lake, *Me.* **13** L2
Moose Mountain ♣, *N.H.* **12** K12
Moose Mountain Creek, *Sask.* **4** C3
Moose Pass, *Alas.* **14** L14
Moose Peak, *Mont.* **1** (C) C1
Moose Point ♣, *Me.* **13** M5
Moose River, *Me.* **13** J3
Moose River Gold Mines, *N.S.* **13** L18
Moosilauke, Mount, *N.H.* **12** G9
Moosup, *Conn.* **12** U9
Mopang Lake, *Me.* **13** L8
Mora, *Minn.* **4** H11
Mora, *N. Mex.* **3** P12
Mora, river, *N. Mex.* **3** P13
Moraine ♣, *Pa.* **11** L5
Moraine Hills ♣, *Ill.* **7** B8
Moraine View ♣, *Ill.* **7** F8
Moran, *Kans.* **4** U10
Moran, *Mich.* **6** G12
Moran, *Tex.* **5** G11
Moran, *Wyo.* **1** K17
Moran ♣, *Wash.* **1** C4
Morattico, *Va.* **10** L20
Moravia, *Iowa* **4** Q12
Moravia, *N.Y.* **11** G12
Moravian Cemetery, *Bethlehem, Pa.* **11** M14
Moravian Falls, *N.C.* **8** C16
Moravian Historical Society Museum, *Nazareth, Pa.* **11** M14
Moravian Museum, *Bethlehem, Pa.* **11** M14
Morden, *N.S.* **13** K14
Moreau, river, *S. Dak.* **4** J3
Moreau Lake ♣, *N.Y.* **11** E17

Moreauville, *La.* 5 J19
Morehead, *Ky.* 7 M17
Morehead City, *N.C.* 8 E22
Morehead Planetarium,
Chapel Hill, *N.C.* 8 D19
Morehouse, *Mo.* 4 V16
Moreland, *Ga.* 8 H11
Moreland, *Idaho* 1 L14
Moreland, *Ky.* 7 P15
Morell, *P.E.I.* 13 F18
Morell Indian Reservation,
P.E.I. 13 G18
Morenci, *Ariz.* 3 T7
Morenci, *Mich.* 6 Q13
Moretown, *Vt.* 12 F6
Morey Peak, *Nev.* 2 K13
Morgan, *Ga.* 8 L11
Morgan, *Minn.* 4 K10
Morgan, *Tex.* 5 H13
Morgan, *Utah* 3 F5
Morgan, *Vt.* 12 C8
Morgan, Mount, *Calif.* 2 M9
Morgan Break National
Wildlife Refuge, *Miss.* 8 H4
Morgan Center, *Vt.* 12 C9
Morgan City, *Ala.* 8 F9
Morgan City, *La.* 5 L20
Morgan City, *Miss.* 8 H3
Morganfield, *Ky.* 7 N9
Morgan Hill, *Calif.* 2 N5
Morgan Mill, *Tex.* 5 G12
Morgan-Monroe State
Forest, *Ind.* 7 J11
Morgan Row, *Harrodsburg,*
Ky. 7 N15
Morgan's Bluff, *Bahamas* 9
Q21
Morganton, *N.C.* 8 D15
Morgantown, *Ind.* 7 J12
Morgantown, *Ky.* 7 P11
Morgantown, *Miss.* 8 L3
Morgantown, *Ohio* 7 J18
Morgantown, *W. Va.* 10 D11
Morganville, *Kans.* 4 S8
Moriah, *N.Y.* 11 C17
Moriah, Mount, *Nev.* 2 J15
Moriah Center, *N.Y.* 11 C17
Moriarty, *N. Mex.* 3 Q12
Moriches Bay, *N.Y.* 11 M19
Morien Bay, *N.S.* 13 G24
Morland, *Kans.* 4 S5
Morley, *Mich.* 6 M11
Morley, *Mo.* 4 V16
Morley, *N.Y.* 11 B14
Morley, *Tenn.* 8 C12
Mormon Cemetery, *Omaha,*
Nebr. 4 P9
Mormon Lake, *Ariz.* 3 Q5
Mormon Mountain, *Idaho* 1
J12
Mormon Mountains, *Nev.* 2
N15
Mormon Peak, *Nev.* 2 N15
Mormon Reservoir, *Idaho* 1
L12
Mormon Station ▲, *Nev.* 2 J8
Mormon Tabernacle, *Logan,*
Utah 3 E5
Mormon Temple, *Laie,*
Hawaii 15 D11
Mormon Trail, *U. S.* 1 N24; 4
Q12
Mormon Trail ☙, *Nebr.*
4 P7
Mormon Trail Memorial,
Council Bluffs, *Iowa* 4 P9

Morningstar Bay, *St. Thomas*
9 (C) A1
Morning Sun, *Iowa* 4 P14
Moro, *Ill.* 7 K5
Moro, *Oreg.* 1 H6
Moro Bay ☙, *Ark.* 5 F18
Morocco, *Ind.* 7 E10
Morongo Indian Reservation,
Calif. 2 T12
Morongo Valley, *Calif.* 2
T12
Moroni, *Utah* 3 H5
Morpeth, *Ont.* 6 P16
Morphy Lake ☙, *N. Mex.* 3
P12
Morrill, *Nebr.* 4 N1
Morrillos, Punta, *P. R.* 9 (B)
A2
Morrilton, *Ark.* 5 D18
Morris, *Ill.* 7 D8
Morris, *Ala.* 8 G8
Morris, *Conn.* 12 U4
Morris, *Ga.* 8 L11
Morris, *Ind.* 7 J14
Morris, *Minn.* 4 J9
Morris, *N.Y.* 11 G14
Morris, *Okla.* 5 C15
Morris, *Pa.* 11 K10
Morris-Butler House,
Indianapolis, Ind. 7 H12
Morrisdale, *Pa.* 11 L9
Morris Island, *N.S.* 13 P12
Morris Museum of Arts and
Sciences, *Morristown, N.J.*
11 M15
Morrison, *Ill.* 7 C6
Morrison, *Okla.* 5 B13
Morrison, *Tenn.* 8 D10
Morrison-Rockwood ☙, *Ill.* 7
C6
Morrisonville, *Ill.* 7 J6
Morrisonville, *N.Y.* 11 B17
Morris Run, *Pa.* 11 J11
Morrissy Rock ☙, *N.B.* 13
B10
Morriston, *Fla.* 9 E12
Morristown, *Ariz.* 3 S4
Morristown, *Ind.* 7 H13
Morristown, *N.J.* 11 M15
Morristown, *N.S.* 13 H20
Morristown, *N.Y.* 11 B13
Morristown, *S. Dak.* 4 H4
Morristown, *Tenn.* 8 C13
Morristown, *Vt.* 12 E6
Morristown National
Historical Park, *N.J.* 11
M15
Morrisvale, *W. Va.* 10 J6
Morrisville, *N.Y.* 11 F13
Morrisville, *Pa.* 11 P5
Morrisville, *Pa.* 11 N15
Morrisville, *Vt.* 12 E6
Morro Bay, *Calif.* 2 R6
Morro Bay Museum of
Natural History, *Morro*
Bay, Calif. 2 R6
Morrow, *Ga.* 8 H12
Morrow, *La.* 5 J19
Morrow, *Ohio* 7 J16
Morrow Mountain ☙, *N.C.* 8
E18
Morrow Point Reservoir,
Colo. 3 K10
Morse, *La.* 5 K18
Morse, *Tex.* 5 C9
Morse, *Wis.* 6 F4

Morse Museum, *Warren,*
N.H. 12 H9
Morse Reservoir, *Ind.* 7 G12
Morton, *Ill.* 7 F6
Morton, *Minn.* 4 K10
Morton, *Miss.* 8 K4
Morton, *N.Y.* 11 E8
Morton, *Tex.* 5 F7
Morton, *Wash.* 1 F4
Morton Arboretum, *Downers*
Grove, Ill. 7 C9
Morton National Wildlife
Refuge, *N.Y.* 11 L19
Morton Pass, *Wyo.* 1 N22
Mortons Gap, *Ky.* 7 P9
Morven, *Ga.* 8 M13
Morven, *N.C.* 8 F18
Morven Park, *Va.* 10 F17
Morzhovoi, *Alas.* 14 Q7
Morzhovoi Bay, *Alas.* 14 Q7
Mosby, *Mont.* 1 F19
Mosca, *Colo.* 3 L12
Moscow, *Ark.* 5 E19
Moscow, *Idaho* 1 F10
Moscow, *Kans.* 4 U4
Moscow, *Ohio* 7 K16
Moscow, *Pa.* 11 K14
Moscow, *Tenn.* 8 E5
Moscow, *Tex.* 5 J15
Moscow, *Vt.* 12 E6
Moscow Mountain ☙, *Idaho* 1
F9
Moseley, *Va.* 10 M17
Moselle, *Miss.* 8 L5
Moser River, *N.S.* 13 L19
Moses, Mount, *Nev.* 2 J17
Moses Coulee, *Wash.* 1 E7
Moses Lake, *Wash.* 1 E7
Moses Myers House,
Norfolk, Va. 10 P21
Moses Point, *Alas.* 14 G10
Moses-Saunders Power
Dam, *Can.-U. S.* 11 A15
Moshannon, *Pa.* 11 L9
Moshannon State Forest, *Pa.*
11 K8
Mosier, *Oreg.* 1 G5
Mosinee, *Wis.* 6 J5
Mosquero, *N. Mex.* 3 P14
Mosquito Creek ☙, *Ohio* 7
D22
Mosquito Creek Lake, *Ohio* 7
D22
Mosquito Fork, Fortymile
River, *Alas.* 14 H17
Mosquito Lagoon, *Fla.* 9 F15
Mosquito Lake ☙, *Alas.* 14
M21
Mosquito Mountain, *Alas.* 14
J11
Mosquito Park, *Burlington,*
Iowa 4 Q14
Moss, *Miss.* 8 L5
Moss, *Tenn.* 8 C10
Moss Agate Hill, *Wyo.* 1 M22
Moss Point, *Miss.* 8 N6
Mossville, *Ill.* 7 E6
Mossy Head, *Fla.* 9 B4
Mossyrock, *Wash.* 1 F4
Mother Goose Lake, *Alas.* 14
P10
Mother Gooseland, *Canton,*
Ohio 7 E21
Mother Lode, *Calif.* 2 K6
Mother Neff ☙, *Tex.* 5 J12
Motley, *Va.* 10 N13

Mott, *N. Dak.* 4 H3
Mott Mountain 🝙, *Mich.* 6
L12
Moulton, *Ala.* 8 F8
Moulton, *Iowa* 4 Q12
Moulton, *Tex.* 5 L13
Moulton Bay, *Ont.* 6 (C) C1
Moultonborough, *N.H.* 12
J11
Moultonville, *N.H.* 12 J11
Moultrie, *Ga.* 8 M12
Moultrie Lake, *S.C.* 8 H17
Mound, *La.* 5 G20
Mound Bayou, *Miss.* 8 G3
Mound Builders ▲, *Ohio* 7
G19
Mound City, *Ill.* 7 P6
Mound City, *Kans.* 4 T10
Mound City, *Mo.* 4 R10
Mound City, *S. Dak.* 4 J5
Mound City Group National
Monument, *Ohio* 7 J17
Moundhill Point, *Alas.* 14 R2
Moundridge, *Kans.* 4 T8
Mounds, *Ill.* 7 P6
Mounds, *Okla.* 5 C14
Mounds ▲, *Ind.* 7 G13
Mound State Monument ▲,
Ala. 8 J7
Moundsville, *W. Va.* 10 C9
Moundville, *Ala.* 8 J7
Mount Abel 🝙, *Calif.* 2 S8
Mount Abram 🝙, *Me.* 13 M2
Mount Adams Wilderness,
Wash. 1 F5
Mountain, *N. Dak.* 4 E7
Mountain, *Wis.* 6 H7
Mountain, *W. Va.* 10 E9
Mountainair, *N. Mex.* 3 R11
Mountainboro, *Ala.* 8 G9
Mountain Brook, *Ala.* 8 H8
Mountainburg, *Ark.* 5 C16
Mountain City, *Nev.* 2 D13
Mountain City, *Tenn.* 8 C15
Mountain Creek, *Ala.* 8 J8
Mountain Fork, Little River,
Okla. 5 E16
Mountain Grove, *Mo.* 4 V13
Mountain Home, *Ark.* 5 B18
Mountain Home, *Idaho* 1 L11
Mountain Home, *Tex.* 5 K11
Mountain Home Air Force
Base, *Idaho* 1 M11
Mountain Lake, *Minn.* 4 L10
Mountain Lake, *Va.* 10 M9
Mountain Lake Park, *Md.* 10
E12
Mountain Lakes Wilderness,
Oreg. 1 M3
Mountain Meadows
Reservoir, *Calif.* 2 G6
Mountain Park, *Okla.* 5 D11
Mountain Parkway, *Ky.* 7
N17
Mountain Pass, *Calif.* 2 R13
Mountain Pine, *Ark.* 5 E17
Mountain Point, *Alas.* 14 R24
Mountain Rest, *S.C.* 8 F13
Mountain Top, *Pa.* 11 L13
Mountain View, *Alta.* 1 (C)
A3
Mountain View, *Ark.* 5 C18
Mountain View, *Calif.* 2 M4
Mountain View, *Hawaii* 15
N23
Mountain View, *Mo.* 4 V13

Musicians Seamounts,
 N. Pac. Oc. **15** L8
Muskallonge Lake ♣, *Mich.* **6**
 E11
Muskeg Bay, *Minn.* **4** D10
Muskeget Channel, *Mass.* **12**
 V14
Muskeget Island, *Mass.* **12**
 W15
Muskegon, *Mich.* **6** M10
Muskegon, river, *Mich.*
 6 L11
Muskegon ♣, *Mich.* **6** M10
Muskegon County Museum,
 Muskegon, Mich. **6** M10
Muskegon Heights, *Mich.* **6**
 M10
Muskegon Lake, *Mich.* **6**
 M10
Muskingum, river, *Ohio* **7**
 G20
Muskingum River Parkway,
 Ohio **7** H20
Muskingum River State
 Parkway, *Ohio* **7** H20
Muskogee, *Okla.* **5** C15
Muskoka, Lake, *Ont.* **6** J19
Musquacook Lakes, *Me.* **13**
 F6
Musquash, *N.B.* **13** K11
Musquodoboit, river, *N.S.* **13**
 K18
Musquodoboit Harbour, *N.S.*
 13 M18
Musselshell, *Mont.* **1** F19
Musselshell, river, *Mont.* **1**
 F17
Mustang Island, *Tex.* **5** P13
Mutual, *Okla.* **5** B11
Muzon, Cape, *Alas.* **14** R23
Myakka, river, *Fla.* **9** K12
Myakka City, *Fla.* **9** K12
Myakka River ♣, *Fla.* **9** K12
Myers Flat, *Calif.* **2** G2
Myerstown, *Pa.* **11** N12
Myghapowit Mountain, *Alas.*
 14 G6
Myles Standish State Forest,
 Mass. **12** T13
Mylo, *N. Dak.* **4** E6
Mynelle Gardens, *Jackson,*
 Miss. **8** K3
My Old Kentucky Home
 State Park, *Bardstown,*
 Ky. **7** N14
Myrick, *Miss.* **8** L5
Myrtle, *Miss.* **8** P5
Myrtle, *Ont.* **6** L20
Myrtle, *W. Va.* **10** L5
Myrtle Beach, *S.C.* **8** H19
Myrtle Beach Air Force Base,
 S.C. **8** H19
Myrtle Creek, *Oreg.* **1** L3
Myrtle Grove, *Fla.* **9** B2
Myrtle Island, *Va.* **10** N22
Myrtle Point, *Oreg.* **1** L2
Myrtle Springs, *Tex.* **5** G14
Myrtlewood, *Ala.* **8** K7
Mys Chukotskiy, *U.S.S.R.* **14**
 E6
Mys Dezhneva (East Cape),
 U.S.S.R. **14** D8
Mys Navarin, *U.S.S.R.* **14** E2
Mystery Bay ♣, *Wash.* **1**(A)
 D2
Mystery Caves, *Minn.* **4** L12

Mystery Fun House,
 Orlando, Fla. **9** G17
Mystery Ship Seaport,
 Menominee, Mich. **6** J8
Mystic, *Conn.* **12** V9
Mystic, *Ga.* **8** L13
Mystic, *Iowa* **4** Q12
Mystic Art Gallery, *Mystic,*
 Conn. **12** V9
Mystic Marinelife Aquarium,
 Mystic, Conn. **12** V9
Mystic Seaport, *Conn.* **12** V9
Myton, *Utah* **3** H7

N

Naalehu, *Hawaii* **15** R21
Nabesna, *Alas.* **14** K17
Nabesna, river, *Alas.* **14** J18
Nabesna Glacier, *Alas.* **14**
 K17
Nabesna Village *see*
 Northway, *Alas.* **14** J18
Nabnasset, *Mass.* **12** P10
Naches, *Wash.* **1** F6
Naches, river, *Wash.* **1** F6
Nacimiento, Lake, *Calif.* **2** Q6
Nackawic, *N.B.* **13** H9
Naco, *Ariz.* **3** V7
Nacogdoches, *Tex.* **5** H16
Nada, *Ky.* **7** N17
Nadir, *St. Thomas* **9** (C) A2
Naf, *Idaho* **1** N13
Nagai Island, *Alas.* **14** R9
Nageezi, *N. Mex.* **3** N9
Nags Head, *N.C.* **8** C23
Naguabo, *P. R.* **9** (B) B4
Nahant, *Mass.* **12** Q12
Nahiku, *Hawaii* **15** G18
Nahma, *Mich.* **6** G10
Nahmakanta Lake, *Me.* **13**
 H5
Nahunta, *Ga.* **8** M15
Nail Pond, *P.E.I.* **13** E15
Nain, *Va.* **10** F16
Nairn, *La.* **5** L22
Nairn Centre, *Ont.* **6** F16
Nakalele Point, *Hawaii* **15**
 G16
Nakalilok Bay, *Alas.* **14** P11
Nakaohu Point, *Hawaii* **15**
 J18
Nakchamik Island, *Alas.* **14**
 Q10
Naked Island, *Alas.* **14** L16
Naknek, *Alas.* **14** M11
Naknek, river, *Alas.* **14** N11
Naknek Lake, *Alas.* **14** N11
Nalcrest, *Fla.* **9** J13
Naliikakani Point, *Hawaii* **15**
 Q22
Nallen, *W. Va.* **10** K8
Namakan Lake, *Can.-U. S.* **4**
 E12; **6** B2
Nambe Indian Reservation,
 N. Mex. **3** P12
Namekagon, river, *Wis.* **6** F2
Namekagon Lake, *Wis.* **6** F4
Names Hill, *Wyo.* **1** N17
Namolokama Mountain,
 Hawaii **15** A4
Nampa, *Idaho* **1** L10
Nana, Puu, *Hawaii* **15** F14
Nanafalia, *Ala.* **8** K7
Nanakuli, *Hawaii* **15** E10

Nanakuli Beach Park, *Hawaii*
 15 E9
Nanakuli Forest Reserve,
 Hawaii **15** E10
Nanakuli Valley, *Hawaii* **15**
 (A)
NANA Museum of the Arctic,
 Kotzebue, Alas. **14** D10
Nanawale Forest Reserve,
 Hawaii **15** N23
Nancy, *Ky.* **7** Q15
Nanih Waiya ▲, *Miss.* **8** J5
Nanjemoy, *Md.* **10** H18
Nanjemoy Creek, *Md.-Va.* **10**
 J18
Nansemond, *Va.* **10** P20
Nansemond River, *Va.* **10**
 P20
Nantahala National Forest,
 N.C. **8** E13
Nantasket Beach, *Mass.* **12**
 R13
Nanticoke, *Md.* **10** J22
Nanticoke, *Ont.* **6** N18
Nanticoke, *Pa.* **11** L12
Nanticoke, river, *Del.* **10** H22
Nanticoke River, *Md.* **10** J22
Nantucket, *Mass.* **12** W15
Nantucket Harbor, *Mass.* **12**
 W16
Nantucket Island, *Mass.* **12**
 W15
Nantucket National Wildlife
 Refuge, *Mass.* **12** V16
Nantucket Sound, *Mass.* **12**
 V15
Nantucket Whaling Museum,
 Nantucket Island, Mass.
 12 W15
Nanty Glo, *Pa.* **11** M7
Nanualele Point, *Hawaii* **15**
 H19
Nanushuk, river, *Alas.* **14**
 D15
Naokok, *Alas.* **14** B11
Naoma, *W. Va.* **10** K7
Napa, *Calif.* **2** L4
Napa, river, *Calif.* **2** L4
Napadogan, *N.B.* **13** G10
Napaimiut, *Alas.* **14** K11
Napakiak, *Alas.* **14** K9
Na Pali Coast, *Hawaii* **15** A3
Na Pali Coast ♣, *Hawaii* **15**
 A3
Na Pali-Kona Forest
 Reserve, *Hawaii* **15** B4
Napanee, *Ont.* **6** K23
Napaskiak, *Alas.* **14** K9
Napau Crater, *Hawaii* **15** P22
Napavine, *Wash.* **1** F3
Naper, *Nebr.* **4** M6
Naperville, *Ill.* **7** C8
Napier, *W. Va.* **10** G9
Napili Bay, *Hawaii* **15** G16
Naples, *Fla.* **9** N13
Naples, *Idaho* **1** C10
Naples, *Me.* **13** P2
Naples, *N.Y.* **11** G10
Naples, *Tex.* **5** F16
Naples, *Utah* **3** G8
Naples Park, *Fla.* **9** M12
Napoleon, *Ind.* **7** J14
Napoleon, *N. Dak.* **4** H5
Napoleon, *Ohio* **7** D16
Napoleonville, *La.* **5** K20
Naponee, *Nebr.* **4** R6

Napoopoo, *Hawaii* **15** P19
Nappan, *N.S.* **13** H15
Nappanee, *Ind.* **7** D12
Na Puu a Pele, *Hawaii* **15**
 R19
Na Puu Kulua, *Hawaii* **15**
 M20
Naranjito, *P. R.* **9** (B) A3
Nara Visa, *N. Mex.* **3** P15
Narka, *Kans.* **4** R7
Narragansett, *R.I.* **12** V10
Narragansett Bay, *R.I.* **12**
 U11
Narrow Cape, *Alas.* **14** P13
Narrows, *Va.* **10** M8
Narrows, The, *Virgin Is.* **9** (C)
 A3
Narrows, The, strait,
 N.J.-N.Y. **11** M16
Narrowsburg, *N.Y.* **11** K15
Naruna, *Va.* **10** N14
Narvak Lake, *Alas.* **14** E13
Narvakrak, Lake, *Alas.* **14**
 D11
Nasak, Mount, *Alas.* **14** C10
Naschitti, *N. Mex.* **3** N8
Naselle, *Wash.* **1** F3
Nash, *Okla.* **5** B12
Nash, *Tex.* **5** F16
Nashawena Island, *Mass.* **12**
 V12
Nash Creek, *N.B.* **13** B11
Nash Dinosaur Land, *Mass.*
 12 R6
Nash Harbor, *Alas.* **14** K7
Nashua, *Iowa* **4** N9
Nashua, *Mont.* **1** C20
Nashua, *N.H.* **12** P10
Nashua, river, *Mass.* **12** P10
Nashville, *Ark.* **5** E16
Nashville, *Ga.* **8** M13
Nashville, *Ill.* **7** L6
Nashville, *Ind.* **7** J12
Nashville, *Kans.* **4** U6
Nashville, *Mich.* **6** P12
Nashville, *N.C.* **8** C20
Nashville, *Tenn.* **8** C8
Nashwaak, river, *N.B.* **13**
 G10
Nashwaak Bridge, *N.B.* **13**
 G10
Nashwauk, *Minn.* **4** F11
Nason, *Ill.* **7** M7
Nasons, *Va.* **10** J16
Nassahegon State Forest,
 Conn. **12** U5
Nassau, *Bahamas* **9** Q22
Nassau, *N.Y.* **11** G17
Nassau, river, *Fla.* **9** B13
Nassawadox, *Va.* **10** M22
Nassawadox Creek, *Va.* **10**
 M21
Natalia, *Tex.* **5** M11
Natanes Plateau, *Ariz.* **3** S7
Natazhat, Mount, *Alas.* **14**
 K18
Natchaug, river, *Conn.* **12** T8
Natchaug State Forest,
 Conn. **12** T8
Natchez, *Miss.* **8** L2
Natchez Trace Parkway,
 Miss. **8** H4
Natchez Trace State Park
 and Forest, *Tenn.* **8** D6
Natchitoches, *La.* **5** H18
Nathalie, *Va.* **10** P14

Nathan-Neesopah

Nathan B. Forrest ♣, Tenn. 8 C7

Nathan Hale Homestead, Conn. 12 T7

Nathan Hale State Forest, Conn. 12 T7

Nathaniel Russell House, Charleston, S.C. 8 J18

Natick, Mass. 12 R11

Nation, Alas. 14 G18

Nation, river, Alas. 14 G18

National, Wash. 1 F4

National Air and Space Administration Langley Visitor Center, Hampton, Va. 10 N21

National Aquarium, Baltimore, Md. 10 E20

National Arboretum, Washington, D. C. 10 (A)

National Archives, Washington, D. C. 10 (A)

National Atomic Museum, Albuquerque, N. Mex. 3 Q11

National Baseball Hall of Fame and Library, Cooperstown, N.Y. 11 G15

National Basketball Hall of Fame, Springfield, Mass. 12 S6

National Bison Range, Mont. 1 E13

National Capital Trolley Museum, Wheaton, Md. 10 F18

National Carvers Museum, Monument, Colo. 3 J13

National Cemetery, Gettysburg N.M.P., Pa. 11 P10

National Center for Atmospheric Research, Boulder, Colo. 3 H12

National City, Calif. 2 W12

National City, Mich. 6 K14

National Civil War Wax Museum, Gettysburg, Pa. 11 P10

National Colonial Farm, Md. 10 H19

National Cowboy Hall of Fame and Western Heritage Center, Oklahoma City, Okla. 5 C13

National Elk Refuge, Wyo. 1 L16

National Exhibition Center, Fredericton, N.B. 13 H11

National Flag Highway, U. S. 6 D8; 7 N9; 8 B8; 9 C11

National Fresh Water Fishing Hall of Fame, Hayward, Wis. 6 F3

National Gallery of Art, Washington, D. C. 10 (A)

National Geographic Society, Washington, D. C. 10 (A)

National Hall of Fame for Famous American Indians, Anadarko, Okla. 5 D12

National Infantry Museum, Ft. Benning, Ga. 8 J11

National Key Deer Refuge, Fla. 9 R14

National Marine Fisheries Aquarium, Woods Hole, Mass. 12 V13

National Memorial Arch, Valley Forge N.H.P., Pa. 11 N14

National Memorial Cemetery of The Pacific, Honolulu, Hawaii 15 F11

National Museum of Transport, Kirkwood, Mo. 4 T15

National Museum of Thoroughbred Racing, Saratoga Springs, N.Y. 11 F17

National Music Camp, Mich. 6 K10

National Petroleum Reserve, Alas. 14 B12

National Police Museum, Fla. 9 K12

National Portrait Gallery, Washington, D. C. 10 (A)

National Professional Football Hall of Fame, Canton, Ohio 7 E21

National Radio Astronomy Observatory, Green Bank, W. Va. 10 J11

National Railroad Museum, Green Bay, Wis. 6 K8

National Reactor Testing Station (E.R.D.A.), Idaho 1 L14

National Road-Zane Grey Museum, Zanesville, Ohio 7 G20

National Shrine of North American Martyrs, Amsterdam, N.Y. 11 F16

National Shrine of Our Lady of Czestochowa, Doylestown, Pa. 11 N14

National Shrine of the Immaculate Conception, Washington, D. C. 10 (A)

National Soaring Museum, Elmira, N.Y. 11 H11

National Softball Hall of Fame, Oklahoma City, Okla. 5 C13

National Tobacco-Textile Museum, Danville, Va. 10 Q12

National Tower, Gettysburg, Pa. 11 P10

National Zoological Park, Washington, D. C. 10 (A)

Natoma, Kans. 4 S6

Natrona, Wyo. 1 L21

Natrona Heights, Pa. 11 M6

Natural Arch, Ky. 7 Q15

Natural Bridge, Ala. 8 G7

Natural Bridge, Mass. 12 P4

Natural Bridge, N.Y. 11 C13

Natural Bridge, Va. 10 L12

Natural Bridge, Wyo. 1 (B) C3

Natural Bridge ♠, Fla. 9 C8

Natural Bridge ♣, Ky. 7 N17

Natural Bridge Caverns, Tex. 5 L11

Natural Bridges, Tenn. 8 E7

Natural Bridges National Monument, Utah 3 L7

Natural Chimneys Regional Park, Va. 10 J14

Natural History Museum and Dinosaur Gardens, Vernal, Utah 3 G8

Natural Tunnel ♣, Va. 10 P3

Nature Science Center, Greensboro, N.C. 8 C18

Nature Science Center, Winston-Salem, N.C. 8 C17

Naturita, Colo. 3 K8

Natvatchiak Hill, Alas. 14 C15

Naubinway, Mich. 6 G11

Naugatuck, Conn. 12 V5

Naugatuck, W. Va. 10 L4

Naugatuck, river, Conn. 12 V4

Naugatuck State Forest, Conn. 12 V5

Nauset Beach, Mass. 12 U16

Naushon Island, Mass. 12 V13

Nauvoo, Ala. 8 G7

Nauvoo, Ill. 7 F3

Nauvoo ♣, Ill. 7 F3

Nauwigewauk, N.B. 13 J12

Navajo, Ariz. 3 Q7

Navajo, N. Mex. 3 P8

Navajo, river, Colo. 3 M10

Navajo Arts and Crafts Guild, Window Rock, Ariz. 3 P8

Navajo Dam, N. Mex. 3 M10

Navajo Indian Reservation, U.S. 3 N7

Navajo Lake ♣, N. Mex. 3 M9

Navajo Mountain, Utah 3 M6

Navajo National Monument (Betatakin Ruin), Ariz. 3 N6

Navajo National Monument (Inscription House Ruin), Ariz. 3 N6

Navajo National Monument (Keet Seel Ruin), Ariz. 3 M6

Navajo Reservoir, N. Mex. 3 M10

Navajo Reservoir ♣, Colo. 3 M10

Navajo Tribal Museum, Window Rock, Ariz. 3 P8

Naval Air Station, Alameda, Calif. 2 L4

Naval Construction Batallion Center, R.I. 12 U10

Naval History Display Center, Washington, D. C. 10 (A)

Naval Observatory, Washington, D. C. 10 (A)

Naval Shipyard, Hawaii 15 (A)

Naval Shipyard, Va. 10 P21

Naval Submarine Base, Conn. 12 V8

Naval Undersea Research & Development Center, Calif. 2 V9

Naval Weapons Center, Calif. 2 R11

Navarre, Ohio 7 E20

Navarro Mills Lake, Tex. 5 H13

Navasota, Tex. 5 K14

Navasota, river, Tex. 5 J14

Navidad, river, Tex. 5 M14

Navy Town, Alas. 14 Q13

Nawakwa Lake, Mich. 6 F11

Nawiliwili Bay, Hawaii 15 B5

Naxera, Va. 10 M20

Naylor, Ga. 8 N14

Naylor, Mo. 4 V14

Naytahwaush, Minn. 4 G9

Nazan Bay, Alas. 14 Q1

Nazareth, Ky. 7 N14

Nazareth, Pa. 11 M14

Nazareth, Tex. 5 E8

Nazas, river, Durango 5 R4

Nazlini, Ariz. 3 P7

Neah Bay, Wash. 1 C2

Neal S. Blaisdell Center, Honolulu, Hawaii 15 F11

Near Islands, Alas. 14 Q13

Neavitt, Md. 10 G21

Nebo, Ill. 7 J4

Nebo, Ky. 7 P9

Nebo, La. 5 H18

Nebo, N.C. 8 D15

Nebo, Mount, Utah 3 H5

Nebraska, Ind. 7 K13

Nebraska, state, U. S. 4 P5

Nebraska City, Nebr. 4 Q9

Nebraska National Forest, Nebr. 4 M2

Nebraska State Historical Society, Lincoln, Nebr. 4 Q8

Necedah, Wis. 6 L5

Necedah National Wildlife Refuge, Wis. 6 K5

Neche, N. Dak. 4 D7

Neches, Tex. 5 H15

Neches, river, Tex. 5 J15

Necker Island, Hawaii 15 N7

Necker Ridge, N. Pac. Oc. 15 P6

Necum Teuch, N.S. 13 L19

Nederland, Colo. 3 H12

Nederland, Tex. 5 L16

Ned Lake, Mich. 6 F7

Nedrow, N.Y. 11 F12

Neebish Island, Mich. 6 (A) B3

Needham, Mass. 12 R11

Needle, The, peak, Hawaii 15 G16

Needle Mountain, Wyo. 1 K17

Needle Mountains, Colo. 3 L10

Needles, Calif. 2 S15

Needles, The, peak, Calif. 2 Q9

Needmore, Pa. 11 P8

Needville, Tex. 5 L15

Neegronda Reservoir, Colo. 3 K15

Neenah, Wis. 6 K7

Neenoshe Reservoir, Colo. 3 K15

Neeses, S.C. 8 H16

Neeskah Reservoir, Colo. 3 K15

Neesopah Reservoir, Colo. 3 K15

Nolan, *Tex.* 5 H10
Nolan, *W. Va.* 10 L5
Nolanville, *Tex.* 5 J13
Nolde Forest ♣, *Pa.* 11 N12
Nolensville, *Tenn.* 8 D8
Nolichucky, river, *Tenn.* 8 D14
Nolin, river, *Ky.* 7 P12
Nolin River Lake, *Ky.* 7 P12
Nomans Land Island National Wildlife Refuge, *Mass.* 12 W13
Nome, *Alas.* 14 F9
Nome, *N. Dak.* 4 G7
Nome, *Tex.* 5 K16
Nome, river, *Alas.* 14 F9
Nome, Cape, *Alas.* 14 F9
Nomini Bay, *Va.* 10 J19
Nonamesset Island, *Mass.* 12 V13
Nondalton, *Alas.* 14 L12
Nonou Forest Reserve, *Hawaii* 15 B5
Nonquitt, *Mass.* 12 U12
Nonvianuk Lake, *Alas.* 14 M12
Nook Farm, *Hartford, Conn.* 12 T6
Nooksack, *Wash.* 1 (A) B4
Nooksack, river, *Wash.* 1 B4
Noonan, *N. Dak.* 4 D3
Noorvik, *Alas.* 14 E11
Nopah Range, *Calif.* 2 P12
Noquebay, Lake, *Wis.* 6 H8
Nora, *Ill.* 7 A6
Nora, *Va.* 10 N4
Nora Springs, *Iowa* 4 M12
Norborne, *Mo.* 4 S11
Norco, *La.* 5 K21
Norcross, *Ga.* 8 G12
Norcross, *Me.* 13 J6
Norden, *Calif.* 2 J7
Norden, *Nebr.* 4 M5
Nordheim, *Tex.* 5 M13
Nordica Homestead, *Farmington, Me.* 13 M3
Nordic Mountain ♪, *Wis.* 6 K6
Nordic Valley ♪, *Utah* 3 F5
Nordman, *Idaho* 1 C10
Norfolk, *Conn.* 12 S4
Norfolk, *Mass.* 12 S11
Norfolk, *Nebr.* 4 N8
Norfolk, *N.Y.* 11 A14
Norfolk, *Va.* 10 P21
Norfolk Botanical Gardens, *Norfolk, Va.* 10 P21
Norfolk International Airport, *Va.* 10 P21
Norfolk Naval Air Station, *Va.* 10 P21
Norfork, *Ark.* 5 B18
Norfork Lake, *Ark.* 5 B18
Norge, *Va.* 10 M19
Norias, *Tex.* 5 Q13
Norlina, *N.C.* 8 C20
Norma, *N.J.* 11 Q14
Normal, *Ala.* 8 F9
Normal, *Ill.* 7 F7

Norman, *Ark.* 5 E17
Norman, *Okla.* 5 D13
Norman, Lake, *N.C.* 8 D16
Norman's Cay, *Bahamas* 9 R23
Normandy, *Tex.* 5 M9
Normandy Park, *Wash.* 1 (A) F4
Normangee, *Tex.* 5 J14
Normanna, *Tex.* 5 N12
Norman Park, *Ga.* 8 M13
Normantown, *W. Va.* 10 G8
Norphlet, *Ark.* 5 F18
Norridgewock, *Me.* 13 L4
Norrie ♣, *N.Y.* 11 J17
Norris, *Ill.* 7 F5
Norris, *Mont.* 1 H15
Norris, *S.C.* 8 F14
Norris, *S. Dak.* 4 L4
Norris, *Tenn.* 8 C12
Norris, ranger station, *Wyo.* 1 (B) C3
Norris City, *Ill.* 7 M8
Norris Dam ♣, *Tenn.* 8 C12
Norris Geyser Basin, *Wyo.* 1 (B) C2
Norris Lake, *Tenn.* 8 C12
Norristown, *Pa.* 11 N14
North, *S.C.* 8 H16
North, *Va.* 10 M20
North, river, *Ala.* 8 H7
North, river, *Alas.* 14 G11
North, river, *Iowa* 4 P11
North, river, *Mass.* 12 S13
North, river, *Mo.* 4 R13
North, river, *N.S.* 13 F22
North, river, *Wash.* 1 E3
North, river, *W. Va.* 10 F14
North, Cape, *N.S.* 13 D23
North Absaroka Wilderness, *Wyo.* 1 J17
North Adams, *Mass.* 12 P4
North Alton, *N.S.* 13 L15
North Amherst, *Mass.* 12 Q7
North Amity, *Me.* 13 H8
Northampton, *Mass.* 12 R6
Northampton, *Pa.* 11 M13
Northampton Seamounts, *N. Pac. Oc.* 15 M5
Northampton Beach Recreation Area, *N.Y.* 11 F16
North Andover, *Mass.* 12 P12
North Anna, river, *Va.* 10 K16
North Anson, *Me.* 13 L4
North Aspy, river, *N.S.* 13 E22
North Attleboro, *Mass.* 12 S11
North Augusta, *S.C.* 8 H15
North Avondale, *Colo.* 3 K13
North Baldy, peak, *Wash.* 1 C9
North Baltimore, *Ohio* 7 D17
North Bangor, *N.Y.* 11 A15

North Barren, peak, *N.S.* 13 F22
North Bass Island, *Ohio* 7 C18
North Bay, *Fla.* 9 C5
North Bay, *N.Y.* 11 E13
North Bay, *Ont.* 6 F19
North Bay, *Va.* 10 P22
North Bay Ingonish, *N.S.* 13 F23
North Beach, *Md.* 10 G20
North Bend, *Nebr.* 4 P8
North Bend, *Oreg.* 1 L2
North Bend, *Pa.* 11 K9
North Bend, *Wash.* 1 D5
North Bend ♣, *W. Va.* 10 F8
North Bennington, *Vt.* 12 N4
North Berwick, *Me.* 13 Q2
North Billerica, *Mass.* 12 P11
North Bimini, island, *Bahamas* 9 N18
North Bloomfield, *Ohio* 7 D22
North Bonneville, *Wash.* 1 G4
Northborough, *Mass.* 12 R9
North Boston, *N.Y.* 11 G8
North Bradley, *Mich.* 6 L13
North Branch, *Minn.* 4 J12
North Branch, Oconto River, *Wis.* 6 J7
North Branch, Pike River, *Wis.* 6 H8
North Branch Clinton, river, *Mich.* 6 (B) B2
North Branch Oromocto, river, *N.B.* 13 J10
North Branch Penobscot, river, *Me.* 13 G4
North Branch Potomac, river, *Md.-W. Va.* 10 F12
North Branch Renous, river, *N.B.* 13 E11
North Branford, *Conn.* 12 W5
Northbridge, *Mass.* 12 S10
North Bridgton, *Me.* 13 N2
Northbrook, *Ill.* 7 B9
North Brookfield, *Mass.* 12 R8
North Brookfield, *N.S.* 13 M14
North Bruce, *Ont.* 6 K16
North Butress, peak, *Alas.* 14 K13
North Canadian, river, *Okla.* 5 B11
North Canton, *Ohio* 7 E20
North Cape, *P.E.I.* 13 E16
North Cape May, *N.J.* 11 R14
North Captiva Island, *Fla.* 9 L12
North Carolina, state, *U.S.* 8 D18
North Carolina Botanical Garden, *Chapel Hill, N.C.* 8 D19

North Carolina Maritime Museum, *Beaufort, N.C.* 8 F22
North Carolina Museum of Art, *Raleigh, N.C.* 8 D19
North Carolina Museum of History, *Raleigh, N.C.* 8 D19
North Carolina Museum of Life and Science, *Durham, N.C.* 8 C19
North Carolina Museum of Natural History, *Raleigh, N.C.* 8 D19
North Carolina State University, *Raleigh, N.C.* 8 D19
North Carolina Zoological Park, *Asheboro, N.C.* 8 D18
North Carrollton, *Miss.* 8 H4
North Carver, *Mass.* 12 T13
North Cascades National Park, *Wash.* 1 B5
North Cat Cay, *Bahamas* 9 P18
North Channel, *Ont.* 6 G14
North Charleston, *S.C.* 8 J18
North Chatham, *Mass.* 12 U16
North Chatham, *N.Y.* 11 G17
North Chelmsford, *Mass.* 12 P10
North Chicago, *Ill.* 7 B9
North Chichester, *N.H.* 12 L11
North Chili, *N.Y.* 11 F9
North Clarendon, *Vt.* 12 K5
North Cohocton, *N.Y.* 11 G10
North College Hill, *Ohio* 7 J15
North Collins, *N.Y.* 11 G7
North Concho, river, *Tex.* 5 H9
North Conway, *N.H.* 12 G12
North Cowden, *Tex.* 5 H7
North Creek, *N.Y.* 11 D16
North Creek ♪, *N.Y.* 11 D16
North Croton Creek, *Tex.* 5 F10
North Dakota, state, *U.S.* 4 F5
North Danville, *Vt.* 12 E8
North Dartmouth, *Mass.* 12 U12
North Dighton, *Mass.* 12 T11
North East, *Md.* 10 D21
North East, *Pa.* 11 H6
Northeast Audubon Center, *Sharon, Conn.* 12 T3
Northeast Cape, *Alas.* 14 G7
North East Carry, *Me.* 13 H4

Old-Oregon

Old Woman, river, *Alas.* 14 H11
Old Woman Creek, *Wyo.* 1 L23
Old Woman Mountains Recreation Land, *Calif.* 2 S14
Old Woolen Mill Museum, *Barrington, N.S.* 13 Q13
Old World Wisconsin, *Waukesha, Wis.* 6 N7
Olean, *N.Y.* 11 H8
O'Leary, *P.E.I.* 13 F15
Ole Bull ♣, *Pa.* 11 K10
Ole Creek, *Mont.* 1 (C) D4
O'Leno ♣, *Fla.* 9 D11
Olentangy, river, *Ohio* 7 G18
Olentangy Caverns, *Ohio* 7 G17
Olga, *N. Dak.* 4 E7
Olga, *Wash.* 1 (A) C2
Olga, Mount, *Vt.* 12 N5
Olga Bay, *Alas.* 14 P12
Oliktok Distant Early Warning Station, *Alas.* 14 B15
Oliktok Point, *Alas.* 14 B15
Olin Art Center, *Lewiston, Me.* 13 N3
Olinda, *Ont.* 6 (B) E3
Olive, *Mont.* 1 G22
Olive Branch, *Ill.* 7 P6
Olive Branch, *Miss.* 8 E4
Olivebridge, *N.Y.* 11 J16
Olive Hill, *Ky.* 7 M18
Olivehurst, *Calif.* 2 J5
Oliver, *Ga.* 8 K16
Oliver, *Wis.* 6 E2
Oliver, Lake, *Ga.* 8 K11
Oliverea, *N.Y.* 11 H16
Oliverian Campground, *N.H.* 12 G8
Oliver Lake ♣, *N. Mex.* 3 T12
Oliver Reservoir ♣, *Nebr.* 4 P1
Oliver Springs, *Tenn.* 8 D11
Olivet, *Ill.* 7 H10
Olivia, *Minn.* 4 K10
O. L. Kipp ♣, *Minn.* 4 L13
Olla, *La.* 5 H18
Olmito, *Tex.* 5 R13
Olmsted, *Ill.* 7 P7
Olmstedville, *N.Y.* 11 D16
Olnes, *Alas.* 14 G16
Olney, *Ill.* 7 L9
Olney, *Md.* 10 F18
Olney, *Mont.* 1 C12
Olney, *Tex.* 5 F11
Olney Springs, *Colo.* 3 K13
Olokele Canyon, *Hawaii* 15 B4
Olokui, peak, *Hawaii* 15 F15
Olowalu, *Hawaii* 15 H16
Olpe, *Kans.* 4 T9
Olton, *Tex.* 5 E8
Olu Pua Gardens, *Kalaheo, Hawaii* 15 B4
Olustee, *Fla.* 9 C12
Olustee, *Okla.* 5 E11
Olustee Battlefield ▲, *Fla.* 9 C12

Olympia, *Ky.* 7 M17
Olympia, *Wash.* 1 E3
Olympic Beaches, *Wash.* 1 E2
Olympic Mountains, *Wash.* 1 D3
Olympic National Forest, *Wash.* 1 D3
Olympic National Park, *Wash.* 1 D3
Olympus, Mount, *Wash.* 1 D3
Olyphant, *Pa.* 11 K13
Omaha, *Ga.* 8 K11
Omaha, *Ill.* 7 N8
Omaha, *Nebr.* 4 P9
Omaha, *Tex.* 5 F16
Omaha Indian Reservation, *Nebr.* 4 N8
Omak, *Wash.* 1 C7
Omak Lake, *Wash.* 1 C7
Omao, *Hawaii* 15 B4
Omar, river, *Alas.* 14 D11
Omar, *W. Va.* 10 L5
Omega, *Ga.* 8 M13
Omemee, *Ont.* 6 K21
Omer, *Mich.* 6 L13
Ommaney, Cape, *Alas.* 14 Q22
Omnisphere Earth-Space Center, *Wichita, Kans.* 4 U8
Omo Ranch, *Calif.* 2 K6
Ompompanoosuc, river, *Vt.* 12 H7
Omro, *Wis.* 6 L7
Ona, *Fla.* 9 J13
Ona, *W. Va.* 10 H5
Onaga, *Kans.* 4 S9
Onaka, *S. Dak.* 4 J6
Onalaska, Lake, *Minn.-Wis.* 6 L3
Onalaska, *Tex.* 5 J15
Onalaska, *Wash.* 1 F4
Onalaska, *Wis.* 6 L3
Onaman Lake, *Ont.* 4 C16
Onancock, *Va.* 10 L22
Onarga, *Ill.* 7 F9
Onawa, *Iowa* 4 N9
Onawa, Lake, *Me.* 13 J5
Onaway, *Idaho* 1 F10
Onaway, *Mich.* 6 H13
Onchiota, *N.Y.* 11 B16
O Ne Alii Beach Park, *Hawaii* 15 F14
Oneco, *Conn.* 12 U9
Oneco, *Fla.* 9 K11
Oneco, *Ill.* 7 A6
Oneida, *Ill.* 7 E5
Oneida, *Ky.* 7 P17
Oneida, *N.Y.* 11 F13
Oneida, *Tenn.* 8 C12
Oneida, river, *N.Y.* 11 E12
Oneida Castle, *N.Y.* 11 F13
Oneida Indian Reservation, *Wis.* 6 K7
Oneida Lake, *N.Y.* 11 E13
O'Neill, *Nebr.* 4 N6
Onekahakaha Beach Park, *Hawaii* 15 M23
Onekama, *Mich.* 6 K10
Oneonta, *Ala.* 8 G9
Oneonta, *N.Y.* 11 G14
One Tree Peak, *N. Mex.* 3 T13

Oneula Beach Park, *Hawaii* 15 (A)
Onida, *S. Dak.* 4 K5
Onion Portage, *Alas.* 14 D12
Onley, *Va.* 10 L22
Ono, *Calif.* 2 G4
Onomea, *Hawaii* 15 M23
Onomea Bay, *Hawaii* 15 M23
Onondaga Cave ♣, *Mo.* 4 T14
Onondaga Historical Association Museum, *Syracuse, N.Y.* 11 F12
Onondaga Indian Reservation, *N.Y.* 11 F13
Onondaga Lake Park, *Syracuse, N.Y.* 11 F12
Onota Lake, *Mass.* 12 Q3
Onset, *Mass.* 12 U13
Onslow, *N.S.* 13 K17
Onslow Bay, *N.C.* 8 F21
Ontario, *Calif.* 2 T11
Ontario, *N.Y.* 11 E10
Ontario, *Ohio* 7 E18
Ontario, *Oreg.* 1 K9
Ontario, *Va.* 10 P15
Ontario, *Wis.* 6 L4
Ontario ♣, *Oreg.* 1 K9
Ontario, province, *Can.* 4 B10; 6 B5; 11 B13
Ontario, Lake, *Can.-U. S.* 6 L22; 11 D9
Ontario Center, *N.Y.* 11 E10
Ontelaunee, Lake, *Pa.* 11 N13
Ontonagon, *Mich.* 6 E6
Ontonagon, river, *Mich.* 6 E6
Onward, *Ind.* 7 F12
Onyx, *Calif.* 2 Q10
Onyx Cave, *Eureka Springs, Ark.* 5 B17
Onyx Cave, *Pa.* 11 M13
Ookala, *Hawaii* 15 L22
Oolah Valley, *Alas.* 14 D15
Oolamnagavik, river, *Alas.* 14 C13
Oolitic, *Ind.* 7 K12
Oologah, *Okla.* 5 B14
Oologah Lake, *Okla.* 5 B14
Oostanaula, river, *Ga.* 8 F11
Oostburg, *Wis.* 6 L8
Opaekaa Falls, *Hawaii* 15 B5
Opal, *Wyo.* 1 P17
Opa-locka, *Fla.* 9 N16
Opana Point, *Hawaii* 15 G18
Opdyke, *Ill.* 7 M7
Opelika, *Ala.* 8 J10
Opelousas, *La.* 5 K18
Opeongo Lake, *Ont.* 6 G20
Opheim, *Mont.* 1 B20
Ophir, *Alas.* 14 H12
Ophir, *Ont.* 6 F13
Ophir, *Oreg.* 1 M1
Opihikao, *Hawaii* 15 P24
Opp, *Ala.* 8 M9

Opportunity, *Mont.* 1 G14
Opportunity, *Wash.* 1 E9
Opryland, *Nashville, Tenn.* 8 C8
Optima, *Okla.* 5 B9
Optima National Wildlife Refuge, *Tex.* 5 B9
Oquaga Creek, *N.Y.* 11 H14
Oquawka, *Ill.* 7 E4
Oquossoc, *Me.* 13 L2
Or, Cap d', *N.S.* 13 K14
Ora, *Miss.* 8 L4
Oracle, *Ariz.* 3 T6
Oraibi, *Ariz.* 3 P6
Oral, *S. Dak.* 4 L2
Oran, *Mo.* 4 U15
Orange, *Calif.* 2 U10
Orange, *Conn.* 12 W5
Orange, *Mass.* 12 P7
Orange, *N.H.* 12 J8
Orange, *Tex.* 5 K17
Orange, *Va.* 10 J16
Orange Beach, *Ala.* 8 N7
Orangeburg, *S.C.* 8 H17
Orange Cay, *Bahamas* 9 Q18
Orange City, *Fla.* 9 F14
Orange City, *Iowa* 4 M9
Orange Cove, *Calif.* 2 P8
Orangedale, *Fla.* 9 D13
Orangedale, *N.S.* 13 H21
Orange Grove, *Miss.* 8 N6
Orange Grove, *Tex.* 5 N12
Orange Heights, *Fla.* 9 D12
Orange Lake, *Fla.* 9 E12
Orange Lake, *N.Y.* 11 K16
Orange Park, *Fla.* 9 C13
Orange Springs, *Fla.* 9 E12
Orangevale, *Calif.* 2 K6
Orangeville, *Ill.* 7 A6
Orangeville, *Ont.* 6 L18
Orangeville, *Pa.* 11 L12
Orangeville, *Utah* 3 J6
Orbisonia, *Pa.* 11 N9
Orca, *Alas.* 14 L16
Orca Bay, *Alas.* 14 L16
Orcas, *Wash.* 1 (A) C2
Orcas Island, *Wash.* 1 (A) C2
Orchard, *Colo.* 3 G13
Orchard, *Idaho* 1 L10
Orchard, *Nebr.* 4 N7
Orchard Beach ♣, *Mich.* 6 K10
Orchard City, *Colo.* 3 K9
Orchard House, *Concord, Mass.* 12 Q11
Orchard Lake, *Mich.* 6 (B) C1
Orchard Park, *N.Y.* 11 F8
Orchards, *Wash.* 1 G4
Orchid Jungle, *Fla.* 9 P15
Orcutt, *Calif.* 2 S7
Ord, *Nebr.* 4 P6
Orderville, *Utah* 3 M4
Ordinary, *Va.* 10 M20
Ord Mountains, *Calif.* 2 S12
Ordway, *Colo.* 3 K14
Oreana, *Idaho* 1 M10
Oreana, *Ill.* 7 H7
Oreana, *Nev.* 2 G9
Ore City, *Tex.* 5 G16
Oregon, *Alas.* 14 F9

Otto, *Wyo.* 1 J19
Ottoville, *Ohio* 7 E15
Ottumwa, *Iowa* 4 Q12
Ottumwa, *S. Dak.* 4 K4
Otwell, *Ind.* 7 L10
Ouachita, river, *Ark.-La.* 5
F18
Ouachita, Lake, *Ark.* 5
D17
Ouachita Mountains,
Ark.-Okla. 5 D16
Ouachita National Forest,
Ark.-Okla. 5 D17, E16
Ouimet, *Ont.* 6 A7
Ouimet Canyon, *Ont.* 6 A7
Oumalik, river, *Alas.* 14
B13
Ouray, *Colo.* 3 L9
Ouray, *Utah* 3 H7
Ouray National Wildlife
Refuge, *Utah* 3 H7
Our Lady of Grace Shrine,
Colebrook, N.H. 12 C10
Our Lady of la Salette
Shrine, *Enfield, N.H.* 12
J8
Our Lady of Light Chapel,
Santa Fe, N. Mex. 3
P12
Outer Banks, *N.C.* 8 E23
Outer Brass Island, *Virgin
Is.* 9 (C) A1
Outer Island, *N.S.* 13 Q12
Outer Island, *Wis.* 6 E5
Outer Santa Barbara
Channel, *Calif.* 2 V9
Outing, *Minn.* 4 G11
Outlet Bay, *Va.* 10 M22
Outlet Beach ⚓, *Ont.* 6
L22
Outlet Channel Public Use
Area, *N. Dak.* 4 (A) 5C
Outlook, *Mont.* 1 B22
Outlook, *Wash.* 1 F6
Ouzinkie, *Alas.* 14 N13
Ovalo, *Tex.* 5 H10
Oval Peak, *Wash.* 1 C6
Ovando, *Mont.* 1 E14
Ovapa, *W. Va.* 10 H8
Overbrook, *Kans.* 4 T9
Overfelt Gardens, *San
Jose, Calif.* 2 M5
Overgaard, *Ariz.* 3 R6
Overland Park, *Kans.* 4
S10
Overland Pass, *Nev.* 2
G14
Overlea, *Md.* 10 E20
Overly, *N. Dak.* 4 E5
Overseas Highway, *Fla.* 9
Q15
Overton, *Nebr.* 4 Q5
Overton, *Nev.* 2 P15
Overton, *Tex.* 5 H15
Overton Beach, *Nev.* 2
P15
Overton Park Zoo and
Aquarium, *Memphis,
Tenn.* 8 E4
Ovett, *Miss.* 8 L5
Ovid, *Colo.* 3 F15
Ovid, *Idaho* 1 N15
Ovid, *Mich.* 6 N12
Ovid, *N.Y.* 11 G11
Oviedo, *Fla.* 9 G14
Owaneco, *Ill.* 7 J7

Owanka, *S. Dak.* 4 L3
Owasco, *N.Y.* 11 F12
Owasco Lake, *N.Y.* 11
F12
Owasso, *Okla.* 5 B14
Owatonna, *Minn.* 4 L11
Owego, *N.Y.* 11 H12
Owen, *Wis.* 6 J4
Owen, Lake, *Wis.* 6 F4
Owen-Putnam State
Forest, *Ind.* 7 J11
Owens, *Ala.* 8 F9
Owens, *Va.* 10 J19
Owens, river, *Calif.* 2 M9
Owens Art Gallery,
Sackville, N.B. 13 H15
Owensboro, *Ky.* 7 N11
Owensboro Area Museum,
Owensboro, Ky. 7 N11
Owensburg, *Ind.* 7 K11
Owens Lake Bed, *Calif.* 2
P10
Owen Sound, *Ont.* 6 J17
Owens Peak, *Calif.* 2 Q10
Owens-Thomas House,
Savannah, Ga. 8 K16
Owensville, *Ind.* 7 M9
Owensville, *Mo.* 4 T14
Owensville, *Ohio* 7 K16
Owenton, *Ky.* 7 L15
Owenton, *Va.* 10 K19
Owings Mills, *Md.* 10 E19
Owingsville, *Ky.* 7 M16
Owl Creek Mountains,
Wyo. 1 L18
Owl Lake, *Ont.* 6 A9
Owls Head, *Me.* 13 N5
Owls Head, *N.Y.* 11 B16
Owlshead Mountains,
Calif. 2 Q12
Owosso, *Mich.* 6 N13
Owyhee, *Idaho* 1 N10
Owyhee, *Nev.* 2 D13
Owyhee, river, *Idaho* 1
N10
Owyhee, Lake, *Oreg.* 1 L9
Owyhee Dam, *Oreg.* 1 L9
Owyhee Mountains, *Idaho*
1 M10
Oxbow, *Me.* 13 G7
Oxbow Dam, *Idaho-Oreg.*
1 J9
Oxbow Wildlife Refuge,
Mass. 12 Q10
Oxford, *Ala.* 8 H10
Oxford, *Conn.* 12 V4
Oxford, *Fla.* 9 F12
Oxford, *Ga.* 8 H12
Oxford, *Ind.* 7 F10
Oxford, *Kans.* 4 V8
Oxford, *Mass.* 12 S9
Oxford, *Md.* 10 G21
Oxford, *Me.* 13 N2
Oxford, *Mich.* 6 N14
Oxford, *Miss.* 8 F4
Oxford, *N.C.* 8 C19
Oxford, *Nebr.* 4 R5
Oxford, *N.J.* 11 M15
Oxford, *N.S.* 13 J16
Oxford, *N.Y.* 11 G13
Oxford, *Ohio* 7 J15
Oxford, *Pa.* 11 P13
Oxford, *Wis.* 6 L5
Oxford, *W. Va.* 10 F9
Oxford Junction, *N.S.* 13
J16

Oxford Peak, *Idaho* 1 N15
Oxnard, *Calif.* 2 T8
Oyster, *Va.* 10 M22
Oyster Bay, *N.Y.* 11 L17
Oyster Bay National
Wildlife Refuge, *N.Y.* 11
L17
Oyster River Point, *Conn.*
12 W5
Oysterville, *Wash.* 1 F2
Ozark, *Ala.* 8 L10
Ozark, *Ark.* 5 C16
Ozark, *Ill.* 7 N7
Ozark, *Mo.* 4 V12
Ozark Folk Center,
Mountain View, Ark. 5
C18
Ozark Folk Center ⚓, *Ark.*
5 C18
Ozark National Forest,
Ark. 5 B16, B18, C16,
C17, D17
Ozark Plateau, *U.S.* 4
V12; 5 C17
Ozarks, Lake of the, *Mo.*
4 T12
Ozette Indian Reservation,
Wash. 1 C2
Ozette Lake, *Wash.* 1 C2
Ozona, *Tex.* 5 K9

P

Pa-hay-okee Overlook,
Fla. 9 P15
Paauhau, *Hawaii* 15 L21
Paauilo, *Hawaii* 15 L21
Pabineau 11 Indian
Reservation, *N.B.* 13
C12
Pablo, *Mont.* 1 E12
Pablo National Wildlife
Refuge, *Mont.* 1 E13
Pace, *Fla.* 9 B2
Pace, *Miss.* 8 G3
Paces, *Va.* 10 Q13
Pachaug Pond, *Conn.* 12
U8
Pachaug State Forest,
Conn. 12 U9
Pacheco Pass, *Calif.* 2 N5
Pachuta, *Miss.* 8 K5
Pacific, *Mo.* 4 T14
Pacifica, *Calif.* 2 M3
Pacific Beach, *Wash.* 1 E2
Pacific City, *Oreg.* 1 H2
Pacific Creek, *Wyo.* 1 K17
Pacific Creek, *Wyo.* 1
N18
Pacific Crest Trail, *U.S.* 1
C6; 2 K8
Pacific Grove, *Calif.* 2 P4
Pacific Grove Museum of
Natural History, *Pacific
Grove, Calif.* 2 P4
Pacific Heights, *Hawaii* 15
(A)
Pacific Missile Test
Center, *Calif.* 2 T8
Pacific Palisades, *Hawaii*
15 E10
Pacific Palisades, *Hawaii*
15 (A)
Packer John's Cabin ▲,
Idaho 1 H10

Pack Monadnock
Mountain, *N.H.* 12 N9
Packwood, *Wash.* 1 F5
Pacolet, *S.C.* 8 F15
Pacolet Mills, *S.C.* 8 F15
Paddock Valley Reservoir,
Idaho 1 K10
Paden City, *W. Va.* 10 D8
Padre Island, *Tex.* 5 Q13
Padre Island National
Seashore, *Tex.* 5 Q13
Padroni, *Colo.* 3 G14
Paducah, *Ky.* 7 Q7
Paducah, *Tex.* 5 E10
Page, *Ariz.* 3 N5
Page, *N. Dak.* 4 G7
Page, *Nebr.* 4 N7
Page, *Okla.* 5 D16
Page, *W. Va.* 10 K7
Page City, *Kans.* 4 S3
Pageland, *S.C.* 8 F17
Pagoda, The, *Reading,
Pa.* 11 N13
Pagosa Springs, *Colo.* 3
M10
Paguate, *N. Mex.* 3 Q10
Pah, river, *Alas.* 14 E13
Pah-rum Peak, *Nev.* 2 G8
Pahala, *Hawaii* 15 Q21
Pahaska, *Wyo.* 1 (B) C4
Pahaska, campground,
Wyo. 1 (B) C4
Paheehee, Puu, *Hawaii*
15 (A)
Pahoa, *Hawaii* 15 P23
Pahokee, *Fla.* 9 L15
Pahokee ⚓, *Fla.* 9 L15
Pah Rah Range, *Nev.* 2
H8
Pahranagat National
Wildlife Refuge, *Nev.* 2
M14
Pahranagat Range, *Nev.* 2
M14
Pahrock Range, *Nev.* 2
L14
Pahrump, *Nev.* 2 P13
Pahrump Valley,
Calif.-Nev. 2 Q13
Pahute Mesa, *Nev.* 2 M12
Paia, *Hawaii* 15 G17
Paicines, *Calif.* 2 N5
Paige, *Tex.* 5 K13
Pailolo Channel, *Hawaii*
15 G16
Paimiut, *Alas.* 14 J8
Paimiut, *Alas.* 14 J10
Paincourt, *Ont.* 6 (B) D4
Paincourtville, *La.* 5 K20
Paine Lake, *Alta.* 1 (C) A3
Painesdale, *Mich.* 6 E7
Painesville, *Ohio* 7 C21
Paint Bank, *W. Va.* 10 L10
Paint Creek, *W. Va.* 10 K7
Paint Creek ⚓, *Ohio* 7 J17
Painted Church,
Honaunau, Hawaii 15
P19
Painted Desert, *Ariz.* 3 N5
Painted Post, *N.Y.* 11 H10
Painted Rocks ▲, *Ariz.* 3
T3
Painted Rocks Lake ⚓,
Mont. 1 H12
Painter, *Va.* 10 L22
Paint Lick, *Ky.* 7 N15

Paint Rock, *Ala.* 8 F9
Paint Rock, *Tex.* 5 J10
Paint Rock Pictographs, *Tex.* 5 J10
Paintsville, *Ky.* 7 N18
Paisley, *Ont.* 6 K17
Paisley, *Oreg.* 1 M5
Pajarito, *N. Mex.* 3 Q11
Pajaro, *Calif.* 2 N5
Pakala Village (Makaweli), *Hawaii* 15 B3
Pala, *Calif.* 2 U11
Palaau ♣, *Hawaii* 15 F14
Palace of Fine Arts, *San Francisco* 2 (A) A4
Palace of the Governors, *Santa Fe, N. Mex.* 3 P12
Palace of the Legion of Honor, *San Francisco* 2 (A) B2
Palacios, *Tex.* 5 M14
Palailai, Puu, *Hawaii* 15 (A)
Palaoa Point, *Hawaii* 15 H14
Palatine Bridge, *N.Y.* 11 F15
Palatine Graves, *Block Island, R.I.* 12 W10
Palatka, *Fla.* 9 D13
Palawai Basin, *Hawaii* 15 H15
Palco, *Kans.* 4 S5
Palemano Point, *Hawaii* 15 P19
Palen Mountains, *Calif.* 2 U14
Palermo, *Calif.* 2 J5
Palermo, *Me.* 13 M5
Palermo, *N. Dak.* 4 E3
Palermo, *N.Y.* 11 E12
Palestina, *St. John* 9 (C) A3
Palestine, *Ark.* 5 D19
Palestine, *Ill.* 7 K10
Palestine, *Tex.* 5 H15
Palestine, *W. Va.* 10 F7
Palestine, Lake, *Tex.* 5 H15
Pali Highway, *Hawaii* 15 (A)
Palikea, peak, *Hawaii* 15 (A)
Palima Point, *Hawaii* 15 Q21
Palisade, *Colo.* 3 J9
Palisade, *Minn.* 4 G11
Palisade, *Nebr.* 4 Q4
Palisade, *Nev.* 2 F12
Palisade Glacier, *Calif.* 2 N9
Palisade Lake ♣, *Utah* 3 J5
Palisade Rock Formations, *Wyo.* 1 (B) F4
Palisades ♣, *S. Dak.* 4 L8
Palisades, *Wash.* 1 E7
Palisades Kepler ♣, *Iowa* 4 N13
Palisades Reservoir, *Idaho* 1 L16
Palisado Green, *Windsor, Conn.* 12 T6
Palito Blanco, *Tex.* 5 P12

Palma Bay, *Alas.* 14 N20
Palmas Altas, *P. R.* 9 (B) A3
Palm Bay, *Fla.* 9 H15
Palm Beach, *Fla.* 9 L16
Palm Beach Gardens, *Fla.* 9 L16
Palm Beach Shores, *Fla.* 9 L16
Palm City, *Fla.* 9 K16
Palmdale, *Calif.* 2 S10
Palmdale, *Fla.* 9 L14
Palm Desert, *Calif.* 2 U12
Palmer *see* Mameyes, *P. R.* 9 (B) A4
Palmer, *Alas.* 14 K15
Palmer, *Ill.* 7 J6
Palmer, *Mass.* 12 R7
Palmor, *Mich.* 6 Г8
Palmer, *Nebr.* 4 P7
Palmer, *Tenn.* 8 E10
Palmer, *Tex.* 5 G14
Palmerdale, *Ala.* 8 H8
Palmer Lake, *Colo.* 3 J13
Palmer-Marsh House, *Bath, N.C.* 8 D22
Palmer Springs, *Va.* 10 Q15
Palmerston, *Ont.* 6 L17
Palmerton, *Pa.* 11 M13
Palmetto, *Fla.* 9 J11
Palmetto, *Ga.* 8 H11
Palmetto ♣, *Tex.* 5 L13
Palm Harbor, *Fla.* 9 H11
Palms Book ♣, *Mich.* 6 G10
Palm Springs, *Calif.* 2 T12
Palm Springs, *Fla.* 9 L16
Palm Springs Desert Museum, *Palm Springs, Calif.* 2 T13
Palm Valley, *Fla.* 9 C14
Palmyra, *Ill.* 7 J5
Palmyra, *Ind.* 7 L12
Palmyra, *Me.* 13 L5
Palmyra, *Mo.* 4 R13
Palmyra, *Nebr.* 4 Q9
Palmyra, *N.Y.* 11 F10
Palmyra, *Pa.* 11 N12
Palmyra, *Tenn.* 8 C8
Palmyra, *Va.* 10 K15
Palo Alto, *Calif.* 2 M4
Palo Cedro, *Calif.* 2 G4
Palo Duro Creek, *Okla.-Tex.* 5 B9
Palo Duro Creek, *Tex.* 5 D8
Paloma, *Ill.* 7 G3
Palomar Mountain ♣, *Calif.* 2 U12
Palomar Observatory, *Calif.* 2 U12
Palo Pinto, *Tex.* 5 G12
Palouse, *Wash.* 1 F9
Palouse, river, *Wash.* 1 F9
Palouse Falls ♣, *Wash.* 1 F8
Palouse Hills, *Wash.* 1 E9
Palo Verde, *Calif.* 2 U15
Pamdenec, *N.B.* 13 K11
Pamlico River, *N.C.* 8 D22
Pamlico Sound, *N.C.* 8 D23
Pammel ♣, *Iowa* 4 P11
Pampa, *Tex.* 5 C9
Pamplico, *S.C.* 8 G18

Pamplin, *Va.* 10 N14
Pamunkey, river, *Va.* 10 L18
Pamunkey Indian Reservation, *Va.* 10 L19
Pana, *Ill.* 7 J7
Panaca, *Nev.* 2 L15
Panacea, *Fla.* 9 C8
Panache, Lake, *Ont.* 6 F17
Panaewa Forest Reserve, *Hawaii* 15 N23
Panakauahi Gulch, *Hawaii* 15 (A)
Panama, *Ill.* 7 K6
Panama, *N.Y.* 11 H6
Panama, *Okla.* 5 D16
Panama City, *Fla.* 9 C5
Panama City Beach, *Fla.* 9 C4
Panamint Range, *Calif.* 2 P11
Panamint Springs, *Calif.* 2 P11
Panamint Valley, *Calif.* 2 P11
Panasoffkee, Lake, *Fla.* 9 G12
Pancake Bay ♣, *Ont.* 6 E12
Pancake Range, *Nev.* 2 K13
Pancho Villa ♣, *N. Mex.* 3 V9
Pandale, *Tex.* 5 K8
Pando ☜, *Mich.* 6 N11
Pandora, *Ohio* 7 E16
Pangburn, *Ark.* 5 C19
Panguitch, *Utah* 3 L4
Panhandle, *Tex.* 5 D9
Panhandle-Plains Historical Museum, *Canyon, Tex.* 5 D8
Panlau, peak, *Hawaii* 15 B2
Pankof, Cape, *Alas.* 14 R7
Panmure Island ♣, *P.E.I.* 13 G19
Panoche Pass, *Calif.* 2 P6
Panola, *Ala.* 8 J6
Panora, *Iowa* 4 P11
Pansey, *Ga.* 8 M11
Pansy, *Ky.* 7 Q17
Pantego, *N.C.* 8 D22
Panther, *W. Va.* 10 M6
Panther Creek ♣, *Tenn.* 8 C13
Panther State Forest, *W. Va.* 10 M6
Panther Swamp National Wildlife Refuge, *Miss.* 8 J3
Panton, *Vt.* 12 G4
Panuke Lake, *N.S.* 13 L15
Paola, *Kans.* 4 T10
Paoli, *Colo.* 3 G15
Paoli, *Ind.* 7 L12
Paonia, *Colo.* 3 J10
Paonia Reservoir, *Colo.* 3 J10
Papa, *Hawaii* 15 Q19
Papaaloa, *Hawaii* 15 L22
Papa Bay, *Hawaii* 15 Q19
Papago Indian Reservation, *Ariz.* 3 U4

Papaikou, *Hawaii* 15 M23
Papalaua Falls, *Hawaii* 15 F15
Papau Seamount, *N. Pac. Oc.* 15 Q22
Papawai Point, *Hawaii* 15 H16
Paper House, *Pigeon Cove, Mass.* 12 P13
Papigochic, river, *Chihuahua* 3 Z10; 5 M1
Papillion, *Nebr.* 4 Q9
Papineau, *Ill.* 7 E9
Papohaku Beach, *Hawaii* 15 F13
Paquetville, *N.B.* 13 C13
Parachute, *Colo.* 3 J9
Paradise, *Alas.* 14 J10
Paradise, *Calif.* 2 H5
Paradise, *Kans.* 4 S6
Paradise, *Ky.* 7 P11
Paradise, *Mich.* 6 F12
Paradise, *Mont.* 1 E12
Paradise, *Nev.* 2 P14
Paradise, *N.S.* 13 L13
Paradise, *Oreg.* 1 G9
Paradise, *Pa.* 11 P12
Paradise, *Tex.* 5 F12
Paradise, *Utah* 3 F5
Paradise Island, *Bahamas* 9 Q22
Paradise Point ♣, *Wash.* 1 G4
Paradise Valley, *Ariz.* 3 S5
Paradise Valley, *Nev.* 2 E11
Paradox, *Colo.* 3 K8
Paradox Lake Recreation Area, *N.Y.* 11 D16
Paragon, *Ind.* 7 J11
Paragonah, *Utah* 3 L4
Paragould, *Ark.* 5 B20
Paramus, *N.J.* 11 L16
Parchman, *Miss.* 8 G3
Parcoal, *W. Va.* 10 H10
Pardee, *N.* 10 N3
Pardee-Morris House, *New Haven, Conn.* 12 W5
Pardee Reservoir, *Calif.* 2 L6
Pardeeville, *Wis.* 6 M6
Parguera, *P. R.* 9 (B) B1
Paria, river, *Utah* 3 M5
Paris, *Ark.* 5 D17
Paris, *Idaho* 1 N15
Paris, *Ill.* 7 H9
Paris, *Ky.* 7 M16
Paris, *Me.* 13 N3
Paris, *Miss.* 8 G4
Paris, *Mo.* 4 R13
Paris, *Ont.* 6 M18
Paris, *Pa.* 11 M4
Paris, *Tenn.* 8 C6
Paris, *Tex.* 5 F15
Paris, *Va.* 10 F16
Parish, *N.Y.* 11 E12
Parishville, *N.Y.* 11 B15
Parisienne, Île, *Ont.* 6 F12
Paris Landing ♣, *Tenn.* 8 C6
Paris Mountain ▲, *S.C.* 8 E14
Park, *Kans.* 4 S4
Park City, *Ky.* 7 Q12

Park City, *Mont.* **1** G18
Park City, *Utah* **3** G5
Park Creek, *Mont.* **1** (C) D4
Parkdale, *Ala.* **8** J9
Parkdale, *Ark.* **5** F19
Parkdale, *N.S.* **13** M14
Parkdale, *Oreg.* **1** H5
Parkdale, *P.E.I.* **13** G18
Parker, *Ariz.* **3** R2
Parker, *Fla.* **9** C5
Parker, *Idaho* **1** K15
Parker, *Pa.* **11** L6
Parker, *S. Dak.* **4** M8
Parker, *Wash.* **1** F6
Parker, river, *Mass.* **12** P12
Parker, Lake, *Fla.* **9** H13
Parker City, *Ind.* **7** G14
Parker Dam, *Ariz.-Calif.* **2** T16; **3** R2
Parker Dam ♣, *Pa.* **11** L8
Parker Gallery, *Lowell, Mass.* **12** P11
Parker Pond, *Me.* **13** M3
Parker Ranch Headquarters, *Hawaii* **15** L20
Parker Ranch Museum, *Waimea, Hawaii* **15** L20
Parker River National Wildlife Refuge, *Mass.* **12** P13
Parkersburg, *Ill.* **7** L8
Parkersburg, *Iowa* **4** N12
Parkersburg, *W. Va.* **10** E7
Parkersburg Art Center, *Parkersburg, W. Va.* **10** E7
Parkers Cove, *N.S.* **13** L12
Parkers Prairie, *Minn.* **4** H9
Parkesburg, *Pa.* **11** P13
Park Falls, *Wis.* **6** G5
Park Forest, *Ill.* **7** D9
Park Hall, *Md.* **10** J20
Parkhill, *Ont.* **6** M16
Parkin, *Ark.* **5** C20
Parkland, *Wash.* **1** E4
Parkman, *Me.* **13** K5
Parkman, *Wyo.* **1** H20
Park-McCullough House, *Vt.* **12** N4
Park of Roses, *Columbus, Ohio* **7** H18
Park Range, *Colo.* **3** G10
Park Rapids, *Minn.* **4** G10
Park Ridge, *Ill.* **7** C9
Park River, *N. Dak.* **4** E7
Parks, *La.* **5** K19
Parks Falls, *N.S.* **13** J19
Parksley, *Va.* **10** L22
Parkston, *S. Dak.* **4** M7
Park Street Church, *Boston, Mass.* **12** R12
Parksville, *N.Y.* **11** J15
Parkton, *N.C.* **8** E19
Park Valley, *Utah* **3** E3
Parkview Mountain, *Colo.* **3** G11
Parkville, *Md.* **10** E20
Parkway Craft Center, *Blowing Rock, N.C.* **8** C15

Parlee Beach ♣, *N.B.* **13** G14
Parlier, *Calif.* **2** P8
Parma, *Idaho* **1** K10
Parma, *Mich.* **6** P12
Parma, *Mo.* **4** V15
Parma, *Ohio* **7** D20
Parmachenee Lake, *Me.* **13** K2
Parma Heights, *Ohio* **7** D20
Parmelee, *S. Dak.* **4** L4
Parnell, *Mo.* **4** Q10
Parnell, *Tex.* **5** E9
Parowan, *Utah* **3** L4
Parramore Island, *Va.* **10** L23
Parrish, *Ala.* **8** G8
Parrish, *Fla.* **9** J12
Parrish, *Wis.* **6** H6
Parrish Art Museum, *Southampton, N.Y.* **11** L19
Parris Island United States Marine Corps Recruit Depot, *S.C.* **8** K17
Parrot Jungle, *Fla.* **9** P16
Parrott, *Ga.* **8** L11
Parrott, *Va.* **10** N9
Parrsboro, *N.S.* **13** J15
Parry, Cape, *N.W.T.* **14** A23
Parry Island, *Ont.* **6** H18
Parry Mansion, *New Hope, Pa.* **11** N14
Parry Sound, *Ont.* **6** H18
Parshall, *Colo.* **3** H11
Parshall, *N. Dak.* **4** F3
Parsnip Peak, *Oreg.* **1** M9
Parsons, *Kans.* **4** U10
Parsons, *Tenn.* **8** D6
Parsons, *W. Va.* **10** F11
Parsonsburg, *Md.* **10** H22
Parthenon, *Nashville, Tenn.* **8** C8
Partlow, *Va.* **10** K17
Partridge, *Kans.* **4** U7
Parvin ♣, *N.J.* **11** Q14
Pasadena, *Calif.* **2** T10
Pasadena, *Md.* **10** F20
Pasadena, *Tex.* **5** L15
Pasadena Museum of Modern Art, *Pasadena, Calif.* **2** S10
Pasayten Wilderness, *Wash.* **1** B6
Pascagoula, *Miss.* **8** N5
Pascagoula, river, *Miss.* **8** M5
Pasagshak ♣, *Alas.* **14** P13
Pasco, *Wash.* **1** F7
Pascoag, *R.I.* **12** S10
Paskenta, *Calif.* **2** H4
Paso Robles, *Calif.* **2** Q6
Pasque Island, *Mass.* **12** V13
Passaconaway Campground, *N.H.* **12** G10
Passadumkeag, *Me.* **13** K7
Passadumkeag Mountain, *Me.* **13** K7
Passage Island, *Mich.* **6** B8

Passage Key National Wildlife Refuge, *Fla.* **9** J11
Passaic, *N.J.* **11** L16
Passamaquoddy Bay, *N.B.* **13** K10
Passamaquoddy Indian Township, *Me.* **13** K8
Pass Christian, *Miss.* **8** N4
Pass Creek, *Wyo.* **1** P21
Pass Lake, *Ont.* **6** B7
Passumpsic, *Vt.* **12** F8
Passumpsic, river, *Vt.* **12** F8
Pastillo, *P. R.* **9** (B) B3
Pastol Bay, *Alas.* **14** H9
Pastora Peak, *Ariz.* **3** M8
Patagonia, *Ariz.* **3** V6
Pataha City, *Wash.* **1** F9
Patapedia, river, *N.B.-Que.* **13** B9
Patapsco ♣, *Md.* **10** E19, F19
Patapsco River, *Md.* **10** F20
Pat Bayle State Forest, *Minn.* **4** F14
Patchogue, *N.Y.* **11** M18
Patee House Museum, *St. Joseph, Mo.* **4** R10
Pate Museum of Transportation, *Cresson, Tex.* **5** G12
Pateros, *Wash.* **1** D7
Paterson, *N.J.* **11** L16
Paterson, *Wash.* **1** G7
Paterson Museum, *Paterson, N.J.* **11** L16
Pat Garrett Home, *Roswell, N. Mex.* **3** S13
Pat Garrett's Grave, *Las Cruces, N. Mex.* **3** U10
Pathfinder ♣, *Wyo.* **1** M21
Pathfinder National Wildlife Refuge, *Wyo.* **1** M20
Pathfinder Reservoir, *Wyo.* **1** M20
Pathfork, *Ky.* **7** Q17
Path of History, *Monterey, Calif.* **2** P5
Patillas, *P. R.* **9** (B) B4
Patillas, Lago, *P. R.* **9** (B) B4
Patoka, *Ill.* **7** K7
Patoka, *Ind.* **7** L9
Patoka, river, *Ind.* **7** L10
Patoka Lake, *Ind.* **7** M11
Patricia, *Tex.* **5** G8
Patrick, *S.C.* **8** F18
Patrick Air Force Base, *Fla.* **9** H15
Patrick Henry International Airport, *Va.* **10** N20
Patricksburg, *Ind.* **7** J11
Patrick's Point ♣, *Calif.* **2** E1
Patrick Springs, *Va.* **10** Q10
Patriot, *Ind.* **7** K14
Patsaliga Creek, *Ala.* **8** L9
Patsburg, *Ala.* **8** L9
Pats Creek ♣, *Alas.* **14** Q23
Pat's Peak ⚡, *N.H.* **12** M9
Patten, *Me.* **13** H7
Patterson, *Ark.* **5** D19
Patterson, *Calif.* **2** M5

Patterson, *Ga.* **8** M15
Patterson, *Idaho* **1** J13
Patterson, *Ill.* **7** J4
Patterson, *La.* **5** L19
Patterson, *N.Y.* **11** K17
Patterson, Mount, *Calif.* **2** K8
Patterson, Point, *Mich.* **6** G11
Patterson Creek Mountain, *W. Va.* **10** F13
Patterson Mountain, *Calif.* **2** N8
Patteson Creek, *W. Va.* **10** E14
Pattison, *Miss.* **8** K2
Pattison ♣, *Wis.* **6** E2
Patton, *Pa.* **11** M8
Patton Bay, *Alas.* **14** M16
Patton Museum of Cavalry and Armor, *Fort Knox, Ky.* **7** N13
Pattonsburg, *Mo.* **4** R11
Pattonville, *Tex.* **5** F15
Patuxent ♣, *Md.* **10** E18
Patuxent, river, *Md.* **10** G19
Patuxent Naval Air Test Center, *Md.* **10** J20
Patuxent River, *Md.* **10** H20
Patuxent Wildlife Research Center, *Md.* **10** F19
Patzau, *Wis.* **6** E2
Pauahi Crater, *Hawaii* **15** P22
Paugnut State Forest, *Conn.* **12** T4
Paugussett State Forest, *Conn.* **12** V4
Paul, *Idaho* **1** M13
Paul B. Johnson ♣, *Miss.* **8** M4
Paul Bunyan Amusement Center, *Brainerd, Minn.* **4** H11
Paul Bunyan Hill ⚡, *Wis.* **6** H7
Paul Bunyan Logging Camp, *Eau Claire, Wis.* **6** J3
Paul Bunyan State Forest, *Minn.* **4** G10
Paul Bunyan Statue, *Bangor, Me.* **13** L6
Paul Creative Arts Center, *Durham, N.H.* **12** M12
Paulden, *Ariz.* **3** Q4
Paulding, *Mich.* **6** F6
Paulding, *Miss.* **8** K5
Paulding, *Ohio* **7** E15
Paulette, *Miss.* **8** J6
Paulina, *Oreg.* **1** K6
Paulina Mountains, *Oreg.* **1** K5
Paulina Peak, *Oreg.* **1** K5
Paul Island, *Alas.* **14** Q9
Paul L. Dunbar House, *Dayton, Ohio* **7** H16
Paullina, *Iowa* **4** M9
Paul M. Dimmick ♣, *Calif.* **2** J2
Paul M. Grist ♣, *Ala.* **8** J8
Pauloff Harbor, *Alas.* **14** R7
Paul Revere House, *Boston, Mass.* **12** R12

Paulsboro, *N.J.* **11** P14
Paul Smiths, *N.Y.* **11** B16
Pauls Valley, *Okla.* **5** D13
Pauma Valley, *Calif.* **2** V12
Paurotis Pond, *Fla.* **9** P15
Pauwela, *Hawaii* **15** G17
Pauwela Point, *Hawaii* **15** G17
Pavilion, *N.Y.* **11** F9
Pavillion, *Wyo.* **1** L19
Pavlof Bay, *Alas.* **14** Q8
Pavlof Islands, *Alas.* **14** Q8
Pavlof Volcano, *Alas.* **14** Q8
Pavo, *Ga.* **8** M12
Pawcatuck, *Conn.* **12** V9
Pawhuska, *Okla.* **5** B14
Pawlet, *Vt.* **12** L4
Pawleys Island, *S.C.* **8** H19
Pawling, *N.Y.* **11** K17
Pawnee, *Ill.* **7** H6
Pawnee, *Okla.* **5** B13
Pawnee, river, *Kans.* **4** T5
Pawnee ♣, *Nebr.* **4** Q8
Pawnee Bill Museum ♣, *Okla.* **5** B13
Pawnee Buttes, *Colo.* **3** G14
Pawnee City, *Nebr.* **4** R9
Pawnee Creek, *Colo.* **3** G14
Pawnee Indian Village ♣, *Kans.* **4** R7
Pawnee National Grassland, *Colo.* **3** G13
Pawnee Rock, *Kans.* **4** T6
Pawnee Rock ♣, *Kans.* **4** T6
Paw Paw, *Ill.* **7** C7
Paw Paw, *Mich.* **6** P10
Paw Paw, *W. Va.* **10** E15
Paw Paw Tunnel, *W. Va.* **10** E15
Pawtuckaway ♣, *N.H.* **12** M11
Pawtuckaway Lake, *N.H.* **12** M12
Pawtucket, *R.I.* **12** T11
Pawtuxet, *R.I.* **12** T11
Pax, *W. Va.* **10** K7
Paxson, *Alas.* **14** J16
Paxson Lake, *Alas.* **14** J16
Paxton, *Fla.* **9** A4
Paxton, *Ill.* **7** F9
Paxton, *Ind.* **7** K10
Paxton, *Mass.* **12** R9
Paxton, *Nebr.* **4** P4
Paxtonia, *Pa.* **11** N11
Paxton Inn, *Washington, Ky.* **7** L17
Payette, *Idaho* **1** K10
Payette, river, *Idaho* **1** K11
Payette Lake, *Idaho* **1** J11
Payette Lakes ⚓, *Idaho* **1** J10
Payette National Forest, *Idaho* **1** H10
Payne, *Ga.* **8** J12
Payne, *Ohio* **7** E15
Paynes, *Miss.* **8** G4
Paynes Creek, *Calif.* **2** G5

Paynesville, *Minn.* **4** J10
Payson, *Ariz.* **3** R5
Payson, *Ill.* **7** H3
Payson, *Utah* **3** H5
Paytes, *Va.* **10** J17
Pea, river, *Ala.* **8** M9
Peabody, *Kans.* **4** T8
Peabody, *Mass.* **12** Q12
Peabody Museum, *Salem, Mass.* **12** Q13
Peabody Museum of Natural History, *New Haven, Conn.* **12** W5
Peace, river, *Alas.* **14** F10
Peace, river, *Fla.* **9** J13
Peace Arch ♣, *B.C.-Wash.* **1** B4
Peace Dale, *R.I.* **12** V10
Peacham, *Vt.* **12** F8
Peach Creek, *W. Va.* **10** K6
Peachland, *N.C.* **8** E17
Peach Springs, *Ariz.* **3** P3
Peachtree Center, *Atlanta, Ga.* **8** H11
Peachtree City, *Ga.* **8** H12
Peacock, *Tex.* **5** F10
Pea Island National Wildlife Refuge, *N.C.* **8** D24
Peaked Mountain, *Me.* **13** F6
Peaks-Kenny ♣, *Me.* **13** K5
Peaks of Otter Recreation Area, *Va.* **10** M12
Peale, Mount, *Utah* **3** K8
Peale Museum, *Baltimore, Md.* **10** E20
Peanut, *Calif.* **2** G3
Pea Patch Island, *Del.* **10** D22
Peard Bay, *Alas.* **14** A12
Pea Ridge, *Ark.* **5** B16
Pea Ridge National Military Park, *Ark.* **5** B16
Pearisburg, *Va.* **10** M9
Pearl, *Ill.* **7** J4
Pearl, *Miss.* **8** K4
Pearl, *Ont.* **6** B7
Pearl, *Tex.* **5** J12
Pearl, river, *La.-Miss.* **8** J4
Pearl and Hermes Atoll, *Hawaii* **15** L4
Pearl Beach, *Mich.* **6** (R) C3
Pearl City, *Hawaii* **15** E10
Pearl City, *Ill.* **7** B6
Pearl City Peninsula, *Hawaii* **15** (A)
Pearl Harbor, *Hawaii* **15** E10
Pearl Harbour National Wildlife Refuge, *Hawaii* **15** E10
Pearl Hill ♣, *Mass.* **12** P9
Pearlington, *Miss.* **8** N4
Pearl Lake ♣, *Colo.* **3** G10
Pearl Peak, *Nev.* **2** G14
Pearl River, *La.* **5** K21
Pearl River, *N.Y.* **11** L16
Pearrygin Lake ♣, *Wash.* **1** C6
Pearsall, *Tex.* **5** M11
Pearse Canal, *Alas.* **14** R24

Pearson, *Ga.* **8** M14
Pearson, *Wis.* **6** H6
Peary-MacMillan Arctic Museum, *Brunswick, Me.* **13** P3
Pease, river, *Tex.* **5** E10
Pease Air Force Base, *N.H.* **12** M13
Peavy Pond, *Mich.* **6** G8
Pebble Beach, *Calif.* **2** P4
Pecan Bayou, *Tex.* **5** J11
Pecatonica, *Ill.* **7** B7
Pecatonica, river, *Ill.-Wis.* **6** N5; **7** B7
Pechanga Indian Reservation, *Calif.* **2** U11
Peck, *Idaho* **1** F10
Peckerwood Lake, *Ark.* **5** D19
Pecos, *N. Mex.* **3** P12
Pecos, *Tex.* **5** J6
Pecos, river, *N. Mex.-Tex.* **3** Q13; **5** J6
Pecos National Monument, *N. Mex.* **3** P12
Pecos Wilderness, *N. Mex.* **3** P12
Pedernales, *Tex.* **5** K12
Pedernales Falls ♣, *Tex.* **5** K12
Pedricktown, *N.J.* **11** P14
Pedro, *Ohio* **7** L18
Pedro Bay, *Alas.* **14** M12
Peebles, *Ohio* **7** K17
Pee Dee, *S.C.* **8** G18
Pee Dee, river, *S.C.* **8** F18
Pee Dee National Wildlife Refuge, *N.C.* **8** F18
Peek'n Peak ⚓, *N.Y.* **11** H6
Peekskill, *N.Y.* **11** K16
Peel, river, *N.W.T.* **14** E20
Pe Ell, *Wash.* **1** F3
Peerless, *Mont.* **1** B21
Peetz, *Colo.* **3** F14
Peever, *S. Dak.* **4** J8
Peggys Cove, *N.S.* **13** M16
Peirce, Cape, *Alas.* **14** M9
Pejepscot Historical Society Museum, *Brunswick, Me.* **13** P3
Pekin, *Ill.* **7** F6
Pekin, *N. Dak.* **4** F7
Pekin, *N.Y.* **6** (C) A3
Pelahatchie, *Miss.* **8** K4
Pelee Island, *Ont.* **6** Q15
Pelekunu Bay, *Hawaii* **15** F15
Pelham, *Ala.* **8** H8
Pelham, *Ga.* **8** M12
Pelham, *Mass.* **12** Q7
Pelham, *N.C.* **8** C18
Pelham, *N.H.* **12** P11
Pelham, *Ont.* **6** (C) B2
Pelham, *Tenn.* **8** E9
Pelican, *Alas.* **14** N21
Pelican Beach ♣, *Calif.* **2** D1
Pelican Island National Wildlife Refuge, *Fla.* **9** J16
Pelican Lake, *Minn.* **4** F11
Pelican Lake, *Minn.* **4** H10

Pelican Lake, *Wis.* **6** H6
Pelican Point, *Bahamas* **9** L20
Pelican Rapids, *Minn.* **4** H9
Pelion, *S.C.* **8** G16
Pella, *Iowa* **4** P12
Pella Historical Village, *Pella, Iowa* **4** P12
Pell City, *Ala.* **8** H9
Pellston, *Mich.* **6** H12
Pelly, river, *Yukon Terr.* **14** J22
Pelona Mountain, *N. Mex.* **3** S9
Pelzer, *S.C.* **8** F14
Pemadumcook Lake, *Me.* **13** J5
Pemaquid, *Me.* **13** P4
Pemaquid Point, *Me.* **13** P5
Pemberville, *Ohio* **7** D17
Pembina, *N. Dak.* **4** D8
Pembina, river, *Can.-U. S.* **4** D6
Pembina Historical Museum, *Pembina, N. Dak.* **4** E8
Pembine, *Wis.* **6** H8
Pembroke, *Ga.* **8** K15
Pembroke, *Ky.* **7** Q10
Pembroke, *Mass.* **12** S13
Pembroke, *Me.* **13** L9
Pembroke, *N.C.* **8** F19
Pembroke, *Ont.* **6** G22
Pembroke, *Va.* **10** M9
Pembroke Pines, *Fla.* **9** N16
Pemigewasset, river, *N.H.* **12** G10
Pen Argyl, *Pa.* **11** L14
Pence Springs, *W. Va.* **10** L9
Pendarvis, *Mineral Point, Wis.* **6** N4
Pendarvis, *Wis.* **6** N4
Pender, *Nebr.* **4** N8
Pendleton, *Ind.* **7** G13
Pendleton, *N.Y.* **6** (C) B3
Pendleton, *Oreg.* **1** H7
Pendleton, *S.C.* **8** F14
Pendleton, *Va.* **10** K16
Pendleton Historic District, *Clemson, S.C.* **8** F14
Pend Oreille, river, *Wash.* **1** C9
Pend Oreille ♣, *Wash.* **1** D9
Pend Oreille Lake, *Idaho* **1** D10
Pendroy, *Mont.* **1** D14
Penetanguishene, *Ont.* **6** J18
Penfield, *Ill.* **7** G9
Penfield, *N.Y.* **11** F10
Penfield, *Pa.* **11** L8
Penhook, *Va.* **10** P12
Peninsula, *Ohio* **7** D20
Peninsula ♣, *Wis.* **6** H9
Peninsula Nature and Science Center Planetarium, *Newport News, Va.* **10** N20
Peninsula Point, *Mich.* **6** H9

Petit Bois Island, *Miss.* 8 P6

Petitcodiac, *N.B.* 13 H13

Petitcodiac, river, *N.B.* 13 H14

Petit de Grat, *N.S.* 13 J22

Petit de Grat Island, *N.S.* 13 J22

Petite Lamèque, *N.B.* 13 C14

Petite Rivière, *N.S.* 13 N14

Petit Étang, *N.S.* 13 F22

Petit Jean ♣, *Ark.* 5 D18

Petit Manan National Wildlife Refuge, *Me.* 13 M8

Petit Rocher, *N.B.* 13 C12

Petoskey, *Mich.* 6 H12

Petrey, *Ala.* 8 L9

Petrified Forest, *Calif.* 2 K3

Petrified Forest, *N. Dak.* 4 (A) C1

Petrified Forest National Park, *Ariz.* 3 Q7

Petrified Gardens, *Saratoga Springs, N.Y.* 11 F17

Petrified Tree, *Wyo.* 1 (B) B3

Petrified Wood Park and Museum, *Lemmon, S. Dak.* 4 H3

Petroleum, *W. Va.* 10 F8

Petrolia, *Calif.* 2 G1

Petrolia, *Ont.* 6 N16

Petrolia, *Pa.* 11 L6

Petrolia, *Tex.* 5 E12

Petros, *Tenn.* 8 C12

Pettibone, *N. Dak.* 4 G6

Pettigrew ▲, *N.C.* 8 D23

Pettigrew Museum, *Sioux Falls, S. Dak.* 4 L8

Pettingill-Morron House, *Peoria, Ill.* 7 F6

Pettisville, *Ohio* 7 D16

Pettit, *Tex.* 5 F7

Pettus, *Tex.* 5 M12

Pettus, *W. Va.* 10 K7

Peulik, Mount, *Alas.* 14 N11

Pewaukee, *Wis.* 6 M7

Pewee Valley, *Ky.* 7 M13

Peyton, *Colo.* 3 J13

Peytona, *W. Va.* 10 K6

Pfeiffer-Big Sur ♣, *Calif.* 2 P4

Pharr, *Tex.* 5 R12

Pheba, *Miss.* 8 H5

Phelps, *Ky.* 7 N20

Phelps, *N.Y.* 11 F11

Phelps, *Tex.* 5 K15

Phelps, *Wis.* 6 G6

Phelps Lake, *N.C.* 8 D23

Phelps Pass, *Wyo.* 1 (B) E4

Phenix, *Va.* 10 N14

Phenix City, *Ala.* 8 K10

P. H. Hoeft ♣, *Mich.* 6 H13

Philadelphia, *Ind.* 7 H13

Philadelphia, *Miss.* 8 J5

Philadelphia, *N.Y.* 11 C13

Philadelphia, *Pa.* 11 P14

Philadelphia Maritime Museum, *Philadelphia, Pa.* 11 P14

Philadelphia Museum of Art, *Philadelphia, Pa.* 11 P14

Philbrook Art Center, *Tulsa, Okla.* 5 G14

Phil Campbell, *Ala.* 8 F7

Philip, *S. Dak.* 4 L3

Philip, river, *N.S.* 13 H16

Philipp, *Miss.* 8 G3

Philippi, *W. Va.* 10 F11

Philipsburg, *Mont.* 1 G13

Philipsburg ?, *Pa.* 11 L9

Philipsburg Manor, *Tarrytown, N.Y.* 11 L17

Philipse Manor Hall, *Yonkers, N.Y.* 11 L17

Philips Harbour, *N.S.* 13 K21

Philip Smith Mountains, *Alas.* 14 D16

Phillippy, *Tenn.* 8 C5

Phillips, *Me.* 13 L3

Phillips, *Tex.* 5 C9

Phillips, *Wis.* 6 G5

Phillips Brook, *N.H.* 12 D11

Phillipsburg, *Kans.* 4 R6

Phillipsburg, *Mo.* 4 U12

Phillipsburg, *N.J.* 11 M14

Phillipsburg, *Ohio* 7 H15

Phillips County Museum and Library, *Helena, Ark.* 5 D20

Phillips Lake, *Oreg.* 1 J8

Phillips Petroleum Company Exhibit Hall, *Bartlesville, Okla.* 5 B14

Phillipston, *Mass.* 12 Q8

Phillipsville, *Calif.* 2 G2

Philmont, *N.Y.* 11 H17

Philmont Scout Ranch and Explorer Base, *N. Mex.* 3 N13

Philo, *Calif.* 2 J3

Philo, *Ill.* 7 G9

Philo, *Ohio* 7 H20

Philomath, *Oreg.* 1 J3

Philomont, *Va.* 10 F17

Philpot, *Ky.* 7 N11

Philpott, *Va.* 10 P11

Philpott Reservoir, *Va.* 10 P11

Phippsburg, *Colo.* 3 H10

Phipps Conservatory, *Pittsburgh, Pa.* 11 M5

Phoenicia, *N.Y.* 11 H16

Phoenix, *Ariz.* 3 S4

Phoenix, *La.* 5 L21

Phoenix, *N.Y.* 11 E12

Phoenix, *Oreg.* 1 M3

Phoenix Art Museum, *Phoenix, Ariz.* 3 S4

Phoenix Fire Museum, *Mobile, Ala.* 8 N6

Phoenixville, *Pa.* 11 N13

Phoenix Zoo, *Phoenix, Ariz.* 3 S4

Piankatank, river, *Va.* 10 L20

Pia Oik, *Ariz.* 3 U4

Piasa, *Ill.* 7 J5

Pic, river, *Ont.* 6 A10

Picabo, *Idaho* 1 L12

Picacho, *Ariz.* 3 T5

Picacho ♣, *Calif.* 2 V15

Picacho Butte, *Ariz.* 3 Q3

Picacho Pass, *Ariz.* 3 T5

Picacho Peak, *Ariz.* 3 T5

Picacho Peak ♣, *Ariz.* 3 T5

Picacho Recreation Land, *Calif.* 2 V15

Picara Point, *St. Thomas* 9 (C) A1

Picayune, *Miss.* 8 N4

Picher, *Okla.* 5 A15

Pic Island, *Ont.* 6 B10

Pick City, *N. Dak.* 4 (A) C5

Pickelville, *Utah* 3 E6

Pickens, *Ark.* 5 E19

Pickens, *Miss.* 8 J4

Pickens, *S.C.* 8 F14

Pickens, *W. Va.* 10 H10

Pickensville, *Ala.* 8 H6

Pickerel Lake, *Ont.* 6 A4

Pickering, *Ont.* 6 L20

Pickett State Park and Forest ♣, *Tenn.* 8 C11

Pickford, *Mich.* 6 G12

Pickstown, *S. Dak.* 4 M7

Pickton, *Tex.* 5 G15

Pickwick Lake, *Miss.-Tenn.* 8 E7

Pickwick Landing ♣, *Tenn.* 8 E7

Pickwick Landing Dam, *Tenn.* 8 E7

Pico Peak ?, *Vt.* 12 J5

Pictograph Cave ▲, *Mont.* 1 G19

Picton, *Ont.* 6 K22

Pictou, *N.S.* 13 J18

Pictou County Historical Museum, *New Glasgow, N.S.* 13 J19

Pictou Harbour, *N.S.* 13 J18

Pictou Island, *N.S.* 13 H19

Pictou Landing, *N.S.* 13 J18

Pictured Rocks National Lakeshore, *Mich.* 6 F10

Picture Gorge, *Oreg.* 1 J7

Picture Rocks, *Pa.* 11 K11

Picuris Indian Reservation, *N. Mex.* 3 N12

Picuris Peak, *N. Mex.* 3 N12

Pie, *W. Va.* 10 L5

Piedmont, *Ala.* 8 G10

Piedmont, *Mo.* 4 U15

Piedmont, *S.C.* 8 F14

Piedmont, *S. Dak.* 4 K2

Piedmont, *W. Va.* 10 E13

Piedmont, region, *U. S.* 8 D17, J9; 10 J16

Piedmont Lake, *Ohio* 7 G21

Piedmont National Wildlife Refuge, *Ga.* 8 J13

Piedmont Park, *Atlanta, Ga.* 8 H11

Piedra, *Calif.* 2 N8

Piedra, river, *Colo.* 3 M10

Piedras Blancas, Point, *Calif.* 2 Q5

Pie Island, *Ont.* 6 B7

Pierce, *Colo.* 3 G13

Pierce, *Idaho* 1 F11

Pierce, *Nebr.* 4 N7

Pierce City, *Mo.* 4 V11

Piercefield, *N.Y.* 11 C15

Pierce Manse, *Concord, N.H.* 12 L10

Pierce Pond, *Me.* 13 K3

Pierceton, *Ind.* 7 E13

Pierceville, *Kans.* 4 U4

Piercy, *Calif.* 2 G2

Piermont, *N.H.* 12 H8

Piermont, *Vt.* 12 H8

Pierpont, *S. Dak.* 4 J7

Pierre, *S. Dak.* 4 K5

Pierre, Bayou, *Miss.* 8 K3

Pierre Menard Home ▲, *Ill.* 7 M5

Pierrepont, *N.Y.* 11 B14

Pierrepont Manor, *N.Y.* 11 D13

Pierron, *Ill.* 7 K6

Pierson, *Fla.* 9 E13

Pierz, *Minn.* 4 H11

Piffard, *N.Y.* 11 F9

Pigeon, *Mich.* 6 L14

Pigeon, river, *Can.-U. S.* 6 C5

Pigeon, river, *Ind.* 7 C14

Pigeon, river, *Mich.* 6 H12

Pigeon Bay, *Ont.* 6 (B) F3

Pigeon Cove, *Mass.* 12 P13

Pigeon Creek, *Ala.* 8 L8

Pigeon Creek, *W. Va.* 10 L5

Pigeon Falls, *Can.-U. S.* 4 E15

Pigeon Forge, *Tenn.* 8 D13

Pigeon Forge Pottery, *Gatlinburg, Tenn.* 8 D13

Pigeon Point, *Ont.* 4 E15

Pigeon Roost ▲, *Ind.* 7 L13

Pigg, river, *Va.* 10 P11

Piggott, *Ark.* 5 B20

Piilanihale Heiau, *Hawaii* 15 H19

Pike, *N.H.* 12 G8

Pike, *N.Y.* 11 G9

Pike, *W. Va.* 10 E8

Pike, river, *Wis.* 6 H8

Pike Bay, *Ont.* 6 J17

Pike Lake ♣, *Ohio* 7 J17

Pike Lake ♣, *Wis.* 6 M7

Pike National Forest, *Colo.* 3 J11, J12

Pikes Peak, *Colo.* 3 J12

Pikes Peak ♣, *Iowa* 4 M14

Pikes Peak Ghost Town, *Colo.* 3 J12

Pikes Peak Toll Road, *Colo.* 3 J12

Pike's Stockade ▲, *Colo.* 3 M12

Pike State Forest, *Ind.* 7 L10

Pike State Forest, *Ohio* 7 J18

Pikesville, *Md.* 10 E19

Piketon, *Ohio* 7 K18

Pikeville, *Ky.* 7 N19

Pikeville, *N.C.* 8 D20

Pikeville, *Tenn.* 8 D11

Pikmiktalik, *Alas.* 14 H10

Plummer-Pontiac

Plummer, Mount, *Alas.* 14 K10

Plum Orchard Lake, *W. Va.* 10 K7

Plum Tree Island National Wildlife Refuge, *Va.* 10 N21

Plumville, *Pa.* 11 M7

Plush, *Oreg.* 1 M6

Plymouth, *Calif.* 2 K6

Plymouth, *Conn.* 12 U4

Plymouth, *Ill.* 7 G4

Plymouth, *Ind.* 7 D12

Plymouth, *Mass.* 12 S13

Plymouth, *Me.* 13 L5

Plymouth, *Minn.* 4 J11

Plymouth, *N.C.* 8 D22

Plymouth, *Nebr.* 4 R8

Plymouth, *N.H.* 12 J9

Plymouth, *N.S.* 13 P11

Plymouth, *N.Y.* 11 G13

Plymouth, *Ohio* 7 E18

Plymouth, *Pa.* 11 K13

Plymouth, *Vt.* 12 K6

Plymouth, *Wash.* 1 G7

Plymouth, *Wis.* 6 L8

Plymouth Bay, *Mass.* 12 S13

Plymouth Rock, *Plymouth, Mass.* 12 S13

Plymouth Union, *Vt.* 12 K5

Plympton, *Mass.* 12 S13

Plympton, *N.S.* 13 M12

Poamoho Camp, *Hawaii* 15 D10

Poca, *W. Va.* 10 H6

Pocahontas, *Ark.* 5 B20

Pocahontas, *Ill.* 7 K6

Pocahontas, *Iowa* 4 M10

Pocahontas, *Va.* 10 M7

Pocahontas ♣, *Va.* 10 M17

Pocahontas State Forest, *Va.* 10 M17

Pocasse National Wildlife Refuge, *S. Dak.* 4 H5

Pocasset, *Mass.* 12 U13

Pocatalico, *W. Va.* 10 H6

Pocatalico, river, *W. Va.* 10 H7

Pocataligo, *S.C.* 8 J17

Pocatello, *Idaho* 1 M14

Pochnoi Point, *Alas.* 14 R17

Pocologan, *N.B.* 13 K11

Pocomoke, river, *Md.* 10 J23

Pocomoke City, *Md.* 10 K22

Pocomoke Sound, *Va.* 10 K22

Pocomoke State Forest, *Md.* 10 J23

Pocomoonshine Lake, *Me.* 13 K8

Pocono International Raceway, *Pa.* 11 L14

Pocono Mountains, *Pa.* 11 L14

Pocono Pines, *Pa.* 11 L14

Poe Valley ♣, *Pa.* 11 M10

Poge, Cape, *Mass.* 12 V14

Pogromni Volcano, *Alas.* 14 Q6

Pohakea Pass, *Hawaii* 15 (A)

Pohakopu, *Hawaii* 15 (A)

Pohakueaea Point, *Hawaii* 15 J17

Pohakuloa, Puu, *Hawaii* 15 P20

Pohakuloa Area *see* Mauna Kea ♣, *Hawaii,* 15 M21

Pohakuloa Point, *Hawaii* 15 G14

Pohakuloa Training Area, *Hawaii* 15 N20

Pohick Church, *Va.* 10 H18

Pohue Bay, *Hawaii* 15 R19

Poinsett ♣, *S.C.* 8 G17

Poinsett, ' ake, *Fla.* 9 G14

Poinsett, Lake, *S. Dak.* 4 K8

Point Arena, *Calif.* 2 J2

Point Baker, *Alas.* 14 Q22

Point Beach State Forest, *Wis.* 6 K8

Point Clear, *Ala.* 8 N6

Point Comfort, *Tex.* 5 M14

Point Comfort Recreation Area, *N.Y.* 11 E15

Point Cross, *N.S.* 13 F21

Point de Bute, *N.B.* 13 H15

Point Defiance Park, *Wash.* 1 (A) G3

Point Dume Beach ♣, *Calif.* 2 T9

Pointe a la Hache, *La.* 5 L21

Pointe-du-Chêne, *N.B.* 13 G15

Point Edward, *Ont.* 6 (B) A4

Pointe Sapin, *N.B.* 13 E14

Pointe-Verte, *N.B.* 13 B12

Point Farms ♣, *Ont.* 6 L16

Point Hope, *Alas.* 14 C9

Point Judith, *R.I.* 12 V10

Point Lay, *Alas.* 14 B11

Point Lobos Marine Reserve, *Calif.* 2 P4

Point Lookout, *Md.* 10 K21

Point Lookout ▲, *Md.* 10 K21

Point Mallard Park, *Decatur, Ala.* 8 F8

Point Marion, *Pa.* 11 P5

Point Mountain, *W. Va.* 10 H10

Point Mugu ♣, *Calif.* 2 T8

Point of Rocks, *Wyo.* 1 P19

Point Pelee, *Ont.* 6 (B) F4

Point Pelee National Park, *Ont.* 6 Q15

Point Pleasant, *N.J.* 11 N16

Point Pleasant, *Ohio* 7 K16

Point Pleasant, *W. Va.* 10 G5

Point Pleasant Beach, *N.J.* 11 N16

Point Pleasant Park, *Halifax, N.S.* 13 M17

Point Reyes National Seashore, *Calif.* 2 L3

Point Reyes Station, *Calif.* 2 L3

Point Roberts, *Wash.* 1 B3

Point Sal Beach ♣, *Calif.* 2 S6

Point State Park, *Pittsburgh, Pa.* 11 M5

Point Tupper, *N.S.* 13 J21

Point Washington, *Fla.* 9 C4

Poipu, *Hawaii* 15 C4

Poipu Beach Park, *Hawaii* 15 C4

Poison Creek, *Wyo.* 1 L20

Poison Spider Creek, *Wyo.* 1 M20

Poison Spring Battleground ▲, *Ark.* 5 F18

Pojoaque Indian Reservation, *N. Mex.* 3 P12

Pokagon ♣, *Ind.* 7 C14

Pokai Bay, *Hawaii* 15 E9

Pokei Lake, *Ont.* 6 B11

Pokemouche, *N.B.* 13 C14

Pokemouche, river, *N.B.* 13 C13

Pokemouche 13 Indian Reservation, *N.B.* 13 C14

Pokesudie Island, *N.B.* 13 B14

Pokiok, *N.B.* 13 H9

Poko Mountain, *Alas.* 14 C11

Polacca, *Ariz.* 3 P6

Poland, *Ind.* 7 J11

Poland, *Me.* 13 N2

Poland, *N.Y.* 11 E14

Poland, *Ohio* 7 E22

Poland Spring, *Me.* 13 N3

Polar, *Wis.* 6 H6

Polaris, *Mont.* 1 H14

Polebridge, *Mont.* 1 (C) B1

Polebridge, ranger station, *Mont.* 1 (C) B1

Poley Mountain ?, *N.B.* 13 J13

Polihale ♣, *Hawaii* 15 B3

Poli Poli Springs ♣, *Hawaii* 15 H17

Polk, *Nebr.* 4 Q7

Polk, *Ohio* 7 E19

Polk, *Pa.* 11 K5

Polkton, *N.C.* 8 E17

Polkville, *Miss.* 8 K4

Pollock, *Idaho* 1 H10

Pollock, *S. Dak.* 4 H5

Pollock Pines, *Calif.* 2 K7

Pollocksville, *N.C.* 8 E21

Polo, *Ill.* 7 B6

Pololu Valley, *Hawaii* 15 K20

Polson, *Mont.* 1 E12

Polvadera, *N. Mex.* 3 R10

Polynesian Cultural Center, *Laie, Hawaii* 15 D11

Pomaria, *S.C.* 8 G16

Pomerelle ?, *Idaho* 1 N13

Pomeroy, *Iowa* 4 N10

Pomeroy, *Ohio* 7 K20

Pomeroy, *Wash.* 1 F9

Pomfret, *Conn.* 12 T9

Pomfret Center, *Conn.* 12 T9

Pomme de Terre ♣, *Mo.* 4 U12

Pomme de Terre Lake, *Mo.* 4 U12

Pomona, *Calif.* 2 T11

Pomona, *Ill.* 7 N6

Pomona, *Kans.* 4 T10

Pomona, *Mo.* 4 V13

Pomona, *N.J.* 11 Q15

Pomona ♣, *Kans.* 4 T9

Pomona Hall, *Camden, N.J.* 11 P14

Pomona Park, *Fla.* 9 E13

Pompano Beach, *Fla.* 9 M16

Pompey, *N.Y.* 11 F13

Pompeys Pillar, *Mont.* 1 G19

Pompton Lakes, *N.J.* 11 L15

Pomquet, *N.S.* 13 J20

Pomquet and Afton Indian Reservation, *N.S.* 13 J20

Ponca, *Nebr.* 4 N8

Ponca ♣, *Nebr.* 4 N8

Ponca City, *Okla.* 5 B13

Ponce, *P. R.* 9 (B) B2

Ponce de Leon, *Fla.* 9 B4

Ponce de Leon Bay, *Fla.* 9 P14

Ponce de Leon Inlet, *Fla.* 9 F15

Ponce de Leon Park, *Fla.* 9 L12

Poncha Springs, *Colo.* 3 K11

Ponchatoula, *La.* 5 K20

Pond, *Calif.* 2 Q8

Pond, river, *Ky.* 7 P10

Pond Creek, *Okla.* 5 B13

Pond Eddy, *N.Y.* 11 K15

Pondera Creek, *Mont.* 1 D15

Ponderay, *Idaho* 1 C10

Ponderosa ♣, *Idaho* 1 J11

Ponderosa Ranch, *Lake Tahoe, Calif.* 2 J7

Pond Gap, *W. Va.* 10 J7

Pond Island, *Me.* 13 M8

Pond Island National Wildlife Refuge, *Me.* 13 P4

Pondosa, *Calif.* 2 E5

Pondville, *Ala.* 8 J7

Ponemah, *Minn.* 4 F10

Poneto, *Ind.* 7 F14

Ponhook Lake, *N.S.* 13 N14

Ponhook Lake Indian Reservation, *N.S.* 13 N14

Pontchartrain, Lake, *La.* 5 K21

Ponte Vedra Beach, *Fla.* 9 C14

Pontiac, *Ill.* 7 E8

Pontiac, *Mich.* 6 N14

146

Pontiac Lake ⚓, *Mich.* **6** N14

Pont-Lafrance, *N.B.* **13** D13

Pontoosuc, *Ill.* **7** F3

Pontoosuc Lake, *Mass.* **12** Q4

Pontotoc, *Miss.* **8** F5

Pontypool, *Ont.* **6** K21

Pony, *Mont.* **1** H15

Pony Express Stables Museum, *St. Joseph, Mo.* **4** R10

Pony Express Station, *Gothenburg, Nebr.* **4** Q5

Poole, *Ky.* **7** N9

Pooler, *Ga.* **8** K16

Poolville, *N.Y.* **11** G14

Poolville, *Tex.* **5** G12

Poor Fork, Cumberland River, *Ky.* **7** Q18

Poorman, *Alas.* **14** H12

Poosepatuck Indian Reservation, *N.Y.* **11** M19

Pootatuck State Forest, *Conn.* **12** V3

Pope, *Miss.* **8** F4

Pope Air Force Base, *N.C.* **8** E19

Pope County Historical Society Museum, *Glenwood, Minn.* **4** J9

Pope Mills, *N.Y.* **11** B13

Poperechnoi Island, *Alas.* **14** Q8

Popes Creek, *Md.* **10** J19

Popes Harbour, *N.S.* **13** L19

Popes Tavern, *Florence, Ala.* **8** F7

Popham Beach, *Me.* **13** P4

Poplar, *Calif.* **2** Q8

Poplar, *Mont.* **1** C22

Poplar, *Wis.* **6** E3

Poplar, river, *Mont.* **1** C22

Poplar Bluff, *Mo.* **4** V15

Poplar Camp, *Va.* **10** P9

Poplar Creek, *Miss.* **8** H4

Poplar Dale, *Ont.* **6** (A) A4

Poplar Forest, *Va.* **10** M13

Poplar Grove, *Ill.* **7** B8

Poplar Grove National Cemetery, *Va.* **10** N18

Poplar Point Recreation Area, *N.Y.* **11** E15

Poplarville, *Miss.* **8** M4

Popof Island, *Alas.* **14** Q9

Popoia Island, *Hawaii* **15** (A)

Popoo Gulch, *Hawaii* **15** M20

Popple, river, *Wis.* **6** G7

Popponesset Beach, *Mass.* **12** U14

Poquetanuck, *Conn.* **12** V8

Poquonock, *Conn.* **12** T6

Poquoson, *Va.* **10** N21

Poquoson River, *Va.* **10** N20

Porcupine, *Alas.* **14** M20

Porcupine, *S. Dak.* **4** M3

Porcupine, river, *Alas.* **14** E17

Porcupine Creek, *Mont.* **1** C20

Porcupine Creek, *Wyo.* **1** K22

Porcupine Creek ⚓, *Alas.* **14** J17

Porcupine Mountain 🏊, *Mich.* **6** E6

Porcupine Mountains ⚓, *Mich.* **6** E5

Porpoise Island, *Gatlinburg, Tenn.* **8** D13

Port, *Ohio* **7** F20

Porta Coeli Church, *P. R.* **9** (B) B1

Portage, *Alas.* **14** L15

Portage, *Ind.* **7** D10

Portage, *Me.* **13** E7

Portage, *Mich.* **6** P11

Portage, *Pa.* **11** N8

Portage, *P.E.I.* **13** F15

Portage, *Wis.* **6** L6

Portage Bay, *Alas.* **14** P11

Portage Creek, *Alas.* **14** M11

Portage Glacier, *Alas.* **14** L15

Portage Island, *N.B.* **13** D14

Portage Lake, *Me.* **13** E7

Portage Lake, *Mich.* **6** E7

Portage Lakes ⚓, *Ohio* **7** E20

Portage Lakes, *Ohio* **7** E21

Portage Lake Ship Canal, *Mich.* **6** D7

Portageville, *Mo.* **4** V16

Portageville, *N.Y.* **11** G9

Portal, *Ariz.* **3** U8

Portal, *Ga.* **8** K15

Portal, *N. Dak.* **4** D3

Port Albert, *Ont.* **6** L16

Portales, *N. Mex.* **3** R15

Port Alexander, *Alas.* **14** Q22

Port Allegany, *Pa.* **11** J9

Port Allen, *Hawaii* **15** C4

Port Allen, *La.* **5** K19

Port Alsworth, *Alas.* **14** L12

Port Angeles, *Wash.* **1** C3

Port Aransas, *Tex.* **5** N13

Port Armstrong, *Alas.* **14** Q22

Port Arthur, *Tex.* **5** L16

Port Ashton, *Alas.* **14** M15

Port Austin, *Mich.* **6** L14

Port Barre, *La.* **5** K19

Port Bickerton, *N.S.* **13** K20

Port Bolivar, *Tex.* **5** L16

Port Bruce, *Ont.* **6** N17

Port Bruce ⚓, *Ont.* **6** N17

Port Burwell, *Ont.* **6** N18

Port Byron, *Ill.* **7** C5

Port Byron, *N.Y.* **11** F11

Port Carbon, *Pa.* **11** M12

Port Carling, *Ont.* **6** H19

Port Charlotte, *Fla.* **9** L12

Port Chester, *N.Y.* **11** L17

Port Clinton, *Ohio* **7** D18

Port Clyde, *Me.* **13** P5

Port Clyde, *N.S.* **13** Q13

Port Colborne, *Ont.* **6** N19

Port Crane, *N.Y.* **11** H13

Port Crescent ⚓, *Mich.* **6** L14

Port Dalhousie, *Ont.* **6** (C) A1

Port Deposit, *Md.* **10** D21

Port Dickinson, *N.Y.* **11** H13

Port Dover, *Ont.* **6** N18

Port Dufferin, *N.S.* **13** L19

Port Eads, *La.* **5** M22

Porte Crayon, Mount, *W. Va.* **10** G12

Port Edwards, *Wis.* **6** K5

Port Elgin, *N.B.* **13** H15

Port Elgin, *Ont.* **6** K16

Porter, *Me.* **13** P1

Porter, *Okla.* **5** C15

Porter, *Tex.* **5** K15

Porter, *Wash.* **1** E3

Porterdale, *Ga.* **8** H12

Porter Lake, *Fla.* **9** B6

Porter-Phelps-Huntington House, *Hadley, Mass.* **12** R6

Porters Falls, *W. Va.* **10** D9

Porters Lake, *N.S.* **13** L17

Porters Lake ⚓, *N.S.* **13** M17

Porterville, *Calif.* **2** Q9

Porterville, *Miss.* **8** J6

Port Ewen, *N.Y.* **11** J16

Port Franks, *Ont.* **6** M16

Port Gamble, *Wash.* **1** D4

Port Gamble Indian Reservation, *Wash.* **1** (A) E3

Port Gibson, *Miss.* **8** K2

Port Gibson, *N.Y.* **11** F11

Port Graham, *Alas.* **14** M14

Port Greville, *N.S.* **13** J15

Port Harvey, *St. Croix* **9** (C) B3

Port Hastings, *N.S.* **13** J21

Port Hawkesbury, *N.S.* **13** J21

Port Haywood, *Va.* **10** M21

Port Heiden, *Alas.* **14** P10

Port Henry, *N.Y.* **11** C17

Porthill, *Idaho* **1** B10

Port Hill, *P.E.I.* **13** F16

Port Hood, *N.S.* **13** H21

Port Hood Island, *N.S.* **13** H20

Port Hope, *Mich.* **6** L15

Port Hope, *Ont.* **6** L21

Port Howe, *N.S.* **13** H16

Port Hudson, *La.* **5** J20

Port Hueneme, *Calif.* **2** T8

Port Huron, *Mich.* **6** N15

Port Isabel, *Tex.* **5** R13

Port Isabel Lighthouse ⚓, *Tex.* **5** R13

Port Jefferson, *N.Y.* **11** L18

Port Jefferson, *Ohio* **7** G16

Port Jervis, *N.Y.* **11** K15

Port Joli, *N.S.* **13** P14

Port Joli Head, *N.S.* **13** P14

Port Kent, *N.Y.* **11** B17

Port Lambton, *Ont.* **6** N15

Portland, *Ark.* **5** F19

Portland, *Colo.* **3** K13

Portland, *Conn.* **12** U6

Portland, *Ind.* **7** F14

Portland, *Me.* **13** Q3

Portland, *Mich.* **6** N12

Portland, *N. Dak.* **4** F8

Portland, *N.Y.* **11** G6

Portland, *Ohio* **7** K20

Portland, *Oreg.* **1** G3

Portland, *Tenn.* **8** C9

Portland, *Tex.* **5** N13

Portland Art Museum, *Portland, Oreg.* **1** G3

Portland Canal, *Alas.-B.C.* **14** Q24

Portland Head Light, *Portland, Me.* **13** Q3

Portland Museum of Art, *Portland, Me.* **13** Q3

Port La Tour, *N.S.* **13** Q13

Port Lavaca, *Tex.* **5** M13

Port Lavaca Causeway ⚓, *Tex.* **5** M14

Port Leyden, *N.Y.* **11** D14

Port Lions, *Alas.* **14** P13

Portlock, *Alas.* **14** M13

Portlock, *Ont.* **6** (A) B4

Port Lorne, *N.S.* **13** L13

Port Ludlow, *Wash.* **1** (A) E2

Port Madison Indian Reservation, *Wash.* **1** D4

Port Maitland, *N.S.* **13** P11

Port Mansfield, *Tex.* **5** Q13

Port Matilda, *Pa.* **11** M9

Port McNicoll, *Ont.* **6** J19

Port Medway, *N.S.* **13** N15

Port Moller, *Alas.* **14** P9

Port Morien, *N.S.* **13** G24

Port Mouton, *N.S.* **13** P14

Port Mouton Island, *N.S.* **13** P14

Port Neches, *Tex.* **5** L17

Port Nellie Juan, *Alas.* **14** L15

Portneuf Range, *Idaho* **1** M15

Portneuf Reservoir, *Idaho* **1** M15

Port Norris, *N.J.* **11** R14

Port O'Connor, *Tex.* **5** N14

Port of Lake Charles, *Port Charles, La.* **5** K18

Portola, *Calif.* **2** H6

Portola ⚓, *Calif.* **2** M4

Port Ontario, *N.Y.* **11** E12

Port Orange, *Fla.* **9** F14

Port Orchard, *Wash.* **1** D4

Port Orford, *Oreg.* **1** L1

Port Penn, *Del.* **10** E22

Port Perry, *Ont.* **6** K20

Port Republic, *Md.* **10** H20

Port Republic, *N.J.* **11** Q15

Port Republic, *Va.* **10** J14

Port Richey, *Fla.* **9** H11

Port Robinson, *Ont.* **6** (C) B2

Port Rowan, *Ont.* **6** N18

Port Royal, *Ky.* **7** L14
Port Royal, *Pa.* **11** M10
Port Royal, *S.C.* **8** K17
Port Royal, *Va.* **10** J18
Port Royal Sound, *S.C.* **8** K17
Port Ryerse, *Ont.* **6** N18
Port Safety, *Alas.* **14** F9
Port Saint Joe, *Fla.* **9** D6
Port Saint Lucie, *Fla.* **9** K16
Port Salerno, *Fla.* **9** K16
Port Sanilac, *Mich.* **6** M15
Port Severn, *Ont.* **6** J19
Port Sewall, *Fla.* **9** K16
Portsmouth, *N.C.* **8** E23
Portsmouth, *N.H.* **12** M13
Portsmouth, *Ohio* **7** K18
Portsmouth, *R.I.* **12** U11
Portsmouth, *Va.* **10** P20
Portsmouth Athenaeum, *Portsmouth, N.H.* **12** M13
Portsmouth Lightship Museum, *Portsmouth, Va.* **10** P20
Portsmouth Naval Shipyard Museum, *Portsmouth, Va.* **10** P20
Port Stanley, *Ont.* **6** N17
Port Sulphur, *La.* **5** L21
Port Tobacco, *Md.* **10** H19
Port Tobacco River, *Md.* **10** J18
Port Townsend, *Wash.* **1** C4
Portville, *N.Y.* **11** H8
Port Wade, *N.S.* **13** M12
Port Washington, *N.Y.* **11** L17
Port Washington, *Ohio* **7** G20
Port Washington, *Wis.* **6** M8
Port Weller East, *Ont.* **6** (C) A2
Port Wentworth, *Ga.* **8** K16
Port William, *Alas.* **14** N13
Port Williams, *N.S.* **13** K15
Port Wing, *Wis.* **6** E3
Posen, *Mich.* **6** H14
Poseyville, *Ind.* **7** M9
Poso Creek, *Calif.* **2** R9
Possession, *Alas.* **14** L14
Possum Kingdom ♣, *Tex.* **5** G11
Possum Kingdom Lake, *Tex.* **5** G12
Post, *Oreg.* **1** K6
Post, *Tex.* **5** F9
Post, river, *Alas.* **14** J13
Post Falls, *Idaho* **1** D10
Post Lake, *Wis.* **6** H6
Post Mills, *Vt.* **12** H7
Postville, *Iowa* **4** M13
Postville Courthouse State Historic Site, *Lincoln, Ill.* **7** G6
Potagannissing Bay, *Mich.* **6** (A) C4
Potato Creek, *S. Dak.* **4** L3
Potawatomi ♣, *Wis.* **6** J8
Potawatomi Indian Reservation, *Kans.* **4** S9

Potawatomi Indian Reservation, *Wis.* **6** H7
Poteau, *Okla.* **5** D16
Poteet, *Tex.* **5** M11
Poth, *Tex.* **5** M12
Potholes Reservoir, *Wash.* **1** E7
Potlatch, *Idaho* **1** F10
Potlatch, river, *Idaho* **1** F10
Potlatch ♣, *Wash.* **1** E3
Pot Mountain, *Idaho* **1** F11
Potomac, *Ill.* **7** G9
Potomac, *Md.* **10** F18
Potomac, *Mont.* **1** F13
Potomac, river, *U. S.* **10** E16
Potomac Beach, *Va.* **10** J19
Potomac Creek, *Va.* **10** J18
Potomac Heights, *Md.* **10** H18
Potomac State Forest, *Md.* **10** E13
Potosi, *Mo.* **4** T14
Potosi, *Wis.* **6** N4
Potosi Mountain, *Nev.* **2** Q14
Potsdam, *N.Y.* **11** B15
Potter, *Nebr.* **4** P2
Potter Brook, *Pa.* **11** J10
Potter's Museum, *Seagrove, N.C.* **8** D18
Pottersville, *N.Y.* **11** D17
Potter Valley, *Calif.* **2** J3
Potterville, *Ga.* **8** K12
Potts Camp, *Miss.* **8** F5
Potts Creek, *Va.* **10** L10
Pottsgrove Mansion, *Pottstown, Pa.* **11** N13
Potts Mountain, *Va.* **10** M10
Pottstown, *Pa.* **11** N13
Pottsville, *Pa.* **11** M12
Pottsville, *Tex.* **5** H12
Potwin, *Kans.* **4** U8
Poughkeepsie, *N.Y.* **11** J16
Poulan, *Ga.* **8** L12
Poulsbo, *Wash.* **1** D4
Poultney, *Vt.* **12** K4
Poultney, river, *Vt.* **12** J3
Pound, *Va.* **10** N4
Pound, *Wis.* **6** J8
Pounding Mill, *Va.* **10** N6
Pounds Hollow Recreation Area, *Ill.* **7** N8
Poverty Point, *La.* **5** G19
Powassan, *Ont.* **6** F19
Poway, *Calif.* **2** V11
Powder, river, *Oreg.* **1** J9
Powder, river, *Wyo.* **1** J21
Powderhorn ♦, *Colo.* **3** J9
Powderly, *Ky.* **7** P10
Powder Magazine, *Charlestown, S.C.* **8** J18
Powder Mountain ♦, *Utah* **3** F5
Powder Ridge ♦, *Conn.* **12** V5
Powder Ridge ♦, *Minn.* **4** J10
Powder River, *Wyo.* **1** M20

Powder River Pass, *Wyo.* **1** K20
Powder Springs, *Ga.* **8** G11
Powderville, *Mont.* **1** G22
Powder Wash, *Colo.* **3** G9
Powell, *Pa.* **11** J12
Powell, *Tex.* **5** H14
Powell, *Wyo.* **1** J18
Powell, river, *Va.* **10** Q2
Powell, Lake, *Utah* **3** M6
Powell, Mount, *Colo.* **3** H11
Powell Butte, *Oreg.* **1** K5
Powell Cay, *Bahamas* **9** L22
Powell Mountain, *Va.* **10** P3
Powell Peak, *Ariz.* **3** Q2
Powell Point, *Bahamas* **9** Q24
Powellton, *W. Va.* **10** K7
Powellville, *Md.* **10** J23
Power, *Mont.* **1** D15
Powers, *Mich.* **6** G8
Powers, *Oreg.* **1** L2
Powers Bluff ♦, *Wis.* **6** K5
Powers Lake, *N. Dak.* **4** E3
Powers Seamount, *N. Pac. Oc.* **15** P9
Powersville, *Mo.* **4** Q12
Power Vista, *Niagara Falls, N.Y.* **11** F7
Powhatan, *La.* **5** H17
Powhatan, *Va.* **10** M16
Powhatan Point, *Ohio* **7** H22
Powhatan Point, *W. Va.* **10** C9
Pownal, *Vt.* **12** N4
Pownal Center, *Vt.* **12** N3
Powooiliak Bay, *Alas.* **14** G6
Powooiliak Camp, *Alas.* **14** F6
Poygan, Lake, *Wis.* **6** K6
Poynette, *Wis.* **6** M6
Prague, *Okla.* **5** C14
Prairie, *Idaho* **1** L11
Prairie, river, *Wis.* **6** H6
Prairie Avenue Historic District, *Chicago, Ill.* **7** C10
Prairie City, *Ill.* **7** F4
Prairie City, *Oreg.* **1** J7
Prairie City, *S. Dak.* **4** J3
Prairie Creek, *Ind.* **7** J10
Prairie Dog ♣, *Kans.* **4** R5
Prairie Dog Creek, *Kans.* **4** R4
Prairie Dog Town Fork, Red River, *Tex.* **5** D9
Prairie du Chien, *Wis.* **6** M3
Prairie du Rocher, *Ill.* **7** M5
Prairie du Sac, *Wis.* **6** M5
Prairie Elk Creek, *Mont.* **1** D21
Prairie Grove, *Ark.* **5** C16
Prairie Grove Battlefield ▲, *Ark.* **5** B16
Prairie Rose ♣, *Iowa* **4** P10

Prairieton, *Ind.* **7** J10
Prairie View, *Kans.* **4** R5
Prairie View, *Tex.* **5** K15
Prairie Village, *S. Dak.* **4** L8
Pratt, *Kans.* **4** U6
Pratt, *W. Va.* **10** J7
Pratt Museum, *Homer, Alas.* **14** M13
Pratts, *Va.* **10** J15
Prattsburg, *N.Y.* **11** G10
Prattsville, *Ark.* **5** E18
Prattsville, *N.Y.* **11** H15
Prattville, *Ala.* **8** K8
Preacher, river, *Alas.* **14** F17
Preacher's Cave, *Bahamas* **9** P23
Premier, *W. Va.* **10** M6
Premium, *Ky.* **7** P18
Premont, *Tex.* **5** P12
Prenter, *W. Va.* **10** K6
Prentice, *Wis.* **6** H5
Prentice Cooper State Forest, *Tenn.* **8** E10
Prentiss, *Me.* **13** J7
Prentiss, *Miss.* **8** L4
Preparation Canyon ♣, *Iowa* **4** P10
Presbytère, The, *New Orleans, La.* **5** K21
Prescott, *Ariz.* **3** R4
Prescott, *Ark.* **5** F17
Prescott, *Mich.* **6** K13
Prescott, *Ont.* **11** A13
Prescott, *Wash.* **1** G8
Prescott, *Wis.* **6** J1
Prescott House, *Port Williams, N.S.* **13** K15
Prescott National Forest, *Ariz.* **3** Q3
Prescott Park, *Portsmouth, N.H.* **12** M13
Preservation Hall, *New Orleans, La.* **5** K21
Presho, *S. Dak.* **4** L5
Presidential Range, *N.H.* **12** F11
Presidents' Park, *Carlsbad, N. Mex.* **3** U14
Presidio, *Tex.* **5** L5
Presidio La Bahia, *Tex.* **5** M13
Presidio of Monterey, *Monterey, Calif.* **2** P5
Presque Isle, *Me.* **13** F8
Presque Isle, *Mich.* **6** H14
Presque Isle, *Wis.* **6** F5
Presque Isle ♣, *Pa.* **11** H5
Presque Isle, river, *Mich.* **6** E5
Presque Isle Bay, *Pa.* **11** H5
Presque Isle Park, *Mich.* **6** F9
Presqu'île ♣, *Ont.* **6** K22
Presquile National Wildlife Refuge, *Va.* **10** M18
Prestile Stream, *Me.* **13** F8
Preston, *Ga.* **8** K11
Preston, *Idaho* **1** N15
Preston, *Iowa* **4** N14
Preston, *Kans.* **4** U6
Preston, *Ky.* **7** M16
Preston, *Md.* **10** G22

Quinton, *N.J.* **11** Q14
Quinton, *Okla.* **5** D15
Quinwood, *W. Va.* **10** K9
Quirke Lake, *Ont.* **6** F15
Quispamsis, *N.B.* **13** K12
Quitaque, *Tex.* **5** E9
Quitman, *Ga.* **8** N13
Quitman, *La.* **5** G18
Quitman, *Miss.* **8** K6
Quitman, *Tex.* **5** G15
Quivira National Wildlife
 Refuge, *Kans.* **4** T6
Qulin, *Mo.* **4** V15
Quoddy Head ♣, *Me.* **13**
 L10
Quogue, *N.Y.* **11** L19
Quonochontaug, *R.I.* **12**
 W10

R

Rabbit Blanket Lake, *Ont.*
 6 C12
Rabbit Creek, *S. Dak.* **4** J3
Rabbit Ear Mountain,
 N. Mex. **3** N15
Rabbit Ears Pass, *Colo.* **3**
 G10
Rabbit Island *see* Manana
 Island, *Hawaii* **15** E12
Rabbit Mountain, *Alas.* **14**
 E17
Raber, *Mich.* **6** G13
Rabun, Lake, *Ga.* **8** F13
Raccoon, river, *Iowa* **4**
 P11
Raccoon Creek ♣, *Pa.* **11**
 M4
Raccoon Creek, *Va.* **10**
 P18
Raccoon Lake ♣, *Ind.* **7**
 H11
Raccoon Mountain
 Caverns, *Chattanooga,*
 Tenn. **8** E11
Raccoon Point, *La.* **5** M20
Race, The, *L.I. Sound,*
 Conn.-N.Y. **11** K20
Raceland, *Ky.* **7** L18
Raceland, *La.* **5** L20
Race Point, *Mass.* **12** S15
Race Point, *N.Y.* **11** K20
Race Point Beach, *Mass.*
 12 S15
Race Pond, *Ga.* **8** M15
Rachal, *Tex.* **5** Q12
Rachel Carson National
 Wildlife Refuge, *Me.* **13**
 R3
Rachmaninoff Seamount,
 N. Pac. Oc. **15** K8
Racine, *Ohio* **7** K20
Racine, *Wis.* **6** N8
Racine, *W. Va.* **10** J6
Raco, *Mich.* **6** F12
Radcliff, *Ky.* **7** N12
Radersburg, *Mont.* **1** G15
Radford, *Va.* **10** N9
Radisson, *Wis.* **6** G3
Radium Springs, *N. Mex.*
 3 T10
Radium Springs, *Ga.* **8**
 L12
Radnor, *W. Va.* **10** K4
Radom, *Ill.* **7** M7

Raeford, *N.C.* **8** E19
Raft, river, *Idaho* **1** N13
Raft River Mountains,
 Utah **3** E3
Ragged Island, *Alas.* **14**
 M14
Ragged Island, *Me.* **13** P6
Ragged Lake, *Me.* **13** H5
Ragged Mountain ♣, *N.H.*
 12 K9
Ragged Point, *Va.* **10** J20
Ragland, *Ala.* **8** H9
Ragland, *W. Va.* **10** L5
Rahn Lake ♣, *S. Dak.* **4**
 M5
Raiford, *Fla.* **9** C12
Railroad City, *Alas.* **14**
 J11
Railroad Flat, *Calif.* **2** L7
Railroad Museum of
 Pennsylvania,
 Lancaster, Pa. **11** P12
Railroad Pass, *Nev.* **2** J11
Railsplitter ♣, *Ill.* **7** G6
Railways of America
 Museum, *Akron, Ohio* **7**
 E20
Rainbow, *Alas.* **14** L15
Rainbow, *Calif.* **2** U11
Rainbow Bridge, *Niagara*
 Falls, N.Y. **11** F7
Rainbow Bridge National
 Monument, *Utah* **3** M6
Rainbow City, *Ala.* **8** G9
Rainbow Falls ♣, *Ont.* **6**
 A9
Rainbow Falls ♣, *Wash.*
 1 F3
Rainbow Lake, *Me.* **13** H5
Rainbow Lake, *Mich.* **6**
 N12
Rainbow Lake, *N.Y.* **11**
 B16
Rainbow Lake Wilderness,
 Wis. **6** F3
Rainbow Peak, *Mont.* **1**
 (C) B2
Rainbow Trail, *Colo.* **3**
 K12
Rainbow Valley,
 Cavendish, P.E.I. **13**
 F17
Rainelle, *W. Va.* **10** K9
Rainier, Mount, *Wash.* **1**
 E5
Rainier, *Oreg.* **1** F3
Rainier, *Wash.* **1** E4
Rains, *S.C.* **8** G19
Rainsville, *Ala.* **8** F9
Rainy Lake, *Can.-U. S.* **4**
 E11; **6** A1
Rainy Mountain ♣, *Mont.*
 1 H14
Rainy Pass, *Alas.* **14** K13
Raisin, *Calif.* **2** P7
Raisin, river, *Mich.* **6** Q13
Raita Bank, *N. Pac. Oc.*
 15 M5
Raleigh, *Fla.* **9** E11
Raleigh, *Ill.* **7** N8
Raleigh, *Miss.* **8** K4
Raleigh, *N.C.* **8** D19
Raleigh, *N. Dak.* **4** H4
Raleigh Bay, *N.C.* **8** E23
Ralls, *Tex.* **5** F9
Ralph, *Ala.* **8** J7

Ralph, *S. Dak.* **4** H2
Ralph Foster Museum,
 Mo. **4** V12
Ralph Stover ♣, *Pa.* **11**
 M14
Ralston, *Nebr.* **4** P9
Ralston, *Pa.* **11** K11
Ralston, *Wash.* **1** E8
Ralston, *Wyo.* **1** J18
Ramage, *W. Va.* **10** K6
Ramah, *Colo.* **3** J13
Ramah, *N. Mex.* **3** Q9
Ramah Indian
 Reservation, *N. Mex.* **3**
 Q9
Ramah Reservoir ♣, *Colo.*
 3 J13
Ramer, *Ala.* **8** K9
Ramer, *Tenn.* **8** E6
Ram Head, *St. John* **9** (C)
 A3
Ramirez, *Tex.* **5** P12
Ramona, *Calif.* **2** V12
Ramona, *Kans.* **4** T8
Ramona, *Okla.* **5** B14
Ramona, *S. Dak.* **4** L8
Ramona Bowl, *Calif.* **2**
 U12
Ramos, river, *Durango* **5**
 R4
Rampart, *Alas.* **14** G15
Rampart Range, *Colo.* **3**
 J12
Ramsay, *Mich.* **6** F5
Ramsay House,
 Alexandria, Va. **10** G18
Ramsay Lake, *Ont.* **6** D15
Ramsdell Theatre,
 Manistee, Mich. **6** K10
Ramseur, *N.C.* **8** D18
Ramsey, *Ill.* **7** J7
Ramsey, *N.J.* **11** L16
Ramsey House, *Knoxville,*
 Tenn. **8** D13
Ramsey Lake ♣, *Ill.* **7** J7
Ranburne, *Ala.* **8** H10
Ranch Camp, *Hawaii* **15**
 D10
Ranchester, *Wyo.* **1** H20
Ranching Heritage Center,
 Lubbock, Tex. **5** F8
Ranchita, *Calif.* **2** V12
Rancho Cordova, *Calif.* **2**
 K6
Rancho Los Alamitos,
 Long Beach, Calif. **2**
 U10
Rancho Santa Fe, *Calif.* **2**
 V11
Ranchos de Taos, *N. Mex.*
 3 N12
Ranchos de Taos, *Taos,*
 N. Mex. **3** N12
Rand, *W. Va.* **10** J7
Randall, *Minn.* **4** H10
Randallstown, *Md.* **10** E19
Randle, *Wash.* **1** F4
Randleman, *N.C.* **8** D18
Randlett, *Okla.* **5** E12
Rand Memorial Nature
 Centre, *Freeport,*
 Bahamas **9** M19
Randolph, *Ariz.* **3** T5
Randolph, *Mass.* **12** R12
Randolph, *Me.* **13** N4
Randolph, *Miss.* **8** G5

Randolph, *Nebr.* **4** N7
Randolph, *N.H.* **12** F11
Randolph, *N.Y.* **11** H7
Randolph, *Utah* **3** E6
Randolph, *Va.* **10** P14
Randolph, *Vt.* **12** H6
Randolph, *Wis.* **6** L6
Randolph Air Force Base,
 Tex. **5** L12
Randolph Center, *Vt.* **12**
 H6
Randolph County ♣, *Ill.* **7**
 M5
Random Lake, *Wis.* **6** M8
Rand Park, *Keokuk, Iowa*
 4 Q14
Randsburg, *Calif.* **2** R10
Rangeley, *Me.* **13** L2
Rangeley Lake, *Me.* **13** L2
Rangeley Lake ♣, *Me.* **13**
 L2
Rangely, *Colo.* **3** H8
Ranger, *Tex.* **5** G11
Ranger, *W. Va.* **10** J5
Range Riders Museum,
 Miles City, Mont. **1** F21
Ranger Lake, *Ont.* **6** E13
Ranger Peak Aerial
 Tramway, *El Paso, Tex.*
 5 H3
Ranier, *Minn.* **4** E11
Rankin, *Ill.* **7** F9
Rankin, *Tex.* **5** J8
Ransom, *Ill.* **7** E8
Ransom, *Kans.* **4** T5
Ransomville, *N.Y.* **11** E7
Ranson, *W. Va.* **10** E16
Rantoul, *Ill.* **7** G8
Rapelje, *Mont.* **1** G18
Raphine, *Va.* **10** K13
Rapid, river, *Alas.* **14** E18
Rapid, river, *Idaho* **1** H10
Rapid, river, *Minn.* **4** E10
Rapidan, *Va.* **10** J16
Rapidan, river, *Va.* **10** J15
Rapid City, *S. Dak.* **4** K2
Rapid River, *Mich.* **6** G9
Rapids, *N.Y.* **6** (C) B4
Rapids City, *Ill.* **7** C5
Rappahannock, river, *Va.*
 10 H16
Raquette, river, *N.Y.* **11**
 B14
Raquette Lake, *N.Y.* **11**
 D15
Rarden, *Ohio* **7** K17
Rardin, *Ill.* **7** H9
Raritan, *Ill.* **7** F4
Raritan, river, *N.J.* **11** M15
Raspberry Island, *Alas.* **14**
 N12
Rat, river, *N.W.T.* **14** D20
Ratcliff Inn, *Carmi, Ill.* **7**
 M8
Rathbun Lake, *Iowa* **4**
 Q12
Rathdrum, *Idaho* **1** D10
Rat Island, *Alas.* **14** R16
Rat Island Pass, *Alas.* **14**
 R16
Rat Islands, *Alas.* **14**
 Q15
Ratmanova Island (Big
 Diomede), *U.S.S.R.* **14**
 E8
Raton, *N. Mex.* **3** M13

Rice, *Wash.* 1 C9
Riceboro, *Ga.* 8 L16
Rice Lake, *N. Dak.* 4 (A) A5
Rice Lake, *Ont.* 6 K21
Rice Lake, *Wis.* 6 G3
Rice Lake ♣, *Ill.* 7 F5
Rice Lake ♣, *Iowa* 4 M14
Rice Lake ♣, *Minn.* 4 L12
Rice Lake National Wildlife Refuge, *Minn.* 4 H11
Riceland, *Ohio* 7 E20
Rice Mountain, *N.H.* 12 C11
Rice Museum, *Georgetown, S.C.* 8 H19
Rice Valley, *Calif.* 2 T15
Riceville, *Iowa* 4 M12
Riceville, *Pa.* 11 J6
Rich, Cape, *Ont.* 6 J18
Richard J. Dorer Memorial Hardwood State Forest, *Minn.* 4 K12
Richard Lieber ♣, *Ind.* 7 J11
Richards, *Tex.* 5 K15
Richards-DAR House, *Mobile, Ala.* 8 N6
Richards Gebaur Air Force Base, *Mo.* 4 S10
Richards Landing, *Ont.* 6 (A) B3
Richardson, *Alas.* 14 H16
Richardson, *Tex.* 5 G14
Richardson Grove ♣, *Calif.* 2 G2
Richardson Highway, *Alas.* 14 J16
Richardson Lakes, *Me.* 13 L2
Richardson Springs, *Calif.* 2 H5
Richardton, *N. Dak.* 4 G3
Richburg, *N.Y.* 11 H9
Rich Creek, *Va.* 10 M9
Richelieu, river, *Que.* 12 B4
Richey, *Mont.* 1 D22
Richfield, *Idaho* 1 M13
Richfield, *Kans.* 4 U3
Richfield, *Minn.* 4 K12
Richfield, *N.C.* 8 D17
Richfield, *N.S.* 13 N12
Richfield, *Ohio* 7 D20
Richfield, *Pa.* 11 M10
Richfield, *Utah* 3 K4
Richfield Springs, *N.Y.* 11 F15
Richford, *N.Y.* 11 H12
Richford, *Vt.* 12 C6
Richgrove, *Calif.* 2 Q8
Rich Hill, *Mo.* 4 T11
Richibucto, *N.B.* 13 F14
Richibucto, river, *N.B.* 13 F13
Richibucto 15 Indian Reservation, *N.B.* 13 F13
Richibucto Village, *N.B.* 13 F14
Richland, *Ga.* 8 K11
Richland, *Ind.* 7 J14
Richland, *Mo.* 4 U12
Richland, *Mont.* 1 B21

Richland, *N.J.* 11 Q15
Richland, *N.Y.* 11 E13
Richland, *Oreg.* 1 J9
Richland, *Tex.* 5 H14
Richland, *Wash.* 1 F7
Richland Center, *Wis.* 6 M4
Richland County Historical Museum, *Wahpeton, N. Dak.* 4 H8
Richland Furnaces State Forest, *Ohio* 7 J19
Richlands, *N.C.* 8 E21
Richlands, *Va.* 10 N6
Richland Springs, *Tex.* 5 J11
Richmond, *Calif.* 2 L4
Richmond, *Ill.* 7 A8
Richmond, *Ind.* 7 H14
Richmond, *Ky.* 7 N15
Richmond, *Mass.* 12 Q3
Richmond, *Me.* 13 N4
Richmond, *Mich.* 6 (B) B3
Richmond, *Minn.* 4 J10
Richmond, *Mo.* 4 S11
Richmond, *N.H.* 12 P7
Richmond, *N.J.* 11 M16
Richmond, *Ohio* 7 F22
Richmond, *Ont.* 6 H24
Richmond, *P.E.I.* 13 F16
Richmond, *Tex.* 5 L14
Richmond, *Utah* 3 E5
Richmond, *Va.* 10 M18
Richmond, *Vt.* 12 E5
Richmon Dale, *Ohio* 7 J18
Richmond Highlands, *Wash.* 1 (A) E3
Richmond Hill, *Ga.* 8 L16
Richmond Hill, *Ont.* 6 L19
Richmond Hill ♣, *Ga.* 8 L16
Richmond Lake ♣, *S. Dak.* 4 J6
Richmond National Battlefield Park, *Va.* 10 L18, M18
Richmondville, *N.Y.* 11 G15
Rich Mountain, *W. Va.* 10 G11
Rich Patch Mountains, *Va.* 10 L11
Rich Pond, *Ky.* 7 Q11
Rich Rose Ranch, *Kans.* 4 U6
Rich Square, *N.C.* 8 C21
Richton, *Miss.* 8 M5
Richvale, *Calif.* 2 H5
Richview, *Ill.* 7 L6
Richville, *N.Y.* 11 B14
Richville, *Ohio* 7 E21
Richwood, *Ohio* 7 F17
Richwood, *W. Va.* 10 J9
Rickenbacker Air Force Base, *Ohio* 7 H18
Ricker Recreation Area, *Vt.* 12 F8
Ricketts Glen ♣, *Pa.* 11 K12
Rickman, *Tenn.* 8 C10
Rickwood Caverns ♣, *Ala.* 8 G8
Rico, *Colo.* 3 L9
Riddle, *Idaho* 1 N10
Riddle, *Oreg.* 1 L2
Rideau Canal, *Ont.* 6 H24

Rideau River ♣, *Ont.* 6 H24
Rideau River and Canal, *Ont.* 11 A13
Riderwood, *Ala.* 8 K6
Ridge, *Mont.* 1 H22
Ridgecrest, *Calif.* 2 Q10
Ridgedale, *W. Va.* 10 E11
Ridge Farm, *Ill.* 7 H10
Ridgefield, *Conn.* 12 W3
Ridgefield, *Wash.* 1 G4
Ridgefield National Wildlife Refuge, *Wash.* 1 G4
Ridgeland, *Miss.* 8 J3
Ridgeland, *S.C.* 8 K16
Ridgeland, *Wis.* 6 H2
Ridgeley, *Md.* 10 D14
Ridgely, *Md.* 10 G22
Ridgely, *Tenn.* 8 C5
Ridge Spring, *S.C.* 8 G15
Ridgetop, *Tenn.* 8 C8
Ridgetown, *Ont.* 6 P16
Ridgeview, *S. Dak.* 4 J4
Ridgeview, *W. Va.* 10 J6
Ridgeville, *Ind.* 7 G14
Ridgeville, *Ont.* 6 (C) B1
Ridgeville, *S.C.* 8 J17
Ridgeway, *Mo.* 4 Q11
Ridgeway, *N.C.* 8 C20
Ridgeway, *Ont.* 6 (C) C2
Ridgeway, *S.C.* 8 G16
Ridgeway, *Va.* 10 Q11
Ridgewood, *N.J.* 11 L16
Ridgway, *Colo.* 3 L9
Ridgway, *Ill.* 7 N8
Ridgway, *Pa.* 11 K7
Riding Point, *Bahamas* 9 L20
Riding Rocks, *Bahamas* 9 P18
Ridley Creek ♣, *Pa.* 11 P14
Ridott, *Ill.* 7 B6
Riegelwood, *N.C.* 8 F20
Rienzi, *Miss.* 8 F6
Riffe Lake, *Wash.* 1 F4
Rifle, *Colo.* 3 J9
Rifle, river, *Mich.* 6 L13
Rifle Camp Park, *Paterson, N.J.* 11 L16
Rifle Falls ♣, *Colo.* 3 H10
Rifle Gap Reservoir ♣, *Colo.* 3 H9
Rifle River ♣, *Mich.* 6 K13
Rifton, *N.Y.* 11 J16
Rig, *W. Va.* 10 F13
Rigby, *Idaho* 1 L15
Riggins, *Idaho* 1 H10
Right Fork Holly, river, *W. Va.* 10 H10
Rika's Landing Roadhouse ▲, *Alas.* 14 H16
Riley, *Ind.* 7 J10
Riley, *Kans.* 4 S8
Riley, *Oreg.* 1 L7
Riley Brook, *N.B.* 13 D9
Riley Center, *Mich.* 6 (B) B3
Rileyville, *Va.* 10 G15
Rillito, *Ariz.* 3 U5
Rimersburg, *Pa.* 11 L6
Rimouski, river, *Que.* 13 B7
Rimrock, *Wash.* 1 F5
Rinard, *Ill.* 7 L8

Rincon, *Ga.* 8 K16
Rincon, *N. Mex.* 3 T10
Rincón, *P. R.* 9 (B) A1
Rincón, Bahía de, *P. R.* 9 (B) B3
Rincon Indian Reservation, *Calif.* 2 V12
Rindge, *N.H.* 12 P8
Riner, *Va.* 10 N10
Ringgold, *Ga.* 8 F11
Ringgold, *La.* 5 G17
Ringgold, *Tex.* 5 F12
Ringgold, *Va.* 10 Q13
Ringling, *Mont.* 1 G16
Ringling, *Okla.* 5 E12
Ringling Brothers &Barnum & Bailey Circus World, *Haines City, Fla.* 9 H12
Ringling Museums, *Sarasota, Fla.* 9 K10
Ringwood, *N.J.* 11 L16
Ringwood, *Okla.* 5 B12
Rio, *Fla.* 9 K16
Rio, *Ill.* 7 E5
Rio, *W. Va.* 10 F14
Río Abajo State Forest, *P.R.* 9 (B) A2
Río Bravo del Norte, Rio Grande, *Mex.-U. S.* 3 V11; 5 M9
Rio Chama, *N. Mex.* 3 N11
Río Costilla ¶, *N. Mex.* 3 M12
Rio Dell, *Calif.* 2 G2
Rio Felix, *N. Mex.* 3 T13
Rio Frio, *Tex.* 5 L10
Rio Grande, *N.J.* 11 R15
Rio Grande, *N. Mex.* 3 M12
Rio Grande, *Ohio* 7 K19
Rio Grande, *P.R.* 9 (B) A4
Rio Grande, Río Bravo del Norte, *Mex.-U. S.* 3 V11; 5 M9
Rio Grande City, *Tex.* 5 Q11
Rio Grande Gorge ♣, *N. Mex.* 3 N11
Rio Grande National Forest, *Colo.* 3 L11
Rio Grande Reservoir, *Colo.* 3 L10
Rio Grande Wild and Scenic River, *Tex.* 5 L7
Rio Grande Zoological Park, *Albuquerque, N. Mex.* 3 Q11
Rio Hondo, *N. Mex.* 3 S13
Rio Hondo, *Tex.* 5 R13
Rio Peñasco, *N. Mex.* 3 T13
Rio Puerco, *N. Mex.* 3 P10
Rio Rancho, *N. Mex.* 3 Q11
Rio Tinto, *Nev.* 2 D13
Riou, Point, *Alas.* 14 M18
Rio Vista, *Calif.* 2 L5
Riparia, *Wash.* 1 F9
Riparius, *N.Y.* 11 D16
Ripley, *Calif.* 2 U15
Ripley, *Ill.* 7 G4
Ripley, *Me.* 13 L5

Rockaway, *Oreg.* 1 G2
Rockaway Beach, *Mo.* 4 V12
Rock Bluff, *Fla.* 9 B7
Rockbridge, *Ill.* 7 J5
Rockbridge, *Ohio* 7 H18
Rockbridge Baths, *Va.* 10 K12
Rock Bridge Canyon, *Hodges, Ala.* 8 F7
Rockcastle, river, *Ky.* 7 Q16
Rock Cave, *W. Va.* 10 G10
Rock City, *Ill.* 7 A6
Rock City Falls, *N.Y.* 11 F16
Rock City Gardens, *Chattanooga, Tenn.* 8 E11
Rock City Park, *Olean, N.Y.* 11 H8
Rock Creek, *Ky.* 7 R15
Rock Creek, *Mont.* 1 C20
Rock Creek, *Mont.* 1 F13
Rock Creek, *Mont.* 1 H18
Rock Creek, *Nev.* 2 F12
Rock Creek, *Ohio* 7 C22
Rock Creek, *Oreg.* 1 H6
Rock Creek, *Washington, D. C.* 10 (A)
Rock Creek, *W. Va.* 10 K7
Rock Creek ♣, *Iowa* 4 P12
Rock Creek ♣, *Mont.* 1 D21
Rock Creek ♣, *Nebr.* 4 R3
Rock Creek Butte, *Oreg.* 1 J8
Rock Creek Park, *Washington, D. C.* 10 (A)
Rock Cut ♣, *Ill.* 7 B7
Rockdale, *Ill.* 7 D9
Rockdale, *Md.* 10 E19
Rockdale, *Tex.* 5 K13
Rock Eagle State 4-H Club Center, *Ga.* 8 H13
Rockefeller Center, *New York, N.Y.* 11 M17
Rock Falls, *Ill.* 7 C6
Rockfield, *Ind.* 7 F11
Rockfish, *Va.* 10 L14
Rockfish, river, *Va.* 10 L14
Rockfish Gap, *Va.* 10 K14
Rockford, *Ala.* 8 J9
Rockford, *Idaho* 1 L14
Rockford, *Ill.* 7 B7
Rockford, *Iowa* 4 M12
Rockford, *Mich.* 6 N11
Rockford, *Ohio* 7 F15
Rockford, *Wash.* 1 D10
Rockford Lake ♣, *Nebr.* 4 R8
Rock Hall, *Md.* 10 F21
Rockham, *S. Dak.* 4 K6
Rock Harbor, *Mass.* 12 T16
Rock Harbor Lodge, *Mich.* 6 C8
Rock Hill, *N.Y.* 11 J15
Rockhill, *Pa.* 11 N9
Rock Hill, *S.C.* 8 E16
Rockholds, *Ky.* 7 Q16
Rock Hound ♣, *N. Mex.* 3 U10

Rockingham, *N.C.* 8 E18
Rockingham, *Princeton, N.J.* 11 N15
Rockingham, *Vt.* 12 L6
Rock Island, *Ill.* 7 D4
Rock Island, *Tenn.* 8 D10
Rock Island, *Tex.* 5 L14
Rock Island ♣, *Tenn.* 8 D10
Rock Island ♣, *Wis.* 6 H9
Rock Island Arsenal, *Rock Island, Ill.* 7 D4
Rock Island Dam, *Wash.* 1 E6
Rock Lake, *Alas.* 14 K18
Rock Lake, *N. Dak.* 4 E6
Rock Lake, *Ont.* 6 (A) A4
Rock Lake, *Wash.* 1 E9
Rockland, *Idaho* 1 M14
Rockland, *Mass.* 12 S12
Rockland, *Me.* 13 N5
Rockland, *Mich.* 6 E6
Rockledge, *Fla.* 9 H15
Rocklin, *Calif.* 2 K5
Rockmart, *Ga.* 8 G11
Rock Mills, *Ala.* 8 H10
Rock of Ages Quarry, *Barre, Vt.* 12 F7
Rock Point, *Md.* 10 J19
Rockport, *Calif.* 2 H2
Rockport, *Ill.* 7 H3
Rockport, *Ind.* 7 N10
Rockport, *Ky.* 7 P11
Rockport, *Mass.* 12 P13
Rockport, *Me.* 13 N5
Rockport, *Mo.* 4 Q9
Rockport, *Tex.* 5 N13
Rockport, *Wash.* 1 C5
Rockport, *W. Va.* 10 F7
Rockport ♣, *Wash.* 1 C5
Rockport Art Association, *Rockport, Mass.* 12 P13
Rockport Lake ♣, *Utah* 3 G6
Rock Rapids, *Iowa* 4 L8
Rock River, *Wyo.* 1 N22
Rocks, *Md.* 10 D20
Rocks, Bay of, *N.S.* 13 J22
Rock Sound, *Bahamas* 9 Q24
Rock Springs, *Mont.* 1 E20
Rocksprings, *Tex.* 5 L10
Rock Springs, *Wyo.* 1 P18
Rockton, *Ill.* 7 A7
Rockvale, *Colo.* 3 K12
Rockvale, *Tenn.* 8 D9
Rock Valley, *Iowa* 4 M9
Rock View, *W. Va.* 10 L7
Rockville, *Ind.* 7 H10
Rockville, *Md.* 10 F18
Rockville, *Mo.* 4 T11
Rockville, *N.S.* 13 P11
Rockville, *S.C.* 8 J17
Rockville, *Utah* 3 M3
Rockville, *Va.* 10 L17
Rockwell, *Iowa* 4 M12
Rockwell City, *Iowa* 4 N10
Rockwell Museum, *Corning, N.Y.* 11 H11
Rockwood, *Ill.* 7 N6
Rockwood, *Me.* 13 J4
Rockwood, *Mich.* 6 (B) F1
Rockwood, *Pa.* 11 P7
Rockwood, *Tenn.* 8 D11

Rockwood, *Tex.* 5 J11
Rockwood Park, *St. John, N.B.* 13 K12
Rocky, *Okla.* 5 D11
Rocky Arbor ♣, *Wis.* 6 L5
Rocky Boy, *Mont.* 1 C17
Rocky Boys Indian Reservation, *Mont.* 1 C17
Rocky Brook, *N.B.* 13 F10
Rocky Coulee, *Mont.* 1 C14
Rocky Face, *Ga.* 8 F11
Rocky Ford, *Colo.* 3 L14
Rocky Ford, *Ga.* 8 J15
Rocky Fork ♣, *Ohio* 7 J17
Rocky Gap, *Va.* 10 N8
Rocky Gap ♣, *Md.* 10 D14
Rocky Hill, *Conn.* 12 U6
Rocky Island, *Wis.* 6 D4
Rocky Knob, *Va.* 10 P10
Rocky Knob Recreation Area, *Va.* 10 P10
Rocky Lake, *Me.* 13 L9
Rocky Mount, *Johnson City, Tenn.* 8 C14
Rocky Mount, *N.C.* 8 C21
Rocky Mount, *Va.* 10 N11
Rocky Mountain, *Mont.* 1 D14
Rocky Mountain National Park, *Colo.* 3 G12
Rocky Mountains, *U. S.* 1 C12; 3 G11
Rocky Mount Children's Museum, *Rocky Mount, N.C.* 8 D20
Rocky Neck ♣, *Conn.* 12 W7
Rocky Point, *Alas.* 14 G9
Rocky Point, *N.C.* 8 F20
Rocky Point, *P.E.I.* 13 G17
Rocky Pond, *Me.* 13 L7
Rocky Reach Dam, *Wash.* 1 E6
Rocky River, *Ohio* 7 D20
Rocky Woods, *Mass.* 12 R11
Roda, *Va.* 10 N3
Rodanthe, *N.C.* 8 D24
Rodeo, *N. Mex.* 3 U8
Roderfield, *W. Va.* 10 M6
Rodessa, *La.* 5 G17
Rodin Museum, *Philadelphia, Pa.* 11 P14
Rodman, *N.Y.* 11 D13
Rodman Mountains Recreation Land, *Calif.* 2 S12
Rodney, *Miss.* 8 K2
Rodney, *Ont.* 6 P16
Roeding Park, *Fresno, Calif.* 2 N8
Roff, *Okla.* 5 E13
Rogers, *Ark.* 5 B16
Rogers, *Conn.* 12 T9
Rogers, *N. Dak.* 4 G7
Rogers, *Tex.* 5 J13
Rogers, *Va.* 10 N10
Rogers, Mount, *Va.* 10 Q7
Rogers City, *Mich.* 6 H13
Rogers Lake, *Calif.* 2 S10
Rogerson, *Idaho* 1 N12

Rogers Rock Recreation Area, *N.Y.* 11 D17
Rogers Street Fishing Village and Museum, *Two Rivers, Wis.* 6 K8
Rogersville, *Ala.* 8 F8
Rogersville, *N.B.* 13 F13
Rogersville, *Tenn.* 8 C13
Roger Williams National Memorial, *Providence, R.I.* 12 T10
Roger Williams Park, *Providence, R.I.* 12 T10
Roggen, *Colo.* 3 H13
Rogue, river, *Mich.* 6 M11
Rogue, river, *Oreg.* 1 M3
Rogue River National Forest, *Calif.-Oreg.* 1 M3; 2 D3
Rohnert Park, *Calif.* 2 L3
Rohnerville, *Calif.* 2 F2
Rohunta, Lake, *Mass.* 12 Q7
Rojo, Cabo, *P. R.* 9 (B) B1
Roland, *Okla.* 5 C16
Roland Cooper ♣, *Ala.* 8 K8
Rolesville, *N.C.* 8 D20
Rolette, *N. Dak.* 4 E6
Rolfe, *Iowa* 4 M10
Rolfe-Warren House, *Va.* 10 N19
Roll, *Ariz.* 3 T2
Rolla, *Kans.* 4 U3
Rolla, *Mo.* 4 T13
Rolla, *N. Dak.* 4 E6
Rolling Fork, *Miss.* 8 J3
Rolling Fork, Salt River, *Ky.* 7 N13
Rolling Prairie, *Ind.* 7 C11
Rollins, *Mont.* 1 D13
Rollins ♣, *N.H.* 12 L9
Rollins College, *Winter Park, Fla.* 9 G14
Rollinsford, *N.H.* 12 L13
Rollins Pond Recreation Area, *N.Y.* 11 C15
Rollo Bay, *P.E.I.* 13 G19
Romain, Cape, *S.C.* 8 J19
Roma-Los Saenz, *Tex.* 5 Q11
Roman Nose ♣, *Okla.* 5 C12
Romano, Cape, *Fla.* 9 N13
Romanof, Point, *Alas.* 14 H9
Romanzof, Cape, *Alas.* 14 J8
Romanzof Mountains, *Alas.* 14 C17
Rome, *Ga.* 8 G11
Rome, *Ill.* 7 E6
Rome, *Ind.* 7 N11
Rome, *Miss.* 8 G3
Rome, *N.Y.* 11 E14
Rome, *Pa.* 11 J12
Rome, *Tenn.* 8 C9
Rome City, *Ind.* 7 D13
Romeo, *Colo.* 3 M11
Romeo, *Mich.* 6 N14
Romeoville, *Ill.* 7 C9
Romney, *Ind.* 7 G11
Romney, *W. Va.* 10 E14
Romulus, *N.Y.* 11 G11
Ronald, *Wash.* 1 E6

Ronan, *Mont.* 1 E13
Ronceverte, *W. Va.* 10 L9
Ronda, *N.C.* 8 C16
Rondeau ♣, *Ont.* 6 P16
Rondout Reservoir, *N.Y.*
  11 J15
Roodhouse, *Ill.* 7 J5
Rood State Forest, *Vt.* 12
  H6
Roof Butte, *Ariz.* 3 N8
Roofless Church, *New*
  Harmony, Ind. 7 M9
Rooks ♣, *Kans.* 4 S6
Roopville, *Ga.* 8 H10
Roosevelt, *Minn.* 4 E10
Roosevelt, *Okla.* 5 D11
Roosevelt, *Tex.* 5 K10
Roosevelt, *Utah* 3 G7
Roosevelt, *Wash.* 1 G6
Roosevelt ♣, *Miss.* 8 K4
Roosevelt ♣, *Pa.* 11 M14
Roosevelt Beach, *N.Y.* 11
  E7
Roosevelt Bridge,
  Washington, D. C.-Va.
  10 (A)
Roosevelt Campobello
  International Park, *N.B.*
  13 L10
Roosevelt National Forest,
  Colo. 3 G12
Roosevelt Park and Zoo,
  Minot, N. Dak. 4 E4
Roosevelt Roads Naval
  Station, *P. R.* 9 (B) A5
Roper, *N.C.* 8 C22
Ropes Mansion, *Salem,*
  Mass. 12 Q13
Ropesville, *Tex.* 5 F8
Rosalia, *Wash.* 1 E9
Rosamond, *Calif.* 2 S10
Rosamond, *Ill.* 7 J7
Rosamond Lake, *Calif.* 2
  S10
Rosario, Punta, *P. R.* 9 (B)
  A2
Rosario Strait, *Wash.* 1
  (A) C2
Rosburg, *Wash.* 1 F3
Roscoe, *Ill.* 7 A7
Roscoe, *Mont.* 1 H17
Roscoe, *Nebr.* 4 P3
Roscoe, *N.Y.* 11 J15
Roscoe, *S. Dak.* 4 J6
Roscoe, *Tex.* 5 G9
Roscoe Village,
  Coshocton, Ohio 7 G20
Roscommon, *Mich.* 6 K12
Rose, *Nebr.* 4 N6
Roseau, *Minn.* 4 E9
Roseau, river, *Minn.* 4 E9
Roseboro, *N.C.* 8 E20
Rose Bowl, *Pasadena,*
  Calif. 2 T10
Rosebud, *Mont.* 1 F21
Rosebud, *S. Dak.* 4 M4
Rosebud, *Tex.* 5 J13
Rosebud ♣, *Mont.* 1 F20
Rosebud Creek, *Mont.* 1
  G20
Rosebud Indian
  Reservation, *S. Dak.* 4
  M4
Rosebud Mountains,
  Mont. 1 H20
Rosebud Peak, *Nev.* 2 F9

Roseburg, *Oreg.* 1 L2
Rosebush, *Mich.* 6 L12
Rose City, *Mich.* 6 K13
Rosedale, *Calif.* 2 R8
Rosedale, *Ind.* 7 H10
Rosedale, *Md.* 10 E20
Rosedale, *Miss.* 8 G2
Rosedale, *Va.* 10 P6
Rosedale, *W. Va.* 10 G8
Rosedown Plantation and
  Gardens, St.
  Francisville, La. 5 J19
Roseglen, *N. Dak.* 4 F4
Rose Haven, *Md.* 10 G20
Rose Hill, *Ill.* 7 K8
Rose Hill, *Miss.* 8 K5
Rose Hill, *N.C.* 8 E20
Rose Hill, *Va.* 10 P2
Rose Hill ▲, *S.C.* 8 E15
Rose Hill Mansion,
  Geneva, N.Y. 11 F11
Rose Island, *Bahamas* 9
  Q22
Rose Lake, *Idaho* 1 E10
Roseland, *Ind.* 7 C12
Roseland, *La.* 5 J20
Roseland, *Va.* 10 L14
Roselawn, *Ind.* 7 E10
Roselle, *Mo.* 4 U15
Rosemont, *W. Va.* 10 F10
Rosemont Plantation,
  Woodville, Miss. 8 M1
Rosenberg, *Tex.* 5 L14
Rosendale, *N.Y.* 11 J16
Rosenhayn, *N.J.* 11 Q14
Rose Peak, *Ariz.* 3 S7
Rosepine, *La.* 5 J17
Roseto, *Pa.* 11 L14
Rose Tree Inn Museum,
  Tombstone, Ariz. 3 V6
Roseville, *Calif.* 2 K5
Roseville, *Ill.* 7 E4
Roseville, *Mich.* 6 (B) D2
Roseville, *Ohio* 7 H20
Roseway, river, *N.S.* 13
  P13
Rosharon, *Tex.* 5 L15
Rosholt, *S. Dak.* 4 H8
Rosholt, *Wis.* 6 J6
Rosiclare, *Ill.* 7 P8
Rosicrucian Park, *San*
  Jose, Calif. 2 M5
Rosine, *Ky.* 7 P11
Rosita, *Tex.* 5 P12
Roslin, *Ont.* 6 K22
Roslyn, *S. Dak.* 4 J8
Roslyn, *Wash.* 1 E6
Rosman, *N.C.* 8 E14
Ross, *N. Dak.* 4 E3
Ross, *Ohio* 7 J15
Ross City, *Tex.* 5 H9
Ross County Historical
  Society Museum,
  Chillicothe, Ohio 7 J18
Ross Dam, *Wash.* 1 C6
Rosseau, *Ont.* 6 H19
Rosseau, Lake, *Ont.* 6
  H19
Ross Farm Museum, *New*
  Ross, N.S. 13 M15
Rossford, *Ohio* 7 C17
Rossie, *N.Y.* 11 B13
Rossignol, Lake, *N.S.* 13
  N13
Rossiter, *Pa.* 11 L7
Ross Lake, *Wash.* 1 B6

Ross Lake National
  Recreation Area, *Wash.*
  1 C6
Ross Memorial Museum,
  St. Andrews, N.B. 13
  L10
Ross Park Zoo,
  Binghamton, N.Y. 11
  H13
Rossport, *Ont.* 6 A8
Ross River, *Miss.* 8 J4
Ross River, *Yukon Terr.*
  14 K22
Ross-Thomson House,
  Shelburne, N.S. 13 Q13
Rosston, *Okla.* 5 B10
Rossville, *Ga.* 8 E10
Rossville, *Ill.* 7 G9
Rossville, *Ind.* 7 F11
Rossville, *Kans.* 4 S9
Rossville, *Tenn.* 8 E5
Rossway, *N.S.* 13 M12
Roswell, *Ga.* 8 G12
Roswell, *N. Mex.* 3 S13
Roswell Museum and Art
  Center, *Roswell,*
  N. Mex. 3 S13
Rotan, *Tex.* 5 G9
Rotarun ⚲, *Idaho* 1 L12
Roth, *N. Dak.* 4 D5
Rothesay, *N.B.* 13 K12
Rothrock State Forest, *Pa.*
  11 M9, N9
Rothsay, *Minn.* 4 H8
Rothschild, *Wis.* 6 J6
Rotterdam, *N.Y.* 11 F16
Rotterdam Junction, *N.Y.*
  11 F16
Roubidoux Creek, *Mo.* 4
  U13
Rougemont, *N.C.* 8 C19
Rough, river, *Ky.* 7 N11
Rough and Ready, *Calif.* 2
  J6
Rough Riders Memorial
  and City Museum, *Las*
  Vegas, N. Mex. 3 P13
Rough River Dam ♣, *Ky.*
  7 N11
Roulette, *Pa.* 11 J9
Roundabout Mountain,
  Alas. 14 F12
Round Hill, *N.S.* 13 L13
Round Hill, *Va.* 10 F16
Round Island, *Alas.* 14 M9
Round Island, *Mich.* 6 (A)
  C1
Round Lake, *Miss.* 8 G3
Round Lake, *N.Y.* 11 C15
Round Lake, *N.Y.* 11 F16
Round Lake, *Wis.* 6 F3
Round Lake ♣, *Idaho* 1
  D10
Round Lake Beach, *Ill.* 7
  B8
Round Mountain, *Calif.* 2
  F5
Round Mountain, *Nev.* 2
  K11
Round Mountain, *Tex.* 5
  K12
Round Oak, *Ga.* 8 J13
Round Pond, *Me.* 13 F5
Round Pond, *Me.* 13 P5
Round Rock, *Tex.* 5 K13
Round Spring, *Mo.* 4 U13

Round Top, *Hawaii* 15 (A)
Round Top, *N.Y.* 11 H16
Round Top, *Tex.* 5 L14
Roundup, *Mont.* 1 F18
Round Valley ♣, *N.J.* 11
  M15
Round Valley Indian
  Reservation, *Calif.* 2 H3
Rouses Point, *N.Y.* 11
  A17
Rouseville, *Pa.* 11 K6
Rousseau, *Ky.* 7 N17
Rousseau, Lake, *Fla.* 9
  F11
Routt National Forest,
  Colo. 3 G10, G11, H10
Rouyn, *Que.* 6 B19
Rouzerville, *Pa.* 11 P10
Rovana, *Calif.* 2 M9
Rowan Museum,
  Salisbury, N.C. 8 D17
Rowdy, *Ky.* 7 P17
Rowe, *Mass.* 12 P5
Rowe, *N. Mex.* 3 P12
Rowena, *Tex.* 5 H10
Rowesville, *S.C.* 8 H16
Rowland, *N.C.* 8 F19
Rowlesburg, *W. Va.* 10
  E11
Rowletts, *Ky.* 7 P13
Rowley, *Mass.* 12 P13
Roxana, *Del.* 10 H24
Roxana, *Ill.* 7 K5
Roxboro, *N.C.* 8 C19
Roxbury, *Conn.* 12 U4
Roxbury, *Me.* 13 L2
Roxbury, *N.Y.* 11 H15
Roxbury, *Vt.* 12 G6
Roxbury State Forest, *Vt.*
  12 G6
Roxie, *Miss.* 8 L2
Roxobel, *N.C.* 8 C21
Roxton, *Tex.* 5 F15
Roy, *Mont.* 1 E18
Roy, *N. Mex.* 3 P14
Roy, *Utah* 3 F5
Roy, *Wash.* 1 E4
Royal, *Ill.* 7 G9
Royal, *Iowa* 4 M9
Royal, *Nebr.* 4 N7
Royal Center, *Ind.* 7 E11
Royal City, *Wash.* 1 F7
Royale, Isle, *Mich.* 6 C7
Royal Gorge, *Colo.* 3 K12
Royal Hawaiian Hotel,
  Hawaii 15 (A)
Royal Island, *Bahamas* 9
  P23
Royal Mausoleum,
  Honolulu, Hawaii 15
  F11
Royal Mausoleum ▲,
  Hawaii 15 (A)
Royal Mountain ⚲, *N.Y.*
  11 F15
Royal Oak, *Md.* 10 G21
Royal Oak, *Mich.* 6 P14
Royal Palm Visitor Center,
  Fla. 9 P15
Royalston, *Mass.* 12 P7
Royalston State Forest,
  Mass. 12 P8
Royalton, *Ill.* 7 N7
Royalton, *Ky.* 7 N18
Royalton, *Minn.* 4 H10
Royalton, *Vt.* 12 H6

Royalty, *Tex.* 5 J7
Royal Victorian Gardens,
  Nassau, Bahamas 9
  Q12
Royerton, *Ind.* 7 G14
Roy Lake ♣, *S. Dak.* 4 J7
Royse City, *Tex.* 5 G14
Royston, *Ga.* 8 G13
Rozel, *Kans.* 4 T5
Rozet, *Wyo.* 1 J22
R. S. Barnwell Memorial
  Garden and Art Center,
  Shreveport, La. 5 G17
Rubicon, river, *Calif.* 2 J7
Ruby, *Alas.* 14 G13
Ruby, *Ariz.* 3 V5
Ruby, *S.C.* 8 F17
Ruby, river, *Mont.* 1 H15
Ruby Beach, *Wash.* 1 D2
Ruby Dome, *Nev.* 2 F13
Ruby Falls, *Chattanooga,
  Tenn.* 8 E11
Ruby Lake National
  Wildlife Refuge, *Nev.* 2
  G14
Ruby Mountains, *Nev.* 2
  G13
Ruby Range, *Mont.* 1 H14
Ruby Valley, *Nev.* 2 G14
Ruby Valley Indian
  Reservation, *Nev.* 2
  G14
Rubyville, *Ohio* 7 K18
Ruckersville, *Va.* 10 J15
Rudyard, *Mich.* 6 F12
Rudyard, *Mont.* 1 C16
Rudyerd Bay, *Alas.* 14
  Q24
Ruff, *Wash.* 1 E8
Ruffin, *N.C.* 8 C18
Ruffin, *S.C.* 8 J17
Rufus Woods Lake, *Wash.*
  1 D7
Rugby, *N. Dak.* 4 E5
Rugby, *Tenn.* 8 C11
Ruggles House, *Me.* 13
  M8
Ruggles Mine, *Grafton,
  N.H.* 12 K9
Ruidosa, *Tex.* 5 K5
Ruidoso, *N. Mex.* 3 S12
Ruidoso Downs, *N. Mex.* 3
  S12
Rule, *Tex.* 5 F10
Ruleville, *Miss.* 8 G3
Rulo, *Nebr.* 4 R9
Rum, river, *Minn.* 4 H11
Rumford, *Me.* 13 M2
Rumford, *S. Dak.* 4 M2
Rumford Center, *Me.* 13
  M2
Rumney, *N.H.* 12 H9
Rumney Depot, *N.H.* 12
  J9
Rum River State Forest,
  Minn. 4 H11
Rumsey, *Ky.* 7 P10
Rumson, *N.J.* 11 N16
Runestone Museum,
  Alexandria, Minn. 4 H10
Runge, *Tex.* 5 M13
Rupert, *Idaho* 1 M13
Rupert, *Vt.* 12 L4
Rupert, *W. Va.* 10 K9
Rupert State Forest, *Vt.*
  12 L4

Rural Hall, *N.C.* 8 C17
Rural Retreat, *Va.* 10 P7
Rural Valley, *Pa.* 11 L7
Ruscom, river, *Ont.* 6 (B)
  E3
Ruscom Station, *Ont.* 6
  (B) E3
Rush, *Colo.* 3 J14
Rush, *Ky.* 7 L18
Rush, *N.Y.* 11 F10
Rush Center, *Kans.* 4 T6
Rush City, *Minn.* 4 J12
Rush Creek, *Colo.* 3 K14
Rushford, *N.Y.* 11 G8
Rush Lake, *Wis.* 6 L6
Rushmere, *Va.* 10 N20
Rush Springs, *Okla.* 5
  D12
Rushsylvania, *Ohio* 7 F17
Rushville, *Ill.* 7 G4
Rushville, *Ind.* 7 H13
Rushville, *Mo.* 4 R10
Rushville, *Nebr.* 4 M3
Rushville, *N.Y.* 11 G10
Rusk, *Tex.* 5 H15
Ruskin, *Fla.* 9 J11
Ruso, *N. Dak.* 4 F4
Russell, *Ark.* 5 C19
Russell, *Iowa* 4 Q12
Russell, *Kans.* 4 S6
Russell, *Ky.* 7 L18
Russell, *Mass.* 12 R5
Russell, *Miss.* 8 K6
Russell, *N.Y.* 11 B14
Russell, *Pa.* 11 J7
Russell, Mount, *Alas.* 14
  J14
Russell Cave National
  Monument, *Ala.* 8 E9
Russell Fiord, *Alas.* 14
  M19
Russell Glacier, *Alas.* 14
  K18
Russell Pond
  Campground, *N.H.* 12
  G9
Russell Springs, *Kans.* 4
  S4
Russell Springs, *Ky.* 7
  Q14
Russellville, *Ala.* 8 F7
Russellville, *Ark.* 5 D17
Russellville, *Ill.* 7 K9
Russellville, *Ind.* 7 H11
Russellville, *Ky.* 7 Q11
Russellville, *Mo.* 4 T13
Russellville, *Ohio* 7 K17
Russellville, *Tenn.* 8 C13
Russels Point, *Ohio* 7 F16
Russian, river, *Calif.* 2 K3
Russian Bishop's House,
  Sitka, Alas. 14 P21
Russian Gulch ♣, *Calif.* 2
  J2
Russian Mission *see*
  Chuathbaluk, *Alas.* 14
  J10
Russian Mission, *Alas.* 14
  J9
Russian Mountains, *Alas.*
  14 J10
Russian Peak, *Calif.* 2 E3
Russiaville, *Ind.* 7 F12
Rustburg, *Va.* 10 N13
Rustic, *Colo.* 3 G12
Ruston, *La.* 5 G18

Rutgers University, *New
  Brunswick, N.J.* 11 M15
Ruth, *Miss.* 8 L3
Ruth, *Nev.* 2 J14
Rutherford, *Tenn.* 8 C6
Rutherford B. Hayes
  Presidential Center,
  Fremont, Ohio 7 D17
Rutherfordton, *N.C.* 8 E15
Ruther Glen, *Va.* 10 K18
Ruth Glacier, *Alas.* 14 J14
Ruth Lake, *Calif.* 2 G2
Ruthven, *Iowa* 4 M10
Rutland, *Ill.* 7 E7
Rutland, *Mass.* 12 Q8
Rutland, *N. Dak.* 4 H8
Rutland, *Ohio* 7 K19
Rutland, *Vt.* 12 J5
Rutland ♣, *Mass.* 12 R8
Rutledge, *Ala.* 8 L9
Rutledge, *Ga.* 8 H13
Rutledge, *Tenn.* 8 C13
Rutter, *Ont.* 6 G17
R. W. Norton Art Gallery,
  Shreveport, La. 5 G17
Ryan, *Okla.* 5 E12
Ryan Park, *Wyo.* 1 P21
Rydal Bank, *Ont.* 6 (A) A4
Ryder, *N. Dak.* 4 F4
Ryderwood, *Wash.* 1 F3
Rye, *Colo.* 3 L13
Rye, *N.H.* 12 M13
Rye, *N.Y.* 11 L17
Rye Beach, *N.H.* 12 M13
Ryegate, *Mont.* 1 F17
Rye Harbor ♣, *N.H.* 12
  M13
Rye Patch Dam, *Nev.* 2
  G9
Rye Patch Reservoir, *Nev.*
  2 F9
Rye Patch Reservoir ♣,
  Nev. 2 G9
Ryerson Station ♣, *Pa.* 11
  P4
Ryman Auditorium,
  Nashville, Tenn. 8 C8

S

Sabael, *N.Y.* 11 D16
Sabak, Cape, *Alas.* 14
  Q14
Sabana Grande, *P. R.* 9
  (B) B2
Sabattus, *Me.* 13 N3
Sabattus Pond, *Me.* 13 N3
Sabbathday Lake, *Me.* 13
  N2
Sabetha, *Kans.* 4 R9
Sabina, *Ohio* 7 J17
Sabinal, *Tex.* 5 L10
Sabinal, river, *Tex.* 5 L10
Sabinas, river, *Coahuila* 5
  P9
Sabine, *Tex.* 5 L17
Sabine, *W. Va.* 10 L7
Sabine, river, *La.-Tex.* 5
  G15
Sabine, Cape, *Alas.* 14
  B10
Sabine Lake, *La.-Tex.* 5
  L17
Sabine National Forest,
  La. 5 J17

Sabine National Wildlife
  Refuge, *La.* 5 L17
Sabine Pass, *Tex.* 5 L17
Sabinsville, *Pa.* 11 J10
Sable, river, *N.S.* 13 P13
Sable, Cape, *Fla.* 9 Q14
Sable Island, *N.S.* 13 P24
Sable River, *N.S.* 13 P13
Sables, Lac des, *Que.* 13
  A5
Sabula, *Iowa* 4 N15
Sac, river, *Mo.* 4 U11
Sacajawea ♣, *Wash.* 1 F8
Sacajawea Monument,
  Idaho 1 J13
Sacajawea Peak, *Oreg.* 1
  H9
Sacandaga, *N.Y.* 11 E16
Sacandaga Recreation
  Area, *N.Y.* 11 E15
Sac and Fox Indian
  Reservation, *Iowa* 4
  N12
Sacaton, *Ariz.* 3 T5
Sac City, *Iowa* 4 N10
Sachem Head, *Conn.* 12
  W6
Sachuest Point National
  Wildlife Refuge, *R.I.* 12
  V11
Sackets Harbor, *N.Y.* 11
  D13
Sackets Harbor Battlefield
  ▲, *N.Y.* 11 D12
Sackville, *N.B.* 13 H15
Saco, *Me.* 13 Q2
Saco, *Mont.* 1 C20
Saco, river, *N.H.-Me.* 12
  G11; 13 P2
Saconesset Homestead,
  Falmouth, Mass. 12
  U14
Sacramento, *Calif.* 2 K5
Sacramento, *Ky.* 7 P10
Sacramento, river, *Calif.* 2
  F4
Sacramento, river, *N. Mex.*
  3 T12
Sacramento Mountains,
  N. Mex. 3 T12
Sacramento National
  Wildlife Refuge, *Calif.* 2
  J4
Sacramento Pass, *Nev.* 2
  J15
Sacramento Valley, *Calif.*
  2 H4
Sacramento Wash, *Ariz.* 3
  Q2
Sacred Falls (Kaliuwaa),
  Hawaii 15 D11
Sacred Hill *see* Kapukapu,
  Puu, *Hawaii* 15 Q22
Sacul, *Tex.* 5 H16
Saddleback Butte ♣, *Calif.*
  2 S10
Saddleback Mountain, *Me.*
  13 F7
Saddleback Mountain ♪,
  Me. 13 L3
Saddle Butte Public Use
  Area, *N. Dak.* 4 (A) B4
Saddle Buttes, *N. Dak.* 4
  (A) B3
Saddle Mountain, *Idaho* 1
  K14

Samburg, *Tenn.* 8 C5
Sam Dale Lake ⚓, *Ill.* 7 L7
Sam Dale Memorial ⚓, *Miss.* 8 J5
Sam Davis Home, *Smyrna, Tenn.* 8 D9
Sam Houston Jones ⚓, *La.* 5 K17
Sam Houston Memorial Museum, *Huntsville, Tex.* 5 K15
Sam Houston National Forest, *Tex.* 5 K15
Samish Bay, *Wash.* 1 (A) C3
Sammamish, Lake, *Wash.* 1 (A) F4
Samnorwood, *Tex.* 5 D10
Samoa, *Calif.* 2 F1
Samoset, *Fla.* 9 J11
Sam Parr ⚓, *Ill.* 7 K8
Sampson, Lake, *Fla.* 9 D12
Sampson ⚓, *N.Y.* 11 G11
Sam Rayburn Library and House, The, *Bonham, Tex.* 5 F14
Sam Rayburn Reservoir, *Tex.* 5 J16
Samson, *Ala.* 8 M9
Samsula, *Fla.* 9 F14
Samuel de Champlain ⚓, *Ont.* 6 F20
Samuel H. Boardman ⚓, *Oreg.* 1 M1
Samuel K. Fox Memorial Museum, *Dillingham, Alas.* 14 M10
Samuel M. Spencer Beach Park, *Hawaii* 15 L19
Samuel P. Taylor ⚓, *Calif.* 2 L3
Samuel R. McKelvie National Forest, *Nebr.* 4 M4
Samuels, *Idaho* 1 C10
Samuels, *Ky.* 7 N13
San Acacio, *Colo.* 3 M12
San Agustin Church, *Laredo, Tex.* 5 P11
Sanak, *Alas.* 14 R7
Sanak Island, *Alas.* 14 R7
San Andreas, *Calif.* 2 L6
San Andres Mountains, *N. Mex.* 3 T11
San Andres National Wildlife Refuge, *N. Mex.* 3 T11
San Andros, *Bahamas* 9 Q20
San Angelo, *Tex.* 5 J9
San Anselmo, *Calif.* 2 L3
San Antonio, *Fla.* 9 G12
San Antonio, *N. Mex.* 3 S11
San Antonio, *Tex.* 5 L11
San Antonio, river, *Tex.* 5 M13
San Antonio, Lake, *Calif.* 2 Q6
San Antonio, Mount, *Calif.* 2 T11
San Antonio Bay, *Tex.* 5 N14

San Antonio Missions National Historical Park, *Tex.* 5 M12
San Antonio Mountain, *Tex.* 5 H4
San Antonio Mountains, *Nev.* 2 L11
San Antonio Zoo, *San Antonio, Tex.* 5 L11
San Ardo, *Calif.* 2 Q6
San Augustine, *Tex.* 5 J16
San Benito, *Tex.* 5 R13
San Benito, river, *Calif.* 2 P6
San Benito Mountain, *Calif.* 2 P6
San Bernardino, *Calif.* 2 T11
San Bernardino Mountains, *Calif.* 2 T12
San Bernardino National Forest, *Calif.* 2 T12
San Bernardino National Wildlife Refuge, *Ariz.* 3 V8
San Bernard National Wildlife Refuge, *Tex.* 5 M15
San Blas, Cape, *Fla.* 9 D6
Sanborn, *Iowa* 4 M9
Sanborn, *N. Dak.* 4 G7
Sanborn, *N.Y.* 6 (C) B3
Sanbornton, *N.H.* 12 K10
Sanbornville, *N.H.* 12 K12
San Buenaventura Beach ⚓, *Calif.* 2 T8
San Carlos, *Ariz.* 3 S6
San Carlos, river, *Ariz.* 3 S6
San Carlos Indian Reservation, *Ariz.* 3 S6
San Carlos Park, *Fla.* 9 M13
San Carlos Reservoir, *Ariz.* 3 S6
Sanchez Reservoir, *Colo.* 3 M12
San Clemente, *Calif.* 2 U10
San Clemente, island, *Calif.* 2 V10
San Clemente Beach ⚓, *Calif.* 2 V10
Sanco, *Tex.* 5 H10
San Cristobal, Lake, *Colo.* 3 L10
Sandbanks ⚓, *Ont.* 6 L22
Sand Bar ⚓, *Vt.* 12 D4
Sandborn, *Ind.* 7 K10
Sand Coulee, *Mont.* 1 E16
Sand Creek, *Mont.* 1 E20
Sand Creek, *S. Dak.* 4 L7
Sand Creek Massacre Site, *Colo.* 3 K15
Sand Draw, *Wyo.* 1 M19
San de Fuca, *Wash.* 1 (A) D2
Sanders, *Ariz.* 3 Q8
Sanders, *Ky.* 7 L14
Sanders, *Mont.* 1 F20
Sanderson, *Fla.* 9 C12
Sanderson, *Tex.* 5 K7
Sandersville, *Ga.* 8 J14
Sandersville, *Miss.* 8 L5
Sand Dunes State Forest, *Minn.* 4 J11

Sandford, *N.S.* 13 P11
Sand Fork, *W. Va.* 10 G9
Sandgap, *Ky.* 7 P16
Sand Hill, *Miss.* 8 M5
Sand Hill, river, *Minn.* 4 F9
Sand Hills, *Mass.* 12 R13
Sand Hills, *Nebr.* 4 N3
Sand Hills State Forest, *S.C.* 8 F18
Sandia, *Tex.* 5 N12
Sandia Crest, *N. Mex.* 3 Q11
Sandia Indian Reservation, *N. Mex.* 3 Q11
Sandia Peak ⚓, *N. Mex.* 3 Q11
Sandia Peak Tramway, *Albuquerque, N. Mex.* 3 Q11
San Diego, *Calif.* 2 V11
San Diego, *Tex.* 5 P12
San Diego Bay, *Calif.* 2 W11
San Diego Wild Animal Park, *Calif.* 2 V12
San Diego Zoological Gardens, *San Diego, Calif.* 2 V11
Sandilands Village, *Bahamas* 9 Q22
Sandisfield State Forest, *Mass.* 12 S4
Sand Island, *Hawaii* 15 E11
Sand Island, *Midway Is.* 15 L3
Sand Island, *Wis.* 6 E4
Sand Islands, *Alas.* 14 H8
Sand Lake, *Mich.* 6 M11
Sand Lake, *Ont.* 6 C13
Sand Lake National Wildlife Refuge, *S. Dak.* 4 J7
Sandman Reefs, *Alas.* 14 R8
Sandoval, *Ill.* 7 L7
Sandown, *N.H.* 12 N11
Sand Point, *Alas.* 14 Q8
Sandpoint, *Idaho* 1 D10
Sand Point, *Mich.* 6 L14
Sand Point, *N.S.* 13 J21
Sand Ridge State Forest, *Ill.* 7 F6
Sands, *Mich.* 6 F9
Sands Key, *Fla.* 9 P16
Sand Springs, *Mont.* 1 E20
Sand Springs, *Okla.* 5 C14
Sandston, *Va.* 10 M18
Sandstone, *Minn.* 4 H12
Sandstone, *W. Va.* 10 L9
Sandstone Falls, *W. Va.* 10 L9
Sand Tank Mountains, *Ariz.* 3 T4
Sandusky, *Ill.* 7 P6
Sandusky, *Ind.* 7 J13
Sandusky, *Mich.* 6 M15
Sandusky, *Ohio* 7 D18
Sandusky, river, *Ohio* 7 D18
Sandusky Bay, *Ohio* 7 D18

Sandwich, *Ill.* 7 C8
Sandwich, *Mass.* 12 T14
Sandwich Glass Museum, *Sandwich, Mass.* 12 T14
Sandwich Historical Society Museum, *Center Sandwich, N.H.* 12 H10
Sandwich Mountain, *N.H.* 12 H10
Sandy, *Nev.* 2 Q14
Sandy, *Oreg.* 1 H4
Sandy, *Utah* 3 G5
Sandy, river, *Oreg.* 1 H5
Sandy Beach, *N.Y.* 11 F7
Sandy Cove, *N.S.* 13 M11
Sandy Creek, *N.Y.* 11 D12
Sandy Creek, *Va.* 10 P13
Sandy Hook, *Conn.* 12 V3
Sandy Hook, *Ky.* 7 M18
Sandy Hook, *Miss.* 8 M4
Sandy Hook, *Va.* 10 L16
Sandy Hook Bay, *N.J.* 11 M17
Sandy Hook Light, *N.J.* 11 M17
Sandy Lake, *Alas.* 14 P9
Sandy Lake, *Pa.* 11 K5
Sandy Level, *Va.* 10 P12
Sandy Neck, *Mass.* 12 U15
Sandy Point, *Bahamas* 9 N21
Sandy Point, *Me.* 13 M6
Sandy Point, *N.S.* 13 Q13
Sandy Point, *R.I.* 12 W10
Sandy Point, *St. Croix* 9 (C) B2
Sandy Point ⚓, *Md.* 10 F20
Sandy Ridge, *Ala.* 8 K9
Sandy Shore ⚓, *S. Dak.* 4 K8
Sandyville, *W. Va.* 10 G7
San Elizario, *Tex.* 5 H3
San Esteban del Rey Mission Church, *Acoma, N. Mex.* 3 Q10
San Felipe, *Mex.* 2 Y15
San Felipe Indian Reservation, *N. Mex.* 3 P11
San Fernando, *Calif.* 2 T9
San Fernando Cathedral, *San Antonio, Tex.* 5 L11
San Fernando Island, *Alas.* 14 R22
Sanford, *Ala.* 8 M9
Sanford, *Colo.* 3 M11
Sanford, *Fla.* 9 F14
Sanford, *Me.* 13 Q2
Sanford, *Mich.* 6 M13
Sanford, *Miss.* 8 L4
Sanford, *N.C.* 8 D19
Sanford, *Tex.* 5 C9
Sanford, Mount, *Alas.* 14 K17
Sanford Museum and Planetarium, *Cherokee, Iowa* 4 M9
San Francisco, *Calif.* 2 M3
San Francisco, river, *Ariz.* 3 T8
San Francisco Bay, *Calif.* 2 M4

Santa Monica Mountains National Recreation Area, *Calif.* 2 T8

Santa Paula, *Calif.* 2 T8

Santaquin, *Utah* 3 H5

Santa Rita, *Mont.* 1 C15

Santa Rita Copper Mine, *Silver City, N. Mex.* 3 T9

Santa Rita Park, *Calif.* 2 N7

Santa Rosa, *Calif.* 2 K3

Santa Rosa, *N. Mex.* 3 Q13

Santa Rosa, island, *Calif.* 2 T7

Santa Rosa, see Gu Achi, *Ariz.* 3 U4

Santa Rosa Beach, *Fla.* 9 C4

Santa Rosa Indian Reservation, *Calif.* 2 U12

Santa Rosa Island, *Fla.* 9 B3

Santa Rosa Lake ♣, *N. Mex.* 3 Q13

Santa Rosa Mountains, *Calif.* 2 U13

Santa Rosa Mountains Recreation Land, *Calif.* 2 U13

Santa Rosa Peak, *Nev.* 2 E11

Santa Rosa Range, *Nev.* 2 E10

Santa's Land, *Cherokee, N.C.* 8 E13

Santa's Land U.S.A., *Putney, Vt.* 12 M6

Santa's Village, *Jefferson, N.H.* 12 E10

Santa's Wildlife Park, *N. Rustico, P.E.I.* 13 F17

Santa's Workshop, *Colorado Springs, Colo.* 3 J13

Santa's Workshop, *North Pole, N.Y.* 11 B16

Santa Ynez, *Calif.* 2 S7

Santa Ynez, river, *Calif.* 2 S7

Santa Ynez Mountains, *Calif.* 2 S7

Santa Ysabel Indian Reservation, *Calif.* 2 V12

Santee, *Calif.* 2 V12

Santee, *S.C.* 8 H17

Santee ♣, *S.C.* 8 H17

Santee, river, *S.C.* 8 H18

Santee Indian Reservation, *Nebr.* 4 N7

Santee National Wildlife Refuge, *S.C.* 8 H17

Santee Point, *S.C.* 8 H19

Santiago Mountains, *Tex.* 5 L6

Santiago Peak, *Tex.* 5 L6

Santiam Pass, *Oreg.* 1 J4

Santiam State Forest, *Oreg.* 1 J4

Santo, *Tex.* 5 G12

Santo Domingo Indian Reservation, *N. Mex.* 3 P11

Santo Domingo Pueblo, *N. Mex.* 3 P11

Santo Tomas, *N. Mex.* 3 U11

Santoy Lake, *Ont.* 6 A9

Santuit, *Mass.* 12 U14

San Xavier, *Ariz.* 3 U5

San Xavier Indian Reservation, *Ariz.* 3 U6

San Ygnacio, *Tex.* 5 P11

San Ysidro, *N. Mex.* 3 P10

Sapelo Island, *Ga.* 8 M16

Sapelo Sound, *Ga.* 8 L16

Sapinero, *Colo.* 3 K10

Sappa Creek, *Kans.* 4 R5

Sapphire, *N.C.* 8 E14

Sapphire Mountains, *Mont.* 1 F13

Sapphire Valley ♪, *N.C.* 8 E13

Sappho, *Wash.* 1 C2

Sapulpa, *Okla.* 5 C14

Saragosa, *Tex.* 5 J6

Sarah, *Miss.* 8 F4

Sarah Ann, *W. Va.* 10 L6

Sarah Orne Jewett House, *S. Berwick, Me.* 13 R1

Saraland, *Ala.* 8 M6

Saranac, *Mich.* 6 N12

Saranac, *N.Y.* 11 B17

Saranac, river, *N.Y.* 11 B16

Sarana Bay, *Alas.* 14 Q14

Saranacing, *N.Y.* 11 C16

Saranac Lake, *N.Y.* 11 C16

Sarasota, *Fla.* 9 K11

Sarasota Bay, *Fla.* 9 K11

Sarasota Jungle Gardens, *Sarasota, Fla.* 9 K10

Saratoga, *Calif.* 2 M4

Saratoga, *Ind.* 7 G14

Saratoga, *Tex.* 5 K16

Saratoga, *Wyo.* 1 P21

Saratoga Battle Monument, *Schuylerville, N.Y.* 11 F17

Saratoga Hot Springs ♣, *Wyo.* 1 P21

Saratoga Lake, *N.Y.* 11 F17

Saratoga National Historical Park, *N.Y.* 11 F17

Saratoga Passage, *Wash.* 1 (A) D3

Saratoga Spa ♣, *N.Y.* 11 F16

Saratoga Springs, *N.Y.* 11 F17

Sarcoxie, *Mo.* 4 V11

Sardina, Punta, *P. R.* 9 (B) A2

Sardinia, *N.Y.* 11 G8

Sardinia, *Ohio* 7 K16

Sardinia, *S.C.* 8 G18

Sardis, *Ala.* 8 K8

Sardis, *Ga.* 8 J15

Sardis, *Miss.* 8 F4

Sardis, *Ohio* 7 H22

Sardis, *Tenn.* 8 D6

Sardis Lake, *Miss.* 8 F4

Sarepta, *La.* 5 G17

Sargent, *Ga.* 8 H11

Sargent, *Nebr.* 4 P6

Sargent Icefield, *Alas.* 14 L15

Sargentville, *Me.* 13 N6

Sarichef, Cape, *Alas.* 14 Q6

Sarichef Island, *Alas.* 14 E9

Sarichef Strait, *Alas.* 14 H4

Sarita, *Tex.* 5 P12

Sarles, *N. Dak.* 4 D6

Sarnia, *Ont.* 6 N15

Sarnia Airport, *Ont.* 6 (B) A4

Sarpy Creek, *Mont.* 1 G20

Sartell, *Minn.* 4 J11

Sarver, *Pa.* 11 M6

Sasakwa, *Okla.* 5 D14

Saskatchewan, province, *Can.* 1 B21; 4 D2

Sasmik, Cape, *Alas.* 14 R18

Sassafras, *Ky.* 7 P18

Sassafras, river, *Md.* 10 E21

Sassafras Mountain, *S.C.* 8 E14

Sasser, *Ga.* 8 L12

Satanta, *Kans.* 4 U4

Satartia, *Miss.* 8 J3

Satellite Beach, *Fla.* 9 H15

Saticoy, *Calif.* 2 T8

Satilla, river, *Ga.* 8 L14

Satsuma, *Ala.* 8 M6

Satsuma, *Fla.* 9 E13

Satus Pass, *Wash.* 1 G6

Satus Pass ♪, *Wash.* 1 G6

Sauble Beach, *Ont.* 6 J17

Sauble Falls ♣, *Ont.* 6 J17

Sauceda Mountains, *Ariz.* 3 T3

Saugatuck, *Mich.* 6 N10

Saugatuck Reservoir, *Conn.* 12 W3

Saugeen, river, *Ont.* 6 K17

Saugerties, *N.Y.* 11 H16

Saugus, *Calif.* 2 S9

Saugus, *Mass.* 12 Q12

Saugus Iron Works National Historic Site, *Saugus, Mass.* 12 Q12

Sauk Centre, *Minn.* 4 J10

Sauk City, *Wis.* 6 M5

Sauk Rapids, *Minn.* 4 J11

Saukville, *Wis.* 6 M7

Saulnierville, *N.S.* 13 N12

Sault Sainte Marie, *Mich.* 6 F12

Sault Sainte Marie, *Ont.* 6 F13

Sault Sainte Marie Airport, *Ont.* 6 (A) A1

Saunders Memorial Museum, *Berryville, Ark.* 5 B17

Saunderstown, *R.I.* 12 V10

Saunemin, *Ill.* 7 E8

Sauquoit, *N.Y.* 11 F14

Sausalito, *Calif.* 2 L4

Savage, *Md.* 10 F19

Savage, *Miss.* 8 F4

Savage, *Mont.* 1 D22

Savage River State Forest ♣, *Md.* 10 D13

Savage Run Wilderness, *Wyo.* 1 P21

Savana Island, *Virgin Is.* 9 (C) A1

Savanna, *Ill.* 7 B5

Savanna, *Okla.* 5 D14

Savannah, *Ga.* 8 K16

Savannah, *Mo.* 4 R10

Savannah, *N.Y.* 11 F11

Savannah, *Tenn.* 8 E6

Savannah, river, *Ga.-S.C.* 8 G14

Savannah National Wildlife Refuge, *Ga.* 8 K16

Savannah River Plant United States Energy Research and Development Administration, *S.C.* H15

Savannah Science Museum, *Savannah, Ga.* 8 K16

Savannah Sound, *Bahamas* 9 Q24

Savanna Portage ♣, *Minn.* 4 G12

Savanna State Forest, *Minn.* 4 G11

Savery, *Wyo.* 1 P20

Savery Creek, *Wyo.* 1 P20

Savona, *N.Y.* 11 H10

Savonburg, *Kans.* 4 U10

Savonoski, river, *Alas.* 14 N12

Savoonga, *Alas.* 14 F7

Savoy, *Ill.* 7 G8

Savoy, *Mass.* 12 P4

Savoy, *Tex.* 5 F14

Savoy Mountain State Forest, *Mass.* 12 P4

Sawatch Range, *Colo.* 3 J11

Sawmill , *Ariz.* 3 P8

Sawmill Mountain, *Nev.* 2 M15

Sawtooth Mountain, *Alas.* 14 G15

Sawtooth National Forest, *Idaho-Utah* 1 L12; 3 E3

Sawtooth National Recreation Area, *Idaho* 1 K12

Sawtooth Range, *Idaho* K12

Sawtooth Wilderness, *Idaho* 1 K11

Sawyer, *Kans.* 4 U6

Sawyer, *Mich.* 6 Q9

Sawyer, *N. Dak.* 4 E4

Sawyer Glacier, *Alas.-B.C.* 14 N22

Sawyer Rock Picnic Area, *N.H.* 12 G10

Sawyers Bar, *Calif.* 2 C4

Sawyerville, *Ill.* 7 K6

Saxe, *Va.* 10 P14

Saxis, *Va.* 10 K22

Saxman, *Alas.* 14 Q24

Saxman Totem Park, *Ketchikan, Alas.* 14 Q24

Saxon, *Wis.* 6 F4

Saxonburg, *Pa.* 11 M5

Saxton, *Pa.* 11 N9

Saxtons River, *Vt.* 12 M6

Saybrook, *Ill.* 7 F8

Saybrook Fort ⚓, *Conn.* 12 W7

Sayler's Creek Battlefield ⚓, *Va.* 10 M16

Saylorville Lake, *Iowa* 4 P11

Sayner, *Wis.* 6 G6

Sayre, *Okla.* 5 D11

Sayre, *Pa.* 11 J12

Sayreville, *N.J.* 11 M16

Sayville, *N.Y.* 11 M18

S. B. Elliott ⚓, *Pa.* 11 L8

Scales, *Ill.* 7 A5

Scales Pond ⚓, *P.E.I.* 13 G17

Scalplock Mountain, *Mont.* 1 (C) D3

Scammon Bay, *Alas.* 14 J8

Scandia, *Kans.* 4 R7

Scantic, river, *Conn.* 12 T6

Scapegoat Mountain, *Mont.* 1 E14

Scapegoat Wilderness, *Mont.* 1 E14

Scappoose, *Oreg.* 1 G3

Scarborough, *Me.* 13 Q3

Scarborough Beach ⚓, *R.I.* 12 V10

Scarbro, *W. Va.* 10 K8

Scatarie Island, *N.S.* 13 G24

Scenic, *S. Dak.* 4 L3

Scenic ⚓, *Minn.* 4 F11

Scenic Beach ⚓, *Wash.* 1 (A) F2

Scenic Sand Dunes, *Idaho* 1 K15

Schafer ⚓, *Wash.* 1 E3

Schaghticoke, *N.Y.* 11 F17

Schaghticoke Indian Reservation, *Conn.* 12 U3

Schaller, *Iowa* 4 N9

Schaumburg, *Ill.* 7 B9

Schell Creek Range, *Nev.* 2 J15

Scheller, *Ill.* 7 M7

Schenectady, *N.Y.* 11 F16

Schenectady Museum, *Schenectady, N.Y.* 11 F17

Schenevus, *N.Y.* 11 G15

Scherr, *W. Va.* 10 F13

Schertz, *Tex.* 5 L12

Schiele Museum of Natural History and Planetarium, *Gastonia, N.C.* 8 E16

Schifferstadt House, *Frederick, Md.* 10 E18

Schlater, *Miss.* 8 G3

Schneider, *Ind.* 7 D10

Schoenbrunn Village ⚓, *Ohio* 7 F21

Schoenchen, *Kans.* 4 T5

Schofield, *Wis.* 6 J6

Schofield Barracks, *Hawaii* 15 E10

Schoharie, *N.Y.* 11 G16

Schoharie Reservoir, *N.Y.* 11 H16

Schoodic Lake, *Me.* 13 K6

Schoodic Point, *Me.* 13 N8

Schoolcraft, *Mich.* 6 P11

Schoolcraft ⚓, *Minn.* 4 G11

School of the Ozarks, *Mo.* 4 V12

Schooner Cays, *Bahamas* 9 Q24

Schrader, Lake, *Alas.* 14 C16

Schram City, *Ill.* 7 J6

Schreiber, *Ont.* 6 A9

Schreiner Peak, *Oreg.* 1 H4

Schroeder, *Minn.* 4 F13

Schroon Lake, *N.Y.* 11 D17

Schulenburg, *Tex.* 5 L13

Schulter, *Okla.* 5 C14

Schumann Seamount, *N. Pac. Oc.* 15 M8

Schurz, *Nev.* 2 J9

Schuss Mountain ♪, *Mich.* 6 J12

Schuyler, *Nebr.* 4 P8

Schuyler, *Va.* 10 L14

Schuyler Falls, *N.Y.* 11 B17

Schuyler-Hamilton House, *Morristown, N.J.* 11 M15

Schuyler Mansion, *Albany, N.Y.* 11 G17

Schuylerville, *N.Y.* 11 F17

Schuylkill Haven, *Pa.* 11 M12

Schwatka Mountains, *Alas.* 14 D13

Schweitzer Basin ♪, *Idaho* 1 C10

Schyan, *Que.* 6 F22

Science Center of New Hampshire, *Holderness, N.H.* 12 J10

Science Hill, *Ky.* 7 P15

Scio, *N.Y.* 11 H9

Scio, *Ohio* 7 F21

Scio, *Oreg.* 1 J3

Scioto, river, *Ohio* 7 F17

Scioto Furnace, *Ohio* 7 K18

Scioto Trail ⚓, *Ohio* 7 J18

Scioto Trail State Forest, *Ohio* 7 J18

Scipio, *Ind.* 7 K13

Scipio, *Utah* 3 J4

Scituate, *Mass.* 12 R13

Scituate Reservoir, *R.I.* 12 T10

Scobey, *Mont.* 1 B21

Scofield, *Utah* 3 H5

Scofield Lake ⚓, *Utah* 3 H6

Scooba, *Miss.* 8 J6

Scotchfort Indian Reservation, *P.E.I.* 13 G18

Scotchtown, *Va.* 10 L17

Scotch Village, *N.S.* 13 L16

Scotia, *Calif.* 2 G2

Scotia, *Nebr.* 4 P6

Scotia, *N.Y.* 11 F16

Scotia Square, *Halifax, N.S.* 13 M17

Scotland, *Conn.* 12 U8

Scotland, *Ont.* 6 N18

Scotland, *Pa.* 11 P10

Scotland, *S. Dak.* 4 M7

Scotland, *Tex.* 5 F12

Scotland, *Va.* 10 N19

Scotland Neck, *N.C.* 8 C21

Scotlandville, *La.* 5 K20

Scots Bay, *N.S.* 13 K15

Scotsburn, *N.S.* 13 J18

Scotsville, *N.S.* 13 G21

Scott, *Ga.* 8 G14

Scott, *Ind.* 7 C13

Scott, *La.* 5 K19

Scott, *Miss.* 8 G2

Scott, *Ohio* 7 E15

Scott, river, *Calif.* 2 E3

Scott, Mount, *Oreg.* 1 L4

Scott Air Force Base, *Ill.* 7 L5

Scott Bar Mountains, *Calif.* 2 D3

Scott Bog, *N.H.* 12 B11

Scott City, *Kans.* 4 T4

Scott City, *Mo.* 4 U16

Scottdale, *Pa.* 11 N6

Scott Depot, *W. Va.* 10 H6

Scottish Rite Cathedral, *Indianapolis, Ind.* 7 H12

Scottish Rite Temple, *Guthrie, Okla.* 5 C13

Scottish Rite Temple, *Santa Fe, N. Mex.* 3 P12

Scottsbluff, *Nebr.* 4 N1

Scotts Bluff National Monument, *Nebr.* 4 N1

Scottsboro, *Ala.* 8 F9

Scottsburg, *Ind.* 7 L13

Scottsburg, *Oreg.* 1 K2

Scottsburg, *Va.* 10 P14

Scottsdale, *Ariz.* 3 S5

Scotts Fork, *Va.* 10 M16

Scotts Hill, *Tenn.* 8 D6

Scotts Mills, *Oreg.* 1 H4

Scottsmoor, *Fla.* 9 F14

Scott State Forest, *Tenn.* 8 C11

Scottsville, *Ky.* 7 Q12

Scottsville, *N.Y.* 11 F9

Scottsville, *Va.* 10 L15

Scottville, *Ill.* 7 J5

Scottville, *Mich.* 6 L10

Scotty's Castle, *Calif.* 2 N11

Scotty's Junction, *Nev.* 2 M12

Scovill Gardens Park, *Decatur, Ill.* 7 H7

Scow Bay, *Alas.* 14 P23

Scraggly Lake, *Me.* 13 G6

Scraggly Lake, *Me.* 13 K8

Scraggy Lake, *N.S.* 13 L18

Scranton, *Kans.* 4 S9

Scranton, *N. Dak.* 4 H2

Scranton, *Pa.* 11 K13

Scranton, *S.C.* 8 G18

Screven, *Ga.* 8 L15

Scribner, *Nebr.* 4 P8

Scribner House, *New Albany, Ind.* 7 M13

Scripps Institution of Oceanography, *La Jolla, Calif.* 2 V11

Scugog, Lake, *Ont.* 6 K20

Scurry, *Tex.* 5 G14

Scusset Beach ⚓, *Mass.* 12 T14

Sea-Arama Marineworld, *Galveston, Tex.* 5 L16

Seabeck, *Wash.* 1 (A) F2

Seaboard, *N.C.* 8 B21

Sea Breeze, *N.J.* 11 Q14

Seabright, *N.S.* 13 M16

Seabrook, *N.H.* 12 N12

Seabrook, *N.J.* 11 Q14

Seabrook Beach, *N.H.* 12 N13

Seadrift, *Tex.* 5 N14

Seafloor Aquarium, *Nassau, Bahamas* 9 Q22

Seafood Industry Museum, *Biloxi, Miss.* 8 N5

Seaford, *Del.* 10 H22

Seaford, *Va.* 10 N20

Seaforth, *Ont.* 6 M17

Seagoville, *Tex.* 5 G14

Sea Grape, *Bahamas* 9 L19

Seagraves, *Tex.* 5 G7

Seagrove, *N.C.* 8 D18

Seahorse Islands, *Alas.* 14 A13

Sea Island, *Ga.* 8 M16

Sea Isle City, *N.J.* 11 R15

Sealand of Cape Cod, *W. Brewster, Mass.* 12 T15

Seal Beach National Wildlife Refuge, *Calif.* 2 U10

Seal Cape, *Alas.* 14 R6

Seal Cove, *N.B.* 13 M10

Seale, *Ala.* 8 K11

Sealevel, *N.C.* 8 E22

Seal Harbor, *Me.* 13 N7

Sea Life Park and Oceanic Institute, *Hawaii* 15 (A)

Sea Lion Caves, *Oreg.* 1 J2

Seal Island, *N.S.* 13 Q11

Seal Island National Wildlife Refuge, *Me.* 13 P6

Seal Islands, *Alas.* 14 P9

Seal Rock, *Oreg.* 1 J2

Seal Rock ⚓, *Oreg.* 1 J2

Seal Rocks, *San Francisco* 2 (A) B1

Sealy, *Tex.* 5 L14

Seaman, *Ohio* 7 K17

Seaman Range, *Nev.* 2 L14

Sea Pines, *S.C.* 8 K17

Seaquarium, *Fla.* 9 N16

Seaquest ⚓, *Wash.* 1 F4

Searchlight, *Nev.* 2 R15

Searchmont, *Ont.* 6 E13

Searchmont Valley ♪, *Ont.* 6 G13

Searcy, *Ark.* 5 D18

Sea Rim ⚓, *Tex.* 5 L16

Searles Lake, *Calif.* 2 Q11

Sears Island, *Me.* 13 M6

Searsport, *Me.* 13 M5

Sears Tower, *Chicago, Ill.* 7 C10

Seashore ⚓, *Va.* 10 P21

Severn, *Va.* **10** M20
Severn, river, *Md.* **10** F20
Severna Park, *Md.* **10** F20
Severn Run ♣, *Md.* **10** F19
Severy, *Kans.* **4** U9
Sevier, *Utah* **3** K4
Sevier, river, *Utah* **3** H4
Sevier Desert, *Utah* **3** J4
Sevier Lake, *Utah* **3** J3
Sevierville, *Tenn.* **8** D12
Seville, *Fla.* **9** E13
Seville, *Ohio* **7** E20
Sevilleta National Wildlife Refuge, *N. Mex.* **3** R10
Sewall-Scripture House, *Rockport, Mass.* **12** P13
Sewanee, *Tenn.* **8** E10
Seward, *Alas.* **14** M15
Seward, *Ill.* **7** B7
Seward, *Nebr.* **4** Q8
Seward, *Pa.* **11** M7
Seward Glacier, *Alas.-Yukon Terr.* **14** L19
Seward House, *Auburn, N.Y.* **11** F12
Seward Museum, *Seward, Alas.* **14** M15
Seward Peninsula, *Alas.* **14** E9
Sewell Point, *Ont.* **6** B10
Sewickley, *Pa.* **11** M5
Sexton Mountain Pass, *Oreg.* **1** M2
Seymour, *Conn.* **12** V4
Seymour, *Ind.* **7** K12
Seymour, *Iowa* **4** Q12
Seymour, *Mo.* **4** V12
Seymour, *Tex.* **5** F11
Seymour, *Wis.* **6** K7
Seymour ♣, *Conn.* **12** V6
Seymour Canal, *Alas.* **14** N22
Seymour Johnson Air Force Base, *N.C.* **8** D21
Seymour Lake, *Vt.* **12** C9
Shabaqua, *Ont.* **6** B5
Shabbona, *Ill.* **7** C7
Shacklefords, *Va.* **10** M20
Shad Bay, *N.S.* **13** M16
Shadehill, *S. Dak.* **4** H3
Shadehill Reservoir, *S. Dak.* **4** H3
Shade River State Forest, *Ohio* **7** J20
Shades ♣, *Ind.* **7** H11
Shad Landing ♣, *Md.* **10** J23
Shadow Mountain National Recreation Area, *Colo.* **3** H17
Shadows-on-the-Teche, *New Iberia, La.* **5** K19
Shady Cove, *Oreg.* **1** M3
Shady Dale, *Ga.* **8** H13
Shady Side, *Md.* **10** G20
Shadyside, *Ohio* **7** G22
Shady Spring, *W. Va.* **10** L8
Shafer, lake, *Ind.* **7** E11
Shafter, *Calif.* **2** R8
Shafter, *Nev.* **2** F15
Shafter, *Tex.* **5** L5
Shafter Lake, *Tex.* **5** G7
Shaftsbury, *Vt.* **12** M4
Shaftsbury ♣, *Vt.* **12** M4

Shaftsbury Center, *Vt.* **12** M4
Shageluk, *Alas.* **14** J11
Shag Harbour, *N.S.* **13** Q12
Shainin Lake, *Alas.* **14** D14
Shakamak ♣, *Ind.* **7** K10
Shaker Heights, *Ohio* **7** D20
Shaker Museum, *Old Chatham, N.Y.* **11** G17
Shaker Museum, *South Union, Ky.* **7** Q11
Shakertown, *Ky.* **7** N15
Shaker Village and Museum, *Sabbathday Lake, Me.* **13** N3
Shaker Village of Pleasant Hill, *Harrodsburg, Ky.* **7** N15
Shakopee-Mdewakanton Sioux Community Indian Reservation, *Minn.* **4** K11
Shaktoolik, *Alas.* **14** G10
Shaktoolik, river, *Alas.* **14** G11
Shalimar, *Fla.* **9** B3
Shallotte, *N.C.* **8** G20
Shallowater, *Tex.* **5** F8
Shallow Lake, *Me.* **13** G5
Shallow Lake, *Ont.* **6** K17
Shallow Water, *Kans.* **4** T4
Shamokin, *Pa.* **11** M11
Shamokin Dam, *Pa.* **11** M11
Shamrock, *Fla.* **9** D10
Shamrock, *Tex.* **5** D10
Shandaken, *N.Y.* **11** H16
Shandon, *Calif.* **2** Q7
Shandy Hall, *Geneva, Ohio* **7** C21
Shaniko, *Oreg.* **1** H5
Shaningarok Creek, *Alas.* **14** B12
Shannock, *R.I.* **12** V10
Shannon, *Ga.* **8** G11
Shannon, *Ill.* **7** B6
Shannon, *Miss.* **8** G5
Shannon, Lake, *Wash.* **1** C5
Shapleigh, *Me.* **13** Q2
Sharbot Lake, *Ont.* **6** J23
Sharbot Lake ♣, *Ont.* **6** J23
Sharon, *Conn.* **12** T3
Sharon, *Ga.* **8** H14
Sharon, *Kans.* **4** V6
Sharon, *Mass.* **12** S11
Sharon, *N. Dak.* **4** F7
Sharon, *N.H.* **12** N8
Sharon, *N.Y.* **11** G15
Sharon, *Okla.* **5** B11
Sharon, *Pa.* **11** K4
Sharon, *S.C.* **8** E16
Sharon, *Tenn.* **8** C5
Sharon, *Vt.* **12** H7
Sharon, *Wis.* **6** P6
Sharon Bluffs ♣, *Iowa* **4** Q12
Sharon Grove, *Ky.* **7** Q10
Sharon Springs, *Kans.* **4** S3
Sharon Springs, *N.Y.* **11** F15
Sharonville, *Ohio* **7** J15
Sharpe, *Ky.* **7** Q8

Sharpe, Lake, *S. Dak.* **4** K6
Sharpes, *Fla.* **9** G15
Sharples, *W. Va.* **10** K6
Sharps, *Va.* **10** L20
Sharpsburg, *Ky.* **7** M16
Sharpsburg, *Md.* **10** E17
Sharpsburg, *N.C.* **8** D21
Sharpsville, *Ind.* **7** G12
Sharpsville, *Pa.* **11** K4
Sharp Top, *Oreg.* **1** M6
Sharp Top Mountain, *Va.* **10** M12
Sharptown, *Md.* **10** H22
Shartlesville, *Pa.* **11** M12
Shasta, *Calif.* **2** F4
Shasta, river, *Calif.* **2** E4
Shasta, Mount, *Calif.* **2** E4
Shasta Dam, *Calif.* **2** F4
Shasta Lake, *Calif.* **2** F4
Shasta National Forest, *Calif.* **2** F4
Shastina, Lake, *Calif.* **2** E4
Shattuck, *Okla.* **5** B10
Shattuckville, *Mass.* **12** P5
Shaver Lake, *Calif.* **2** N8
Shavers Fork, Cheat River, *W. Va.* **10** G11
Shavers Mountain, *W. Va.* **10** H11
Shaviovik, river, *Alas.* **14** B16
Shaw, *Miss.* **8** G3
Shaw, Cape, *Alas.* **14** Q1, Q21
Shaw Air Force Base, *S.C.* **8** G17
Shawanaga, *Ont.* **6** H18
Shawanaga Islands, *Ont.* **6** H18
Shawangunk Kill, river, *N.Y.* **11** K16
Shawano, *Wis.* **6** J7
Shawano Lako, *Wis.* **6** J7
Shaw Mansion, *New London, Conn.* **12** V8
Shawme-Crowell State Forest, *Mass.* **12** T14
Shawmut, *Ala.* **8** J10
Shawmut, *Mont.* **1** F17
Shawnee, *Ohio* **7** H19
Shawnee, *Okla.* **5** D13
Shawnee, *Wyo.* **1** M22
Shawnee ♣, *Ohio* **7** L17
Shawnee ♣, *Pa.* **11** P8
Shawnee Hills, *Ohio* **7** G17
Shawnee National Forest, *Ill.* **7** N6
Shawnee State Forest, *Ohio* **7** K18
Shawneetown, *Ill.* **7** N8
Shawneetown ▲, *Ill.* **7** N9
Shawsheen Village, *Mass.* **12** P12
Shawsville, *Va.* **10** N10
Shawville, *Pa.* **11** L8
Shawville, *Que.* **6** G23
Shay Mountain, *Utah* **3** L7
Shebandowan Lake, *Ont.* **6** A5
Sheboygan, *Wis.* **6** L8
Sheboygan Falls, *Wis.* **6** L8
Shedd, *Oreg.* **1** J3
Shediac, *N.B.* **13** G14
Shediac Bay, *N.B.* **13** G15

Shediac Bridge, *N.B.* **13** G15
Sheds, *N.Y.* **11** F13
Sheenjek, river, *Alas.* **14** D17
Sheep, river, *Alas.* **14** K15
Sheep Creek, *Idaho* **1** N11
Sheep Creek, *Wyo.* **1** N22
Sheep Hole Mountains, *Calif.* **2** T14
Sheep Mountain, *Mont.* **1** H16
Sheep Peak, *Nev.* **2** P14
Sheep Range, *Nev.* **2** N14
Sheepscot Pond, *Me.* **13** M4
Sheet Harbour, *N.S.* **13** L19
Sheet Harbour Indian Reservation, *N.S.* **13** L19
Sheffield, *Ala.* **8** F7
Sheffield, *Ill.* **7** D6
Sheffield, *Iowa* **4** M12
Sheffield, *Mass.* **12** S3
Sheffield, *Mont.* **1** F21
Sheffield, *N.B.* **13** H11
Sheffield, *Pa.* **11** J7
Sheffield, *Tex.* **5** K8
Sheffield, *Vt.* **12** E8
Sheffield Lake, *Ohio* **7** D19
Sheguiandah, *Ont.* **6** G16
Sheila, *N.B.* **13** C14
Sheklukshuk Range, *Alas.* **14** E12
Shelbiana, *Ky.* **7** P19
Shelbina, *Mo.* **4** R13
Shelburn, *Ind.* **7** J10
Shelburne, *N.H.* **12** E12
Shelburne, *N.S.* **13** Q13
Shelburne, *Ont.* **6** L18
Shelburne, *Vt.* **12** F4
Shelburne, river, *N.S.* **13** N13
Shelburne Falls, *Mass.* **12** P6
Shelburne Falls, *Vt.* **12** F4
Shelburne Museum, *Shelburne, Vt.* **12** F4
Shelby, *Ala.* **8** J9
Shelby, *Ind.* **7** D10
Shelby, *Iowa* **4** P9
Shelby, *Mich.* **6** M10
Shelby, *Miss.* **8** G3
Shelby, *Mont.* **1** C15
Shelby, *N.C.* **8** E15
Shelby, *Nebr.* **4** P8
Shelby, *Ohio* **7** E18
Shelby City, *Ky.* **7** N15
Shelby Gap, *Ky.* **7** P19
Shelbyville, *Ill.* **7** J7
Shelbyville, *Ind.* **7** J13
Shelbyville, *Ky.* **7** M14
Shelbyville, *Mo.* **4** R13
Shelbyville, *Tenn.* **8** D9
Shelbyville, *Tex.* **5** H16
Shelbyville, Lake, *Ill.* **7** H7
Sheldon, *Ill.* **7** F10
Sheldon, *Iowa* **4** M9
Sheldon, *Mo.* **4** U11
Sheldon, *N. Dak.* **4** G7
Sheldon, *Vt.* **12** C5
Sheldon, *Wis.* **6** H4
Sheldon Jackson Museum, *Sitka, Alas.* **14** P21

Sheldon Museum,
Middlebury, Vt. **12** G4
Sheldon Museum and
Cultural Center, *Haines,
Alas.* **14** M21
Sheldon National Antelope
Refuge, *Nev.* **2** D8
Sheldon Point, *Alas.* **14**
H8
Sheldon Springs, *Vt.* **12**
C5
Sheldon Swope Art
Gallery, *Terre Haute,
Ind.* **7** J10
Shelikof Strait, *Alas.* **14**
P12
Shell, *Wyo.* **1** J19
Shell Creek, *N. Dak.* **4** E3
Shell Creek, *Nebr.* **4** P7
Shelley, *Idaho* **1** L15
Shell Keys National
Wildlife Refuge, *La.* **5**
L19
Shell Lake, *Wis.* **6** G3
Shell Lake National
Wildlife Refuge, *N. Dak.*
4 E3
Shellman, *Ga.* **8** L11
Shellman Bluff, *Ga.* **8** L16
Shell Mountain, *Calif.* **2**
G3
Shell Rock, *Iowa* **4** M12
Shell Rock, river, *Iowa* **4**
M12
Shellrock Peak, *Idaho* **1**
J11
Shellsburg, *Iowa* **4** N13
Shelly, *Minn.* **4** F8
Shelter Cove, *Calif.* **2** G1
Shelter Island, *N.Y.* **11**
L19
Shelton, *Conn.* **12** W4
Shelton, *Nebr.* **4** Q6
Shelton, *Wash.* **1** E3
Shelton ♣, *Oreg.* **1** J6
Shemogue, *N.B.* **13** G15
Shemya Island, *Alas.* **14**
Q14
Shenandoah, *Iowa* **4** Q9
Shenandoah, *Pa.* **11** L12
Shenandoah, *Va.* **10** H15
Shenandoah, river,
Va.-W. Va. **10** G16
Shenandoah Caverns, *Va.*
10 G14
Shenandoah Junction,
W. Va. **10** E16
Shenandoah Mountain,
Va.-W. Va. **10** J12
Shenandoah National
Park, *Va.* **10** H15
Shenango, river, *Pa.* **11**
K5
Shenango River Lake, *Pa.*
11 K4
Shenipsit Lake, *Conn.* **12**
T7
Shenipsit State Forest,
Conn. **12** S7
Shepaug, river, *Conn.* **12**
U3
Shepherd, *Mich.* **6** M12
Shepherd, *Mont.* **1** G18
Shepherd, *Tex.* **5** K15
Shepherd of the Hills
Farm, *Mo.* **4** V12

Shepherdstown, *W. Va.* **10**
E16
Shepherdsville, *Ky.* **7** M13
Shepody Bay, *N.B.* **13**
H15
Sheppard Air Force Base,
Tex. **5** E12
Sherando, *Va.* **10** K13
Sherando Lake Recreation
Area, *Va.* **10** K13
Sherard, *Miss.* **8** F3
Sherborn, *Mass.* **12** R10
Sherbrooke, *N.S.* **13** K20
Sherbrooke Lake, *N.S.* **13**
M15
Sherbrooke Village,
Sherbrooke, N.S. **13**
K20
Sherburn, *Minn.* **4** L10
Sherburne, *N.Y.* **11** G14
Sherburne, Lake, *Mont.* **1**
(C) B3
Sherburne National
Wildlife Refuge, *Minn.* **4**
J11
Sheridan, *Ark.* **5** E18
Sheridan, *Calif.* **2** J5
Sheridan, *Ill.* **7** D8
Sheridan, *Ind.* **7** G12
Sheridan, *Me.* **13** F7
Sheridan, *Mich.* **6** M12
Sheridan, *Mo.* **4** Q10
Sheridan, *Mont.* **1** H14
Sheridan, *N.Y.* **11** G7
Sheridan, *Ohio* **7** L19
Sheridan, *Oreg.* **1** H3
Sheridan, *Tex.* **5** L14
Sheridan, *Wyo.* **1** J20
Sheridan ♣, *Kans.* **4** S4
Sheridan Lake, *Colo.* **3**
K15
Sherman, *Ill.* **7** H6
Sherman, *Mass.* **12** U3
Sherman, *Me.* **13** H7
Sherman, *Miss.* **8** F6
Sherman, *N.Y.* **11** H6
Sherman, *Tex.* **5** F14
Sherman, *W. Va.* **10** F6
Sherman Lake ♣, *Kans.* **4**
S3
Sherman Mills, *Me.* **13** H7
Sherman Mountain, *Nev.*
2 G13
Sherman Park, *Sioux
Falls, S. Dak.* **4** L8
Sherman Pass, *Wash.* **1**
C8
Sherman Peak, *Calif.* **2**
Q9
Sherman Peak, *Idaho* **1**
J12
Sherman Peak, *Idaho* **1**
M15
Sherman Reservoir ♣,
Nebr. **4** P6
Sherman Station, *Me.* **13**
H7
Sherrard, *Ill.* **7** D5
Sherrard, *W. Va.* **10**
C9
Sherrill, *N.Y.* **11** F13
Sherwood, *N. Dak.* **4** D4
Sherwood, *Ohio* **7** D15
Sherwood, *P.E.I.* **13** G17
Sherwood, *Tenn.* **8** E9
Sherwood, *Tex.* **5** J9

Sherwood, Lake, *W. Va.*
10 K11
Sherwood Forest, *Va.* **10**
M19
Sherwood Gardens,
Baltimore, Md. **10** E20
Sherwood Island ♣, *Conn.*
12 X3
Sherwood Peak, *Calif.* **2**
H2
Sheshalik, *Alas.* **14** D10
Shetucket, river, *Conn.* **12**
U8
Sheyenne, *N. Dak.* **4** F6
Sheyenne, river, *N. Dak.* **4**
F7
Sheyenne National
Grassland, *N. Dak.* **4** H8
Shiawassee, river, *Mich.* **6**
M13
Shiawassee National
Wildlife Refuge, *Mich.* **6**
M13
Shickley, *Nebr.* **4** Q7
Shickshinny, *Pa.* **11** L12
Shidler, *Okla.* **5** B13
Shields, *Kans.* **4** T4
Shields, *N. Dak.* **4** H4
Shikellamy ♣, *Pa.* **11** L11
Shillington, *Pa.* **11** N12
Shiloh, *N.J.* **11** Q14
Shiloh, *Ohio* **7** E19
Shiloh National Memorial
Park, *Tenn.* **8** E6
Shimek State Forest, *Iowa*
4 Q13
Shine, *Wash.* **1** (A) E3
Shiner, *Tex.* **5** L13
Shinglehouse, *Pa.* **11** J9
Shingleton, *Mich.* **6** F10
Shingletown, *Calif.* **2** G4
Shinhopple, *N.Y.* **11** H14
Shining Rock Wilderness
Area, *N.C.* **8** E13
Shinnecock Bay, *N.Y.* **11**
L19
Shinnecock Indian
Reservation, *N.Y.* **11**
L19
Shinnston, *W. Va.* **10** E10
Shin Pond, *Me.* **13** G6
Shiocton, *Wis.* **6** K7
Ship Bottom, *N.J.* **11** Q16
Ship Channel Cay,
Bahamas **9** Q23
Ship Harbour, *N.S.* **13** L18
Ship Island, *Miss.* **8** N5
Shipman, *Ill,* **7** J5
Shipman, *Va.* **10** L14
Ship Museum, *St. Martins,
N.B.* **13** K13
Shippagan, *N.B.* **13** C14
Shippensburg, *Pa.* **11** P10
Shippenville, *Pa.* **11** K6
Shiprock, *N. Mex.* **3** M8
Ship Rock, *N. Mex.* **3** N8
Shipshewana, *Ind.* **7** C13
Ship Shoal Island, *Va.* **10**
N22
Ships of the Sea Museum,
Savannah, Ga. **8** K9
Shipwreck Beach, *Hawaii*
15 G15
Shirley, *Ind.* **7** H13
Shirley, *Mass.* **12** Q9
Shirley, *W. Va.* **10** E0

Shirley Basin, *Wyo.* **1** M21
Shirley Mills, *Me.* **13** K5
Shirley Mountains, *Wyo.* **1**
N21
Shirley Plantation, *Va.* **10**
M18
Shishaldin Volcano, *Alas.*
14 Q6
Shishmaref, *Alas.* **14** E9
Shishmaref Inlet, *Alas.* **14**
E9
Shively, *Ky.* **7** M13
Shivwits Plateau, *Ariz.* **3**
N3
Shoal, river, *Fla.* **9** B4
Shoals, *Ind.* **7** L11
Shoals, Isles of, *Me.-N.H.*
12 M14
Shoalwater, Cape, *Wash.*
1 E2
Shoalwater Indian
Reservation, *Wash.* **1**
E2
Shobonier, *Ill.* **7** K7
Shoellkopf Geological
Museum, *Niagara Falls,
N.Y.* **11** F7
Shongopovi, *Ariz.* **3** P6
Shonkin, *Mont.* **1** D16
Shonto, *Ariz.* **3** N6
Shooting Creek, *N.C.* **8**
E13
Shore Acres ♣, *Oreg.* **1**
L1
Shoreham, *Vt.* **12** H4
Shoreham Center, *Vt.* **12**
H3
Shore Line Trolley
Museum, *East Haven,
Conn.* **12** W5
Shorewood, *Ill.* **7** D8
Shorewood, *Wis.* **6** M8
Short Beach, *Conn.* **12**
W5
Short Creek, *W. Va.* **10** B9
Shorter, *Ala.* **8** K9
Shorterville, *Ala.* **8** L10
Shortsville, *N.Y.* **11** F10
Shoshone, *Calif.* **2** Q13
Shoshone, *Idaho* **1** M12
Shoshone Falls, *Idaho* **1**
M12
Shoshone Geyser Basin,
Wyo. **1** (B) D2
Shoshone Ice Caves,
Idaho **1** L12
Shoshone Lake, *Wyo.* **1**
K16
Shoshone Mountains,
Nev. **2** J11
Shoshone National Forest,
Wyo. **1** J17, M18
Shoshone Pass, *Wyo.* **1**
(B) E4
Shoshone Range, *Nev.* **2**
G11
Shoshoni, *Wyo.* **1** L19
Shotgun Hills, *Alas.* **14**
L11
Shot Point, *Mich.* **6** F9
Shot Tower ▲, *Va.* **10** P8
Shoulder Mountain, *Alas.*
14 D17
Shoup, *Idaho* **1** H12
Showboat Museum,
Clinton, Iowa **4** N14

Show Low, *Ariz.* **3** R7

Shreve, *Ohio* **7** F20

Shreveport, *La.* **5** G16

Shreve Square,
Shreveport, La. **5** G17

Shrewsbury, *Mass.* **12** R9

Shrewsbury, *Pa.* **11** P11

Shrewsbury House
Museum, *Madison, Ind.*
7 L14

Shrine of Saint Terese,
Alas. **14** N22

Shrine of the Sun,
Broadmoor, Colo. **3** K12

Shriver Homestead, *Md.*
10 D18

Shroud Cay, *Bahamas* **9**
R23

Shrub Oak, *N.Y.* **11** K17

Shubenacadie, *N.S.* **13**
K17

Shubenacadie, river, *N.S.*
13 K17

Shubenacadie Grand
Lake, *N.S.* **13** L17

Shubenacadie Indian
Reservation, *N.S.* **13**
K17, L17

Shubert, *Nebr.* **4** R9

Shublik Mountains, *Alas.*
14 C16

Shubuta, *Miss.* **8** L5

Shuksan, *Wash.* **1** B5

Shulerville, *S.C.* **8** H18

Shullsburg, *Wis.* **6** N4

Shumagin Islands, *Alas.*
14 R9

Shuman House, *Alas.* **14**
E17

Shumway, *Ill.* **7** J8

Shungnak, *Alas.* **14** E12

Shuqualak, *Miss.* **8** J5

Shushan, *N.Y.* **11** F17

Shutesbury, *Mass.* **12** Q7

Shuttle Landing Facility,
Fla. **9** (A)

Shuttle Launch Pads, *Fla.*
9 (A)

Shuyak Island, *Alas.* **14**
N13

Sias, *W. Va.* **10** J5

Siasconset, *Mass.* **12**
W16

Sibbald Point ♣, *Ont.* **6**
K19

Sibert, *Ky.* **7** P16

Sibley, *Ill.* **7** F8

Sibley, *Iowa* **4** M9

Sibley, *La.* **5** G17

Sibley, *Minn.* **4** J10

Sibley, *Miss.* **8** L2

Sibley Horticultural Center,
Callaway Gardens, Ga.
8 J11

Sibley House, *Mendota,
Minn.* **4** K12

Sibley Provincial Park,
Ont. **6** B7

Sica Hollow ♣, *S. Dak.* **4**
J8

Sicily Island, *La.* **5** H19

Sideling Hill, *Md.-W. Va.*
10 E15

Sidell, *Ill.* **7** H9

Sidnaw, *Mich.* **6** F7

Sidney, *B.C.* **1** (A) C1

Sidney, *Ill.* **7** G9

Sidney, *Ind.* **7** E13

Sidney, *Iowa* **4** Q9

Sidney, *Ky.* **7** N19

Sidney, *Mont.* **1** D23

Sidney, *Nebr.* **4** P2

Sidney, *N.Y.* **11** H14

Sidney, *Ohio* **7** G16

Sidney, *Tex.* **5** H11

Sidney Center, *N.Y.* **11**
H14

Sidney Lanier, Lake, *Ga.*
8 G12

Sidney Lanier Birthplace,
Macon, Ga. **8** J13

Sidon, *Miss.* **8** H4

Siegas, *N.B.* **13** D8

Siegel, Mount, *Nev.* **2** K8

Siege Museum,
Petersburg, Va. **10** N18

Sierra ?, *Calif.* **2** K7

Sierra Ancha Wilderness,
Ariz. **3** S6

Sierra Blanca, *Tex.* **5** J4

Sierra Blanca Peak,
N. Mex. **3** S12

Sierra Buttes, *Calif.* **2** H6

Sierra City, *Calif.* **2** H6

Sierra Madre Mountains,
Calif. **2** S7

Sierra National Forest,
Calif. **2** M8

Sierra Nevada Museum of
Art, *Reno, Nev.* **2** H7

Sierra Ordnance Depot,
Calif. **2** G7

Sierra Pinta, *Ariz.* **3** U2

Sierra Valley, *Calif.* **2** H7

Sierraville, *Calif.* **2** H7

Sierra Vista, *Ariz.* **3** V6

Siesta Key, *Fla.* **9** K11

Sigel, *Ill.* **7** J8

Sigel, *Pa.* **11** K7

Sight Point, *N.S.* **13** G21

Signal Hill, *Nebr.* **4** P4

Signal Mountain, *Tenn.* **8**
E10

Signal Mountain, *Vt.* **12**
F7

Signal Mountain Lodge,
Wyo. **1** (B) E3

Signal Peak, *Ariz.* **3** S2

Sigourney, *Iowa* **4** P13

Sigurd, *Utah* **3** J5

Sikeston, *Mo.* **4** V16

Siknik Cape, *Alas.* **14** G6

Sikolik Lake, *Alas.* **14**
B12

Siksikpuk, river, *Alas.* **14**
D14

Siku Point, *Alas.* **14** C18

Silas, *Ala.* **8** L6

Silas Casey Farm,
Saunderstown, R.I. **12**
V10

Siler City, *N.C.* **8** D18

Silesia, *Mont.* **1** H18

Siletz, *Oreg.* **1** H2

Silliman, Mount, *Calif.* **2**
P9

Siloam, *Ga.* **8** H13

Siloam Springs, *Ark.* **5**
B16

Siloam Springs ♣, *Ill.* **7**
G3

Silsbee, *Tex.* **5** K16

Silt, *Colo.* **3** J10

Siltcoos Lake, *Oreg.* **1** K2

Silva Flat Reservoir, *Calif.*
2 F6

Silver, *Tex.* **5** H9

Silver, river, *N.S.* **13** N12

Silver Bay, *Minn.* **4** F13

Silver Beach, *Mass.* **12**
U13

Silver Beach, *Va.* **10** M21

Silver Bell, *Ariz.* **3** U5

Silver City, *Idaho* **1** M10

Silver City, *Mich.* **6** E6

Silver City, *Miss.* **8** H3

Silver City, *Nev.* **2** J8

Silver City, *N. Mex.* **3** T9

Silver City, *S. Dak.* **4** K2

Silver Cliff, *Colo.* **3** K12

Silver Creek, *Ga.* **8** G10

Silver Creek, *Miss.* **8** L4

Silver Creek, *Nebr.* **4** P7

Silver Creek, *N.Y.* **11** G7

Silver Creek, *Oreg.* **1** L7

Silverdale, *Wash.* **1** (A) F3

Silver Dollar City, *Mo.* **4**
V11

Silver Falls ♣, *Oreg.* **1** H4

Silver Gate, *Mont.* **1** H17

Silverhill, *Ala.* **8** N7

Silver Islet, *Ont.* **6** B7

Silver Lake, *Calif.* **2** R13

Silver Lake, *Ind.* **7** E13

Silver Lake, *Kans.* **4** S9

Silver Lake, *Mass.* **12** S13

Silver Lake, *Mich.* **6** E8

Silver Lake, *N.H.* **12** H11

Silver Lake, *Oreg.* **1** L5

Silver Lake, *Oreg.* **1** L7

Silverlake, *Wash.* **1** F4

Silver Lake ♣, *Mich.* **6** L9

Silver Lake ♣, *N.H.* **12**
N10

Silver Lake ♣, *N.Y.* **11** G9

Silver Lake ♣, *Ont.* **6** J23

Silver Lake ♣, *Vt.* **12** J6

Silver Lake Recreation
Area, *Vt.* **12** H5

Silvermine Guild of Artists,
New Canaan, Conn. **12**
W3

Silverpeak, *Nev.* **2** M10

Silver Reef, *Utah* **3** M3

Silver Springs, *Md.* **10** F19

Silver Springs, *Fla.* **9** F12

Silver Springs, *Fla.* **9** E12

Silver Springs, *Nev.* **2** J8

Silver Springs, *N.Y.* **11** G9

Silver Springs ♣, *Ill.* **7** C8

Silver Star, *Mont.* **1** H14

Silver Strand Beach ♣,
Calif. **2** W11

Silverthrone, Mount, *Alas.*
14 J14

Silvertip Mountain, *Mont.*
1 D14

Silverton, *Colo.* **3** L10

Silverton, *Oreg.* **1** H3

Silverton, *Tex.* **5** E9

Silver Water, *Ont.* **6** G14

Silverwood, *N.B.* **13** H10

Silverwood Winter Park ?,
N.B. **13** H10

Silver Zone Pass, *Nev.* **2**
F15

Silvies, *Oreg.* **1** K7

Silvies, river, *Oreg.* **1** L7

Silvis, *Ill.* **7** D5

Simcoe, *Ont.* **6** N18

Simcoe, Lake, *Ont.* **6** K19

Simcoe Mountains, *Wash.*
1 G5

Simeonof Island, *Alas.* **14**
R9

Simeon Perkins House,
Liverpool, N.S. **13** P14

Simi Valley, *Calif.* **2** T9

Simla, *Colo.* **3** J13

Simmesport, *La.* **5** J19

Simms, *Mont.* **1** E15

Simnasho, *Oreg.* **1** H5

Simon Perkins Mansion,
Akron, Ohio **7** E20

Simpson, *Ill.* **7** P7

Simpson, *Kans.* **4** S7

Simpson, *La.* **5** J17

Simpson, *Mont.* **1** C16

Simpson, *Pa.* **11** K13

Simpson, *W. Va.* **10** F11

Simpson, Cape, *Alas.* **14**
A14

Simpson Island, *Ont.* **6** A8

Simpson Lagoon, *Alas.* **14**
B15

Simpson Park Mountains,
Nev. **2** H12

Simpsonville, *Ky.* **7** M14

Simpsonville, *S.C.* **8** F14

Sims, *Ill.* **7** L8

Sims, *Ind.* **7** F13

Simsboro, *La.* **5** G18

Simsbury, *Conn.* **12** T5

Sims Mesa ♣, *N. Mex.* **3**
N10

Simtustus, Lake, *Oreg.* **1**
J5

Sinaru, *Alas.* **14** A13

Sinclair, *Me.* **13** D7

Sinclair, *Wyo.* **1** N20

Sinclair, Lake, *Ga.* **8** H13

Sinclair Island, *Wash.* **1**
(A) C3

Sinclair Lake, *Alas.* **14**
A14

Sinclair Lewis Boyhood
Home, *Sauk Centre,
Minn.* **4** J10

Sinclairville, *N.Y.* **11** H7

Sinepuxent Bay, *Md.* **10**
J24

Singer, *La.* **5** K17

Singhampton, *Ont.* **6** K18

Singing Sand Mountain,
Nev. **2** J10

Singing Tower, *Fla.* **9**
H13

Sinking Spring, *Ohio* **7**
K17

Sinking Spring, *Pa.* **11**
N12

Sinks Canyon ?, *Wyo.* **1**
M18

Sinks Canyon ♣, *Wyo.* **1**
M18

Sinks Grove, *W. Va.* **10** L9

Sinkyone Wilderness,
Calif. **2** H2

Sinnemahoning, *Pa.* **11**
K9

Sinnemahoning ♣, *Pa.* **11**
K9

Sinnemahoning Creek,
Pa. **11** K9

Sinnissippi Gardens, *Rockford, Ill.* 7 B7

Sinsheimer Brothers Store, *San Luis Obispo, Calif.* 2 R6

Sinton, *Tex.* 5 N13

Sinuk, *Alas.* 14 F8

Sioux Center, *Iowa* 4 M9

Sioux City, *Iowa* 4 N9

Sioux City Art Center, *Sioux City, Iowa* 4 N9

Sioux City Public Museum, *Sioux City, Iowa* 4 N9

Sioux City Stockyards, *Sioux City, Iowa* 4 N9

Sioux Falls, *S. Dak.* 4 L8

Sioux Indian Museum and Crafts Center, *Rapid City, S. Dak.* 4 K2

Sioux Rapids, *Iowa* 4 M10

Sipapu ?, *N. Mex.* 3 N12

Sipe Springs, *Tex.* 5 H11

Sipsey, *Ala.* 8 G8

Sipsey, river, *Ala.* 8 G7

Sipsey Wilderness, *Ala.* 8 F7

Sir Andrew Macphail ♣, *P.E.I.* 13 G18

Siren, *Wis.* 6 G2

Sisgravik Lake, *Alas.* 14 A13

Siskiwit Bay, *Mich.* 6 C7

Siskiwit Lake, *Mich.* 6 C7

Siskiyou Mountains, *Oreg.* 1 N2; 2 D3

Siskiyou National Forest, *Oreg.* 1 M2; 2 D2

Sisquoc, *Calif.* 2 S7

Sisquoc, river, *Calif.* 2 S7

Sisseton, *S. Dak.* 4 J8

Sisseton Indian Reservation, *S. Dak.* 4 J8

Sissiboo, river, *N.S.* 13 N12

Sisson Branch Reservoir, *N.B.* 13 D9

Sissonville, *W. Va.* 10 H6

Sister Bay, *Wis.* 6 H9

Sisterdale, *Tex.* 5 L11

Sisters, *Oreg.* 1 J5

Sistersville, *W. Va.* 10 D8

Sithylemenkat Lake, *Alas.* 14 F14

Sitgreaves National Forest, *Ariz.* 3 R6

Sitidgi Lake, *N.W.T.* 14 C21

Sitka, *Alas.* 14 P21

Sitka, *Kans.* 4 V5

Sitkalidak Island, *Alas.* 14 P13

Sitkalidak Strait, *Alas.* 14 P12

Sitka National Historical Park, *Alas.* 14 P21

Sitkinak Dome, *Alas.* 14 Q12

Sitkinak Island, *Alas.* 14 Q12

Sitkinak Strait, *Alas.* 14 Q12

Sitkin Sound, *Alas.* 14 R19

Sitting Bull Monument, *S. Dak.* 4 J4

Situk, *Alas.* 14 M19

Siuslaw, river, *Oreg.* 1 K2

Siuslaw National Forest, *Oreg.* 1 J2

Sixes, *Oreg.* 1 L1

Six Flags Magic Mountain, *Valencia, Calif.* 2 S9

Six Flags Over Georgia, *Atlanta, Ga.* 8 H11

Six Flags Over Mid-America, *Mo.* 4 T14

Six Flags Over Texas, *Arlington, Tex.* 5 G13

Six Gun City, *Jefferson, N.H.* 12 E10

Sixmile Lake, *Alas.* 14 H11

Six Mile Lake ♣, *Ont.* 6 J19

Six Rivers National Forest, *Calif.* 2 E2

Six Shilling Cay, *Bahamas* 9 P23

Siyeh, Mount, *Mont.* 1 (C) B3

Sizerville ♣, *Pa.* 11 J8

Skagit, river, *Wash.* 1 C5

Skagit Bay, *Wash.* 1 (A) D3

Skagul Island, *Alas.* 14 R18

Skagway, *Alas.* 14 M21

Skamokawa, *Wash.* 1 F3

Skaneateles, *N.Y.* 11 F12

Skaneateles Lake, *N.Y.* 11 F12

Skanee, *Mich.* 6 E8

Skellytown, *Tex.* 5 C9

Skene, *Miss.* 8 G3

Ski Acres ?, *Wash.* 1 E5

Ski Apache ?, *N. Mex.* 3 S12

Skiatook, *Okla.* 5 B14

Skiatook Lake, *Okla.* 5 B14

Ski Brule-Ski Homestead ?, *Mich.* 6 G7

Skidmore, *Mo.* 4 R10

Skidmore, *Tex.* 5 N13

Ski Hall of Fame, *Mich.* 6 F8

Ski Incline ?, *Nev.* 2 J7

Skilak Lake, *Alas.* 14 L14

Ski Liberty ?, *Pa.* 11 P10

Skillet Fork, *Ill.* 7 L8

Ski Meadows ?, *Va.* 10 G16

Ski Minnewaska ?, *N.Y.* 11 J16

Skinners Pond, *P.E.I.* 13 E15

Skippers, *Va.* 10 Q17

Skipwith, *Va.* 10 Q15

Skir Dhu, *N.S.* 13 F23

Ski Roundtop ?, *Pa.* 11 N11

Ski Sundown ?, *Conn.* 12 T5

Ski Valley ?, *Ind.* 7 D11

Ski Valley ?, *R.I.* 12 S11

Ski Way of Aroostook ?, *Me.* 13 F8

Skokan, *N.Y.* 11 J16

Skokie, *Ill.* 7 C9

Skokomish Indian Reservation, *Wash.* 1 (A) G1

Skowhegan, *Me.* 13 L4

Skowhegan History House, *Skowhegan, Me.* 13 L4

Skull Mountain, *Nev.* 2 N13

Skull Valley, *Ariz.* 3 R4

Skull Valley Indian Reservation, *Utah* 3 G4

Skwentna, *Alas.* 14 K14

Skwentna, river, *Alas.* 14 K13

Skykomish, *Wash.* 1 D5

Skykomish, river, *Wash.* 1 D5

Skyland, *N.C.* 8 E14

Skyland, *Va.* 10 H15

Sky Lift, *Gatlinburg, Tenn.* 8 D13

Skyline ?, *Mich.* 6 K12

Sky Line ?, *Wis.* 6 L5

Skyline Boulevard, *Oakland, Calif.* 2 L4

Skyline Caverns, *Va.* 10 G16

Skyline Drive, *Homer, Alas.* 14 M13

Skyline Drive, *Va.* 10 J15

Skyline Parkway, *Duluth, Minn.* 4 G13

Sky Valley ?, *Ga.* 8 E13

Slab Fork, *W. Va.* 10 L7

Slade, *Ky.* 7 N17

Slade National Wildlife Refuge, *N. Dak.* 4 G5

Slana, *Alas.* 14 J17

Slana, river, *Alas.* 14 J17

Slate, river, *Va.* 10 L15

Slate Creek, *Alas.* 14 J17

Slate Islands, *Ont.* 6 B9

Slate Mountain, *Calif.* 2 F6

Slater, *Iowa* 4 N11

Slater, *Mo.* 4 S12

Slater, *S.C.* 8 E14

Slate Range, *Calif.* 2 Q11

Slater Memorial Museum, *Norwich, Conn.* 12 V8

Slater Memorial Park and Zoo, *Pawtucket, R.I.* 12 T11

Slater Mill Historic Site, *Pawtucket, R.I.* 12 T11

Slatersville, *R.I.* 12 S10

Slatington, *Pa.* 11 M13

Slaton, *Tex.* 5 F8

Slaty Fork, *W. Va.* 10 J11

Slaughter Beach, *Del.* 10 G23

Slaughters, *Ky.* 7 P10

Slayden, *Miss.* 8 E5

Slayton, *Minn.* 4 L9

Sledge, *Miss.* 8 F4

Sledge Island, *Alas.* 14 F8

Sleeping Bear Dunes National Lakeshore, *Mich.* 6 J10

Sleeping Cave, *Hawaii* 15 P20

Sleeping Giant ?, *Wyo.* 1 J17

Sleeping Giant ♣, *Conn.* 12 V5

Sleeping Giant, campground, *Wyo.* 1 (B) C4

Sleeping Giant, peak, *Hawaii* 15 B5

Sleepy Cat Peak, *Colo.* 3 H9

Sleepy Creek, *Va.-W. Va.* 10 E15

Sleepy Creek, *W. Va.* 10 D16

Sleepy Creek Lake, *W. Va.* 10 E16

Sleepy Creek Mountain, *W. Va.* 10 E15

Sleepy Eye, *Minn.* 4 K10

Sleepy Hollow ♣, *Mich.* 6 N12

Sleepy Hollow Cemetery, *Concord, Mass.* 12 Q11

Sleepy Hollow Cemetery, *Tarrytown, N.Y.* 11 L17

Sleetmute, *Alas.* 14 K11

Slick Rock, *Colo.* 3 L8

Slide Area, *Mont.* 1 (B) B1

Slidell, *La.* 5 K21

Slide Mountain ?, *Nev.* 2 J8

Sligo, *Pa.* 11 L6

Slim Buttes, *S. Dak.* 4 J2

Slim Island, *Ind.* 7 N9

Slinger, *Wis.* 6 M7

Slingerlands, *N.Y.* 11 G16

Slippery Rock, *Pa.* 11 L5

Sloan, *Iowa* 4 N9

Sloan, *Nev.* 2 Q14

Sloan, *N.Y.* 6 (C) C3

Sloane-Stanley Museum, *Kent Furnace, Conn.* 12 U3

Sloansville, *N.Y.* 11 G15

Sloat, *Calif.* 2 H6

Slocomb, *Ala.* 8 M10

Slocum, *R.I.* 12 V10

Sloss Furnaces, *Birmingham, Ala.* 8 H8

Slow Fork, Kuskokwim River, *Alas.* 14 H13

Smackover, *Ark.* 5 F18

Small, *Idaho* 1 K14

Small Point, *Me.* 13 P4

Smallwood ▲, *Md.* 10 H18

Smarts Mountain, *N.H.* 12 H8

Smartt, *Tenn.* 8 D10

Smart View Recreation Area, *Va.* 10 P10

Smartville, *Calif.* 2 J5

Smelt Brook, *N.S.* 13 E23

Smelterville, *Idaho* 1 E11

Smethport, *Pa.* 11 J8

Smiley, *Tex.* 5 M13

Smiley ♣, *N.S.* 13 L16

Smith, *Nev.* 2 K8

Smith, river, *Calif.* 2 D2

Smith, river, *Mont.* 1 E15

Smith, river, *Oreg.* 1 K2

Smith, river, *Va.* 10 Q11

Smith Bay, *Alas.* 14 A14

Smithboro, *Ill.* 7 K6

Smithburg, *W. Va.* 10 E9

Smith Canyon, *Colo.* 3 L14

Smith Center, *Kans.* 4 R6

Smith College Museum of Art, *Northampton, Mass.* **12** R6

Smithdale, *Miss.* **8** L3

Smithe Redwoods ♣, *Calif.* **2** H2

Smithers, *W. Va.* **10** J7

Smith Falls, *Idaho* **1** B10

Smith Falls, *Nebr.* **4** M5

Smithfield, *Ill.* **7** F5

Smithfield, *Ky.* **7** L14

Smithfield, *Me.* **13** M4

Smithfield, *N.C.* **8** D20

Smithfield, *Ohio* **7** G22

Smithfield, *Pa.* **11** P5

Smithfield, *Utah* **3** E5

Smithfield, *Va.* **10** N20

Smithfield, *W. Va.* **10** E10

Smithfield Plantation, *Blacksburg, Va.* **10** N10

Smith Island, *Md.* **10** K21

Smith Island, *N.C.* **8** G21

Smith Island, *Va.* **10** N22

Smith Island Bay, *Va.* **10** N22

Smithland, *Ky.* **7** P8

Smithmill, *Pa.* **11** M8

Smith Mills, *Ky.* **7** N9

Smith Mountain Lake, *Va.* **10** N12

Smith Point, *N.S.* **13** H17

Smith River, *Calif.* **2** D2

Smiths, *Ala.* **8** K10

Smith's Castle, *N. Kingstown, R.I.* **12** U10

Smiths Cove, *N.S.* **13** M12

Smiths Creek, *Mich.* **6** (B) B3

Smiths Falls, *Ont.* **6** J24

Smiths Ferry, *Idaho* **1** K10

Smiths Fork, Bear River, *Wyo.* **1** N16

Smiths Grove, *Ky.* **7** Q12

Smithsonian Institution, *Washington, D. C.* **10** (A)

Smith's Tropical Gardens, *Wailua, Hawaii* **15** B5

Smithton, *Ill.* **7** L5

Smithton, *Mo.* **4** T12

Smith Town, *Ky.* **7** R15

Smithtown, *N.H.* **12** N12

Smithtown, *N.Y.* **11** L18

Smith Valley, *Ind.* **7** H12

Smithville, *Ga.* **8** L12

Smithville, *Ind.* **7** K12

Smithville, *Miss.* **8** G6

Smithville, *Mo.* **4** S10

Smithville, *N.J.* **11** Q15

Smithville, *Ohio* **7** E20

Smithville, *Okla.* **5** E19

Smithville, *Ont.* **6** (C) B1

Smithville, *Tenn.* **8** D9

Smithville, *Tex.* **5** L13

Smithville, *W. Va.* **10** F8

Smithwick, *S. Dak.* **4** L2

Smoke Creek, *Alas.* **14** D16

Smoke Creek, *Calif.* **2** F7

Smoke Creek, *Mont.* **1** C22

Smoke Creek Desert, *Nev.* **2** G8

Smoke Hole, *W. Va.* **10** G13

Smoke Hole Caverns, *W. Va.* **10** F13

Smokey Bear State Forest, *Minn.* **4** E11

Smokey Hills, *Kans.* **4** S6

Smoki Museum, *Prescott, Ariz.* **3** R4

Smoky, Cape, *N.S.* **13** F23

Smoky Bear ♣, *N. Mex.* **3** S12

Smoky Hill, river, *Kans.* **4** S4

Smoky Hill Historical Museum, *Salina, Kans.* **4** S7

Smoky Hills State Forest, *Minn.* **4** G9

Smoky Mountain Car Museum, *Gatlinburg, Tenn.* **8** D13

Smoky Mountains, *Idaho* **1** L12

Smolan, *Kans.* **4** T7

Smoot, *W. Va.* **10** K9

Smoot, *Wyo.* **1** M16

Smugglers Notch ?, *Vt.* **12** E6

Smyer, *Tex.* **5** F8

Smyrna, *Del.* **10** E22

Smyrna, *Ga.* **8** G11

Smyrna, *Tenn.* **8** D9

Smyrna Mills, *Me.* **13** G7

Snag Creek, *Alas.* **14** J18

Snake, river, *Minn.* **4** E8

Snake, river, *Minn.* **4** H11

Snake, river, *Nebr.* **4** M4

Snake, river, *Wyo.* **1** K16

Snake, river, *Yukon Torr.* **14** G21

Snake Range, *Nev.* **2** J15

Snake Range, *Wyo.* **1** (B) G2

Snake River ♣, *Wyo.* **1** (B) E3

Snake River Canyon, *Wash.* **1** F9

Snake River Plain, *Idaho* **1** M13

Snake River State Forest, *Minn.* **4** H11

Snead, *Ala.* **8** G9

Sneads, *Fla.* **9** B6

Sneads Ferry, *N.C.* **8** F21

Sneedville, *Tenn.* **8** C13

Snell, *Va.* **10** J17

Snelling, *Calif.* **2** M6

Snipatuit Pond, *Mass.* **12** T12

Snipe Keys, *Fla.* **9** R13

Sno Hill ?, *Pa.* **11** J14

Snohomish, *Wash.* **1** D5

Snohomish, river, *Wash.* **1** (A) E4

Snoqualmie, *Wash.* **1** D5

Snoqualmie National Forest, *Wash.* **1** D5, E5

Snoqualmie Pass, *Wash.* **1** E5

Snover, *Mich.* **6** M15

Snow, Mount, *Vt.* **12** N5

Snow Basin ?, *Utah* **3** F5

Snow Canyon ♣, *Utah* **3** M2

Snowflake, *Ariz.* **3** R7

Snow Flat Spring Cave, *Utah* **3** M7

Snowhaven ?, *Idaho* **1** G10

Snow Hill, *Ala.* **8** L8

Snow Hill, *Md.* **10** J23

Snow Hill, *N.C.* **8** D21

Snow Hill ?, *Mass.* **12** Q8

Snow King ?, *Wyo.* **1** L16

Snow Lake, *Ark.* **5** E20

Snowland ?, *Utah* **3** H6

Snowmass ?, *Colo.* **3** J10

Snow Mountain, *Calif.* **2** J3

Snow Mountain, *Me.* **13** K2

Snow Peak, *Wash.* **1** C8

Snow Ridge ?, *N.Y.* **11** D13

Snow Shoe, *Pa.* **11** L9

Snowshoe ?, *W. Va.* **10** H11

Snowshoe Peak, *Mont.* **1** D11

Snow Trails ?, *Ohio* **7** F18

Snow Valley ?, *Ont.* **6** K19

Snowville, *Utah* **3** E4

Snowville, *Va.* **10** N9

Snow Water Lake, *Nev.* **2** F14

Snowy Range ?, *Wyo.* **1** P21

Snumshire, *N.H.* **12** L7

Snyder, *Colo.* **3** G14

Snyder, *Nebr.* **4** P8

Snyder, *Okla.* **5** D11

Snyder, *Ont.* **6** (C) B2

Snyder, *Tex.* **5** G9

Snyder-Middleswarth ♣, *Pa.* **11** L10

Soap Lake, *Wash.* **1** E7

Sober Island, *N.S.* **13** L19

Sobieski, *Wis.* **6** J7

Soboba Indian Reservation, *Calif.* **2** U12

Socastee, *S.C.* **8** G19

Social Circle, *Ga.* **8** H13

Society Hill, *Philadelphia, Pa.* **11** P14

Society Hill, *S.C.* **8** F18

Society of the Four Arts, *Palm Beach, Fla.* **9** L17

Socorro, *N. Mex.* **3** R11

Socorro, *Tex.* **5** H3

Sod, *W. Va.* **10** J6

Soda Lake, *Calif.* **2** R7

Soda Lake, *Calif.* **2** R13

Soda Mountains, *Calif.* **2** R13

Soda Peak, *Wash.* **1** G4

Soda Springs, *Idaho* **1** M15

Sodaville, *Oreg.* **1** J3

Soddy-Daisy, *Tenn.* **8** E11

Sod House, *Okla.* **5** B12

Sodus, *Mich.* **6** Q10

Sodus, *N.Y.* **11** E11

Sodus Point, *N.Y.* **11** E11

Sofa Mountain, *Alta.* **1** (C) A3

Solana, *Fla.* **9** L12

Solana Beach, *Calif.* **2** V11

Solana State Forest, *Minn.* **4** H11

Soldier, *Ky.* **7** M17

Soldier Mountain ?, *Idaho* **1** L12

Soldier Pond, *Me.* **13** D6

Soldiers Cove, *N.S.* **13** H22

Soldiers Grove, *Wis.* **6** M3

Soldier Summit, *Utah* **3** H6

Soldotna, *Alas.* **14** L14

Soledad, *Calif.* **2** P5

Soledad Pass, *Calif.* **2** S10

Soleduck, river, *Wash.* **1** C3

Solen, *N. Dak.* **4** H4

Solitude, *Park City, Utah* **3** G5

Solomon, *Alas.* **14** F9

Solomon, *Ariz.* **3** T7

Solomon, *Kans.* **4** S8

Solomon R. Guggenheim Museum, *New York, N.Y.* **11** M17

Solomons, *Md.* **10** J20

Solon, *Me.* **13** L4

Solon, *Ohio* **7** D20

Solon Springs, *Wis.* **6** F3

Solvang, *Calif.* **2** S7

Solvay, *N.Y.* **11** F12

Sombra, *Ont.* **6** (B) C4

Somers, *Conn.* **12** S7

Somers, *Mont.* **1** D13

Somerset, *Colo.* **3** J10

Somerset, *Ky.* **7** Q15

Somerset, *Mass.* **12** T11

Somerset, *Ohio* **7** H19

Somerset, *Pa.* **11** N7

Somerset, *Tex.* **5** M12

Somerset, *Va.* **10** J16

Somerset Reservoir, *Vt.* **12** M5

Somers Mansion, *Somers Point, N.J.* **11** Q15

Somers Point, *N.J.* **11** Q15

Somersville, *Conn.* **12** S6

Somersworth, *N.H.* **12** L13

Somerton, *Ariz.* **3** T1

Somervillo, *Ind.* **7** M10

Somerville, *Mass.* **12** Q12

Somerville, *N.B.* **13** G8

Somerville, *N.J.* **11** M15

Somerville, *Tenn.* **8** E5

Somerville, *Tex.* **5** K14

Somes Bar, *Calif.* **2** E2

Somesville, *Me.* **13** N7

Somonauk, *Ill.* **7** C7

Sondheimer, *La.* **5** G19

Songo Locks ▲, *Me.* **13** P2

Sonnenberg ?, *Vt.* **12** J6

Sonnette, *Mont.* **1** H21

Sonoma, *Calif.* **2** L4

Sonoma Coast Beach ♣, *Calif.* **2** K2

Sonoma Peak, *Nev.* **2** F11

Sonoma Range, *Nev.* **2** F10

Sonoma State Historic Park, *Sonoma, Calif.* **2** L4

South Fork, Koyukuk River, *Alas.* **14** E15
South Fork, Kuskokwim River, *Alas.* **14** J13
South Fork, Licking River, *Ky.* **7** L15
South Fork, Little Humboldt River, *Nev.* **2** E11
South Fork (Moorefield), river, *W. Va.* **10** G13
South Fork, Moreau River, *S. Dak.* **4** J2
South Fork, Nulato River, *Alas.* **14** G11
South Fork, Salmon River, *Calif.* **2** F3
South Fork, Shenandoah River, *Va.* **10** G15
South Fork, Smith River, *Calif.* **2** D2
South Fork, White River, *Colo.* **3** H10
South Fork American, river, *Calif.* **2** K7
South Fork Boise, river, *Idaho* **1** L11
South Fork Clearwater, river, *Idaho* **1** G11
South Fork Cottonwood Creek, *Calif.* **2** G4
South Fork Edisto, river, *S.C.* **8** H16
South Fork Eel, river, *Calif.* **2** H2
South Fork Flathead, river, *Mont.* **1** D13
South Fork Gualala, river, *Calif.* **2** K2
South Fork Hughes, river, *W. Va.* **10** F8
South Fork Indian Reservation, *Nev.* **2** G13
South Fork Kern, river, *Calif.* **2** Q10
South Fork Moorefield, river, *W. Va.* **10** G13
South Fork Mountain, *Calif.* **2** G3
South Fork Owyhee, river, *Idaho-Nev.* **1** N10; **2** D12
South Fork Payette, river, *Idaho* **1** K11
South Fork Pit, river, *Calif.* **2** E7
South Fork Powder, river, *Wyo.* **1** L21
South Fork Salmon, river, *Idaho* **1** H11
South Fork Salt, river, *Mo.* **4** S13
South Fork Shoshone, river, *Wyo.* **1** J18
South Fork Skokomish, river, *Wash.* **1** (A) F1
South Fork Solomon, river, *Kans.* **4** S6
South Fork Trinity, river, *Calif.* **2** F3
South Foster, *R.I.* **12** T9
South Fulton, *Tenn.* **8** C6
South Gillies, *Ont.* **6** B6

South Glastonbury, *Conn.* **12** U6
South Grand, river, *Mo.* **4** T11
South Gut Saint Anns, *N.S.* **13** G22
South Hadley, *Mass.* **12** R6
South Hadley Falls, *Mass.* **12** R6
South Halawa Stream, *Hawaii* **15** (A)
South Hamilton, *Mass.* **12** P13
South Hampton, *N.H.* **12** N12
South Harbour, *N.S.* **13** E23
South Harwich, *Mass.* **12** U16
South Haven, *Kans.* **4** V7
South Haven, *Mich.* **6** P10
South Haven, *N.S.* **13** G23
South Head, *N.S.* **13** G24
South Heart, *N. Dak.* **4** G3
South Hero, *Vt.* **12** D4
South Hero Island, *Vt.* **12** D3
South Higgins Lake ♣, *Mich.* **6** K12
South Hill, *Va.* **10** P16
South Holston Lake, *Tenn.* **8** C15
South Hooksett, *N.H.* **12** M11
South Hutchinson, *Kans.* **4** U7
Southington, *Conn.* **12** U5
South International Falls, *Minn.* **4** E11
South Jacksonville, *Ill.* **7** H5
South Jordan, *Utah* **3** G5
South Kona Forest Reserve, *Hawaii* **15** P20, Q19
South Kortright, *N.Y.* **11** H15
South Lagrange, *Me.* **13** K6
South Lake Tahoe, *Calif.* **2** K7
South Lancaster, *Mass.* **12** Q9
Southland, *Tex.* **5** F8
South Lebanon, *Me.* **13** Q2
South Lebanon, *Ohio* **7** J16
South Lee, *Mass.* **12** R4
South Livonia, *N.Y.* **11** G10
South Llano, river, *Tex.* **5** K10
South Londonderry, *Vt.* **12** L5
South Loup, river, *Nebr.* **4** P5

South Lyme, *Conn.* **12** W7
South Lyndeborough, *N.H.* **12** N9
South Maitland, *N.S.* **13** K17
South Manistique Lake, *Mich.* **6** F11
South Mansfield, *La.* **5** H17
South Marsh Island, *Md.* **10** J21
South Mayo, river, *Va.* **10** Q11
South Merrimack, *N.H.* **12** N10
South Miami, *Fla.* **9** N16
South Middleboro, *Mass.* **12** T13
South Milford, *N.S.* **13** M13
South Mills, *N.C.* **8** B23
South Milwaukee, *Wis.* **6** N8
South Monroe, *Mich.* **6** (B) F1
South Monson, *Mass.* **12** S7
South Montrose, *Pa.* **11** J13
South Mountain, *Idaho* **1** M10
South Mountain, *Md.* **10** E17
South Mountain, *Pa.* **11** P10
South Naknek, *Alas.* **14** N11
South New Berlin, *N.Y.* **11** G14
South Newbury, *N.H.* **12** L9
South Newfane, *Vt.* **12** N6
South Northfield, *Vt.* **12** G6
South Ogden, *Utah* **3** F5
South Ohio, *N.S.* **13** P12
Southold, *N.Y.* **11** L19
South Orleans, *Mass.* **12** T16
South Oromocto Lake, *N.B.* **13** K10
South Otselic, *N.Y.* **11** G13
South Padre Island, *Tex.* **5** R13
South Paris, *Me.* **13** N3
South Park City Museum, *Fairplay, Colo.* **3** J11
South Pass, *Wyo.* **1** N18
South Pass City, *Wyo.* **1** M19
South Pekin, *Ill.* **7** F6
South Pit, *Hawaii* **15** P20
South Pittsburg, *Tenn.* **8** E10
South Plainfield, *N.J.* **11** M15
South Plains, *Tex.* **5** E9
South Platte, river, *Colo.* **3** J12

South Point, *Mich.* **6** J14
South Point, *Ohio* **7** L19
South Pond Recreation Area, *N.H.* **12** E10
South Ponte Vedra Beach, *Fla.* **9** D14
Southport, *Conn.* **12** X4
Southport, *Fla.* **9** C5
Southport, *Ind.* **7** H12
Southport, *Me.* **13** P4
Southport, *N.C.* **8** G20
Southport, *N.Y.* **11** H11
Southport, *P.E.I.* **13** G18
South Portland, *Me.* **13** Q3
South Portsmouth, *Ky.* **7** L18
South Pyramid Peak, *N. Mex.* **3** U8
South Range, *Mich.* **6** E7
South Range, *N.S.* **13** M12
South Rattlesnake Butte, *Colo.* **3** L13
South Rawdon, *N.S.* **13**, L16
South Rawdon Museum, *S. Rawdon, N.S.* **13** L16
South Renovo, *Pa.* **11** K9
South River, *Ont.* **6** G19
South River State Forest, *Mass.* **12** Q6
South Royalston, *Mass.* **12** P8
South Royalton, *Vt.* **12** H/
South Ryegate, *Vt.* **12** G8
South Salem, *N.Y.* **11** K17
South San Francisco, *Calif.* **2** M3
South Seabrook, *N.H.* **12** N13
South Shore, *Ky.* **7** L18
South Shore, *S. Dak.* **4** J8
South Shore ♣, *Ill.* **7** L6
South Shoshone Peak, *Nev.* **2** J10
Southside, *Ala.* **8** G9
South Sioux City, *Nebr.* **4** N8
South Solon, *Ohio* **7** H17
South Street Seaport Museum, *New York, N.Y.* **11** M17
South Sudbury, *Mass.* **12** Q10
South Superior, *Wyo.* **1** N18
South Sutton, *N.H.* **12** L9
South Swansea, *Mass.* **12** U11
South Tamworth, *N.H.* **12** H11
South Torrington, *Wyo.* **1** N23
South Trescott, *Me.* **13** L10

South Tucson, *Ariz.* 3 U6

South Umpqua, river, *Oreg.* 1 L3

South Union, *Ky.* 7 Q11

South Venice, *Fla.* 9 K11

South Vienna, *Ohio* 7 H17

South Wales, *N.Y.* 11 G8

South Walpole, *Mass.* 12 S11

South Warner Wilderness, *Calif.* 2 E7

South Waverly, *Pa.* 11 J12

South Weare, *N.H.* 12 M9

South Webster, *Ohio* 7 K18

South Wellfleet, *Mass.* 12 T16

Southwest Branch Saint John, river, *Me.-Que.* 13 G3

Southwest Cape, *Alas.* 14 F6

South West City, *Mo.* 4 V10

Southwest Harbor, *Me.* 13 N7

South West Margaree, *N.S.* 13 G21

Southwest Miramichi, river, *N.B.* 13 F10

Southwest Museum, *Los Angeles, Calif.* 2 T9

Southwest Pass, *La.* 5 M22

Southwest Point, *Bahamas* 9 N22

South West Port Mouton, *N.S.* 13 P14

Southwest Rift, *Hawaii* 15 P20

Southwest Virginia Museum, *Big Stone Gap, Va.* 10 N2

South Weymouth Naval Air Station, *Mass.* 12 S12

South Whidbey ♣, *Wash.* 1 (A) D3

South Whitley, *Ind.* 7 E13

South Wichita, river, *Tex.* 5 F10

Southwick, *Mass.* 12 S5

Southwick Beach ♣, *N.Y.* 11 D12

South Williamson, *Ky,* 7 N19

South Williamsport, *Pa.* 11 K11

South Wilmington, *Ill.* 7 E8

South Windham, *Conn.* 12 U7

South Windham, *Me.* 13 P3

South Windsor, *Conn.* 12 T6

South Windsor, *Me.* 13, N4

South Wolfeboro, *N.H.* 12 K11

South Woodbury, *Vt.* 12 E7

South Woodstock, *Conn.* 12 T9

South Woodstock, *Vt.* 12 K7

Southworth, *Wash.* 1 (A) F3

South Yarmouth, *Mass.* 12 U15

South Yolla Bolly Mountains, *Calif.* 2 G4

South Yuba, river, *Calif.* 2 J6

South Zanesville, *Ohio* 7 H19

Space Flight Control Center, *Fla.* 9 (A)

Spaceport USA (Visitors Center), *Fla.* 9 (A)

Spackenkill, *N.Y.* 11 J16

Spade, *Tex.* 5 E8

Spalding, *Idaho* 1 F10

Spalding, *Nebr.* 4 P6

Spalding Tract, *Calif.* 2 F6

Spanaway, *Wash.* 1 (A) G3

Spangle, *Wash.* 1 E9

Spangler, *Pa.* 11 M7

Spanish, *Ont.* 6 F15

Spanish, river, *Ont.* 6 F16

Spanishburg, *W. Va.* 10 M8

Spanish Cay, *Bahamas* 9 K21

Spanish Fork, *Utah* 3 H5

Spanish Fort, *Ala.* 8 N7

Spanish Governor's Palace, *San Antonio, Tex.* 5 L11

Spanish Peak, *Oreg.* 1 J6

Spanish Peaks, *Colo.* 3 M13

Spanish Ship Bay, *N.S.* 13 L19

Spanish Trail, *U. S.* 2 R12; 3 J6

Spanish Wells, *Bahamas* 9 P23

Sparkman, *Ark.* 5 E18

Sparks, *Ga.* 8 M13

Sparks, *Nev.* 2 H8

Sparks Foundation County Park, *Jackson, Mich.* 6 P12

Sparland, *Ill.* 7 E6

Sparlingville, *Mich.* 6 (B) B3

Sparr, *Fla.* 9 E12

SPAR Planetarium, *Shreveport, La.* 5 G17

Sparrevohn Air Force Station, *Alas.* 14 K12

Sparrow Bush, *N.Y.* 11 K15

Sparrow House, *Plymouth, Mass.* 12 S13

Sparta, *Ga.* 8 H13

Sparta, *Ill.* 7 M5

Sparta, *Ky.* 7 L14

Sparta, *Mich.* 6 M11

Sparta, *N.C.* 8 C16

Sparta, *N.J.* 11 L15

Sparta, *Tenn.* 8 D10

Sparta, *Va.* 10 K18

Sparta, *Wis.* 6 L4

Spartanburg, *S.C.* 8 E15

Spartansburg, *Pa.* 11 J6

Spaulding, Lake, *Calif.* 2 J6

Spaulding Turnpike, *N.H.* 12 L12

Spearfish, *S. Dak.* 4 K1

Spearman, *Tex.* 5 B9

Spearsville, *La.* 5 G18

Spearville, *Kans.* 4 U5

Spectacle Pond, *Me.* 13 L7

Specter Range, *Nev.* 2 P13

Speculator, *N.Y.* 11 E16

Spednic Lake, *Me.-N.B.* 13 J9

Speed, *Ind.* 7 L13

Speed, *W. Va.* 10 G7

Speedway, *Ind.* 7 H12

Speedwell, *Va.* 10 P7

Speedwell Village, *Morristown, N.J.* 11 M15

Speers, *Pa.* 11 N5

Spencer, *Idaho* 1 K15

Spencer, *Ind.* 7 J11

Spencer, *Iowa* 4 M10

Spencer, *Mass.* 12 R8

Spencer, *N.C.* 8 D17

Spencer, *Nebr.* 4 M6

Spencer, *N.Y.* 11 H12

Spencer, *Ohio* 7 E19

Spencer, *S. Dak.* 4 L7

Spencer, *Tenn.* 8 D10

Spencer, *Va.* 10 Q11

Spencer, *Wis.* 6 J4

Spencer, *W. Va.* 10 G7

Spencer, Cape, *Alas.* 14 N20

Spencer, Point, *Alas.* 14 E8

Spencer Bay, *Me.* 13 J5

Spencer Lake, *Me.* 13 J3

Spencerport, *N.Y.* 11 F9

Spencers Island, *N.S.* 13 K14

Spencer Spit ♣, *Wash.* 1 (A) C2

Spencer State Forest, *Mass.* 12 R8

Spencertown, *N.Y.* 11 H17

Spencerville, *Ind.* 7 D14

Spencerville, *Ohio* 7 F15

Sperry, *Okla.* 5 B14

Sperry Chalets, *Mont.* 1 (C) C3

Sperry Glacier, *Mont.* 1 (C) C3

Sperryville, *Va.* 10 H16

Spesutie Island, *Md.* 10 E21

Spiceland, *Ind.* 7 H14

Spicer, *Minn.* 4 J10

Spicewood, *Tex.* 5 K12

Spickard, *Mo.* 4 R11

Spickard, Mount, *Wash.* 1 B5

Spider Lake, *Me.* 13 F5

Spike Mountain, *Alas.* 14 E18

Spillville, *Iowa* 4 M13

Spindale, *N.C.* 8 E15

Spindletop Museum, *Beaumont, Tex.* 5 L16

Spirit Lake, *Idaho* 1 D10

Spirit Lake, *Iowa* 4 L10

Spirit Mountain, *Duluth, Minn.* 4 G13

Spirit Mountain ♣, *Wis.* 6 E2

Spirit Mountain Caverns, *Wyo.* 1 J18

Spiro, *Okla.* 5 D16

Spitler Woods ♣, *Ill.* 7 H7

Splendora, *Tex.* 5 K15

Split, Cape, *N.S.* 13 K15

Split Peak, *Nev.* 2 D9

Split Rock Creek ♣, *Minn.* 4 L9

Split Rock Lighthouse ♣, *Minn.* 4 G13

Spofford, *N.H.* 12 N7

Spofford, *Tex.* 5 M9

Spokane, *Wash.* 1 D9

Spokane, river, *Wash.* 1 D9

Spokane, Mount, *Wash.* 1 D9

Spokane House, *Wash.* 1 D9

Spokane Indian Reservation, *Wash.* 1 D9

Spoke Wheel Car Museum, *Charlottetown, P.E.I.* 13 G17

Spoon, river, *Ill.* 7 E6

Spooner, *Wis.* 6 G3

Spooner House, *Plymouth, Mass.* 12 S13

Spooner Reservoir, *Calif.* 2 F7

Sporting Mountain, *N.S.* 13 H22

Spotsylvania, *Va.* 10 J17

Spotted Range, *Nev.* 2 N13

Spottsville, *Ky.* 7 N10

Spouting Horn, *Hawaii* 15 C4

Spout Spring, *Va.* 10 M14

Spout Springs ♣, *Oreg.* 1 G9

Sprague, *Wash.* 1 E9

Sprague, river, *Oreg.* 1 M5

Sprague Creek, campground, *Mont.* 1 (C) C2

Sprague Lake, *Wash.* 1 E9

Sprague River, *Oreg.* 1 M5

Spray, *Oreg.* 1 J7

Spreckels, *Calif.* 2 P5

Spreckelsville, *Hawaii* **15** G17

Spring, *Tex.* **5** K15

Spring, river, *Ark.* **5** B19

Spring Bay, *Ill.* **7** E6

Spring Bay, *Ont.* **6** G15

Spring Bay, *Utah* **3** E4

Springboro, *Ohio* **7** J16

Springboro, *Pa.* **11** J5

Spring Brook, *N. Dak.* **4** E2

Spring Brook, *N.Y.* **6** (C) C4

Springbrook, *Wis.* **6** G3

Springbrook ☼, *Iowa* **4** P10

Spring Butte, *Oreg.* **1** L5

Spring City, *Bahamas* **9** L22

Spring City, *Tenn.* **8** D11

Spring City, *Utah* **3** J5

Spring Creek, *Fla.* **9** C8

Spring Creek, *Ill.* **7** F9

Spring Creek, *N. Dak.* **4** (A) C4

Spring Creek, *W. Va.* **10** K10

Springdale, *Ark.* **5** B16

Springdale, *Mont.* **1** G17

Springdale, *Ohio* **7** J15

Springdale, *S.C.* **8** G16

Springdale, *Utah* **3** M4

Springdale, *Wash.* **1** D9

Spring Dale, *W. Va.* **10** K9

Springer, *N. Mex.* **3** N13

Springer, *Okla.* **5** E13

Springer Mountain, *Ga.* **8** F12

Springer Opera House, *Columbus, Ga.* **8** K11

Springerton, *Ill.* **7** M8

Springerville, *Ariz.* **3** R8

Springfield, *Colo.* **3** L15

Springfield, *Fla.* **9** C5

Springfield, *Ga.* **8** K16

Springfield, *Idaho* **1** M14

Springfield, *Ill.* **7** H6

Springfield, *Ky.* **7** N14

Springfield, *Mass.* **12** S6

Springfield, *Me.* **13** K7

Springfield, *Minn.* **4** K10

Springfield, *Mo.* **4** U12

Springfield, *N.B.* **13** J12

Springfield, *N.S.* **13** M14

Springfield, *Ohio* **7** H17

Springfield, *Oreg.* **1** K3

Springfield, *S.C.* **8** H16

Springfield, *S. Dak.* **4** M7

Springfield, *Tenn.* **8** C8

Springfield, *Va.* **10** G18

Springfield, *Vt.* **12** L6

Springfield, *W. Va.* **10** E14

Springfield, Lake, *Ill.* **7** H6

Springfield Armory National Historic Site, *Springfield, Mass.* **12** S6

Springfield Art and Historical Society Museum, *Springfield, Vt.* **12** L6

Springfield Art Center, *Springfield, Ohio* **7** H17

Springfield Art Museum, *Springfield, Mo.* **4** U12

Springfield Center, *N.Y.* **11** F14

Spring Glen, *Utah* **3** H6

Spring Green, *Wis.* **6** M5

Spring Grove, *Minn.* **4** L13

Spring Grove, *Pa.* **11** P11

Spring Grove, *Va.* **10** N19

Spring Hill, *Fla.* **9** G11

Spring Hill, *Kans.* **4** T10

Springhill, *La.* **5** G17

Springhill, *N.S.* **13** J15

Spring Hill, *Tenn.* **8** D8

Spring Hill, *Va.* **10** J13

Springhill Junction, *N.S.* **13** J15

Springhill Miners' Museum, *Springhill, N.S.* **13** J15

Spring Hope, *N.C.* **8** D20

Spring Lake, *Ind.* **7** H13

Spring Lake, *Mich.* **6** N10

Spring Lake, *N.C.* **8** E19

Springlake, *Tex.* **5** E7

Spring Lake, *Utah* **3** H5

Spring Lake ☼, *Ill.* **7** F6

Spring Mill ☼, *Ind.* **7** L12

Spring Mills, *Pa.* **11** L10

Spring Mountains, *Nev.* **2** P13

Springport, *Mich.* **6** P12

Springvale, *Me.* **13** Q1

Spring Valley, *Calif.* **2** V12

Spring Valley, *Ill.* **7** D7

Spring Valley, *Minn.* **4** L12

Spring Valley, *N.Y.* **11** L16

Spring Valley, *Wis.* **6** J2

Spring Valley ☼, *Nev.* **2** L15

Springview, *Nebr.* **4** M5

Springville, *Ala.* **8** G9

Springville, *Calif.* **2** P9

Springville, *N.Y.* **11** G8

Springville, *Pa.* **11** J13

Springville, *Utah* **3** H5

Springville Museum of Art, *Springville, Utah* **3** H5

Springwater, *N.Y.* **11** G10

Springwater ☼, *Ont.* **6** K19

Springwood, *Va.* **10** M12

Sproul State Forest, *Pa.* **11** K9

Sprouses Corner, *Va.* **10** M15

Spruce, *Mich.* **6** J14

Sprucedale, *Ont.* **6** H19

Spruce Goose, Long Beach, Calif. **2** U10

Spruce Island, *Alas.* **14** P13

Spruce Knob-Seneca Rocks National Recreation Area, *W. Va.* **10** G12

Spruce Knob, *W. Va.* **10** H12

Spruce Mountain, *Nev.* **2** F14

Spruce Peak ☼, *Vt.* **12** E6

Spruce Pine, *Ala.* **8** F7

Spruce Pine, *N.C.* **8** D15

Spruce Run ☼, *N.J.* **11** M14

Spry, *Pa.* **11** P11

Spry Bay, *N.S.* **13** L19

Spry Harbour, *N.S.* **13** L18

Spur, *Tex.* **5** F9

Spurgeon, *Ind.* **7** M10

Spurr, Mount, *Alas.* **14** K13

Squam Lake, *N.H.* **12** J10

Squantum, *N.H.* **12** N8

Squantz Pond ☼, *Conn.* **12** V3

Squa Pan, *Me.* **13** F7

Squapan Lake, *Me.* **13** F7

Square Lake, *Me.* **13** E7

Squaw Creek, *Idaho* **1** K10

Squaw Creek National Wildlife Refuge, *Mo.* **4** R10

Squaw Harbor, *Alas.* **14** Q8

Squaw Lake, *Alas.* **14** E16

Squaw Lake, *Minn.* **4** F11

Squaw Mountain ☼, *Me.* **13** J4

Squaw Valley ☼, *Calif.* **2** J7

Squaxin Island ☼, *Wash.* **1** (A) G2

Squaxin Island Indian Reservation, *Wash.* **1** (A) G2

Squibnocket Point, *Mass.* **12** W13

Squilchuck ☼, *Wash.* **1** E6

Squire, *W. Va.* **10** N7

Squire Boone Caverns, *Corydon, Ind.* **7** M12

Squirrel, river, *Alas.* **14** D11

Squirrel Island, *Ont.* **6** (B) C3

S. S. Lewis ☼, *Pa.* **11** P12

Stables Gallery, *Taos, N. Mex.* **3** N12

Stacy, *N.C.* **8** E22

Stacy, *Va.* **10** M5

Stacyville, *Iowa* **4** L12

Stacyville, *Me.* **13** H7

Stafford, *Conn.* **12** S7

Stafford, *Kans.* **4** U6

Stafford, *N.Y.* **11** F9

Stafford, *Tex.* **5** L15

Stafford, *Va.* **10** J18

Stafford, Lake, *Fla.* **9** E11

Stafford Creek, *Bahamas* **9** Q21

Stafford Springs, *Conn.* **12** T7

Stafford Springs, *Miss.* **8** L5

Staffordsville, *Ky.* **7** N18

Staffordsville, *Va.* **10** N9

Staffordville, *Conn.* **12** S7

Stage Coach Inn ▲, *Utah* **3** H4

Stage Road Pass, *Oreg.* **1** M3

Stagville, *Durham, N.C.* **8** C19

Stainback Highway, *Hawaii* **15** N22

Stallo, *Miss.* **8** J5

Stalwart, *Mich.* **6** G13

Stambaugh, *Mich.* **6** G7

Stamford, *Conn.* **12** X2

Stamford, *Nebr.* **4** R5

Stamford, *N.Y.* **11** G15

Stamford, *Tex.* **5** G10

Stamford, *Vt.* **12** P4

Stamford, Lake, *Tex.* **5** G10

Stamford Museum and Nature Center, *Stamford, Conn.* **12** X2

Stamping Ground, *Ky.* **7** M15

Stamps, *Ark.* **5** F17

Stanaford, *W. Va.* **10** L8

Stanardsville, *Va.* **10** J15

Stanberry, *Mo.* **4** R10

Standing Rock Indian Reservation, *N. Dak.-S. Dak.* **4** H4

Standing Stone State Park and Forest ☼, *Tenn.* **8** C10

Standish, *Calif.* **2** G7

Standish, *Me.* **13** P2

Standish, *Mich.* **6** L13

Standish, *N.Y.* **11** B16

Standish-Hickey ☼, *Calif.* **2** H2

Standish Monument ▲, *Mass.* **12** S13

Stand Rock, *Wis.* **6** L5

Stanesville, *W. Va.* **10** E15

Stanfield, *Ariz.* **3** T4

Stanfield, *Oreg.* **1** G7

Stanford, *Ill.* **7** F7

Stanford, *Ky.* **7** N15

Stanford, *Mont.* **1** E16

Stanhope, *N.J.* **11** L15

Stanhope by the Sea, *P.E.I.* **13** F18

Stan Hywet Hall and Gardens, *Akron, Ohio* **7** E20

Staniard Creek, *Bahamas* **9** Q21

Stanislaus, river, *Calif.* **2** M6

Stanislaus National Forest, *Calif.* **2** L7

Stanley, *Idaho* **1** K12

Strathlorne, *N.S.* **13**
G21
Strathmere, *N.J.* **11** R15
Strathmore, *Calif.* **2** P8
Strathroy, *Ont.* **6** N16
Stratobowl, *S. Dak.* **4** L2
Strattanville, *Pa.* **11** K7
Stratton, *Colo.* **3** J15
Stratton, *Me.* **13** K3
Stratton, *Nebr.* **4** R4
Stratton Brook ♣, *Conn.*
12 T5
Stratton Mountain, *Vt.*
12 M5
Stratton Mountain ♪, *Vt.*
12 M5
Straughn, *Ind.* **7** H14
Strawberry, *Ariz.* **3** R5
Strawberry, *Calif.* **2** L7
Strawberry, river, *Ark.* **5**
B19
Strawberry, river, *Utah* **3**
H6
Strawberry Mountain,
Oreg. **1** K7
Strawberry Mountain
Wilderness, *Oreg.* **1**
K8
Strawberry Point, *Iowa*
4 M13
Strawberry Point, *Mass.*
12 R13
Strawberry Reservoir,
Utah **3** H6
Strawbery Banke,
Portsmouth, N.H. **12**
M13
Straw Market, *Nassau,*
Bahamas **9** Q22
Strawn, *Ill.* **7** F8
Strawn, *Tex.* **5** G12
Straw Peak, *Calif.* **2**
Q11
Streator, *Ill.* **7** E8
Streeter, *N. Dak.* **4** G6
Streeter, *Tex.* **5** K11
Streeter Memorial ♣,
N. Dak. **4** G6
Streetman, *Tex.* **5** H14
Streetsboro, *Ohio* **7** D21
Strelna, *Alas.* **14** K17
Stringer, *Miss.* **8** L5
Stringtown, *Ky.* **7** M15
Stringtown, *Miss.* **8** G3
Stringtown, *Okla.* **5** E14
Strogonof Point, *Alas.*
14 P9
Stroh, *Ind.* **7** D14
Stroll Gardens,
Brewster, N.Y. **11**
K17
Stromsburg, *Nebr.* **4** P7
Strong, *Ark.* **5** F18
Strong, *Me.* **13** L3
Strong, river, *Miss.* **8** K4
Strong City, *Kans.* **4** T8
Stronghurst, *Ill.* **7** E3
Strong Museum,
Rochester, N.Y. **11**
F10
Strongs, *Mich.* **6** F12
Strongsville, *Ohio* **7** D20
Stroud, *Okla.* **5** C14
Stroudsburg, *Pa.* **11** L14
Strouds Run ♣, *Ohio* **7**
J20

Strum, *Wis.* **6** J3
Struthers, *Ohio* **7** E22
Stryker, *Mont.* **1** C12
Stryker, *Ohio* **7** D15
Strykersville, *N.Y.* **11** G8
Stuart, *Fla.* **9** K16
Stuart, *Iowa* **4** P10
Stuart, *Nebr.* **4** N6
Stuart, *Okla.* **5** D14
Stuart, *Va.* **10** Q10
Stuart Island, *Alas.* **14**
G9
Stuart Island ♣, *Wash.* **1**
(A) B1
Stuart Recreation Area,
W. Va. **10** G11
Stuarts Draft, *Va.* **10**
K13
Stub Hill, *N.H.* **12** B12
Studley, *Kans.* **4** S5
Study Butte, *Tex.* **5** L6
Stuhr Museum of the
Prairie Pioneer,
Grand Island, Nebr. **4**
Q6
Stump Creek, *Pa.* **11** L7
Stump Lake National
Wildlife Refuge,
N. Dak. **4** F7
Stumptown, *W. Va.* **10**
G8
Stumpy Point, *St.*
Thomas **9** (C) A1
Sturbridge, *Mass.* **12** S8
Sturbridge Military
Museum, *Sturbridge,*
Mass. **12** S8
Sturdivant Hall, *Selma,*
Ala. **8** K8
Sturgeon, *Mo.* **4** S12
Sturgeon, river, *Mich.* **6**
E7
Sturgeon, river, *Mich.* **6**
G9
Sturgeon, river, *Ont.* **6**
F18
Sturgeon Bay, *Wis.* **6** J9
Sturgeon Bay ♣, *Ont.* **6**
H18
Sturgeon Falls, *Ont.* **6**
F19
Sturgeon Lake, *Ont.* **6**
K20
Sturgeon Point, *Mich.* **6**
J14
Sturgeon River State
Forest, *Minn.* **4** F12
Sturgis, *Ky.* **7** N9
Sturgis, *Mich.* **6** Q11
Sturgis, *Miss.* **8** H5
Sturgis, *S. Dak.* **4** K2
Sturgis Library,
Barnstable, Mass. **12**
U14
Sturtevant, *Wis.* **6** N8
Stuttgart, *Ark.* **5** E19
Stuttgart, *Kans.* **4** R5
Stutts Creek, *Mich.* **6**
F10
Stuyahok, *Alas.* **14** J10
Stuyahok, river, *Alas.* **14**
J10
Stuyvesant, *N.Y.* **11** H17
Stuyvesant Falls, *N.Y.*
11 H17
Styx, river, *Ala.* **8** N7

Styx, river, *Alas.* **14** K13
Suamico, *Wis.* **6** J7
Sublett, *Idaho* **1** N14
Sublette, *Ill.* **7** C7
Sublette, *Kans.* **4** U4
Sublette Cutoff, Oregon
Trail, *Wyo.* **1** N17
Sublime, Point, *Ariz.* **3**
N4
Sublimity, *Oreg.* **1** H3
Subway Caves, *Calif.* **2**
F6
Success, *Ark.* **5** B19
Success, Lake, *Calif.* **2**
Q9
Sucia, Bahía, *P. R.* **9** (B)
B1
Sucia Island, *Wash.* **1**
(A) B2
Sucker, river, *Alas.* **14**
F17
Suckling, Cape, *Alas.*
14 M17
Sudak, Cape, *Alas.* **14**
R19
Sudan, *Tex.* **5** E7
Sudbury, *Mass.* **12** Q10
Sudbury, *Ont.* **6** F17
Sudbury, *Vt.* **12** H4
Sudbury, river, *Mass.* **12**
Q11
Sudbury Reservoir,
Mass. **12** R10
Sudlersville, *Md.* **10** F22
Suemez Island, *Alas.* **14**
R23
Sue Peaks, *Tex.* **5** L7
Suffern, *N.Y.* **11** L16
Suffield, *Conn.* **12** S6
Suffolk, *Mont.* **1** E18
Suffolk, *Va.* **10** P20
Sugar, river, *N.H.* **12** K7
Sugar, river, *Wis.* **6** N6
Sugar Bowl ♪, *Calif.* **2**
J6
Sugarbush Hill, *Wis.* **6**
H6
Sugarbush North ♪, *Vt.*
12 G5
Sugarbush Valley ♪, *Vt.*
12 G5
Sugar Camp, *Wis.* **6** G6
Sugar City, *Colo.* **3** K14
Sugar City, *Idaho* **1** K15
Sugar Creek, *Ill.* **7** F9
Sugarcreek, *Ohio* **7** F20
Sugar Creek, *Pa.* **11** K6
Sugar Grove, *Ill.* **7** C8
Sugar Grove, *Pa.* **11** H6
Sugar Grove, *Va.* **10**
P7
Sugar Grove, *W. Va.* **10**
H12
Sugar Hill, *Ga.* **8** G12
Sugar Hill, *N.H.* **12** F9
Sugar Hills ♪, *Minn.* **4**
G11
Sugar House, *Lake*
Placid, N.Y. **11** C16
Sugar Island, *Mich.* **6**
(A) A3
Sugarite ♪, *N. Mex.* **3**
M13
Sugar Land, *Tex.* **5** L15
Sugarloaf ♣, *N.B.* **13**
B11

Sugarloaf Campground,
N.H. **12** F10
Sugarloaf Head, *Alas.*
14 R17
Sugarloaf Key, *Fla.* **9**
R13
Sugarloaf Mountain,
Alas. **14** J4
Sugar Loaf Mountain,
Md. **10** F18
Sugar Loaf Mountain,
Mich. **6** F9
Sugarloaf Mountain,
N.H. **12** D10
Sugarloaf Mountain ♪,
Me. **13** K3
Sugarloaf Ridge ♣,
Calif. **2** K3
Sugar Mills Gardens,
Fla. **9** F14
Sugar Mountain ♪, *N.C.*
8 C15
Sugar Pine Point ♣,
Calif. **2** J7
Sugar River Trail, *Wis.* **6**
N5
Suggett House,
Cortland, N.Y. **11** G12
Suggsville, *Ala.* **8** L7
Suicide Six ♪, *Vt.* **12** J6
Suisun City, *Calif.* **2** L4
Suitland, *Md.* **10** G19
Sukkwan Island, *Alas.*
14 R23
Sula, *Mont.* **1** G13
Sulatna, river, *Alas.* **14**
G13
Sulatna Crossing, *Alas.*
14 G12
Sulligent, *Ala.* **8** G7
Sullivan, *Alas.* **14** F8
Sullivan, *Ill.* **7** H8
Sullivan, *Ind.* **7** K10
Sullivan, *Ky.* **7** P9
Sullivan, *Me.* **13** M7
Sullivan, *Mo.* **4** T14
Sullivan, *Ohio* **7** E19
Sullivans Island, *S.C.* **8**
J18
Sully Creek ♣, *N. Dak.* **4**
G2
Sully Plantation, *Va.* **10**
G17
Sullys Hill National
Game Preserve,
N. Dak. **4** F6
Sulphur, *La.* **5** K17
Sulphur, *Nev.* **2** F9
Sulphur, *Okla.* **5** E13
Sulphur Cone, *Hawaii*
15 P20
Sulphur Creek, *S. Dak.*
4 J3
Sulphur Draw, *Tex.* **5** F7
Sulphur Springs, *Ind.* **7**
G13
Sulphur Springs, *Ohio* **7**
E18
Sulphur Springs, *Tex.* **5**
F15
Sulphur Springs Draw,
Tex. **5** F7
Sultan, *Wash.* **1** D5
Sumas, *Wash.* **1** B5
Sumatra, *Fla.* **9** C7
Sumatra, *Mont.* **1** F19

Sumdum, *Alas.* **14** P22
Sumerco, *W. Va.* **10** J6
Sumiton, *Ala.* **8** G8
Summerdale, *Ala.* **8** N7
Summerfield, *Fla.* **9** F12
Summerfield, *La.* **5** G18
Summerfield, *N.C.* **8** C18
Summerfield, *Ohio* **7** H21
Summerfield, *Tex.* **5** D8
Summerhaven *see* Mount Lemmon, *Ariz.* **3** U6
Summer Hill, *Ill.* **7** H4
Summer Island, *Mich.* **6** H10
Summer Lake, *Oreg.* **1** M5
Summerland, *Calif.* **2** T8
Summerland Key, *Fla.* **9** R14
Summerland Orchid Gardens, *Summerland Key, Fla.* **9** R14
Summer Shade, *Ky.* **7** Q13
Summerside, *P.E.I.* **13** G16
Summersville, *Ky.* **7** P13
Summersville, *W. Va.* **10** J9
Summersville Lake, *W. Va.* **10** J9
Summerton, *S.C.* **8** H17
Summertown, *Ga.* **8** J15
Summertown, *Tenn.* **8** E7
Summerville, *Ga.* **8** F10
Summerville, *N.S.* **13** K16
Summerville, *Oreg.* **1** H9
Summerville, *Pa.* **11** L6
Summerville, *S.C.* **8** J17
Summerville Centre, *N.S.* **13** P14
Summit, *Alas.* **14** J15
Summit, *Miss.* **8** L3
Summit, *N.J.* **11** M15
Summit, *S. Dak.* **4** J8
Summit, *Utah* **3** L4
Summit City, *Calif.* **2** F4
Summit Hill, *Pa.* **11** M13
Summit Lake, *Alas.* **14** J16
Summit Lake, *Nev.* **2** E9
Summit Lake Indian Reservation, *Nev.* **2** E8
Summit Mountain, *Mont.* **1** (C) D4
Summit Mountain, *Nev.* **2** J12
Summit Peak, *Colo.* **3** M11
Summit Point, *W. Va.* **10** F16
Summit Reservoir, *Colo.* **3** M9
Summitville, *Colo.* **3** M11
Summitville, *Ind.* **7** G13
Summitville, *N.Y.* **11** K15

Summitville, *Tenn.* **8** D9
Summum, *Ill.* **7** G5
Sumner, *Ga.* **8** L13
Sumner, *Ill.* **7** L9
Sumner, *Iowa* **4** M13
Sumner, *Miss.* **8** G3
Sumner, *Mo.* **4** R12
Sumner, *Nebr.* **4** Q5
Sumner, *Oreg.* **1** L2
Sumner, *Wash.* **1** E4
Sumner Lake, *N. Mex.* **3** Q13
Sumner Strait, *Alas.* **14** Q22
Sumpter, *Oreg.* **1** J8
Sumrall, *Miss.* **8** L4
Sumter, *S.C.* **8** G17
Sumter National Forest, *S.C.* **8** F16, G15
Sun, *La.* **5** J21
Sun, river, *Mont.* **1** E15
Sunapee, *N.H.* **12** K8
Sunapee Lake, *N.H.* **12** K8
Sunapee Mountain, *N.H.* **12** L8
Sunbeam, *Idaho* **1** K12
Sunbright, *Tenn.* **8** C11
Sunburst, *Mont.* **1** C15
Sunbury, *N.C.* **8** B22
Sunbury, *Ohio* **7** G18
Sunbury, *Pa.* **11** M11
Sunbury-Oromocto ♣, *N.B.* **13** H11
Sunbury Shores Arts and Nature Centre, *St. Andrews, N.B.* **13** L10
Sunbury State Historic Site, *Ga.* **8** L16
Sun City, *Ariz.* **3** S4
Sun City, *Calif.* **2** U11
Sun City, *Fla.* **9** J11
Sun City, *Kans.* **4** U6
Sun City Center, *Fla.* **9** J12
Suncook, *N.H.* **12** M10
Suncook, river, *N.H.* **12** L11
Sundance, *Wyo.* **1** J23
Sundance 🦅, *Ont.* **6** B6
Sundance 🦅, *Utah* **3** G5
Sunday Rapids, *Alas.* **14** D13
Sunday River 🦅, *Me.* **13** M2
Sunderland, *Mass.* **12** Q6
Sunderland, *Ont.* **6** K20
Sunderland, *Vt.* **12** M4
Sundial, *W. Va.* **10** K7
Sundown, *Tex.* **5** F7
Sundridge, *Ont.* **6** G19
Sunfield, *Ill.* **7** M7
Sunflower, *Ala.* **8** M6
Sunflower, *Miss.* **8** H3
Sunflower, Mount, *Kans.* **4** S3
Sungovoak, Lake, *Alas.* **14** A13
Sunken Gardens of Saint Petersburg, *Fla.* **9** J9
Sunken Meadow ♣, *N.Y.* **11** L18

Sun Lakes ♣, *Wash.* **1** E7
Sunland Gardens, *Fla.* **9** J15
Sunlight 🦅, *Colo.* **3** J10
Sunman, *Ind.* **7** J14
Sunniland, *Fla.* **9** M14
Sunnybrae, *N.S.* **13** J19
Sunny Brook ♣, *Conn.* **12** T4
Sunny Corner, *N.B.* **13** E12
Sunnyland, *Ill.* **7** F6
Sunnymead, *Calif.* **2** T11
Sunnyside, *Alas.* **14** N21
Sunnyside, *Fla.* **9** C4
Sunnyside, *Tarrytown, N.Y.* **11** L17
Sunnyside, *Utah* **3** H7
Sunnyside, *Wash.* **1** F7
Sunnyvale, *Calif.* **2** M4
Sunol, *Nebr.* **4** P2
Sun Prairie, *Wis.* **6** M6
Sunray, *Tex.* **5** D7
Sunrise, *Alas.* **14** L15
Sunrise, *Fla.* **9** M16
Sunrise, *Wyo.* **1** M23
Sunrise 🦅, *Ariz.* **3** R7
Sunrise Peak, *Wash.* **1** F4
Sunrise Trail Museum, *Tatamagouche, N.S.* **13** J17
Sun River, *Mont.* **1** E15
Sunset, *La.* **5** K19
Sunset, *Me.* **13** N6
Sunset, *Okla.* **5** F13
Sunset Beach, *Hawaii* **15** D10
Sunset Beach, *N.C.* **8** G20
Sunset Crater National Monument, *Ariz.* **3** P5
Sunset Peak, *Mont.* **1** J15
Sunshine, *Alas.* **14** K15
Sunshine Mountains, *Alas.* **14** H12
Sunshine Reservoir, *Wyo.* **1** K18
Sunshine Skyway, *Fla.* **9** J11
Suntrana, *Alas.* **14** H15
Sun Valley, *Idaho* **1** L12
Supai, *Ariz.* **3** N4
Supawna Meadows National Wildlife Refuge, *N.J.* **11** Q14
Superior, *Ariz.* **3** S6
Superior, *Minn.* **4** G12
Superior, *Mont.* **1** E12
Superior, *Nebr.* **4** R7
Superior, *Wis.* **6** E3
Superior, *Wyo.* **1** N18
Superior, Lake, *Can.-U. S.* **6** C8
Superior Lake, *Calif.* **2** R12
Superior National Forest, *Minn.* **4** F13
Superstition Mountains, *Ariz.* **3** S5
Superstition Wilderness, *Ariz.* **3** S6

Supreme Court, *Washington, D. C.* **10** (A)
Sur, Point, *Calif.* **2** P4
Surf City, *N.C.* **8** F21
Surf City, *N.J.* **11** P16
Surfside, *Mass.* **12** W15
Surfside Beach, *S.C.* **8** H19
Surgoinsville, *Tenn.* **8** C13
Suring, *Wis.* **6** J7
Surprise, *Ariz.* **3** S4
Surrency, *Ga.* **8** L15
Surrey, *N.B.* **13** H14
Surrey, *N. Dak.* **4** E4
Surry, *Me.* **13** M7
Surry, *N.H.* **12** M7
Surry, *Va.* **10** N19
Survey Pass, *Alas.* **14** D13
Susan, *Va.* **10** M21
Susan, river, *Calif.* **2** G6
Susan, Port, *Wash.* **1** (A) D3
Susanville, *Calif.* **2** G7
Susitna, *Alas.* **14** K14
Susitna, river, *Alas.* **14** J16
Susitna, Mount, *Alas.* **14** K14
Susitna Glacier, *Alas.* **14** J16
Susitna Lake, *Alas.* **14** K16
Susquehanna, *Pa.* **11** J13
Susquehanna ▲, *Md.* **10** D20
Susquehanna ♣, *Pa.* **11** K11
Susquehanna, river, *U. S.* **11** H14
Susquehanna National Wildlife Refuge, *Md.* **10** E21
Susquehannock ♣, *Pa.* **11** P12
Susquehannock State Forest, *Pa.* **11** J9
Sussex, *N.B.* **13** J13
Sussex, *N.J.* **11** L15
Sussex, *Va.* **10** P18
Sussex, *Wyo.* **1** K21
Sussex Corner, *N.B.* **13** J13
Susúa State Forest, *P.R.* **9** (B) B2
Susulatna, river, *Alas.* **14** H12
Sutcliffe, *Nev.* **2** H8
Sutherland, *Nebr.* **4** P4
Sutherland, *Va.* **10** N17
Sutherland ♣, *Nebr.* **4** Q4
Sutherlin, *Oreg.* **1** L3
Sutro, *Nev.* **2** J8
Sutter, *Calif.* **2** J5
Sutter Buttes, *Calif.* **2** J5
Sutter Creek, *Calif.* **2** K6
Sutter National Wildlife Refuge, *Calif.* **2** J5
Sutters Fort Historic Park, *Sacramento, Calif.* **2** K4

Taft Museum, *Cincinnati, Ohio* **7** K15

Taftsville, *Vt.* **12** J7

Taftville, *Conn.* **12** U8

Tagagawik, river, *Alas.* **14** F11

Tagalak Island, *Alas.* **14** R20

Tagish Lake, *Yukon Terr.* **14** L22

Tague Bay, *St. Croix* **9** (C) B3

Tagus, *N. Dak.* **4** (A) A5

Tahkenitch Lake, *Oreg.* **1** K2

Tahlequah, *Okla.* **5** C15

Tahoe ♣, *Calif.* **2** J7

Tahoe, Lake, *Calif.-Nev.* **2** J7

Tahoe City, *Calif.* **2** J7

Tahoe National Forest, *Calif.* **2** H6

Tahoka, *Tex.* **5** F8

Taholah, *Wash.* **1** D2

Tahoma, *Calif.* **2** J7

Tahquamenon, river, *Mich.* **6** F11

Tahquamenon Falls ♣, *Mich.* **6** F12

Takoma Park, *Md.* **10** G18

Takotna, *Alas.* **14** J12

Takrak Lake, *Alas.* **14** B12

Takshak, *Alas.* **14** J9

Takslesluk Lake, *Alas.* **14** K9

Taku, river, *B.C.* **14** N22

Taku Inlet, *Alas.* **14** N22

Talbotton, *Ga.* **8** J11

Talco, *Tex.* **5** F15

Talcott, *W. Va.* **10** L9

Talcott Mountain ♣, *Conn.* **12** T5

Talent, *Oreg.* **1** M3

Taliesin, *Spring Green, Wis.* **6** M5

Talihina, *Okla.* **5** D15

Talimena Scenic Drive, *Ark.* **5** E16

Talisman ♪, *Ont.* **6** K18

Talkeetna, *Alas.* **14** K15

Talkeetna, river, *Alas.* **14** J15

Talkeetna Mountains, *Alas.* **14** K15

Talladega, *Ala.* **8** H9

Talladega National Forest, *Ala.* **8** H9, J7

Tallahala Creek, *Miss.* **8** L5

Tallahassee, *Fla.* **9** C7

Tallahassee Junior Museum, *Tallahassee, Fla.* **9** C7

Tallahatchie, river, *Miss.* **8** G3

Tallapoosa, *Ga.* **8** H10

Tallapoosa, river, *Ala.* **8** K9

Tallassee, *Ala.* **8** K10

Tallassee, *Tenn.* **8** D12

Talleyville, *Del.* **10** C22

Tallmadge, *Ohio* **7** E21

Tallman Restorations, *Janesville, Wis.* **6** N6

Tallmansville, *W. Va.* **10** G10

Tallula, *Ill.* **7** G5

Tallulah, *La.* **5** G20

Tallulah, *Miss.* **8** J2

Tallulah Falls, *Ga.* **8** F13

Tallulah Gorge, *Ga.* **8** F13

Talma, *Ind.* **7** E12

Talmage, *Calif.* **2** J3

Talmage, *Nebr.* **4** Q9

Taloga, *Okla.* **5** C11

Talowah, *Miss.* **8** M4

Talpa, *Tex.* **5** H10

Talquin, Lake, *Fla.* **9** C7

Tama, *Iowa* **4** N12

Tamaqua, *Pa.* **11** M13

Tamarac, *Fla.* **9** M16

Tamarac, river, *Minn.* **4** E8

Tamarack, *Idaho* **1** J10

Tamarack, *Minn.* **4** G11

Tamarack ♪, *Idaho* **1** F10

Tamarac National Wildlife Refuge, *Minn.* **4** G9

Tamaroa, *Ill.* **7** M6

Tamaulipas, state, *Mex.* **5** P10

Tamiami Canal, *Fla.* **9** N14

Tamiami Trail, *Fla.* **9** N14

Tamms, *Ill.* **7** P6

Tampa, *Fla.* **9** H12

Tampa, *Kans.* **4** T8

Tampa Bay, *Fla.* **9** J11

Tampa International Airport, *Fla.* **9** H11

Tampico, *Ill.* **7** C6

Tampico, *Mont.* **1** C20

Tamworth, *N.H.* **12** H11

Tamworth, *Va.* **10** L16

Tana, river, *Alas.* **14** L18

Tanacross, *Alas.* **14** J17

Tanada Lake, *Alas.* **14** J17

Tanaga Island, *Alas.* **14** R18

Tanaga Pass, *Alas.* **14** R18

Tanaga Volcano, *Alas.* **14** R18

Tana Glacier, *Alas.* **14** L18

Tanak, Cape, *Alas.* **14** R4

Tanana, *Alas.* **14** G14

Tanana, river, *Alas.* **14** J18

Tancook Island *N.S.* **13** M16

Taneytown, *Md.* **10** D18

Tangent, *Oreg.* **1** J3

Tangent Point, *Alas.* **14** A14

Tangier, *N.S.* **13** L18

Tangier, *Va.* **10** L22

Tangier Grand Lake, *N.S.* **13** L18

Tangier Island, *Va.* **10** K21

Tangier Sound, *Md.* **10** K21

Tangle Lakes, *Alas.* **14** J16

Tanglewood, *Mass.* **12** R3

Tanglewood ♪, *Pa.* **11** K14

Tankersley, *Tex.* **5** J9

Tanner, *W. Va.* **10** G8

Tannersville, *N.Y.* **11** H16

Tantalus, peak, *Hawaii* **15** (A)

Tantaquidgeon Indian Museum, *Norwich, Conn.* **12** V8

Tan-tar-a ♪, *Mo.* **4** T12

Taos, *N. Mex.* **3** N12

Taos Pueblo, *Taos, N. Mex.* **3** N12

Taos Ski Valley ♪, *N. Mex.* **3** N12

Tapkaurak Spit, *Alas.* **14** B17

Tappahannock, *Va.* **10** K19

Tappan Lake, *Ohio* **7** F21

Tappen, *N. Dak.* **4** G6

Tapping Reeve House and Law School, *Litchfield, Conn.* **12** T4

Tapps, Lake, *Wash.* **1** (A) G4

Tar, river, *N.C.* **8** C19

Tarboro, *Ga.* **8** M15

Tarboro, *N.C.* **8** D21

Tarentum, *Pa.* **11** M5

Target Rock National Wildlife Refuge, *N.Y.* **11** L17

Targhee National Forest, *Idaho-Wyo.* **1** L16

Targhee Pass, *Idaho-Mont.* **1** J16

Tar Hollow ♣, *Ohio* **7** J18

Tar Hollow State Forest, *Ohio* **7** J18

Tariffville, *Conn.* **12** T5

Tarkio, *Mo.* **4** Q10

Tarkio, *Mont.* **1** F12

Tarkio, river, *Mo.* **4** R9

Tarlton, *Ohio* **7** H18

Tarlton Cross Mound ♣, *Ohio* **7** H18

Tarpley, *Tex.* **5** L11

Tarpon, Lake, *Fla.* **9** H11

Tarpon Springs, *Fla.* **9** H11

Tarpum Bay, *Bahamas* **9** Q24

Tarrant City, *Ala.* **8** H8

Tarryall Reservoir ♣, *Colo.* **3** J12

Tarrytown, *Ga.* **8** K14

Tarrytown, *N.Y.* **11** L17

Tarzan, *Tex.* **5** H8

Tascosa, *Tex.* **5** C8

Tasley, *Va.* **10** L22

Tatalina, river, *Alas.* **14** G15

Tatamagouche, *N.S.* **13** J17

Tatamagouche ♣, *N.S.* **13** J17

Tatamagouche Bay, *N.S.* **13** H17

Tate, *Ga.* **8** F12

Tate House, *Portland, Me.* **13** Q3

Tates Hell Swamp, *Fla.* **9** D7

Tateville, *Ky.* **7** Q15

Tatitlek, *Alas.* **14** L16

Tatman Mountain, *Wyo.* **1** K18

Tatum, *N. Mex.* **3** S15

Tatum, *Tex.* **5** H16

Taughannock Falls ♣, *N.Y.* **11** G12

Taum Sauk Mountain, *Mo.* **4** U14

Taunton, *Mass.* **12** T11

Taunton, river, *Mass.* **12** T12

Tavares, *Fla.* **9** F13

Tavern, *Va.* **10** K15

Tavernier, *Fla.* **9** Q15

Tavistock, *Ont.* **6** M18

Tawakoni, Lake, *Tex.* **5** G15

Tawas Bay, *Mich.* **6** K14

Tawas City, *Mich.* **6** K14

Tawas Point ♣, *Mich.* **6** K14

Tay Creek, *N.B.* **13** G10

Taylor, *Alas.* **14** E9

Taylor, *Ariz.* **3** R7

Taylor, *Ark.* **5** F17

Taylor, *Fla.* **9** C12

Taylor, *Mo.* **4** R13

Taylor, *N. Dak.* **4** G3

Taylor, *Nebr.* **4** P5

Taylor, *Pa.* **11** K13

Taylor, *Tex.* **5** K13

Taylor, *Wis.* **6** K3

Taylor, Mount, *N. Mex.* **3** Q10

Taylor Art Gallery, *Poughkeepsie, N.Y.* **11** J16

Taylor Head ♣, *N.S.* **13** L19

Taylor Highway, *Alas.* **14** H18

Taylor Mountain, *Idaho* **1** J12

Taylor Mountain ♪, *Idaho* **1** L15

Taylor Mountains, *Alas.* **14** K11

Taylor Park Reservoir, *Colo.* **3** J10

Taylors, *S.C.* **8** F14

Taylors Falls, *Minn.* **4** J12

Taylors Island, *Md.* **10** H21

Taylor Springs, *Ill.* **7** J6

Taylorsville, *Calif.* **2** G6

Taylorsville, *Ind.* **7** J13

Taylorsville, *Ky.* **7** M14

Taylorsville, *Miss.* **8** L4

Torreón, *Durango* **5** R6

Torres Martinez Indian Reservation, *Calif.* **2** U13

Torrey, *Utah* **3** K5

Torreya ♣, *Fla.* **9** B7

Torrington, *Conn.* **12** T4

Torrington, *Wyo.* **1** N23

Torrington Historical Society, *Torrington, Conn.* **12** T4

Tortola, island, *Virgin Is.* **9** (C) A3

Tortugas Bank, *Fla.* **9** R10

Tortuguero, Laguna, *P. R.* **9** (B) A3

Toston, *Mont.* **1** G15

Totem Bight State Historic Site, *Ketchikan, Alas.* **14** Q24

Totem Square, *Sitka, Alas.* **14** P21

Totem Village, *Haines, Alas.* **14** M21

Totson Mountain, *Alas.* **14** G12

Totten Trail Public Use Area, *N. Dak.* **4** (A) B6

Totz, *Ky.* **7** Q18

Touchet, *Wash.* **1** G8

Tougaloo, *Miss.* **8** K3

Toulon, *Ill.* **7** E6

Touro Synagogue National Historic Site, *Newport, R.I.* **12** V11

Toutle, *Wash.* **1** F4

Tovey, *Ill.* **7** H6

Tow, *Tex.* **5** J12

Towanda, *Ill.* **7** F7

Towanda, *Kans.* **4** U8

Towanda, *Pa.* **11** J12

Towaoc, *Colo.* **3** M8

Tower, *Mich.* **6** H13

Tower, *Minn.* **4** F12

Tower City, *N. Dak.* **4** G7

Tower City, *Pa.* **11** M12

Tower Falls, *Wyo.* **1** (B) B3

Tower Hill, *Ill.* **7** J7

Tower Hill ▲, *Wis.* **6** M5

Tower Junction, *Wyo.* **1** J17

Tower Mountain, *Oreg.* **1** H8

Tower-Soudan ♣, *Minn.* **4** F12

Town Creek, *Ala.* **8** F7

Town Creek Indian Mound, *N.C.* **8** E17

Towne Pass, *Calif.* **2** P11

Towner, *Colo.* **3** K16

Towner, *N. Dak.* **4** E5

Town Hill, *Md.-W. Va.* **10** E15

Townley, *Ala.* **8** G7

Town Line, *N.Y.* **11** F8

Townsend, *Del.* **10** E22

Townsend, *Ga.* **8** L15

Townsend, *Mass.* **12** P10

Townsend, *Mont.* **1** G15

Townsend, *Tenn.* **8** D12

Townsend, *Va.* **10** N21

Townsend State Forest, *Mass.* **12** P9

Townshend, *Vt.* **12** M6

Townshend ♣, *Vt.* **12** M6

Townshend Lake Recreation Area, *Vt.* **12** M5

Townshend State Forest, *Vt.* **12** M6

Townsville, *N.C.* **8** C19

Townville, *Pa.* **11** J5

Towson, *Md.* **10** E19

Toxey, *Ala.* **8** L6

Toyah, *Tex.* **5** J6

Toyah Creek, *Tex.* **5** J6

Toyah Lake, *Tex.* **5** J6

Toyahvale, *Tex.* **5** J6

Toy Train Museum, *Lancaster, Pa.* **11** P12

Tozi, Mount, *Alas.* **14** F14

Tozitna, river, *Alas.* **14** F14

Tracadie, *N.B.* **13** C14

Tracadie, *N.S.* **13** J20

Tracadie Bay, *P.E.I.* **13** G18

Tracy, *Calif.* **2** M5

Tracy, *Minn.* **4** L9

Tracy, *Mont.* **1** E16

Tracy, *N.B.* **13** J10

Tracy Arm, *Alas.* **14** N22

Tracy City, *Tenn.* **8** E10

Tradewater, river, *Ky.* **7** P9

Traer, *Iowa* **4** N12

Trafalgar, *Ind.* **7** J12

Trafford, *Ala.* **8** G8

Trafford, Lake, *Fla.* **9** M13

Trail, *B.C.* **1** B9

Trail, *Oreg.* **1** M3

Trail City, *S. Dak.* **4** J5

Trail Creek, *Alas.* **14** C11

Trail Creek, *Ind.* **7** C11

Trail of Tears ♣, *Mo.* **4** U16

Trail of Tears State Forest, *Ill.* **7** P6

Train Town, *Sonoma, Calif.* **2** L4

Trammel, *Va.* **10** N5

Trampas, *N. Mex.* **3** N12

Tranquillity, *Calif.* **2** P7

Trans-Alaska Pipeline, *Alas.* **14** C16

Transamerica Pyramid, *San Francisco* **2** (A) B5

Trans-Canada Highway, *Can.* **1** (A) A3; **4** B3; **6** D13; **13** C5

Transfer, *Pa.* **11** K4

Transylvania University, *Lexington, Ky.* **7** M15

Trappe, *Md.* **10** H21

Trapper Peak, *Mont.* **1** G12

Trappers Bay ♣, *Iowa* **4** L10

Trappers Lake, *Colo.* **3** H10

Trappist Monastery, *Iowa* **4** N14

Trap Pond ♣, *Del.* **10** H23

Trask, river, *Oreg.* **1** G3

Travelers Rest, *Mont.* **1** F12

Travelers Rest, *S.C.* **8** E14

Travelers Tower, *Hartford, Conn.* **12** T6

Travellers' Rest Historic House, *Nashville, Tenn.* **8** C8

Traver, *Calif.* **2** P8

Traverse, Lake, *Minn.-S. Dak.* **4** J8

Traverse City, *Mich.* **6** J11

Traverse City ♣, *Mich.* **6** J11

Traverse Peak, *Alas.* **14** F11

Traverse Point, *Mich.* **6** D8

Travis, Lake, *Tex.* **5** K12

Travis Air Force Base, *Calif.* **2** L5

Treadwell, *N.Y.* **11** H14

Treasure Cay, *Bahamas* **9** L22

Treasure Island, *Fla.* **9** J10

Treasure Island, *San Francisco* **2** (A) A6

Treasure Isle Tour Train, *Galveston, Tex.* **5** L16

Treat Island, *Alas.* **14** F13

Trebloc, *Miss.* **8** G6

Tred Avon River, *Md.* **10** G21

Trego, *Wis.* **6** G3

Trementina, *N. Mex.* **3** P13

Tremont, *Ill.* **7** F6

Tremont, *Miss.* **8** G6

Tremont, *Pa.* **11** M12

Tremonton, *Utah* **3** E4

Trempealeau, *Wis.* **6** K3

Trempealeau National Wildlife Refuge, *Wis.* **6** K3

Trenary, *Mich.* **6** F9

Trent, *S. Dak.* **4** L8

Trent, river, *Ont.* **11** C10

Trenton, *Fla.* **9** E11

Trenton, *Ga.* **8** F10

Trenton, *Ill.* **7** L6

Trenton, *Ky.* **7** Q10

Trenton, *Mo.* **4** R11

Trenton, *N.C.* **8** E21

Trenton, *N. Dak.* **4** E2

Trenton, *Nebr.* **4** R4

Trenton, *N.J.* **11** N15

Trenton, *N.S.* **13** J19

Trenton, *Ohio* **7** J15

Trenton, *Ont.* **6** K22

Trenton, *S.C.* **8** H15

Trenton, *Tenn.* **8** C5

Trenton, *Tex.* **5** F14

Trenton, *Utah* **3** E5

Trenton Battle Monument, *Trenton, N.J.* **11** N15

Trenton International Speedway, *Trenton, N.J.* **11** N15

Trent Severn Canal, *Ont.* **6** K21

Tresckow, *Pa.* **11** L13

Tres Pinos, *Calif.* **2** N5

Tres Ritos, *N. Mex.* **3** N12

Trevilians, *Va.* **10** K16

Trevorton, *Pa.* **11** M11

Trexler-Lehigh County Game Preserve, *Allentown, Pa.* **11** M13

Trexler Memorial Park, *Allentown, Pa.* **11** M13

Trezevant, *Tenn.* **8** C6

Triadelphia, *W. Va.* **10** C9

Triana, *Ala.* **8** F8

Triangle, *Idaho* **1** M10

Triangle, *Va.* **10** H18

Triangle Lake, *Oreg.* **1** J2

Tribes Hill, *N.Y.* **11** F16

Tribune, *Kans.* **4** T3

Trident Peak (Obrian Peak), *Nev.* **2** D10

Trigo Mountains, *Ariz.* **3** S1

Tri Lakes, *Ind.* **7** D13

Trilby, *Fla.* **9** G12

Trilla, *Ill.* **7** J8

Trimble, *Tenn.* **8** C5

Trimokish Hills, *Alas.* **14** J13

Trinchera, *Colo.* **3** M14

Trinidad, *Calif.* **2** F2

Trinidad, *Colo.* **3** M13

Trinidad, *Tex.* **5** H14

Trinidad Beach ♣, *Calif.* **2** E1

Trinity, *Ala.* **8** F8

Trinity, *Tex.* **5** J15

Trinity, river, *Calif.* **2** E4

Trinity, river, *Tex.* **5** G14

Trinity Alps, *Calif.* **2** F3

Trinity Bay, *Tex.* **5** L16

Trinity Center, *Calif.* **2** F4

Trinity Church, *Newport, R.I.* **12** V11

Trinity Church, *St. John, N.B.* **13** K12

Trinity Dam, *Calif.* **2** F3

Trinity Islands, *Alas.* **14** Q12

Trinity Mountains, *Calif.* **2** F4

Trinity National Forest, *Calif.* **2** F3

Trinity Range, *Nev.* **2** G9

Trinity Site, *N. Mex.* **3** S11

Trinway, *Ohio* **7** G20

Trio, *S.C.* **8** H18

Trion, *Ga.* **8** F10

Triple Divide Pass, *Mont.* **1** (C) C4

Triple Divide Peak, *Mont.* **1** (C) C3

Tripler Army Hospital, *Hawaii* **15** (A)

Triplet, *Va.* **10** Q17

Tripoli, *Iowa* **4** M12

Tripoli, *Wis.* **6** H5

Tripp, *S. Dak.* **4** M7

Trippe Bay, *Md.* **10** H20

Tri-State Mineral Museum, *Joplin, Mo.* **4** V10

Tristram Coffin House, *Newburyport, Mass.* **12** N13

Triton Museum, *Santa Clara, Calif.* **2** M5

Triumvirate Glacier, *Alas.* **14** K14

Trollhaugen ⚡, *Wis.* **6** H2

Trona, *Calif.* **2** Q11

Trona Pinnacles Recreation Land, *Calif.* **2** Q11

Trophy Point, *West Point, N.Y.* **11** K16

Tropic, *Utah* **3** L5

Trotters, *N. Dak.* **4** F2

Trotwood, *Ohio* **7** H15

Troublesome Creek, *Ky.* **7** P18

Trough Creek ⚡, *Pa.* **11** N9

Troup, *Tex.* **5** H15

Trousdale, *Kans.* **4** U6

Trousers Lake, *N.B.* **13** E10

Trout, *La.* **5** H18

Trout, *W. Va.* **10** K9

Trout Brook, *N.S.* **13** H23

Trout Creek, *Ariz.* **3** Q3

Trout Creek, *Mich.* **6** F7

Trout Creek, *Mont.* **1** D11

Trout Creek, *N.Y.* **11** H14

Trout Creek, *Ont.* **6** G19

Trout Creek, *Oreg.* **1** J5

Trout Creek, *Utah* **3** H3

Troutdale, *Oreg.* **1** G4

Trout Hall, *Allentown, Pa.* **11** M13

Trout Lake, *Minn.* **4** F12

Trout Lake, *Ont.* **6** F18

Trout Lake, *Wash.* **1** G5

Trout Lake, *Wis.* **6** G6

Trout Peak, *Wyo.* **1** J18

Trout Run, *Pa.* **11** K11

Troutville, *Va.* **10** M11

Troy, *Ala.* **8** L9

Troy, *Idaho* **1** F10

Troy, *Ill.* **7** K5

Troy, *Ind.* **7** M11

Troy, *Kans.* **4** R10

Troy, *Mich.* **6** (B) C2

Troy, *Mo.* **4** S14

Troy, *Mont.* **1** C11

Troy, *N.C.* **8** E18

Troy, *N.H.* **12** N8

Troy, *N.Y.* **11** G17

Troy, *Ohio* **7** G16

Troy, *Oreg.* **1** G9

Troy, *Pa.* **11** J11

Troy, *S.C.* **8** G14

Troy, *Tenn.* **8** C5

Troy, *Tex.* **5** J13

Troy, *Vt.* **12** C7

Troy, *W. Va.* **10** F9

Troy Grove, *Ill.* **7** D7

Troy Lake, *Calif.* **2** S12

Troy Peak, *Nev.* **2** L14

Truchas, *N. Mex.* **3** N12

Truckee, *Calif.* **2** J7

Truckee, river, *Nev.* **2** H8

Truckee Route *see* California Trail, *U. S.* **2** H9

True, *W. Va.* **10** L8

Truman, *Minn.* **4** L10

Trumann, *Ark.* **5** C20

Trumansburg, *N.Y.* **11** G11

Trumbull, *Conn.* **12** W4

Trumbull, Mount, *Ariz.* **3** N3

Trumbull House, *Lebanon, Conn.* **12** U7

Trunk Bay, *St. John* **9** (C) A3

Truro, *Mass.* **12** S15

Truro, *N.S.* **13** K17

Truscott, *Tex.* **5** F10

Trussville, *Ala.* **8** H9

Truth or Consequences, *N. Mex.* **3** T10

Truxton, *N.Y.* **11** G13

Tryon, *N.C.* **8** E15

Tryon, *Okla.* **5** C13

Tryon Palace Restoration, *New Bern, N.C.* **8** E22

Tsala Apopka, lake, *Fla.* **9** F11

Tsa-La-Gi, *Tahlequah, Okla.* **5** C15

Tschida, Lake, *N. Dak.* **4** G3

Tsukon, *Alas.* **14** E16

Tuadook Lake, *N.B.* **13** E10

Tubac, *Ariz.* **3** V5

Tuba City, *Ariz.* **3** N5

Tubac Presidio ▲, *Ariz.* **3** V5

Tubutulik, river, *Alas.* **14** F10

Tuckahoe, *N.J.* **11** Q15

Tuckahoe ⚡, *Md.* **10** F22

Tuckahoe Village, *Va.* **10** L17

Tuckaleechee Caverns, *Townsend, Tenn.* **8** D12

Tucker, *Ark.* **5** E19

Tuckerman, *Ark.* **5** C19

Tuckerman Ravine, *N.H.* **12** F11

Tuckernuck Island, *Mass.* **12** W15

Tuckerton, *N.J.* **11** Q16

Tucker Tower Museum, *Ardmore, Okla.* **5** E13

Tucki Mountain, *Calif.* **2** P11

Tucson, *Ariz.* **3** U6

Tucson Mountains, *Ariz.* **3** U5

Tucumcari, *N. Mex.* **3** Q14

Tucumcari Mountain, *N. Mex.* **3** Q14

Tugaloo, river, *Ga.-S.C.* **8** F14

Tugaloo ⚡, *Ga.* **8** F13

Tug Fork, Big Sandy River, *Ky.-W. Va.* **7** M19; **10** M6

Tugidak Island, *Alas.* **14** Q11

Tuklung, *Alas.* **14** M10

Tuktoyaktuk, *N.W.T.* **14** C20

Tulalip Indian Reservation, *Wash.* **1** C4

Tulare, *Calif.* **2** P8

Tulare, *S. Dak.* **4** K6

Tulare Lake Bed, *Calif.* **2** Q8

Tularosa, *N. Mex.* **3** T11

Tularosa Mountains, *N. Mex.* **3** S9

Tularosa Valley, *N. Mex.* **3** U11

Tule, river, *Calif.* **2** Q8

Tule Creek, *Tex.* **5** E9

Tule Elk Reserve ⚡, *Calif.* **2** R8

Tule Lake, *Calif.* **2** D6

Tule Lake National Wildlife Refuge, *Calif.* **2** D6

Tule River Indian Reservation, *Calif.* **2** Q9

Tuleta, *Tex.* **5** M12

Tulia, *Tex.* **5** E8

Tulik Volcano, *Alas.* **14** R4

Tulip Grove, *Nashville, Tenn.* **8** C8

Tullahoma, *Tenn.* **8** E9

Tulloch Reservoir, *Calif.* **2** L6

Tullock Creek, *Mont.* **1** G20

Tullos, *La.* **5** H18

Tully, *N.Y.* **11** G12

Tully Lake, *Mass.* **12** P7

Tulsa, *Okla.* **5** C14

Tulsa Garden Center, *Tulsa, Okla.* **5** G14

Tuluksak, *Alas.* **14** K10

Tuluksak, river, *Alas.* **14** K10

Tumacacori, *Ariz.* **3** V5

Tumacacori National Monument, *Ariz.* **3** V6

Tumalo, *Oreg.* **1** K5

Tumbledown Mountain, *Me.* **13** J3

Tumble Mountain, *Mont.* **1** H17

Tumwater, *Wash.* **1** E4

Tunbridge, *Vt.* **12** H6

Tundra Lake, *Alas.* **14** K12

Tunica, *Miss.* **8** F3

Tunica Lake, *Miss.* **8** F3

Tunkhannock, *Pa.* **11** K13

Tunk Lake, *Me.* **13** M8

Tunnel City, *Wis.* **6** K4

Tunnel Hill, *Ga.* **8** F11

Tunnel Hill, *Ill.* **7** N7

Tunnel Springs, *Ala.* **8** L8

Tunnelton, *Ind.* **7** K12

Tunnelton, *W. Va.* **10** E11

Tuntutuliak, *Alas.* **14** K9

Tununak, *Alas.* **14** K8

Tunusiktok Lake, *Alas.* **14** B11

Tunxis State Forest, *Conn.* **12** S5

Tuolumne, *Calif.* **2** L7

Tuolumne, river, *Calif.* **2** L8

Tuolumne Meadows, *Calif.* **2** L8

Tupelo, *Miss.* **8** F5

Tupelo, *Okla.* **5** E14

Tupelo National Battlefield, *Miss.* **8** G5

Tupper Lake, *N.S.* **13** M14

Tupper Lake, *N.Y.* **11** C15

Turbeville, *S.C.* **8** G18

Turbeville, *Va.* **10** Q13

Turbotville, *Pa.* **11** L11

Turin, *N.Y.* **11** D14

Turkey, *Tex.* **5** E9

Turkey, river, *Iowa* **4** M13

Turkey Point ⚡, *Ont.* **6** N18

Turkey River Mounds ▲, *Iowa* **4** M13

Turkey Run ⚡, *Ind.* **7** H10

Turley, *Okla.* **5** B14

Turlock, *Calif.* **2** M6

Turlock Lake ⚡, *Calif.* **2** M7

Turnagain Arm, *Alas.* **14** L14

Turnbull National Wildlife Refuge, *Wash.* **1** E9

Turner, *Me.* **13** N3

Turner, *Mich.* **6** L13

Turner, *Mont.* **1** C18

Turner, *Oreg.* **1** H3

Turner Falls, *Okla.* **5** E13

Turner Mountain, *Calif.* **2** G5

Turner Mountain ⚡, *Mont.* **1** C11

Turners Falls, *Mass.* **12** P6

Turner Sound, *Bahamas* **9** R21

Turnertown, *Tex.* **5** H16

Turney House, *Galena, Ill.* **7** A5

Turning Basin, *Fla.* **9** (A)

Turon, *Kans.* **4** U6

Turpin, *Okla.* **5** B9

Turquoise Lake, *Alas.* **14** L12

Turrell, *Ark.* **5** C20

Turtle, river, *Ont.* **4** E12; **6** A2

Turtle Back Zoo, *West Orange, N.J.* **11** M16

Turtle Creek, *N.B.* **13** H14

Turtle Creek, *W. Va.* **10** K6

Turtle-Flambeau Flowage, *Wis.* **6** F5

Turtle Lake, *N. Dak.* **4** F5

Turtle Lake, *Wis.* **6** H2

Turtle Mound ▲, *Fla.* **9** F15

Turtle Mountain Indian Reservation, *Minn.* **4** E5

Turtle Mountains, *Calif.* **2** T15

Turtle Mountains, *N. Dak.* **4** D5

Turtle Mountains Recreation Land, *Calif.* **2** S15

Turton, *S. Dak.* **4** J7

Tusayan Ruin and Museum, *Ariz.* **3** P5

Tuscaloosa, *Ala.* **8** H7

Tuscaloosa Seamount, *N. Pac. Oc.* **15** B14

Tuscarawas, *Ohio* **7** F20

Tuscarora, *Nev.* **2** E12

Tuscarora, *Pa.* **11** M13

Tuscarora Indian Reservation, *N.Y.* **11** F7

Tuscarora Mountain, *Pa.* **11** N9

Tuscarora Mountains, *Nev.* **2** F12

Tuscarora State Forest, *Pa.* **11** N10

Tuscobia-Parkfalls Trail, *Wis.* **6** G4

Tuscola, *Ill.* **7** H8

Tuscola, *Tex.* **5** H10

Tusculum, *Tenn.* **8** C14

Tuscumbia, *Ala.* **8** F7

Tuscumbia, *Mo.* **4** T12

Tushka, *Okla.* **5** E14

Tuskahoma, *Okla.* **5** E15

Tuskegee, *Ala.* **8** K10

Tuskegee Institute, *Tuskegee, Ala.* **8** K10

Tuskegee Institute National Historic Site, *Tuskegee, Ala.* **8** K10

Tuskegee National Forest, *Ala.* **8** K10

Tusket, *N.S.* **13** P12

Tusket, river, *N.S.* **13** N12

Tusket Islands, *N.S.* **13** Q11

Tussey Mountain, *Pa.* **11** M9

Tustumena Lake, *Alas.* **14** L14

Tuthill, *S. Dak.* **4** M4

Tutna Lake, *Alas.* **14** L12

Tuttle, *Idaho* **1** M12

Tuttle, *N. Dak.* **4** G5

Tuttle, *Okla.* **5** D12

Tuttle Creek ⚓, *Kans.* **4** S8

Tutu, *St. Thomas* **9** (C) A2

Tututalak Mountain, *Alas.* **14** D11

Tutwiler, *Miss.* **8** G3

Tuxedni Bay, *Alas.* **14** L13

Tuxedo, *N.C.* **8** E14

Tuzigoot National Monument, *Ariz.* **3** Q5

Twain, *Calif.* **2** H6

Twain Harte, *Calif.* **2** L7

Twanoh ⚓, *Wash.* **1** E4

T. Wayland Vaughan Aquarium-Museum, *San Diego, Calif.* **2** V11

Tweed, *Ont.* **6** K22

Tweedy Mountain, *Mont.* **1** H14

Tweetsie Railroad, *Blowing Rock, N.C.* **8** C15

Twelve Mile, *Ind.* **7** E12

Twelvemile Summit, *Alas.* **14** G16

Twelvepole Creek, *W. Va.* **10** J4

Twentynine Palms, *Calif.* **2** T13

Twentynine Palms Marine Corps Base, *Calif.* **2** S13

Twentytwo Mile Village, *Alas.* **14** F17

Twig, *Minn.* **4** G12

Twilight, *W. Va.* **10** K6

Twin, *Ala.* **8** G7

Twin Bridges, *Mont.* **1** H14

Twin Butte Creek, *Kans.* **4** S4

Twin Buttes Reservoir, *Tex.* **5** J10

Twin City, *Ga.* **8** K15

Twin Falls, *Idaho* **1** M12

Twin Falls ⚓, *W. Va.* **10** L7

Twin Harbors ⚓, *Wash.* **1** E2

Twin Harbors Beaches, *Wash.* **1** E2

Twin Hills, *Alas.* **14** M10

Twining, *Mich.* **6** L13

Twinkenham Historic District, *Huntsville, Ala.* **8** F8

Twin Lakes, *Alas.* **14** E15

Twin Lakes, *Alas.* **14** L13

Twin Lakes, *Colo.* **3** J11

Twin Lakes, *Ga.* **8** N13

Twin Lakes, *Me.* **13** J6

Twin Lakes, *Nebr.* **4** N3

Twin Lakes ⚓, *Iowa* **4** N10

Twin Lakes ⚓, *Mich.* **6** E6

Twin Lakes ⚓, *S. Dak.* **4** L6

Twin Lakes Mountain, *Oreg.* **1** L3

Twin Lakes Recreation Area, *Pa.* **11** J8

Twin Lakes Reservoir, *Idaho* **1** L12

Twin Lights ▲, *N.J.* **11** N16

Twin Mountain, *Alas.* **14** G17

Twin Mountain, *N.H.* **12** F10

Twin Mountain, *Oreg.* **1** J8

Twin Peaks, *Idaho* **1** J12

Twin Rocks, *Pa.* **11** M7

Twinsburg, *Ohio* **7** D21

Twin Valley, *Minn.* **4** G9

Twisp, *Wash.* **1** C6

Twitchell Reservoir, *Calif.* **2** S7

Twitty, *Tex.* **5** D10

Two Butte Creek, *Colo.* **3** L16

Two Buttes, *Colo.* **3** L15

Two Buttes Reservoir, *Colo.* **3** L15

Two Creeks Buried State Forest, *Wis.* **6** K8

Twodot, *Mont.* **1** F17

Two Harbors, *Minn.* **4** G13

Two Hearted, river, *Mich.* **6** F11

Two Inlets State Forest, *Minn.* **4** G10

Two Lakes, *Alas.* **14** K13

Two Lights ⚓, *Me.* **13** Q3

Two Medicine, ranger station, *Mont.* **1** (C) C4

Two Medicine, river, *Mont.* **1** C14

Two Medicine Entrance, *Glacier Nat. Park* **1** (C) C4

Two Medicine Lake, *Mont.* **1** (C) C4

Two Medicine Pass, *Mont.* **1** (C) D4

Two Ocean Pass, *Wyo.* **1** K17

Two Rivers, *Wis.* **6** K8

Two Top Peak, *S. Dak.* **4** J2

Tybee Island, *Ga.* **8** K17

Tybee National Wildlife Refuge, *S.C.* **8** K17

Tye, *Tex.* **5** G10

Tye, river, *Va.* **10** L14

Tyee, *Alas.* **14** P22

Tye River, *Va.* **10** L14

Tygart Lake, *W. Va.* **10** F11

Tygart Lake ⚓, *W. Va.* **10** E11

Tygarts Creek, *Ky.* **7** L18

Tygart Valley, river, *W. Va.* **10** H11

Tygh Valley, *Oreg.* **1** H5

Tyler, *Minn.* **4** K9

Tyler, *Tex.* **5** G15

Tyler, *Wash.* **1** E9

Tyler, *W. Va.* **10** E9

Tyler ⚓, *Pa.* **11** N15

Tyler ⚓, *Tex.* **5** G15

Tyler, Lake, *Tex.* **5** H15

Tyler Heights, *W. Va.* **10** H6

Tyler Museum of Art, *Tyler, Tex.* **5** G15

Tyler Rose Garden, *Tyler, Tex.* **5** G15

Tylersburg, *Pa.* **11** K6

Tylertown, *Miss.* **8** M3

Tynan, *Tex.* **5** N12

Tyndall, *S. Dak.* **4** M7

Tyndall Air Force Base, *Fla.* **9** C5

Tyner, *Ind.* **7** D12

Tyne Valley, *P.E.I.* **13** F16

Tyngsboro, *Mass.* **12** P10

Tyonek, *Alas.* **14** L14

Tyone Village, *Alas.* **14** J16

Tyringham, *Mass.* **12** R4

Tyro, *Miss.* **8** F4

Tyro, *Va.* **10** L13

Tyrol ⚑, *N.H.* **12** G11

Tyrolean ⚑, *Mich.* **6** J13

Tyrone, *N. Mex.* **3** T9

Tyrone, *N.Y.* **11** G11

Tyrone, *Okla.* **5** A9

Tyrone, *Pa.* **11** M9

Tyronza, *Ark.* **5** C20

Ty Ty, *Ga.* **8** L13

U

Ualapue, *Hawaii* **15** F15

Ualik Lake, *Alas.* **14** M10

Uaoa Bay, *Hawaii* **15** G18

Ubehebe Crater, *Calif.* **2** N11

Ublutuoch, river, *Alas.* **14** B14

Ubly, *Mich.* **6** L15

Ucon, *Idaho* **1** L15

Ucross, *Wyo.* **1** J21

Uelen, *U.S.S.R.* **14** D8

Ugak Bay, *Alas.* **14** P13

Ugak Island, *Alas.* **14** P13

Ugamak Island, *Alas.* **14** R6

Uganik, *Alas.* **14** P12

Uganik Island, *Alas.* **14** N12

Ugashik, *Alas.* **14** P10

Ugashik, river, *Alas.* **14** N11

Ugashik Bay, *Alas.* **14** N10

Uhrichsville, *Ohio* **7** F21

Uintah and Ouray Indian Reservation, *Utah* **3** H7

Uinta Mountains, *Utah* **3** G6

Uinta National Forest, *Utah* **3** H5

Upstate Auto Museum, *Utica, N.Y.* **11** F14
Upton, *Ky.* **7** P13
Upton, *Mass.* **12** R10
Upton, *Me.* **13** L2
Upton, *Wyo.* **1** J23
Upton State Forest, *Mass.* **12** R10
Urania, *La.* **5** H18
Uravan, *Colo.* **3** K8
Urbana, *Ark.* **5** F18
Urbana, *Ill.* **7** G9
Urbana, *Ind.* **7** E13
Urbana, *Mo.* **4** U12
Urbana, *Ohio* **7** G17
Urbandale, *Iowa* **4** P11
Urbanna, *Va.* **10** L20
Ureneff Tuberous Begonia Garden, *Rockland, Me.* **13** N5
Uriah, *Ala.* **8** M7
Urich, *Mo.* **4** T11
Urilia Bay, *Alas.* **14** Q7
Ursa, *Ill.* **7** G3
Ursine, *Nev.* **2** L16
Ursuline Convent, *New Orleans, La.* **5** K21
Ursus Cove, *Alas.* **14** M13
Ushagat Island, *Alas.* **14** N13
Usibelli, *Alas.* **14** H15
Usk, *Wash.* **1** C9
Usof Bay, *Alas.* **14** R5
Usuktuk, river, *Alas.* **14** B13
Utah, state, *U. S.* **3** J4
Utah Lake ♣, *Utah* **3** H5
Utah Lake ♣, *Utah* **3** G5
Ute Creek, *N. Mex.* **3** N14
Ute Indian Museum ♠, *Colo.* **3** K9
Ute Lake ♣, *N. Mex.* **3** P14
Ute Mountain Indian Reservation, *Colo.* **3** M8
Ute Peak, *Colo.* **3** M8
Utica, *Ill.* **7** D7
Utica, *Kans.* **4** T5
Utica, *Ky.* **7** N10
Utica, *Mich.* **6** (B) C2
Utica, *Miss.* **8** K3
Utica, *Mo.* **4** R11
Utica, *Mont.* **1** E17
Utica, *Nebr.* **4** Q7
Utica, *N.Y.* **11** F14
Utica, *Ohio* **7** G19
Utility Corridor, *Alas.* **14** E15
Utopia, *Alas.* **14** F13
Utopia, Lake, *N.B.* **13** K10
Utopia, *Tex.* **5** L11
Utopia Game Refuge, *N.B.* **13** K10
Utsalady, *Wash.* **1** (A) D3
Utuado, *P. R.* **9** (B) A2
Utukok, river, *Alas.* **14** C12
Uvalda, *Ga.* **8** K14
Uvalde, *Tex.* **5** M10
Uvero, Punta, *P. R.* **9** (B) A4

Uwharrie National Forest, *N.C.* **8** D18
Uxbridge, *Mass.* **12** S10
Uxbridge, *Ont.* **6** K20
Uyak, *Alas.* **14** P12
Uyak Bay, *Alas.* **14** P12

V

Vaca Key, *Fla.* **9** R14
Vacaville, *Calif.* **2** L5
Vada, *Ga.* **8** M12
Vader, *Wash.* **1** F3
Vagthus Point, *St. Croix* **9** (C) B3
Vaiden, *Miss.* **8** H4
Vail, *Ariz.* **3** U6
Vail, *Colo.* **3** H11
Vail Lake, *Calif.* **2** U12
Valatie, *N.Y.* **11** G17
Val Comeau ♣, *N.B.* **13** C14
Valders, *Wis.* **6** L8
Valdese, *N.C.* **8** D16
Valdez, *Alas.* **14** L16
Valdez Arm, *Alas.* **14** L16
Valdosta, *Ga.* **8** N13
Vale, *Oreg.* **1** K9
Vale, *S. Dak.* **4** K2
Vale, The, *Waltham, Mass.* **12** Q11
Valencia, *Calif.* **2** S9
Valentine, *Ariz.* **3** P3
Valentine, *Nebr.* **4** M4
Valentine, *Tex.* **5** K5
Valentine Museum, *Richmond, Va.* **10** M18
Valentine National Wildlife Refuge, *Nebr.* **4** N4
Valentines, *Va.* **10** Q17
Valera, *Tex.* **5** H10
Valhermoso Springs, *Ala.* **8** F8
Valier, *Ill.* **7** M7
Valier, *Mont.* **1** C15
Valier, *Pa.* **11** L7
Valkaria, *Fla.* **9** H15
Vallecito, *Colo.* **3** M10
Vallecito Mountains, *Calif.* **2** V13
Vallecito Reservoir, *Colo.* **3** M10
Vallejo, *Calif.* **2** L4
Vallersville, *Mass.* **12** T14
Valley, *Nebr.* **4** P8
Valley, *N.S.* **13** K17
Valley, *Wash.* **1** D9
Valley, *Wyo.* **1** (B) D5
Valley Acres, *Calif.* **2** R8
Valley Bend, *W. Va.* **10** G11
Valley Center, *Kans.* **4** U8
Valley City, *Ill.* **7** H4
Valley City, *N. Dak.* **4** G7
Valley Falls, *Kans.* **4** S9
Valley Falls, *N.Y.* **11** F17
Valley Falls, *Oreg.* **1** M6
Valley Falls, *R.I.* **12** T11

Valley Falls ♣, *W. Va.* **10** E11
Valley Forge National Historical Park, *Pa.* **11** N14
Valley Grove, *W. Va.* **10** C9
Valley Head, *Ala.* **8** F10
Valley Head, *W. Va.* **10** H11
Valley Hi ♣, *Ohio* **7** G17
Valley Mills, *Tex.* **5** H13
Valley of Fire ♣, *Calif.* **2** P15
Valley of Fires ♣, *N. Mex.* **3** S11
Valley of 10,000 Smokes, *Alas.* **14** N11
Valley Park, *Miss.* **8** J2
Valley Pass, *Nev.* **2** E15
Valley Spring, *Tex.* **5** K11
Valley Springs, *Calif.* **2** L6
Valley Springs, *S. Dak.* **4** L8
Valley Station, *Ky.* **7** M13
Valley Stream, *N.Y.* **11** M17
Valley View, *Pa.* **11** M11
Valley View, *Tex.* **5** F13
Valleyview ♣, *N.S.* **13** L13
Valliant, *Okla.* **5** E15
Vallonia, *Ind.* **7** K12
Vallscreek, *W. Va.* **10** N6
Valmeyer, *Ill.* **7** L5
Valmy, *Nev.* **2** F11
Valparaiso, *Fla.* **9** B3
Valparaiso, *Ind.* **7** D11
Valparaiso, *Nebr.* **4** Q8
Valsetz, *Oreg.* **1** H2
Val Verde Park, *Calif.* **2** S9
Vamori, *Ariz.* **3** V4
Van, *Tex.* **5** G15
Van, *W. Va.* **10** K6
Van Alstyne, *Tex.* **5** F14
Vananda, *Mont.* **1** F20
Van Buren, *Ark.* **5** C16
Van Buren, *Ind.* **7** F13
Van Buren, *Me.* **13** D8
Van Buren, *Mo.* **4** V14
Van Buren, *Ohio* **7** E16
Van Buren ♣, *Mich.* **6** P10
Van Buren ♣, *Ohio* **7** E17
Van Buren Point, *N.Y.* **11** G6
Vance, *Miss.* **8** G3
Vance Air Force Base, *Okla.* **5** B12
Vanceboro, *Me.* **13** J9
Vanceboro, *N.C.* **8** D22
Vanceburg, *Ky.* **7** L17
Vancleave, *Miss.* **8** N5
Van Cortlandt Manor, *Tarrytown, N.Y.* **11** L17
Vancorum, *Colo.* **3** K8

Vancouver, *B.C.* **1** B3
Vancouver, *Wash.* **1** G4
Vancouver, Mount, *Alas.-Yukon Terr.* **14** L19
Vancouver Island, *B.C.* **1** A2
Vandalia, *Ill.* **7** K7
Vandalia, *Mo.* **4** S14
Vandalia, *Mont.* **1** C20
Vandalia, *Ohio* **7** H16
Vandalia State House State Historic Site, *Vandalia, Ill.* **7** K7
Van Damme ♣, *Calif.* **2** J2
Vandemere, *N.C.* **8** E22
Vandenberg Air Force Base, *Calif.* **2** S6
Vandenberg Village, *Calif.* **2** S6
Vander, *N.C.* **8** E19
Vanderbilt, *Mich.* **6** J12
Vanderbilt, *Tex.* **5** M14
Vanderbilt Mansion National Historic Site, *Hyde Park, N.Y.* **11** J17
Vanderbilt Museum, "Eagles Nest," *Huntington, N.Y.* **11** L18
Vandergrift, *Pa.* **11** M6
Van Der Veer House, *Bath, N.C.* **8** D22
Vander Veer Park, *Davenport, Iowa* **4** P14
Vandervoort, *Ark.* **5** E16
Vandling, *Pa.* **11** J13
Van Duesenville, *Mass.* **12** R13
Van Duzen, river, *Calif.* **2** G2
Van Etten, *N.Y.* **11** H12
Van Hook Arm, Lake Sakakawea, *N. Dak.* **4** (A) B4
Van Horn, *Tex.* **5** J5
Van Horne, *Iowa* **4** N13
Vankarem, *U.S.S.R.* **14** B6
Vank Island, *Alas.* **14** Q23
Van Lear, *Ky.* **7** N19
Vanleer, *Tenn.* **8** C8
Vanlue, *Ohio* **7** E17
Van Meter, *Iowa* **4** P11
Van Meter ♣, *Mo.* **4** S11
Vanndale, *Ark.* **5** C20
Vanport, *Pa.* **11** M4
Van Riper ♣, *Mich.* **6** F8
Vansant, *Va.* **10** N5
Vantage, *Wash.* **1** E7
Van Tassell, *Wyo.* **1** M23
Van Vleck, *Tex.* **5** M14
Van Vleet, *Miss.* **8** G5
Van Wert, *Ohio* **7** E15
Vardaman, *Miss.* **8** G5
Varna, *Ill.* **7** E7
Varnado, *La.* **5** J21
Varner-Hogg Plantation ♠, *Tex.* **5** M14

Varney, *W. Va.* **10** L5
Varnville, *S.C.* **8** J16
Varona Village, *Hawaii* **15** (A)
Varysburg, *N.Y.* **11** G9
Vashon, *Wash.* **1** (A) F3
Vashon Island, *Wash.* **1** (A) F3
Vass, *N.C.* **8** E19
Vassar, *Mich.* **6** M14
Vassar College, *Poughkeepsie, N.Y.* **11** J16
Vaucluse, *S.C.* **8** H15
Vaughan, *Ont.* **6** L19
Vaughan, *W. Va.* **10** J8
Vaughan Woods ▲, *Me.* **13** R1
Vaughn, *Mont.* **1** E15
Vaughn, *N. Mex.* **3** R13
Vaughn, *Wash.* **1** (A) F2
Vealmoor, *Tex.* **5** G8
Veazie, *Me.* **13** L6
Veblen, *S. Dak.* **4** H8
Veedersburg, *Ind.* **7** G10
Vega, *Tex.* **5** D8
Vega Alta, *P. R.* **9** (B) A3
Vega Baja, *P. R.* **9** (B) A3
Vega Bay, *Alas.* **14** R16
Vega Point, *Alas.* **14** R16
Vega Reservoir ☀, *Colo.* **3** J9
Vega State Forest, *P. R.* **9** (B) A3
Veguita, *N. Mex.* **3** R11
Velasco ☀, *Tex.* **5** M15
Velikaya, river, *U.S.S.R.* **14** C1
Velma, *Okla.* **5** E12
Velpen, *Ind.* **7** L10
Velva, *N. Dak.* **4** F4
Venango, *Nebr.* **4** Q3
Venango, *Pa.* **11** J5
Venedy, *Ill.* **7** L6
Veneta, *Oreg.* **1** K3
Venetie, *Alas.* **14** E16
Venetie Landing, *Alas.* **14** F16
Veniaminof, Mount, *Alas.* **14** P9
Venice, *Fla.* **9** K11
Venice, *Ill.* **7** L5
Venice, *La.* **5** L22
Venice, *Utah* **3** K5
Ventana Wilderness, *Calif.* **2** P5
Ventnor City, *N.J.* **11** Q16
Ventura, *Calif.* **2** T8
Venturia, *N. Dak.* **4** H6
Venus, *Fla.* **9** K13
Vera, *Okla.* **5** B14
Vera, *Tex.* **5** F11
Vera, *Va.* **10** M14
Verbena, *Ala.* **8** J8
Verde, river, *Ariz.* **3**·Q4
Verde, East, river, *Ariz.* **3** R5
Verde, Isla, *P. R.* **9** (B) A4
Verdel, *Nebr.* **4** M7

Verden, *Okla.* **5** D12
Verde Valley Art Gallery, *Jerome, Ariz.* **3** Q4
Verdigre, *Nebr.* **4** N7
Verdigris, river, *Kans.* **4** U9
Verdon, *Nebr.* **4** R9
Verdunville, *W. Va.* **10** K5
Vereins Kirche, *Fredericksburg, Tex.* **5** K11
Verendrye Monument ▲, *S. Dak.* **4** K4
Vergennes, *Ill.* **7** N6
Vergennes, *Vt.* **12** G4
Vermilion, *Ill.* **7** H9
Vermilion, *Ohio* **7** D19
Vermilion, river, *Ill.* **7** E7
Vermilion Bay, *La.* **5** L19
Vermilion, Lake, *Ill.* **7** G9
Vermilion Lake, *Minn.* **4** F12
Vermillion, *Kans.* **4** R9
Vermillion, *S. Dak.* **4** M8
Vermillion Creek, *Colo.* **3** G8
Vermont, *Ill.* **7** G4
Vermont, state, *U. S.* **12** L5
Vermont Country Store, *Weston, Vt.* **12** L6
Vermont Museum, *Montpelier, Vt.* **12** F6
Vermontville, *N.Y.* **11** B16
Vernal, *Utah* **3** G8
Verner, *W. Va.* **10** L6
Vernon, *Ala.* **8** G7
Vernon, *Ariz.* **3** R7
Vernon, *Colo.* **3** H15
Vernon, *Conn.* **12** T7
Vernon, *Fla.* **9** B5
Vernon, *Ill.* **7** K7
Vernon, *Ind.* **7** K13
Vernon, *Nev.* **2** G9
Vernon, *N.J.* **11** L15
Vernon, *N.Y.* **11** F13
Vernon, *Tex.* **5** E11
Vernon, *Utah* **3** H4
Vernon, *Vt.* **12** N6
Vernon Bridge, *P.E.I.* **13** G18
Vernonburg, *Ga.* **8** L16
Vernon Hill, *Va.* **10** P13
Vernonia, *Oreg.* **1** G3
Vernon River, *P.E.I.* **13** G18
Vernon Valley ✈, *N.J.* **11** L16
Vero Beach, *Fla.* **9** J16
Verona, *Ill.* **7** D8
Verona, *Ky.* **7** K15
Verona, *Mich.* **6** L15
Verona, *Miss.* **8** G6
Verona, *N.C.* **8** F21
Verona, *N.Y.* **11** F13
Verona, *Ohio* **7** H15
Verona, *Ont.* **6** J23
Verona, *Va.* **10** J13
Verona, *Wis.* **6** N5
Verona Beach, *N.Y.* **11** F13

Verona Beach ☀, *N.Y.* **11** F13
Verplanck, *N.Y.* **11** K17
Verraco, Punta, *P. R.* **9** (B) B2
Versailles, *Ill.* **7** H4
Versailles, *Ind.* **7** K14
Versailles, *Ky.* **7** M15
Versailles, *Ohio* **7** G15
Versailles ☀, *Ind.* **7** K14
Vershire, *Vt.* **12** H7
Verte, Baie, *N:B.* **13** H16
Verte, Rivière (Green, river), *N.B.* **13** C7
Vesper, *Wis.* **6** K5
Vesta, *Va.* **10** Q10
Vestal, *N.Y.* **11** H12
Vestavia Hills, *Ala.* **8** H8◄
Vesterheim, *Decorah, Iowa* **4** M13
Vesuvius, *Va.* **10** K13
Vesuvius, Lake,*Ohio* **7** L19
Vetal, *S. Dak.* **4** M4
Veteran, *Wyo.* **1** N23
Veteran Car Museum, *Denver, Colo.* **3** H13
Veterans Memorial Coliseum, *Cedar Rapids, Iowa* **4** N13
Veterans of Foreign Wars National Home, *Mich.* **6** P12
Vevay, *Ind.* **7** L14
Veyo, *Utah* **3** M3
Vian, *Okla.* **5** C15
Viboras, *Tex.* **5** Q11
Vicco, *Ky.* **7** P18
Vici, *Okla.* **5** C11
Vicker, *Va.* **10** N10
Vicksburg, *Mich.* **6** P11
Vicksburg, *Miss.* **8** K2
Vicksburg National Military Park, *Miss.* **8** K2
Victor, *Colo.* **3** K12
Victor, *Idaho* **1** L16
Victor, *Iowa* **4** P13
Victor, *Mont.* **1** F13
Victor, *N.Y.* **11** F10
Victoria, *B.C.* **1** C3
Victoria, *Ill.* **7** E5
Victoria, *Kans.* **4** S6
Victoria, *Miss.* **8** E4
Victoria, *P.E.I.* **13** G17
Victoria, *Tex.* **5** M13
Victoria, *Va.* **10** N16
Victoria Beach, *N.S.* **13** M12
Victoria Bryant ☀, *Ga.* **8** G13
Victoria Creek, *Alas.* **14** F16
Victoria Harbour, *Ont.* **6** J19
Victoria Mansion, *Portland, Me.* **13** Q3
Victorian Village, *Memphis, Tenn.* **8** E4
Victoria Park, *Charlottetown, P.E.I.* **13** G17

Verona Beach ☀, *N.Y.* **11** F13
Victoria Springs ☀, *Nebr.* **4** P5
Victorio Peak, *Tex.* **5** J5
Victorville, *Calif.* **2** S11
Victory, *N.Y.* **11** F11
Victory, *Wis.* **6** L3
Victory Mills, *N.Y.* **11** F17
Victory State Forest, *Vt.* **12** E9
Vida, *Mont.* **1** D21
Vidal, *Calif.* **2** T15
Vidalia, *Ga.* **8** K14
Vidalia, *La.* **5** H19
Vidor, *Tex.* **5** K16
Vieja, Sierra, *Tex.* **5** K5
Viejas Indian Reservation, *Calif.* **2** V12
Vienna, *Ga.* **8** K12
Vienna, *Ill.* **7** P7
Vienna, *Md.* **10** H22
Vienna, *Mo.* **4** T13
Vienna, *Ohio* **7** D22
Vienna, *S. Dak.* **4** K7
Vienna, *Va.* **10** G18
Vienna, *W. Va.* **10** E7
Viento, Punta, *P. R.* **9** (B) B4
Vieques *see* Isabel Segunda, *P. R.* **9** (B) B5
Vieques, island, *P. R.* **9** (B) B5
Vieques Sound, *P. R.* **9** (B) A5
Vietnam Veterans Memorial, *Washington, D. C.* **10** G19.
View, *Tex.* **5** H10
Viking, *Minn.* **4** E8.
Viking Lake ☀, *Iowa* **4** Q10
Vikingsholm, *Lake Tahoe, Calif.* **2** J7
Vilas, *Colo.* **3** L16
Village, *Va.* **10** K20
Village, The, *Okla.* **5** C13
Village Creek ☀, *Ark.* **5** D20
Village Historique Acadien, *N.B.* **13** C14
Village Museum, *Rockland, Me.* **13** N5
Villa Grove, *Colo.* **3** K11
Villa Grove, *Ill.* **7** H9
Villalba, *P. R.* **9** (B) B3
Villa Louis ▲, *Wis.* **6** M3
Villa Maria, *Pa.* **11** L4
Villanueva, *N. Mex.* **3** Q12
Villard, *Minn.* **4** J10
Villa Rica, *Ga.* **8** H11
Villas, *N.J.* **11** R15
Ville Platte, *La.* **5** K19
Villisca, *Iowa* **4** Q10
Villita, La, *San Antonio, Tex.* **5** L11
Vina, *Ala.* **8** F6
Vina, *Calif.* **2** H4
Vinalhaven, *Me.* **13** N6
Vinalhaven Island, *Me.* **13** N6

Wailea Point, *Hawaii* **15** (A)

Wailoa River ♣, *Hawaii* **15** M23

Wailua, *Kauai, Hawaii* **15** B5

Wailua, *Maui, Hawaii* **15** G18

Wailua Falls, *Kauai, Hawaii* **15** B5

Wailua Falls, *Maui, Hawaii* **15** H19

Wailua River ♣, *Hawaii* **15** B5

Wailuku, *Hawaii* **15** G17

Wailuku, *river, Hawaii* **15** N22

Wailuku River ♣, *Hawaii* **15** M22

Wailupe, *Hawaii* **15** (A)

Waimalu, *Hawaii* **15** (A)

Waimalu Stream, *Hawaii* **15** (A)

Waimanalo, *Hawaii* **15** E12

Waimanalo Bay, *Hawaii* **15** E12

Waimanalo Beach, *Hawaii* **15** E12

Waimanalo Beach Park, *Hawaii* **15** (A)

Waimanalo Forest Reserve, *Hawaii* **15** E11

Waimanalo Gulch, *Hawaii* **15** (A)

Waimano Stream, *Hawaii* **15** (A)

Waimanu Bay, *Hawaii* **15** L20

Waimea, *Kauai, Hawaii* **15** B3

Waimea, *Oahu, Hawaii* **15** D10

Waimea (Kamuela), *Hawaii* **15** L20

Waimea, *river, Hawaii* **15** B4

Waimea Bay, *Hawaii* **15** D10

Waimea Canyon, *Hawaii* **15** B4

Waimea Canyon ♣, *Hawaii* **15** B3

Waimea Falls (Waihee Falls), *Hawaii* **15** D10

Wainfleet, *Ont.* **6** (C) C1

Wainiha, *river, Hawaii* **15** A4

Wainwright, *Alas.* **14** A12

Waiohinu, *Hawaii* **15** Q20

Waipahee Falls, *Hawaii* **15** A5

Waipahu, *Hawaii* **15** E10

Waipio, *Hawaii* **15** L20

Waipio Acres, *Hawaii* **15** E10

Waipio Bay, *Hawaii* **15** L20

Waipio Bay, *Maui, Hawaii* **15** G18

Waipio Peninsula, *Hawaii* **15** (A)

Waipio Valley, *Hawaii* **15** L20

Waipoo Falls, *Hawaii* **15** B3

Waipuhia Falls, *Hawaii* **15** (A)

Waita Reservoir, *Hawaii* **15** B5

Waite Park, *Minn.* **4** J11

Waiteville, *W. Va.* **10** M10

Waits, *river, Vt.* **12** G8

Waitsburg, *Wash.* **1** G8

Waitsfield, *Vt.* **12** F5

Waka, *Tex.* **5** B9

Wakami, *river, Ont.* **6** C15

Wakarusa, *Ind.* **7** D13

Wakeeney, *Kans.* **4** S5

Wakefield, *Kans.* **4** S8

Wakefield, *Mass.* **12** Q12

Wakefield, *Mich.* **6** F5

Wakefield, *Nebr.* **4** N8

Wakefield, *N.H.* **12** K12

Wakefield, *Que.* **6** G24

Wakefield, *R.I.* **12** V10

Wakefield, *Va.* **10** P19

Wake Forest, *N.C.* **8** D19

Wakeman, *Ohio* **7** D19

Wake Village, *Tex.* **5** F16

Wakita, *Okla.* **5** B12

Wakomata Lake, *Ont.* **6** F14

Wakonda ♣, *Mo.* **4** R13

Wakpala, *S. Dak.* **4** J5

Wakulla, *Fla.* **9** C8

Wakulla Springs, *Fla.* **9** C8

Walakpa, *Alas.* **14** A13

Walbridge, *Ohio* **7** D17

Walcott, *Wyo.* **1** N21

Walcott, Lake, *Idaho* **1** M13

Walden, *Colo.* **3** G11

Walden, *N.Y.* **11** K16

Waldenburg, *Mich.* **6** (B) C2

Walden Pond, *Mass.* **12** Q11

Waldo, *Ark.* **5** F17

Waldo, *Fla.* **9** D12

Waldo, *Kans.* **4** S6

Waldo, *Ohio* **7** F18

Waldoboro, *Me.* **13** N5

Waldo Lake, *Oreg.* **1** K4

Waldorf, *Md.* **10** H19

Waldport, *Oreg.* **1** J2

Waldron, *Ark.* **5** D16

Waldron, *Ind.* **7** J13

Waldron Island, *Wash.* **1** (A) B2

Waldwick, *N.J.* **11** L16

Wales, *Alas.* **14** E8

Wales, *Mass.* **12** S7

Wales, *N. Dak.* **4** E7

Wales, *Utah* **3** J5

Wales Center, *N.Y.* **11** G8

Waleska, *Ga.* **8** G11

Walhalla, *Mich.* **6** L10

Walhalla, *N. Dak.* **4** E7

Walhalla, *S.C.* **8** F13

Walker, *Calif.* **2** K8

Walker, *Iowa* **4** N13

Walker, *Kans.* **4** S6

Walker, *La.* **5** K20

Walker, *Minn.* **4** G10

Walker, *S. Dak.* **4** H4

Walker, *W. Va.* **10** F7

Walker, *river, Nev.* **2** J9

Walker Art Center, *Minneapolis, Minn.* **4** K11

Walker Cove, *Alas.* **14** Q24

Walker Lake, *Alas.* **14** E13

Walker Lake, *Nev.* **2** K9

Walker Lake ♣, *Nev.* **2** K9

Walker Mountain, *Va.* **10** N7

Walker Pass, *Calif.* **2** Q10

Walker River Indian Reservation, *Nev.* **2** J9

Walker's Cay, *Bahamas* **9** K19

Walker Springs, *Ala.* **8** L7

Walkersville, *Md.* **10** E18

Walkersville, *W. Va.* **10** G9

Walkerton, *Ind.* **7** D11

Walkerton, *Ont.* **6** K17

Walkerton, *Va.* **10** L19

Walkertown, *N.C.* **8** C17

Walkertown, *Tenn.* **8** E6

Walkerville, *Mich.* **6** L10

Walkerville, *Mont.* **1** G14

Wall, *S. Dak.* **4** L3

Wall, *Tex.* **5** J10

Wallace, *Idaho* **1** E11

Wallace, *Ind.* **7** G10

Wallace, *Kans.* **4** S3

Wallace, *Mich.* **6** H8

Wallace, *N.C.* **8** F20

Wallace, *Nebr.* **4** Q4

Wallace, *N.S.* **13** H17

Wallace, *N.Y.* **11** G10

Wallace, *S. Dak.* **4** J8

Wallace, *Va.* **10** Q5

Wallace, *W. Va.* **10** E9

Wallace, *river, N.S.* **13** J17

Wallace ♣, *Mo.* **4** R11

Wallace Bay, *N.S.* **13** H17

Wallace House, *Somerville, N.J.* **11** M15

Wallagrass, *Me.* **13** D7

Walla Walla, *Wash.* **1** G8

Walla Walla, *river, Wash.* **1** G8

Wall Doxey ♣, *Miss.* **8** F4

Wallen, *Ind.* **7** E14

Wallenpaupack, Lake, *Pa.* **11** K14

Waller, *Tex.* **5** L14

Wallingford, *Conn.* **12** V5

Wallingford, *Vt.* **12** K5

Wallins Creek, *Ky.* **7** Q17

Wallis, *Tex.* **5** L14

Wallis Sands, *N.H.* **12** M13

Wallkill, *N.Y.* **11** K16

Wall Lake, *Iowa* **4** N10

Walloon Lake, *Mich.* **6** H12

Wallops Flight Center, *Va.* **10** K23

Wallops Island, *Va.* **10** K23

Wallops Island National Wildife Refuge, *Va.* **10** K23

Wallowa, *Oreg.* **1** H9

Wallowa, *river, Oreg.* **1** H9

Wallowa Lake, *Oreg.* **1** H9

Wallowa Lake ♣, *Oreg.* **1** H9

Wallowa Mountains, *Oreg.* **1** H9

Wallowa National Forest, *Oreg.* **1** G10

Walls, *Miss.* **8** E4

Wallula, *Wash.* **1** G8

Wallula, Lake, *Oreg.-Wash.* **1** G7

Wallum Lake, *R.I.,* **12** S9

Walnut, *Ill.* **7** D6

Walnut, *Iowa* **4** P10

Walnut, *Miss.* **8** E5

Walnut Canyon National Monument, *Ariz.* **3** Q5

Walnut Cove, *N.C.* **8** C17

Walnut Creek, *Calif.* **2** L4

Walnut Creek, *Ohio* **7** F20

Walnut Creek ♣, *Okla.* **5** B14

Walnut Grove, *Ala.* **8** G9

Walnut Grove, *Calif.* **2** L5

Walnut Grove, *Minn.* **4** L9

Walnut Grove, *Miss.* **8** J4

Walnut Grove, *Mo.* **4** U11

Walnut Grove *see* Cyrus McCormick Reaper Museum, *Va.* **10** K14

Walnut Grove Plantation, *S.C.* **8** F15

Walnut Hill, *Ill.* **7** L7

Walnut Hill Park, *New Britain, Conn.* **12** U6

Walnut Point ♣, *Ill.* **7** H9

Walnut Ridge, *Ark.* **5** B19

Walnut Springs, *Tex.* **5** H13

Walnut Woods ♣, *Iowa* **4** P11

Watton, *Mich.* **6** F7
Watts Bar Dam, *Tenn.* **8** D11
Watts Bar Lake, *Tenn.* **8** D11
Wattsburg, *Pa.* **11** H6
Watts Island, *Va.* **10** L22
Wattsville, *S.C.* **8** F15
Watuppa Pond, *Mass.* **12** U12
Waubaushene, *Ont.* **6** J19
Waubay, *S. Dak.* **4** J8
Waubay Lake, *S. Dak.* **4** J7
Waubay National Wildlife Refuge, *S. Dak.* **4** J8
Waubesa, Lake, *Wis.* **6** N6
Waubonsie ♣, *Iowa* **4** Q9
Waubun, *Minn.* **4** G9
Wauchula, *Fla.* **9** J12
Waucoba Mountain, *Calif.* **2** N10
Wauconda, *Ill.* **7** B9
Wauconda, *Wash.* **1** C8
Waukee, *Iowa* **4** P11
Waukeenah, *Fla.* **9** C9
Waukegan, *Ill.* **7** B9
Waukena, *Calif.* **2** P8
Waukesha, *Wis.* **6** N7
Waukomis, *Okla.* **5** B12
Waukon, *Iowa* **4** M13
Waunakee, *Wis.* **6** M5
Wauneta, *Nebr.* **4** Q3
Waupaca, *Wis.* **6** K6
Waupun, *Wis.* **6** L6
Wauregan, *Conn.* **12** U9
Waurika, *Okla.* **5** E12
Wausa, *Nebr.* **4** N7
Wausau, *Fla.* **9** B5
Wausau, *Wis.* **6** J6
Wausaukee, *Wis.* **6** H8
Wauseon, *Ohio* **7** D16
Wautoma, *Wis.* **6** K6
Wauwatosa, *Wis.* **6** N8
Wauwinet, *Mass.* **12** V16
Wauzeka, *Wis.* **6** M4
Waveland, *Ind.* **7** H11
Waveland, *Miss.* **8** N4
Waveland ▲, *Ky.* **7** M15
Waveland State Shrine, *Lexington, Ky.* **7** M15
Waverley Plantation, *Columbus, Miss.* **8** H6
Waverly, *Ga.* **8** M16
Waverly, *Ill.* **7** H5
Waverly, *Iowa* **4** M12
Waverly, *Ky.* **7** N9
Waverly, *La.* **5** G19
Waverly, *Mo.* **4** S11
Waverly, *Nebr.* **4** Q8
Waverly, *N.S.* **13** L17
Waverly, *N.Y.* **11** J12
Waverly, *Ohio* **7** K18
Waverly, *Tenn.* **8** C7
Waverly, *Va.* **10** N19
Waverly, *Wash.* **1** E9
Waverly, *W. Va.* **10** E7
Waverly Game Sanctuary, *N.S.* **13** L17
Waverly Hall, *Ga.* **8** J11

Wawa, *Ont.* **6** C12
Wawasee, Lake, *Ind.* **7** D13
Wawayanda ♣, *N.J.* **11** K15
Waweig, *N.B.* **13** K9
Wawona, *Calif.* **2** M8
Waxahachie, *Tex.* **5** H13
Waxhaw, *N.C.* **8** E17
Wayan, *Idaho* **1** M15
Waycross, *Ga.* **8** M14
Waycross State Forest, *Ga.* **8** M15
Wayland, *Ky.* **7** P18
Wayland, *Mass.* **12** Q11
Wayland, *Mich.* **6** N11
Wayland, *Mo.* **4** Q13
Wayland, *N.Y.* **11** G10
Waymart, *Pa.* **11** K14
Wayne, *Me.* **13** M3
Wayne, *Nebr.* **4** N8
Wayne, *N.J.* **11** L16
Wayne, *N.Y.* **11** G11
Wayne, *Ohio* **7** D17
Wayne, *Okla.* **5** D13
Wayne, *W. Va.* **10** J4
Wayne Blockhouse, *Erie, Pa.* **11** H5
Wayne City, *Ill.* **7** L8
Wayne County Historical Museum, *Richmond, Ind.* **7** H14
Wayne Fitzgerrell ♣, *Ill.* **7** M7
Wayne National Forest, *Ohio* **7** H19, H21, J20, L19
Waynesboro, *Ga.* **8** J15
Waynesboro, *Miss.* **8** L5
Waynesboro, *Pa.* **11** P9
Waynesboro, *Tenn.* **8** E7
Waynesboro, *Va.* **10** K14
Waynesburg, *Ky.* **7** P15
Waynesburg, *Ohio* **7** F21
Waynesburg, *Pa.* **11** P5
Waynesfield, *Ohio* **7** F16
Waynesville, *Ga.* **8** M15
Waynesville, *Ill.* **7** G7
Waynesville, *Mo.* **4** U13
Waynesville, *N.C.* **8** E14
Waynesville, *Ohio* **7** J16
Waynetown, *Ind.* **7** G11
Waynoka, *Okla.* **5** B11
Way Park Log Cabin Museum, *Custer, S. Dak.* **4** L2
Wayside, *Miss.* **8** H2
Wayside, *W. Va.* **10** L9
W. B. Umstead ♣, *N.C.* **8** D19
W. C. Handy Home and Museum, *Florence, Ala.* **8** F7
W. D. Lawrence House, *Maitland, N.S.* **13** K17
Wealthwood State Forest, *Minn.* **4** H11
Weare, *N.H.* **12** M9
Weatherford, *Okla.* **5** C12
Weatherford, *Tex.* **5** G12

Weatherly, *Pa.* **11** L13
Weathersby, *Miss.* **8** K4
Weatherspoon Art Gallery, *Greensboro, N.C.* **8** C18
Weather Station, *Hawaii* **15** N20
Weatogue, *Conn.* **12** T5
Weaubleau, *Mo.* **4** U12
Weaver, *Ala.* **8** G10
Weaver, *Tex.* **5** F15
Weaverville, *Calif.* **2** F3
Weaverville, *N.C.* **8** D14
Weaverville Joss House ▲, *Calif.* **2** F3
Weaving House, *High Point, N.C.* **8** D17
Webb, *Ala.* **8** M10
Webb, *Miss.* **8** G3
Webb Lake, *Me.* **13** L2
Webb Air Force Base, *Tex.* **5** H8
Webb City, *Mo.* **4** V10
Webb-Deane-Stevens Museum, *Wethersfield, Conn.* **12** U6
Webbers Falls, *Okla.* **5** C15
Webbville, *Ky.* **7** M18
Webbwood, *Ont.* **6** F16
Weber City, *Va.* **10** Q4
Webster, *Fla.* **9** G12
Webster, *Ind.* **7** H14
Webster, *Mass.* **12** S9
Webster, *N. Dak.* **4** E6
Webster, *N.H.* **12** L9
Webster, *N.Y.* **11** E10
Webster, *S. Dak.* **4** J7
Webster, *Wis.* **6** G2
Webster, Lake *see* Chaubunagungamaug, Lake, *Mass.* **12** S9
Webster City, *Iowa* **4** N11
Webster County Historical Museum, *Red Cloud, Nebr.* **4** R6
Webster Groves, *Mo.* **4** T15
Webster Lake, *N.H.* **12** K10
Webster Reservoir, *Kans.* **4** S5
Websters Crossing, *N.Y.* **11** G10
Webster Springs (Addison), *W. Va.* **10** H10
Websterville, *Vt.* **12** G6
Weches, *Tex.* **5** J15
Wedderburn, *Oreg.* **1** M1
Wedding Cake House, *Kennebunk, Me.* **13** Q2
Wedgefield, *S.C.* **8** G17
Wedgeport, *N.S.* **13** Q12
Wedowee, *Ala.* **8** H10
Wedron, *Ill.* **7** D7
Weed, *Calif.* **2** E4
Weed Heights, *Nev.* **2** J8
Weed Patch, *Calif.* **2** R9

Weed Patch Hill, *Ind.* **7** J12
Weedsport, *N.Y.* **11** F12
Weedville, *Pa.* **11** K8
Weekapaug, *R.I.* **12** W9
Weeki Wachee, *Fla.* **9** G11
Weeki Wachee Spring, *Fla.* **9** G11
Weeks ♣, *N.H.* **12** E10
Weeksbury, *Ky.* **7** P18
Weeksville, *N.C.* **8** C23
Weems, *Va.* **10** L20
Weesatche, *Tex.* **5** M13
Weidman, *Mich.* **6** L12
Weigelstown, *Pa.* **11** P11
Weimar, *Calif.* **2** J6
Weimar, *Tex.* **5** L13
Weinberg-King ♣, *Ill.* **7** G3
Weiner, *Ark.* **5** C19
Weinert, *Tex.* **5** F11
Weippe, *Idaho* **1** F11
Weir, *Kans.* **4** U10
Weir, *Miss.* **8** H5
Weir, Lake, *Fla.* **9** F13
Weirs Beach, *N.H.* **12** J10
Weirsdale, *Fla.* **9** F13
Weirton, *W. Va.* **10** B9
Weirwood, *Va.* **10** M22
Weiser, *Idaho* **1** K10
Weiser, river, *Idaho* **1** J10
Weiss Lake, *Ala.* **8** G10
Wekiva, river, *Fla.* **9** F13
Wekiwa Springs ♣, *Fla.* **9** G13
Welaka, *Fla.* **9** E13
Welch, *Okla.* **5** B15
Welch, *Tex.* **5** G8
Welch, *W. Va.* **10** M7
Welch Village ☀, *Minn.* **4** K12
Welcome, *Md.* **10** H19
Weld, *Me.* **13** L3
Welda, *Kans.* **4** T9
Weldon, *Calif.* **2** Q10
Weldon, *Ill.* **7** G8
Weldon, *N.C.* **8** C21
Weldon, *Tex.* **5** J15
Weldon, river, *Mo.* **4** R11
Weldona, *Colo.* **3** G14
Weldon Springs ♣, *Ill.* **7** G7
Weleetka, *Okla.* **5** D14
Welland, *Ont.* **6** N19
Welland, river, *Ont.* **6** (C) B1
Welland Junction, *Ont.* **6** (C) C2
Wellandport, *Ont.* **6** (C) B1
Welland Ship Canal, *Ont.* **6** N20
Wellborn, *Fla.* **9** C11
Wellborn, *Tex.* **5** K14
Wellersburg, *Pa.* **11** P7
Wellesley, *Mass.* **12** R11
Wellesley College Museum, *Wellesley, Mass.* **12** R11

Whetstone Gulf ♣, *N.Y.*
11 D13
Whidbey Island, *Wash.*
1 C4
Whigham, *Ga.* 8 M11
Whim Greathouse, *St.
Croix* 9 (C) B2
Whipple Dam ♣, *Pa.* 11
M9
Whipple Mountains
Recreation Land,
Calif. 2 T16
Whipple Observatory,
Ariz. 3 V5
Whippleville, *N.Y.* 11
A16
Whirlpool ♣, *N.Y.* 6 (C)
B2
Whiskey Creek, *Alas.*
14 G12
Whiskeytown Lake,
Calif. 2 F4
Whiskeytown-Shasta-
Trinity National
Recreation Area,
Calif. 2 F4
Whispering Pines, *Calif.*
2 K4
Whistle, *Miss.* 8 L5
Whistler House, *Lowell,
Mass.* 12 P11
Whitakers, *N.C.* 8 C21
Whitby, *Ont.* 6 L20
White, *Ga.* 8 G11
White, *S. Dak.* 4 K8
White, river, *Alas.* 14
K18
White, river, *Ariz.* 3 S7
White, river, *Ark.-Mo.* 5
B16
White, river, *Calif.* 2 Q9
White, river, *Colo.* 3 H8
White, river, *Ind.* 7 G14
White, river, *Mich.* 6
M10
White, river, *Nev.* 2 K14
White, river, *Ont.* 6 B11
White, river, *Oreg.* 1 H5
White, river, *S. Dak.* 4
M2
White, river, *Tex.* 5 F9
White, river, *Utah* 3 H8
White, river, *Vt.* 12 H5
White, river, *Wash.* 1 (A)
G4
White, river, *Wis.* 6 F4
White Bear Lake, *Minn.*
4 J12
White Bird, *Idaho* 1 G10
White Bluff, *Tenn.* 8 C8
White Bunny ♪, *Me.* 13
E8
White Butte, *N. Dak.* 4
H2
White Butte, *S. Dak.* 4
H3
White Capes, *N.S.* 13
E22
White Cap Mountain,
Me. 13 J5
Whitecap Mountain ♪,
Wis. 6 F5
White Center, *Wash.* 1
(A) F4
White City, *Fla.* 9 D6
White City, *Fla.* 9 K16

Whiteclay, *Nebr.* 4 M3
White Cloud, *Mich.* 6
M11
White Cloud ♣, *Mich.* 6
M10
White Cloud Peaks,
Idaho 1 K12
White Deer, *Tex.* 5 C9
White Earth, *Minn.* 4 G9
White Earth, *N. Dak.* 4
E3
White Earth, river,
N. Dak. 4 E3
White Earth Indian
Reservation, *Minn.* 4
G9
White Earth State
Forest, *Minn.* 4 G9
White Eye, *Alas.* 14 F16
Whiteface, *Tex.* 5 F7
Whiteface Mountain,
Wilmington, N.Y. 11
B16
Whiteface Mountain ♪,
N.Y. 11 B16
Whiteface Reservoir,
Minn. 4 G12
Whiteface River State
Forest, *Minn.* 4 G12
Whitefield, *Me.* 13 N4
Whitefield, *N.H.* 12 F10
Whitefish, *Mont.* 1 C12
Whitefish, *Ont.* 6 F17
Whitefish, river, *Mich.* 6
G9
Whitefish Bay,
Can.-U. S. 6 F12
Whitefish Bay, *Wis.* 6
M8
Whitefish Lake, *Alas.* 14
K12
Whitefish Lake, *Alas.* 14
K10
Whitefish Lake, *Minn.* 4
G10
Whitefish Lake, *Mont.* 1
(C) C1
Whitefish Lake, *Ont.* 6
C13
Whitefish Lake ♣, *Mont.*
1 C12
Whitefish Point, *Mich.* 6
E12
Whitefish Range, *Mont.*
1 C12
Whiteflat, *Tex.* 5 E9
White Flower Farm,
Litchfield, Conn. 12
T4
Whiteford, *Kans.* 4 S7
White Hall, *Ill.* 7 J5
Whitehall, *Mich.* 6 M10
Whitehall, *Middletown,
R.I.* 12 V11
Whitehall, *Mont.* 1 G15
Whitehall, *N.Y.* 11 E17
Whitehall, *Ohio* 7 G18
Whitehall, *Pa.* 11 M13
White Hall, *Va.* 10 K14
Whitehall, *Wis.* 6 K3
White Hall ▲, *Ky.* 7
N15
Whitehall ♣, *Mass.* 12
R10
White Haven, *Pa.* 11
L13

Whitehaven Welcome
Center, *Paducah, Ky.*
7 Q7
Whitehead, *N.S.* 13 K21
White Head Island, *N.B.*
13 M10
Whitehead Memorial
Museum, *Del Rio,
Tex.* 5 L9
White Heath, *Ill.* 7 G8
White Hills, *Alas.* 14
C15
White Hills, *Ariz.* 3 P2
White Horse, *N.J.* 11
N15
Whitehorse, *S. Dak.* 4
J4
Whitehorse, *Yukon Terr.*
14 L21
White Horse Beach,
Mass. 12 T14
Whitehorse Flat
Reservoir, *Calif.* 2 E5
White Horse Pass, *Nev.*
2 G15
White Horse Tavern,
Newport, R.I. 12 V11
Whitehouse, *Ohio* 7 D16
White House, *Tenn.* 8
C9
Whitehouse, *Tex.* 5 H15
White House,
Washington, D. C. 10
(A)
White Islands, *N.S.* 13
L20
White Lake, *La.* 5 L18
White Lake, *N.Y.* 11 J15
White Lake, *Ont.* 6 A11
White Lake, *Ont.* 6 H23
White Lake, *S. Dak.* 4
L6
White Lake, *Wis.* 6 H7
White Lake ♣, *N.H.* 12
H11
White Lake ♣, *Ont.* 6
B11
White Lake National
Wildlife Refuge,
N. Dak. 4 G2
Whiteland, *Ind.* 7 J12
White Ledge
Campground, *N.H.* 12
G11
Whiteman Air Force
Base, *Mo.* 4 T11
White Marsh, *Va.* 10
M20
White Memorial
Foundation, *Litchfield,
Conn.* 12 T4
White Mills, *Pa.* 11
K14
White Mountain, *Alas.*
14 F10
White Mountain National
Forest, *N.H.-Me.* 12
F11; 13 M2
White Mountain Peak,
Calif. 2 M10
White Mountains, *Alas.*
14 F16
White Mountains,
Calif.-Nev. 2 M10
White Mountains, *N.H.*
12 G10

White Mountains
National Recreation
Area, *Alas.* 14 F16
White Mountain
Wilderness, *N. Mex.* 3
S12
White Oak, *Ga.* 8 M16
White Oak, *Md.* 10 F19
White Oak, *Tex.* 5 G16
White Oak Lake ♣, *Ark.*
5 F17
White Oaks, *N. Mex.* 3
S12
White Owl, *S. Dak.* 4 K3
White Pass, *Alas.-B.C.*
14 M21
White Pass, *Wash.* 1 F5
White Pass ♪, *Wash.* 1
F5
White Pigeon, *Mich.* 6
Q11
White Pine, *Mich.* 6 E6
White Pine, *Tenn.* 8 C13
White Pine Peak, *Utah*
3 J4
White Pine Public
Museum, *Ely, Nev.* 2
J16
White Pine Range, *Nev.*
2 J14
White Pines Forest ♣,
Ill. 7 B6
White Plains, *Ala.* 8
G10
White Plains, *Ga.* 8 H13
White Plains, *Ky.* 7 P10
White Plains, *Md.* 10
H19
White Plains, *N.C.* 8
C16
White Plains, *N.Y.* 11
L17
White Plains, *Va.* 10
Q16
White Plains National
Battlefield Site, *White
Plains, N.Y.* 11 L17
White Point, *N.S.* 13
P14
White Point, *N.S.* 13
E23
White Post, *Va.* 10 F16
White Rapids, *N.B.* 13
E12
Whiteriver, *Ariz.* 3 S7
White River, *Ont.* 6 B11
White River, *S. Dak.* 4
L4
White River Junction, *Vt.*
12 J7
White River Lake, *Tex.*
5 F9
White River National
Forest, *Colo.* 3 H10
White River National
Wildlife Refuge, *Ark.*
5 E20
White River Plateau,
Colo. 3 H9
White Rock, *S. Dak.* 4
H8
White Rock, peak,
Oreg. 1 L3
White Rock Peak, *Nev.*
2 K15
Whiterocks, *Utah* 3 G7

White Rocks Recreation Area, *Vt.* **12** K5
White Salmon, *Wash.* **1** G5
White Sands Missile Range, *N. Mex.* **3** S11
White Sands National Monument, *N. Mex.* **3** T11
Whitesboro, *N.Y.* **11** F14
Whitesboro, *Tex.* **5** F13
Whites Brook, *N.B.* **13** C9
Whitesburg, *Ga.* **8** H11
Whitesburg, *Ky.* **7** P18
Whites City, *N. Mex.* **3** U14
Whites Lake, *N.S.* **13** M16
White Springs, *Fla.* **9** C11
White Stone, *Va.* **10** L20
Whitestone Hill, *N. Dak.* **4** H6
Whitestown, *Ind.* **7** G12
White Sulphur Springs, *Mont.* **1** F16
White Sulphur Springs, *N.Y.* **11** J15
White Sulphur Springs, *W. Va.* **10** L10
Whitesville, *Ky.* **7** N11
Whitesville, *N.Y.* **11** H9
Whitesville, *W. Va.* **10** K7
White Swan, *Wash.* **1** F6
Whitetail, *Mont.* **1** B21
Whitethorn, *Calif.* **2** G2
Whitetop, *Va.* **10** Q6
Whiteville, *N.C.* **8** F19
Whiteville, *Tenn.* **8** E5
Whitewater, *Colo.* **3** J9
Whitewater, *Kans.* **4** U8
Whitewater, *Mont.* **1** C19
Whitewater, *Wis.* **6** N6
Whitewater, river, *Ala.* **8** L9
Whitewater ♣, *Ind.* **7** H14
Whitewater ♣, *Minn.* **4** L13
Whitewater Baldy, peak, *N. Mex.* **3** S9
Whitewater Bay, *Fla.* **9** P14
Whitewater Canal ♠, *Ind.* **7** J14
Whitewater Creek, *Mont.* **1** C19
Whitewater Falls, *N.C.* **8** E14
White Woman Creek, *Kans.* **4** T3
Whitewood, *S. Dak.* **4** K2
Whitewood, Lake, *S. Dak.* **4** K8
Whitharral, *Tex.* **5** F8
Whiting, *Ind.* **7** C10
Whiting, *Kans.* **4** R9
Whiting, *Me.* **13** L9
Whiting, *Vt.* **12** H4
Whiting, river, *Alas.* **14** N22

Whitingham, *Vt.* **12** N5
Whitinsville, *Mass.* **12** S9
Whitlash, *Mont.* **1** C16
Whitley City, *Ky.* **7** Q15
Whitley Gardens, *Calif.* **2** Q6
Whitman, *Mass.* **12** S12
Whitman, *N. Dak.* **4** E7
Whitman, *Nebr.* **4** N4
Whitman, *W. Va.* **10** L5
Whitman Mission National Historic Site, *Wash.* **1** G8
Whitman National Forest, *Oreg.* **1** H9
Whitmell, *Va.* **10** Q12
Whitmer, *W. Va.* **10** G12
Whitmire, *S.C.* **8** F16
Whitmore Village, *Hawaii* **15** D10
Whitney, *Idaho* **1** N15
Whitney, *Nebr.* **4** M2
Whitney, *Tex.* **5** H13
Whitney, Lake, *Tex.* **5** H13
Whitney, Mount, *Calif.* **2** P9
Whitney Museum of American Art, *New York, N.Y.* **11** M17
Whitney Point, *N.Y.* **11** H12
Whitneyville, *Me.* **13** L8
Whitsett, *Tex.* **5** M12
Whitshed, *Alas.* **14** L16
Whitt, *Tex.* **5** G12
Whittemore, *Mich.* **6** K13
Whittemore Glen ♣, *Conn.* **12** V4
Whittier, *Alas.* **14** L15
Whittier, *Calif.* **2** T10
Whittier, *N.H.* **12** H11
Whittington, *Ill.* **7** M7
Whittington, Lake, *Miss.* **8** G2
Whittington Beach Park, *Hawaii* **15** R21
Whitwell, *Tenn.* **8** E10
W. H. Over Museum, *Vermillion, S. Dak.* **4** M8
Whycocomagh, *N.S.* **13** H21
Whycocomagh Indian Reservation, *N.S.* **13** H21
Wiarton, *Ont.* **6** J17
Wibaux, *Mont.* **1** E23
Wichita, *Kans.* **4** U8
Wichita, river, *Tex.* **5** F11
Wichita Art Association, *Wichita, Kans.* **4** U8
Wichita Art Museum, *Wichita, Kans.* **4** U8
Wichita Falls, *Tex.* **5** F12
Wichita Historical Museum, *Wichita, Kans.* **4** U8
Wichita Mountains, *Okla.* **5** D11
Wick, *W. Va.* **10** E8

Wickaboxet Management Area, *R.I.* **12** U10
Wickenburg, *Ariz.* **3** R4
Wickersham, *Wash.* **1** (A) C4
Wickes, *Ark.* **5** E16
Wickett, *Tex.* **5** H7
Wickford *see* North Kingstown, *R.I.* **12** U10
Wickiup Reservoir, *Oreg.* **1** K4
Wickland, *Bardstown, Ky.* **7** N14
Wickliffe, *Ky.* **7** Q7
Wickliffe, *Ohio* **7** C21
Wickliffe Mounds, *Wickliffe, Ky.* **7** Q7
Wicomico, *Va.* **10** M20
Wicomico, river, *Md.* **10** J22
Wicomico Church, *Va.* **10** L20
Wicomico River, *Md.* **10** J19
Wicomico State Forest, *Md.* **10** J23
Wide Bay, *Alas.* **14** P11
Widen, *W. Va.* **10** H8
Wide Opening, *Bahamas* **9** R20
Wide Ruins, *Ariz.* **3** P7
Wiederkehr Wine Cellars, *Altus, Ark.* **5** C16
Wien Lake, *Alas.* **14** H14
Wiergate, *Tex.* **5** J17
Wiggins, *Colo.* **3** G13
Wiggins, *Miss.* **8** M5
Wight Bay, Isle of, *Md.* **10** H24
Wikieup, *Ariz.* **3** Q2
Wikwemikong, *Ont.* **6** G16
Wilber, *Nebr.* **4** Q8
Wilberforce, *Ohio* **7** H16
Wilbraham, *Mass.* **12** S7
Wilbur, *Oreg.* **1** L3
Wilbur, *Wash.* **1** D8
Wilbur Cross Highway, *Conn.* **12** T7
Wilbur Cross Parkway, *Conn.* **12** W4
Wilbur Point, *Mass.* **12** U13
Wilburton, *Okla.* **5** D15
Wilbur Wright ♠, *Ind.* **7** H14
Wilcox, *Nebr.* **4** Q6
Wilcox, *Pa.* **11** K8
Wild, river, *Alas.* **14** E14
Wildcat Brook, *N.H.* **12** G11
Wildcat Creek, *Ind.* **7** F11
Wildcat Den ♣, *Iowa* **4** P14
Wildcat Hills ♣, *Nebr.* **4** N1
Wildcat Indian Reservation, *N.S.* **13** N14

Wildcat Mountain, *Oreg.* **1** M6
Wildcat Mountain ♣, *Wis.* **6** L4
Wildcat Mountain ⚲, *N.H.* **12** F11
Wildcat Peak, *Nev.* **2** J12
Wilder, *Idaho* **1** L9
Wilder, *Tenn.* **8** C11
Wilder, *Vt.* **12** J7
Wilder Memorial Museum, *Strawberry Point, Iowa* **4** M13
Wilderness, *Va.* **10** J17
Wilderness ♣, *Mich.* **6** G12
Wilderness at the Balsams ⚲, *N.H.* **12** C10
Wildersville, *Tenn.* **8** D6
Wilderville, *Oreg.* **1** M2
Wild Horse, *Colo.* **3** J15
Wild Horse Lake, *Mont.* **1** B17
Wild Horse Reservoir ♣, *Nev.* **2** E13
Wild Lake, *Alas.* **14** E14
Wildlife Park, *Shubenacadie, N.S.* **13** K17
Wildomar, *Calif.* **2** U11
Wildorado, *Tex.* **5** D8
Wild Rice, river, *Minn.* **4** G8
Wild River Campground, *N.H.* **12** F11
Wild Rogue Wilderness, *Oreg.* **1** M2
Wildrose, *N. Dak.* **4** E3
Wild Rose, *Wis.* **6** K6
Wildsville, *La.* **5** H19
Wildwood, *Calif.* **2** G3
Wildwood, *Fla.* **9** F12
Wildwood, *Hot Springs,. Ark.* **5** E18
Wildwood, *N.J.* **11** R15
Wildwood ♣, *N.Y.* **11** L18
Wildwood Campground, *N.H.* **12** G9
Wildwood Crest, *N.J.* **11** R15
Wiley, *Colo.* **3** K15
Wiley Ford, *Md.* **10** D14
Wileyville, *W. Va.* **10** D9
Wilgus ♣, *Vt.* **12** K7
Wilhelm, Lake, *Pa.* **11** K5
Wilhelmina Rise, *Hawaii* **15** (A)
Wilkes-Barre, *Pa.* **11** L13
Wilkesboro, *N.C.* **8** C16
Wilkeson, *Wash.* **1** (A) G4
Wilkesport, *Ont.* **6** (B) C4
Wilkie Sugar Loaf Hill, *N.S.* **13** E23
Wilkins, *Nev.* **2** E14
Wilkinsburg, *Pa.* **11** M5
Wilkinson, *Ind.* **7** H13
Wilkinson, *Miss.* **8** L2
Willa Cather Historical Center, *Red Cloud, Nebr.* **4** R6

Wilson, *Mich.* 6 G9
Wilson, *N.C.* 8 D20
Wilson, *N.Y.* 11 E8
Wilson, *Okla.* 5 E13
Wilson, *Pa.* 11 M14
Wilson, *Wyo.* 1 L16
Wilson ♣, *Kans.* 4 S6
Wilson ♣, *Mich.* 6 L12
Wilson, Mount, *Oreg.* 1 H4
Wilson Castle, *Proctor, Vt.* 12 J5
Wilson Creek, *Wash.* 1 E8
Wilson Creek Range, *Nev.* 2 L15
Wilsondale, *W. Va.* 10 K5
Wilson Dam, *Florence, Ala.* 8 F7
Wilson Island ♣, *Iowa* 4 P9
Wilson Lake, *Ala.* 8 F7
Wilson Lake Reservoir, *Idaho* 1 M13
Wilson Museum, *Windsor, Conn.* 12 T6
Wilson Ponds, *Me.* 13 J5
Wilsons, *Va.* 10 N16
Wilsons Beach, *N.B.* 13 L10
Wilson's Creek National Battlefield, *Mo.* 4 V12
Wilsons Mills, *Me.* 13 L2
Wilson Tunnel, *Hawaii* 15 (A)
Wilson Tuscarora ♣, *N.Y.* 11 E7
Wilsonville, *Ala.* 8 H9
Wilsonville, *Ill.* 7 K5
Wilsonville, *Nebr.* 4 R5
Wilson-Warner House, *Odessa, Del.* 10 E22
Wilton, *Ala.* 8 J8
Wilton, *Ark.* 5 F16
Wilton, *Conn.* 12 W3
Wilton, *Iowa* 4 P14
Wilton, *Me.* 13 M3
Wilton, *N. Dak.* 4 G5
Wilton, *N.H.* 12 N9
Wilton, *Wis.* 6 L4
Wilton Center, *N.H.* 12 N9
Wimauma, *Fla.* 9 J12
Wimberley, *Tex.* 5 L12
Wimbledon, *N. Dak.* 4 G6
Wimico, Lake, *Fla.* 9 D6
Winamac, *Ind.* 7 E11
Winburne, *Pa.* 11 L9
Winchell, *Tex.* 5 J11
Winchendon, *Mass.* 12 P8
Winchendon Springs, *Mass.* 12 P8
Winchester, *Ark.* 5 E19
Winchester, *Idaho* 1 G10
Winchester, *Ill.* 7 H4
Winchester, *Ind.* 7 G14
Winchester, *Kans.* 4 S10
Winchester, *Ky.* 7 M16
Winchester, *Mass.* 12 Q12

Winchester, *N.H.* 12 N7
Winchester, *Ohio* 7 K17
Winchester, *Oreg.* 1 L3
Winchester, *Tenn.* 8 E9
Winchester, *Tex.* 5 L13
Winchester, *Va.* 10 F16
Winchester, *Wis.* 6 F5
Winchester, *Wyo.* 1 K19
Winchester Bay, *Oreg.* 1 K1
Winchester Center, *Conn.* 12 T4
Winchester Mystery House, *San Jose, Calif.* 2 M5
Wind, river, *Alas.* 14 D16
Wind, river, *Wyo.* 1 L17
Windber, *Pa.* 11 N7
Wind Cave National Park, *S. Dak.* 4 L2
Wind Creek ♣, *Ala.* 8 J9
Winder, *Ga.* 8 G13
Windermere, *Fla.* 9 G13
Windfall, *Ind.* 7 G13
Wind Gap, *Pa.* 11 M14
Windham, *Alas.* 14 P22
Windham, *Conn.* 12 U8
Windham, *Mont.* 1 E17
Windham, *N.Y.* 11 H16
Windham, *Ohio* 7 D21
Windham Depot, *N.H.* 12 N11
Windham Mountain ♣, *N.Y.* 11 H16
Windigo, *Mich.* 6 C6
Winding Stair Mountain, *Okla.* 5 D15
Windmill Island, *Holland, Mich.* 6 N10
Windmill Point, *Va.* 10 L21
Wind Mountain, *N. Mex.* 3 U12
Windom, *Minn.* 4 L10
Windom, *Tex.* 5 F14
Window Rock, *Ariz.* 3 P8
Wind Point, *Wis.* 6 N8
Wind Ridge, *Pa.* 11 P4
Wind River Canyon, *Wyo.* 1 L19
Wind River Indian Reservation, *Wyo.* 1 L18
Wind River Peak, *Wyo.* 1 M18
Wind River Range, *Wyo.* 1 L17
Windsor, *Calif.* 2 K3
Windsor, *Colo.* 3 G13
Windsor, *Conn.* 12 T6
Windsor, *Ill.* 7 J8
Windsor, *Ky.* 7 P14
Windsor, *Mass.* 12 Q4
Windsor, *Me.* 13 N4
Windsor, *Mo.* 4 T11
Windsor, *N.C.* 8 C22
Windsor, *N.S.* 13 L15
Windsor, *N.Y.* 11 H13
Windsor, *Ont.* 6 P15
Windsor, *Pa.* 11 P12
Windsor, *S.C.* 8 H16
Windsor, *Va.* 10 P19
Windsor, *Vt.* 12 K7

Windsor Airport, *Ont.* 6 (B) E2.
Windsor Dam, *Mass.* 12 R7
Windsor Forest, *Ga.* 8 L16
Windsor Forks, *N.S.* 13 L15
Windsor Heights, *Iowa* 4 P11
Windsor Heights, *W. Va.* 10 B9
Windsor House, *Windsor, Vt.* 12 K7
Windsor Locks, *Conn.* 12 T6
Windsor State Forest, *Mass.* 12 Q4
Windthorst, *Tex.* 5 F12
Windward Passage, *Virgin Is.* 9 (C) A2
Windy Fork, Kuskokwim River, *Alas.* 14 J13
Windy Peak, *Wash.* 1 B7
Windy Lake ♣, *Ont.* 6 F16
Winema National Forest, *Oreg.* 1 L4, M4
Winfall, *N.C.* 8 C22
Winfield, *Ala.* 8 G7
Winfield, *Iowa* 4 P13
Winfield, *Kans.* 4 V8
Winfield, *Mo.* 4 S14
Winfield, *Tenn.* 8 C11
Winfield, *Tex.* 5 F15
Winfield, *W. Va.* 10 H6
Winfred, *S. Dak.* 4 L7
Wing, *N. Dak.* 4 G5
Wingate, *Ind.* 7 G11
Wingate, *Md.* 10 J21
Wingate, *N.C.* 8 E17
Wingate, *Tex.* 5 H10
Wingdale, *N.Y.* 11 J17
Winger, *Minn.* 4 F9
Wingham, *Ont.* 6 L17
Wingham Island, *Alas.* 14 M17
Wing Hollow, *N.Y.* 11 H8
Wingina, *Va.* 10 L14
Wingo, *Ky.* 7 R7
Winifred, *Mont.* 1 E18
Winifrede, *W. Va.* 10 J6
Wink, *Tex.* 5 H6
Winkelman, *Ariz.* 3 T6
Winlock, *Wash.* 1 F3
Winn, *Me.* 13 J7
Winnabow, *N.C.* 8 G20
Winnebago, *Ill.* 7 B7
Winnebago, *Minn.* 4 L11
Winnebago, *Nebr.* 4 N8
Winnebago, Lake, *Wis.* 6 L7
Winnebago Indian Reservation, *Wis.* 6 K4
Winnebago Indian Reservation, *Nebr.* 4 N8
Winneconne, *Wis.* 6 K7
Winnecunnet, *Mass.* 12 S12

Winnemucca, *Nev.* 2 F10
Winnemucca Indian Reservation, *Nev.* 2 F11
Winnemucca Lake, *Nev.* 2 G8
Winner, *S. Dak.* 4 M5
Winnetka, *Ill.* 7 B9
Winnett, *Mont.* 1 E18
Winnfield, *La.* 5 H18
Winnibigoshish, Lake, *Minn.* 4 F11
Winnie, *Tex.* 5 L16
Winnipeg, *Man.* 4 C8
Winnipeg, river, *Man.* 4 C9
Winnipeg, Lake, *Man.* 4 B8
Winnipegosis, Lake, *Man.* 4 A5
Winnipesaukee, *N.H.* 12 J11
Winnipesaukee, Lake, *N.H.* 12 J11
Winnisquam, *N.H.* 12 K10
Winnisquam Lake, *N.H.* 12 K10
Winnsboro, *La.* 5 H19
Winnsboro, *S.C.* 8 F16
Winnsboro, *Tex.* 5 G15
Winona, *Kans.* 4 S4
Winona, *Mich.* 6 E6
Winona, *Minn.* 4 L13
Winona, *Miss.* 8 H4
Winona, *Mo.* 4 V14
Winona, *W. Va.* 10 K8
Winona County Historical Society Museum, *Winona, Minn.* 4 K14
Winona Five Falls, *Pa.* 11 L14
Winona Lake, *Ind.* 7 D13
Winooski, *Vt.* 12 E4
Winrock Farms, *Morrilltown, Ark.* 5 D18
Winside, *Nebr.* 4 N8
Winslow, *Ariz.* 3 Q6
Winslow, *Ill.* 7 A6
Winslow, *Ind.* 7 L10
Winslow, *Me.* 13 M4
Winslow, *Wash.* 1 D4
Winslow ♣, *N.H.* 12 K9
Winslow Crocker House, *Yarmouth Port, Mass.* 12 T15
Winsted, *Conn.* 12 T4
Winston, *Fla.* 9 H12
Winston, *Mont.* 1 F15
Winston, *Oreg.* 1 L2
Winston Churchill Memorial and Library, *Fulton, Mo.* 4 S13
Winston-Salem, *N.C.* 8 C17
Winstonville, *Miss.* 8 G3
Winter, *Wis.* 6 G4
Winter Beach, *Fla.* 9 J16
Winterboro, *Ala.* 8 H9

Woodrow Wilson
Birthplace, *Staunton,
Va.* **10** K13
Woodrow Wilson
Boyhood Home,
Columbia, S.C. **8** G17
Woodruff, *S.C.* **8** F15
Woodruff, *Utah* **3** F6
Woodruff, *Wis.* **6** G6
Woodruff Narrows
Reservoir, *Wyo.* **1**
P16
Woods, Lake of the,
Can.-U. S. **4** D10
Woods Bay ♣, *Mont.* **1**
D13
Woodsboro, *Md.* **10** E18
Woodsboro, *Tex.* **5** N13
Woods Cross, *Utah* **3**
G5
Woods Crossroads, *Va.*
10 M19
Woodsfield, *Ohio* **7** H21
Woods Hole, *Mass.* **12**
V13
Woodside, *Del.* **10** F22
Woodside National
Historic Park, *Ont.* **6**
M18
Woodside Ranch ♪,
Wis. **6** L5
Woodsmen's Museum,
Boiestown, N.B. **13**
F11
Woodson, *Ark.* **5** E18
Woodson, *Ill.* **7** H5
Woodson, *Tex.* **5** G11
Woodson Bridge ♣,
Calif. **2** H4
Woods Reservoir, *Tenn.*
8 E9
Woodstock, *Ala.* **8** H8
Woodstock, *Conn.* **12**
T8
Woodstock, *Ga.* **8** G12
Woodstock, *Ill.* **7** B8
Woodstock, *N.B.* **13** G9
Woodstock, *N.H.* **12** H9
Woodstock, *N.Y.* **11** H16
Woodstock, *Ont.* **6** M17
Woodstock, *Va.* **10** G15
Woodstock, *Vt.* **12** J6
Woodstock Artists
Association Gallery,
Kingston, N.Y. **11** J16
Woodstock Historical
Society, *Woodstock,
Vt.* **12** J6
Woodstock 23 Indian
Reservation, *N.B.* **13**
G8
Woodston, *Kans.* **4** S6
Woodstown, *N.J.* **11**
Q14
Woods Valley ♪, *N.Y.*
11 E14
Woodsville, *N.H.* **12** G8
Wood Valley Camp,
Hawaii **15** Q21
Woodville, *Ala.* **8** F9
Woodville, *Calif.* **2** Q8
Woodville, *Fla.* **9** C8
Woodville, *Ga.* **8** H13
Woodville, *Miss.* **8** M1
Woodville, *N.Y.* **11** D12
Woodville, *Ohio* **7** D17

Woodville, *Tex.* **5** K16
Woodward, *Iowa* **4** P11
Woodward, *Okla.* **5** B11
Woodward Cave, *Pa.* **11**
L10
Woodwards Cove, *N.B.*
13 M10
Woodway, *Va.* **10** P3
Woodworth, *La.* **5** J18
Woodworth, *N. Dak.* **4** G6
Woody, *Calif.* **2** Q9
Woody Hill Management
Area, *R.I.* **12** V9
Woody Island, *Alas.* **14**
P13
Woody Island Coulee,
Mont. **1** B18
Woolaroc, *Okla.* **5** B14
Woolastook ♣, *N.B.* **13**
H10
Woolastook Provincial
Park, *N.B.* **13** H10
Woolastook Recreation
Park, *N.B.* **13** H10
Wooley Creek, *Calif.* **2**
E3
Woolley, Cape, *Alas.* **14**
F8
Woolly Hollow ♣, *Ark.* **5**
D18
Woolrich, *Pa.* **11** L10
Woolwich, *Me.* **13** P4
Woolwine, *Va.* **10** P10
Woonsocket, *R.I.* **12** S10
Woonsocket, *S. Dak.* **4**
L7
Wooster, *Ohio* **7** E20
Wooster Mountain
♣,*Conn.* **12** V3
Woosung, *Ill.* **7** C6
Wooton, *Ky.* **7** P17
Worcester, *Mass.* **12** R9
Worcester, *Vt.* **12** F6
Worcester Art Museum,
Worcester, Mass. **12**
R9
Worcester Historical
Society, *Worcester,
Mass.* **12** R9
Worcester Mountains,
Vt. **12** E6
Worcester Science
Center, *Worcester,
Mass.* **12** R9
Worchester, *N.Y.* **11**
G15
Worden, *Ill.* **7** K5
Worden, *Mont.* **1** G19
Worden, *Oreg.* **1** N4
Worland, *Wyo.* **1** K19
World Golf Hall of
Fame, *Pinehurst, N.C.*
8 E18
World Museum Art
Center, *Tulsa, Okla.* **5**
C14
World Museum of
Mining, *Butte, Mont.* **1**
G14
Worlds End ♣, *Pa.* **11** K11
World Trade Center,
New York, N.Y. **11**
M17
World War Memorial
Plaza, *Indianapolis,
Ind.* **7** H12

Woronoco, *Mass.* **12** R5
Worsham, *Va.* **10** N15
Worsley Bay, *Ont.* **6** (A)
B4
Wortham, *Tex.* **5** H14
Worthing, *S. Dak.* **4** M8
Worthington, *Ind.* **7** K11
Worthington, *Ky.* **7** L18
Worthington, *Minn.* **4** L9
Worthington, *Ohio* **7**
G18
Worthington, *Ont.* **6** F16
Worthington, *Pa.* **11** L6
Worthington Corners,
Mass. **12** Q5
Worthington Peak, *Nev.*
2 L14
Worthington Springs,
Fla. **9** D11
Worthington State
Forest, *Pa.* **11** L14
Worthville, *Ky.* **7** L14
Worton, *Md.* **10** E21
Wosnesenski Island,
Alas. **14** Q8
Wounded Knee, *S. Dak.*
4 M3
Wraith Hill ♪, *Mont.* **1**
G14
Wrangell, *Alas.* **14** Q23
Wrangell, Cape, *Alas.*
14 P13
Wrangell, Mount, *Alas.*
14 K17
Wrangell Island, *Alas.*
14 Q23
Wrangell Mountains,
Alas. **14** K17
Wrangell-Saint Elias
National Park and
Preserve, *Alas.* **14**
L18
Wrather, Mount, *Alas.*
14 N22
Wray, *Colo.* **3** H15
Wreck Cove, *N.S.* **13**
F23
Wreck Cove Point, *N.S.*
13 F23
Wren, *Ala.* **8** F8
Wren Building at
College of William
and Mary,
Williamsburg, Va. **10**
M19
Wrens, *Ga.* **8** J14
Wrenshall, *Minn.* **4** G12
Wren's Nest, *Atlanta,
Ga.* **8** H11
Wrentham, *Mass.* **12**
S11
Wright, *Kans.* **4** U5
Wright, *Minn.* **4** G12
Wright, *Wyo.* **1** K22
Wright Brothers
Memorial, *Dayton,
Ohio* **7** H16
Wright Brothers National
Memorial, *N.C.* **8** C24
Wright City, *Okla.* **5** E15
Wright Patman Lake,
Tex. **5** F16
Wright-Patterson Air
Force Base, *Ohio* **7**
H16
Wrights, *Ill.* **7** J5

Wrights Corners, *N.Y.*
11 E8
Wrightson, Mount, *Ariz.*
3 V6
Wrightstown, *N.J.* **11**
P15
Wrightstown, *Wis.* **6** K7
Wrightsville, *Ark.* **5** D18
Wrightsville, *Ga.* **8** J14
Wrightsville, *Pa.* **11** P11
Wrightsville Beach, *N.C.*
8 F21
Wrightsville Dam
Recreation Area, *Vt.*
12 F6
Wrightwood, *Calif.* **2**
T11
Wrigley, *Tenn.* **8** D8
Writing Rock, *N. Dak.* **4**
D2
Wroxeter, *Ont.* **6** L17
Wulik, river, *Alas.* **14**
D10
Wupatki National
Monument, *Ariz.* **3** P5
Wurtsboro, *N.Y.* **11** K15
Wurtsmith Air Force
Base, *Mich.* **6** K14
Wyaconda, *Mo.* **4** Q13
Wyaconda, river, *Mo.* **4**
Q13
Wyalusing, *Pa.* **11** J12
Wyalusing ♣, *Wis.* **6** M3
Wyalusing Creek, *Pa.*
11 J12
Wyandette, *Mich.* **6** P14
Wyandotte, *Okla.* **5** B16
Wyandotte Cave, *Ind.* **7**
M12
Wyandotte National
Wildlife Refuge, *Mich.*
6 (B) E2
Wyanet, *Ill.* **7** D6
Wyantenock State
Forest, *Conn.* **12** T3,
U4
Wyarno, *Wyo.* **1** J20
Wyatt, *Ind.* **7** D12
Wyatt, *W. Va.* **10** E10
Wyatt Earp Boyhood
Home, *Pella, Iowa* **4**
P12
Wyatt Earp Museum,
Tombstone, Ariz. **3**
V6
Wye Island, *Md.* **10** G21
Wye Mills, *Md.* **10** G21
Wye Oak ♠, *Md.* **10**
G21
Wylie Lake, *S.C.* **8** E16
Wylliesburg, *Va.* **10** P15
Wyman Dam, *Me.* **13**
K4
Wyman Lake, *Me.* **13**
K4
Wyman Tavern, *Keene,
N.H.* **12** N7
Wymore, *Nebr.* **4** R8
Wynantskill, *N.Y.* **11**
G17
Wyndmere, *N. Dak.* **4**
H8
Wynnburg, *Tenn.* **8** C5
Wynne, *Ark.* **5** D20
Wynnewood, *Okla.* **5**
D13

Wynoochee, river, *Wash.* 1 E3
Wyodak, *Wyo.* 1 J22
Wyola, *Mont.* 1 H20
Wyoming, *Del.* 10 F22
Wyoming, *Ill.* 7 E6
Wyoming, *Mich.* 6 N11
Wyoming, *N.Y.* 11 F9
Wyoming, *R.I.* 12 V10
Wyoming, *W. Va.* 10 L6
Wyoming, state, *U.S.* 1 M18
Wyoming Historical and Geological Society Museum, *Wilkes-Barre, Pa.* 11 L13
Wyoming Massacre Site, *Wilkes-Barre, Pa.* 11 L13
Wyoming Peak, *Wyo.* 1 M16
Wyoming Pioneer Memorial Museum, *Douglas, Wyo.* 1 M22
Wyoming Range, *Wyo.* 1 L16
Wyoming State Forest ♣, *Pa.* 11 K11
Wyoming State Museum, *Cheyenne, Wyo.* 1 P23
Wyomissing, *Pa.* 11 N12
Wysox, *Pa.* 11 J12
Wytheville, *Va.* 10 P8
Wytopitlock, *Me.* 13 J8
Wytopitlock Lake, *Me.* 13 H8

X

Xenia, *Ill.* 7 L8
Xenia, *Ohio* 7 H16
X L Ranch Indian Reservation, *Calif.* 2 E6

Y

Yaak, *Mont.* 1 C11
Yaak, river, *Mont.* 1 C11
Yabucoa, *P. R.* 9 (B) B4
Yachats, *Oreg.* 1 J2
Yachats ♣, *Oreg.* 1 J2
Yacolt, *Wash.* 1 G4
Yadkin, river, *N.C.* 8 C16
Yadkinville, *N.C.* 8 C16
Yahtse Glacier, *Alas.* 14 L18
Yakak, Cape, *Alas.* 14 R19
Yakima, *Wash.* 1 F6
Yakima, river, *Wash.* 1 E6
Yakima ♣, *Wash.* 1 F6
Yakima Indian Reservation, *Wash.* 1 F5
Yakobi Island, *Alas.* 14 P21
Yakutat, *Alas.* 14 M19

Yakutat Bay, *Alas.* 14 M19
Yalaha, *Fla.* 9 G13
Yale, *Ill.* 7 K9
Yale, *Mich.* 6 N15
Yale, *Okla.* 5 C13
Yale, *S. Dak.* 4 K7
Yale, *Va.* 10 P18
Yale, Lake, *Fla.* 9 F13
Yale Dam, *Wash.* 1 G4
Yale University, *New Haven, Conn.* 12 W5
Yalobusha, *Miss.* 8 G4
Yampa, *Colo.* 3 H10
Yampa, river, *Colo.* 3 H10
Yamsay Mountain, *Oreg.* 1 L4
Yancey, *Tex.* 5 M11
Yanceyville, *N.C.* 8 C18
Yanert Fork, Nenana River, *Alas.* 14 H15
Yankee Springs ♣, *Mich.* 6 N11
Yankeetown, *Fla.* 9 F11
Yankeetown, *Ind.* 7 N10
Yankeetuladi Brook, *Me.* 13 D6
Yankton, *S. Dak.* 4 M8
Yankton Indian Reservation, *S. Dak.* 4 M6
Yantley, *Ala.* 8 K6
Yaquina, river, *Oreg.* 1 J2
Yaquina Head, *Oreg.* 1 J2
Yardley, *Pa.* 11 N15
Yardville, *N.J.* 11 N15
Yarmouth, *Mass.* 12 U15
Yarmouth, *Me.* 13 P3
Yarmouth, *N.S.* 13 P11
Yarmouth County Museum, *Yarmouth, N.S.* 13 P11
Yarmouth Indian Reservation, *N.S.* 13 P11
Yarmouth Port, *Mass.* 12 T15
Yarnell, *Ariz.* 3 R4
Yatesboro, *Pa.* 11 M6
Yates Center, *Kans.* 4 U9
Yates City, *Ill.* 7 E5
Yatesville, *Ga.* 8 J12
Yauco, *P. R.* 9 (B) B2
Yaupon Beach, *N.C.* 8 G20
Yavapai Indian Reservation, *Ariz.* 3 R4
Yavapai Museum, *Ariz.* 3 N4
Yawgoo ♣, *R.I.* 12 V10
Yawkey, *W. Va.* 10 J5
Yazoo, river, *Miss.* 8 H3
Yazoo City, *Miss.* 8 J3
Yazoo National Wildlife Refuge, *Miss.* 8 H2
Yazoo Pass, *Miss.* 8 F3
Ybor City, *Fla.* 9 H12
Ye Ancientest Burial Ground, *New London, Conn.* 12 V8

Yellow, river, *Alas.* 14 H10
Yellow, river, *Fla.* 9 A3
Yellow, river, *Wis.* 6 G2
Yellow, river, *Wis.* 6 K5
Yellow, river, *Wis.* 6 H4
Yellow Bluff, *Ga.* 8 L16
Yellow Bluff Fort ♣, *Fla.* 9 C13
Yellow Butte, *Oreg.* 1 K2
Yellow Creek ♣, *Pa.* 11 M7
Yellow Lake, *Wis.* 6 G2
Yellow Pine, *Ala.* 8 L6
Yellow Pine, *Idaho* 1 J11
Yellow River State Forest, *Iowa* 4 M14
Yellow Springs, *Ohio* 7 H16
Yellowstone, river, *Mont.-Wyo.* 1 K17
Yellowstone Lake, *Wyo.* 1 J16
Yellowstone Lake ♣, *Wis.* 6 N4
Yellowstone National Park, *Wyo.* 1 J16
Yellowtail Dam, *Mont.* 1 H19
Yellow Tavern, *Va.* 10 L18
Yellowwood State Forest, *Ind.* 7 J12
Yellville, *Ark.* 5 B18
Yelm, *Wash.* 1 E4
Yemassee, *S.C.* 8 J17
Yentna, river, *Alas.* 14 K14
Yentna Glacier, *Alas.* 14 J14
Yeoman, *Ind.* 7 F11
Yerington, *Nev.* 2 J9
Yerington Indian Reservation, *Nev.* 2 J8
Yerkes Astronomical Observatory, *Wis.* 6 N7
Yermo, *Calif.* 2 S12
Yes Bay, *Alas.* 14 Q23
Yeso, *N. Mex.* 3 R13
Yesteryears Museum, *Sandwich, Mass.* 12 T14
Yew Mountains, *W. Va.* 10 J10
Yistletaw, *Alas.* 14 G12
Yoakum, *Tex.* 5 M13
Yockanookany, river, *Miss.* 8 J4
Yocona, river, *Miss.* 8 G4
Yoder, *Colo.* 3 J13
Yoder, *Ind.* 7 E14
Yoder, *Wyo.* 1 N24
Yolla Bolly-Middle Eel Wilderness, *Calif.* 2 G3
Yolo, *Calif.* 2 K5
Yolyn, *W. Va.* 10 L6
Yomba Indian Reservation, *Nev.* 2 J11
Yoncalla, *Oreg.* 1 K2

Yonkers, *N.Y.* 11 L17
York, *Ala.* 8 K6
York, *Mont.* 1 F15
York, *N. Dak.* 4 E6
York, *Nebr.* 4 Q7
York, *N.Y.* 11 F9
York, *Pa.* 11 P11
York, *P.E.I.* 13 G17
York, *S.C.* 8 E16
York Beach, *Me.* 13 R2
York Harbor, *Me.* 13 R2
York Institute Museum, *Saco, Me.* 13 Q2
York Mountains, *Alas.* 14 E8
York Redoubt National Historic Site, *Herring Cove, N.S.* 13 M17
York River, *Va.* 10 M20
York River ♣, *Va.* 10 M19
Yorkshire, *N.Y.* 11 G8
York Springs, *Pa.* 11 P10
York-Sunbury Historical Society Museum, *Fredericton, N.B.* 13 H11
Yorkton, *Sask.* 4 A3
Yorktown, *Ark.* 5 E19
Yorktown, *Ill.* 7 C6
Yorktown, *Tex.* 5 M13
Yorktown, *Va.* 10 N20
Yorktown Heights, *N.Y.* 11 K17
York Village, *Me.* 13 R2
Yorkville, *Calif.* 2 J3
Yorkville, *Ill.* 7 C8
Yorkville, *N.Y.* 11 F14
Yorkville, *Ohio* 7 G22
Yorkville, *Tenn.* 8 C5
Yosemite Falls, *Calif.* 2 M8
Yosemite National Park, *Calif.* 2 L8
Yosemite Valley, *Calif.* 2 M8
Yosemite Village, *Calif.* 2 M8
Yost, *Utah* 3 E3
Youghiogheny, river, *Md.-Pa.* 10 D12; 11 N5
Young, *Ariz.* 3 R6
Young ♣, *Mich.* 6 H12
Young America, *Ind.* 7 F12
Younghall Beach ♣, *N.B.* 13 C12
Young Harris, *Ga.* 8 E12
Youngs Cove, *N.B.* 13 H12
Youngs Cove, *N.S.* 13 L13
Youngstown, *Fla.* 9 C6
Youngstown, *Ind.* 7 J10
Youngstown, *N.Y.* 11 E7
Youngstown, *Ohio* 7 D22
Youngsville, *La.* 5 K19
Youngsville, *N.C.* 8 C20
Youngsville, *N.Y.* 11 J15
Youngsville, *Pa.* 11 J6
Youngwood, *Pa.* 11 N6

Younts Peak, *Wyo.* 1 K17

Your Creek, *Alas.* 14 D16

Ypsilanti, *Mich.* 6 P13

Ypsilanti, *N. Dak.* 4 G6

Yreka, *Calif.* 2 D4

Yuba, river, *Calif.* 2 D4

Yuba City, *Calif.* 2 J5

Yuba Lake ⚓, *Utah* 3 J4

Yuba Pass, *Calif.* 2 H7

Yucaipa, *Calif.* 2 T12

Yucca, *Ariz.* 3 Q2

Yucca Flat, *Nev.* 2 N13

Yucca House National Monument, *Colo.* 3 M8

Yucca Lake, *Nev.* 2 N13

Yucca Mountain, *Nev.* 2 N12

Yucca Valley, *Calif.* 2 T13

Yugtarvik Regional Museum, *Bethel, Alas.* 14 K9

Yuha Desert Recreation Land, *Calif.* 2 V13

Yuki, river, *Alas.* 14 G12

Yuki Mountain, *Alas.* 14 G12

Yukon, *Okla.* 5 C13

Yukon, *Pa.* 11 N6

Yukon, *W. Va.* 10 M6

Yukon, river, *Yukon Terr.* 14 L21

Yukon-Charley Rivers National Preserve, *Alas.* 14 G17

Yukon Command Training Site, *Alas.* 14 G16

Yukon Delta, *Alas.* 14 G8

Yukon Delta National Wildlife Refuge, *Alas.* 14 H9, K7

Yukon Flats, *Alas.* 14 F16

Yukon Flats National Wildlife Refuge, *Alas.* 14 F16

Yukon Territory, *Can.* 14 H22

Yulee, *Fla.* 9 B13

Yulee Sugar Mill ▲, *Fla.* 9 F11

Yuma, *Ariz.* 3 T1

Yuma, *Colo.* 3 G15

Yuma Art Center, *Yuma, Ariz.* 3 T1

Yuma Desert, *Ariz.* 3 T1

Yuma Proving Ground, *Ariz.* 3 T2

Yuma Territorial Prison State Historic Park, *Yuma, Ariz.* 3 T1

Yunaska Island, *Alas.* 14 R3

Z

Zachary, *La.* 5 J20

Zachary Taylor National Cemetery, *Louisville, Ky.* 7 M13

Zahl, *N. Dak.* 4 E2

Zaleski, *Ohio* 7 J19

Zaleski State Forest, *Ohio* 7 J19

Zama, *Miss.* 8 J4

Zane Hills, *Alas.* 14 F13

Zanesfield, *Ohio* 7 G17

Zanesville, *Ind.* 7 E14

Zanesville, *Ohio* 7 G20

Zap, *N. Dak.* 4 F4

Zapata, *Tex.* 5 Q11

Zarembo Island, *Alas.* 14 Q23

Zavalla, *Tex.* 5 J16

"Z" Canyon, *Wash.* 1 C10

Zealand, *N.B.* 13 H10

Zealand Campground, *N.H.* 12 F10

Zebulon, *Ga.* 8 J12

Zebulon, *N.C.* 8 D20

Zeeland, *Mich.* 6 N10

Zeeland, *N. Dak.* 4 H5

Zeigler, *Ill.* 7 N7

Zela, *W. Va.* 10 J8

Zelienople, *Pa.* 11 M5

Zell, *S. Dak.* 4 K6

Zellwood, *Fla.* 9 G13

Zenda, *Kans.* 4 U7

Zenobia Peak, *Colo.* 3 G8

Zephyr, *Tex.* 5 H11

Zephyrhills, *Fla.* 9 H12

Zia Indian Reservation, *N. Mex.* 3 P10

Zilker Park, *Austin, Tex.* 5 K13

Zillah, *Wash.* 1 F6

Zimmerman, *Minn.* 4 J11

Zion, *Ill.* 7 A9

Zion, *Ky.* 7 N10

Zion Crossroads, *Va.* 10 K16

Zion Evangelical Lutheran Church, *Manheim, Pa.* 11 N12

Zion National Park, *Utah* 3 L3

Zion Reformed Church, *Allentown, Pa.* 11 M13

Zionsville, *Ind.* 7 H12

Zippel Bay ⚓, *Minn.* 4 E10

Zirkel, Mount, *Colo.* 3 G11

Zitziana, river, *Alas.* 14 G14

Zoar Village ▲, *Ohio* 7 F21

Zolfo Springs, *Fla.* 9 J13

Zortman, *Mont.* 1 D18

Z-T Ski ⚡, *Mont.* 1 G14

Zula, *Ky.* 7 Q14

Zulu, *Ind.* 7 E14

Zumbro, river, *Minn.* 4 K12

Zumbrota, *Minn.* 4 K12

Zuni, *N. Mex.* 3 Q8

Zuni, river, *Ariz.* 3 Q8

Zuni Indian Reservation, *N. Mex.* 3 Q8

Zurich, *Kans.* 4 S5

Zurich, *Mont.* 1 C18

Zwaanendael Museum, *Lewes, Del.* 10 G23

Zwolle, *La.* 5 H17

Type composition by the Typographic section of National Geographic Production Services, Pre-Press Division. Index book printed and bound by R. R. Donnelley and Sons Co., Chicago, Ill. Regional maps printed by Meehan Tooker, East Rutherford, N.J. United States map printed by American Printers and Lithographers Inc., Chicago, Ill. Mile-O-Meter printed by R. R. Donnelley and Sons Co., Chicago, Ill. Box by Ingress-Plastene, Crawfordsville, Ind. Index book paper by International Paper Co., New York, N.Y. Map paper by Kimberly-Clark Corporation, Roswell, Ga.

Library of Congress CIP Data

National Geographic Society (U. S.).

Cartographic Division. Close-up U.S.A.

Includes index.
1. United States – Maps, Tourist. 2. United States – Description and travel. I. National Geographic Book Service. II. Title.

G1201.E635N3   1988
912′.73   88-675208
ISBN 0-87044-755-6 (set)